面向21世纪课程教材
普通高等教育"十五"国家级规划教材

汽 车 理 论

第6版

主　编　余志生
副主编　夏群生
参　编　赵六奇　伦景光　刘惟信
　　　　李克强　季学武
主　审　陈朝阳

机械工业出版社

本书为全国高等学校机电类专业教学指导委员会汽车与拖拉机专业小组制订的规划教材,并于"九五"期间被教育部立项为"普通高等教育'九五'部级重点教材"和"面向21世纪课程教材",于"十五"期间被教育部立项为"普通高等教育'十五'国家级规划教材"。

本书根据作用于汽车上的外力特性,分析了与汽车动力学有关的汽车各主要使用性能:动力性、燃油经济性、制动性、操纵稳定性、行驶平顺性及通过性。各章分别介绍了各使用性能的评价指标与评价方法,建立了有关的动力学方程,分析了汽车及其部件的结构形式与结构参数对各使用性能的影响,阐述了进行性能预测的基本计算方法。各章还对性能试验方法做了简要介绍。另外,还介绍了近年来新能源汽车技术方面的新发展。本书为学生提供了进行汽车设计、试验及使用所必需的专业基础知识,并配备了汽车试验录像光盘。

本书可作为高等院校车辆工程专业本科教材,也可作为企业、研究院所从事汽车设计、试验及使用的工程技术人员的参考书。

图书在版编目(CIP)数据

汽车理论/余志生主编. —6版. —北京:机械工业出版社,2018.9
(2025.6重印)
面向21世纪课程教材　普通高等教育"十五"国家级规划教材
ISBN 978-7-111-60239-2

Ⅰ.①汽… Ⅱ.①余… Ⅲ.①汽车工程-高等学校-教材 Ⅳ.①U461

中国版本图书馆CIP数据核字(2018)第133275号

机械工业出版社(北京市百万庄大街22号　邮政编码100037)
策划编辑:冯春生　责任编辑:冯春生　武　晋
责任校对:王　延　封面设计:张　静
责任印制:单爱军
保定市中画美凯印刷有限公司印刷
2025年6月第6版第15次印刷
184mm×260mm・21印张・505千字
标准书号:ISBN 978-7-111-60239-2
　　　　　ISBN 978-7-88709-975-4(光盘)
定价:69.80元(含1CD)

电话服务　　　　　　　　　网络服务
客服电话:010-88361066　　机　工　官　网:www.cmpbook.com
　　　　　010-88379833　　机　工　官　博:weibo.com/cmp1952
　　　　　010-68326294　　金　书　网:www.golden-book.com
封底无防伪标均为盗版　机工教育服务网:www.cmpedu.com

第6版前言

本书为1981年出版的《汽车理论》的第6版,是教育部面向21世纪课程教材、普通高等教育"九五"部级重点教材和普通高等教育"十五"国家级规划教材,也是清华大学全国精品课"汽车理论"的教材。

本书密切联系汽车设计和试验的实际问题,把编者多年的教学、科研经验和体会融入其中。因此,它不但适用于汽车类专业的本科教学,也可作为企业及科研院所工程技术人员的参考书。

本书出版三十余年来,随着教学要求及汽车工业和技术的发展,教材内容也在不断更新。本次修订历经5年多的时间,编者深入企业、高校调研,反复听取不同意见,主要在以下几个方面进行了修改:

1) 内容上的变化:考虑到电动汽车的快速发展,将第5版第二章第五节"电动汽车的研究"改写为"电动汽车的动力性"和"电动汽车的经济性"两节,分别放在第一章和第二章,对电动汽车介绍的内容略有增加;考虑到企业在动力性和经济性的优化上大多都采用国际通用的软件进行计算,第三章增加了第六节"计算机仿真技术在发动机-整车系统性能匹配优化中的应用简介";考虑到轮胎在汽车性能计算中的重要性,增加了轮胎滚动阻力模型和动力学模型简介,并给出了一组轮胎模型的测试数据,供有这方面需求的读者参考;听取了部分高校老师的意见,增加了一些例题。

2) 标准上的更新:从第5版出版后到现在,与汽车各个性能相关的汽车评价和测试方法的标准发生了很大变化,这次修订,全部参照现行标准进行了改写。

3) 配套出版了新录制的汽车试验光盘,介绍了汽车动力性、经济性、制动性、操纵稳定性和平顺性等基本性能试验的现代仪器设备和试验方法,并提供了试验指示书。

4) 修改了第5版中遗留的文字和图形错误,并加强了参考文献的校对、标注与更新。

本修订版由清华大学汽车工程系编写。参加编写的有余志生、夏群生、赵六奇、李克强、伦景光、刘惟信、季学武。主编为余志生,副主编为夏群生。本书由合肥工业大学陈朝阳任主审。

本书在编写过程中,得到一汽技术中心和东风商用车技术中心的大力支持,李骏、黄朝胜等提供了大量精心整理的数据,石绍刚等提供了部分整车数据。宋健、田光宇、王文军、魏道高、许迎光、吴礼军、李静、杜子学、郑玲、郭魁元、丁能根、李理光、杨志刚,以及北京汽车工程学会、奇瑞汽车集团、广汽集团汽车工程研究院等有关同仁为本书的修订提出了宝贵意见与帮助。机械工业出版社收集和整理了大量读者的意见。汽车试验录像光盘和试验指示书由机械工业出版社影像摄制组和仇斌、吴凯辉、赵英、何乐等完成。附录C一个学生的"汽车理论"课程MATLAB习题编程思路由王丹执笔。在此,对他们表示衷心的感谢。

恳切希望使用本书的高校师生与广大读者对本书给予批评指正。

编　者

第5版前言

本书为1981年出版的《汽车理论》的第5版,是教育部面向21世纪课程教材、普通高等教育"九五"部级重点教材和普通高等教育"十五"国家级规划教材。

本书出版二十余年来,各个方面都在不断地完善。在教材结构方面,经过几代汽车专业教师在教学中的摸索和实践,形成了目前这样比较完善的教材体系;在教材内容方面,力求将系统性、先进性和完整性相结合,每一次修订都跟随汽车工业技术和工程教学的步伐,弃旧更新。本书密切联系汽车设计和试验的实际问题,把编者多年的教学、科研经验和体会融入其中。因此,本书不但适用于汽车类专业的本科教学,也可作为汽车企业及科研院所工程技术人员的参考书。

目前,立体化教学和精品化教材的要求又给我们提出了新的课题。为此,本次修订从以下几个方面进行:

1) 将原教材的单色改为双色,即把教材中的重点内容改为蓝色,以突出重点,使读者更容易学习和掌握。

2) 配套出版教学光盘,包括电子教案、习题集、视频参考材料等。

3) 配套出版汽车试验录像光盘,介绍了汽车动力性、经济性、制动性、操纵稳定性和平顺性等基本性能试验的现代仪器设备和试验方法。

4) 修改《汽车理论》第4版中遗留的文字和图形错误。

本修订版由清华大学汽车工程系编写。参加编写的有余志生、夏群生、赵六奇、伦景光、刘惟信、孙建纲、李克强、季学武,主编为余志生,副主编为夏群生。本书由合肥工业大学陈朝阳审阅。

本书在编写过程中,张红、彭莫、单德福、宋健、林健、陈勇、魏道高、王雷曾对本修订版提出宝贵意见与帮助;东风汽车公司、北京汽车工程学会、跃进汽车集团等有关同仁曾给予大力支持;教学光盘的具体工作由张红完成,汽车试验录像光盘由仇斌、吴凯辉、赵英、何乐、田光宇等完成。在此,对他们表示衷心的感谢。

恳切希望使用本书的高校师生与广大读者对本书给予批评指正。

编 者

第4版前言

本书为1981年出版的《汽车理论》的第4版,是教育部面向21世纪课程教材、普通高等教育"九五"部级重点教材和普通高等教育"十五"国家级规划教材。

自《汽车理论》第3版出版以来,汽车技术有了新的发展,特别是近来产业大国能源供应安全问题十分突出,新型节能汽车技术有了很大进展。在教学中,大家也对本书提出了宝贵意见。为此,我们在《汽车理论》第3版的基础上,在以下几个方面进行了修订:

1) 采用和介绍了一些新标准。例如,汽车的燃油经济性一章中的GB/T 19233—2003《轻型汽车燃料消耗量试验方法》《乘用车燃油消耗量限值》;汽车的制动性一章中的GB 7258—2004《机动车运行安全技术条件》等。

2) 增加了一些新内容。例如,在燃油经济性中,介绍了混合动力电动汽车和燃油消耗量测量中所依据的碳平衡原理;在制动性中,增加了辅助制动器和发动机制动对制动力分配和制动效能的影响等方面的论述;在试验仪器方面,介绍了非接触式汽车速度计和燃油流量计传感器的结构原理;此外,还列入了纯电动汽车动力性计算的算例。

3) 精简了一些内容。

本修订版由清华大学汽车工程系编写。参加编写的有余志生、夏群生、赵六奇、伦景光、刘惟信、孙建纲、李克强、季学武,主编为余志生,副主编为夏群生。本书由合肥工业大学陈朝阳审阅。

在编写过程中,彭莫、单德福、宋健、林健、吴凯辉、刘昭度、徐中明、张红、冯樱、魏道高、王雷等曾对本修订版提出宝贵意见与帮助;东风汽车公司、跃进汽车集团、北京汽车工程学会等有关同志曾给予大力支持;此外,还得到上海发展汽车工业教育基金会的热情支持。在此,对他们表示衷心的感谢。

恳切希望使用本书的高校师生与广大读者对本书给予批评指正。

编 者

第3版前言

本书为1981年出版的《汽车理论》的第3版，是全国高等学校汽车与拖拉机专业教学指导委员会组织的"九五"规划教材。

自本书于1990年出版了第2版以来，迄今已有10年。10年来汽车技术和车辆动力学均有很大的发展。通过教学实践，我们对教材内容的处理有了一些新的看法，此外，也听取了各校教师和同学对本书的宝贵意见。基于上述原因，我们对第2版做了修订。

本书除保持第2版的基本结构与基本内容外，主要在以下几个方面进行了修改：

1) 在一些章节中采用了新标准。例如，平顺性的评价采用1997年公布的ISO 2631—1：1997（E）"人体承受全身振动评价——第一部分：一般要求"，它能与主观感觉更好地符合，评价时的计算方法比原标准简单。制动性中采用了新的国家标准和ECE R13的标准，如利用附着系数、充分发出的平均减速度的定义等。

2) 增加了一些新内容。例如，在动力性中引入了大驱动力工况（强劲加速或爬陡坡）对附着条件的最低要求——附着率的概念；在燃油经济性中介绍了对传统结构汽车发展有巨大影响的"新一代汽车伙伴关系（PNGV）"及高效率节能汽车；制动性中增加了ABS单轮模型的论述；操纵稳定性中增加了转向盘力特性、利用地面切向反作用力控制转向特性的机理、电子控制系统及汽车侧翻等内容；平顺性中路面输入功率谱密度引入侧倾角振动输入功率谱密度与垂直振动输入功率谱密度的比值，车身与车轮两个自由度振动中增加了主动与半主动悬架等内容。

3) 在一些章节中，如汽车动力装置参数的选定一章中，选用了新的数据。

4) 精简了部分内容。

5) 增加了各章习题以供读者参考选做。

本修订版由清华大学汽车工程系编写。参加编写者为赵六奇、夏群生、伦景光、刘惟信、孙建纲、季学武、余志生。主编为余志生。本书由合肥工业大学陈朝阳教授审阅。

在编写过程中，白原新、唐志强、彭莫、吴继常、宋健、王烈、李以盛、林建、陈奎元等曾对本书提出许多宝贵意见与帮助；东风汽车公司、跃进汽车公司、北京汽车工程学会、北京汽车研究所等有关同志曾给予大力支持。编写过程中还得到上海发展汽车工业教育基金会的热情资助。在此，对他们表示衷心的感谢。

恳切希望使用本修订版的高校师生、广大读者对本书给予批评指正。

编　者
2000年4月

第2版前言

本书自 1980 年出版以来，数次重印，并于 1984 年做了小修改，重排印刷，一直作为各高校汽车专业的教材。1983 年 12 月，11 所高校"汽车理论"课程的主讲教师还曾举行教材座谈会，肯定了第 1 版的内容及其适用性。同时，汽车制造、运输企业以及有关研究机构的工程技术人员也将本书作为常用的专业参考书。

9 年来，汽车工业有了很大的发展。通过教学实践，我们对汽车专业本科生应掌握的专业基础理论知识有了更明确的理解；我们通过科学研究工作以及对国内、外车辆动力学发展的了解，对本书各章内容有了进一步的认识；各校老师与同学也对本书提出了宝贵意见。上述原因促使我们感到有必要对第 1 版进行修订。

本书除保持第 1 版的基本结构与基本内容外，主要对以下几个方面进行了修改：

1）在一些章节中，采用了新的评价与分析方法以及有关新标准。例如在第三章中引入了"绘制燃油经济性-加速时间曲线"的方法，较好地解决了汽车动力装置（发动机-传动系）参数的选定问题；第四章中介绍了有关制动法规，并讨论了如何提高制动性能以满足制动法规的要求；第六章中明确了平顺性新的评价方法，介绍了新的 ISO 2631 标准与路面分级标准，分析中采用了国际上普遍应用的"双对数坐标"。各章中还介绍了一些我国新制订的性能试验标准，增添了一些有关数据。

2）突出基本要求与概念，精简了部分内容。例如在第五章中引入了"侧偏柔度"的概念，因此可以对包括悬架与转向系影响因素在内的时域响应进行初步定量分析，使学生对汽车的稳态响应与瞬态响应具有更为完整与深入的理解。这一章中还删去了刚体运动微分方程与线性三自由度汽车模型对前轮转角输入的响应等节。

3）各章附有习题作业，可供使用本书的师生参考。

4）考虑到随机振动已在许多院校单独设课，故删去附录Ⅰ"随机振动的基本知识"。

本修订版由清华大学汽车工程系汽车教研组编写。主编为余志生，参加编写者为余志生、伦景光、孙建纲、赵六奇、刘惟信。本书由武汉工学院吴业森教授审阅。编写中曾得到吉林工业大学罗邦杰教授的指导，清华大学的李以盛、蔡世芳、倪佑民、李修曾、夏群生、陈全世等曾为本书提供材料或参加讨论。编写过程中还得到长春第一汽车厂、湖北第二汽车厂、四川汽车厂、北京汽车厂、北京第二汽车厂等有关同志的大力支持。在此，对他们表示衷心感谢。

恳切希望使用本修订版的高校师生、广大读者对本书给予批评指正。

编　者
1989 年 4 月于清华大学

第1版前言

本书是根据1978年4月在天津召开的高等学校一机部对口专业座谈会精神和1978年6月在镇江召开的汽车、拖拉机、农机专业教材会议制订的"汽车理论"教材编写大纲编写的。它可作为高等工业学校汽车专业"汽车理论"课程的教材，也可供有关的工程技术人员参考。

全书分七章，中心内容是以力学为基础，阐述汽车的主要性能——动力性、燃油经济性、制动性、操纵稳定性、行驶平顺性以及通过性，并在满足这些整车性能要求的基础上提出选择汽车设计参数的一些原则，诸如汽车发动机功率的选择、传动系传动比的确定、制动器制动力的分配、悬架参数、重心位置、轮胎型式、车辆几何参数的确定等。另外，还讨论了这些主要性能的试验方法。为了便于第六章"汽车的行驶平顺性"的教学，将"随机振动的基本知识"附于附录，仅供参考。附录中还提供了"美国试验安全车的操纵稳定性性能要求及其试验方法"，作为汽车操纵稳定性的参考资料。

本书一律采用国际单位制。例如力的单位为牛顿（N），而不用公斤力（kgf）；功率的单位为千瓦（kW），而不用马力（PS）；压力的单位为千帕（kPa），而不用工程大气压（at）。但是考虑到有一个过渡，书中随时给出了单位换算。有些转引的图表和资料虽然沿用原著的单位制，但也为读者进行了单位换算。表示单位时一律用符号而不写汉字。

本书由清华大学汽车教研组编写。参加编写者为余志生、伦景光、刘惟信、孙建纲、魏克严、赵六奇，并由余志生负责主编。在编写过程中，曾得到倪佑民同志的热心帮助。

本书初稿完成后，由武汉工学院吴业森同志负责主审，初稿修改后由吴业森同志，吉林工业大学洪宗林、王志新同志，江苏工学院王德杉同志等参加会审定稿。他们在审稿过程中提出了许多宝贵意见。在编写过程中还请教了有关工厂和研究所的同志，并请汽车工程学会常务理事、清华大学宋镜瀛教授一起讨论、确定所用的汽车工程术语。在此一并表示感谢。

由于我们的水平有限，且时间仓促，书中一定有错漏之处，欢迎使用本书的师生和广大读者批评指正。

编　者

1980年4月

常用符号表

第一章 汽车的动力性					
物理量	代号	单位	物理量	代号	单位
汽车质量	m	kg	地面法向反作用力	F_Z	N
汽车重力	G	N	空气阻力	F_w	N
汽车速度	u	m/s	坡度阻力	F_i	N
	u_a	km/h	加速阻力	F_j	N
驱动力	F_t	N	滚动阻力	F_f	N
车轮半径	r	m	滚动阻力系数	f	
发动机转矩	T_{tq}	N·m	空气阻力系数	C_D	
发动机功率	P_e	kW	道路阻力系数	Ψ	
发动机转速	n	r/min	旋转质量换算系数	δ	
变速器传动比	i_g		附着系数	φ	
主减速器传动比	i_0		动力因数	D	
传动效率	η_T		液力变矩器的变矩比	K	
坡度	i		液力变矩器的透过度	p	
直线行驶加速度	$a, \dfrac{du}{dt}$	m/s²			

第二章 汽车的燃油经济性					
物理量	代号	单位	物理量	代号	单位
燃油消耗率	b	g/(kW·h)	汽车百公里油耗	Q_s	L/100km

第四章 汽车的制动性					
物理量	代号	单位	物理量	代号	单位
制动器摩擦力矩	T_μ	N·m	侧向力系数	φ_l	
地面制动力	F_{Xb}	N	同步附着系数	φ_0	
制动器制动力	F_μ	N	峰值附着系数	φ_p	
附着力	F_φ	N	滑动附着系数	φ_s	
滑动率	s		制动器制动力分配系数	β	
制动力系数	φ_b		制动减速度	a_b	m/s²

(续)

第五章 汽车的操纵稳定性

物理量	代号	单位	物理量	代号	单位
质心侧向速度	v	m/s	转向盘转角	δ_{sw}	rad 或(°)
侧向加速度	a_y	m/s² 或 g	转向半径	R	m
侧倾角	Φ_r	rad 或(°)	弹簧刚度	k_s	N/m
侧倾角速度	ω_p	rad/s 或(°)/s	悬挂质量	m_s	kg
横摆角速度	ω_r	rad/s 或(°)/s	非悬挂质量	m_u	kg
地面切向反作用力	F_X	N	轮距	B	m
侧偏角	α	rad 或(°)	临界车速	u_{cr}	m/s
外倾角	γ	rad 或(°)	无阻尼圆频率	ω_0	rad/s
侧偏力	$F_{Y\alpha}$	N	阻尼比	ζ	
外倾侧向力	$F_{Y\gamma}$	N	侧倾转向系数	$\dfrac{\partial \delta}{\partial \Phi_r}$	(°)/(°)
侧偏刚度	k	N/rad 或 N/(°)	侧倾外倾系数	$\dfrac{\partial \gamma}{\partial \Phi_r}$	(°)/(°)
外倾刚度	k_γ	N/rad 或 N/(°)	侧向力变形转向系数	$\dfrac{\partial \delta}{\partial F_y}$	(°)/kN
稳态横摆角速度增益	$\left(\dfrac{\omega_r}{\delta}\right)_s$	rad·s⁻¹/rad 或 (°)·s⁻¹/(°)	回正力矩变形转向系数	$\dfrac{\partial \delta}{\partial T}$	(°)/(100N·m)
稳定性因数	K	s²/m²	侧向力变形外倾系数	$\dfrac{\partial \gamma}{\partial F_y}$	(°)/kN
静态储备系数	S.M.		悬架侧倾角刚度	$K_{\Phi r}$	N·m/rad
特征车速	u_{ch}	m/s	侧倾力矩	$M_{\Phi r}$	N·m
地面侧向反作用力	F_Y	N	汽车绕 OZ 轴的转动惯量	I_Z	kg·m²
翻转力矩	M_X	N·m			
回正力矩	T_Z	N·m	反应时间	τ	s
垂直载荷	W	N			
轴距	L	m	峰值反应时间	ε	s
质心至前轴的距离	a	m			
质心至后轴的距离	b	m			
前轮转角	δ	rad 或(°)			

(续)

第六章 汽车的平顺性					
物 理 量	代 号	单 位	物 理 量	代 号	单 位
悬架刚度	K	N/m	相干函数	$\mathrm{coh}^2_{xy}(f)$ 或 $\mathrm{coh}^2_{xy}(\omega)$	
路面不平度系数	$G_q(n_0)$	m^2/m^{-1}			
频率	f	Hz 或 s^{-1}	阻尼比	ζ	
悬架动挠度	f_d	m	频率比	λ	
悬架静挠度	f_s	m	车轮部分垂直位移	z_1	m
车轮与路面间的动载	F_d	N	固有圆频率	ω_0	rad/s
长度变量或转动惯量	I	m 或 $kg \cdot m^2$	有阻尼固有圆频率	ω_d	rad/s
阻尼系数	C	$N \cdot s/m$	激振频率	ω	rad/s
车身质量(悬挂质量)	m_2	kg	车身纵向摆角或初位相	φ	rad
车轮质量(非悬挂质量)	m_1	kg	相位角	Φ	(°)
座垫上人体的位移	p	m	标准差	σ	
路面不平度函数	q	m	空间频率	n	m^{-1}
自功率谱密度函数	$G_{xx}(f)$ 或 $G_{xx}(\omega)$		双轴汽车车身振动主频率	Ω	rad/s
			回转半径	ρ	m
互功率谱密度函数	$G_{xy}(f)$ 或 $G_{xy}(\omega)$		悬挂质量分配系数	ε	
			刚度比	γ	
频率指数	W		质量比	μ	
车身垂直位移	z_2	m	频率响应函数	$H(j\omega)$ 或 $H(f)$	

第七章 汽车的通过性

物理量	代号	单位	物理量	代号	单位
土壤推力	F_x	N	土壤的压实阻力	F_{rc}	N
驱动轮胎的接地面积	A	m^2	推土阻力	F_{rb}	N
土壤的黏聚系数	c	kPa	土壤单位体积重量	γ_s	N/m^3
垂直载荷	W	N	土壤承载能力系数	N_c、N_r	
土壤的摩擦角	φ	(°)	轮胎刚度产生的压力	p_c	kPa
土壤的切应力	τ	kPa	轮胎充气压力	p_i	kPa
剪切面法向压力	σ	kPa	轮胎弹滞损耗阻力	F_{rt}	N
土壤剪切变形	j	mm 或 m	单位负荷弹滞损耗阻力	f_t	
土壤剪切变形模数	K	cm 或 m	滑转率	s_r	
土壤沉陷量	z	mm 或 m	车辆的实际速度	u	m/s
单位面积压力	p	kPa	车辆的理论速度	u_t	m/s
土壤的黏聚变形模数	k_c	kN/m^{n+1}	挂钩牵引力	F_d	N
土壤的摩擦变形模数	k_φ	kN/m^{n+2}	土壤阻力	F_r	N
承载面积的短边长度	b	mm 或 m	沉陷指数	n	

目 录

第 6 版前言
第 5 版前言
第 4 版前言
第 3 版前言
第 2 版前言
第 1 版前言
常用符号表

第一章 汽车的动力性 ………………… 1
第一节 汽车的动力性指标 ……………… 1
第二节 汽车的驱动力与行驶阻力 ……… 2
　一、汽车的驱动力 ……………………… 3
　二、汽车的行驶阻力 …………………… 7
　三、汽车行驶方程式 …………………… 17
第三节 汽车的驱动力-行驶阻力平衡图与
　　　　动力特性图 …………………… 20
　一、驱动力-行驶阻力平衡图 ………… 20
　二、动力特性图 ………………………… 22
第四节 汽车行驶的附着条件与汽车的
　　　　附着率 …………………………… 23
　一、汽车行驶的附着条件 ……………… 23
　二、汽车的附着力与地面法向反作用力 … 24
　三、作用在驱动轮上的地面切向反
　　　作用力 …………………………… 27
　四、附着率 ……………………………… 28
第五节 汽车的功率平衡 ………………… 32
第六节 装有液力变矩器汽车的动力性 … 33
第七节 电动汽车的动力性 ……………… 40
　一、概述 ………………………………… 40
　二、电动汽车的结构和特点 …………… 41
　三、电动汽车的动力性指标 …………… 45
　四、纯电动汽车的动力性 ……………… 45

　五、混合动力电动汽车的动力性 ……… 49
参考文献 …………………………………… 53

第二章 汽车的燃油经济性 …………… 54
第一节 汽车燃油经济性的评价指标 …… 54
第二节 汽车燃油经济性的计算 ………… 61
第三节 影响汽车燃油经济性的因素 …… 65
　一、使用方面 …………………………… 65
　二、汽车结构方面 ……………………… 66
第四节 装有液力变矩器汽车的燃油经济性
　　　　计算 ……………………………… 72
第五节 电动汽车的经济性 ……………… 73
　一、电动汽车的经济性指标 …………… 73
　二、纯电动汽车的经济性 ……………… 74
　三、混合动力电动汽车的经济性 ……… 78
第六节 汽车动力性、燃油经济性试验 … 82
　一、路上试验 …………………………… 82
　二、室内试验 …………………………… 87
参考文献 …………………………………… 88

第三章 汽车动力装置参数的选定 …… 90
第一节 发动机功率的选择 ……………… 90
第二节 最小传动比的选择 ……………… 93
第三节 最大传动比的选择 ……………… 95
第四节 传动系档数与各档传动比的选择 … 95
第五节 利用燃油经济性-加速时间曲线
　　　　确定动力装置参数 ……………… 99
　一、主减速器传动比的确定 …………… 100
　二、变速器与主减速器传动比的确定 … 100
　三、发动机、变速器与主减速器传动比的
　　　确定 ……………………………… 101
第六节 计算机仿真技术在发动机-整车系统
　　　　性能匹配优化中的应用简介 …… 103

  一、发动机的性能匹配优化 …………… 104
  二、发动机-整车系统性能匹配优化 …… 107
  三、驾驶性能的计算机仿真 …………… 109
 参考文献 ……………………………………… 111

第四章 汽车的制动性 ……………… 113
 第一节 制动性的评价指标 ……………… 113
 第二节 制动时车轮的受力 ……………… 114
  一、地面制动力 ………………………… 114
  二、制动器制动力 ……………………… 114
  三、地面制动力、制动器制动力与附着力
    之间的关系 ………………………… 115
  四、硬路面上的附着系数 ……………… 115
 第三节 汽车的制动效能及其恒定性 …… 121
  一、制动距离与制动减速度 …………… 121
  二、制动距离的分析 …………………… 121
  三、制动效能的恒定性 ………………… 125
 第四节 制动时汽车的方向稳定性 ……… 126
  一、汽车的制动跑偏 …………………… 127
  二、制动时后轴侧滑与前轴转向能力的
    丧失 ………………………………… 128
 第五节 前、后制动器制动力的比例
    关系 ………………………………… 132
  一、地面对前、后车轮的法向反作
    用力 ………………………………… 132
  二、理想的前、后制动器制动力分配
    曲线 ………………………………… 133
  三、具有固定比值的前、后制动器制
    动力与同步附着系数 ……………… 134
  四、前、后制动器制动力具有固定比值
    的汽车在各种路面上制动过程的
    分析 ………………………………… 135
  五、利用附着系数与制动效率 ………… 138
  六、对前、后制动器制动力分配的
    要求 ………………………………… 141
  七、辅助制动器和发动机制动对制动力
    分配和制动效能的影响 …………… 144
  八、防抱制动装置 ……………………… 146
 第六节 汽车制动性的试验 ……………… 151
 参考文献 ……………………………………… 154

第五章 汽车的操纵稳定性 ………… 155
 第一节 概述 ……………………………… 155
  一、汽车操纵稳定性包含的内容 ……… 155
  二、车辆坐标系与转向盘角阶跃输入下
    的时域响应 ………………………… 157
  三、人-汽车闭路系统 ………………… 159
  四、汽车试验的两种评价方法 ………… 160
 第二节 轮胎的侧偏特性 ………………… 160
  一、轮胎的坐标系 ……………………… 160
  二、轮胎的侧偏现象和侧偏力-侧偏角
    曲线 ………………………………… 161
  三、轮胎的结构、工作条件对侧偏特性的
    影响 ………………………………… 163
  四、回正力矩——绕 OZ 轴的力矩 …… 165
  五、有外倾角时轮胎的滚动 …………… 167
  六、轮胎模型简介 ……………………… 168
 第三节 线性二自由度汽车模型对前轮角
    输入的响应 ………………………… 170
  一、线性二自由度汽车模型的运动微分
    方程 ………………………………… 170
  二、前轮角阶跃输入下进入的汽车稳态
    响应——等速圆周行驶 …………… 172
  三、前轮角阶跃输入下的瞬态响应 …… 178
  四、横摆角速度频率响应特性 ………… 185
 第四节 汽车操纵稳定性与悬架的关系 … 187
  一、汽车的侧倾 ………………………… 188
  二、侧倾时垂直载荷在左、右侧车轮上的
    重新分配及其对稳态响应的影响 … 194
  三、侧倾外倾——侧倾时车轮外倾角的
    变化 ………………………………… 196
  四、侧倾转向 …………………………… 198
  五、变形转向——悬架导向装置变形引起
    的车轮转向角 ……………………… 200
  六、变形外倾——悬架导向装置变形引起
    的外倾角的变化 …………………… 201
 第五节 汽车操纵稳定性与转向系的
    关系 ………………………………… 202
  一、转向系的功能与转向盘力特性 …… 202
  二、不同工况下对操纵稳定性的要求 … 204
  三、评价高速公路行驶操纵稳定性的
    试验——转向盘中心区操纵
    稳定性试验 ………………………… 205
  四、转向系与汽车横摆角速度稳态响应的
    关系 ………………………………… 207
 第六节 汽车操纵稳定性与传动系的

　　　　关系 ……………………………… 208
　　一、地面切向反作用力与"不足-过多
　　　　转向特性"的关系 ……………… 208
　　二、地面切向反作用力控制转向特性的
　　　　基本概念简介 …………………… 210
第七节　提高操纵稳定性的电子控制
　　　　系统 ……………………………… 213
　　一、极限工况下前轴侧滑与后轴侧滑的
　　　　特点 ……………………………… 215
　　二、横摆力偶矩及制动力的控制效果 …… 216
　　三、各个车轮制动力控制的效果 ……… 218
　　四、四个车轮主动制动的控制效果 …… 219
　　五、VSC 系统的构成 ………………… 219
　　六、装有 VSC 系统汽车的试验结果 …… 219
第八节　汽车的侧翻 ……………………… 220
　　一、刚性汽车的准静态侧翻 …………… 221
　　二、带悬架汽车的准静态侧翻 ………… 222
　　三、汽车的瞬态侧翻 …………………… 223
第九节　汽车操纵稳定性的路上试验 …… 224
　　一、低速行驶转向轻便性试验 ………… 224
　　二、稳态转向特性试验 ………………… 224
　　三、瞬态横摆响应试验 ………………… 225
　　四、汽车回正能力试验 ………………… 225
　　五、转向盘角脉冲试验 ………………… 226
　　六、转向盘中心区操纵稳定性试验 …… 227
　　七、电子稳定控制系统的正弦停滞
　　　　试验 ……………………………… 227
　　参考文献 ………………………………… 228

第六章　汽车的平顺性 …………………… 230
第一节　人体对振动的反应和平顺性的
　　　　评价 ……………………………… 230
　　一、人体对振动的反应 ………………… 230
　　二、平顺性的评价方法 ………………… 232
第二节　路面不平度的统计特性 ………… 233
　　一、路面不平度的功率谱密度 ………… 234
　　二、空间频率功率谱密度 $G_q(n)$ 化为时间
　　　　频率功率谱密度 $G_q(f)$ ………… 235
　　三、路面对四轮汽车的输入功率谱
　　　　密度 ……………………………… 237
第三节　汽车振动系统的简化，单质量
　　　　系统的振动 ……………………… 239
　　一、汽车振动系统的简化 ……………… 239

　　二、单质量系统的自由振动 …………… 241
　　三、单质量系统的频率响应特性 ……… 242
　　四、单质量系统对路面随机输入的
　　　　响应 ……………………………… 243
第四节　车身与车轮双质量系统的振动 …… 249
　　一、运动方程与振型分析 ……………… 249
　　二、双质量系统的传递特性 …………… 253
　　三、车身加速度、悬架弹簧动挠度和车轮
　　　　相对动载的幅频特性 …………… 254
　　四、在路面随机输入下系统振动响应
　　　　均方根值的计算 ………………… 256
　　五、系统参数对振动响应均方根值的
　　　　影响 ……………………………… 257
　　六、主动悬架与半主动悬架 …………… 260
第五节　双轴汽车的振动 ………………… 266
　　一、振型分析 …………………………… 266
　　二、使 $\omega_\varphi < \omega_z$，减小俯仰角加速度 …… 269
　　三、计算前、后轮双输入系统振动响应时
　　　　的单轮输入折算幅频特性 ……… 270
　　四、轴距中心处垂直位移 z_c 和车身
　　　　俯仰角位移 φ 对前轴上方车身
　　　　位移 z_{2f} 的幅频特性 …………… 271
　　五、车身上任一点 P 的垂直位移 z_{2P} 对
　　　　前轴上方车身位移 z_{2f} 的幅频特性 … 273
　　六、$\ddot{z}_{2P}$ 及 φ 功率谱密度和均方根值的
　　　　计算 ……………………………… 274
第六节　"人体-座椅"系统的振动 ……… 276
　　一、"人体-座椅"系统的传递特性 …… 276
　　二、"人体-座椅"系统的参数选择 …… 277
第七节　汽车平顺性试验和数据处理 …… 278
　　一、平顺性试验的主要内容 …………… 278
　　二、平顺性试验数据的采集和处理 …… 279
　　参考文献 ………………………………… 281

第七章　汽车的通过性 …………………… 282
第一节　汽车通过性评价指标及几何
　　　　参数 ……………………………… 282
　　一、汽车支承通过性评价指标 ………… 282
　　二、汽车通过性几何参数 ……………… 282
第二节　松软地面的物理性质 …………… 284
　　一、土壤切应力与剪切变形的关系 …… 284
　　二、土壤法向负荷与沉陷的关系 ……… 285
　　三、半流体泥浆及雪的密度对通过性的

　　　影响 ………………………………… 286
第三节　车辆的挂钩牵引力 ………………… 287
　　一、车辆在松软地面上的土壤阻力 ……… 287
　　二、松软地面给车辆的土壤推力 ………… 290
　　三、挂钩牵引力 …………………………… 293
第四节　牵引通过性计算 …………………… 293
第五节　间隙失效的障碍条件 ……………… 295
　　一、顶起失效的障碍条件 ………………… 295
　　二、触头失效的障碍条件 ………………… 296
第六节　汽车越过台阶、壕沟的能力 ……… 297
第七节　汽车的通过性试验 ………………… 299
　　一、通过性试验的主要内容 ……………… 299
　　二、土壤参数的测定 ……………………… 299
参考文献 ………………………………………… 301

习题 ………………………………………… 302

附录 ………………………………………… 310
　附录 A　简化的 PAC2002 魔术公式轮胎
　　　　　模型 ……………………………… 310
　附录 B　根据 SAE J2452 标准拟合的部分
　　　　　轮胎参数 ………………………… 314
　附录 C　一个学生的"汽车理论"课程
　　　　　MATLAB 习题编程思路 ………… 315

第一章

汽车的动力性

汽车的动力性系指汽车在良好路面上直线行驶时由汽车受到的纵向外力决定的、所能达到的平均行驶速度。汽车是一种高效率的运输工具，运输效率的高低在很大程度上取决于汽车的动力性。所以，动力性是汽车各种性能中最基本、最重要的性能。本章将从分析汽车行驶时的受力出发，建立行驶方程式，并以图表的形式按汽车动力性评价指标的要求确定汽车的动力性。

第一节 汽车的动力性指标

从获得尽可能高的平均行驶速度的观点出发，**汽车的动力性**主要可由三方面的指标⊖来评定，即：

1) 汽车的**最高车速** u_{amax}⊖。
2) 汽车的**加速时间** t⊖。
3) 汽车的**最大爬坡度** $i_{\max}$。

最高车速是指在水平良好的直线道路（混凝土或沥青）上汽车能达到的最高行驶稳定车速。

汽车的**加速时间表示汽车的加速能力**，它对平均行驶车速有着很大影响，特别是轿车，对加速时间更为重视。常用原地起步加速时间与超车加速时间来表明汽车的加速能力。**原地起步加速时间指汽车由Ⅰ档或Ⅱ档起步，并以最大的加速强度（包括选择恰当的换档时机）逐步换至最高档后到某一预定的距离或车速所需的时间。超车加速时间指用最高档或次高档由某一较低车速全力加速至某一高速所需的时间。**因为超车时汽车与被超车辆并行，容易发生安全事故，所以超车加速能力强，并行行程短，行驶就安全。一般常用 0→402.5m（0→1/4mile）或 0→400m 的时间来表明汽车原地起步加速能力；也有用 0→96.6km/h（0→60mile/h）或 0→100km/h 所需的时间来表明加速能力的。对超车加速能力还没有一致的规定，采用较多的是用最高档或次高档由 30km/h 或 40km/h 全力加速行驶至某一高速所需的时间；还有用加速过程曲线即车速-时间关系曲线全面反映加速能力的。图 1-1 所示为一些

⊖ 进行动力性评价试验时，各国规定各车型的载质量是不一样的。我国规定，M_1 类 50%最大允许载质量小于或等于 180kg 的，试验质量为 180kg；当车辆的 50%最大允许载质量大于 180kg 时，车辆的试验质量为车辆整备质量加上 50%的最大允许载质量（包括测量人员和仪器的质量），载荷分布尽量均匀。德国规定为半载。美国国家环境保护局（EPA）规定，有关排放等试验中轿车的载质量为 100~180kg 用于测定最高车速。

⊖ 本书中，车速 u_a 的单位均为 km/h，加速时间的单位均为 s，因此它们在后面的数值方程中出现时，不再给出单位。

轿车的原地起步加速过程曲线。

  汽车的上坡能力是用满载（或某一载质量）时汽车在良好路面上的最大爬坡度 i_{max} **表示的**。显然，最大爬坡度是指Ⅰ档最大爬坡度。轿车最高车速大，加速时间短，经常在较好的道路上行驶，一般不强调它的爬坡能力；然而，它的Ⅰ档加速能力大，故爬坡能力也强。货车在各种地区的各种道路上行驶，所以必须具有足够的爬坡能力，一般 i_{max} 为30%即16.7°左右。要进一步说明的是：i_{max} 代表了汽车的极限爬坡能力，它应比实际行驶中遇到的道路最大坡度超出很多，这是因为应考虑到在实际坡道行驶时，在坡道上停车后顺利起步加速、克服

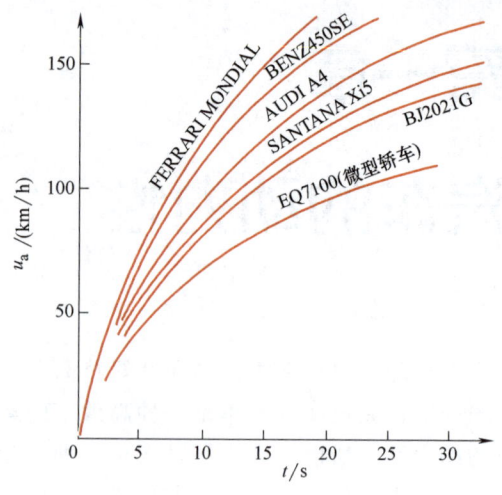

图 1-1 轿车的原地起步加速过程曲线

松软坡道路面的大阻力、克服坡道上崎岖不平路面的局部大阻力等要求的缘故。

  越野汽车要在坏路或无路条件下行驶，因而爬坡能力是一个很重要的指标，它的最大爬坡度可达60%即31°左右。

  应指出，上述三方面指标均应在无风或微风条件下测定。

  有时也以汽车在一定坡道上必须达到的车速来表明汽车的爬坡能力。例如在 Timothy C. Moore[1.8] 所写的文章中规定美国新一代轿车的爬坡能力为：在 EPA 试验规定的质量下，应能以 104km/h 的车速通过 6% 的坡道，而在满载时的车速则不能低于 80km/h。

  军用车辆的战术技术要求中，不一定包含车辆的最高车速，但常规定在一定坡道上车辆应达到的速度。

  也有以一定坡道上汽车的加速时间来表明汽车加速性能的。例如 Timothy C. Moore 提出美国新一代轿车满载时，在 6% 坡道上 0→96km/h 的加速时间不应大于 20s。他认为，汽车具有这样的加速性能，便可以安全地从有坡度的匝道进入高速公路而驶入高速行驶的车流。

第二节 汽车的驱动力与行驶阻力

  确定汽车的动力性，就是确定汽车沿行驶方向的运动状况。为此，需要掌握沿汽车行驶方向作用于汽车的各种外力，即驱动力与行驶阻力。根据这些力的平衡关系建立汽车行驶方程式，就可以估算汽车的最高车速、加速度和最大爬坡度。

  汽车的行驶方程式为

$$F_t = \sum F$$

式中，F_t 为驱动力；$\sum F$ 为行驶阻力之和。

  驱动力是由发动机的转矩经传动系传至驱动轮上得到的。行驶阻力有滚动阻力、空气阻力、加速阻力和坡度阻力。现在分别研究驱动力和这些行驶阻力，并最后把 $F_t = \sum F$ 这一行驶方程式加以具体化，以便研究汽车的动力性。

一、汽车的驱动力

汽车发动机产生的转矩,经传动系传至驱动轮上。此时作用于驱动轮上的转矩 T_t 产生一个对地面的圆周力 F_0,地面对驱动轮的反作用力 F_t(方向与 F_0 相反)即是驱动汽车的外力(图1-2)⊖,此外力称为汽车的**驱动力**。其数值为

$$F_t = \frac{T_t}{r}$$

式中,T_t 为作用于驱动轮上的转矩;r 为车轮半径。

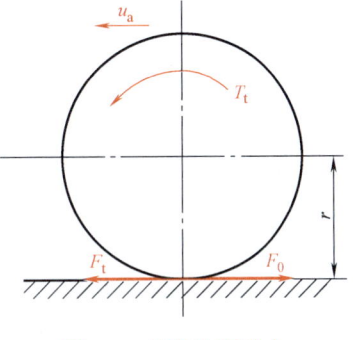

图 1-2 汽车的驱动力

作用于驱动轮上的转矩 T_t 是由发动机产生的转矩经传动系传至车轮上的。若令 T_{tq} 表示发动机转矩,i_g 表示变速器的传动比,i_0 表示主减速器的传动比(也可称为主传动比),η_T 表示传动系的机械效率,则有

$$T_t = T_{tq} i_g i_0 \eta_T$$

对于装有分动器、轮边减速器、液力传动等装置的汽车,上式应计入相应的传动比和机械效率。

因此驱动力为

$$F_t = \frac{T_{tq} i_g i_0 \eta_T}{r} \tag{1-1}$$

下面对式(1-1)中的发动机转矩、传动系的机械效率以及车轮半径做一些讨论,并最后给出汽车的驱动力图。

1. 发动机的转速特性

如将发动机的功率 P_e、转矩 T_{tq} 以及燃油消耗率 b 与发动机曲轴转速 n 之间的函数关系以曲线表示,则此曲线称为发动机转速特性曲线,或简称为发动机特性曲线。如果发动机节气门全开(或高压油泵在最大供油量位置),则此特性曲线称为**发动机外特性曲线**;如果节气门部分开启(或部分供油),则称为**发动机部分负荷特性曲线**。

图1-3所示为一台汽油发动机外特性中的功率与转矩曲线。n_{min} 为发动机的最小稳定工作转速,随着发动机转速增加,发动机发出的功率和转矩都在增加,最大转矩 T_{tqmax} 时的发动机转速为 n_{tq};再增加发动机转速时,T_{tq} 有所下降,但功率继续增加,一直到最大功率 P_{emax},此时发动机转速为 n_P;继续增加转速时,功率下降,允许的发动机最高转速为 n_{max}。

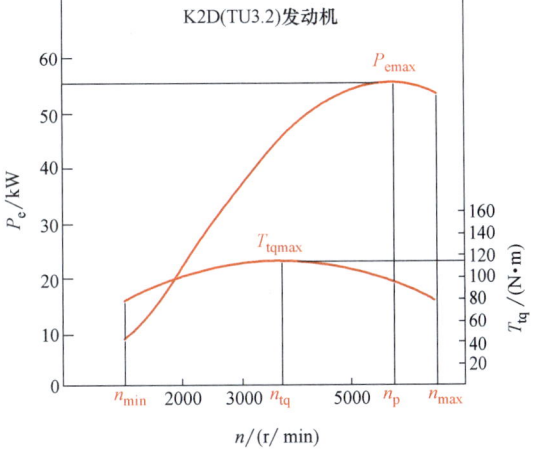

图 1-3 汽油发动机外特性中的功率与转矩曲线

⊖ 经过对汽车进行全面的受力分析可知,实际地面切向反作用力并不等于 F_t,详见后。

如转矩的单位以 N·m 表示，功率的单位以 kW 表示，转速以 r/min 表示，则功率与转矩有如下关系：

$$P_e = \frac{T_{tq} n}{9550} \tag{1-2}$$

图 1-4 所示为汽油发动机外特性及部分负荷特性的功率与转矩曲线。曲线上的数值为节气门开度百分比，相应的曲线便是各个节气门开度下的发动机转矩与功率。

图 1-5 所示为两种货车用增压柴油机的外特性。

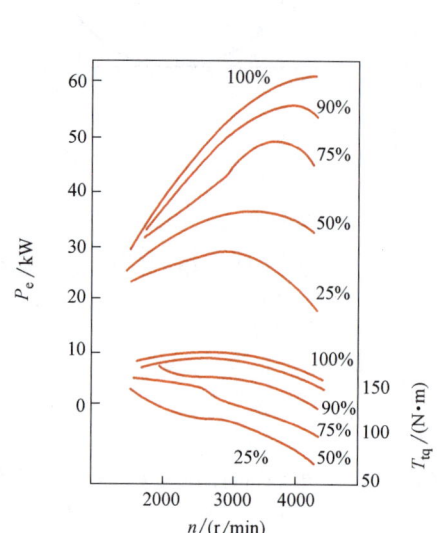

图 1-4　汽油发动机外特性及部分负荷特性的功率与转矩曲线

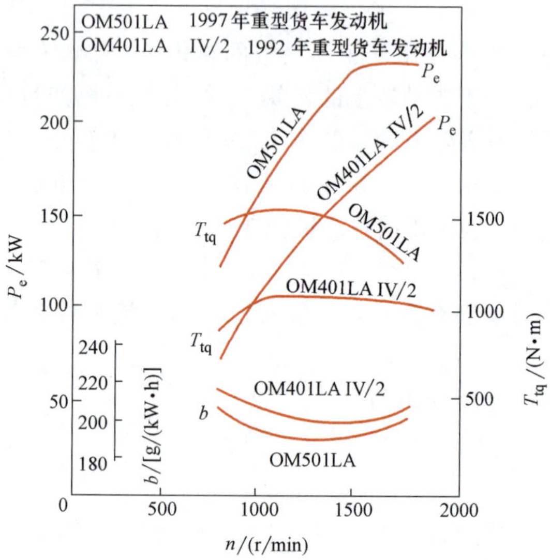

图 1-5　两种货车用增压柴油机的外特性

发动机制造厂提供的发动机特性曲线，有时是在试验台上未带水泵、发电机等条件下测得的。**带上全部附件设备时的发动机特性曲线称为使用外特性曲线**。使用外特性曲线的功率小于外特性的功率。图 1-6 所示为 BJ212 汽车发动机外特性和使用外特性中的功率与转矩曲线。一般汽油发动机使用外特性的最大功率比外特性的最大功率约小 15%；货车柴油机的使用外特性最大功率比外特性的最大功率约小 5%；轿车与轻型汽车柴油机使用外特性的最大功率比外特性的最大功率约小 10%。

日本 JIS 规定，1985 年以后生产的汽车均应给出净（net）功率，即使用外特性功率。

还应指出，外特性台架试验是在发动机工况相对稳定，即保持水、机油温度为规定的数值，且在各个转速不变时来测量转矩与油耗数值的；而在实际使用中，发动机的工况常常是不稳定的。例如在汽车加速时，发动机是在节气门开度迅速加大，曲轴转速连续由低升高的变化过程中工作的。发动机的热状况、可燃混合气的浓度等，与外特性台架试验时的稳定工况有差异。**在加速过程的不稳定工况下，发动机所能提供的功率比稳定工况时稍有下降**，电

⊖ 本书中，功率单位常为 kW，转速单位常为 r/min，因此它们在后面的数值方程中出现时，除特殊情况外均不再给出单位。

喷汽油机比化油器汽油机要下降得更少些。在进行动力性估算时，一般仍沿用稳态工况时发动机台架试验所得到的使用外特性中的功率与转矩曲线⊖。

为了便于计算，常采用多项式来描述由试验台测得的、接近于抛物线的发动机转矩曲线，即

$$T_{tq} = a_0 + a_1 n + a_2 n^2 + \cdots + a_k n^k$$

式中，系数 a_0，a_1，a_2，…，a_k 可由最小二乘法来确定；拟合阶数 k 随特性曲线而异，一般在 2、3、4、5 中选取。同时，还应注意最佳平方逼近多项式中遇到的正规方程组系数矩阵的病态问题。

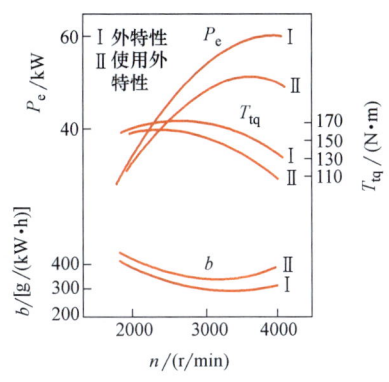

图 1-6 BJ212 汽车发动机外特性和使用外特性中的功率与转矩曲线

例如，北京内燃机总厂生产的 492Q 发动机，由试验测得的转矩特性如下：

发动机转速 $n/(r/min)$	1000	1500	2000	2500	3000	3500	3800	4000
发动机转矩 $T_{tq}/(N \cdot m)$	135.33	147.10	152.98	156.91	147.10	138.27	133.37	125.53

发动机转矩曲线可由如下五次多项式来表示：

$$T_{tq} = 160.39 - 0.110913n + 1.36485 \times 10^{-4} n^2 - 6.191286 \times 10^{-8} n^3 + 1.20898 \times 10^{-11} n^4 - 8.85607 \times 10^{-16} n^5$$

式中，T_{tq} 为发动机转矩（N·m）；n 为发动机转速（r/min）。

2. 传动系的机械效率

输入传动系的功率 P_{in} 经传动系传至驱动轮的过程中，为了克服传动系各部件中的摩擦，消耗了一部分功率。如以 P_T 表示传动系中损耗的功率，则**传动系的机械效率**为

$$\eta_T = \frac{P_{in} - P_T}{P_{in}}$$

在等速行驶情况下，$P_{in} = P_e$，故

$$\eta_T = \frac{P_e - P_T}{P_e} = 1 - \frac{P_T}{P_e}$$

传动系的功率损失由传动系中的部件——变速器、传动轴万向节、主减速器等的功率损失所组成。其中变速器和主减速器的功率损失所占比重最大，其余部件的功率损失较小。

传动系功率损失可分为机械损失和液力损失两大类。机械损失是指齿轮传动副、轴承、油封等处的摩擦损失。机械损失与啮合齿轮的对数、传递的转矩等因素有关。液力损失指消耗于润滑油的搅动、润滑油与旋转零件之间的表面摩擦等功率损失。液力损失与润滑油的品种、温度、箱体内的油面高度以及齿轮等旋转零件的转速有关。

传动系的效率是在专门的试验台上测得的。图 1-7a 所示为解放牌 4t 货车 CA10B 变速器在 4 档、5 档工作时的传动效率。试验结果表明，在 4 档（直接档）工作时，啮合的齿轮并没有传递转矩，因此比 5 档（超速档）时的传动效率要高。同一档位转矩增加时，润滑油

⊖ 对于装有涡轮增压器的柴油机、汽油机，在发动机加速时的非稳态工况下，中、低速区域间的转矩明显下降的情况不在少数，一般不宜用稳态工况时的外特性。

损失所占比例减少,传动效率较高。转速低时搅油损失小,传动效率比转速高时要高。图1-7b 所示为新型解放 10 档变速器第 10 档的传动效率,曲线反映的规律与 CA10B 发动机的传动效率一致。

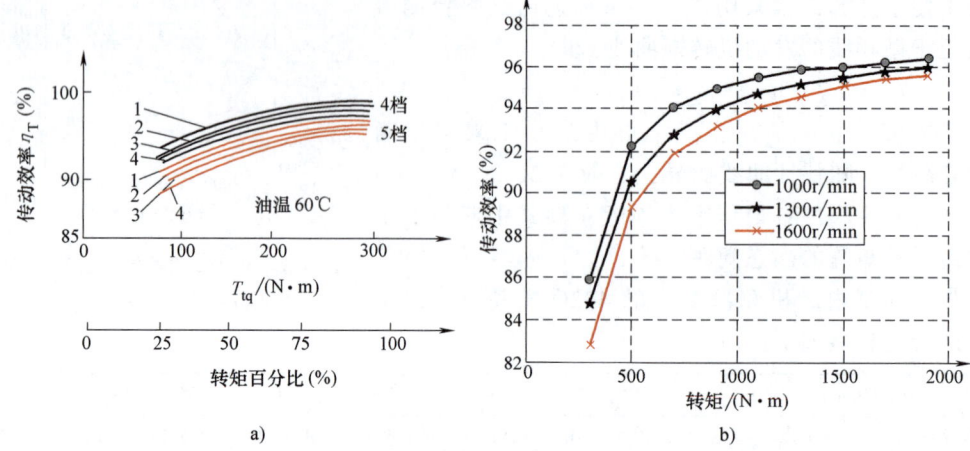

图 1-7 两种发动机变速器的传动效率

a) 解放牌 4t 货车 CA10B 变速器在 4 档、5 档工作时的传动效率 b) 新型解放 10 档变速器第 10 档的传动效率
1—1200r/min 2—1600r/min 3—1900r/min 4—2200r/min

传动效率因受到多种因素的影响而有所变化,但对汽车进行初步的动力性分析时,可把它看作一个常数。表 1-1 为传动系各部件的传动效率。

采用有级机械变速器传动系的轿车,其传动效率可取 0.9~0.92;货车、客车可取 0.82~0.85。表 1-1 推荐的数值亦可用来估算整部汽车的传动效率。

表 1-1 传动系各部件的传动效率

部件名称	η_T	部件名称	η_T
4~6 档变速器	95%	单级减速主减速器	96%
辅助变速器(副变速器或分动器)	95%	双级减速主减速器	92%
8 档以上变速器	90%	传动轴的万向节	98%

3. 车轮的半径

车轮处于无载时的半径称为**自由半径**。

汽车静止时,车轮中心至轮胎与道路接触面间的距离称为**静力半径 r_s**。由于径向载荷的作用,轮胎发生显著变形,所以静力半径小于自由半径。

如以车轮转动圈数与实际车轮滚动距离之间的关系来换算,则可求得车轮的**滚动半径**为

$$r_r = \frac{S}{2\pi n_w}$$

式中,n_w 为车轮转动的圈数;S 为在转动 n_w 圈时车轮滚动的距离。

滚动半径由试验测得,也可以近似估算。

欧洲轮胎与轮辋技术协会(European Tyre and Rim Technical Organization,ETRTO)推荐用下式来计算滚动圆周:

$$C_R = Fd$$

式中,d 为 ETRTO 会员生产轮胎的自由直径;F 为计算常数,子午线轮胎 $F = 3.05$,斜交轮

胎 $F=2.99$。

以上滚动圆周系指在最大载荷、规定气压与车速在 60km/h 时的滚动圆周，故滚动半径为

$$r_r = \frac{Fd}{2\pi}$$

德国橡胶企业协会制定的 WdK 准则中，给出了在速度为 60km/h 时的轮胎滚动圆周长 C_R，并给出下式以计算不同车速 u_a 时的滚动周长 C'_R（mm），即

$$C'_R = C_R(1 + \Delta u_a/10000)$$

式中，$\Delta u_a = u_a - 60 \text{km/h}$。

显然，对汽车进行动力学分析时，应该用静力半径 r_s；而进行运动学分析时，应该用滚动半径 r_r。但一般不计它们的差别，统称为车轮半径 r，即认为

$$r_s \approx r_r \approx r$$

4. 汽车的驱动力图

一般用根据发动机外特性确定的驱动力与车速之间的函数关系曲线 F_t-u_a 来全面表示汽车的驱动力，称为汽车的驱动力图。设计中的汽车有了发动机的外特性曲线、传动系的传动比、传动效率、车轮半径等参数后，即可用式（1-1）求出各个档位的 F_t 值，再根据发动机转速与汽车行驶速度之间的转换关系求出 u_a，即可求得各个档位的 F_t-u_a 曲线。发动机转速与汽车行驶速度之间的关系式为

$$u_a = 0.377 \frac{rn}{i_g i_0}$$

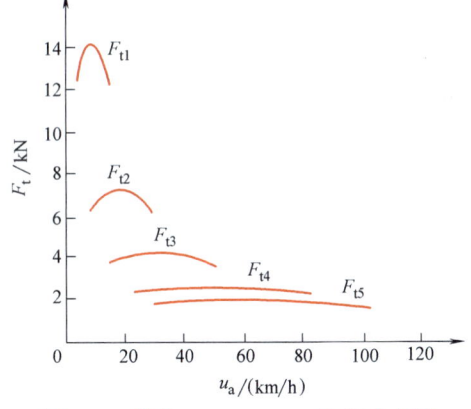

图 1-8 货车 NKR552/555 的驱动力图

式中，u_a 为汽车行驶速度（km/h）；n 为发动机转速（r/min）；$r^{\ominus}$ 为车轮半径（m）；i_g 为变速器传动比；i_0 为主减速器传动比。

图 1-8 所示为具有 5 档变速器的货车 NKR552/555 的驱动力图。

由于驱动力图中的驱动力是根据发动机外特性求得的，因此它是使用各档位时在一定车速下汽车能发出的驱动力的极值。实际行驶中，发动机常在节气门部分开启下工作，相应的驱动力要比它小。

二、汽车的行驶阻力

汽车在水平道路上等速行驶时，必须克服来自地面的滚动阻力和来自空气的空气阻力。滚动阻力以符号 F_f 表示，空气阻力以符号 F_w 表示。当汽车在坡道上上坡行驶时，还必须克服重力沿坡道的分力，称为坡度阻力，以符号 F_i 表示。汽车加速行驶时还需要克服加速阻力，以符号 F_j 表示。因此，汽车行驶的总阻力为

$$\sum F = F_f + F_w + F_i + F_j$$

上述诸阻力中，滚动阻力和空气阻力是在任何行驶条件下均存在的，坡度阻力和加速阻

⊖ 本书中，车轮半径的单位均为 m，因此它在后面的数值方程中出现时，不再给出单位。

力仅在一定行驶条件下存在。在水平道路上等速行驶时就没有坡度阻力和加速阻力。

1. 滚动阻力

车轮滚动时，轮胎与路面的接触区域产生法向、切向的相互作用力以及相应的轮胎和支承路面的变形。轮胎和支承路面的相对刚度决定了变形的特点。当弹性轮胎在硬路面（混凝土路、沥青路）上滚动时，轮胎的变形是主要的。此时由于轮胎有内部摩擦产生弹性迟滞损失，使轮胎变形时对它做的功不能全部回收。

图 1-9 所示为 9.00-20 轮胎在硬支承路面上受径向载荷时的变形曲线。图中 OCA 为加载变形曲线，面积 $OCABO$ 为加载过程中对轮胎做的功；ADE 为卸载变形曲线，面积 $ADEBA$ 为卸载过程中轮胎恢复变形时放出的功。由图可知，两曲线并不重合，两面积之差 $OCADEO$ 即为加载与卸载过程之能量损失。此能量系消耗在轮胎各组成部分相互间的摩擦以及橡胶、帘线等物质的分子间的摩擦，最后转化为热能而消失在大气中。这种损失称为弹性迟滞损失。

进一步分析便可知，这种迟滞损失表现为阻碍车轮滚动的一种阻力偶。当车轮不滚动时，地面对车轮的法向反作用力的分布是前后对称的；但当车轮滚动时，在法线 $n—n'$ 前后相对应点 d 和 d'（图 1-10a）变形虽然相同，但由于弹性迟滞现象，处于压缩过程的前部 d 点的地面法向反作用力大于处于恢复过程的后部 d' 点的地面法向反作用力，这可以从图 1-10b 中看出。设取同一变形 δ，压缩时的受力为 CF，恢复时的受力为 DF，而 CF 大于 DF。这样就使地面法向反作用力的分布在车轮前后并不对称，它们的合力 F_Z 相对于法线 $n—n'$ 前移一个距离 a（图 1-11a），它随弹性迟滞损失的增大而变大。合力 F_Z 与法向载荷 W 大小相等，方向相反。

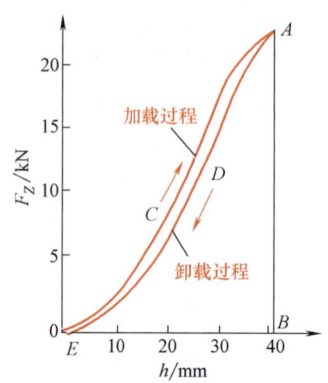

图 1-9 9.00-20 轮胎在硬支承路面上受径向载荷时的变形曲线

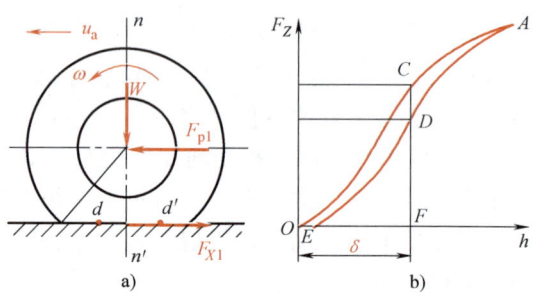

图 1-10 弹性车轮在硬路面上的滚动

如果将法向反作用力 F_Z 平移至与通过车轮中心的垂线重合，则从动轮在硬路面上滚动时的受力情况也可画成图 1-11b 所示的形式，即滚动时有**滚动阻力偶矩** $T_\mathrm{f} = F_Z a$ 阻碍车轮滚动。

由图 1-11 可知，欲使从动轮在硬路面上等速滚动，必须在车轮中心加一个推力 $F_{\mathrm{p}1}$，它与地面切向反作用力构成一个力偶矩来克服上述滚动阻力偶矩。由平衡条件得

$$F_{\mathrm{p}1} r = T_\mathrm{f}$$

故

$$F_{\mathrm{p}1} = \frac{T_\mathrm{f}}{r} = F_Z \frac{a}{r}$$

若令 $f = \dfrac{a}{r}$，且考虑到 F_Z 与 W 的大小相等，常将 F_{p1} 写作

$$F_{p1} = Wf \quad \text{或} \quad f = \dfrac{F_{p1}}{W}$$

式中，f 为**滚动阻力系数**。

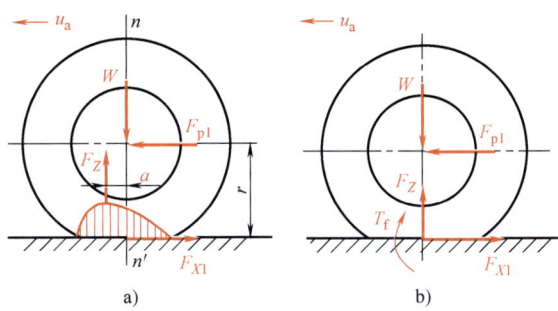

图 1-11 从动轮在硬路面上滚动时的受力情况

可见，**滚动阻力系数是车轮在一定条件下滚动时所需的推力与车轮负荷之比**，即单位汽车重力所需的推力。换言之，滚动阻力 F_f 等于滚动阻力系数与车轮负荷之乘积，即

$$F_f = Wf \tag{1-3}$$

且

$$F_f = \dfrac{T_f}{r}$$

这样，在分析汽车行驶阻力时就不必具体考虑车轮滚动时所受到的滚动阻力偶矩，而只要知道滚动阻力系数，从而求出滚动阻力即可（当然，滚动阻力无法在真正的受力图上表现出来，它只是一个数值）。这将有利于动力性分析的简化。

图 1-12 所示为驱动轮在硬路面上等速滚动时的受力情况。图中 F_{X2} 为驱动力矩 T_t 所引起的道路对车轮的切向反作用力，F_{p2} 为驱动轴作用于车轮的水平力，法向反作用力 F_Z 也由于轮胎迟滞现象而使其作用点前移一个距离 a，即在驱动轮上也作用有滚动阻力偶矩 T_f。由平衡条件得

$$F_{X2} r = T_t - T_f$$

$$F_{X2} = \dfrac{T_t}{r} - \dfrac{T_f}{r} = F_t - F_f$$

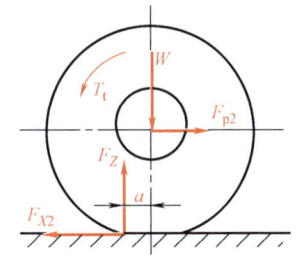

图 1-12 驱动轮在硬路面上等速滚动时的受力情况

读者可将图 1-12 与图 1-2 相比，图 1-2 中没有考虑车轮滚动阻力而求得车轮驱动力 F_t。现在可以看出，**真正作用在驱动轮上驱动汽车行驶的力为地面切向反作用力 F_{X2}，它的数值为驱动力 F_t 减去驱动轮上的滚动阻力**。所以，图 1-2 所示只是一种定义。和滚动阻力一样，在受力图上，驱动力也是画不出来的。

滚动阻力系数由试验确定。滚动阻力系数与路面的种类、行驶车速以及轮胎的构造、材料、气压等有关。表 1-2 给出了汽车在某些路面上以中、低速行驶时，滚动阻力系数 f 的数值。

表 1-2 滚动阻力系数 f 的数值

路面类型		滚动阻力系数 f	路面类型	滚动阻力系数 f
良好的沥青或混凝土路面		0.010~0.018	泥泞土路（雨季或解冻期）	0.100~0.250
一般的沥青或混凝土路面		0.018~0.020	干砂	0.100~0.300
碎石路面		0.020~0.025	湿砂	0.060~0.150
良好的卵石路面		0.025~0.030	结冰路面	0.015~0.030
坑洼的卵石路面		0.035~0.050	压紧的雪道	0.030~0.050
压紧土路	干燥的	0.025~0.035		
	雨后的	0.050~0.150		

行驶车速对滚动阻力系数有很大影响。图1-13a说明,这两种轿车轮胎在车速为100km/h以下时,滚动阻力逐渐增加但变化不大;在某一车速(如140km/h)以上时增加较快。车速达到某一临界车速(例如200km/h)左右时,滚动阻力迅速增加,此时轮胎发生驻波现象,轮胎周缘不再是圆形而呈明显的波浪状。出现驻波后,不但滚动阻力显著增加,轮胎的温度也很快增加到100℃以上,胎面与轮胎帘布层脱落,几分钟内就会出现爆破现象,这对高速行驶的车辆是很危险的。

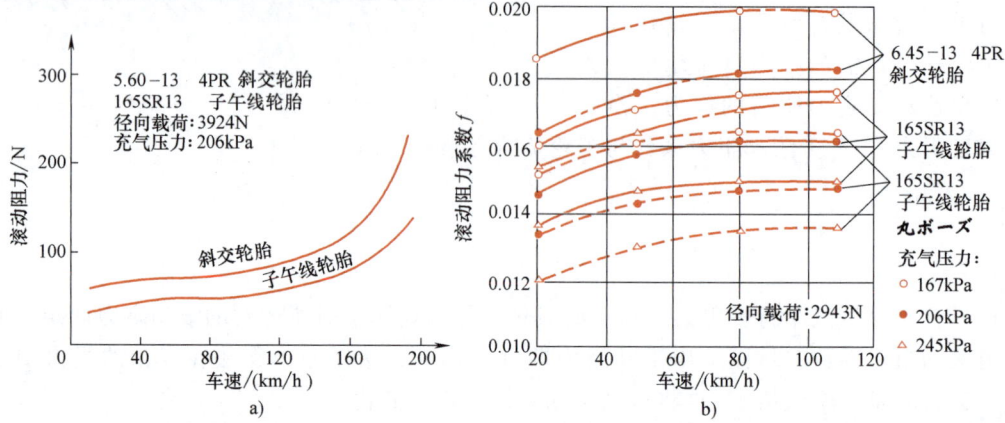

图1-13 轿车轮胎的滚动阻力、滚动阻力系数与车速、充气压力的关系曲线

轮胎的结构、帘线和橡胶的品种,对滚动阻力都有影响。图1-13b给出了几种不同轿车轮胎的滚动阻力系数随车速与充气压力而变化的曲线。可以看出,轮胎充气压力对f值影响很大。气压降低时f值迅速增加,这是因为气压降低时,滚动的轮胎变形大,弹性迟滞损失增加。从图中还可以看出,子午线轮胎的滚动阻力系数较低。

驱动状况下的轮胎,作用有驱动转矩,胎面相对于地面有一定程度的滑动,增加了轮胎滚动时的能量损耗。图1-14所示为由试验得到的滚动阻力系数(包含胎面滑动损失)与驱动力系数的关系曲线。驱动力系数为驱动力与径向载荷之比。可以看出,随着驱动力系数的加大,滚动阻力系数迅速增加;从图1-14中还可以看出,子午线轮胎的滚动阻力系数较小,驱动力系数变化对它的影响也较小。

货车轮胎的滚动阻力系数较小。货车的行驶车速较低,车速对滚动阻力系数的影响也比较小,轮胎滚动阻力系数与车速的关系接近于直线。

在进行动力性分析时,若无试验得到的准确滚动阻力系数值,可利用经验公式大致估算。例如,有人推荐用下式计算良好道路上货车轮胎的滚动阻力系数:

$$f = 0.0076 + 0.000056u_a$$

图1-15a给出了根据此式计算得到的滚动阻力系数,图上还有依据其他经验公式[1.9]计算得到的滚动阻力系数值。

《汽车动力学》[1.4]推荐用下面的公式估算轿车轮胎在良好路面上的滚动阻力系数:

$$f = f_0 + f_1\left(\frac{u_a}{100}\right) + f_4\left(\frac{u_a}{100}\right)^4 \tag{1-4}$$

德国布伦瑞克工业大学车辆研究所在直径2m的转鼓试验台上进行了各种轮胎的滚动阻力系数测定工作,图1-15b中是SR级(允许最高速度为180km/h)、HR级与VR级(允许最高速度分别为210km/h与大于210km/h)子午线轮胎滚动阻力系数f_z与车速关系曲线的

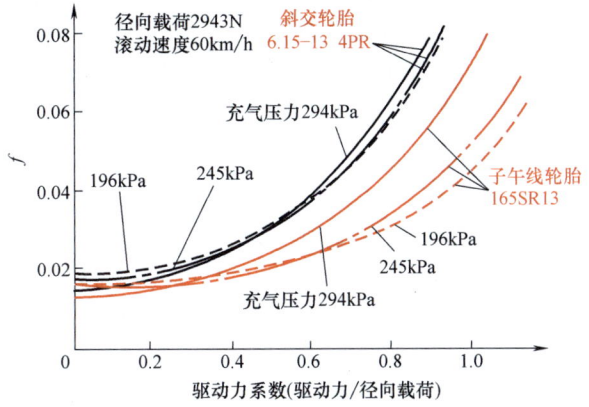

图 1-14 滚动阻力系数（包含胎面滑动损失）与驱动力系数的关系曲线

范围。图中还有 SR-M+S 级（用于泥浆和积雪覆盖路面）、装有塑料防滑链的 SR 级轮胎的滚动阻力系数曲线的范围。

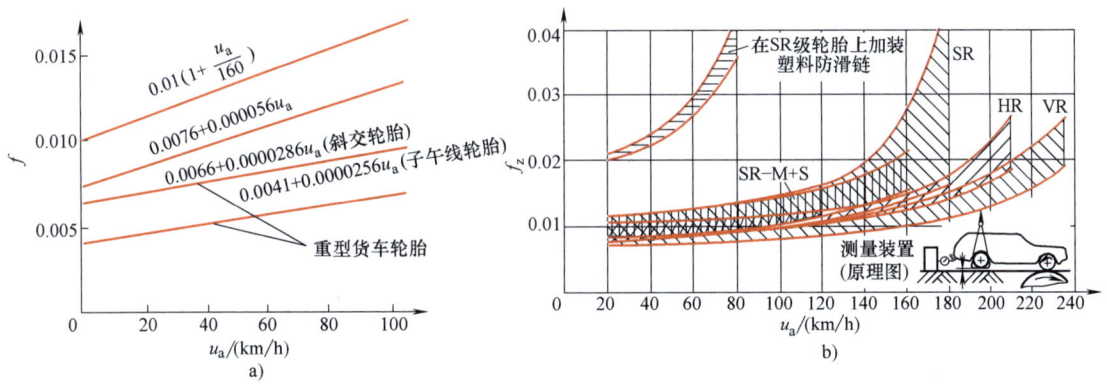

图 1-15 轮胎的滚动阻力系数

a) 货车轮胎滚动阻力系数的估算公式　b) 轿车轮胎在转鼓试验台上的滚动阻力系数 f_z

用式（1-4）对转鼓上测得的各试验曲线进行拟合，求得式（1-4）中的系数 f_0、f_1、f_4 的数值如下：

系数值 轮胎等级	SR	HR	SR-M+S
f_0	0.0072～0.0120 以上	0.0081～0.0098	0.0085～0.0120
f_1	0.00025～0.00280	0.0012～0.0025	0.0025～0.0034
f_4	0.00065～0.002 以上	0.0002～0.0004	0.0005～0.0010

在图 1-15b 中还有参考文献［1.5］中给出的两种子午线轮胎在转鼓上测得的滚动阻力

⊖ 本图选自：酒井．タイヤの転がり损失．自动车技术，Vol.35，No.4，1981。试验结果表明，在较大驱动力系数工况下，轮胎胎压较高时的滚动阻力系数较大。这可能是较高胎压下，胎面与路面间的附着系数有所下降的缘故。

⊖ 详见参考文献［1.4］。

系数曲线⊖。在140km/h车速以下，f_z值维持不变；速度更高时，f_z值逐渐增大，但大体上在布伦瑞克工业大学车辆研究所给出的范围内。

可以利用表中的系数f_0、f_1与f_4的数值，粗略估计轮胎（在转鼓试验台上）的滚动阻力系数f_z。但是从图1-15b可以明显看出，SR级轮胎的试验数据是很分散的，所以对SR级轮胎的f_z值进行估算时，其可信度是较低的。

轮胎在实际道路上的滚动阻力系数f大于在转鼓上的滚动阻力系数。若令$f=cf_z$，则在良好的沥青路面上$c=1.2$，在粗糙的水泥路面上$c=1.3\sim1.4$。

在获得轮胎滚动阻力的试验数据时，应求其回归方程，以便于对汽车性能进行分析。轮胎滚动阻力的测量标准SAE J1269—2000中推荐试验室测量的滚动阻力采用如下的回归方程：

对乘用车
$$F_R = F_Z(A_0 + A_1 F_Z + A_2/p)$$

对于轻型货车
$$F_R = A_0 + A_1 F_Z + A_2/p + A_3 F_Z/p + A_4 F_Z/p^2$$

对于高速公路货车和客车
$$F_R = A_0 + A_1 F_Z + A_2 F_Z/p + A_3 F_Z^2/p$$

轮胎滚动阻力的测量标准SAE J2452—1999中推荐[1.10]的回归方程式为

$$F_R = p^\alpha F_Z^\beta (a + bv + cv^2)$$

式中，F_Z为轮胎载荷（N）；F_R为滚动阻力（N）；p为充气压力（kPa）；v为速度（km/h）；$A_0 \sim A_4$，a，b，c为系数；α，β为指数。

Ben Wen[1.11]等人认为，SAE J1269—2000中推荐的公式预测的只是80km/h车速下的滚动阻力；而SAE J2452—1999中推荐的公式，其物理意义更加明确，更加好用。利用回归方程可以方便地预测车速在115~150km/h范围内，在一定压力和载荷下的滚动阻力。附录B和文献[1.11]中给出了一些轮胎拟合的参数。

为了控制汽车排放的温室气体CO_2的数量和节约燃料，欧洲联盟于2009年7月13日发布了第661号法规，对C1类、C2类、C3类轮胎的滚动阻力系数提出了限值要求，要求分两个阶段实施完成，即按照ISO 28580：2009标准测量的滚动阻力系数不能超过表1-3的规定。2014年11月1日起，禁止不符合第一阶段限值要求的新轮胎销售和使用（C3类轮胎除外）；2016年11月1日起，按照第二阶段限值实施新型轮胎的型式认证。

表1-3 轮胎滚动阻力系数最高限值

轮胎种类	第一阶段最高限值	第二阶段最高限值
C1：用于M_1、O_1、O_2类车辆	0.012	0.0105
C2：用于3.5t以上M_2、M_3、N、O_3、O_4类车辆。单胎负荷指数≤121，速度级别为N及以上	0.0105	0.009
C3：用于3.5t以上M_1、M_2、M_3、N_2、N_3、O_3、O_4类车辆，单胎负荷指数≥122，或负荷指数≤121，但是速度≤M	0.008	0.0065

按照滚动阻力的大小，还可将轮胎分为7级，即A~G级。具体规定见表1-4。

⊖ 文献中未见具体的试验条件，如转鼓的直径等。

表 1-4　轮胎按滚动阻力分级

级别 \ 轮胎种类	C1	C2	C3
A	RRC≤6.5	RRC≤5.5	RRC≤4.0
B	6.6≤RRC≤7.7	5.6≤RRC≤6.7	4.1≤RRC≤5.0
C	7.8≤RRC≤9.0	6.8≤RRC≤8.0	5.1≤RRC≤6.0
D			6.1≤RRC≤7.1
E	9.1≤RRC≤10.5	8.1≤RRC≤9.2	7.1≤RRC≤8.1
F	10.6≤RRC≤12	9.3≤RRC≤10.5	RRC≥8.1
G	RRC≥12.1	RRC≥10.6	

注：RRC=滚动阻力系数×1000。

由表 1-4 可以看出，A 级轮胎的滚动阻力系数已低到 0.004~0.0065。

在转弯行驶时，轮胎发生侧偏现象，滚动阻力大幅度增加。图 1-16 中给出了总质量为 34.5t 的半挂车绕半径为 33m 的圆周行驶时，滚动阻力增加的情况。试验表明，这种由于转弯行驶增加的滚动阻力已接近直线行驶时的 50%~100%。但在一般的动力性分析中，常不考虑由转弯增加的阻力。

2. 空气阻力

汽车直线行驶时受到的**空气作用力在行驶方向上的分力**称为**空气阻力**。空气阻力分为压力阻力与摩擦阻力两部分。作用在汽车外形表面上的法向压力的合力在行驶方向的分力，称为压力阻力（图 1-17）；摩擦阻力是由于空气的黏性在车身表面产生的切向力的合力在行驶方向的分力。**压力阻力又分为四部分：形状阻力、干扰阻力、内循环阻力和诱导阻力。**形状阻力占压力阻力的大部分，与车身主体形状有很大关系；干扰阻力是车身表面凸起物（如后视镜、手柄、引水槽、悬架导向杆、驱动轴等）引起的阻力；发动机冷却系、车身通风等所需空气流经车体内部时构成的阻力，即为内循环阻力；诱导阻力是空气升力在水平方向的投影。

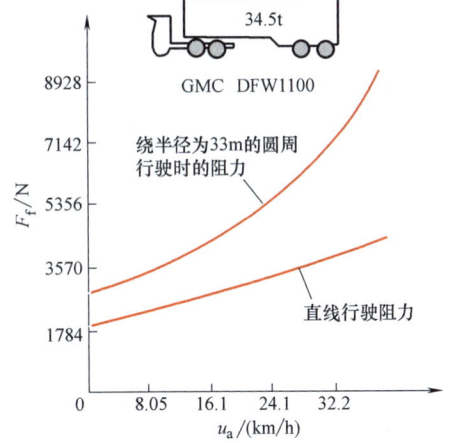

图 1-16　转弯时的滚动阻力与车速的关系

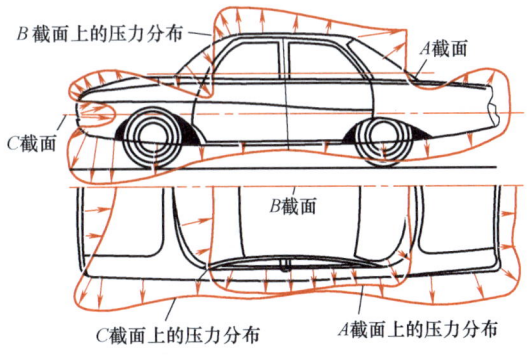

图 1-17　车身表面上的空气法向压力分布

在一般轿车中，这几部分阻力的大致比例为：形状阻力占 58%，干扰阻力占 14%，内循环阻力占 12%，诱导阻力占 7%，摩擦阻力占 9%。

在汽车行驶范围内，空气阻力的数值通常都总结成与气流相对速度的动压力 $\frac{1}{2}\rho u_r^2$ 成正比的形式，即

$$F_w = \frac{1}{2} C_D A \rho u_r^2$$

式中，C_D 为空气阻力系数，一般讲应是雷诺数 Re 的函数，在车速较高、动压力较高而相应气体的黏性摩擦较小时，C_D 将不随 Re 而变化；ρ 为空气密度，一般 $\rho = 1.2258\text{kg/m}^3$；$A$ 为迎风面积，即汽车行驶方向的投影面积（m^2）；u_r 为相对速度，在无风时即汽车的行驶速度（m/s）。

本章只讨论无风条件下汽车的运动，u_r 即为汽车行驶速度 u_a。如 u_a 以 km/h、A 以 m^2 计，则空气阻力（N）为

$$F_w = \frac{C_D A u_a^2}{21.15} \tag{1-5}$$

式（1-5）表明，空气阻力是与 C_D 及 A 值成正比的。A 值受到乘坐使用空间的限制，不易进一步减小，所以降低 C_D 值是降低空气阻力的主要手段。20 世纪 50～70 年代初，轿车 C_D 值维持在 0.4～0.6 之间。但自 70 年代能源危机后，为了进一步降低油耗，各国都致力于设法降低 C_D 值，至 90 年代，不少轿车的 C_D 值已降到 0.3 甚至更低一点。例如 CITROEN ZX 富康轿车的 C_D 值为 0.315，而 Passat 轿车的 C_D 值已低到 0.28。

现代车身空气动力学工程师认为，低 C_D 值的轿车车身应具备下列特点（图 1-18）。

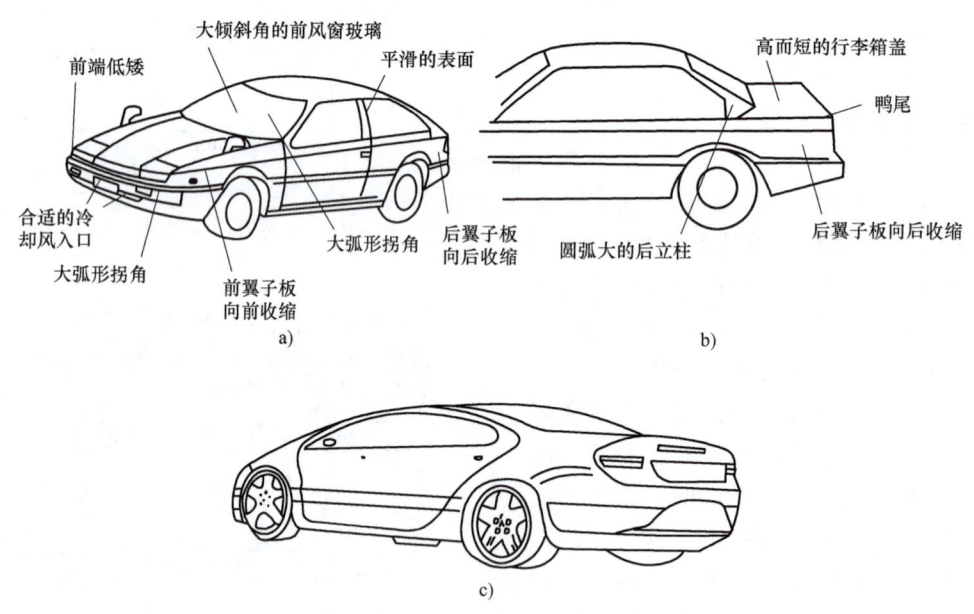

图 1-18 低 C_D 值车身的一些特点

（1）**车身前部** 发动机盖应向前下倾。面与面交接处的棱角应为圆柱状。风窗玻璃应尽可能"躺平"，且与车顶圆滑过渡。前立柱应圆滑，侧窗应与车身相平。尽量减少灯、后视镜等凸出物，凸出物的形状应接近流线型。在保险杠下方的前面，应装有合适的扰流板。

翼子板应与轮胎相平。

(2) **整车** 整个车身应向前倾斜 1°~2°。水平投影应为"腰鼓"形，后端稍稍收缩，前端呈半圆形。

(3) **汽车后部** 最好采用舱背式（hatch back）或直背式（fast back）。应有后扰流板。若用折背式（notch back），则行李箱盖板至地面距离应高些，长度要短些，后面应有鸭尾式结构，参看图 1-18b。

(4) **车身底部** 所有零部件应在车身下平面内且较平整，最好有平滑的盖板盖住底部。盖板从车身中部或由后轮以后向上稍稍升高。

(5) **发动机冷却进风系统** 仔细选择进风口与出风口的位置，应有高效率的散热器、精心设计的内部风道。

图 1-18c 所示为克莱斯勒公司 Dodge Intrepid ESX 车身的外形，其设计意图中的 C_D 值为 0.2。这种车身的前发动机罩、后行李箱盖与车厢平顺圆滑地相连，总体造型浑然一体。

目前，对货车与半挂车的空气阻力也很重视。不少半挂车的牵引车驾驶室上已装用导流板等装置，以减小空气阻力、节省燃油。

值得指出的是，汽车的 C_D 值实际上随着车身的离地距离、俯仰角以及侧向风的大小而变化。一般给出的是额定载荷下（如轿车为半载），无侧向风时的空气阻力值。

表 1-5 汇总了一些汽车的空气阻力系数 C_D 和迎风面积 A 的数据。

表 1-5 汽车的空气阻力系数与迎风面积

车 型	迎风面积 A /m²	空气阻力系数 C_D	$C_D A$/m²
典型轿车	1.7~2.1	0.30~0.41	
货车	3~7	0.6~1.0	
客车	4~7	0.5~0.8	
货车开式车厢[1.13]	6.025	0.78	4.7
货车封闭车厢(车厢3.6m高)	8.305	0.59	4.9
货车带拖挂车(车厢3.6m高)	8.289	0.76	6.3
罐式车(车厢3.6m高)	8.823	0.68	6.0
一汽大众奥迪 A6[1.14]	2.270	0.321	0.729
一汽大众奥迪 A4	2.150	0.28	0.602
一汽大众宝来	2.132	0.30	0.640
丰田佳美	2.288	0.28	0.641
宝马 760LI	2.412	0.29	0.699
北京现代伊兰特	1.991	0.313	0.623
三菱帕杰罗 V73	2.772	0.43	1.192
神龙富康	2.051	0.315	0.646
奔驰 S600	2.279	0.27	0.615
天津夏利 2000	2.130	0.29	0.618

3. 坡度阻力

当汽车上坡行驶时（图 1-19），汽车重力沿坡道的分力表现为汽车**坡度阻力**，即

$$F_i = G\sin\alpha \tag{1-6}$$

式中，G 为作用于汽车上的重力，$G = mg$，m 为汽车质量，g 为重力加速度。

道路坡度是以坡高与底长之比来表示的，即

$$i = \frac{h}{s} = \tan\alpha$$

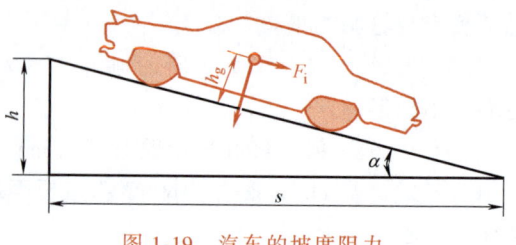

图 1-19　汽车的坡度阻力

根据我国公路路线设计规范，各级公路的设计车速见表 1-6，公路的最大纵坡与车速的关系见表 1-7。

所以，一般道路的坡度均较小，此时

$$\sin\alpha \approx \tan\alpha = i$$

故

$$F_i = G\sin\alpha \approx G\tan\alpha = Gi \tag{1-7}$$

表 1-6　各级公路的设计车速

公路等级	高速公路			一级公路			二级公路		三级公路		四级公路
设计车速/(km/h)	120	100	80	100	80	60	80	60	40	30	20

表 1-7　最大纵坡与车速的关系

设计车速/(km/h)	120	100	80	60	40	30	20
最大纵坡(%)	3	4	5	6	7	8	9

图 1-20 所示为坡度 i 与坡度角 α 的换算图。

在坡度大时，近似等式有一定误差，坡度阻力应按式 (1-6) 计算。

上坡时垂直于坡道路面的汽车重力分力为 $G\cos\alpha$，故汽车在坡道上行驶时的滚动阻力为 $F_f = Gf\cos\alpha$。

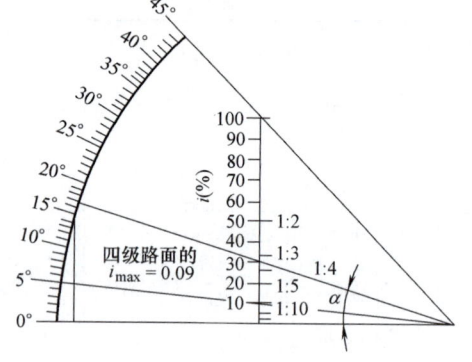

图 1-20　坡度 i 与道路坡度角 α 的换算图

由于坡度阻力与滚动阻力均属于与道路有关的阻力，而且均与汽车重力成正比，故可把这两种阻力合在一起称作**道路阻力**，以 F_Ψ 表示，即

$$F_\Psi = F_f + F_i = Gf\cos\alpha + G\sin\alpha$$

当 α 不大时，$\cos\alpha \approx 1$，$\sin\alpha \approx i$，则

$$F_\Psi = Gf + Gi = G(f + i)$$

令 $f + i = \Psi$，Ψ 称为**道路阻力系数**，则

$$F_\Psi = G\Psi \tag{1-8}$$

4. 加速阻力

<u>汽车加速行驶时，需要克服其质量加速运动时的惯性力，就是加速阻力 F_j</u>。汽车的质量分为平移质量和旋转质量两部分。加速时，不仅平移质量产生惯性力，旋转质量也要产生惯性力偶矩。为了便于计算，一般把旋转质量的惯性力偶矩转化为平移质量的惯性力，对于固定传动比的汽车，常以系数 δ 作为计入旋转质量惯性力偶矩后的**汽车旋转质量换算系数**，因而汽车加速时的阻力 (N) 可写作

$$F_j = \delta m \frac{du}{dt} \tag{1-9}$$

式中，δ 为汽车旋转质量换算系数，$\delta > 1$；m 为汽车质量（kg）；$\frac{du}{dt}$ 为行驶加速度（m/s^2）。

δ 主要与飞轮的转动惯量、车轮的转动惯量以及传动系的传动比有关。

根据公式推导（详见下文）有

$$\delta = 1 + \frac{1}{m}\frac{\sum I_w}{r^2} + \frac{1}{m}\frac{I_f i_g^2 i_0^2 \eta_T}{r^2}$$

式中，I_w 为车轮的转动惯量（kg·m^2）；I_f 为飞轮的转动惯量（kg·m^2）；i_0 为主传动比；i_g 为变速器的速比。

在进行动力性初步计算时，若不知道准确的 I_f、$\sum I_w$ 值，也可利用图 1-21，根据档位与总传动比大致确定 δ 值。

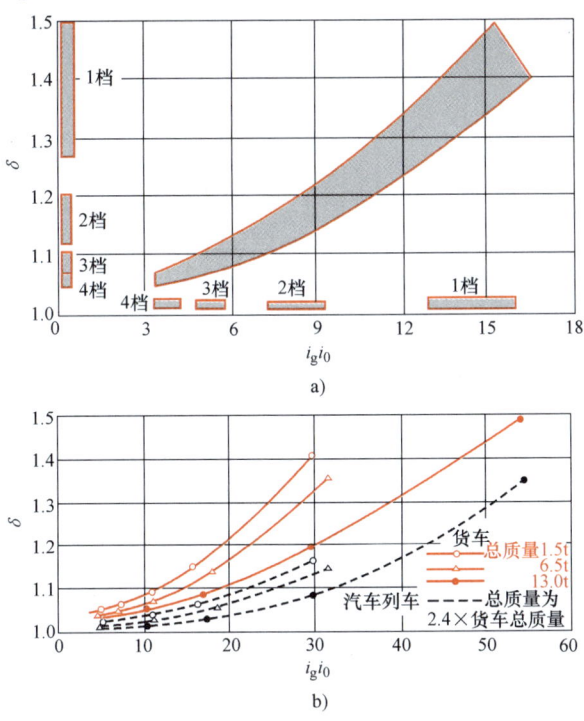

a)

b)

图 1-21　汽车旋转质量换算系数
a）轿车旋转质量换算系数与传动系总传动比 $i_g i_0$ 的关系
b）货车旋转质量换算系数与传动系总传动比 $i_g i_0$ 的关系

三、汽车行驶方程式

根据上面逐项分析的汽车行驶阻力，可以得到**汽车行驶方程式**为

$$F_t = F_f + F_w + F_i + F_j$$

或

$$\frac{T_{tq} i_g i_0 \eta_T}{r} = Gf\cos\alpha + \frac{C_D A}{21.15}u_a^2 + G\sin\alpha + \delta m \frac{du}{dt}$$

考虑到实际上正常道路的坡度角不大，$\cos\alpha \approx 1$，$\sin\alpha \approx \tan\alpha$，故常将上式写为

$$\frac{T_{\mathrm{tq}} i_{\mathrm{g}} i_0 \eta_{\mathrm{T}}}{r} = Gf + \frac{C_{\mathrm{D}} A}{21.15} u_{\mathrm{a}}^2 + Gi + \delta m \frac{du}{dt} \qquad (1\text{-}10)$$

式（1-10）表示无风天气、正常道路上行驶汽车的驱动力与行驶阻力的数量关系，在进行动力性分析时十分有用。但应指出，这个方程式并未经过周密的推导。为此，下面依据动力学中的功率方程，即汽车整体动能对时间的变化率等于所有作用力的功率，导出汽车旋转质量换算系数 δ，并建立汽车行驶方程式。

当车速为 $u^{\ominus}$（m/s）时，汽车的动能为

$$E = \frac{1}{2} m u^2 + \frac{1}{2} \sum I_{\mathrm{w}} \left(\frac{u}{r}\right)^2 + \frac{1}{2} I_{\mathrm{f}} \left(\frac{i_{\mathrm{g}} i_0 u}{r}\right)^2$$

汽车受到的外力的功率（N·m/s）为

$$P = -(F_{\mathrm{f}} + F_{\mathrm{w}} + F_{\mathrm{i}}) u$$

汽车内力的功率（N·m/s）主要是发动机气缸内气体推动活塞的功率，可写作

$$P_{\mathrm{e}} = T_{\mathrm{tq}} \omega_{\mathrm{e}}$$

式中，ω_{e} 为发动机飞轮的角速度（1/s）。这一驱动功率还可写作

$$P_{\mathrm{e}} = \frac{T_{\mathrm{tq}} i_{\mathrm{g}} i_0}{r} u$$

再则就是传动系中的摩擦损耗功率。若 F_{r} 表示传动系内各部分摩擦阻力转换到车轮周缘的（总）阻力，则传动系摩擦阻力的负功率为

$$P_{\mathrm{r}} = -F_{\mathrm{r}} u$$

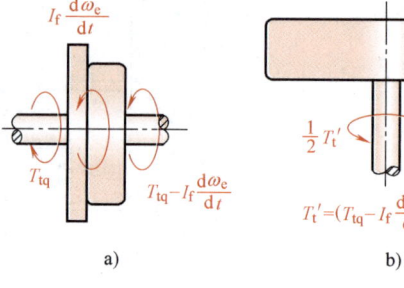

图 1-22　加速时传动系统的受力情况
a) 发动机飞轮受力图　b) 驱动轮受力图

下面先确定 F_{r} 值，为此参看图 1-22。

汽车加速或无级变速器速比变化时，发动机的旋转质量（主要为飞轮）也相应有角加速度 $d\omega_{\mathrm{e}}/dt$，它们之间的关系可由下式求得

$$\omega_{\mathrm{e}} = i_{\mathrm{g}} i_0 \omega = \frac{i_{\mathrm{g}} i_0 u}{r}$$

式中，ω 为车轮角速度（1/s）；i_{g} 为有级或无级变速器传动比。无级变速器传动比是随时间而变化的，故

$$\frac{d\omega_{\mathrm{e}}}{dt} = \frac{i_0}{r} \left(i_{\mathrm{g}} \frac{du}{dt} + u \frac{di_{\mathrm{g}}}{dt}\right)$$

忽略有级变速器齿轮或无级变速器旋转元件、传动轴与主减速器齿轮的转动惯量，加速时半轴施加于驱动轮的转矩 T_{t}' 为

$$T_{\mathrm{t}}' = \left(T_{\mathrm{tq}} - I_{\mathrm{f}} \frac{d\omega_{\mathrm{e}}}{dt}\right) i_{\mathrm{g}} i_0 \eta_{\mathrm{T}}$$

㊀ 本书中，u 的单位均为 m/s，因此它在后面的数值方程中出现时，不再给出单位。

若设传动系无任何摩擦阻力，则施加于驱动轮的转矩为

$$T_t'' = \left(T_{tq} - I_f \frac{d\omega_e}{dt}\right) i_g i_0$$

故传动系中各处摩擦转换到驱动轮处的摩擦阻力转矩为

$$T_r = T_t'' - T_t' = \left(T_{tq} - I_f \frac{d\omega_e}{dt}\right) i_g i_0 (1 - \eta_T)$$

显然，传动系中各处摩擦转换到车轮周缘的（总）摩擦阻力为

$$F_r = \frac{T_r}{r} = \frac{T_{tq} i_g i_0 (1 - \eta_T)}{r} - \frac{I_f i_g^2 i_0^2 (1 - \eta_T)}{r^2} \frac{du}{dt} - \frac{I_f i_0^2 i_g u (1 - \eta_T)}{r^2} \frac{di_g}{dt}$$

所以传动系中的摩擦损耗功率为

$$P_r = -\left[\frac{T_{tq} i_g i_0 (1 - \eta_T)}{r} - \frac{I_f i_g^2 i_0^2 (1 - \eta_T)}{r^2} \frac{du}{dt} - \frac{I_f i_0^2 i_g u (1 - \eta_T)}{r^2} \frac{di_g}{dt}\right] u$$

依据动力学中的功率方程可列出下式：

$$\frac{d}{dt}\left(\frac{1}{2} m u^2 + \frac{1}{2} \frac{\sum I_w}{r^2} u^2 + \frac{1}{2} \frac{I_f i_g^2 i_0^2}{r^2} u^2\right) = \left[-F_f - F_w - F_i + \frac{T_{tq} i_g i_0}{r} - \frac{T_{tq} i_g i_0 (1 - \eta_T)}{r} + \frac{I_f i_g^2 i_0^2 (1 - \eta_T)}{r^2} \frac{du}{dt} + \frac{I_f i_0^2 i_g u (1 - \eta_T)}{r^2} \frac{di_g}{dt}\right] u$$

从而

$$\left(m + \frac{\sum I_w}{r^2} + \frac{I_f i_g^2 i_0^2}{r^2}\right) u \frac{du}{dt} + \frac{I_f i_0^2 i_g u^2}{r^2} \frac{di_g}{dt} =$$

$$\left[F_t - F_f - F_w - F_i + \frac{I_f i_g^2 i_0^2 (1 - \eta_T)}{r^2} \frac{du}{dt} + \frac{I_f i_0^2 i_g u (1 - \eta_T)}{r^2} \frac{di_g}{dt}\right] u$$

因此得出汽车行驶方程式如下：

$$F_t = F_f + F_w + F_i + \left(m + \frac{\sum I_w}{r^2} + \frac{I_f i_g^2 i_0^2 \eta_T}{r^2}\right) \frac{du}{dt} + \frac{I_f i_0^2 i_g \eta_T u}{r^2} \frac{di_g}{dt} \tag{1-11}$$

由此可知汽车的加速阻力为

$$F_j = \left(m + \frac{\sum I_w}{r^2} + \frac{I_f i_g^2 i_0^2 \eta_T}{r^2}\right) \frac{du}{dt} + \frac{I_f i_0^2 i_g \eta_T u}{r^2} \frac{di_g}{dt} = \delta m \frac{du}{dt} + \frac{I_f i_0^2 i_g \eta_T u}{r^2} \frac{di_g}{dt}$$

式中，$\delta = 1 + \frac{\sum I_w}{mr^2} + \frac{I_f i_g^2 i_0^2 \eta_T}{mr^2}$。

对于装有有级式固定传动比变速器的汽车，$\frac{di_g}{dt} = 0$，加速阻力只有上式中前面一项 $\delta m \frac{du}{dt}$，所以 δ 为装有固定传动比变速器汽车的旋转质量换算系数。若为装有传动比连续变化的无级变速器汽车，加速阻力还应包含上式中的第二项。第二项加速阻力是由于传动比变化率 $\frac{di_g}{dt}$ 使发动机飞轮加速而产生的。

第三节 汽车的驱动力-行驶阻力平衡图与动力特性图

一、驱动力-行驶阻力平衡图

前面曾得到装用有级式固定传动比变速器汽车的行驶方程式为

$$F_t = F_f + F_i + F_w + F_j$$

或

$$\frac{T_{tq} i_g i_0 \eta_T}{r} = Gf + Gi + \frac{C_D A}{21.15} u_a^2 + \delta m \frac{du}{dt}$$

此公式表明了汽车行驶时驱动力和外界阻力之间相互关系的普遍情况。当发动机的转速特性、变速器的传动比、主减速比、传动效率、车轮半径、空气阻力系数、汽车迎风面积以及汽车质量等初步确定后,便可利用此式分析在附着性能良好的典型路面(混凝土、沥青路面)上的行驶能力,即确定汽车在节气门全开时可能达到的最高车速、加速能力和爬坡能力。

为了清晰而形象地表明汽车行驶时的受力情况及其平衡关系,一般是将汽车行驶方程式用图解法来进行分析的。就是说在图 1-8 所示汽车驱动力图上把汽车行驶中经常遇到的滚动阻力和空气阻力也算出并画上,作出汽车驱动力-行驶阻力平衡图,并以此来确定汽车的动力性。

图 1-23 所示为具有 5 档变速器紧凑型轿车的驱动力-行驶阻力平衡图。图 1-23 上既有各档的驱动力,又有滚动阻力以及滚动阻力和空气阻力叠加后得到的行驶阻力曲线。

从图 1-23 上可以清楚地看出不同车速时驱动力和行驶阻力之间的关系。汽车以最高档行驶时的最高车速,可以直接在图 1-23 上找到。显然,F_{t5} 曲线与 $F_f + F_w$ 曲线的交点便是 $u_{a\max}$。因为此时驱动力和行驶阻力相等,汽车处于稳定的平衡状态。图 1-23 中最高车速为 175km/h。

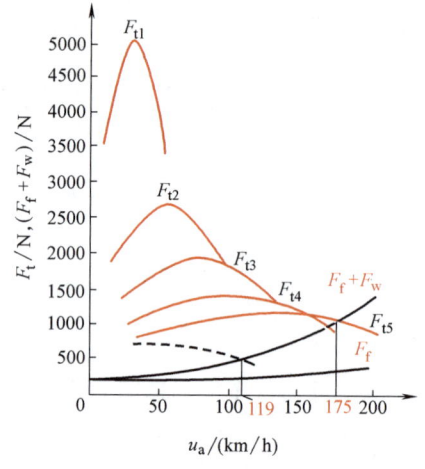

图 1-23 汽车驱动力-行驶阻力平衡图

从图 1-23 中还可以看出,当车速低于最高车速时,驱动力大于行驶阻力。这样,汽车就可以利用剩余的驱动力加速或爬坡。当需要在 119km/h 等速行驶时,驾驶员可以关小节气门开度(图 1-23 中虚线),此时发动机只用部分负荷特性工作,相应地得到虚线所示驱动力曲线,以使汽车达到新的平衡。

汽车的加速能力可用它在水平良好路面上行驶时能产生的加速度来评价,但第一节中已经指出,由于加速度的数值不易测量,实际中常用加速时间来表明汽车的加速能力。譬如用直接档行驶时,由最低稳定速度加速到一定距离或 $80\% u_{a\max}$ 所需的时间表明汽车的加速能力。现在根据图 1-23 求出汽车的加速时间。

由汽车行驶方程得

$$\frac{du}{dt} = \frac{1}{\delta m} [F_t - (F_f + F_w)] \quad (\text{设 } F_i = 0)$$

显然，利用图 1-23 可计算得出各档节气门全开时的加速度曲线，如图 1-24 所示。由图可以看出，高档位时的加速度要小些，Ⅰ档的加速度最大。但是有的越野汽车Ⅰ档 δ 值甚大，Ⅱ档的加速度可能比Ⅰ档的加速度还大。

根据加速度图可以进一步求得由某一车速 u_1 加速至另一较高车速 u_2 所需的时间。

由运动学可知

$$dt = \frac{1}{a} du$$

$$t = \int_0^t dt = \int_{u_1}^{u_2} \frac{1}{a} du = A$$

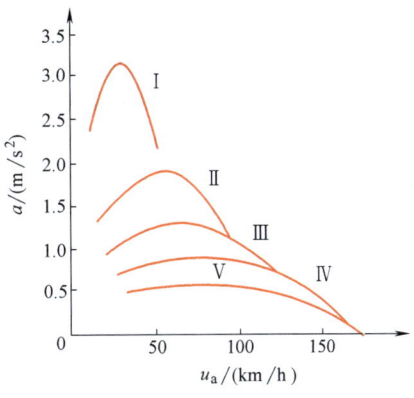

图 1-24 汽车的行驶加速度曲线

即加速时间可用计算机进行积分计算或用图解积分法求出。用图解积分法，将 a-u_a 曲线（图 1-24）转画成 $\frac{1}{a}$-u_a 曲线（图 1-25a）。曲线下两个速度区间的面积就是通过此速度区间的加速时间。常将速度区间分为若干间隔，通过确定面积 Δ_1、Δ_2……来计算（总）加速时间（图 1-25b）。

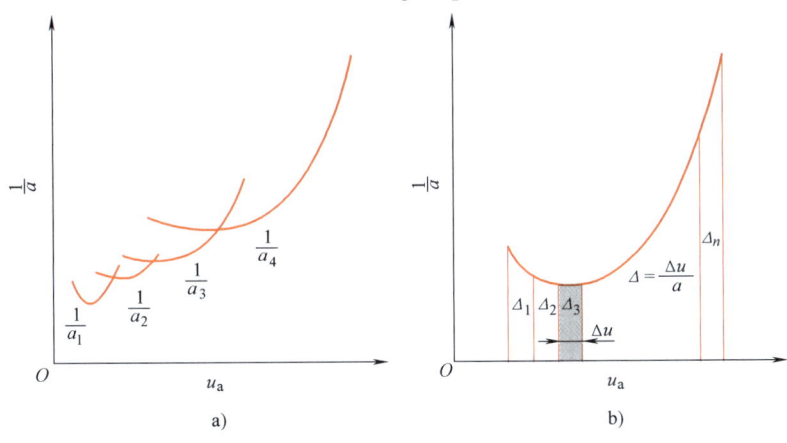

图 1-25 汽车的加速度倒数曲线

在进行一般动力性分析而计算原地起步加速时间时，可以忽略原地起步时的离合器打滑过程，即假设在最初时刻，汽车已具有起步档位的最低车速。加速过程中的换档时刻可根据各档的 a-u_a 曲线来确定，如图 1-24 所示。若Ⅰ档与Ⅱ档的加速度曲线有交点，显然，为了获得最短加速时间，应在交点对应车速由Ⅰ档换Ⅱ档。若Ⅰ档与Ⅱ档加速度曲线不相交，则应在Ⅰ档加速行驶至发动机转速达到最高转速时换入Ⅱ档。其他各档间的换档时刻亦按此原则来确定。至于换档过程所经历的时间，则常忽略不计。

图 1-26 所示为计算得到的轻型货车 BJ 130 加速

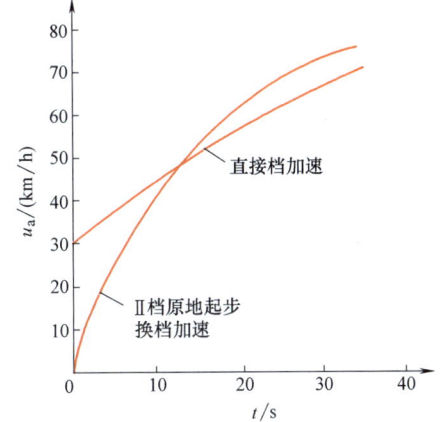

图 1-26 计算得到的轻型货车 BJ 130 加速时间曲线

时间曲线。计算汽车加速时间，确定汽车的加速能力，在选择传动系最佳方案或选择合适的发动机排量时是十分有用的。这些将在第三章中详细讨论。

根据汽车行驶方程式与驱动力-行驶阻力平衡图，可确定汽车的爬坡能力。

一般所谓汽车的爬坡能力，是指汽车在良好路面上克服F_f+F_w后的余力全部用来（即等速）克服坡度阻力时能爬上的坡度，所以$\dfrac{du}{dt}=0$。因此

$$F_i = F_t - (F_f + F_w)$$

一般汽车最大爬坡度达30%左右，因此利用汽车行驶方程式确定Ⅰ档及低档爬坡能力时，应采用$G\sin\alpha$作为坡度阻力，即上式应为

$$G\sin\alpha = \frac{T_{tq}i_g i_0 \eta_T}{r} - \left(G\cos\alpha f + \frac{C_D A u_a^2}{21.15}\right)$$

即

$$\alpha = \arcsin\frac{F_t - (F_f + F_w)}{G}$$

利用图1-23可求出汽车能爬上的道路坡度角，相应地根据$\tan\alpha = i$可求出坡度值。其中，汽车最大爬坡度i_{max}为Ⅰ档时的最大爬坡度。最高档最大爬坡度亦应引起注意，特别是货车、牵引车。因为货车经常是以最高档行驶的，如果最高档的最大爬坡度过小，迫使货车在遇到较小的坡度时经常换档，这样就影响了行驶的平均车速。

图1-27所示为一辆紧凑型轿车的爬坡度图。显然，轿车的低档驱动力是用以获得好的加速性能的，所以计算中求得的爬坡度很大，完全超出实际要求的爬坡能力。

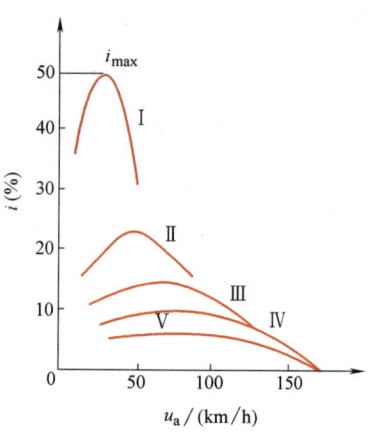

图1-27 一辆紧凑型轿车的爬坡度图

二、动力特性图

也有用动力特性图来分析汽车动力性的。

将汽车行驶方程两边除以汽车重力并整理如下：

$$F_t = F_f + F_i + F_w + F_j$$

$$\frac{F_t - F_w}{G} = \Psi + \frac{\delta}{g}\frac{du}{dt}$$

令$\dfrac{F_t - F_w}{G}$为汽车的**动力因数**并以符号D表示，则

$$D = \Psi + \frac{\delta}{g}\frac{du}{dt} \qquad (1\text{-}12)$$

汽车在各档下的动力因数与车速的关系曲线称为动力特性图（图1-28）。在动力特性图上作滚动阻力系数曲线$f\text{-}u_a$，显然$f\text{-}u_a$曲线与直接档$D\text{-}u_a$

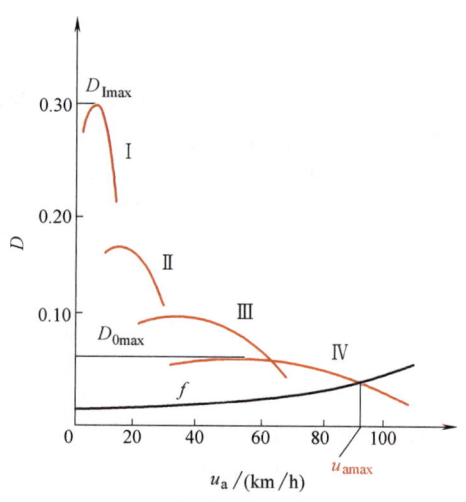

图1-28 汽车动力特性图和利用动力特性来确定汽车的动力性

曲线的交点即为汽车的最高车速。

在求最大爬坡度时，$\frac{du}{dt}=0$，故式（1-12）可写成

$$D = \Psi = f + i$$

因此，$D\text{-}u_a$ 曲线与 $f\text{-}u_a$ 曲线间的距离就表示汽车的上坡能力。I 档时，坡度较大，此时 $i_{max}=D_{I\,max}-f$ 之误差较大。应用下式计算：

$$D_{I\,max} = f\cos\alpha_{max} + \sin\alpha_{max}$$

用 $\cos\alpha_{max}=\sqrt{1-\sin^2\alpha_{max}}$ 代入上式，整理后可得

$$\alpha_{max} = \arcsin\frac{D_{I\,max}-f\sqrt{1-D_{I\,max}^2+f^2}}{1+f^2}$$

然后再根据 $\tan\alpha_{max}=i_{max}$ 换算成最大爬坡度。

加速时，$i=0$，故

$$\frac{du}{dt} = \frac{g}{\delta}(D-f)$$

用上述同样方法亦可求得加速度值，然后再计算出加速时间。

第四节 汽车行驶的附着条件与汽车的附着率

一、汽车行驶的附着条件

从上面的分析可知，动力装置（指发动机与传动系）所确定的驱动力是决定动力性的一个主要因素。驱动力大，加速能力好，爬坡能力也强。不过这个结论只在轮胎-路面有足够大的附着力（例如良好轮胎在干燥的水泥路面上）时才能成立。在潮湿的沥青路面上附着性能差时，大的驱动力可能引起车轮在路面上急剧加速滑转，地面切向反作用力并不很大，动力性也未进一步提高。由此可见，汽车的动力性不只受驱动力的制约，它还受到轮胎与地面附着条件的限制。

地面对轮胎切向反作用力的极限值称为附着力 F_φ，在硬路面上它与驱动轮法向反作用力 F_Z 成正比，常写成

$$F_{X\max} = F_\varphi = F_Z\varphi$$

式中，φ 为附着系数，它是由路面与轮胎决定的。

由作用在驱动轮上的转矩 T_t 引起的地面切向反作用力不能大于附着力，否则将发生驱动轮滑转现象，即对于后轮驱动的汽车

$$\frac{T_t - T_{f2}}{r} = F_{X2} \leq F_{Z2}\varphi$$

这就是汽车行驶的附着条件，也可写成

$$\frac{F_{X2}}{F_{Z2}} \leq \varphi$$

式中,$\dfrac{F_{X2}}{F_{Z2}}$ 为后轮驱动汽车驱动轮的**附着率** $C_{\varphi 2}$,即

$$C_{\varphi 2} \leqslant \varphi$$

对于前轮驱动汽车,其前驱动轮的附着率亦不能大于地面附着系数。

可以由发动机、传动系的参数及汽车的行驶工况确定汽车驱动轮的附着率。显然,**驱动轮的附着率是表明汽车附着性能的一个重要指标,是汽车驱动轮在不滑转工况下充分发挥驱动力作用所要求的最低地面附着系数。**

二、汽车的附着力与地面法向反作用力

汽车的附着力取决于附着系数以及地面作用于驱动轮的法向反作用力。

附着系数主要取决于路面的种类和状况,行驶车速对附着系数也有影响。附着系数还受到车轮运动状况的影响,这些问题将在第四章"汽车的制动性"中做详尽的介绍。在一般动力性分析中,只取附着系数的平均值。在良好的混凝土或沥青路面上,路面干燥时 φ 值为 0.7~0.8,路面潮湿时 φ 值为 0.5~0.6;干燥的碎石路 φ 值为 0.6~0.7;干燥的土路 φ 值为 0.5~0.6,湿土路面 φ 值为 0.2~0.4。

驱动轮地面法向反作用力与汽车的总体布置、车身形状、行驶状况及道路的坡度有关。

图 1-29 所示为汽车加速上坡的受力。图中,G 为汽车重力;α 为道路坡度角;h_g 为汽车质心高;F_w 为空气阻力;T_{f1}、T_{f2} 为作用在前、后轮上的滚动阻力偶矩;T_{je} 为作用于横置发动机飞轮上的惯性阻力偶矩;T_{jw1}、T_{jw2} 为作用在前、后车轮上的惯性阻力偶矩;F_{Zw1}、F_{Zw2} 为作用于车身上并位于前、后轮接地点上方的空气升力;F_{Z1}、F_{Z2} 为作用在前、后轮上的地面法向反作用力;F_{X1}、F_{X2} 为作用在前、后轮上的地面切向反作用力;L 为汽车轴距;a、b 为汽车质心至前、后轴的距离。

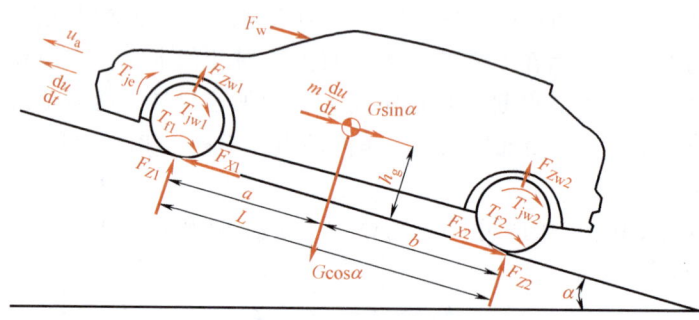

图 1-29 汽车加速上坡的受力

若将作用在汽车上的诸力对前、后轮与道路接触面中心取力矩,则得

$$\left.\begin{aligned}F_{Z1} &= G\left(\dfrac{b}{L}\cos\alpha - \dfrac{h_g}{L}\sin\alpha\right) - \left(\dfrac{G}{g}\dfrac{h_g}{L} + \dfrac{\sum I_w}{Lr} \pm \dfrac{I_f i_g i_0}{Lr}\right)\dfrac{du}{dt} - F_{Zw1} - G\dfrac{rf}{L}\cos\alpha \\ F_{Z2} &= G\left(\dfrac{a}{L}\cos\alpha + \dfrac{h_g}{L}\sin\alpha\right) + \left(\dfrac{G}{g}\dfrac{h_g}{L} + \dfrac{\sum I_w}{Lr} \pm \dfrac{I_f i_g i_0}{Lr}\right)\dfrac{du}{dt} - F_{Zw2} + G\dfrac{rf}{L}\cos\alpha\end{aligned}\right\} \quad (1\text{-}13)$$

由于 F_w 与 F_{Zw1}、F_{Zw2} 均是在风洞中实测获得的,所以在式(1-13)中不能再计入 F_w 对前、后轮与道路接触面中心的矩。

从式（1-13）可以看出，前、后轮地面法向反作用力是由四个部分构成的。

（1）**静态轴荷的法向反作用力**　即汽车重力分配到前、后轴的分量产生的地面法向反作用力。它们分别为

$$F_{Zs1} = G\left(\frac{b}{L}\cos\alpha - \frac{h_g}{L}\sin\alpha\right)$$

$$F_{Zs2} = G\left(\frac{a}{L}\cos\alpha + \frac{h_g}{L}\sin\alpha\right)$$

（2）**动态分量**　即加速过程中产生的惯性力、惯性阻力偶矩造成的地面法向反作用力部分。它们分别为

$$F_{Zd1} = -\frac{G}{g}\left(\frac{h_g}{L} + \frac{g}{G}\frac{\sum I_w}{Lr} \pm \frac{g}{G}\frac{I_f i_g i_0}{Lr}\right)\frac{du}{dt}$$

$$F_{Zd2} = \frac{G}{g}\left(\frac{h_g}{L} + \frac{g}{G}\frac{\sum I_w}{Lr} \pm \frac{g}{G}\frac{I_f i_g i_0}{Lr}\right)\frac{du}{dt}$$

平移质量的惯性力为 $\frac{G}{g}\frac{du}{dt}$；旋转轴线垂直于汽车纵向垂直平面的旋转质量惯性阻力偶矩，即车轮的惯性阻力偶矩 $\frac{\sum I_w}{r}\frac{du}{dt}$ 与横置发动机飞轮的惯性阻力偶矩 $\frac{I_f i_g i_0}{r}\frac{du}{dt}$（曲轴旋转方向与车轮旋转方向一致时取"+"号）。

由于旋转质量惯性阻力偶矩的数值较小，一般性分析中可忽略不计。

（3）**空气升力**　由于流经汽车顶部与底部的空气流速不一样，产生了作用于汽车的空气升力。常将空气升力分解为作用于前轮接地点与后轮接地点的前、后空气升力。可用试验确定的前、后空气升力系数 C_{Lf}、C_{Lr} 来计算前、后升力，即

$$F_{Zw1} = \frac{1}{2}C_{Lf}A\rho u_r^2$$

$$F_{Zw2} = \frac{1}{2}C_{Lr}A\rho u_r^2$$

式中，A 为迎风面积，即汽车行驶方向的投影面积。

图 1-30a 中给出了几种车身形式的前、后空气升力系数。图 1-30b 和图 1-30c 中给出了后轴和前轴升力系数的变化过程，总趋势是减小升力。

车身前部压低，尾部肥厚向上的楔形造型，可以降低空气升力。合适的前保险杠下面的阻风板与后行李箱盖上的后扰流板能进一步减小前、后空气升力，如图 1-31 所示。

（4）**滚动阻力偶矩产生的部分**　即式（1-13）中最后一项 $G\frac{rf}{L}\cos\alpha$。由于此项甚小，可以忽略不计。

汽车前、后轮地面法向反作用力，忽略掉旋转质量惯性阻力偶矩与滚动阻力偶矩之后，便简化为

$$\left.\begin{aligned}F_{Z1} &= F_{Zs1} - F_{Zw1} - \frac{G}{g}\frac{h_g}{L}\frac{du}{dt} \\ F_{Z2} &= F_{Zs2} - F_{Zw2} + \frac{G}{g}\frac{h_g}{L}\frac{du}{dt}\end{aligned}\right\} \quad (1\text{-}14)$$

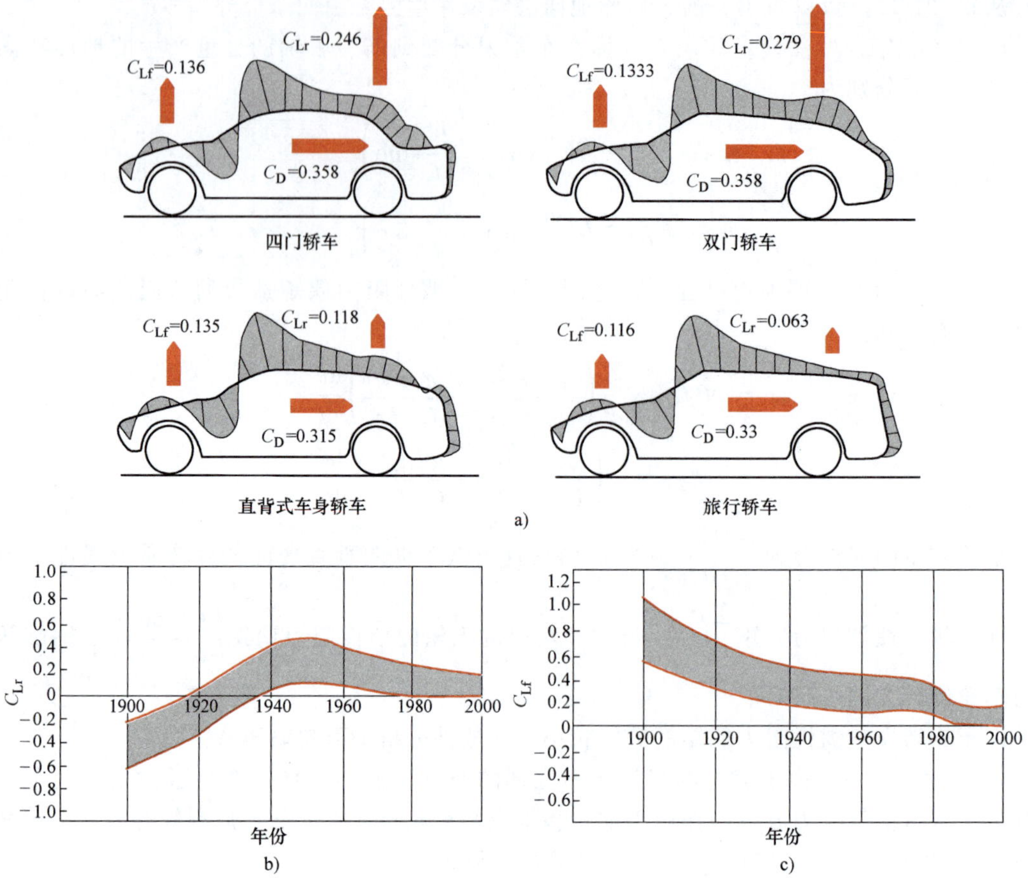

图 1-30 汽车的前、后空气升力系数

a) 一些轿车车身形式的前、后空气升力系数　b) 后轴升力系数发展过程　c) 前轴升力系数发展过程

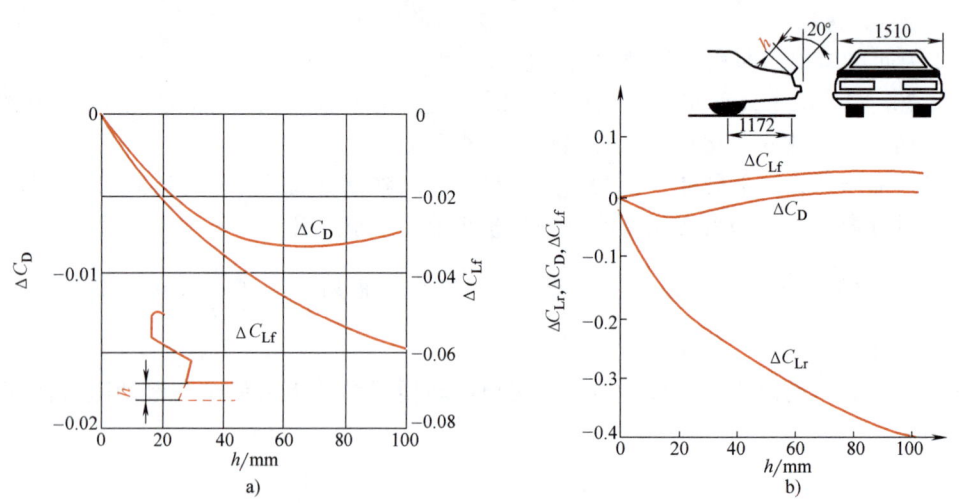

图 1-31 前阻风板、后扰流板对空气升力系数与空气阻力系数的影响

a) 前阻风板高度对 C_D、C_{Lf} 的影响　b) 后扰流板高度对 C_D、C_{Lf}、C_{Lr} 的影响

三、作用在驱动轮上的地面切向反作用力

图 1-32 所示为前轮驱动汽车在坡道上加速行驶时从动轮、驱动轮与车身的受力。图中，G_{w1}、G_{w2} 为驱动轮、从动轮的重力；m_1、m_2 为驱动轮、从动轮的质量；W_B 为车身重力；m_B 为车身质量；F_{p1}、F_{p2} 为驱动轴、从动轴作用于驱动轮、从动轮的平行于路面的力；T'_t 为半轴作用于驱动轮的转矩；T_{f1}、T_{f2} 为作用在前、后轮上的滚动阻力偶矩；T_{jw1}、T_{jw2} 为作用在前、后轮上的惯性阻力偶矩；F_{Z1}、F_{Z2} 为作用在前、后轮上的地面法向反作用力；F_{X1}、F_{X2} 为作用在前、后轮上的地面切向反作用力；L 为汽车轴距；a'、b' 为车身质心至前、后轴的距离。

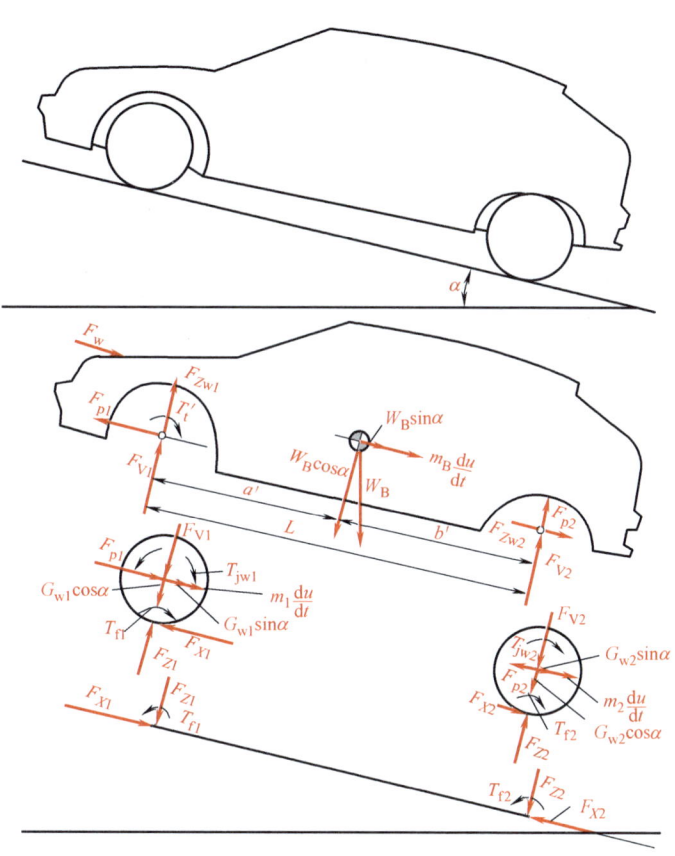

图 1-32 前轮驱动汽车在坡道上加速行驶时
从动轮、驱动轮与车身的受力

由从动轮受力图有

$$F_{p2} = m_2 \frac{du}{dt} + G_{w2}\sin\alpha + F_{X2}$$

与

$$F_{X2} r = T_{f2} + T_{jw2}$$

即

$$F_{X2} = \frac{T_{f2}}{r} + \frac{T_{jw2}}{r}$$

T_{jw2} 的数值很小，可忽略不计，故

$$F_{X2} = F_{f2}$$

所以

$$F_{p2} = F_{f2} + G_{w2}\sin\alpha + m_2\frac{du}{dt}$$

由车身受力图有

$$F_{p1} = F_{p2} + F_w + W_B\sin\alpha + m_B\frac{du}{dt}$$

$$= F_{f2} + F_w + (W_B + G_{w2})\sin\alpha + (m_B + m_2)\frac{du}{dt}$$

考虑驱动轮的受力平衡可得

$$F_{X1} = F_{p1} + G_{w1}\sin\alpha + m_1\frac{du}{dt}$$

代入 F_{p1} 得

$$F_{X1} = F_{f2} + F_w + G\sin\alpha + m\frac{du}{dt}$$

$$= F_{f2} + F_w + F_i + F'_j \tag{1-15}$$

同理，对于后轮驱动汽车，地面作用于驱动轮的切向反作用力为

$$F_{X2} = F_{f1} + F_w + F_i + F'_j \tag{1-16}$$

注意此处的 $F'_j = m\frac{du}{dt}$。

四、附着率

附着率是指汽车直线行驶状况下，充分发挥驱动力作用时要求的最低附着系数。不同的直线行驶工况，要求的最低附着系数是不一样的。在较低行驶车速下，用低速档加速或上坡行驶，驱动轮发出的驱动力大，要求的（最低）附着系数大。此外，在水平路段上以极高车速行驶时，要求的附着系数也大。下面就分析这两种行驶工况下的附着率。

1. 加速、上坡行驶时的附着率

根据前面求得的前、后轴地面法向反作用力与驱动轮地面切向反作用力，可以确定前驱动轮或后驱动轮的附着率。

对于后轮驱动汽车，其后驱动轮的附着率为

$$C_{\varphi 2} = \frac{F_{X2}}{F_{Z2}} = \frac{F_{f1} + F_w + F_i + F'_j}{F_{Zs2} - F_{Zw2} + \frac{G}{g}\frac{h_g}{L}\frac{du}{dt}} \tag{1-17}$$

在加速、上坡时，主要的行驶阻力为加速阻力与坡度阻力，空气阻力与滚动阻力可忽略不计，故后驱动轮的附着率简化为

$$C_{\varphi 2} = \frac{F_i + F'_j}{F_{Zs2} + \frac{G}{g}\frac{h_g}{L}\frac{du}{dt}} = \frac{i + \frac{1}{\cos\alpha}\frac{1}{g}\frac{du}{dt}}{\frac{a}{L} + \frac{h_g}{L}\left(i + \frac{1}{\cos\alpha}\frac{1}{g}\frac{du}{dt}\right)}$$

式中，$i+\dfrac{1}{\cos\alpha}\dfrac{1}{g}\dfrac{\mathrm{d}u}{\mathrm{d}t}$ 可以理解为包含加速阻力在内的等效坡度，以 q 表示，则

$$C_{\varphi 2} = \dfrac{q}{\dfrac{a}{L} + \dfrac{h_g}{L}q}$$

由于 $C_{\varphi 2}$ 为加速、上坡行驶时要求的地面附着率，故在一定附着系数 φ 的路面上行驶时，汽车能通过的（最大）等效坡度为

$$q = \dfrac{\dfrac{a}{L}}{\dfrac{1}{\varphi} - \dfrac{h_g}{L}}$$

同理可以求得前轮驱动汽车的前驱动轮附着率为

$$C_{\varphi 1} = \dfrac{q}{\dfrac{b}{L} - \dfrac{h_g}{L}q}$$

一定 φ 值路面上，能通过的等效坡度为

$$q = \dfrac{\dfrac{b}{L}}{\dfrac{1}{\varphi} + \dfrac{h_g}{L}}$$

对于四轮驱动汽车，前、后驱动力的分配是根据中央差速器的结构确定的。若令后轴的转矩分配系数为

$$\Psi = \dfrac{T_{t2}}{T_{t1} + T_{t2}}$$

式中，T_{t1} 为前驱动轴的驱动转矩；T_{t2} 为后驱动轴的驱动转矩。

转矩分配系数的选择，首先必须满足前、后驱动轴可承受的转矩负荷需求，其次必须满足前、后驱动轴的可承受轴荷的需求，最后按照行驶工况，必须满足不同的坡道行驶工况需求。

如是前轮驱动汽车，则 $\Psi = 0$；如是后轮驱动汽车，$\Psi = 1$。四轮驱动汽车中，AudiQ 系列汽车的 $\Psi = 0.6$，BMW325i 汽车的 $\Psi = 0.63$，M. B. 4Matic 汽车的 $\Psi = 0.65$。

根据 Ψ 值，在忽略滚动阻力、空气阻力与旋转质量的影响后，可以确定前、后轮的切向反作用力为

$$F_{X1} = (1 - \Psi)G\left(\sin\alpha + \dfrac{1}{g}\dfrac{\mathrm{d}u}{\mathrm{d}t}\right)$$

$$F_{X2} = \Psi G\left(\sin\alpha + \dfrac{1}{g}\dfrac{\mathrm{d}u}{\mathrm{d}t}\right)$$

故前、后驱动轮的附着率分别为

$$C_{\varphi 1} = \dfrac{(1 - \Psi)q}{\dfrac{b}{L} - \dfrac{h_g}{L}q}$$

$$C_{\varphi 2} = \frac{\Psi q}{\frac{a}{L} + \frac{h_g}{L}q}$$

前、后驱动轮的附着率常不相等。如前驱动轮附着率较大，即一定等效坡度条件下，前驱动轮要求更大的地面附着系数，则在一定 φ 值路面上行驶时，前驱动轮的驱动力将先达到地面附着力而滑转。前驱动轮滑转后，前驱动力不再增加，故后驱动轮动力也保持其在前轮刚开始滑转时的数值而不再增加。即若 $C_{\varphi 1} > C_{\varphi 2}$，在一定附着系数 φ 的路面上，该四轮驱动汽车能达到的等效坡度为

$$q = \frac{\frac{b}{L}}{\frac{1-\Psi}{\varphi} + \frac{h_g}{L}}$$

反之，若 $C_{\varphi 1} < C_{\varphi 2}$，则在一定 φ 值路面上能达到的等效坡度为

$$q = \frac{\frac{a}{L}}{\frac{\Psi}{\varphi} - \frac{h_g}{L}}$$

如果前、后驱动力的分配可以根据运动状况自动调节，使前、后驱动力同时达到附着力的限值，则全部附着力均可转化为驱动力，有

$$\varphi G\cos\alpha = G\sin\alpha + \frac{G}{g}\frac{du}{dt}$$

即
$$\varphi = q$$

此时等效坡度等于地面附着系数。

图 1-33 中给出了前轮驱动、后轮驱动和四轮驱动汽车的等效坡度与地面附着系数的关系曲线。正如所预期的一样，四轮驱动汽车的等效坡度，即加速与上坡能力大大超过单轴驱动汽车。

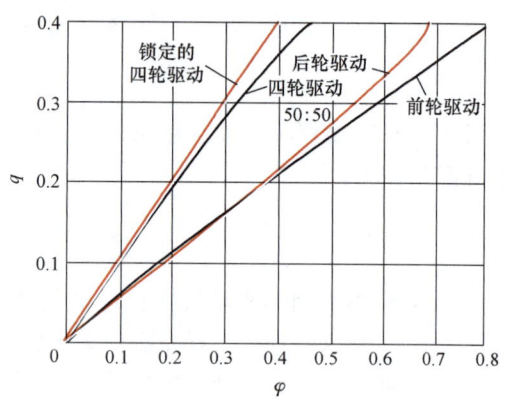

图 1-33 不同驱动型式汽车的等效坡度
前轮驱动 $a/L=0.43$，后轮驱动 $a/L=0.49$，四轮驱动 $a/L=0.48$

在第三节中已经根据发动机与传动系的结构参数确定了汽车的加速度与爬坡度，如图 1-24 与图 1-27 所示。显然，为了完整表达汽车的动力性，还应给出达到相应加速度与爬坡度所要求的地面附着系数，即附着率曲线。图 1-34a 所示为图 1-23 和图 1-24 算例中后轮驱动轿车在 Ⅰ、Ⅱ 档加速或爬坡行驶时相应的附着率曲线。由图 1-34a 可知，Ⅰ 档加速时最大的 $C_{\varphi 2}$ 值为 0.64，在 $\varphi = 0.7$ 的良好路面上汽车可以全力加速行驶。但从图 1-34b 中却可看出，在 $\varphi = 0.7$ 的路面上，该车 Ⅰ 档（节气门全开时）的爬坡能力基本上是无法实现的。不过 Ⅱ 档的最大 $C_{\varphi 2}$ 值为 0.45，相应的爬坡度达 23%，远大于四级公路在山岭重丘区的最大纵向坡度 9%。所以，该车在良好路面上的附着性能仍是令人满意的。

2. 高速行驶时的附着率

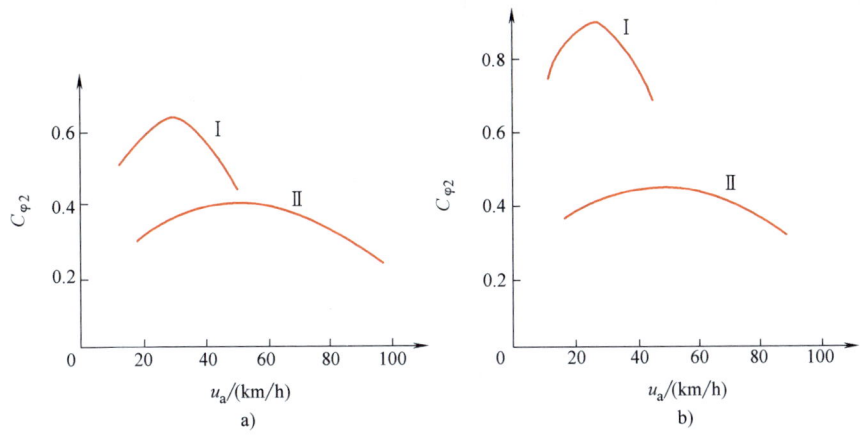

图 1-34 汽车的附着率曲线
a) 图 1-23 和图 1-24 算例中轿车以 Ⅰ、Ⅱ 档（全力）加速时相应的附着率
b) 图 1-23 和图 1-27 算例中轿车以 Ⅰ、Ⅱ 档（全力）爬坡时相应的附着率

汽车在良好道路上高速行驶时，道路的坡度与汽车加速度均很小。令 $i = 0$，$\dfrac{du}{dt} = 0$，则由式（1-17）便可求得高速行驶时后轮驱动汽车的后驱动轮附着率为

$$C_{\varphi 2} = \frac{F_{f1} + F_w}{F_{Zs2} - F_{Zw2}}$$

图 1-35 中给出了一辆紧凑型后轮驱动轿车后驱动轮地面切向反作用力、法向反作用力、附着率与车速的关系曲线。图中的法向反作用力与附着率是按三种空气升力系数求得的，即后空气升力系数为 0.28、0.15 与 0。由图可以看出，随着车速的增加，后轮的法向反作用力下降，而切向反作用力则按车速的平方关系增大。因此，附着率 $C_{\varphi 2}$ 随着车速的提高而急剧增大。

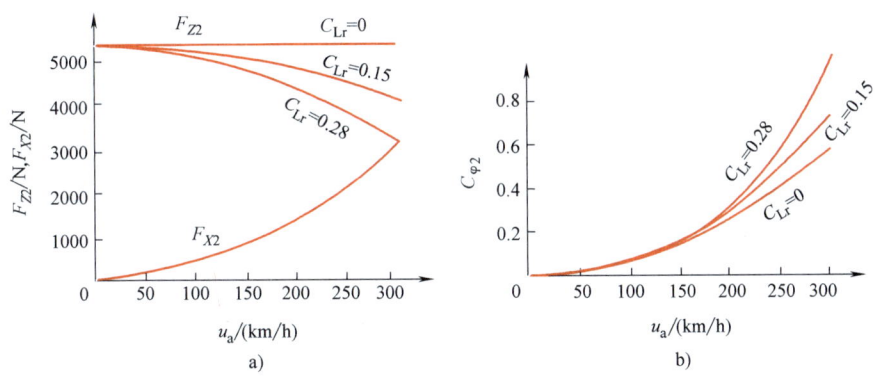

图 1-35 高速行驶时后驱动轮的附着率
a) 后轮法向反作用力 F_{Z2} 与切向反作用力 F_{X2} 随车速的变化曲线
b) 后驱动轮附着率 $C_{\varphi 2}$ 随车速的变化曲线

图 1-35 表明，在一般车速下 $C_{\varphi 2}$ 值甚小，汽车完全可以正常行驶。当车速达到 250km/h、$C_{Lr} = 0.28$ 时，$C_{\varphi 2} = 0.57$，附着率接近于沥青路面的附着系数。当车速为 300km/h、$C_{Lr} =$

0.28 时, $C_{\varphi 2}=0.99$; $C_{Lr}=0.15$ 时, $C_{\varphi 2}=0.74$。这说明在极高车速下，即使是良好路面也不能满足附着性能的要求。

不过上面的讨论只限于做纯粹直线行驶的汽车。实际行驶条件下，驾驶员必须根据道路与交通情况经常转动转向盘来调整车辆的行驶路径，汽车将产生一定的或很大的侧向加速度，轮胎接地处常要承受一定的甚至很大的地面侧向反作用力。所以，为了保证安全行驶，所要求的地面附着系数远比附着率高许多。

通过改善车身形状，或者增加一些辅助的空气动力装置，可以降低空气升力系数，达到减小附着率，以改善操纵稳定性与动力性的目的；也可以通过调整汽车的总体布置，变动前、后轴的轴荷来减小驱动轮的附着率。

上述讨论对于前轮驱动汽车而言，没有原则上的区别。

第五节 汽车的功率平衡

汽车行驶时，不仅驱动力和行驶阻力互相平衡，发动机功率和汽车行驶的阻力功率也总是平衡的。就是说，在汽车行驶的每一瞬间，发动机发出的功率始终等于机械传动损失功率与全部运动阻力所消耗的功率。

汽车运动阻力所消耗的功率有滚动阻力功率 P_f、空气阻力功率 P_w、坡度阻力功率 P_i 及加速阻力功率 P_j。

将汽车行驶方程式两边乘以行驶车速 u_a，并经单位换算整理出汽车功率平衡方程式（式中功率单位为 kW）如下：

$$P_e = \frac{1}{\eta_T}\left(\frac{Gfu_a}{3600} + \frac{Giu_a}{3600} + \frac{C_D A u_a^3}{76140} + \frac{\delta m u_a}{3600}\frac{du_a}{dt}\right) \quad (1\text{-}18)$$

与力的平衡处理方式相同，功率平衡方程式可用图解法表示。若以纵坐标表示功率，横坐标表示车速，将发动机功率 P_e、汽车经常遇到的阻力功率 $\frac{1}{\eta_T}(P_f+P_w)$ 对车速的关系曲线绘在坐标图上，即得汽车功率平衡图。图 1-36 所示为一紧凑型国产轿车的功率平衡图。

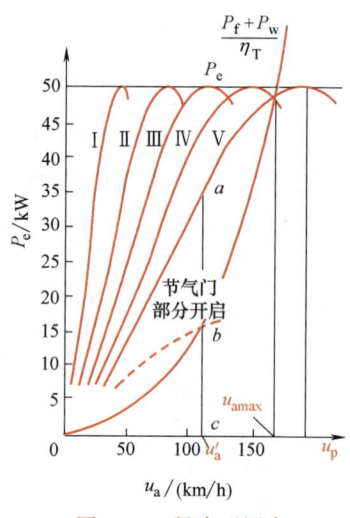

图 1-36 紧凑型国产轿车的功率平衡图

发动机功率与行驶车速的关系曲线 P_e-u_a，可根据发动机外特性及公式 $u_a=0.377\frac{nr}{i_g i_0}$ 将发动机转速转换成车速绘得。可见在不同档位时，功率的大小不变，只是各档发动机功率曲线所对应的车速位置不同，且低档时车速低，所占速度变化区域窄；高档时车速高，所占变化区域宽。

P_f 在低速范围内为一斜直线，在高速时由于滚动阻力系数 f 随车速 u_a 而增大，所以 P_f 随 u_a 以更快的速率加大；P_w 则是车速 u_a 的三次函数。二者叠加后，阻力功率曲线 $\frac{1}{\eta_T}(P_f+P_w)$-$u_a$ 是一条斜率越来越大的曲线。高速行驶时，汽车主要克服空气阻力功率。

图 1-36 中发动机功率曲线（V 档）与阻力功率曲线相交点处对应的车速便是在良好水平路面上汽车的最高车速 u_{amax}。该轿车的 V 档是经济档位，其发动机最大功率相对应的车速 u_p 大于 u_{amax}，所以用该档行驶时发动机负荷率高，燃油消耗量低（详见第二章）。

当汽车在良好水平路面上以 u'_a 的速度等速行驶时，汽车的阻力功率（图 1-36）为

$$\frac{1}{\eta_T}(P_f + P_w) = bc$$

此时，驾驶员给出某一节气门的开度，发动机功率曲线如图中虚线所示，以维持汽车等速行驶。

但是发动机在汽车行驶速度为 u'_a 时能发出的功率为 $P_e = ac$（图 1-36），于是

$$P_e - \frac{1}{\eta_T}(P_f + P_w) = ac - bc = ab$$

可用来加速或爬坡。

我们称 $P_e - \frac{1}{\eta_T}(P_f + P_w)$ 为汽车的后备功率。

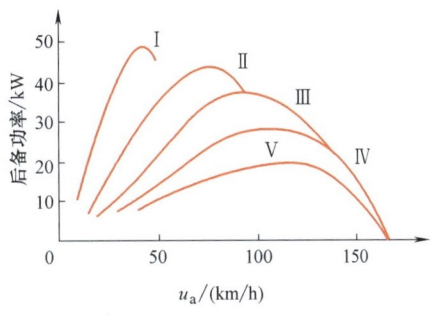

图 1-37 紧凑型国产轿车各档位的后备功率

就是说，在一般情况下维持汽车等速行驶所需的发动机功率并不大，发动机节气门开度较小。当需要爬坡或加速时，驾驶员加大节气门开度，使汽车的全部或部分后备功率发挥作用。因此，汽车的后备功率越大，汽车的动力性越好。图 1-37 所示为紧凑型国产轿车各档位的后备功率。利用后备功率也可具体地确定汽车的爬坡度或加速度。

利用功率平衡定性地分析设计、使用中的有关动力性问题较为方便。功率平衡的另一个优点是能看出行驶时发动机的负荷率，所以燃油经济性分析中也常用它。

第六节 装有液力变矩器汽车的动力性

液力变矩器是目前汽车上使用最多的一种无级变速器。在论述装有液力变矩器汽车的动力性之前，先简要地讨论一下无级变速器与汽车动力性的关系。

图 1-38 中给出了一般活塞式内燃机外特性曲线和一种假想的能在不同发动机转速下发出等功率的发动机特性曲线，还有活塞式蒸汽机的特性曲线。其中，活塞式蒸汽机除在很低的转速外，它具有近似于等功率的特性。

再根据这些特性曲线，作出装有不同发动机但均无变速器而具有同一汽车质量与同一最高车速的汽车的功率平衡图与驱动力-行驶阻力平衡图（图 1-39）。

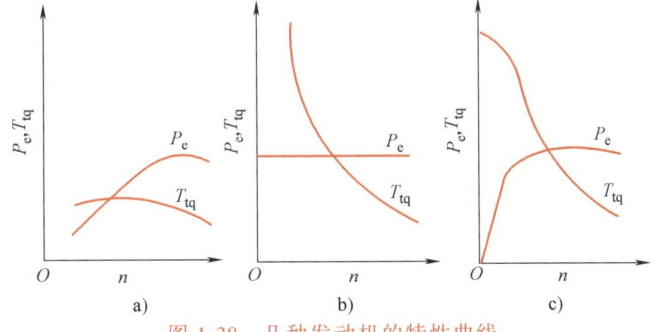

图 1-38 几种发动机的特性曲线

a）活塞式内燃机的特性曲线　b）等功率发动机的特性曲线
c）活塞式蒸汽机的特性曲线

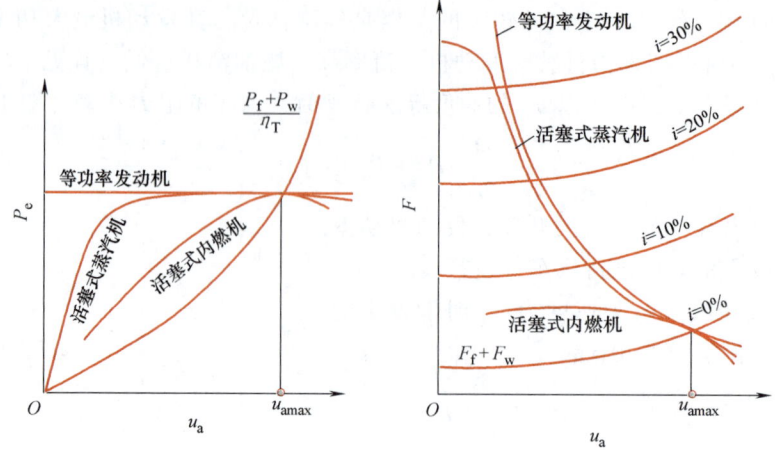

图 1-39 汽车的功率平衡图与驱动力-行驶阻力平衡图

如图 1-39 所示，活塞式内燃机与活塞式蒸汽机的最大功率均等于等功率发动机的功率。虽然它们具有同一最大功率，但活塞式内燃机的汽车在车速低时后备功率甚小，能提供的驱动力也很小。这是因为它的发动机功率在低转速时颇小之故。若不配备变速器，只能通过百分之几的坡度；而近似于等功率的活塞式蒸汽机汽车可以克服 30% 以上的坡度；至于装有等功率发动机的汽车，在低车速下，若无驱动轮上附着力的限制，可以克服任何坡度。由这个对比可知，活塞式内燃机的外特性远不如活塞式蒸汽机的好，更比不上等功率发动机。因此，有人曾称等功率发动机的特性曲线为理想的汽车发动机特性。但是由于活塞式内燃机的体积小、重量轻、价格便宜且燃料供应方便，迄今仍是最适用的汽车发动机。为了克服它在特性曲线上的缺陷，一般汽车都装有分级式变速器，从而使汽车具有接近于装有等功率发动机时的驱动功率与驱动力，改善了汽车的动力性，如图 1-40 所示。显然，当变速器档数无限增多，即采用无级变速器，且设无级变速器的机械效率等于分级式变速器时，活塞式内燃机就可能总是在最大功率 P_{emax} 下工作，汽车的驱动功率总等于

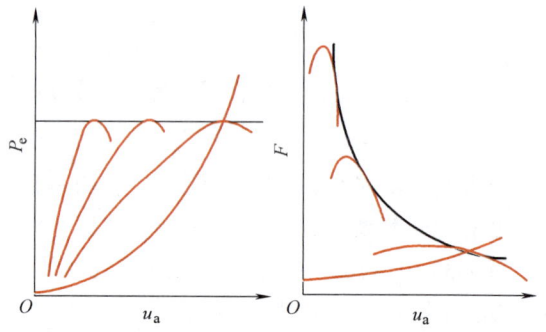

图 1-40 装有活塞式内燃机和 3 档变速器的汽车与装有等功率发动机汽车的动力性

$\eta_T P_{emax}$，即具有与等功率发动机汽车同样的动力性。

当然，要使发动机在任何车速下都能发出最大功率，无级变速器的传动比应随车速按下式规律变化：

$$i_g = 0.377 \frac{rn_P}{i_0 u_a}$$

式中，n_P 为发动机发出最大功率时的转速（r/min）。

总之，由理论分析可知，汽车活塞式内燃机配备高传动效率的无级变速器后，克服了发动机特性曲线的缺陷，使汽车具有与等功率发动机汽车一样的驱动功率，充分发挥了活塞式内燃机的功率，大大地改善了汽车的动力性。

然而应当再一次指出，只有当无级变速器的传动效率高到与一般齿轮变速器接近，且按照要求的传动比变化规律变换传动比时，才能达到以上要求。若不符合这些条件，装有无级变速器可能反而会使汽车的动力性降低。

汽车上用得最多的无级传动是动液传动，即液力变矩器。由于变矩器的转矩变化范围较小，一般都与3档或4档自动机械变速器串联使用。采用液力变矩器并不着眼于改善汽车在良好路面上的动力性，而是操作简便、起步、换档平顺，且发动机不易熄火。

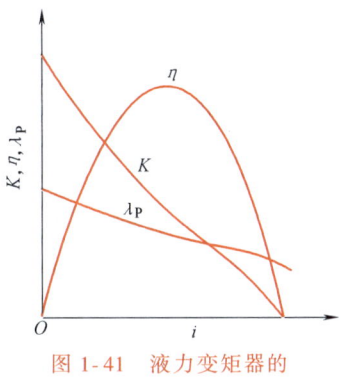

图 1-41　液力变矩器的无因次特性

通常用液力变矩器的无因次特性来表征液力变矩器的特性（图1-41）。无因次特性给出了变矩比 K、效率 η 及泵轮转矩系数 λ_P 随速比 i 变化的规律。无因次特性由变矩器的台架试验测得。

变矩比 K 为涡轮输出转矩 T_T 与泵轮输入转矩 T_P 之比，即

$$K = \frac{T_T}{T_P}$$

变矩器速比为涡轮转速 n_T 与泵轮转速 n_P 之比，即

$$i = \frac{n_T}{n_P}$$

效率为输出功率与输入功率之比，即

$$\eta = \frac{T_T n_T}{T_P n_P} = Ki$$

泵轮转矩系数 λ_P 是泵轮转矩 T_P 式中的比例常数，泵轮转矩式为

$$T_P = \lambda_P \rho g D^5 n_P^2 \tag{1-19}$$

式中，ρ 为工作油的密度（kg/m^3）；D 为变矩器有效直径（m）；n_P 为泵轮转速（r/min）。

式（1-19）表明了变矩器的负载特性。

在变矩器的试验中，测得 T_P、T_T、n_P 与 n_T，即可找出变矩比 K、速比 i、效率 η 及泵轮转矩系数 λ_P。

泵轮转矩系数 λ_P 与速比 i 的关系表明了变矩器的透过性，即泵轮载荷变化情况与涡轮载荷的关系。液力变矩器的透过性是由其结构决定的。

在任何速比下，泵轮转矩系数维持不变的液力变矩器称为非透过性变矩器。非透过性液力变矩器的泵轮转矩与泵轮转速的关系 $T_P = f(n_P)$ 只是一条抛物线（图1-42）。这条曲线与发动机节气门全开或部分开启时转矩曲线的交点就决定了发动机工况，即其转速。只要发动机节气门不变，不论外界阻力有什么变化，汽车运动状况也随之产生相应的变化，发动机的转速是不变的。换言之，汽车行驶条件的改变，即涡轮轴上转矩的变化，只影响涡轮轴转速的改变。总之，负载对泵轮转速无任何影响。

对于"透过性"液力变矩器而言，汽车行驶阻力的变化或行驶速度的变化，在发动机

节气门不变的条件下，也明显地影响到发动机的转速，即泵轮转矩系数 λ_P 不是常数值。随着变矩器的结构不同，有时 λ_P 随着速比的增加单调减少；有时 λ_P 值先增加，然后再减小。

透过性液力变矩器的泵轮转矩曲线是一组曲线（图 1-43）。一定速比之下有一 λ_P 值，确定了一根泵轮转矩曲线。不同速比时的不同 λ_P 值，确定了一组泵轮转矩曲线。这些曲线与发动机节气门全开或部分开启时转矩曲线的交点，就是发动机的工作转速。例如，汽车起步时，涡轮转速 $n_T=0$，即速比 $i=0$，相应的泵轮转矩系数为 λ'_P，若节气门全开，发动机以 n'_P 转速运转；在加速过程中，汽车速度增加，涡轮转速 n_T 增加，速比 i 也加大，此时 λ'_P 减小到 λ''_P，则发动机转速为 n''_P；汽车速度再增加，n_T 与 i 继续增加，λ_P 减至 λ'''_P，相应的发动机转速为 n'''_P。所以，透过性液力变矩器扩展了发动机运转的转速范围和相应的转矩范围。

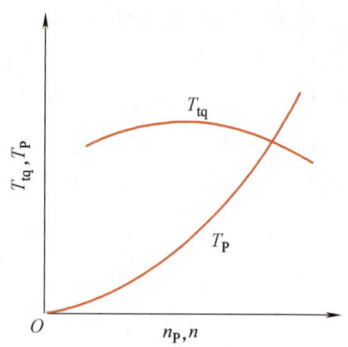

图 1-42 非透过性液力变矩器的泵轮转矩曲线与发动机外特性

液力变矩器的透过性以透过度 p 表示，其定义为

$$p = \frac{T_{P0}}{T_{Pc}} = \frac{\lambda_{P0}}{\lambda_{Pc}}$$

式中，T_{P0} 与 λ_{P0} 为涡轮不转动时，泵轮的转矩与转矩系数；T_{Pc} 与 λ_{Pc} 为耦合器工况，即变矩比 $K=1$ 时，泵轮的转矩与转矩系数。

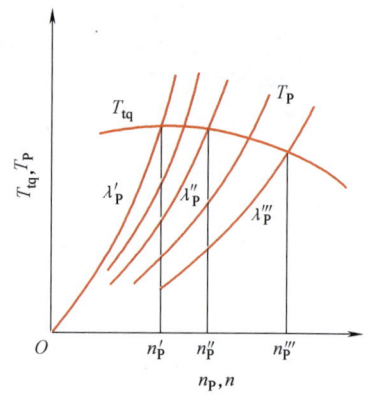

图 1-43 透过性液力变矩器的泵轮转矩曲线与发动机外特性

若 $p=1\sim1.2$，则为非透过性的液力变矩器；若 $p>1.2$，则为透过性的液力变矩器。一般，轿车 $p\geq2$，其他车辆 $p=1.3\sim1.8$。

在节气门全开时，液力变矩器的输出转矩 T_T 与输出转速的关系曲线称为液力变矩器的输出特性。显然，根据此输出特性可以确定汽车的动力性。利用图 1-42 和图 1-43 中的发动机外特性 T_{tq}-n 与不同速比时变矩器转矩曲线的交点，也就是节气门全开时发动机与液力变矩器的共同工作点，并运用变矩器无因次特性以及下列公式：

$$T_T = KT_P \qquad n_T = in_P$$

即可求出变矩器的输出特性。图 1-44 所示为非透过性液力变矩器的输出特性。图 1-45 所示为透过性液力变矩器的输出特性。这两个图上还画了 n_P、T_P 和 η 曲线。

装有液力变矩器汽车的动力性与液力变矩器的有效直径 D 的大小有密切关系。当 D 值减小时，泵轮的（抛物线）转矩曲线将变得更平缓一些。因此，由泵轮转矩曲线与发动机转矩曲线的交点所决定的发动机变矩器的共同工作点，必处于较高的转速与较低的转矩。换言之，汽车在高速时获得较大的驱动力，而在低速时驱动力较小。

对于非透过性液力变矩器而言，改变有效直径 D，可使发动机在节气门全开时处于 n_P 转速下发出 P_{emax} 的功率。此时，若液力变矩器的传动效率为常数，则在不同车速下，驱动轮总是能获得最大驱动力。但实际上，液力变矩器的传动效率随着速比 i 的不同而有很大变化。只有当涡轮转速处于很小的区域中时，变矩器才有高的效率。起步加速或克服大的坡道阻力时，涡轮转速 n_T 和相应的速比 i 都很小，变矩器处于低效率工况，所以尽管发动机发出最大功率 P_{emax}，而驱动轮上的驱动功率 ηP_{emax} 还不如在较低发动机转速下，相当于较大速比 i 和较高传动效率时的驱动功率。因此，考虑到液力变矩器传动效率的变化，要尽可能提高各种车速下的驱动力，包括起步加速在内，发动机最好能处于不同转速下工作。也就是说，变矩器应是透过性的。

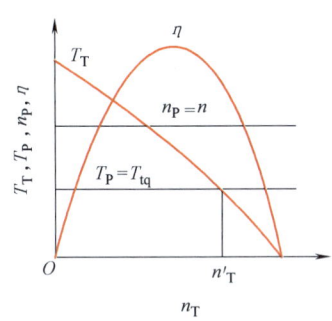

图 1-44 非透过性液力变矩器的输出特性　　　图 1-45 透过性液力变矩器的输出特性

为了获得最佳动力性，选择有效直径 D 与变矩器的透过度 p 时，应令发动机转速由 n_{tq} 开始逐渐升高到最大功率转速 n_P。相应于原地起步速比 $i=0$ 时，发动机转速为 n_{tq}，其转矩为 T_{tqmax}，驱动力最大。相应于高的车速时，发动机功率为 P_{emax}。为了减少噪声，舒适的轿车常选用低于 n_{tq} 的发动机转速。

在选择有效直径 D 与透过度 p 时，还要考虑到燃油经济性与发动机磨耗。不仅是透过性变矩器，连非透过性变矩器都要使发动机转速向较低转速变化。装有非透过性变矩器的货车，发动机节气门全开时，常以 $90\% n_P$ 转速工作。

在加速过程中，随着涡轮转速的提高，涡轮转矩逐渐减小，当 $n_T = n'_T$ 时 $K=1$，涡轮转矩等于泵轮转矩（图 1-44、图 1-45）；再进一步增加速比，$T_T < T_P$ 且效率急剧下降，液力变矩器处于不利的工况。所以，现代的液力变矩器当 $K=1$ 后，即令液力变矩器转入液力耦合器工况，或装有锁止离合器将泵轮与涡轮锁住，功率直接输送到传动轴。

液力耦合器的 $T_T = T_P$，即 $K=1$，因而其传动效率为

$$\eta = \frac{n_T}{n_P} = i$$

故随着车速的增加，液力耦合器的传动效率随速比变大而提高。

图 1-46 所示为液力耦合器的无因次特性。

图 1-47 中给出了速比 $i=1$ 后转入液力耦合器工况的红旗牌轿车综合式液力变矩器的无因次特性。当汽车由原地起步时，涡轮转速 $n_T = 0$，即速比 $i=0$，此时变矩比最大为 K_0，随着 n_T 的增加，i 也增加，液力变矩器的效率先以比液力耦合器快得多的速率增加，到最大值后开始下降。但当 $K>1$ 时，它的效率总比液力耦合器高。当 $K=1$ 时，液力变矩器的效率等于液力耦合器的效率，此刻液力变矩器转入液力耦合器工作。当 i 再增加时，液力耦合器的效率继续增加，而液力变矩器的效率则迅速下降。综合式透过性液力

变矩器的输出特性如图 1-48 所示。

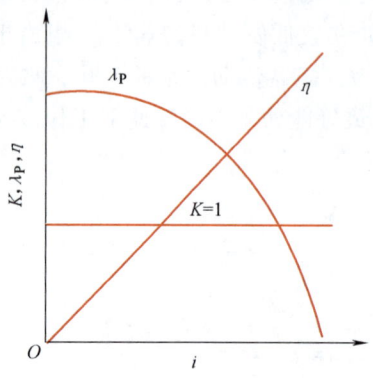

图 1-46 液力耦合器的无因次特性

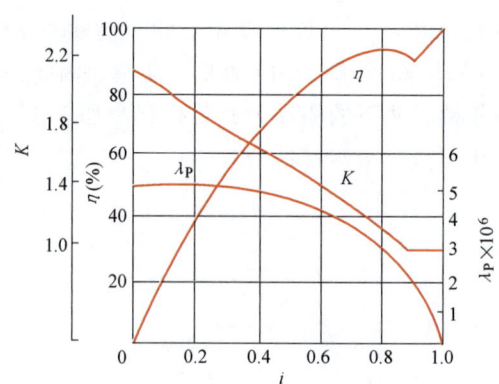

图 1-47 红旗牌轿车综合式液力变矩器的无因次特性

为了进一步提高燃油经济性，有的液力变矩器当 $K=1$ 时，直接将泵轮与涡轮锁住。此后，功率将直接传到后面，液力变矩器的效率接近 100%。所以当 $n_T > n'_T$ 之后，汽车的动力性和燃油经济性都得到了改善。图 1-49 所示为带有锁止装置的液力变矩器的输出特性。

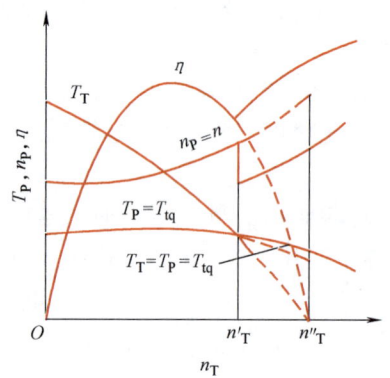

图 1-48 综合式透过性液力变矩器的输出特性

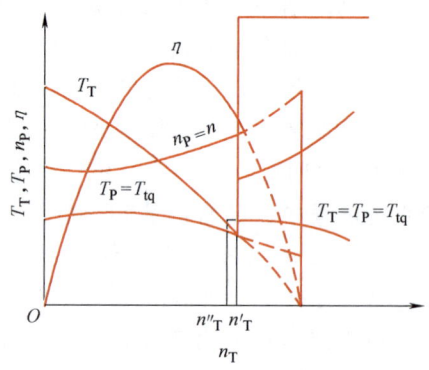

图 1-49 带有锁止装置的液力变矩器的输出特性

因此，综合式液力变矩器或带有锁止离合器的液力变矩器，防止了高速区传动效率的降低，从而提高了汽车的动力性与燃油经济性。

利用液力变矩器的输出特性及下面两个公式，可以求出汽车的驱动力图：

$$u_a = 0.377 \frac{rn_T}{i'}$$

$$F_t = \frac{T_T i' \eta_T}{r}$$

式中，i'为液力变矩器后面传动装置的传动比；η_T为液力变矩器后面传动装置的传动效率。

应当指出，液力传动的液压泵要消耗一部分发动机功率，计算传动系效率时常不包括这部分功率。

根据驱动力图，可以确定汽车的爬坡度、加速度与最高车速。

计算汽车加速度需用的旋转质量换算系数，对于装有非透过性液力变矩器的汽车，汽车加速时发动机的转速始终维持不变，其数值近似于1；一般轿车均采用透过性液力变矩器，旋转质量换算系数虽大于1，但比手动变速器的δ值要小得多，粗略计算时旋转质量换算系数仍可取为1[⊖]。

可以利用液力传动系中自动行星机械变速器的"换档规律图"确定加速过程中的换档时刻，以计算加速过程、确定加速时间。图1-50所示为轿车的变速杆在D位时自动变速器的换档规律[⊖]。==换档时刻是由节气门开度与行驶车速两个参数确定的。==图中实线是指加速行驶时由低档换入高档的换档规律，虚线是减速行驶时由高档换入低档的换档规律。

图1-51a所示为装有综合式液力变矩器与2档变速器汽车的驱动力曲线。当挂上低速档时，由于变速器传动比增加和液力变矩器速比i增加带来的变矩器效率提高，使驱动力较高速档为大。图上的虚线是这辆汽车装有3档分级式变速器时的驱动力曲线。对比这两组曲线可以看出，由于液力变矩器的效率低，装有综合式液力变矩器传动的汽车

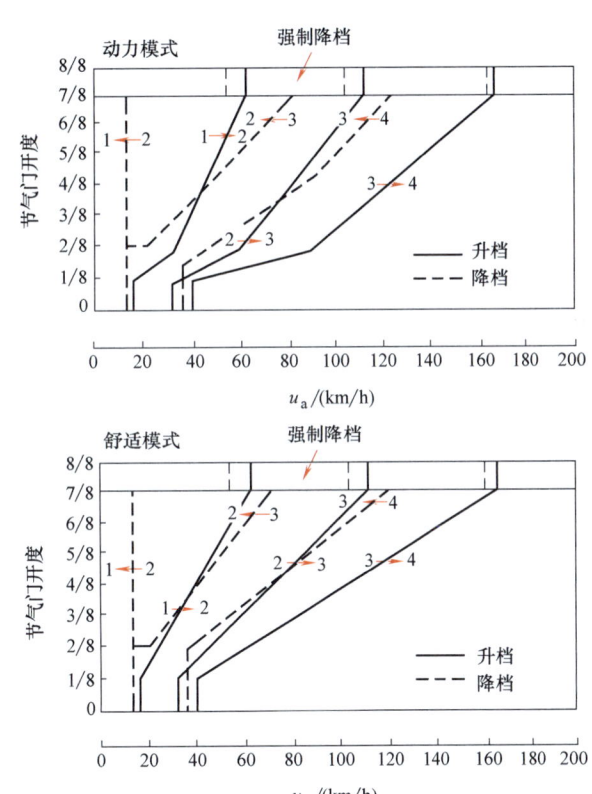

图1-50 轿车的变速杆在D位时自动变速器的换档规律

在高速时动力性并无改善，只有在很低车速的行驶区域，它的驱动力才比一般分级式变速器大。但由于汽车从速度为零开始就能连续不断地发出驱动力（分级式变速器只有从一定速度后才能提供驱动力，车速为零时必须依靠离合器滑转才能传递驱动功率），所以起步平顺柔和无冲击。就装有锁止离合器的液力变矩器而言，高速行驶时，驱动力与一般齿轮变速器的相等，所以动力性仍能有所改善。

图1-51b所示为装有液力变矩器与4档变速器轿车的驱动力（与行驶阻力、发动机转速）曲线。

⊖ 液力自动变矩器汽车旋转质量换算系数数值的计算，可参阅参考文献［1.6］。
⊖ 换档规律详见参考文献［1.7］。

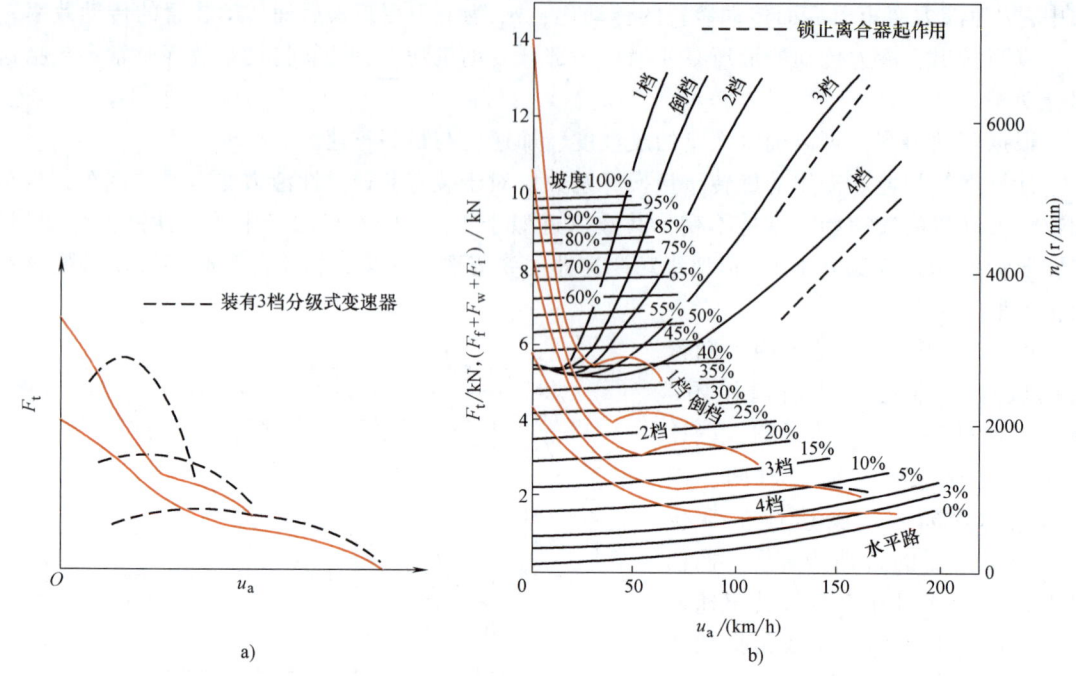

图 1-51 装有液力变矩器汽车的驱动力图
a) 装有综合式液力变矩器与 2 档变速器汽车的驱动力曲线
b) 装有液力变矩器与 4 档变速器轿车的驱动力（与行驶阻力、发动机转速）曲线

装有液力变矩器的汽车，在低速下能发出很大的驱动力并稳定行驶。这一点对于在松软地面或雪地行驶的通过性有重大意义。

由液力变矩器与自动行星机械变速器组成的液力自动变速器，由于其优异的驾驶方便性而受到驾驶者的喜爱。

第七节 电动汽车的动力性

一、概述

随着全球能源危机的不断加深、石油资源的日趋枯竭，以及大气污染、全球气温上升的危害加剧，各国政府和汽车公司纷纷开展了新型高效节能汽车的研究与开发工作。美国联邦政府在 1993 年就提出了"新一代汽车合作项目（Partnership for a New Generation of Vehicles, PNGV）"，其中的目标之一是"开发一种燃油经济性三倍于现有车辆的中型轿车，达到 80mile/USgal⊖（即每加仑燃油行驶 80mile，约为 3L/100km）"。2003 年，美国又启动了"Freedom Car"规划，用于发展燃料电池电动汽车的有关技术及其基础设施的开发。日本及欧洲也有相同的规划与项目。

电动汽车集机、电、化学多学科领域中的高新技术于一体，是汽车、电力、自动控制、

⊖ 1 mile = 1.609344km，1USgal = 3.85L。

计算机、化工、新能源和新材料等工程技术中最新成果的集成产物。从环保角度来看，电动汽车是低排放的城市交通工具，即使计入基础发电设备增加的排放，从总量上看，它也将使空气污染大大减少；从能源角度来看，电动汽车将使能源利用多元化和高效化，达到能源可靠、均衡和无污染利用的目的。图 1-52 所示为电动汽车的发展趋势[1.15]。

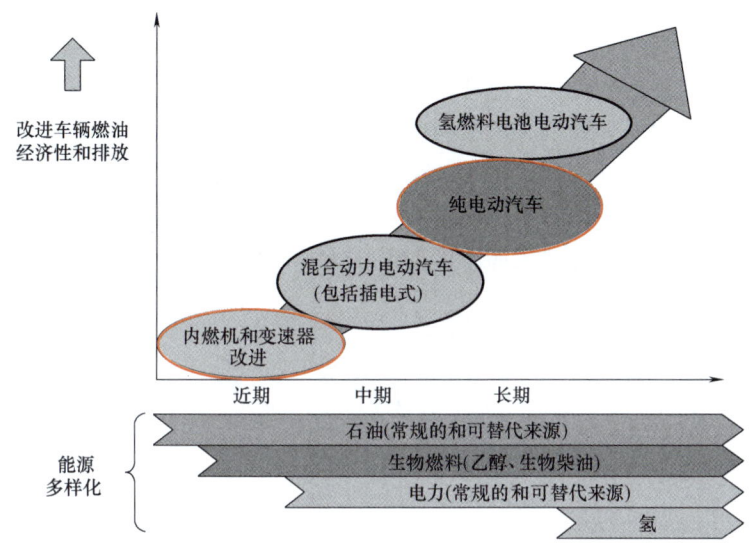

图 1-52 电动汽车的发展趋势

注：引自美国通用公司。

电动汽车包括纯电动汽车、混合动力电动汽车和燃料电池电动汽车。纯电动汽车（Battery Electric Vehicle，BEV）利用电力驱动，在使用中可实现零排放，是目前电动汽车的主要发展方向。但迄今为止，虽然纯电动汽车的关键部件——动力电池技术性能不断有所提高，但是动力电池技术还未取得实质性的重大突破，同时由于充电基础设施建设的滞后，纯电动汽车主要用于行驶里程较短的市区、园区内。在目前情况下，以内燃机和电动机为动力源的混合动力电动汽车（Hybrid Electric Vehicle，HEV）更具实用价值，是近期高效节能汽车发展的另一个主要方向。燃料电池电动汽车（Fuel Cell Vehicle，FCV）采用的燃料电池是一种将燃料的化学能用电化学方法直接转换成电能的电化学发电器。它的效率是汽油机的 2~3 倍，无污染、无噪声，排出的不是温室气体 CO_2 而是水。燃料电池电动汽车续驶里程、加氢时间（3~5min）、加速时间等完全可以媲美传统内燃机汽车。目前，燃料电池电动汽车存在的问题是燃料电池价格昂贵，氢气的制取、存储和运输成本高，但它是新型高效节能汽车未来的重要发展方向，世界各产业大国都把燃料电池与氢能提升到国家能源战略层面加以规划，并投入巨资进行研究开发。

二、电动汽车的结构和特点

1. 纯电动汽车

纯电动汽车是一种驱动能量完全由电能提供的、由电机驱动的汽车。电机的驱动能源来源于可充电储能系统或其他能量储存装置。它具有零排放、噪声小、结构简单、维护简便等优点。相对于内燃机汽车和其他类型的电动汽车，纯电动汽车能量利用率最高，而且电力价格便宜，使用成本低。由于纯电动汽车可以利用夜间用电低谷时充电，因此还具有调节电网系统峰谷负荷、提高电网效能的作用。

纯电动汽车主要由驱动电机、可充电动力蓄电池组（指高压动力电池）、控制系统及安全保护系统等组成。其结构型式多样，布置灵活。按照驱动电机的布置方式不同，纯电动汽车可分为电机中央驱动和分布式电机驱动两种型式[1.16]。电机中央驱动型式与内燃机汽车的驱动方案相似，用驱动电机和电池替代内燃机和油箱，通过电机驱动左右两侧车轮，其具体的结构型式如图1-53a～c所示。该结构的操作方式与内燃机汽车相同，技术成熟，安全可靠，但传动装置体积和质量较大，系统效率较低。分布式电机驱动型式一般将两个或四个电机分散布置到车轮上，其传动链短、传动高效、结构紧凑，车内空间利用率高，但控制系统复杂，成本高。其具体的结构型式如图1-53d～f所示。

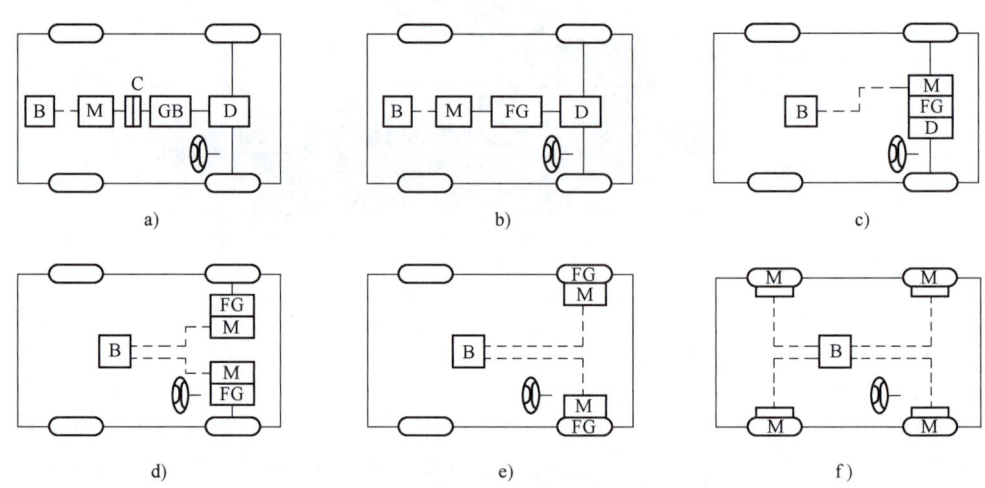

图 1-53 纯电动汽车的结构型式

a）第一种中央电机驱动型式 b）第二种中央电机驱动型式 c）第三种中央电机驱动型式
d）双电机电动轮驱动型式 e）两轮毂电机驱动型式 f）四轮毂电机驱动型式
B—动力蓄电池 M—驱动电机 C—离合器 GB—变速器 FG—固定速比减速器 D—差速器

2. 混合动力电动汽车

混合动力电动汽车是指能够至少从消耗的燃料和可再充电电能储存装置两类车载存储的能量中获得动力的汽车，车辆的行驶动力依据车辆行驶状态由单个动力源或多个动力源共同提供。

通常所说的混合动力电动汽车一般指的是油电混合动力电动汽车，即燃油（汽油、柴油）和电能的混合。油电混合动力电动汽车中的驱动装置为发动机和（或）电机，能量储存装置为油箱和动力电池。

混合动力电动汽车将电力驱动与传统的内燃机驱动相结合，充分发挥了二者的优势。同时，它可以从根本上解决现在纯电动汽车动力性能差和续驶里程短的问题。

混合动力电动汽车的特点是能够提高车辆的燃油经济性和降低排放，主要原因如下[1.17]：

1）混合动力电动汽车只需要采用能够满足汽车巡航需要的较小发动机，由电能提供汽车加速、爬坡时所需的附加动力，因此提高了发动机的负荷率。

2）可以控制发动机在高效、低污染的区域内运行，发动机的功率不满足车辆驱动需求时，由动力蓄电池来补偿；发动机的功率过剩时，剩余功率可用于给电池充电。

3）由于具有电机、电源系统，可以方便地回收汽车制动、下坡时的能量。

4）在车辆频繁启停的繁华市区，可以关闭发动机，以纯电动方式运行，从而消除发动机的怠速能耗，真正实现零排放。

目前，混合动力电动汽车正在成为实用的新能源汽车。混合动力是燃料电池替换内燃机的重要过渡技术，对燃料电池混合动力汽车的开发也起到重要的促进作用。

混合动力电动汽车的结构型式多种多样，按照混合方式的不同，可分为串联式、并联式和混联式三种结构型式。

串联式是混合动力电动汽车结构型式中最简单的一种，其结构型式如图 1-54a 所示。发动机输出的机械能通过发电机转化为电能，转化后的电能一部分经由电动机和传动装置驱动车轮，另一部分则可存储到动力蓄电池中去，供汽车加速时或在其他工况下使用。与传统的燃油车相比，它是一种发动机辅助型的电动汽车，主要是为了增加汽车的行驶里程。由于在发动机和发电机之间的机械连接装置中没有离合器，因此它具有一定的灵活性。尽管其传动结构简单，但它需要三个驱动部件：发动机、发电机和电动机。如果串联式混合动力电动汽车设计时考虑大爬坡度和频繁急加速的情况，则应提供最大功率，对三个驱动部件的要求相应都较高。

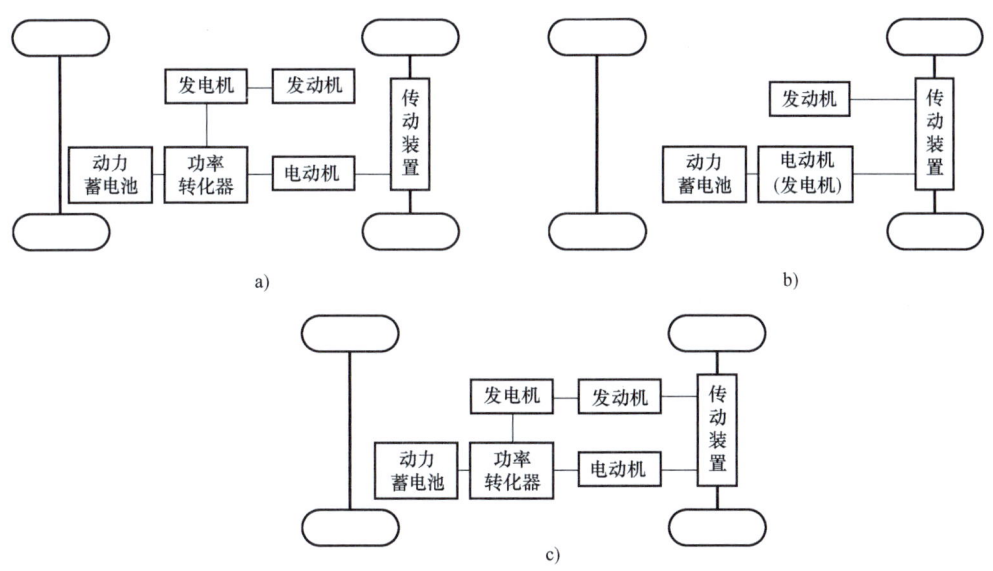

图 1-54　混合动力电动汽车的结构型式
a）串联式　b）并联式　c）混联式

并联式混合动力电动汽车采用发动机和电动机两套独立的驱动系统驱动车轮，其结构型式如图 1-54b 所示。发动机和电动机通常采用不同的传动系统驱动车轮,可以采用发动机单独驱动、电力单独驱动以及发动机和电力混合驱动三种不同的工作模式。并联式混合动力电动汽车是一种电力辅助型的燃油车,目的是降低排放和燃油消耗。当发动机提供的功率大于驱动汽车所需的功率或者进行再生制动时,电动机工作在发电机状态,将多余的能量充入动力蓄电池。与串联式结构相比,并联式结构只需两个驱动部件:发动机和电动机,并且在动力蓄电池放电完毕前,如果要得到相同的性能,并联式混合动力电动汽车比串联式混合动力电动汽车对于发动机和电动机的功率要求都要低。

混联式混合动力电动汽车在结构上综合了串联式和并联式的特点,其结构型式如图 1-54c 所示。与串联式混合动力电动汽车相比,它增加了机械动力的传递路线;与并联式混合动力电动汽车相比,它增加了电能的传输路线。因此,混联式结构兼有串联式结构和并联式结构的优点。但是,这也造成了其结构复杂、成本高的缺点。

3. 燃料电池电动汽车

燃料电池电动汽车是一种以燃料电池系统作为单一动力源或以燃料电池系统与可充电储能系统作为混合动力源的电动汽车。

与传统内燃机汽车相比,燃料电池电动汽车具有高能量转换效率和零排放的特点,是一种理想的交通运输工具。燃料电池电动汽车的基本结构多种多样,按照驱动型式可分为纯燃料电池驱动和混合驱动两大类[1.18]。

纯燃料电池电动汽车只有一个动力源,其结构型式如图 1-55a 所示。纯燃料电池电动汽车的所有功率负荷都由燃料电池承担,具有结构简单、控制容易和能量转换效率高等优点,但存在燃料电池功率大、成本昂贵、对燃料电池性能要求高、不能进行制动能量回收的缺点。因此,目前的燃料电池电动汽车主要采用混合驱动型式,即在燃

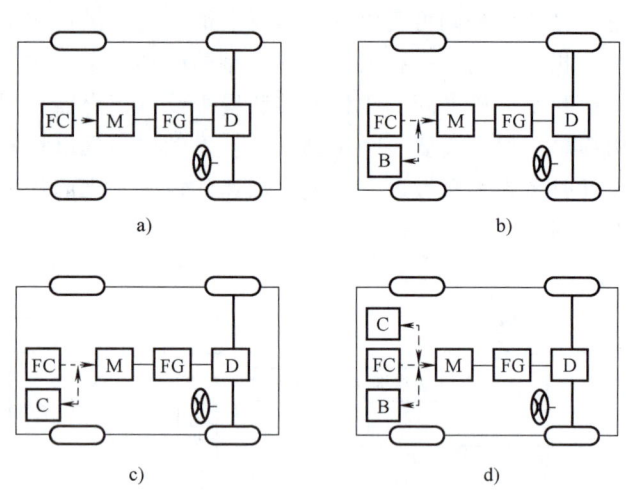

图 1-55 燃料电池电动汽车的结构型式

a) FC 型   b) FC+B 型   c) FC+C 型   d) FC+B+C 型

FC—燃料电池   B—动力电池   M—驱动电机

C—超级电容   FG—固定速比减速器   D—差速器

料电池的基础上,增加了动力蓄电池或超级电容作为另一个动力源,主要型式有燃料电池+动力电池(FC+B)、燃料电池+超级电容(FC+C)、燃料电池+超级电容+动力电池(FC+B+C)三种,如图 1-55b~d 所示。

燃料电池+动力蓄电池(FC+B)型式的燃料电池电动汽车中,燃料电池和动力电池一起为驱动电机提供能量,驱动车辆行驶。在低温条件下,采用电池供电使汽车起步;在汽车制动时,可通过再生制动将能量存储在电池中。这种结构型式降低了对燃料电池功率和动态特性的要求,同时也降低了燃料电池的成本;但增加了驱动系统的重量、体积和复杂性。

燃料电池+超级电容(FC+C)型燃料电池电动汽车采用燃料电池与超级电容组合,完

全摒弃了寿命短、成本高、维护麻烦的动力电池。采用超级电容的突出优点是功率密度高、寿命长和效率高,可大大降低使用成本,有利于燃料电池电动汽车的商业化推广使用;缺点是超级电容的能量密度小。

燃料电池+超级电容+动力蓄电池(FC+B+C)型燃料电池电动汽车由燃料电池、动力电池和超级电容一起为驱动电机提供能量,驱动车辆行驶。这种结构型式综合了前面两种型式的优点,尤其是在部件效率、动态特性和制动能量回馈等方面。但它存在使驱动系统复杂、对控制系统要求较高和不利于整车布置等缺点。

三、电动汽车的动力性指标

与传统内燃机汽车一样,<u>电动汽车动力性仍然由最高车速、加速性能和爬坡性能三方面的指标来评定</u>,测试的环境、仪器设备和载荷条件也基本相同,但也存在一些不同之处。

1. 纯电动汽车的动力性指标

根据 GB/T 28382—2012《纯电动乘用车 技术条件》中的规定[1.19],电动汽车最高车速采用 30min 最高车速指标,即电动汽车能够持续 30min 以上的最高平均车速,其值应不低于 80km/h。加速性能包括车辆 0~50km/h 和 50~80km/h 的加速性能,其加速时间应分别不超过 10s 和 15s。爬坡性能包括爬坡速度和车辆最大爬坡度,即车辆通过 4% 坡度的爬坡车速不低于 60km/h,车辆通过 12% 坡度的爬坡车速不低于 30km/h,车辆最大爬坡度不低于 20%。

2. 混合动力电动汽车的动力性指标

混合动力电动汽车具有发动机和电机两套驱动系统,具备多种运行模式。因此,混合动力电动汽车的动力性指标需要结合具体的驱动模式来确定。

根据 GB/T 19752—2005《混合动力电动汽车 动力性能 试验方法》的规定[1.20],混合动力电动汽车混合驱动模式下的动力性指标包括:最高车速、30min 最高车速、0~100km/h 或 0~50km/h 的加速时间、爬坡车速、坡道起步能力和最大爬坡度。

如果混合动力电动汽车具有纯电动驱动模式,则还需要考虑在纯电动模式下的动力性指标,包括最高车速、0~50km/h 加速时间、爬坡车速和坡道起步能力。

四、纯电动汽车的动力性

1. 驱动电机的转速-转矩特性

如果将驱动电机的功率 P_m、转矩 T_m 与转速 n_m 之间的函数关系以曲线表示,则此曲线称为驱动电机外特性曲线。图 1-56 中给出了一台峰值功率为 P_{max} = 45kW 电机的外特性曲线。其中,电机最高转速为 n_{max} = 6000r/min,电机的额定转速,也称基速为 n_0 = 1500r/min,峰值转矩 T_{max} = 287N·m。从图 1-56 中还可知,电机的工作特性可分为两个区域:恒转矩区和恒功率区。在基速以下的区域称为恒转矩区,随着转速的增加,驱动电机功率上升,但输出转矩恒定,在基速时电机功率达到最大值 P_{max};基速以上的区域称为恒功率区,

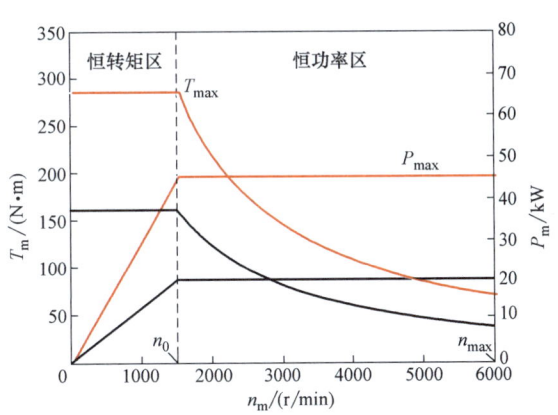

图 1-56 驱动电机特性曲线

随着电机转速增加,电机输出功率恒定,转矩随转速呈双曲线形下降。

电机最高工作转速与额定转速之比称为电机转速比,一般用 X 表示。 图 1-57 所示为三台具有不同转速比($X=2$、4 和 6)的 45kW 电机的转速-转矩特性曲线。在相同电机功率 45kW 的条件下,电机转速比越大,电机最大转矩显著增加,恒功率区范围扩大。因此,车辆的加速性能和爬坡性能得到改善,而传动装置也可以简化。但是,每种型式的电机都有其固有的最高转速比限值,例如,永磁电机转速比 $X<2$;开关磁阻电机转速比可达到 $X>6$;异步电机转速比约为 $X=4$。

电机的功率 P_m(kW)与转矩 T_m(N·m)、转速 n_m(r/min)之间的关系可表示为

$$P_m = \frac{T_m n_m}{9550}$$

需要注意的是,一般电机功率有额定功率和峰值功率两种。额定功率是指在额定条件下,电机轴上输出的机械功率,例如,图 1-56 中的电机额定功率为 20kW。峰值功率是在规定的时间(国标 GB/T 18488.2—2015 中规定持续时间 1min 或 30s[1.21])内,电机允许输出的最大功率。电机一般工作在额定功率,此时电机效率较高,短时间内可工作在峰值功率,输出大转矩。

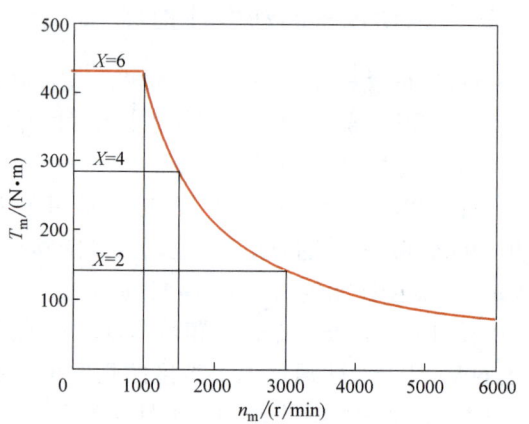

图 1-57 三台具有不同转速比($X=2$、4 和 6)的 45kW 电机的转速-转矩特性曲线

电机峰值功率一般是额定功率的 2~3 倍,如图 1-56 中的电机峰值功率为 45kW。

纯电动汽车的驱动电机需要频繁起动和停车,承受较大的加速度和减速度,而且要求低速大转矩爬坡,高速小转矩水平路面行驶和运行速度范围宽。为了减少额外的损耗,要求驱动电机具有较高的功率密度,以节省整车布置空间。因此,从电动汽车的行驶工况可以看出,车用驱动电机不只是要求工作在额定点,还要求在整个转矩-转速特性区域内都具有高效率,这对驱动电机设计提出了很高的要求。

目前,直流电机、交流感应电机、永磁同步电机、开关磁阻电机等在电动汽车上均有不同程度的应用。

2. 电动汽车的驱动力

纯电动汽车中驱动电机在驱动轮上产生的驱动力仍可采用式(1-1)进行计算。将由电机外特性确定的驱动力与车速之间的函数关系以图形表示,就可得到纯电动汽车的驱动力图,图 1-58 所示为采用减速器的纯电动汽车驱动力图。

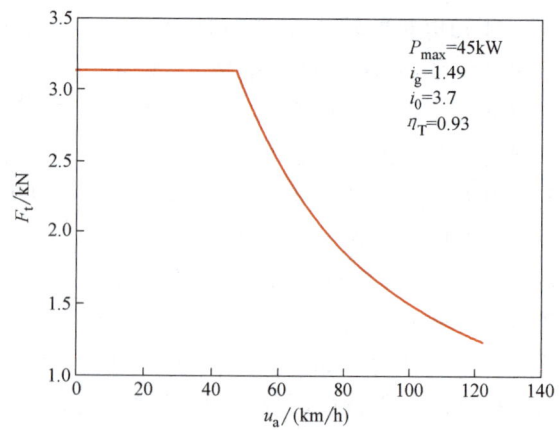

图 1-58 采用减速器的纯电动汽车驱动力图

3. 传动系

由于纯电动汽车中驱动电机的转速-转矩特性逼近理想的运行特性,对于最高车速要求不高的纯电动汽车,采用单档传动装置(固定速比减速器)就可满足整车动力性能要求。当纯电动汽车最高行驶车速要求较高或需要满足一定的爬坡度要求时,需要采用两档甚至三档传动装置。以最小传动比的档位实现最高车速,以最大传动比档位实现最大爬坡度。

在车辆行驶性能要求相同的情况下,单档或多档传动装置的应用主要取决于电机的转速-转矩特性。在相同的电机额定功率下,大转速比的驱动电机,其恒功率区范围大,采用单档传动装置足以在低速情况下提供大的驱动力。否则,必须采用多档传动装置。图 1-59a 中给出了配置有转速比 $X=6$ 的驱动电机和固定速比减速器的纯电动汽车的驱动力图。图 1-59b 中给出了配置有转速比 $X=4$ 的驱动电机和两档变速器的纯电动汽车驱动力图,第一档覆盖 abf 的车速区间,第二档覆盖 dec 的车速区间。这两种设计具有相同的驱动力随车速变化的特性,因而对应的车辆具有相同的加速和爬坡性能。

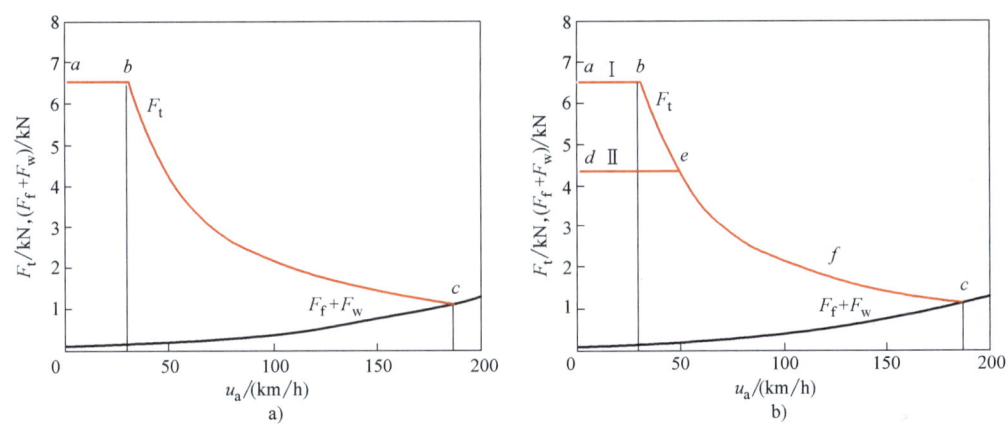

图 1-59 纯电动汽车的驱动力和行驶阻力平衡图[1.16]

a) 配置转速比 $X=6$ 的驱动电机+固定速比减速器 b) 配置转速比 $X=4$ 的驱动电机+两档变速器

4. 电动汽车动力性的计算

与传统内燃机汽车一样,纯电动汽车的行驶阻力包括:滚动阻力、空气阻力、坡度阻力和加速阻力。因此,纯电动汽车行驶方程式仍可采用式(1-10)来表示。

与传统内燃机汽车一样,也可采用驱动力-行驶阻力平衡图来确定纯电动汽车的动力性。图 1-60 中给出了采用固定速比减速器的纯电动汽车驱动力-行驶阻力平衡图。图中,驱动力曲线 F_t 与 F_f+F_w 曲线的交点对应的车速,即为最高车速。此时,驱动力和行驶阻力相等,汽车处于稳定的平衡状态。需要注意的是,在通常采用较大功率的驱动电机或者大传动比变速器时,驱动力-行驶阻力图中不存在这样的交点。此时,最高车速可由驱动电机的最高转速计算得到。图 1-60 所示为采用固定速比减速器的纯电动汽车驱动力-行驶阻力平衡图,其最高车速为 122km/h。

汽车的加速性能由汽车从静止或低速加速到一较高车速时的所需时间来评价。在衡量汽车的加速性能时,可以认为汽车是在水平路面上行驶的。此时,汽车的加速度可通过汽车行驶方程式得到,即

$$a = \frac{du}{dt} = \frac{1}{\delta m}[F_t - (F_f + F_w)]$$

图 1-61 所示为采用固定速比减速器的纯电动汽车的加速度曲线。

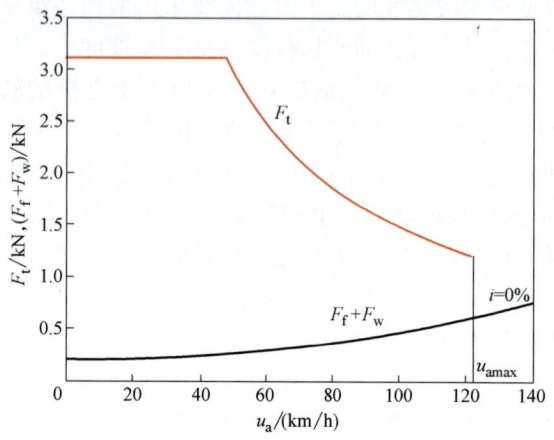

图 1-60 采用固定速比减速器的纯电动汽车驱动力-行驶阻力平衡图

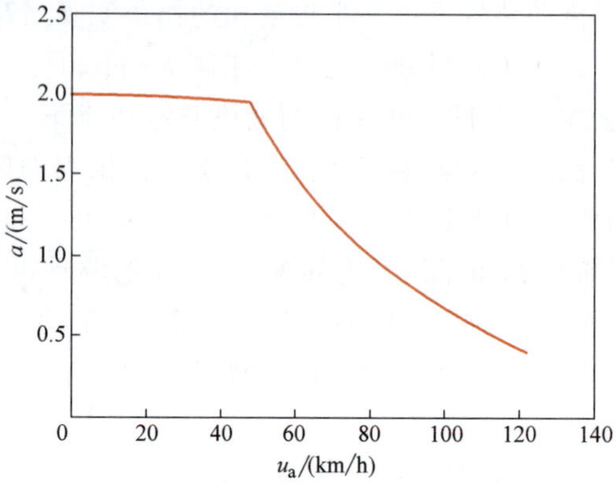

图 1-61 采用固定速比减速器的纯电动汽车的加速度曲线

因此，纯电动汽车由车速 u_1 加速到车速 u_2 的加速时间为

$$t = \frac{1}{3.6}\int_{u_1}^{u_2}\frac{1}{a}du = \frac{1}{3.6}\int_{u_1}^{u_2}\frac{\delta m}{F_t - F_f - F_w}du$$

加速时间可利用计算机进行数值积分计算或用图解法求出。利用图解法，可将 a-u_a 曲线（图 1-61）转画成 $1/a$-u_a 曲线（图 1-62）。曲线下两个速度区间的面积就是通过此速度区间的加速时间。图 1-63 中，采用固定传动比的纯电动汽车 0~50km/h 的加速时间为 7s，50~80km/h 的加速时间为 6s。

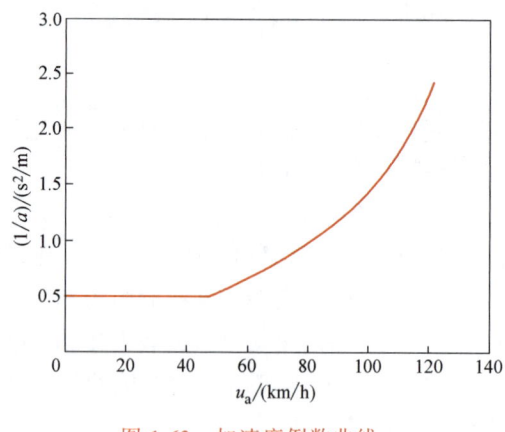

图 1-62 加速度倒数曲线

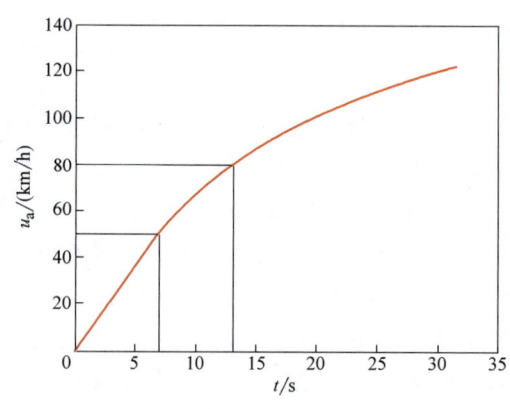

图 1-63 加速时间曲线

汽车的爬坡能力可由净驱动力求得，即 $F_i = F_t - (F_f + F_w)$。纯电动汽车的最大爬坡度一般为 20%~30%。因此，利用汽车行驶方程式来确定纯电动汽车低速最大爬坡能力时，应采用 $G\sin\alpha$ 作为坡度阻力。因此汽车爬坡的最大坡度角为

$$\alpha = \arcsin \frac{F_t - (F_f + F_w)}{G}$$

利用上式可求得汽车能爬上的坡度角，相应地，根据 $\tan\alpha = i$ 可求出坡度值。图 1-64 中，采用固定速比减速器的纯电动汽车的最大爬坡度为 21.5%。图 1-64 中，电动汽车通过 4% 坡度的爬坡车速最大可达 122km/h，通过 12% 坡度的爬坡车速最大可达 74.5km/h。

5. 纯电动汽车的功率平衡

汽车行驶时，不仅驱动力和行驶阻力互相平衡，驱动电机功率和汽车行驶阻力功率也总是平衡的，其功率平衡方程式仍用式（1-18）表示。

与力的平衡处理方法相同，功率平衡方程式也可用图解法表示。图 1-65 所示为采用固定速比减速器的纯电动汽车的功率平衡图。图中，驱动电机功率在基速范围内为一条斜线，在基速与最高电机转速之间，功率不变。不同道路坡度下的行驶阻力功率与驱动电机功率的交点对应的车速即为允许的最高车速。

功率平衡图也可用来确定纯电动汽车最高车速、加速性能和爬坡性能三个性能指标。

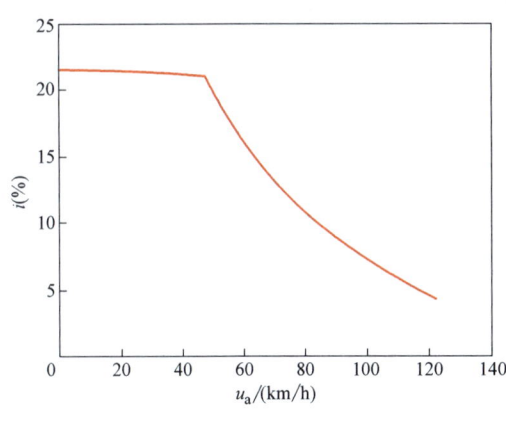

图 1-64　爬坡度曲线

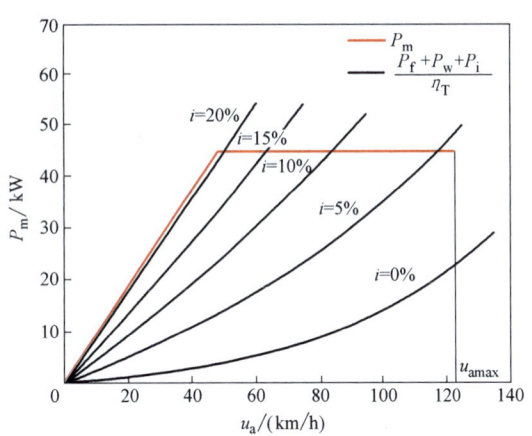

图 1-65　采用固定速比减速器的纯电动汽车的功率平衡图

五、混合动力电动汽车的动力性

1. 混合动力驱动系统的转速-转矩特性

由于混合动力电动汽车中配置有发动机和电机两套驱动系统，并通过一定的方式耦合在一起，因此混合动力驱动系统的转速-转矩特性与动力耦合装置的类型有关。图 1-66 所示为混合动力耦合系统示意图。

图中，T_e 和 n_e 为发动机的转矩和转速；T_{mi} 和 n_{mi} 为第 i 个电机的转矩和转速；T_h 和 n_h 是动力耦合装置的输出转矩和转速。如果忽略动力耦合装置的效率，根据功率平衡原理，可得

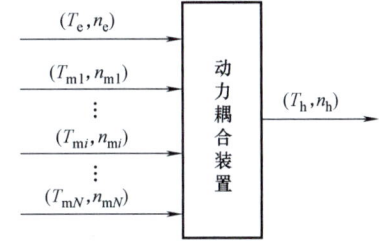

图 1-66　混合动力耦合系统示意图

$$T_e n_e + \sum_{i=1}^{N} T_{mi} n_{mi} = T_h n_h \qquad i = (1, 2, \cdots, N)$$

根据动力耦合装置对发动机和电机转速或转矩耦合方式的不同，可分为转矩耦合、转速

耦合和功率耦合（转速和转矩同时耦合）三种类型。

（1）转矩耦合 采用转矩耦合方式的混合动力驱动系统输出转速与发动机转速和电机转速之间成固定比例关系，而系统输出转矩是发动机转矩和电机转矩的线性叠加，即

$$\left.\begin{aligned} T_h &= \alpha T_e + \sum_{i=1}^{N} \beta_i T_{mi} \\ n_h &= \frac{n_e}{\alpha} = \frac{n_{mi}}{\beta_i} \end{aligned}\right\}$$

式中，α、β_i 为转矩耦合装置的特性系数。

采用转矩耦合方式的混合动力电动汽车，可通过控制电机转矩的大小来调节发动机转矩，使发动机工作在最佳油耗曲线附近。但发动机转速和电机转速与车速具有固定的比例关系，发动机转速和电机转速不能独立控制。一般并联式混合动力系统常采用这种耦合方式。图 1-67a 所示为一汽集团研制的并联式混合动力电动客车转矩耦合系统，采用一对平行轴齿轮机构将发动机和电机耦合在一起，$\alpha=1$，$\beta_1 = z_1/z_2$；图 1-67b 所示为本田公司 Insight 并联式混合动力电动轿车采用的转矩耦合系统，发动机和电机同轴布置，转矩直接叠加，发动机和电机转速相同，$\alpha=1$，$\beta_1 = 1$。

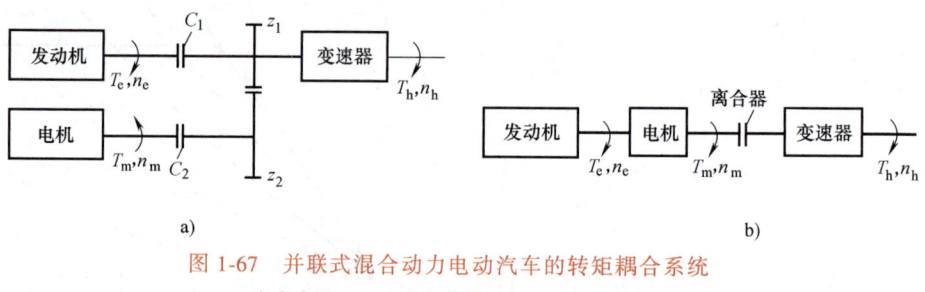

图 1-67 并联式混合动力电动汽车的转矩耦合系统

C_1—主离合器　C_2—次离合器　z_1、z_2—齿轮的齿数

（2）转速耦合 如果混合动力驱动耦合系统的输出转矩与发动机转矩和电机转矩之间成固定比例关系，而系统输出转速是发动机转速和电机转速的线性叠加，这种耦合方式称为转速耦合，其数学表达式为

$$\left.\begin{aligned} T_h &= \frac{T_e}{\gamma} = \frac{T_{mi}}{\psi_i} \\ n_h &= \gamma n_e + \sum_{i=1}^{N} \psi_i n_{mi} \end{aligned}\right\}$$

式中，γ、ψ_i 为转速耦合装置的特性系数。

采用转速耦合方式的混合动力电动汽车，可以通过调节电机转速来调节发动机转矩，使发动机工作在最佳油耗曲线附近。在发动机工作点不变的情况下，通过连续调节电机转速，可使车速连续变化。但发动机转矩和电机转矩与驱动力具有固定的比例关系，发动机转矩和电机转矩不能独立控制。图 1-68 所示为某并联式混合动力电动汽车的转速耦合系统，以单排行星齿轮机构作为转速耦合，其中系数 $\gamma = 1/(1+k)$，$\psi_1 = k/(1+k)$，k 为齿圈与太阳轮的齿数比。

（3）功率耦合 采用功率耦合方式的混合动力驱动系统输出转矩是发动机转矩和电机

转矩的线性叠加。同时，系统的输出转速也是发动机转速和电机转速的线性叠加，即

$$\left.\begin{array}{l} T_h = \alpha T_e + \sum_{i=1}^{N} \beta_i T_{mi} \\ n_h = \gamma n_e + \sum_{i=1}^{N} \psi_i n_{mi} \end{array}\right\}$$

在采用功率耦合方式的混合动力电动汽车中，发动机转矩和转速均可以自由控制，不受汽车行驶工况的影响。可通过调节电机的转速和转矩，使发动机一直稳定工作在最佳经济性区域内，车辆燃油经济性大幅度提高。采用功率耦合方式的混合动力电动汽车理论上不需要离合器和变速器，而且可以实现无级变速。与前面两种耦合方式相比，功率耦合无论是在发动机工作点的优化方面，还是整车变速方面，都具有较好的优越性。

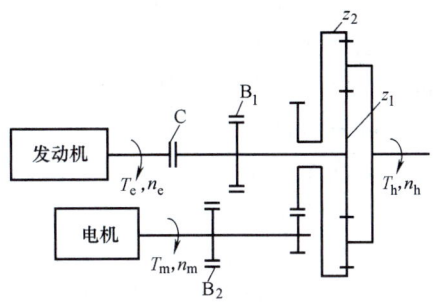

图 1-68 某并联式混合动力电动汽车的转速耦合系统

C—离合器　B_1—制动器 1　B_2—制动器 2

z_1—太阳轮齿数　z_2—齿圈齿数

日本丰田公司推出的普锐斯混合动力电动汽车中采用了功率耦合方式，如图 1-69 所示。该系统以单排行星齿轮机构作为转速耦合装置，发动机与行星架连接，发电机与太阳轮相连，发动机和发电机通过行星齿轮机构进行转速耦合。电动机转轴上的齿轮与行星齿轮机构的齿圈同时与中间轴上的齿轮相啮合。电动机转矩与齿圈输出转矩通过平行轴齿轮机构进行转矩耦合。其转速和转矩表达式分别为

转速耦合：$\left.\begin{array}{l} T_c = \dfrac{T_e}{\gamma} = \dfrac{T_{m1}}{\psi_1} \\ n_c = \gamma n_e - \psi_1 n_{m1} \end{array}\right\}$ 转矩耦合：$\left.\begin{array}{l} T_h = \alpha T_c + \beta_2 T_{m2} \\ n_h = \dfrac{n_c}{\alpha} = \dfrac{n_{m2}}{\beta_2} \end{array}\right\}$

式中，$\gamma = (1+k)/k$；$\psi_1 = 1/k$，$\alpha = z_2/z_1$；$\beta_2 = z_2/z_3$；z_1、z_2、z_3 为齿轮齿数。

2. 传动系

由于混合动力电动汽车包含发动机驱动和电机驱动两套系统，传动系统的配置更加灵活，主要取决于车辆的运行性能要求和混合动力驱动系统的耦合方式。对于采用转矩耦合方式的混合动力电动汽车，根据车辆动力性能要求的不同，可采用减速器或多档变速器。例如一些城市混合动力电动公交车，最高车速小于 70km/h，通常采用固定速比的减速器；而一些小轿车，为了满足高速行驶和爬坡的要求，需要采用多档变速器。

对于采用转速耦合或功率耦合方式的混合动力电动汽车，由于其耦合机构具有调速功能，相当于一个具有电子调速的无级变速器，如果调速范围足够宽，传动装置可大为简化，采用固定速比的减速器即可。例如图 1-69 所示的普锐斯混合

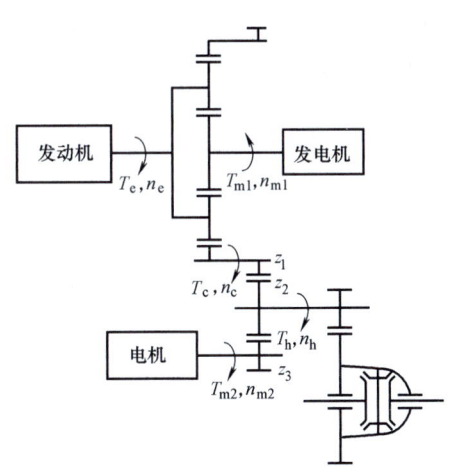

图 1-69 普锐斯混合动力电动汽车的功率耦合系统

动力电动汽车中所采用的行星齿轮机构就具有无级变速的功能，相当于一个无级变速器。

3. 混合动力电动汽车的驱动力

混合动力驱动系统在驱动轮上产生的驱动力仍可采用式（1-1）进行计算。将混合动力电动汽车的驱动力与车速之间的函数关系以图形表示，可得混合动力电动汽车的驱动力图。如图 1-70 所示，配置三档变速器的并联式混合动力电动汽车的驱动力图中包括混合驱动模式、纯电动模式和发动机驱动模式下的三种驱动力图。

4. 混合动力电动汽车动力性的计算

与传统内燃机汽车一样，混合动力电动汽车的行驶阻力包括滚动阻力、空气阻力、坡度阻力和加速阻力。因此，混合动力电动汽车的行驶方程式仍可采用式（1-10）来表示。

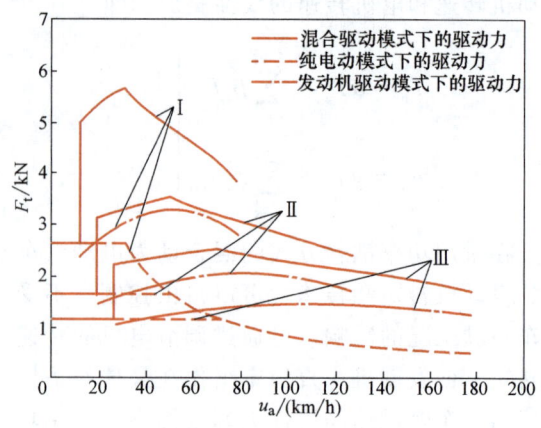

图 1-70 并联式混合动力电动汽车的驱动力图

同时，也可采用驱动力-行驶阻力平衡图来确定混合动力电动汽车的动力性。图 1-71 所示为配置三档变速器的并联式混合动力电动汽车的驱动力-行驶阻力平衡图，从图中可以开看出：在混合驱动模式下，该车的最大爬坡度约为 39.5%（21.6°），最高车速为 178km/h；在纯电动模式下，该车的最大爬坡度约为 16.7%（9.48°）。纯电动模式下的驱动力曲线与行驶阻力的交点对应的车速即为最高车速 128km/h。

图 1-72 所示为配置三档变速器的并

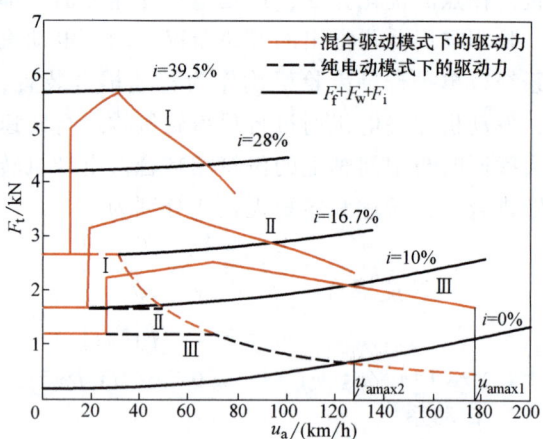

图 1-71 并联式混合动力电动汽车的驱动力-行驶阻力平衡图

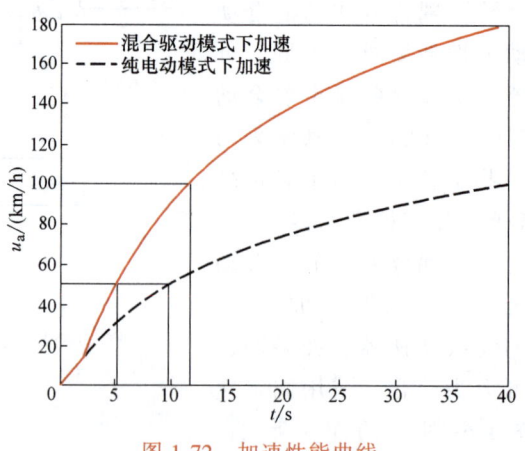

图 1-72 加速性能曲线

联式混合动力电动汽车的加速性能曲线，从图中可知：在混合驱动模式下，车辆从零加速到 100km/h 时，加速时间为 11.65s，从零加速到 50km/h 时，加速时间为 5.13s；在纯电动模式下，车辆从零加速到 50km/h 时，加速时间为 9.8s。

参 考 文 献

[1.1] 吉林工业大学. 汽车理论 [M]. 北京：中国工业出版社，1962.

[1.2] Фалькевич Б С. Теория Автомобиля [M]. Москва：машгиз，1963.

[1.3] Цинбалин В Б. Испытания Автомобилей [M]. Москва：Машинос ТРОЕНИЕ，1978.

[1.4] Manfred Mitschke，Henning Wallentowitz. 汽车动力学 [M]. 4 版. 陈荫三，余强，译. 北京：清华大学出版社，2009.

[1.5] 阿达姆·措莫托. 汽车行驶性能 [M]. 黄锡朋，解春阳，译. 北京：科学普及出版社，1992.

[1.6] 葛安林. 车辆自动变速理论与设计 [M]. 北京：机械工业出版社，1993.

[1.7] 丁荣华. 车辆自动换档 [M]. 北京：北京理工大学出版社，1992.

[1.8] Timothy C Moore，Amory B Lovims. Vehicle Design Strategies to Meet and Exceed PNGV Goals [J]. SAE paper 951906.

[1.9] Thomas D Gillespie. Fundamentals of Vehicle Dynamics [M]. Warrendale PA：SAE. Inc，1992.

[1.10] Parmeet S Grover. Modeling of Rolling Resistance Test Data [J]. SAE paper 980251.

[1.11] Ben Wen，Gregory Rogerson，Alan Hartke. Correlation Analysis of Rolling Resistance Test Results from SAE J1269 and J2452 [J]. SAE paper 2014-01-0066.

[1.12] Marcos R Gali，Renan R M Ozelo，et al. Rolling Resistance：Technological Advances and the Current Outlook for Commercial Vehicles [J]. SAE paper 2014-36-0016.

[1.13] 武藤真理. 汽车空气动力学 [M]. 程正，译. 长春：吉林科学技术出版社，1989.

[1.14] 谷正气. 汽车空气动力学 [M]. 北京：人民交通出版社，2005.

[1.15] 欧阳明高. 汽车新型能源动力系统技术战略与研发进展 [J]. 内燃机学报，2008（1）：107-114.

[1.16] 梅尔达德·爱赛尼，高义民，阿里·埃玛迪. 现代电动汽车、混合动力电动汽车和燃料电池车：基本原理、理论和设计 [M]. 倪光正，等译. 北京：机械工业出版社，2012.

[1.17] 赵航，史广奎. 混合动力电动汽车技术 [M]. 北京：机械工业出版社，2012.

[1.18] 何洪文. 电动汽车结构与原理 [M]. 北京：机械工业出版社，2012.

[1.19] 全国汽车标准化技术委员会. GB/T 28382—2012　纯电动乘用车 技术条件 [S]. 北京：中国标准出版社，2012.

[1.20] 全国汽车标准化技术委员会. GB/T 19752—2005　混合动力电动汽车 动力性能 试验方法 [S]. 北京：中国标准出版社，2005.

[1.21] 全国汽车标准化技术委员会. GB/T 18488.2—2015　电动汽车用驱动电机系统 第 2 部分：试验方法 [S]. 北京：中国标准出版社，2015.

第二章

汽车的燃油经济性

在保证动力性的条件下，汽车以尽量少的燃油消耗量经济行驶的能力，称作汽车的燃油经济性。

燃油经济性好，可以降低汽车的使用费用、减少国家对进口石油的依赖性、节省石油资源；同时也可降低发动机产生的 CO_2（温室效应气体）的排放量，起到防止地球变暖的作用。

发动机的燃油消耗率与排放污染是有密切关系的，只能在保证排放达到有关法规要求的前提下来降低发动机的燃油消耗率，提高汽车的燃油经济性。

由于节约燃料、保护环境已成为全球关注的重大事件，汽车燃油经济性受到各国政府、汽车制造业与汽车使用者进一步的重视。

第一节 汽车燃油经济性的评价指标

汽车的燃油经济性常用一定运行工况下汽车行驶百公里的燃油消耗量或一定燃油量能使汽车行驶的里程来衡量。

在我国及欧洲，燃油经济性指标的单位为 L/100km，即行驶 100km 所消耗的燃油升数。该数值越大，汽车燃油经济性越差。在美国，燃油经济性指标的单位为 MPG 或 mile/USgal，指的是每加仑燃油能行驶的英里数。这个数值越大，汽车燃油经济性越好。

等速行驶百公里燃油消耗量是常用的一种评价指标，指汽车在一定载荷（我国标准规定轿车为半载、货车为满载）下，以最高档在水平良好路面上等速行驶 100km 的燃油消耗量。常测出每隔 10km/h 或 20km/h 速度间隔的等速百公里燃油消耗量，然后在图上连成曲线，称为等速百公里燃油消耗量曲线，用它来评价汽车的燃油经济性，如图 2-1 所示。

但是，等速行驶工况并没有全面反映汽车的实际运行情况，特别是在市区道路行驶中频繁出现的加速、减速、急速停车等行驶工况。因此，在对实际行驶车辆进行跟踪测试统计的基础上，各国都制定了一些典型的循环行驶试验工况来模拟实际汽车运行状况，并以其百公里燃油消耗量（或 MPG）来评定相应行驶工况的燃油经济性。

图 2-2 给出了联合国欧洲经济委员会（The United Nations Economic Comission for Europe,

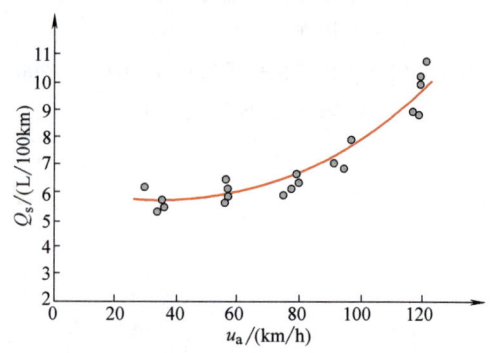

图 2-1 汽车等速百公里燃油消耗量曲线

UNECE 或 ECE)、美国及我国的汽车测量燃油经济性的循环行驶工况。欧洲的燃油和排放测试标准按时间节点大致上可以划分为三个阶段：1992 年前，1992—2000 年（此间正值欧盟实施欧Ⅰ和欧Ⅱ排放法规）以及 2000 年后（此间正值欧盟实施欧Ⅲ和欧Ⅳ排放法规），如图 2-2a 所示。1992 年前欧洲燃油消耗测试分为模拟市区工况测试以及 90km/h 和 120km/h 等速行驶测试。第二阶段的测试由市区运转循环和市郊运转循环两部分组成，联合国欧洲经济委员会规定以四个城市行驶循环（City Driving Cycle）加一个公路行驶循环（Extra Urban Driving Cycle）组成一个大的循环，即所谓的新欧洲行驶工况（New European Driving Cycle, NEDC）（图 2-3），并按 NEDC 循环测量评定汽车燃油经济性的百公里油耗量。欧洲第三阶段测试和第二阶段相比差异不大，只是取消了第二阶段开始前的 40s 怠速。

我国也制定了有关的测定燃油经济性循环行驶工况。

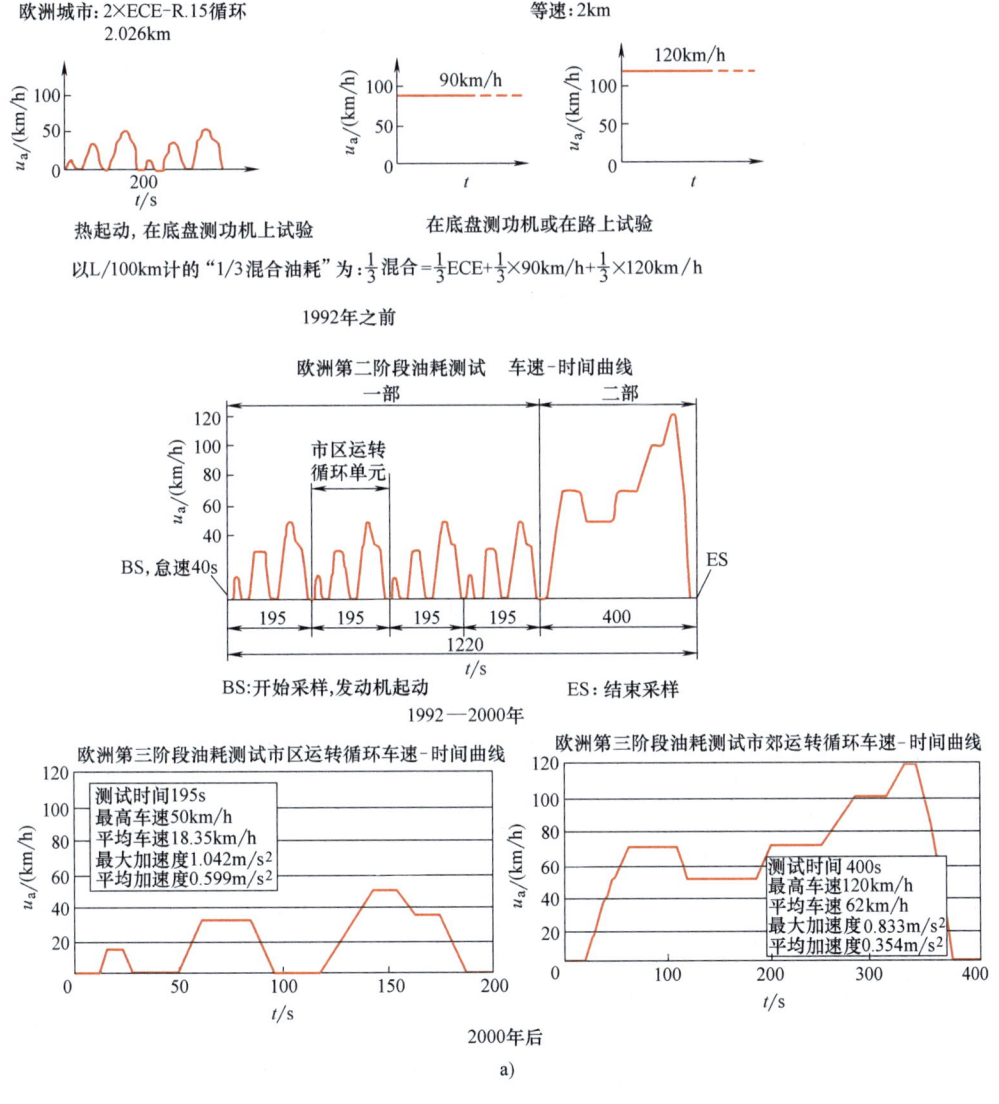

图 2-2 测量汽车燃油经济性的循环行驶工况
a) ECE 循环工况

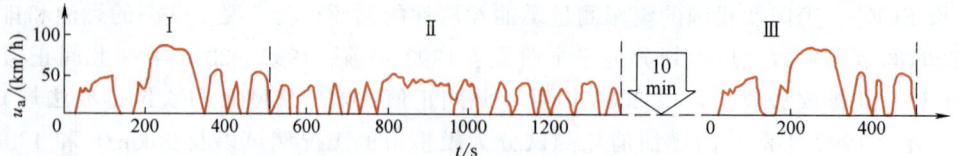

UDDS=17.77km，Ⅰ为冷起动，Ⅱ为稳定阶段，Ⅲ为热起动。在底盘测功机上试验。

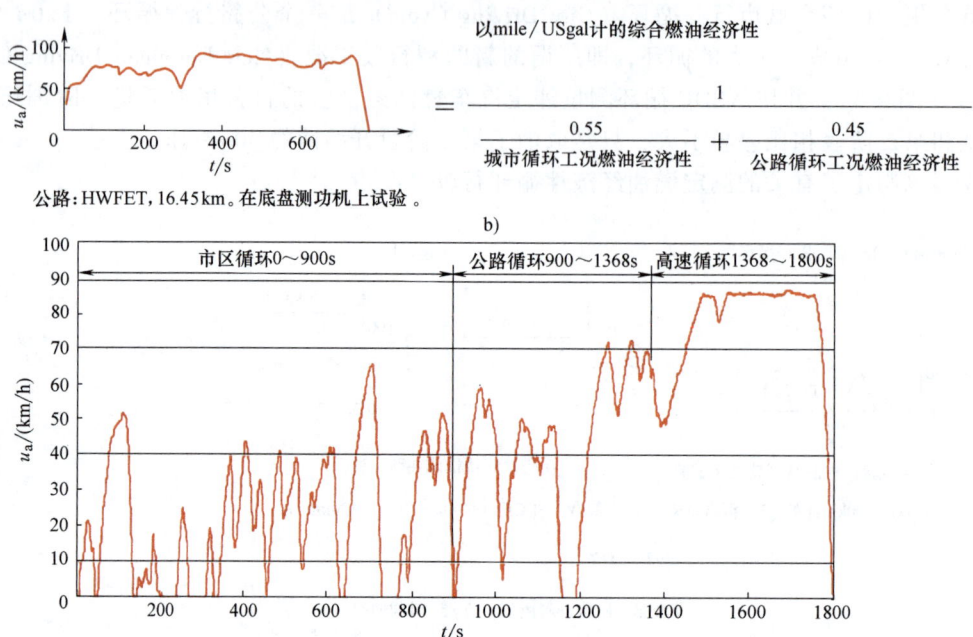

公路：HWFET，16.45km。在底盘测功机上试验。

以mile/USgal计的综合燃油经济性

$$= \frac{1}{\dfrac{0.55}{\text{城市循环工况燃油经济性}} + \dfrac{0.45}{\text{公路循环工况燃油经济性}}}$$

b)

c)

注：C-WTVC循环是以世界统一的重型商用车辆瞬态循环(World Transient Vehicle Cycle，WTVC)为基础，调整加速度和减速度形成的驾驶循环。

图 2-2　测量汽车燃油经济性的循环行驶工况（续）
b) 美国：FTP-75　c) 我国重型商用车 C-WTVC 循环曲线

循环工况规定了车速-时间行驶规范，如何时换档、何时制动以及行车的速度和加速度等数值。因此，它在路上试验比较困难，一般多规定在室内汽车底盘测功机（转鼓试验台）上进行测试；而规定在路上进行试验的循环工况均很简单。

由于各个国家的循环工况不同，因此燃油经济性和排放物的测量结果都不相同，很难进行比较。2007年联合国世界车辆法规协调论坛（WP29）决定在污染与能源工作组（GRPE）下设立工作组，用以建立和发展全球统一的轻型车排放测试工况（WLTC）。该工况分三个级别，六种试验循环。

表 2-1 是 1997 年《Autocar》杂志给出的一些轿车的 EPA 循环工况油耗。

自 1973 年发生世界石油危机后，世界石油价格飞涨。而石油资源的逐渐枯竭，必将威胁到人类长远的正常生活。因此，各国十分重视节约燃油，不少国家制定了控制燃油消耗的法规。美国针对轿车制定了"公司平均燃油经济性标准"（Corporate Average Fuel Economy Standards，CAFE）。CAFE 是指一个公司全部销售轿车的平均燃油经济性。对达不到要求的公司进行惩罚，对高油耗的车辆加征燃油税。按照美国 1985 年规定的公司平均燃油经济性指标，轿车的最低能耗标准为每加仑 27.5mile，运动型多功能车、轻型货车的最低能耗标准

第二章 汽车的燃油经济性

表 2-1 一些轿车的 EPA 循环工况油耗

	车　型	发动机排量 /mL	EPA 城市/公路 Q_s /(L/100km)		车　型	发动机排量 /mL	EPA 城市/公路 Q_s /(L/100km)
经济型轿车	FORD ESCORT LX	1859	7.84/6.36	中高级轿车	BMW 528i	2793	13.07/9.05
	HONDA CIVIC DX	1493	6.72/5.88		BUICK CENTURY CUSTOM	3146	11.76/8.11
	TOYOTA COROLLA DX	1585	8.71/6.92				
硬顶吉普	JEEP GRAND CHEROKEE 5.9 LIMITED	5898	18.09/14.70		PONTIAC GRAND PRIX GTR	3791	13.07/8.71
	LAND ROVER DISCOVERY SE9	3942	16.80/13.84		LEXUS GS400	3969	12.38/9.41
中高级轿车	HONDA ACCORD COUPE EX	2254	9.40/7.84		AUDI A8 4.2 QUATTRO	4172	13.84/9.41
	NISSAN ALTIHA SE	2382	9.80/7.59		CADILAC GLS	4565	14.70/9.41
	SUBARU IMPREZA	2457	11.20/8.71		LINCOLN CONTINENTAL	4601	13.84/9.80

为每加仑 22.2mile。2007 年美国通过的《2007 能源独立和安全法案》则要求在 2020 年，美国的轿车和轻型货车达到每加仑 35mile 的水平[2.19]。后来美国于 2010 年 4 月和 2012 年 8 月分别发布了针对 2012—2016 年（第一阶段）和 2017—2025 年（第二阶段）的轻型汽车燃油经济性及温室气体排放规定，要求 2025 年美国轻型汽车的平均燃油经济性达到 54.5MPG[2.18]。

我国原机械工业部于 1984 年发布了货车与客车燃油消耗量限值标准。

我国控制乘用车燃料消耗量的第一个强制性国家标准《乘用车燃料消耗量限值》，于 2004 年 9 月 2 日经国家质检总局和国家标准委员会批准发布，2005 年 7 月 1 日正式实施。

我国在 2014 年 12 月 22 日发布了 GB 19578—2014《乘用车燃料消耗量限值》和 GB 27999—2014《乘用车燃料消耗量评价方法及指标》。对于新认证车辆，GB 19578—2014 的执行日期是 2016 年 1 月 1 日，对在生产车辆则是 2018 年 1 月 1 日。其具体限值的要求列在表 2-2 中。

表 2-2 乘用车燃料消耗量限值　　　　（单位：L/100km）

整车整备质量 (CM)/kg	GB 19578—2004 第一阶段	GB 19578—2004 第二阶段	GB 19578—2014	整车整备质量 (CM)/kg	GB 19578—2004 第一阶段	GB 19578—2004 第二阶段	GB 19578—2014
CM≤750	7.6	6.6	5.2	1540<CM≤1660	12.0	10.8	8.1
750<CM≤865	7.6	6.9	5.5	1660<CM≤1770	12.6	11.3	8.5
865<CM≤980	8.2	7.4	5.8	1770<CM≤1880	13.1	11.8	8.9
980<CM≤1090	8.8	8.0	6.1	1880<CM≤2000	13.6	12.2	9.3
1090<CM≤1205	9.4	8.6	6.5	2000<CM≤2110	14.0	12.6	9.7
1205<CM≤1320	10.1	9.1	6.9	2110<CM≤2280	14.5	13.0	10.1
1320<CM≤1430	10.7	9.8	7.3	2280<CM≤2510	15.5	13.9	10.8
1430<CM≤1540	11.3	10.3	7.7	CM>2510	16.4	14.7	11.5

表 2-2 给出了各质量段内乘用车应达到的燃油消耗量限值。具体测量方法按照 GB/T 19233—2008《轻型汽车燃料消耗量试验方法》进行。标准规定汽车在模拟城市和市郊的运转循环下，通过测定二氧化碳（CO_2）、一氧化碳（CO）和碳氢化合物（HC）的排放量，用碳平衡法计算出燃料消耗量。测量方法中的运转循环为 GB 18352.3—2005 附录 C 的附件 CA 中所述的模拟市区和市郊行驶工况的试验循环。这个试验循环由一部（市区运转循环）和二部（市郊运转循环）组成，如图 2-3 所示。一部由四个市区运转循环单元构成，市区运转循环单元平均车速为 19km/h，总计时间为 780s，其当量行驶距离为 4.052km，具体构成如图 2-4 所示；市郊运转循环平均车速 62.6km/h，最大车速 120km/h，时间为 400s，当量行驶距离为 6.955km，具体构成如图 2-5 所示。试验在专用的底盘测功机上进行，用专用仪器测出排气中以克每千米（g/km）计的 CO_2、CO 及 HC 的排放量，用碳平衡法便可求得燃油消耗量。碳平衡法依据的基本原理是质量守恒定律——汽（柴）油经过发动机燃烧后，排气中碳质量的总和与燃烧前的燃油中碳质量总和应该相等。用碳平衡法计算汽车燃油消耗量的具体公式如下：

汽油车：

$$FC = \frac{0.1154}{D}(0.866HC + 0.429CO + 0.273CO_2)$$

柴油车：

$$FC = \frac{0.1155}{D}(0.866HC + 0.429CO + 0.273CO_2)$$

式中，FC 为燃油消耗量（L/100km）；HC 为碳氢化合物排放量（g/km）；CO 为一氧化碳排放量（g/km）；CO_2 为二氧化碳排放量（g/km）；D 为 288K（15℃）下的燃油密度（kg/L）。

与直接测量汽车燃油消耗量的方法相比，这种间接的碳平衡法具有大体上一样的精度和相当高的试验稳定性。

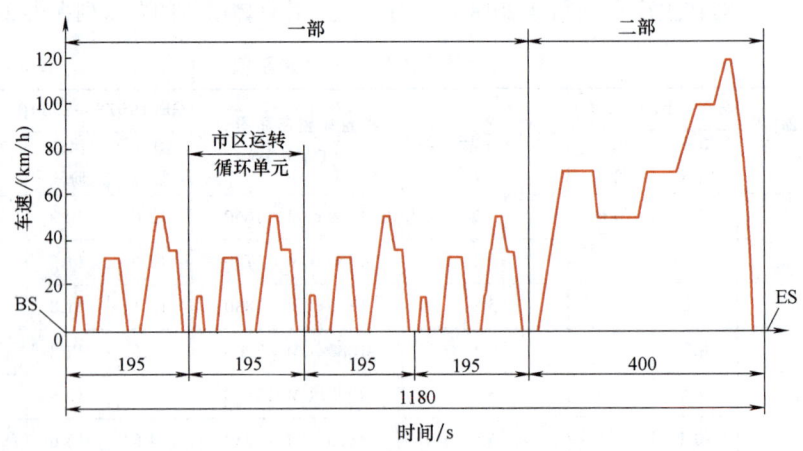

图 2-3 Ⅰ 型试验用的运转循环

BS—开始采样　ES—终止采样

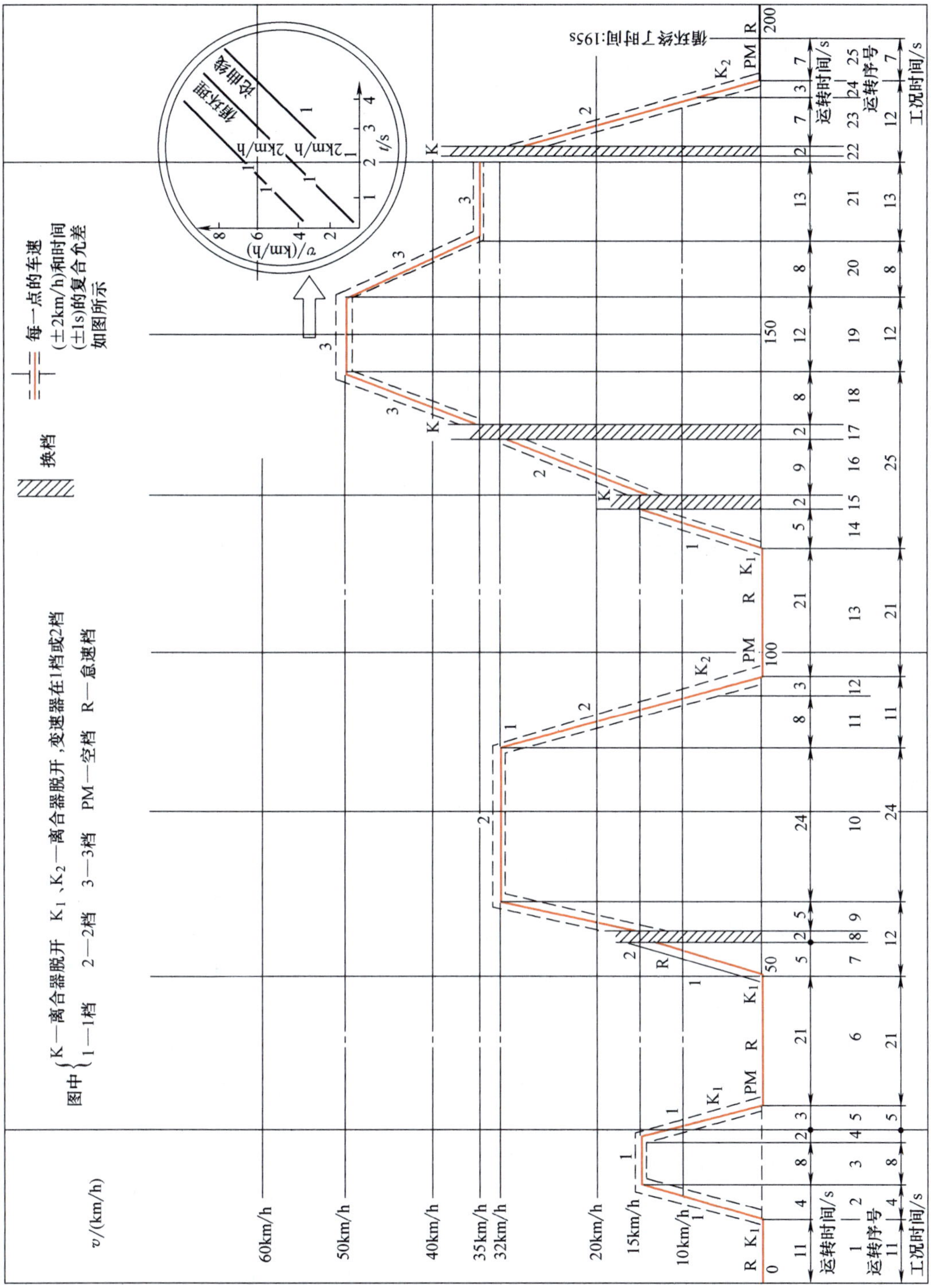

图 2-4　Ⅰ型试验市区运转循环单元（一部）示意图

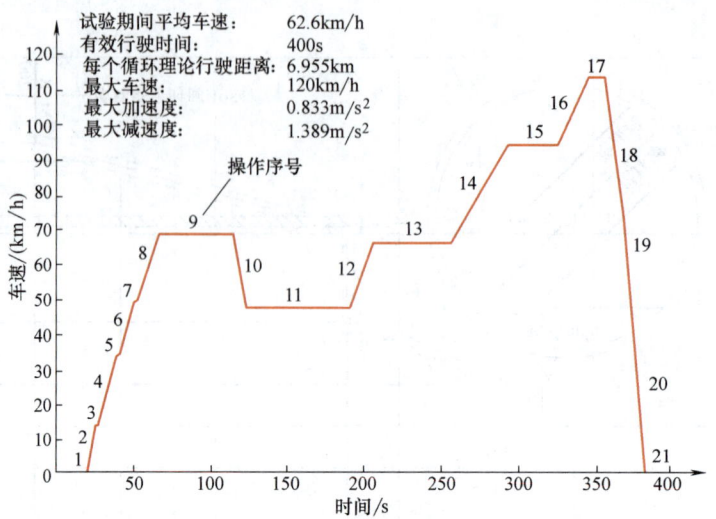

图 2-5 Ⅰ 型试验市郊运转循环单元（二部）示意图

GB 27999—2014《乘用车燃料消耗量评价方法及指标》中给出了具体的评价方法，采用的也是 CAFC，具体计算公式为

$$CAFC = \frac{\sum_{i=1}^{N}(FC_i V_i)}{\sum_{i=1}^{N}(V_i W_i)}$$

式中，i 为乘用车车型序号；FC_i 为第 i 个车型的燃料消耗量；V_i 为第 i 个车型的年度生产或进口量；W_i 为第 i 个车型对应的倍数。

20 世纪 80 年代以来，世界各国开始关注温室效应引起的全球范围的气候变暖，二氧化碳（CO_2）是造成温室效应的主要因素。据统计，我国交通运输行业温室效应气体排放亦呈现出较快的增长趋势，目前占全国排放量的比重超过 10%。欧盟交通行业温室气体排放量约占总排放量的 1/4，是继能源之后的第二大排放行业，其中道路交通排放量约占交通行业总排放量的 71.9%。各种温室气体中，CO_2 的排放约承担 50% 的责任，而汽车排放的 CO_2 约占 CO_2 总排放量的 7%。在 1997 年防止地球变暖京都会议上，要求缔约方全部温室气体排放量在 2008—2012 年承诺期间比 1990 年水平减少 5%。显然油耗法规的意义不单是能源问题，还关系到 CO_2 的降低问题，这必然要求汽车燃油消耗量应有相应的降低。同时，欧、美、日等汽车工业发达地区和国家为应对全球性的资源短缺和气候变暖，巩固和提高该国汽车工业未来的国际竞争力，都在采取积极措施，提高汽车燃料经济性水平。他们都相继完成了新一轮针对 2020 年甚至更长远的乘用车燃料消耗量标准法规的制定，对乘用车燃料消耗量及对应的 CO_2 排放提出了更加严格的要求。表 2-3 列出了欧盟、美国、日本和中国在未来几年的燃料消耗量目标。

第二章 汽车的燃油经济性

表2-3 欧盟、美国、日本和中国燃料消耗量标准目标对比

年份 地区或国家	2015年		2020年		2025年		年降幅-2020	年降幅-2025
	原始	对应国标	原始	对应国标	原始	对应国标		
欧盟	130g/km	5.2L/100km	95g/km	3.8L/100km	75g/km	3L/100km	5.4%	4.2%
美国	36.2MPG	6.7L/100km	44.8MPG	6L/100km	56.2MPG	4.8L/100km	3.5%	3.4%
日本	16.8km/L	5.9L/100km	20.3km/L	4.9L/100km	—		3.3%	—
中国		6.9L/100km		5L/100km			5.5%	—

第二节 汽车燃油经济性的计算

在汽车设计与开发工作中，常需要根据发动机台架试验得到的万有特性图与汽车功率平衡图，对汽车燃油经济性进行估算。本节将介绍燃油经济性循环行驶试验的各工况，如等速行驶、加速、减速和怠速停车等行驶工况的燃油消耗量计算方法。

1. 等速行驶工况燃油消耗量的计算

图2-6给出了一组汽油发动机的万有特性曲线。在万有特性图上有等燃油消耗率曲线。根据这些曲线，可以确定发动机在一定转速 n、发出一定功率 P_e 时的燃油消耗率 b。为了便于进行计算，按照转速 n 和车速 u_a 的转换关系在横坐标上画出汽车（最高档）的行驶车速比例尺。此外，计算时还需要汽车在水平路面上等速行驶时，为克服滚动阻力与空气阻力，发动机应提供的功率 $\dfrac{1}{\eta_T}(P_f+P_w)$。

根据等速行驶车速 u_a 及阻力功率，在万有特性图上（利用插值法）可确定相应的燃油消耗率 b，从而计算出以该车速等速行驶时单位时间内的燃油消耗量（mL/s）为

$$Q_t = \frac{P_e b}{367.1 \rho g}$$

式中，b 为燃油消耗率 [g/(kW·h)]；ρ 为燃油的密度（kg/L）；g 为重力加速度（m/s²），汽油的 ρg 可取 6.96~7.15N/L，柴油可取 7.94~8.13N/L。

整个等速过程行经 s(m) 行程的燃油消耗量（mL）为

$$Q = \frac{P_e b s}{102 u_a \rho g}$$

折算成等速百公里燃油消耗量（L/100km）为

$$Q_s = \frac{P_e b}{1.02 u_a \rho g} \tag{2-1}$$

2. 等加速行驶工况燃油消耗量的计算

在汽车加速行驶时，发动机还要提供为克服加速阻力所消耗的功率。若加速度为 $\dfrac{du}{dt}$ (m/s²)，则发动机提供的功率 P_e (kW) 应为

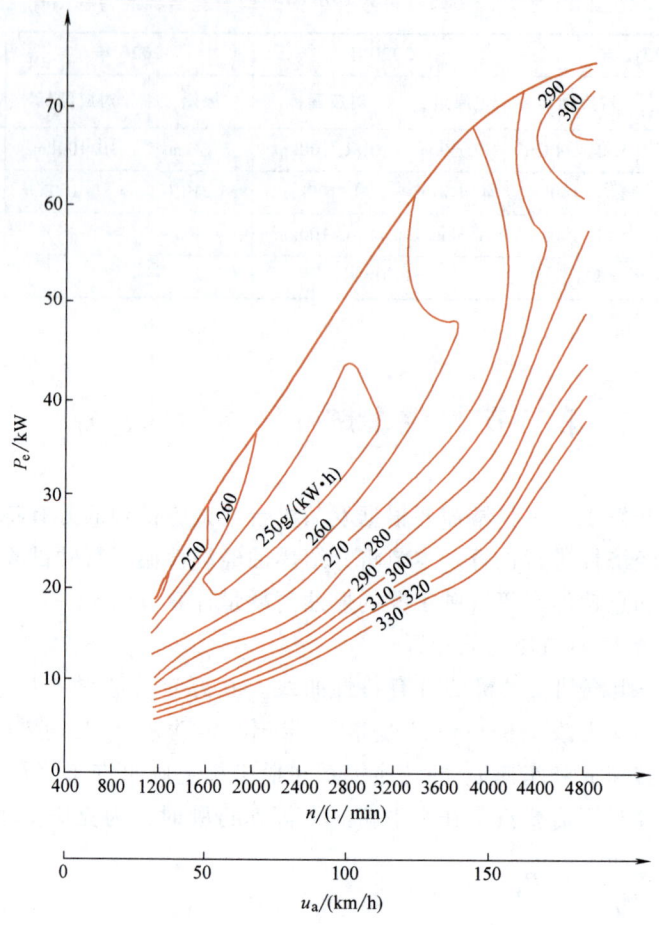

图 2-6 汽油发动机万有特性曲线

$$P_e = \frac{1}{\eta_T}\left(\frac{Gfu_a}{3600} + \frac{C_D A u_a^3}{76140} + \frac{\delta m u_a}{3600}\frac{du}{dt}\right)$$

下面计算由 u_{a1} 以等加速度加速行驶至 u_{a2} 的燃油消耗量。如图 2-7 所示，把加速过程分隔为若干区间，如按速度每增加 1km/h 为一个小区间，每个区间的燃油消耗量可根据其平均的单位时间燃油消耗量与行驶时间之积来求得。各区间起始或终了车速所对应时刻的单位时间燃油消耗量 Q_t（mL/s），可根据相应的发动机发出的功率与燃油消耗率求得

$$Q_t = \frac{P_e b}{367.1 \rho g}$$

而汽车行驶速度每增加 1km/h 所需时间（s）为

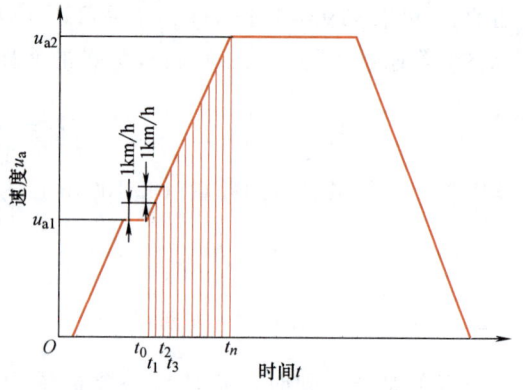

图 2-7 等加速过程的燃油消耗量计算

$$\Delta t = \frac{1}{3.6 \dfrac{\mathrm{d}u}{\mathrm{d}t}}$$

从行驶初速 u_{a1} 加速至 $u_{a1}+1$km/h 所需燃油量（mL）为

$$Q_1 = \frac{1}{2}(Q_{t0} + Q_{t1})\Delta t$$

式中，Q_{t0} 为行驶初速 u_{a1} 时，即 t_0 时刻的单位时间燃油消耗量（mL/s）；Q_{t1} 为车速为 $u_{a1}+1$km/h 时，即 t_1 时刻的单位时间燃油消耗量（mL/s）。

由车速 $u_{a1}+1$km/h 再增加 1km/h 所需的燃油量（mL）为

$$Q_2 = \frac{1}{2}(Q_{t1} + Q_{t2})\Delta t$$

式中，Q_{t2} 为车速为 $u_{a1}+2$km/h 时，即 t_2 时刻的单位时间燃油消耗量（mL/s）。

依此，每个区间的燃油消耗量为

$$Q_3 = \frac{1}{2}(Q_{t2} + Q_{t3})\Delta t$$

$$\vdots$$

$$Q_n = \frac{1}{2}(Q_{t(n-1)} + Q_{tn})\Delta t$$

式中，Q_{t2}、Q_{t3}、$\cdots$、Q_{tn} 为 t_2，t_3，$\cdots$，t_n 各个时刻的单位时间燃油消耗量（mL/s）。

整个加速过程的燃油消耗量 Q_a（mL）为

$$Q_a = \sum_{i=1}^{n} Q_i = Q_1 + Q_2 + \cdots + Q_n$$

或

$$Q_a = \frac{1}{2}(Q_{t0} + Q_{tn})\Delta t + \sum_{i=1}^{n-1} Q_{ti}\Delta t$$

加速区段内汽车行驶的距离 s_a（m）为

$$s_a = \frac{u_{a2}^2 - u_{a1}^2}{25.92 \dfrac{\mathrm{d}u}{\mathrm{d}t}}$$

加速时，由于发动机处于瞬态工况，与匀速时的稳态工况是不一样的。在急开节气门使发动机急加速时，为使发动机能顺畅地工作，并在保证排放达标的前提下发挥大功率，需要多喷一些油，避免混合气过稀。这就不可避免地会牺牲一些燃油经济性。也就是说，在开始加速时要设定一个加速因子来调节喷油量，如有的为 1.5～2.0 倍，不同的发动机标定的参数都不相同。表 2-4 给出了几种车型的加速燃油消耗量与等速燃油消耗量的对比。从表中可以看到，加速度的大小对燃油消耗量有很大的影响。因此，对实际的加速油耗应该在上述计算结果上根据加速度的大小再乘以一个大于一的系数。

表 2-4　几种车型的加速燃油消耗量与等速燃油消耗量的对比

车　型	等速燃油消耗量 /(L/100km) (90km/h 匀速)	等速燃油消耗量 /(L/100km) (120km/h 匀速)	加速燃油消耗量 /(L/100km) 极限加速(0~100km/h)	加速燃油消耗量 /(L/100km) 平稳加速(0~100km/h)
Audi A4-1.8T	6.79	9.32	62.8(184m)	18(587m)
Audi A4-3.0	7.76	9.83	80.0(172m)	21.6(540m)
EQ1061T2	10.75 ($u_a = 70.2$km/h)	12.82 ($u_a = 79.80$km/h)	24.8 (从 55km/h 加到 70km/h,用时 11.37s)	20.1 (从 35km/h 加到 70km/h,用时 37.08s)

3. **等减速行驶工况燃油消耗量的计算**

减速行驶时,节气门松开(关至最小位置)并进行轻微制动,发动机处于强制怠速状态,其油耗量即为正常怠速油耗。所以,减速工况燃油消耗量等于减速行驶时间与怠速油耗的乘积。减速时间(s)为

$$t = \frac{u_{a2} - u_{a3}}{3.6 \dfrac{du}{dt_d}}$$

式中,u_{a2}、u_{a3} 为起始及减速终了时的车速(km/h);$\dfrac{du}{dt_d}$ 为减速度(m/s²)。

减速过程燃油消耗量 Q_d (mL)为

$$Q_d = \frac{u_{a2} - u_{a3}}{3.6 \dfrac{du}{dt_d}} Q_i$$

式中,Q_i 为怠速燃油消耗率(mL/s)。

减速区段内汽车行驶的距离 s_d (m)为

$$s_d = \frac{u_{a2}^2 - u_{a3}^2}{25.92 \dfrac{du}{dt_d}}$$

4. **怠速停车时的燃油消耗量**

若怠速停车时间为 t_s (s),则燃油消耗量 Q_{id} (mL)为

$$Q_{id} = Q_i t_s$$

5. **整个循环工况的百公里燃油消耗量**

对于由等速、等加速、等减速、怠速停车等行驶工况组成的循环,如 ECE-R.15 和我国货车六工况法,其整个试验循环的百公里燃油消耗量 Q_s (L/100km)为

$$Q_s = \frac{\sum Q}{s} \times 100$$

式中,$\sum Q$ 为所有过程油耗量之和(mL);s 为整个循环的行驶距离(m)。

第三节 影响汽车燃油经济性的因素

由第二节可知,汽车等速百公里燃油消耗量为

$$Q_s = \frac{P_e b}{1.02 u_a \rho g}$$

或

$$Q_s = \frac{CFb}{\eta_T}$$

式中,C 为常数;F 为行驶阻力,$F = F_f + F_w$。 (2-2)

由式(2-2)可知,等速百公里燃油消耗量正比于等速行驶时的行驶阻力与燃油消耗率,反比于传动效率。

发动机的燃油消耗率,一方面取决于发动机的种类、设计制造水平;另一方面又与汽车行驶时发动机的负荷率有关。从万有特性图上可知,发动机负荷率低时,b 值显著增大。

当然,总的汽车燃油消耗还与加速、减速、制动、怠速停车等工况以及汽车附件(如空调)的使用有关。图 2-8 所示为美国中型轿车 EPA 城市、公路循环行驶工况的能量平衡图。由图可以看出,汽车燃油消耗除与行驶阻力(滚动阻力与空气阻力)、发动机燃油消耗率以及传动系效率有关之外,还与停车怠速油耗、汽车附件(空调等)消耗及制动能量损耗有关。在城市循环工况中,后三个因素的影响相当大,它们消耗的能量总计占燃料能量的 25.6%。因此,出现了启停系统和制动能量回收系统。

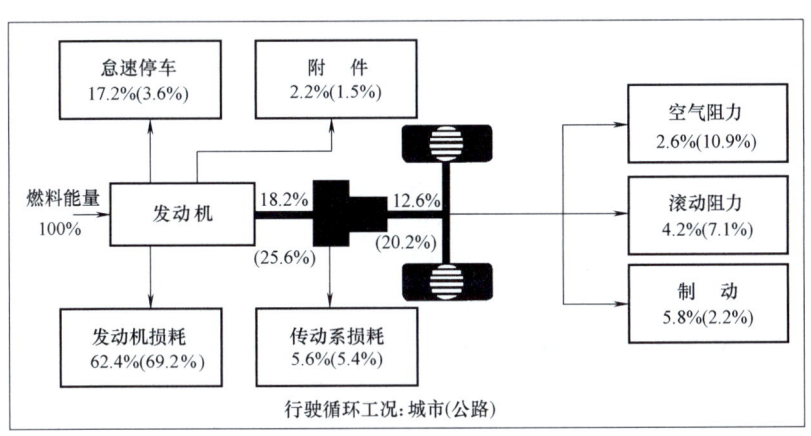

图 2-8 美国中型轿车 EPA 城市、公路循环行驶工况的能量平衡图

下面分别从使用与汽车结构两个方面讨论影响汽车燃油经济性的因素,从而可以看出提高燃油经济性的一些途径。

一、使用方面

1. 行驶车速

由图 2-1 可以看出,汽车在接近于低速的中等车速时燃油消耗量 Q_s 最低,高速时随车速增加 Q_s 迅速加大。这是因为在高速行驶时,虽然发动机的负荷率较高,但汽车的行驶阻力增加很多而导致百公里油耗增加。

2. 档位选择

在一定道路上，汽车用不同排档行驶，燃油消耗量是不一样的。显然，在同一道路条件与车速下，虽然发动机发出的功率相同，但档位越低，后备功率越大，发动机的负荷率越低，燃油消耗率越高，百公里燃油消耗量就越大，而使用高档时的情况则相反。

3. 挂车的应用

运输企业中普遍拖带挂车。这是提高运输生产率和降低成本，包括降低燃油消耗量的一项有效措施。例如解放牌 CA10B 汽车经常拖挂 4.5~5t 挂车，行驶于坡度小于 8%、最大坡度小于 11% 的道路上，生产率可提高 30%~50%，油耗可降低 20%~30%（以 100t·km 计）。应注意，拖带挂车后，虽然汽车总的燃油消耗量增加了，但以 100t·km 计的油耗却下降了，即分摊到每吨货物上的油耗下降了。拖带挂车后节省燃油的原因有两个：一是带挂车后阻力增加，发动机的负荷率增加，使燃油消耗率 b 下降；另一个原因是汽车列车的质量利用系数（即装载质量与整车整备质量之比）较大。

4. 正确地保养与调整

汽车的保养与调整会影响到发动机的性能与汽车行驶阻力，所以对百公里油耗有相当影响。例如，一般驾驶员常用滑行距离来检查底盘的技术状况。当汽车的前轮定位正确，制动器摩擦片与制动鼓有正常的间隙，轮胎气压正常，各相对运动零部件滑磨表面光洁、间隙恰当并有充分的润滑油时，底盘的行驶阻力减小，滑行距离便大大增加。阻力较小的装载质量为 2.5t 的汽车，在良好水平道路上以 30km/h 的车速开始摘档滑行，滑行距离应达 200~250m。当滑行距离由 200m 增至 250m 时，油耗可降低 7%。

美国佐尔顿研究中心为了研究保养对油耗的影响，曾在室内汽车测功机上，按 ECE 热起动循环（ECE-R.15，如图 2-2 所示）做了不少工作。其一是在 Vauxhall Victor 轿车上进行的，试验中故意制造出制动过紧、分电器真空提前失效、离心提前失灵、混合气浓度不正常等故障，然后测定循环油耗，结果如图 2-9 所示。由图可见，技术状况不正常，燃油经济性由 19.3mile/US gal 下降到 11.9mile/US gal，即油耗由 14.6L/100km 增至 23.7L/100km。

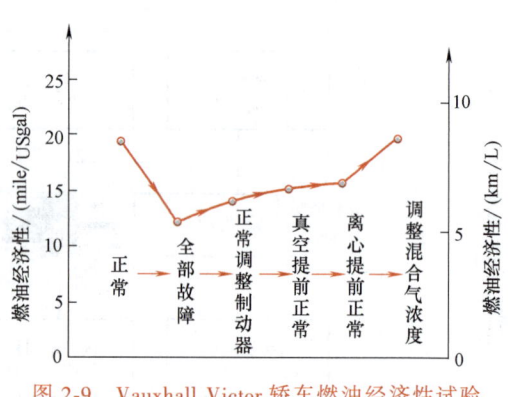

图 2-9 Vauxhall Victor 轿车燃油经济性试验

二、汽车结构方面

在汽车结构方面，可以通过下述途径来改善燃油经济性。

1. 缩减轿车总尺寸和减轻质量

图 2-10a 所示为美国 John E. Clark[2.4] 文中给出的，根据 1984/1985 年度车辆试验数据绘制的城市循环工况燃油经济性（每加仑行驶英里数）与车辆质量的关系曲线。图中还有美国运输部（Department of Transport，DOT）给出的 1976 年度车辆的每加仑行驶英里数与车辆质量的关系曲线。这些实测数据说明，又大又重的豪华型轿车（有的达 2.7t 以上）比小而轻的轻型或微型汽车（质量只有 500kg 上下）的油耗几乎要高 3~5 倍。大型轿车费油的原因是滚动阻力、空气阻力、坡度阻力和加速阻力的大幅度增加。为了保证高动力性而装用

的大排量发动机，行驶中负荷率低也是原因之一。

20世纪50年代中，微型汽车曾引起世人广泛的兴趣。为了节能与环保，现在小型、微型轿车再次受到各国关注。素以产销大排量轿车为特色的美国，也开始研制和生产微型汽车。例如，福特汽车公司生产了Ka牌轿车，克莱斯勒汽车公司展示了塑料车身复合式概念车CCV。一向只生产高级轿车的奔驰汽车公司也生产了A-class与奔驰-斯沃琪的Smart轿车。

为了减轻汽车的质量，我国2007年成立了汽车轻量化技术创新战略联盟。该联盟对2012年中国市场在售的3858个汽油乘用车型数据进行了统计分析（图2-10b），结果表明，汽油乘用车整备质量每降低100kg，100km油耗可降低0.5L。国际铝业协会2003年的报告指出，汽车质量每降低10%，可使油耗降低6%~8%，排放下降4%。大众汽车集团近来的研究结果认为，汽车质量每减少100kg，100km油耗可以降低0.3~0.5L。为了减轻汽车的整备质量，一方面高强度钢已大量应用于汽车车身、底盘、悬架和转向零件上，如我国自主品牌轿车白车身的高强度钢的应用比例有的已经超过60%；另一方面，轿车选用材料中的铝与复合材料所占比例日益增加。20世纪90年代初，北美每辆轿车平均的铝材用量为79kg，日本为61kg，欧洲为53kg；2000年欧洲每辆轿车的用铝量为95.3kg，占8%；2000年美国轿车和轻型货车平均用铝量为124kg/辆；2010年全球的平均每车用铝量为112kg，我国为99kg。豪华轿车Audi A8采用全铝承载式车身，质量减少15%，百公里油耗降低5%~8%。

复合材料在汽车上的用量也在逐年增加。利用碳纤维增强复合材料制作车身和底盘构件，以取代钢材，汽车质量可减轻68%。一个比较典型的例子是BMW的i3电动车，它由两个独立的功能单元构成，采用的是碳纤维增强复合材料车舱和铝合金底盘，两个单元相辅相成，实现了一个极轻且稳定的结构，整备质量仅为1195kg，因此其质量比传统电动车轻300kg左右。目前看来，碳纤维增强复合材料需求增长最快的将是汽车工业，预计到2020年，其消费量将接近于航空航天与军工领域。

2. 发动机

由图2-8可知，发动机中的热损失与机械损耗占燃料能量的65%左右。显然，发动机是对汽车燃油经济性最有影响的部件。目前，提高发动机经济性的主要途径为：

1）提高现有汽油发动机的热效率与机械效率。

2）扩大柴油发动机的应用范围（1996年西欧柴油机轿车的市场份额已达21.5%）。

3）增压化（目前常提供选用的增压汽油机，采用增压的柴油机已很普遍）。

4）广泛采用现代的发动机电子计算机控制技术，如多点电控汽油喷射系统、柴油机高压共轨系统、可变进气流量控制和可变配气相位控制等。

5）采用缸内直喷汽油发动机。

上述问题是有关发动机课程中讨论的内容，在此不再详述。

3. 传动系

传动系的档位增多后，增加了选用合适档位使发动机处于经济工作状况的机会，有利于提高燃油经济性。因此，近年来轿车手动变速器已基本上采用5档和6档；轿车自动变速器广泛采用4档或5档，采用6档的也日渐增多，甚至有采用9档的；大型货车有采用更多档位的趋势，如装载质量为4t的五十铃货车装用了7档变速器，由专职驾驶员驾驶的重型汽车和牵引车，为了改善动力性和燃油经济性，变速器的档位可多至16个。

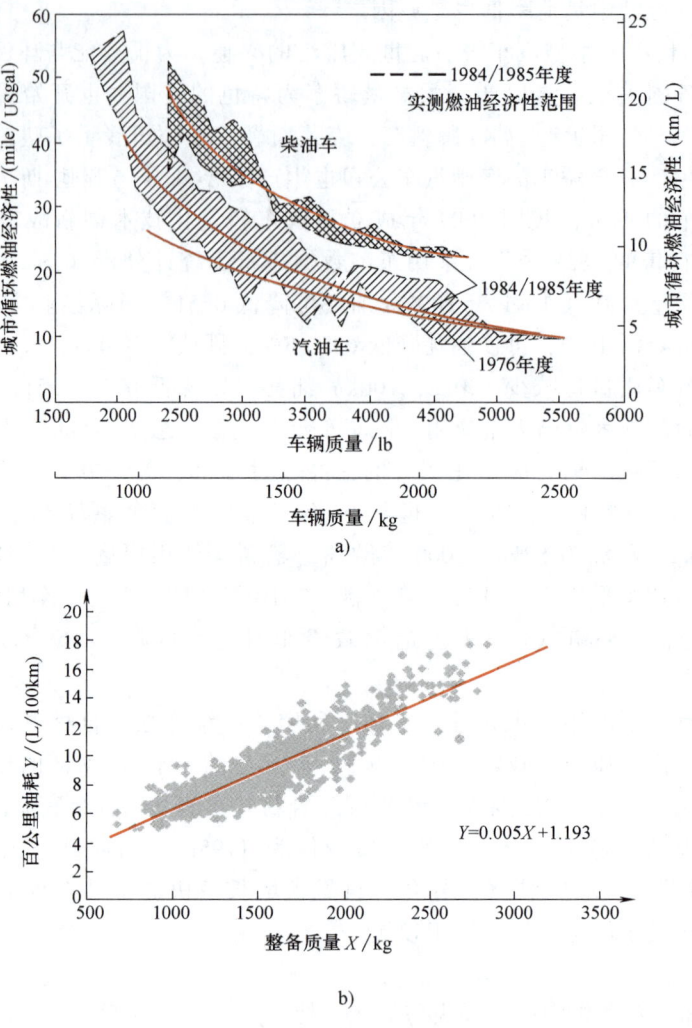

图 2-10 汽车燃油经济性和车辆质量的关系
a) 城市循环燃油经济性（每加仑行驶英里数）与车辆质量的关系
b) 2012 年中国在售汽油乘用车整备质量和油耗的关系

档数无限的无级变速器，在任何条件下都提供了使发动机在最经济工况下工作的可能性。若无级变速器始终能维持较高的机械效率，则汽车的燃油经济性将显著提高。下面介绍发动机的最经济工况——最小燃油消耗特性和保证发动机能最经济工作的无级变速器调节特性。

图 2-11a 所示为发动机的负荷特性，这些曲线的包络线是发动机提供一定功率时的最低燃油消耗率曲线。利用此图可以找出发动机提供一定功率时的最经济工况（转速与负荷）。把各功率下最经济工况运转的转速与负荷率标明在外特性曲线图上，便得到最小燃油消耗特性，如图 2-11b 中的 $A_1A_2A_3$ 曲线。例如，在某道路阻力系数 Ψ 的道路上以 u_a' 速度行驶，需要发动机提供功率 P_e'，发动机可以在 n_0、n_e'、n_1、n_2…多种转速及相应的多种负荷率工作，但只有在 P_e' 水平线与 A_2A_3 的交点处工作，即转速为 n_e' 和大致为 90%负荷率工作时，燃油消耗率 b 最小。

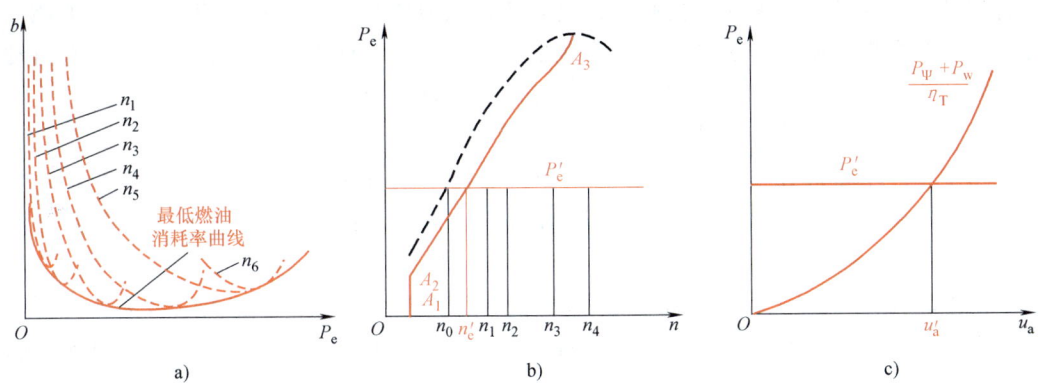

图 2-11 发动机最小燃油消耗特性的确定

有了发动机的最小燃油消耗特性,可进一步确定无级变速器的调节特性。无级变速器的传动比 i' 与发动机转速 n 及汽车行驶速度之间有如下关系:

$$i' = 0.377 \frac{nr}{i_0 u_a} = A \frac{n}{u_a} \tag{2-3}$$

式中, A 对某一汽车而言为常数, $A = 0.377 \frac{r}{i_0}$。

如上所述,当汽车以速度 u_a' 在一定道路上行驶时,根据应提供的功率 $P_e' = \frac{P_\psi + P_w}{\eta_T}$,由最小燃油消耗特性曲线可求出发动机经济的工作转速为 n_e' (当然,节气门也要做相应的控制,才能在 n_e' 时发出功率 P_e')。将 u_a' 与 n_e' 代入式 (2-3),即得无级变速器应有的传动比 i'。将在同一 ψ 值的道路上,不同车速时无级变速器应有的 i' 连成曲线便得到无级变速器的调节特性,如图 2-12 所示。AB 对应变速器最大传动比,ED 对应最小传动比。BC 表示发动机转速为最大功率转速时,i' 与车速的关系曲线。AE 表示发动机最低转速时,i' 与车速的关系曲线。AED 与 BC 曲线间所包含的曲线,表示在不同道路阻力下无级变速器的调速特性。

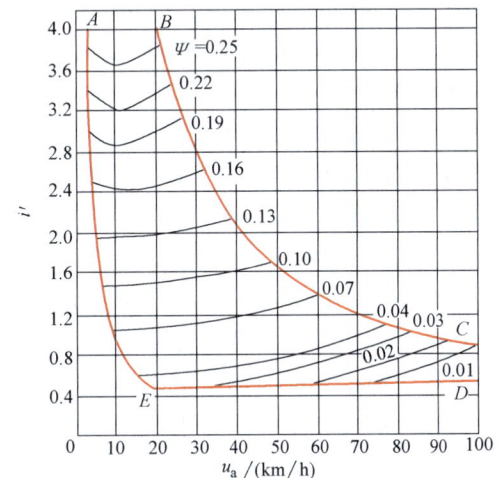

图 2-12 无级变速器的调速特性

目前,在轿车上得到广泛应用的无级变速器是自动液力变速器。不过,由于液力变矩器的传动效率较低,汽车装用自动液力变速器后,燃油经济性均有所下降。但由于它具有起步平稳、操作简便、乘坐舒适性好等优点而受到人们欢迎。近年来,为了节油和进一步提高动力性,自动液力变速器的档数有所增加,越来越多的配有 8 档自动变速器的车型已经出现在我们身边,而奔驰 E350 型汽车已经搭载 9 档自动变速器。并且,它们都配有锁止离合器,当离合器锁止时滑转完全消除,提高了传动效率,从而提高了装有液力变速器汽车的燃油经济性。据一些数据表明,由于自动液力变速器使发动机在较佳工况下运转,所以装有自动液力变速器的汽车的油耗有时比装用手动变速器时还要低。

为了提高燃油经济性而又具有便于驾驶的优点,现在有将手动变速器自动化的。例如,五十铃 NAVI-5 计算机控制 5 档自动变速器,既能手动又能自动变速。曾在轿车アスカ2000LF 上装用手动变速器、自动液力变速器与 NAVI-5 进行比较,测量的平均每升燃油行程为:

アスカ2000LF 装用手动变速器——12.6km/L,アスカ2000LF 装用自动液力变速器——10.2km/L;装用 NAVI-5 计算机控制 5 档自动变速器——11.8km/L。可见,NAVI-5 的燃油经济性介于两者之间。

长期以来,一直进行着能传递大功率、维持高效率、高寿命的机械无级变速器(CVT)的研究工作。由于材料、润滑油及微机控制、加工技术的进步,CVT 有了很大进展。目前,全世界有超过 50 多个汽车品牌装用了 CVT。博世公司预测自动变速器中 CVT 的份额将在 2020 年由现在的 1/5 增加到 1/4。钢带式无级变速器的工作原理如图 2-13 所示。

20 世纪 80 年代在微型、小型轿车上开始采用了计算机控制的钢带式无级变速器(ECVT)。90 年代,装有 3.3L V6 发动机的 Chrysler "Voyager" 厢式旅行车上也采用了钢带式 P884CVT。现在的 CVT 可以传递 450N·m 的转矩,奥迪 A4L、A6L 轿车,雷克萨斯 ES300h 轿车等中高级轿车都采用了 CVT,排量达 3.5L 的豪华 SUV 英菲尼迪四驱 QX60 也采用了 CVT。

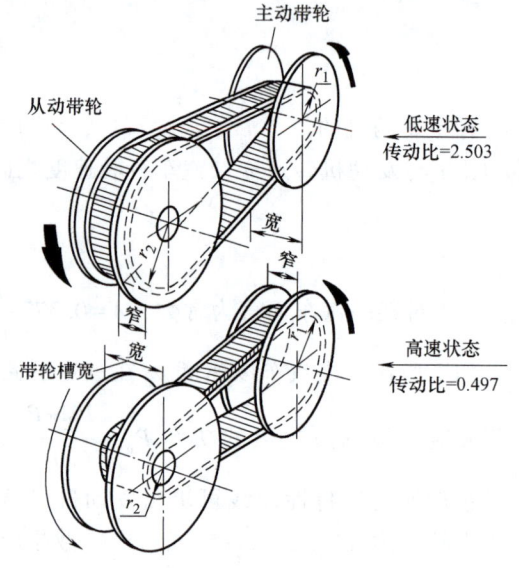

图 2-13 钢带式无级变速器工作原理

双离合器变速器(简称为 DCT,大众汽车公司简称为 DSG)也是在我国大力推广的一种变速器。2012 年,我国新上市的 DCT 的车款数高达 74 款,分布在 18 个车型中。大众汽车公司对高尔夫 R32 车型分别装用手动变速器与 DSG 变速器并进行了试验对比。结果是:装用 DSG 变速器的高尔夫 R32 轿车百公里油耗仅为 10.2L,0~100km/h 加速时间仅为 6.0s;而相应装用手动变速器的高尔夫 R32 轿车百公里油耗为 11.5L,0~100km/h 加速时间为 6.4s;最高车速均为 247km/h。大众汽车公司在两辆 1.4L 高尔夫轿车上分别安装第一代 6 档和第二代 7 档的 DSG,每行驶 100km,装有第二代 DSG 的车比装有第一代的车,二氧化碳排放少 1kg,油耗降低 0.4L[2.20]。

近年来出现了与液力变矩器共同工作的双模式(Dual Mode)无级变速器。液力变矩器在一般行驶中处于脱离状况,只在起步时工作。图 2-14 所示为 1.6L Ford Escort 轿车上采用的这种变速器示意图。双模式无级变速器不仅使汽车起步性能良好,而且使汽车燃油经济性也得到进一步改善。

P884CVT 也是双模式的。表 2-5 中列出了装有 P884CVT 与装有 4 档液力自动变速器的

"Voyager"厢式旅行车的加速性能与油耗试验结果比较。可以看出，装用P884CVT时该汽车的燃油经济性有较明显的提高，动力性也有所改善。

4. 汽车外形与轮胎

降低C_D值是节约燃油的有效途径。图2-15所示为Audi 100轿车通过变动车身形状而具有不同C_D值时的试验结果。当C_D值由0.42降低到0.3时，其混合百公里燃油消耗可降低9%，而以150km/h等速行驶的油耗则可降低25%左右。

20世纪60年代，轿车的C_D值在0.45左右，现代不少轿车的C_D值已降低到0.3左右，今后C_D值仍可能继续下降到0.2，通用公司电动车EV-I的C_D值为0.19。

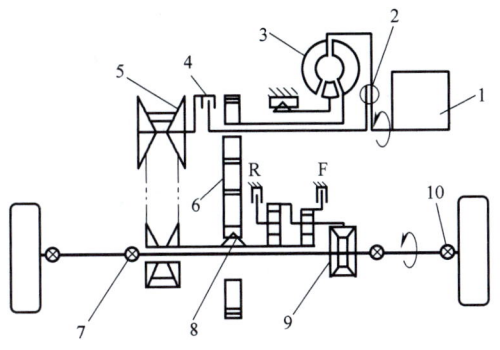

图2-14 双模式无级变速器

1—发动机 2—扭转减振器 3—液力变矩器
4—转换离合器 5—变速带轮 6—转换链传动
7—内等速万向节 8—超越离合器 9—差速器
10—外等速万向节

表2-5 "Voyager"厢式旅行车的加速性能与油耗试验结果

节气门全开的加速性能			百公里耗油量/(L/100km)				
加速度	4·AT[①]	P884CVT	循环类型	4·AT[①]	P884CVT		改变率(%)
					经济档	正常档	
0~30km/h	2.5s	2.5s	ECE city cycle[②]	16.4	14.4	15.0	-12/-9
0~100km/h	13.2s	12.2s	ECE urban/extra urban cycle[③]	13.4	12.4	12.6	-7/-6
最大加速度	4.8m/s²	4.8m/s²	90km/h	10.2	9.3	9.3	-9
			120km/h	15.6	14.2	14.2	-9

① 4档液力自动变速器。
② 根据70/220/EEC，最高车速u_a=50km/h。
③ 根据91/441/EEC，最高车速u_a=120km/h。

美国通用公司试验场资料表明，装有典型美国汽油发动机的小轿车，滚动阻力对油耗的影响如图2-16a所示。由图可知，其数值为滚动阻力每减小1N，燃油消耗量减少0.01L/100km，或估算为f减少10%，省油0.6%~1.2%。

汽车对轮胎提出各种要求，如强度、耐磨性、耐久性及要求它保证动力、经济等各种使用性能。现在公认子午线轮胎的综合性能最好。由于它的滚动阻力小，与一般斜交轮胎相比，可节油6%~8%。图2-16b所示为东风5t货车EQ-140装用不同轮胎时的等速百公里燃油消耗量曲线。

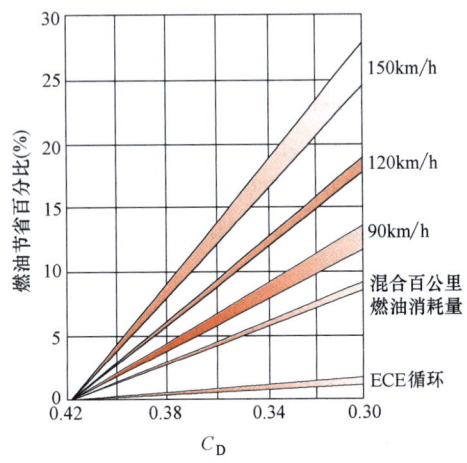

图2-15 Audi 100轿车通过变动车身形状而具有不同C_D值时的试验结果

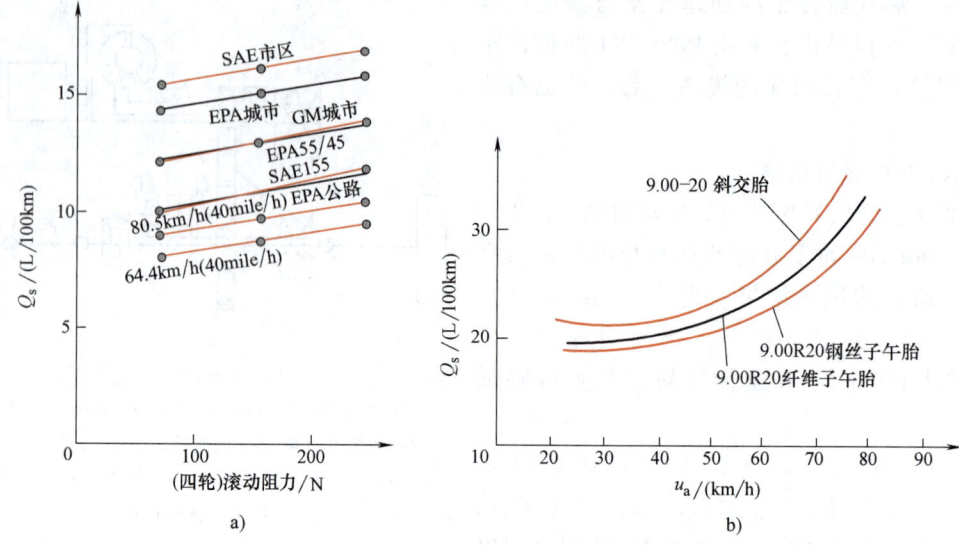

图 2-16 滚动阻力及不同轮胎与燃油消耗量的关系
a) 滚动阻力与燃油消耗量的关系
b) 东风 5t 货车 EQ-140 装用不同轮胎时的等速百公里燃油消耗量曲线

第四节　装有液力变矩器汽车的燃油经济性计算

对装有液力传动装置的汽车，其燃油经济性的计算与装有普通变速器的汽车有些不同。除要知道发动机的特性外，还要知道有关液力传动装置的特性，即泵轮的转矩曲线和无因次特性，且发动机的节流特性常用 $T_{tq}=f(n,\alpha)$ 及 $Q_t=f(n,\alpha)$ 的形式表示。Q_t 系发动机发出一定功率时每小时的燃料消耗量，称为小时燃油消耗量（L/h），α 指节气门开度。图 2-17 即表示在不同节气门位置下发动机转矩与小时燃油消耗量对其转速的变化关系曲线。

要计算 100km 燃油消耗量时，可在发动机转矩曲线上画上泵轮的转矩曲线 $T_P=f(n_P)$，T_P 为泵轮转矩，n_P 为泵轮转速；然后根据变矩器的无因次特性 $K=f(i)$，确定在不同速比下的变矩比 K，再按下述关系：

$$T_t = KT_P \text{ 和 } n_t = in_P$$

绘制不同节气门开度 α 下的 $T_t=f(n_t)$ 与 $n_P=f(n_t)$ 曲线，如图 2-18 所示。式中，T_t 为涡轮转矩，n_t 为涡轮转速。

转速坐标按下列关系换算成速度坐标：

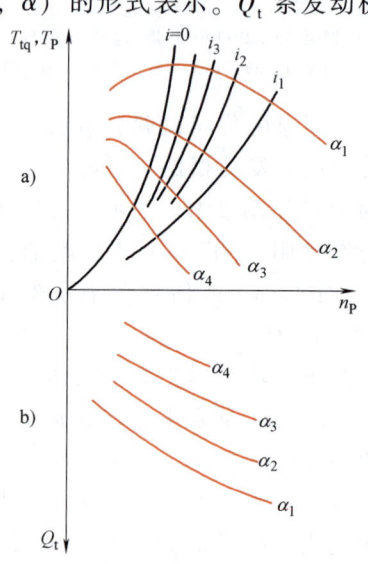

图 2-17　发动机与液力变矩器的共同工作曲线和发动机的小时燃油消耗量曲线

$$u_a = 0.377 \frac{r n_t}{i_0 i_g}$$

为了确定汽车在不同道路上以不同速度行驶时发动机的节气门开度 α 与转速 n ($n = n_P$)，应利用转矩平衡，即在 $T_t = f(u_a)$ 的图上，按下列公式绘制汽车在不同道路阻力系数 ψ 下等速行驶时，克服行驶阻力所需的涡轮转矩 T_c 与行驶速度 u_a 的关系曲线：

$$T_c = \frac{(F_\psi + F_w) r}{\eta_T i_0 i_g}$$

在选取 η_T 时，应考虑带动液力传动辅助装置（如齿轮油泵、变矩器散热片）的能量消耗以及离合器片在油中的转动损失。对于一般轿车，此项损失在发动机最大功率时约占 6%。

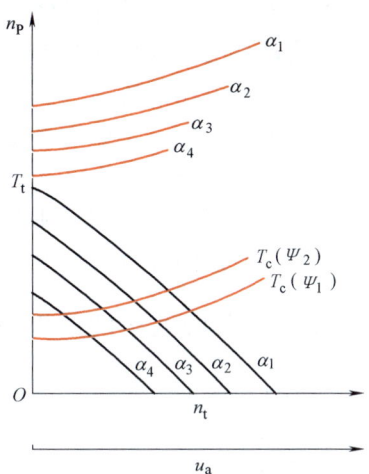

图 2-18　装有液力变矩器汽车的转矩平衡与 $n_P = f(n_t)$ 曲线

所得 T_c 与 T_t 的交点决定了汽车在一定道路阻力系数（例如 ψ_1）下的汽车行驶速度与发动机节气门位置，并由所得速度在 $n_P = f(n_t)$ 曲线上确定 n_P（即 n）。于是，相应的小时燃油消耗量 Q_t 即可由图 2-17b 的 $Q_t = f(n, \alpha)$ 曲线求出。而百公里燃油消耗量 Q_s（L/100km），可按下式求得：

$$Q_s = \frac{Q_t}{u_a} \times 100$$

这样，汽车的百公里燃油消耗量曲线 Q_s-u_a 便可求出。

第五节　电动汽车的经济性

一、电动汽车的经济性指标

电动汽车行驶过程中所需的能量部分或全部来自于电能，而电能的单位通常采用瓦时（W·h），在计算电动车辆的能量消耗时，一般以 W·h/km 表示每单位距离所消耗的能量。对于配置动力蓄电池的纯电动汽车，由于全部电能来自于动力蓄电池，动力蓄电池能量一般以 W·h 来表示。因此，根据动力蓄电池能量就可以计算出纯电动汽车的续驶里程。对于混合动力电动汽车而言，由于能量最终来源于燃油，因此仍采用内燃机汽车中经济性指标 L/100km，并将电能折算为等效的燃油消耗量。

1. 纯电动汽车的经济性指标

电动汽车的经济性常用一定运行工况下汽车行驶的电能消耗量或一定电量条件下汽车行驶的里程来衡量，主要包括能量消耗率和续驶里程两个评价指标[2.21]。

能量消耗率是指电动汽车经过规定的试验循环后，对动力电池重新充电至试验前的容量，从电网上得到的电能与行驶里程的比值，单位为 W·h/km。

续驶里程是指电动汽车在动力蓄电池完全充电状态下，以一定的行驶工况，能连续行驶的最大距离，单位为 km。电动汽车的续驶里程可以分为等速续驶里程和循环工况续驶里程。

2. 混合动力电动汽车的经济性指标

混合动力电动汽车由于具有内燃机和驱动电机两个动力源，因此，它的能量消耗通常包括燃油消耗和电能消耗[2.22]。

（1）燃油消耗量　燃油消耗量是指混合动力电动汽车经过规定的循环工况后，在电池储存的容量与运行前保持同一水平条件下所消耗的燃油量，单位为 L/100km。

（2）纯电动续驶里程　纯电动续驶里程是指混合动力电动汽车在动力蓄电池完全充电状态下，以一定的行驶工况，能连续行驶的最大距离，单位为 km。

二、纯电动汽车的经济性

纯电动汽车的电驱动系统主要包括动力蓄电池系统和驱动电机系统两部分。动力蓄电池系统和驱动电机系统的效率对电动汽车的经济性有很大影响。因此，在对纯电动汽车经济性进行计算与分析之前，先介绍动力电池系统和驱动电机系统的效率。

1. 动力电池系统的效率

车用动力蓄电池是一种既能从外部接受能量（充电），又能向外释放能量（放电）的电化学装置。电动汽车常用的动力蓄电池包括铅酸电池、镍氢电池和锂离子电池等。

图 2-19 所示为一种简化的电池等效电路模型，它包括一个电源电动势 E、一个可变等效内阻 R_{int} 和电池端电压 U_b。在这个模型中，等效内阻是用来模拟电池充电和放电过程中的能量损失的。在电池充、放电过程中，等效内阻是不一样的。

在这个模型中，电池的端电压可表示为

$$U_b = E - R_{int} i_b \quad (2\text{-}4)$$

式中，U_b 为电池端电压（V）；i_b 为电池电流（A）。

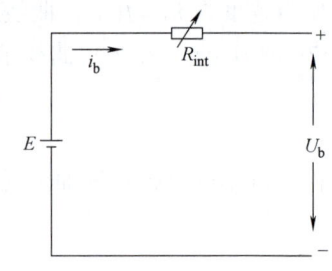

图 2-19　电池等效电路模型

电池的效率可定义为电池可提供的总能量与电池完全充满所需的能量之比[2.23]。

在恒定的充电和放电电流情况下，如果电池的容量为 Q_0（A·h），则总的放电时间为 $t_d = Q_0 / i_b$，从而，电池能够提供给负载的能量可表示为

$$E_{dis} = \int_0^{t_d} P_d \, dt = t_d (E - R_{int} i_b) i_b$$

式中，P_d 为电池放电功率。

以同样的速率将电池从耗尽到充满所需的能量为

$$E_{chg} = \int_0^{t_d} P_c \, dt = t_d (E + R_{int} i_b) i_b$$

式中，P_c 为电池充电功率。

从而，电池的效率可表示为

$$\eta_b = \frac{E_{dis}}{E_{chg}} = \frac{E - R_{int} i_b}{E + R_{int} i_b} \quad (2\text{-}5)$$

如果电池在恒定功率 P 下进行充电或放电，其对电池效率的分析方法也是一样的。由于

$$i_b = \frac{P}{U_b} \quad (2\text{-}6)$$

将式（2-6）带入式（2-4）中，可得

$$U_b^2 - EU_b + PR_{int} = 0$$

因此，电池端电压 U_b 可以表示为电池功率 P 的函数，即

$$U_b = \frac{E}{2} + \sqrt{\frac{E^2}{4} - PR_{int}}$$

从而，式（2-5）可转化为

$$\eta_b = \frac{E_{dis}}{E_{chg}} = \frac{E - R_{int}P/U_b}{E + R_{int}P/U_b}$$

需要说明的是，在动力电池实际充、放电过程中，电池的电动势、内阻和端电压受电池荷电状态（SOC）[⊖]、外界温度的影响较大。因此，动力电池充、放电效率也会受到电池充放电功率、电池荷电状态和外界温度的影响。

在外界温度为30℃和充放电功率恒定为10kW的条件下，某镍氢电池的充电效率和放电效率与电池荷电状态的关系曲线如图2-20所示。该电池在高荷电状态下具有较高的放电效率，在低荷电状态下具有较高的充电效率；在处于中间荷电状态时，电池充、放电效率都比较高。因此，对电动汽车电池控制单元应控制其电池荷电状态处于中间位置，以提高电池的能量效率。

2. 驱动电机系统的效率

驱动电机系统的效率为电机输出功率与输入功率的比值，包括电机控制器效率和机械效率两部分。

电机控制器效率可表示为

$$\eta_{mc} = \frac{i_{mc}U_{mc}}{i_b U_b}$$

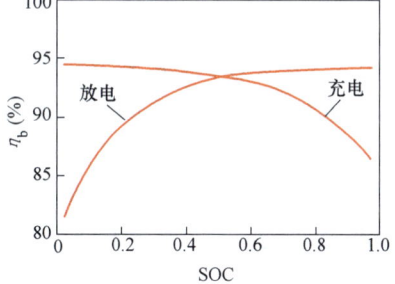

图2-20 镍氢电池充电效率和放电效率与电池荷电状态的关系曲线

式中，η_{mc} 为驱动电机控制器效率；i_{mc} 为电机控制器输出电流（A）；U_{mc} 为电机控制器输出电压（V）。

机械效率可表示为

$$\eta_{mj} = \frac{T_m \omega_m}{i_{mc}U_{mc}}$$

式中，η_{mj} 为驱动电机的机械效率；ω_m 为电机转子的角速度（rad/s）；T_m 为电机输出转矩（N·m）。

从而，驱动电机系统的效率可表示为

$$\eta_m = \eta_{mj}\eta_{mc} = \frac{T_m \omega_m}{i_b U_b}$$

当电动汽车减速时，可回收一部分制动能量，此时，电机处于发电状态，给电池充电，电机系统效率可表示为

$$\eta_g = \frac{i_b U_b}{T_m \omega_m}$$

图2-21所示为驱动电机系统的效率特性。图中，转矩为正的区域是电机处于电动工况

⊖ 电池荷电状态（State of charge，SOC）表示电池剩余容量占额定容量的百分比。

下的效率等高线，转矩为负的区域是电机处于发电工况下的效率等高线。与内燃机相比，电机的效率要远高于内燃机。电机效率图中存在效率较高的区域。因此，在电动汽车行驶过程中，要尽量保证驱动电机经常运行在高效率区域，以充分发挥电机的性能，进一步提高整车系统效率，延长续驶里程。

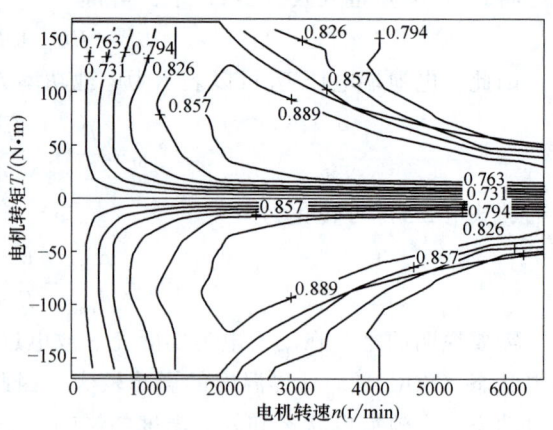

图 2-21 驱动电机系统的效率特性

3. 纯电动汽车经济性的计算

纯电动汽车经济性的计算需要在一定的循环工况下进行，下面分别介绍其在等速行驶工况和循环工况下能量消耗率和续驶里程的计算。

（1）等速行驶工况能量消耗率和续驶里程的计算 在忽略纯电动汽车辅助系统能量消耗的条件下，汽车驱动系统的能量主要用于克服车辆行驶过程中受到的滚动阻力和空气阻力。从而，当汽车等速行驶时，电机所需提供的功率应为

$$P_\mathrm{m} = \frac{1}{\eta_\mathrm{T}}\left(\frac{Gfu_\mathrm{a}}{3600} + \frac{C_\mathrm{D}Au_\mathrm{a}^3}{76140}\right)$$

式中，η_T 为传动系统效率。

从而，电驱动系统在等速行驶时间 t_t（s）内所消耗的电能（W·h）为

$$Q_\mathrm{t} = \frac{1}{3.6}\int_0^{t_\mathrm{t}} \frac{P_\mathrm{m}}{\eta_\mathrm{b}\eta_\mathrm{m}} \mathrm{d}t$$

在等速行驶工况下，电动汽车的续驶里程（km）为

$$s_\mathrm{t} = \frac{u_\mathrm{a}}{3600}t_\mathrm{t}$$

因此，等速行驶工况下电动汽车的能量消耗率（W·h/km）为

$$C = \frac{Q_\mathrm{t}}{s_\mathrm{t}}$$

（2）循环工况下的能量消耗率和续驶里程的计算 ECE-R.15 循环工况是由等速、等加速、等减速、停车等行驶工况组成的循环。等速工况能量消耗量的计算在前面已经讲过，这里不再赘述。下面分别计算在等加速、等减速和停车行驶工况下的能量消耗量，并在此基础上进行循环工况下的能量消耗率和续驶里程的计算。

1）等加速行驶工况能量消耗量和续驶里程的计算。在汽车加速行驶时，驱动电机除了克服滚动阻力和空气阻力之外，还要提供为克服加速阻力所消耗的功率，若加速度为 $\frac{\mathrm{d}u}{\mathrm{d}t}$（m/s²），则电机提供的功率 P_m（kW）为

$$P_\mathrm{m} = \frac{1}{\eta_\mathrm{T}}\left(\frac{Gfu_\mathrm{a}}{3600} + \frac{C_\mathrm{D}Au_\mathrm{a}^3}{76140} + \frac{\delta m u_\mathrm{a}}{3600}\frac{\mathrm{d}u}{\mathrm{d}t}\right)$$

加速时间 t_a(s) 为

$$t_a = \frac{u_{a2} - u_{a1}}{3.6 \frac{du}{dt_a}}$$

从而,电驱动系统在等加速行驶时间 t_a 内的能量消耗(W·h)为

$$Q_a = \frac{1}{3.6} \int_0^{t_a} \frac{P_m}{\eta_b \eta_m} dt$$

在等加速行驶工况下,电动汽车的行驶距离(m)为

$$s_a = \frac{u_{a2}^2 - u_{a1}^2}{25.92 \frac{du}{dt}}$$

2) 等减速行驶工况能量消耗量和续驶里程的计算。当汽车减速行驶时,一部分制动能量(在传统汽车中是损耗掉的)可通过电机工作于发电状态予以回收,并存储于动力电池中而得到重复利用,若减速度为 $\frac{du}{dt}$ (m/s²),则电机制动回收功率(kW)为

$$P_m = \frac{\varphi}{\eta_T} \left(\frac{Gfu_a}{3600} + \frac{C_D A u_a^3}{76140} + \frac{\delta m u_a}{3600} \frac{du}{dt} \right)$$

式中,φ 为制动能量回收比例系数,即电机回收的制动能量占总制动能量的比值,$0 \leq \varphi \leq 1$。

减速时间 t_d(s)为

$$t_d = \frac{u_{a2} - u_{a3}}{3.6 \frac{du}{dt}}$$

从而,电驱动系统在等减速行驶时间 t_d 内所回收的电能(W·h)为

$$Q_d = \frac{1}{3.6} \int_0^{t_d} P_m \eta_b \eta_m dt$$

在等减速行驶工况下,电动汽车的行驶距离(m)为

$$s_a = \frac{u_{a2}^2 - u_{a3}^2}{25.92 \frac{du}{dt_d}}$$

3) 停车时的能量消耗。电动汽车停车时,驱动系统的能量消耗量 Q_s 为零。

4) 整个循环工况下的能量消耗。对于由等速、等加速、等减速、停车等行驶工况组成的循环,如 ECE-R.15 循环工况,其整个试验循环的能量消耗量(W·h)为

$$Q_z = \sum Q_t + \sum Q_a - \sum Q_d + \sum Q_s$$

电动汽车在动力蓄电池完全充电的状态下,以规定的行驶工况,如 ECE-R.15 循环工况,连续行驶的最大里程(km)为

$$s_z = \frac{1}{1000} \sum s$$

式中,s_z 为汽车连续行驶过程中,所有等速、等加速、等减速工况行驶距离(m)之和。

因此,循环工况下电动汽车的能量消耗率为

$$C = \frac{Q_z}{s_0} s_z$$

式中，s_0 为一个循环工况的行驶距离（km）。

三、混合动力电动汽车的经济性

1. 混合动力电动汽车的能量管理策略

混合动力电动汽车具有两个以上的动力源，因此，为了解决混合动力汽车多动力源所引起的动力切换和功率分配问题，需要引入一个能量管理系统对系统的能量流动进行合理的分配。能量管理系统应遵循选定的能量管理策略并对其进行优化，以实现混合动力电动汽车的设定目标。一般来说，应实现的几个主要设定目标是：

1）使燃油经济性最优。
2）使排放最低。
3）为了保持整车价格能够被市场接受，使驱动系统的成本最小化。
4）在实现上述三个目标的同时，维持或者提高整车的性能，如加速性能、续驶里程、操作灵活性等。

通常来说，混合动力电动汽车动力系统的结构从某种程度上决定了可以采用哪种控制策略，但仍然有一些可以广泛应用于各种结构的控制策略。下面列举并讨论两种混合动力电动汽车中常用的能量控制策略。

（1）电机辅助控制策略（Electric-Assisted Control Strategy）[2.24]　电机辅助控制策略采用发动机作为主动力源，电机和动力蓄电池协助提供峰值功率。这种控制策略容易对发动机运行工况进行优化。与发动机相比，电机响应快、控制灵敏，容易实现不同的控制方法。这种控制策略在大多数并联式混合动力系统中采用。电机辅助控制策略的控制算法示意图如图2-22所示。首先，根据驾驶员指令（加速踏板和制动踏板）求得系统对功率的需求；根据功率需求，控制器决定混合动力系统中的能量流；然后根据车速、负载和动力蓄电池荷电状态（SOC），由SOC来划分发动机和电机的运行状态。

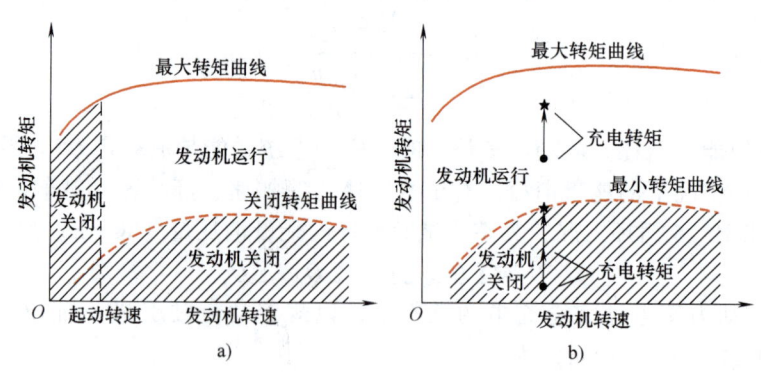

图 2-22　电机辅助控制策略的控制算法示意图
a) SOC>cs_ lo_ soc　b) SOC<cs_ lo_ soc

如图2-22a所示阴影区域，SOC大于下限值 cs_ lo_ soc 时，在车速低、发动机转速低于起动转速，或者系统需求转矩过低的情况下，发动机效率太低，此时关闭发动机，由电机提供全部驱动转矩。当系统需求转矩大于发动机能提供的最大转矩时，发动机和电机共同提供转矩,如图 2-22a 中发动机最大转矩曲线以上的区域所示。在制动时,电机切换到发电机状态,进行制动能量回收。当动力蓄电池荷电状态过低,发动机除提供系统需求转矩外,还要提供额外的转矩驱动发电机给动力蓄电池充电。在需求转矩低于发动机最小转矩曲线时,发动机工作在最小转矩曲线上(图 2-22b 中阴影边沿的五角星处);当需求转矩高于最小转矩曲线时,发动机工作在最佳工作区域(图 2-22b 中空白区域的五角星处),多余的转矩用于充电(图 2-22b 中指示的充电转矩)。

(2)优化 ICE 曲线控制策略(Optimum ICE Curve Control Strategy) 优化 ICE 曲线控制策略从静态条件下的发动机万有特性出发,将一定发动机转速和一定负荷下发动机的最低燃油消耗点连成一条线(图 2-23),也就是静态条件下发动机的最佳工作曲线。在这种模式下,发动机在需求功率或转矩高于某个限值时才会工作。同时,只有在极限情况下(如当需求功率超过动力蓄电池的最大功率调节能力时),才会调整发动机的工作点。这种控制策略借鉴了传统汽车的控制经验,侧重于发动机局部最优。

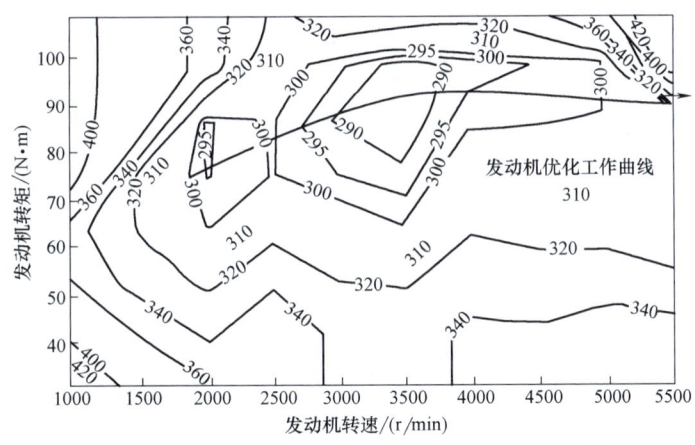

图 2-23 优化 ICE 曲线控制策略示意图

2. 混合动力电动汽车经济性的计算

与传统内燃机车辆一样,混合动力电动汽车经济性的计算也需要在一定的循环工况下进行。在能量管理策略的支配下,混合动力电动汽车在加速时驱动电机助力,消耗电量,在制动过程中驱动电机发电,进行能量回收,并且在电池电量不足时通过内燃机带动驱动电机发电维持动力电池的电荷平衡。因此,在计算混合动力电动汽车的经济性时,必须考虑电能消耗对汽车油耗的影响。以燃油为初始能量,将驱动电机消耗或者产生的电能等效为燃油,从而可计算出混合动力电动汽车的燃油消耗量。

混合动力电动汽车行驶过程中的电能分为三部分[2.25]:驱动电机辅助驱动消耗的电池电能 W_t、驱动电机制动能量回收储存的电池电能 W_b 和发动机驱动电机发电储存的电池电能 W_c。如果以电池作为电量容器,则驱动电机辅助驱动消耗的电池电能为输出,取负值;驱动电机制动能量回收和发动机驱动电机发电储存的电池电能为输入,取正值。则电池净增加的电能为

$$W = -W_t + W_b + W_c$$

(1)驱动电机辅助驱动等效燃油消耗量的计算 在车辆加速行驶时,驱动电机辅助发

动机提供能量以克服车辆行驶过程中受到的阻力，发动机和驱动电机所需提供的总功率应为

$$P_\mathrm{h} = \frac{1}{\eta_\mathrm{T}}\left(\frac{Gfu_\mathrm{a}}{3600} + \frac{Giu_\mathrm{a}}{3600} + \frac{C_\mathrm{D}Au_\mathrm{a}^3}{76140} + \frac{\delta m u_\mathrm{a}}{3600}\frac{\mathrm{d}u}{\mathrm{d}t}\right)$$

令 α 为能量管理策略制定的功率分配系数（$0 \leq \alpha \leq 1$），则驱动电机的需求功率为 $P_\mathrm{m} = \alpha P_\mathrm{h}$，发动机的需求功率为 $P_\mathrm{e} = (1-\alpha)P_\mathrm{h}$。

驱动电机助力做功消耗电能的等效燃油消耗量相当于发动机该状态下做与驱动电机辅助驱动等量的功所消耗的油量。假设在加速过程中第 i 个 Δt 时间段内，驱动电机效率为 $\eta_{\mathrm{m}i}$，发动机效率为 $\eta_{\mathrm{e}i}$，电池放电效率为 $\eta_{\mathrm{d}i}$，则驱动电机在该时间段内所消耗的等效燃油消耗量为

$$\Delta Q_\mathrm{t} = \frac{\alpha_i P_{\mathrm{h}i}}{\eta_{\mathrm{m}i}\eta_{\mathrm{e}i}E_\mathrm{D}}$$

式中，E_D 为每升汽油或柴油产生的热能（J/L）。

从而，在整个加速过程中，驱动电机辅助驱动的等效燃油消耗量为

$$Q_\mathrm{t} = \sum_i \frac{\alpha_i P_{\mathrm{h}i}}{\eta_{\mathrm{m}i}\eta_{\mathrm{e}i}E_\mathrm{D}}$$

在整个加速过程中，驱动电机辅助驱动所消耗的电池电能为

$$W_\mathrm{t} = \sum_i \frac{\alpha_i P_{\mathrm{h}i}}{\eta_{\mathrm{m}i}\eta_{\mathrm{d}i}}$$

（2）发动机驱动电机发电等效燃油消耗量的计算 车辆在行驶过程中，当动力蓄电池电量不足时，需要内燃机提供一部分额外的动力驱动电机发电，给动力蓄电池补充能量，以维持电池荷电状态的平衡。当发动机驱动电机进行发电时，产生的电能相当于发动机按相同负荷、效率做功所消耗的等效燃油消耗量。假设在第 i 个 Δt 时间段内，驱动电机发电效率 $\eta_{\mathrm{g}i}$，发动机效率为 $\eta_{\mathrm{e}i}$，电池充电效率为 $\eta_{\mathrm{c}i}$，则驱动电机在该时间段内所消耗的等效燃油量为

$$\Delta Q_\mathrm{c} = \frac{\alpha_i P_{\mathrm{h}i}\eta_{\mathrm{g}i}}{\eta_{\mathrm{e}i}E_\mathrm{D}}$$

从而，在行车充电过程中，驱动电机所消耗的等效燃油消耗量为

$$Q_\mathrm{c} = \sum_i \frac{\alpha_i P_{\mathrm{h}i}\eta_{\mathrm{g}i}}{\eta_{\mathrm{e}i}E_\mathrm{D}}$$

在行车充电过程中，发动机驱动电机发电储存的电池电能为

$$W_\mathrm{c} = \sum_i \alpha_i P_{\mathrm{h}i}\eta_{\mathrm{g}i}\eta_{\mathrm{c}i}$$

（3）驱动电机制动能量回收储存的电池电能计算 当车辆减速行驶时，发动机不工作，驱动电机处于发电状态，将产生的电能储存于动力蓄电池中，供下一次驱动电机辅助驱动的时候使用。假设在制动过程中第 i 个 Δt 时间段内，驱动电机的制动能量回收比例系数效能因素为 φ_i（$0 \leq \varphi_i \leq 1$），动力蓄电池充电效率为 $\eta_{\mathrm{c}i}$，驱动电机发电效率为 $\eta_{\mathrm{g}i}$，则驱动电机在该时间段内储存到动力蓄电池中的电能为

$$\Delta W_\mathrm{b} = \varphi_i P_{\mathrm{h}i}\eta_{\mathrm{c}i}\eta_{\mathrm{g}i}\Delta t$$

在整个制动过程中，驱动电机通过制动能量回收储存的动力蓄电池电能为

$$W_b = \sum_i \Delta W_b$$

（4）整个循环工况下百公里燃油消耗量　在给定的某一循环工况下，如 ECE-R.15 循环工况下，混合动力电动汽车的燃油消耗量等于发动机燃油消耗量、驱动电机辅助驱动的等效燃油消耗量与电池净增加电能的等效燃油消耗量三者之和，即

$$Q_z = \sum Q_e + \sum Q_t + Q'$$

式中，$\sum Q_e$ 为整个循环工况下所有发动机燃油消耗量之和；$\sum Q_t$ 为整个循环工况下所有驱动电机辅助驱动的等效燃油消耗量之和；Q' 为电池净增加电能的等效燃油消耗量。

需要说明的是，混合动力电动汽车按规定的循环工况运行后，如果动力蓄电池容量 C 与运行前的动力蓄电池容量 C_0 保持同一水平，则说明驱动电机辅助驱动消耗的动力蓄电池电能与电机发电储存的动力蓄电池电能（包括驱动电机制动能量回收和发动机驱动电机发电两部分电能）相互平衡，即 $W=0$，则 $Q'=0$。如果电池容量 $C<C_0$，说明电机消耗的动力蓄电池电能大于电机发电储存的电池电能，即 $W<0$，则通过发动机驱动电机发电等效燃油消耗量的计算公式计算等效燃油耗量 Q'，取正值。如果电池容量 $C>C_0$，说明驱动电机消耗的动力蓄电池电能小于驱动电机发电储存的动力蓄电池电能，即 $W>0$，则通过驱动电机辅助驱动等效燃油消耗量的计算公式计算等效燃油耗量 Q'，取负值。

因此，在给定的循环工况下，混合动力电动汽车百公里燃油消耗量为

$$Q_s = \frac{Q_z}{s} \times 100$$

式中，s 为循环工况的行驶距离（m）。

图 2-24 所示为本田 Insight 并联式混合动力汽车采用电机辅助能量管理策略，在 CYC_ECE_EUDC 循环工况下的车速、发动机功率、驱动电机功率和动力蓄电池荷电状态（SOC）的变化情况。从图可知，在一个循环工况结束时，动力蓄电池荷电状态（SOC）基

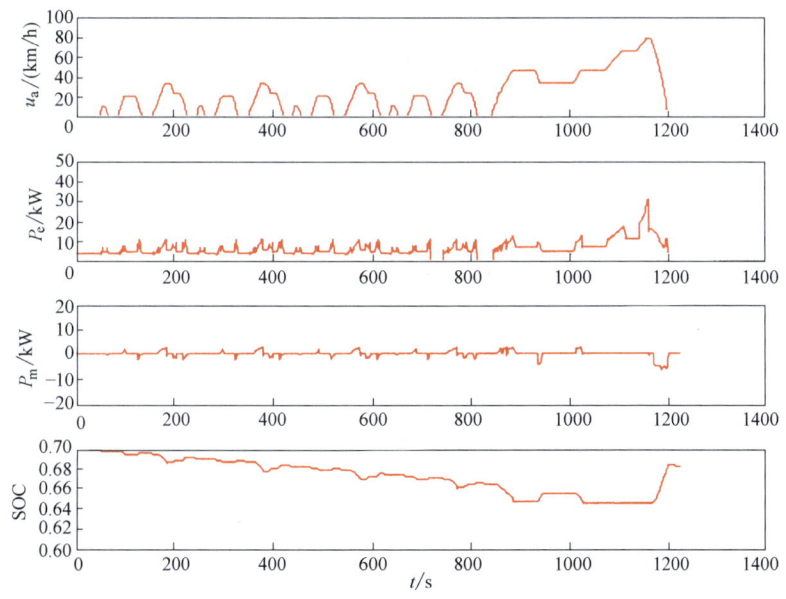

图 2-24　车速、发动机功率、驱动电机功率和动力蓄电池荷电状态（SOC）变化曲线

本平衡，前后误差为 0.02。图 2-25、图 2-26 所示分别为发动机和驱动电机运行工作点仿真结果，可知发动机和驱动电机大部分时间工作在效率较高的区域，该车在 CYC_ECE_EUDC 循环工况下等效燃油消耗为 3.9L/km。

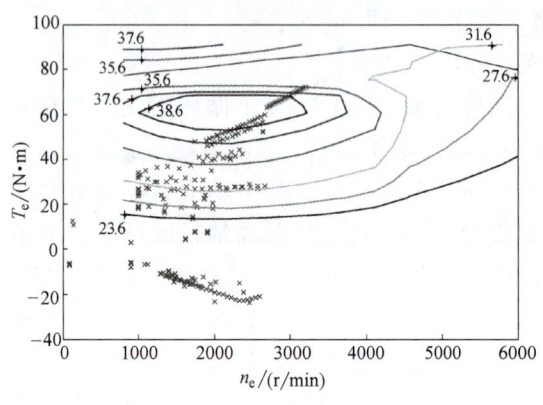

图 2-25　发动机运行工作点仿真结果

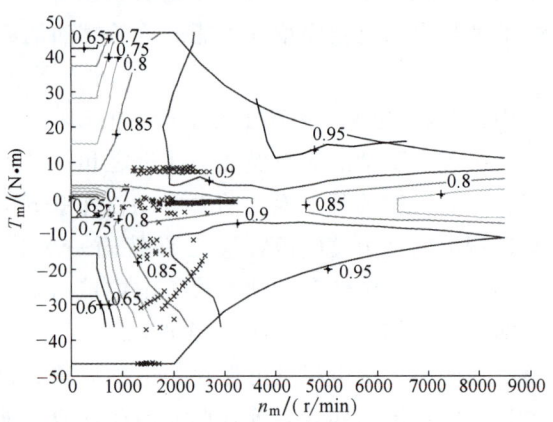

图 2-26　驱动电机运行工作点仿真结果

第六节　汽车动力性、燃油经济性试验

汽车动力性、燃油经济性试验包含动力性、燃油经济性的评价指标及单项的行驶阻力、传动系效率、附着力的测量。试验在道路上或试验室内进行。

一、路上试验

一般而言，路上试验应在混凝土或沥青路面的直线路段上进行。路面要求平整、干燥、清洁，纵向坡度在 0.1% 之内。试验时，大气温度应在 0~40℃ 之间，风速不大于 3m/s。测试汽车应处于良好的技术状况。动力性和燃油经济性试验载荷有详细的规定。例如，对于最大设计总质量不大于 3.5t 的 M 类和 N 类车辆，车辆的试验质量为整车整备质量加上 180kg；当车辆的 50% 载质量大于 180kg 时，则车辆的试验质量为车辆整备质量加上 50% 的载质量（包括测量人员和仪器的质量）。一些著名汽车杂志的轿车试验中，轿车的载荷在 100~180kg 之间。客车或轿车的乘员可以重物替代，每名乘员的质量相当于 60kg 重物。轮胎的充气压力应符合技术条件，误差不超过 10kPa⊖。

汽车最高车速是通过测定汽车以最高车速行经一定距离路段所需的时间（我国规定为直线跑道 200m⊜或环形跑道一周，FIA⊖规定在其认可的环形跑道上行驶一周）来求得的。通过的时间可用高精度测时计（如光电或激光测时计）测量。

起步连续换档加速性能是指以常用起步档起步，轿车为 1 档，货车常为 2 档，按最佳换

⊖ 参看 GB/T 12534—1990《汽车道路试验方法通则》、GB/T 12545.1—2008《汽车燃料消耗量试验方法　第 1 部分：乘用车燃料消耗量试验方法》。

⊜ 参看 GB/T 12544—2012《汽车最高车速试验方法》。

⊖ FIA 为国际汽车联合会法文全称 Fédération Internationale de I'Automobile 的缩写。

档时刻逐次换至高档，节气门处于最大开度，全力加速至 $0.8u_{a\max}$ 的加速过程[①]；也常用原地起步加速至某一车速（如 100km/h）或某一距离（如 400m）所需时间来表征汽车加速性能。测试前，试验人员只有充分熟悉被测试车辆才能获得良好的试验结果。

加速过程用<u>五轮仪</u>、<u>非接触式汽车速度计</u>或 <u>GPS 惯性测量系统</u>来记录。非接触式汽车速度计由光电传感器和以微型计算机为主体的二次仪表构成。光电传感器用来测量距离，经过一定的距离（如 4cm）就向二次仪表发出一个脉冲，二次仪表对距离脉冲进行处理和计算。使用时，常将非接触式汽车速度计的光电传感器安装在汽车前、后保险杠上，或用真空吸盘吸附于前、后车体上，方向对正汽车车身的纵轴线，光学镜头垂直对

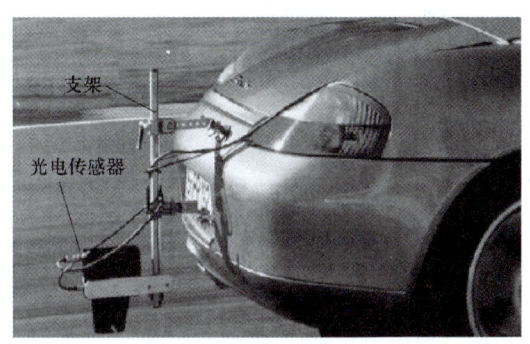

图 2-27　非接触式汽车速度计的安装

准灯光照明的地面，如图 2-27 所示。光电传感器由照明组件、梳状光电器件、放大器及外壳支架等部件组成，如图 2-28 所示。图 2-29 所示为梳状光电器件的工作原理，A、B 是两组光敏条，同组光敏条的间隔是 T，X 表示汽车运动方向。汽车行驶时，路面材料（测定视野直径为 20~30mm）的随机性表面微结构经过透镜投射到梳状光电器件上。一般来讲，由于地面明暗的变化，传感器移动时，光敏条 A、B 上的感应电流 I_A、I_B 也在变化。当移动 $0.5T$ 时，除了最前面的一条光敏条接受新的图形外，其余的明暗图像都没有变；但是接受器从 A 变到了 B，相当于电信号反相。如果再前进 $0.5T$，B 又变成 A，电信号再次反相。经空间滤波后，传感器仅输出一路随机窄带正弦波信号，信号的频率与汽车行驶速度成正比。传感器输出的信号经 TRF 型带通跟踪滤波器滤波和整形后，转换为 TTL 脉冲输出，每个脉冲严格对应于汽车相对地面走过的一段距离。只要计算出脉冲的个数，同时加上时间基准，

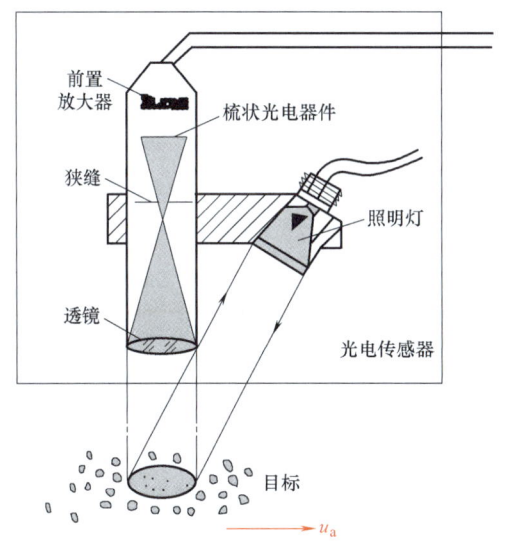

图 2-28　非接触式汽车速度计的光路原理

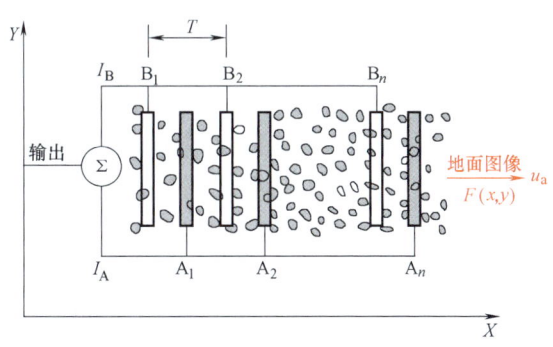

图 2-29　梳状光电器件的工作原理

[①] 参看 GB/T 12543—2009《汽车加速性能试验方法》。

就可以计算出汽车行驶的距离、速度和加速度。有的非接触式汽车速度计可以使路面图像扫过多路光电器件,得到两路随机窄带正弦波信号,也就是增加汽车横向(Y方向)的脉冲,再计算出侧向速度、侧滑角、侧滑距离等。光电传感器离地高度为50cm左右,汽车上下颠簸不会影响仪器的测量精度。

最近,随着全球卫星定位技术的发展,基于此技术的汽车车速测试仪得到了比较快的发展。目前全世界有4套全球卫星定位系统,即美国于1994年3月建成的GPS系统、俄罗斯于1996年1月完成的GLONASS系统、欧盟伽利略(Galileo)系统和我国的北斗卫星系统。由于卫星的位置精确可知,在接收机对卫星观测中,卫星到接收机的距离是可知的,利用三维坐标中的距离公式,利用3颗卫星,就可以组成3个方程式,解出观测点的位置(X、Y、Z)。考虑到卫星的时钟与接收机时钟之间的误差,实际上有4个未知数,即X、Y、Z和钟差,因而需要引入第4颗卫星,组成4个方程式来进行求解,从而得到观测点的经度、纬度和高程,进而可以获得观测点的速度和加速度。这就是这种测速仪的工作原理。VBOX测速仪和RT3000测速仪是比较典型的两款汽车用的测速仪,其中RT3000测速仪还可用于测量车辆姿态,包括航向角、侧倾角、俯仰角和横摆角速度等。它们都是由接收天线、GPS接收器和数据处理系统构成的,采用CAN总线进行输出。表2-6给出了VBOX Ⅲ、RT3000两款测速仪的参数。

表2-6 VBOX Ⅲ、RT3000测速仪的量程和测试精度

测试指标	VBOX Ⅲ	RT3000
位置	3m 95% CEP[①] with SBAS[③] DGPS[④] 1.8m 95% CEP with RTCM[⑤] DGPS 40cm 95% CEP with RTK[⑥] DGPS 2cm 95% CEP	1.8m CEP SPS[②] 0.6m CEP SBAS 0.4m CEP DGPS
距离	0.05%,分辨率 1cm	
速度	1600km/h,0.1km/h	0.1km/h RMS
加速度	$20g$,0.5%	$100m/s^2$,0.01%(1σ)
尺寸	170mm×121mm×41mm	234mm×120mm×80mm
刷新率	100Hz	100Hz/250Hz

① CEP:循环错误的概率。
② SPS:Standard Positioning System,标准定位系统。
③ SBAS:Satellite-Based Augmentation System,即星基增强系统。
④ DGPS:差分GPS系统,伪距差分原理。
⑤ RTCM:Radio Technical Commission for Maritime services,即国际海运事业无线电技术委员会,此处指遵守RTCM SC104标准,是由该委员会于1983年11月提出的GNSS差分信号格式。
⑥ RTK:Real-time kinematic,载波相位差分技术。

为了测得汽车的爬坡度,应有一系列不同坡度的坡道,长度不小于25m;坡度小于30%的坡道路面可用沥青铺装,坡度等于或大于30%的坡道应为水泥路面。试验时,汽车停于坡道前平地上,接合传动系的最低档,节气门全开进行爬坡,直至试验终了。所能通过的最陡坡道的坡度,便是汽车的最大爬坡度[⊖]。如果坡度不合适(过大或过小),可采用增、减载荷或变换档位的办法,算出最大爬坡度,即

⊖ 参看GB/T 12539—1990《汽车爬陡坡试验方法》。

$$\alpha_0 = \arcsin\left(\frac{G_a i_{g1}}{G i_{ga}}\sin\alpha_a\right)$$

式中，α_0 为换算得到的最大爬坡度（°）；α_a 为试验时的实际坡度（°）；G 为汽车最大总质量时的重力（N）；G_a 为试验时的汽车重力（N）；i_{g1} 为变速器1档传动比；i_{ga} 为试验时变速器所用档位的传动比。

为了防止爬陡坡中出现事故，坡度大于40%的坡道应设有安全装置。

用室内转鼓试验台进行汽车排放、燃油经济性试验时，需要知道被测试汽车在行驶中遇到的空气阻力与滚动阻力，它们是通过路上滑行试验求得的。所谓滑行（Coastdown）是指汽车在水平路面且无风的条件下加速至某预定速度后，摘档脱开发动机，利用汽车的动能继续行驶的减速运动。试验中用五轮仪等测速仪器记录滑行过程的 u-t 曲线。显然，滑行时汽车的滚动阻力与空气阻力之和为

$$F_f + F_w = \delta_c m \frac{du}{dt} - \frac{T_r}{r}$$

式中，δ_c 为滑行时的汽车旋转质量换算系数；T_r 为滑行时传动系加于驱动轮的摩擦阻力矩与从动轮摩擦阻力矩之和，一般常忽略不计。

滑行时汽车的运动只取决于 F_f+F_w 与汽车质量参数，因此可以根据滑行中的减速度、滑行时间、滑行距离等来求得汽车行驶阻力。由于利用减速度的方法时精度得不到保证，现在采用的方法主要有时间法、行程法以及曲线拟合法。其中曲线拟合法可以取得较准确的结果[2.10][2.11][2.12]。美国汽车工程师学会（Society of Automotive Engineers，SAE）为转鼓试验台试验需要的汽车滑行试验还制定了专门的标准 SAEJ1263 FEB 96。

轮胎的滚动阻力也常用装有测力传感器的单轮或双轮试验拖车来测量。地面与轮胎间的附着系数，必须用装有制动器或能驱动轮胎的试验拖车在各种路面上实地测量。

路上燃油经济性试验主要是等速行驶百公里燃油消耗量试验。试验路段设在路面良好、平直的道路上，长度为500m（或1000m）。汽车挂常用档（一般为最高档），以 20km/h、30km/h 等 10km/h 的整倍数车速等速驶过测量路段，利用燃油流量计与秒表测出通过该路段的油耗与时间，计算出相应的百公里油耗与实际平均车速，即得到百公里油耗与车速的关系曲线。现代燃油流量计由流量传感器、二次仪表和非接触式速度计的光电传感器组成。流量传感器由传感器和计数器两部分组成，基本结构如图2-30所示。其下部是一个微型计

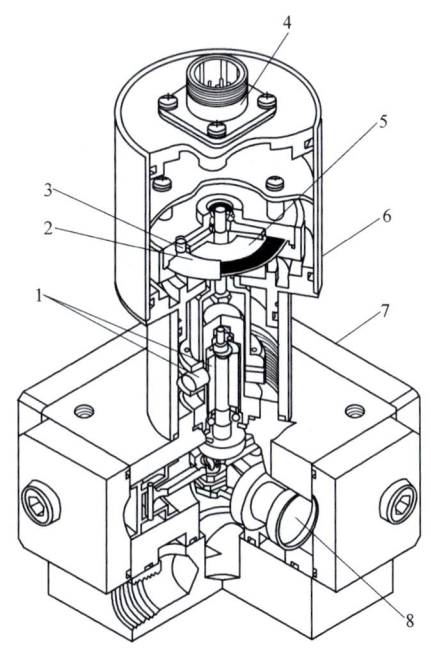

图 2-30 燃油流量传感器的基本结构

1—磁性联轴器 2—固定光栅 3—光敏二极管（对置）
4—信号端子 5—转动光栅 6—转速/脉冲变换部
7—流量/转速变换部 8—活塞

量马达,由四个呈辐射状的活塞组成。当液体流入时,推动活塞往复运动,再带动曲轴做旋转运动。上部是一个转速/脉冲变换器,将马达的旋转通过光栅转变为电脉冲信号,并且可以区分正转和反转,脉冲信号通过信号端子被送到专门的计数电路和运算单元。计量马达的工作原理如图 2-31 所示。在图 2-31a 中,1 缸活塞在内腔压力油的推动下向外运动,是主动活塞,其外腔的油经过 P2 和 E 流向发动机(E 就是出油口);这时的 3 缸活塞内外腔相通,内外压力相等,是一个被动活塞;而 2、4 缸活塞正分别运动到内外止点,它们的外腔通道都被 1、3 缸活塞的裙部封住。当曲轴再旋转一个角度时,P3 和 E 接通(图 2-31b),2 缸活塞变为主动活塞,而 4 缸活塞变为被动活塞。再旋转一个角度,3 缸活塞变为主动活塞(图 2-31c),1 缸活塞变为被动活塞,外腔的油经过 P4、E 到发动机。总之,曲轴在 0、0.5π、π、0.75π 的瞬间,只有一个活塞是主动的,其余三个活塞都是被动的;而在其他时间都是两个活塞主动,两个活塞被动。由于每个活塞的容积是相等的,根据曲轴旋转的转数就可以计算出总流量和瞬时流量。对于早期的化油器式燃油系统,可以将流量传感器串联在汽油泵到化油器的油路当中。但是对于电控燃油发动机,为了保证燃油的恒定压力,有部分燃油在压力调节器的作用下返回油箱。因此,在<u>测量电控发动机的燃油消耗量时,必须对返回的燃油进行处理</u>,图 2-32 所示为一个实际回油连接图。发动机返回的燃油被导入热交换器中,按油箱的温度进行冷却,然后再泵出形成循环。另一个问题是<u>在测量时要注意按照操作规程排除油路中的气泡</u>。

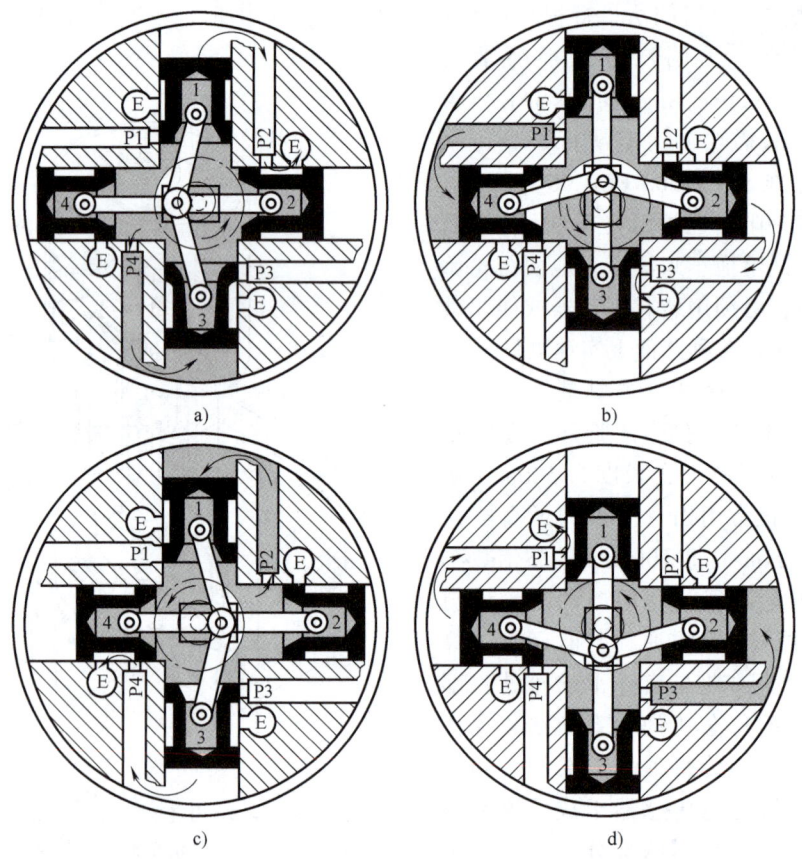

图 2-31 四活塞燃油流量计量马达的工作原理

二、室内试验

为了模拟实际汽车运行状况以进行汽车排放污染物与燃油消耗的测量，各国都制定了多工况试验标准，我国采用的是 15 工况㊀。多工况燃油消耗试验基本上都在室内底盘测功机——转鼓试验台上进行，如图 2-33 所示。测试汽车固定于转鼓试验台上，从动轮置于固定台面，驱动轮置于转鼓上。起动发动机挂档后，汽车便驱动转鼓（及与其相连接的旋转质量与电力测功器）旋转。

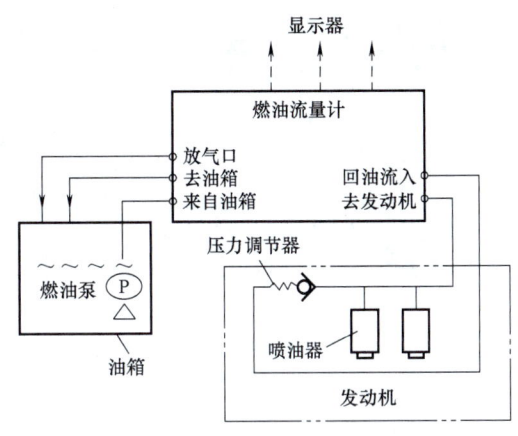

图 2-32　实际回油连接图

如前所述，在转鼓试验台上测试之前，应先在道路上对测试汽车进行滑行试验，以确定其行驶阻力（Road Load），即 F_f+F_w。将滑行试验结果及汽车质量参数输入转鼓试验后台，静止的汽车驱动转鼓时将会受到与道路上行驶时完全一样的阻力，包括整车的滚动阻力、空气阻力与加速阻力。因此，固定在转鼓试验台上的汽车可以在室内进行多工况燃油消耗试验与排放试验。

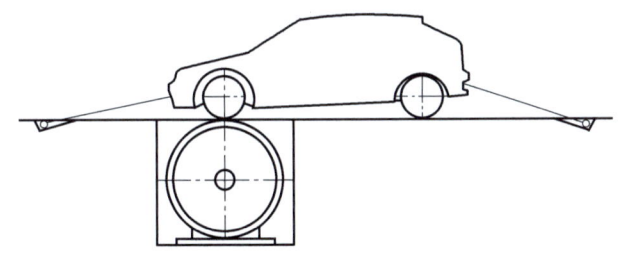

图 2-33　转鼓试验台与停在它上面进行测试的汽车

显然，在试验室内还应配备排气分析与燃油量测定的仪器。

在转鼓试验台上还可以做等速百公里油耗试验。动力性的各种试验，如加速过程，均可在转鼓试验台上进行。

在室内还可进行一些结构特性参数的测定。传动系的机械效率在专门的传动系效率试验台上测定，准确的滚动阻力系数与空气阻力系数可以在轮胎试验台与风洞中分别测出。图 2-39a 所示为同济大学建在上海地面交通工具风洞中心的模型图，主要包括气动声学风洞、热环境整车风洞、试验区和风机。图 2-34b 所示为上汽集团生产的荣威 550 轿车在气动声学风洞中进行试验。该风洞试验段长 22m，宽 17m，高 12m，喷口面积为 27m²，试验风速可达 250km/h，轴流风机，总功率为 4125kW，总重量达 110t，风机叶轮直径为 8.5m，转速为 195r/min，每秒风量达到 1920m³，如此强大的动力可以在 30s 内将静止的空气加速到 250km/h。该风洞中心能够进行轿车、客车、货车等各类汽车的整车和零部件以及高速铁路车辆模型、地铁轨道车辆模型等的系列试验。

㊀ 与欧洲 ECE-R.15 一样。但 1993 年欧洲执行 Euro-1 法规，是按 ECE-R.15 加上城郊高速工况来进行试验的。我国于 2000 年执行 GB 14761—1999，等效于 Euro-1 法规。

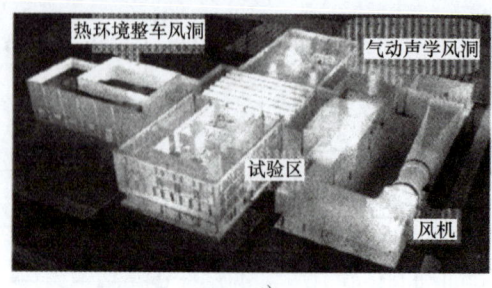 

图 2-34 风洞中心及相关试验示例

a) 上海地面交通工具风洞中心模型图　b) 荣威 550 轿车在气动声学风洞中进行试验

参 考 文 献

[2.1] 吉林工业大学. 汽车理论 [M]. 北京：中国工业出版社，1962.

[2.2] John C Hilliard, George S Springer. Fuel Economy in Road Vehicles Powered by Spark Ignition Engines New York：Plenum Press, 1984.

[2.3] Ulrich Seiffer, Peter Waltzer. The Future for Automotive Technology [M]. London：Frances Finter, 1984.

[2.4] John E Clark, Gene J Mascetti. Passenger Car Fuel Economy Influence Coefficients [J]. SAE paper 850525.

[2.5] W H Hucho. The Optimization of Body Details——A Method for Reducing the Acrodynamic Drag of Road Vehicles [J]. SAE paper 760185.

[2.6] Timothy C Moore, Amory B Lovins. Vehicle Design Strategies to Meet and Exceed PNGV Goals [J]. SAE paper 951906.

[2.7] T R Stockton. The Ford Research Dual Mode Continuously Variable Transmission [J]. SAE paper 841305.

[2.8] E Hendrids. Qualitative and Quantitative Influence of a Fully Electronically Controlled CVT on Fuel Economy and Vehicle Performance [J]. SAE paper 930668.

[2.9] 马芳武. 汽车空气动力学 [M]. 北京：机械工业出版社，1993.

[2.10] 倪佑民. 汽车滑行试验方法和数据处理 [J]. 汽车工程，1982（4）.

[2.11] R A White, H-N Korst. The Determination of Vehicle Drag Contribution from Coast-Down Test [J]. SAE paper 720099.

[2.12] T P Yasin. The Analytical Basis of Automobile Coastdown Testing [J]. SAE paper 780334.

[2.13] 陈清泉，孙逢春，祝嘉光. 现代电动汽车技术 [M]. 北京：北京理工大学出版社，2002.

[2.14] Akihiro Kimura, etc. Drive force control of a parallel-series hybrid system [J]. JSAE Review, 1999 (20)：337-341.

[2.15] Koichi fukuo, etc. Development of the ultra-low-fuel-consumption hybrid car-INSIGHT [J]. JSAE Review, 2001 (22)：103-195.

[2.16] Mehrdad Ehsani, Yimin Gao, Karen L Butler. Application of Electrically Peaking Hybrid Propulsion System to a Full-size Passenger Car with Simulated Design Verification [J]. IEEE Transactions on Vehicular Technology, 1999, 48 (12)：6.

[2.17] Keith B Wipke, Matthew R Cuddy, Steven D Burch. ADVISOR 2.1：A User-Friendly Advanced Powertrain Simulation Using a Combined Backward/Forward Approach [J]. IEEE Transactions on Vehicular Technology, 1999, 48 (12)：6.

[2.18] 工业和信息化部装备工业司. 乘用车燃料消耗量第四阶段标准解读［J］. 机械工业标准化与质量, 2015（8）：16-22.

[2.19] 樊瑛, 樊慧. 美国2007新能源法案的政治经济学分析［J］. 亚太经济, 2008（3）：59-63.

[2.20] 孙琦, 过学迅. 双离合器自动变速器的发展趋势［J］. 天津汽车, 2008（6）：19-21.

[2.21] 全国汽车标准化技术委员会. GB/T 18386—2005 电动汽车能量消耗率和续驶里程 试验方法［S］. 北京：中国标准出版社, 2006.

[2.22] 全国汽车标准化技术委员会. GB/T 19753—2013 轻型混合动力电动汽车能量消耗试验方法［S］. 北京：中国标准出版社, 2014.

[2.23] 张希, 米春亭. 车辆能量管理：建模、控制与优化［M］. 北京：机械工业出版社, 2013.

[2.24] M Ehsani, Y Gao, KL Butler. Application of electrically peaking hybrid（ELPH）propulsion system to a full-size passenger car with simulated design verification［J］. IEEE Transactions on Vehicular Technology, 1999, 48（6）：1779-1787.

[2.25] 赵慧勇, 罗永革, 杨启梁, 等. 并联式混合动力汽车燃油经济性分析方法研究［J］. 湖北汽车工业学院学报, 2005, 19（4）：1-4.

第三章

汽车动力装置参数的选定

汽车动力装置参数是指发动机的功率、传动系的传动比。它们对汽车的动力性与燃油经济性有很大影响。在确定这些参数时，必须充分考虑满足这两个基本性能的要求。此外，还要注意满足驾驶性的要求。

本章将讨论发动机功率、传动装置参数的初步选择及按燃油经济性-加速时间曲线进一步确定这些参数的方法，以及如何用计算机仿真技术优化发动机-整车系统的性能。本章还简单介绍了汽车动力性的主观评价指标及方法。

第一节 发动机功率的选择

设计中经常先从保证汽车预期的最高车速来初步选择发动机应有的功率。最高车速虽然仅是动力性中的一个指标，但它实质上也反映了汽车的加速能力与爬坡能力。这是因为最高车速越高，要求的发动机功率越大，汽车后备功率大，加速与爬坡能力必然较好[注]。

若给出了期望的最高车速，选择的发动机功率应大体等于但不小于以最高车速行驶时行驶阻力功率之和，即

$$P_e = \frac{1}{\eta_T}\left(\frac{Gf}{3600}u_{amax} + \frac{C_D A}{76140}u_{amax}^3\right) \tag{3-1}$$

在给定 m、C_D、A、f、η_T 之值后，便能求出应有功率的数值。

在实际工作中，还利用现有汽车统计数据初步估计汽车比功率来确定发动机应有功率。汽车**比功率**是单位汽车总质量具有的发动机功率，比功率的常用单位为 kW/t，可由式（3-1）求得汽车比功率为

$$汽车比功率 = \frac{1000P_e}{m} = \frac{fg}{3.6\eta_T}u_{amax} + \frac{C_D A}{76.14m\eta_T}u_{amax}^3 \tag{3-2}$$

式中，m 为汽车总质量（kg）。

各种货车的 f、η_T 及 C_D 值大致相等且最高车速也相差不多，但总质量变化范围很大。货车最高车速为 100km/h 左右。一辆中型货车的比功率约为 10kW/t，其中用以克服滚动阻力功率的，即式（3-2）第一项，约占 2/5。显然，对于各类货车，式（3-2）第一项的数值大

[注] 例如，据日本《モーターフアン》给出的数据，最高车速为 200km/h 左右的轿车，由零加速到 100km/h 的加速时间在 10s 以下，为 8～9s，其最大爬坡度达 50%～70%。显然，轿车用不着爬陡坡，它的最大爬坡度近似于 1 档最大动力因数。因此，这个数值实质上也还是反映了它的加速能力。

体一样。式（3-2）中第二项是克服空气阻力功率的部分，它随 A/m 而变化，货车总质量增大时，迎风面积增加有限，故第二项将随着总质量的增加而逐步减小。因此，不同货车的比功率随其总质量的增大而逐步减小，但大于单位质量应克服的滚动阻力功率。图 3-1a 给出了东风汽车公司、跃进汽车公司生产的货车及几种国产微型货车和金杯轻便客货两用车的比功率与其各自总质量的关系。图 3-1b 所示为根据《1995—1996 日本自动车がイドブック》中的部分数据绘制的货车比功率与总质量的关系图，其数值稍高于图 3-1a 中的数值。这是由于两个国家的道路、交通条件有差别，因而对车辆的要求不一样。图 3-1c 所示为根据参考文献［3.9］中 10 个国家 40 多种重型货车数据画出的比功率与其总质量的关系图。

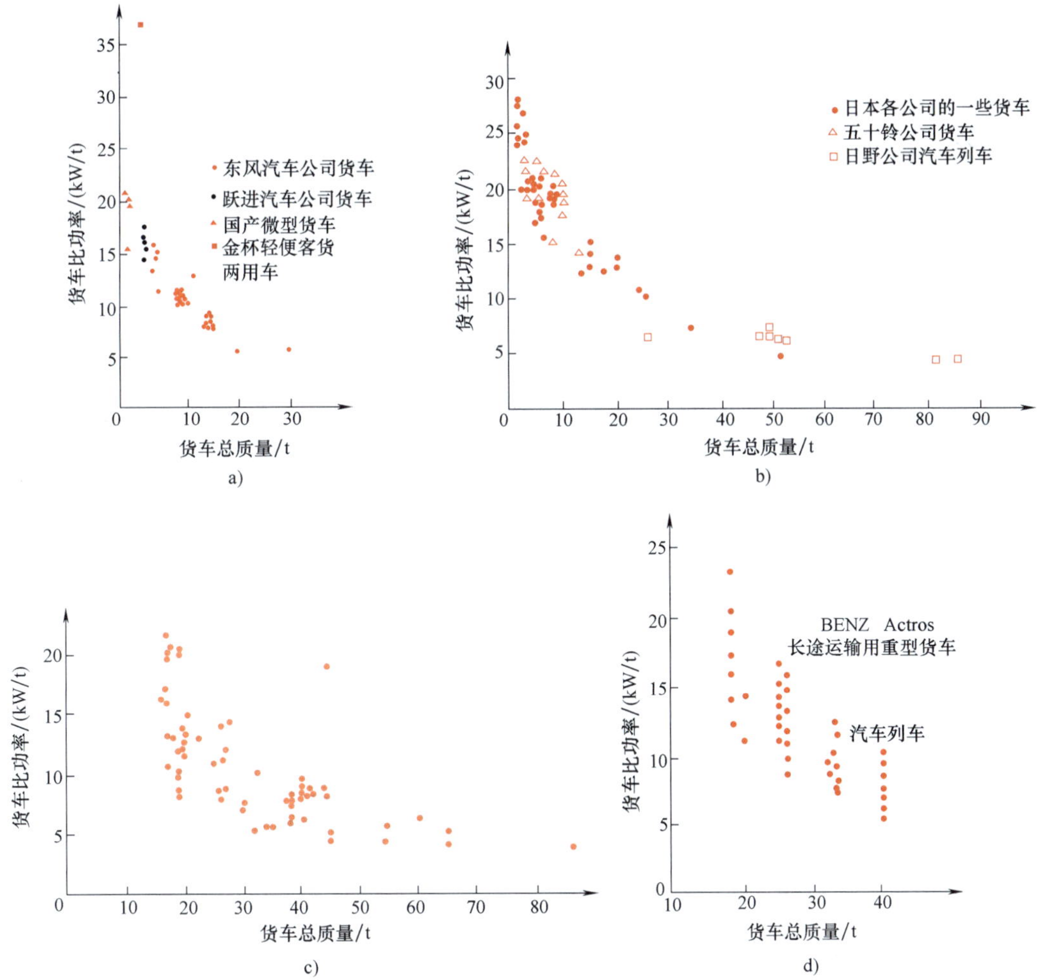

图 3-1 货车比功率与其总质量的关系

a) 东风、跃进汽车公司等生产的货车 b) 日本货车 c) 重型货车 d) Actros 货车族系

图 3-1a、b、c 表明货车的比功率是随其总质量的增大而逐步变小的，一般货车的比功率约为 10kW/t。小于 2~3t 的轻型货车常是轿车或微型旅行车的变型车，动力性能很好，比功率很大。重型货车、汽车列车的最高速度低，比功率较小。

图 3-1d 所示为 1996 年奔驰汽车公司的 Actros 长途运输用重型货车族系比功率与其总质量的关系图。该货车族系的单车总质量有 18t、20t、25t、26t、32t 与 33t 共六种；作为半挂

或全挂列车使用时，最大列车总质量均为40t。该族系中有七种不同功率的发动机，其功率分别为230kW、260kW、290kW、315kW、350kW、390kW 与420kW。以单车总质量18t 的货车为例，它可以装备上述之一的发动机，其轴距为3600~6000mm共六种，驱动形式有4×2、4×4两种。18t货车包含一般货车、自卸车与半挂牵引车三种。25t货车为3轴，驱动形式为6×2。26t货车亦为3轴，驱动形式为6×4。32t货车为4轴，驱动形式为8×4，前四轮转向。33t为3轴，驱动形式为6×4。Actros重型货车族系可以从各个方面来满足客户的不同要求。

不少国家还对车辆应有的最小比功率做出了规定[一]，以保证路上行驶车辆的动力性不低于一定水平，防止某些性能差的车辆阻碍车流。

总之，对于货车，可以根据同样总质量与同样类型车辆的比功率统计数据，初步选择其发动机功率。

我国有关大客车的标准明确规定了最高车速与功率的数值，可以作为初步确定其发动机功率的依据。例如交通部行业标准JT/T 325—2013中规定，高三级（即最高级）大型客车（车身长度>9m）的、比功率应不小于13kW/t。

轿车行驶车速高，且不同轿车动力性能相差可以很大，其最高车速在125~300km/h 之间。根据式（3-2），绘出 $\dfrac{f}{\eta_T} = 0.02$，$\dfrac{C_D A}{m \eta_T} = 4 \times 10^{-4} \sim 10^{-3} \text{ m}^2/\text{kg}$ 时的比功率曲线，如图3-2所示。利用英国1997年《Autocar》杂志中的数据[二]，图3-2中标出了一批当代轿车的比功率值。利用这些数值点形成的区域，可以根据设计轿车的总质量、预期的最高车速，大体确定发动机的功率。

轿车的最高车速，随着年代的不同而逐步提高。可以从1997年《Autocar》杂志中的数据，了解当代轿车最高车速的数值。共试验了100辆轿车，最高的 $u_{a\max}$ 为322km/h，最低的为138km/h，平均为211km/h。若将车辆分作一般轿车、多用途车（MPV）、吉普车与跑

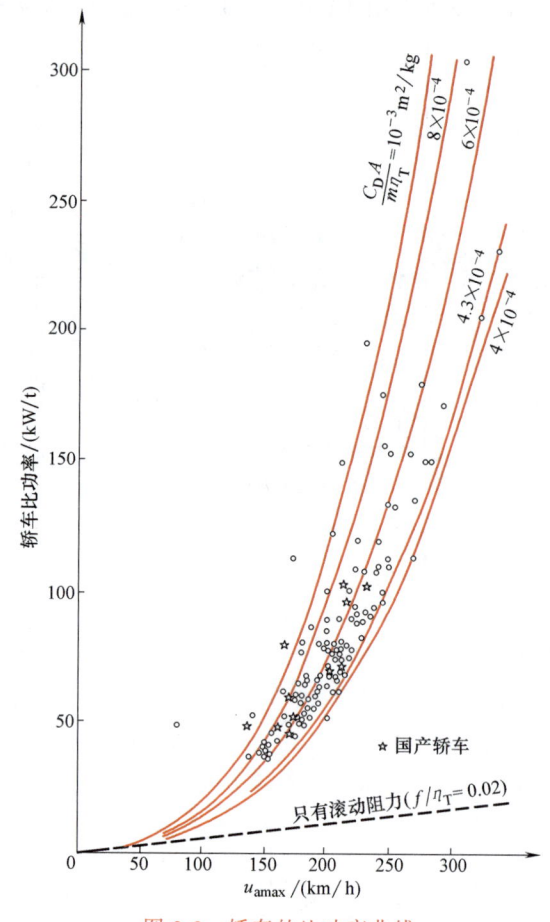

图3-2 轿车的比功率曲线

[一] 德国StVZO规定：大客车、货车、铰接式车辆及汽车列车的比功率至少为6kW/t。GB 7258—2012《机动车运行安全技术条件》规定：低速汽车及拖拉机运输机组的比功率大于或等于4.0kW/t，除无轨电车外的其他机动车的比功率应大于或等于5.0kW/t。

[二] 总质量取为整车整备质量与EPA试验质量（即2×68kg=136kg）之和。

车四类,则一般轿车的平均 u_{amax} 值见表3-1。

表3-1 一般轿车的平均 u_{amax} 值

	微 型	普 通	中 级	中高级	高 级
发动机排量/L	≤1	1~≤1.6	>1.6~≤2.5	>2.5~≤4	>4
试验车型数量	3	13	45	17	8
平均 u_{amax}/(km/h)	145	177	207	232	241

三辆多用途车的平均 u_{amax} 为185km/h,五辆吉普车为103km/h,六辆跑车的平均 u_{amax} 值达288km/h。

第二节 最小传动比的选择

汽车大多数时间是以最高档行驶的,即用最小传动比的档位行驶。因此,最小传动比的选定是很重要的。

传动系的总传动比是传动系中各部件传动比的乘积,即

$$i_t = i_g i_0 i_c$$

式中,i_g 为变速器的传动比;i_0 为主减速器的传动比;i_c 为分动器或副变速器的传动比。

普通汽车没有分动器或副变速器,若装有三轴变速器且以直接档作为最高档时,传动系的最小传动比就是主传动比 i_0;如变速器的最高档为超速档,则最小传动比应为变速器最高档传动比与主传动比的乘积。二轴变速器没有直接档,最小传动比为最高档传动比与 i_0 的乘积。

下面讨论变速器最小传动比为1时的汽车最小传动比,即主减速器传动比 i_0 的选择。

图3-3所示为不同 i_0 时的汽车功率平衡图,包括水平路面行驶阻力功率曲线,以及不同主减速器传动比 i_{01}、i_{02}、i_{03}($i_{01}<i_{02}<i_{03}$)所确定的发动机的功率曲线1、2、3。

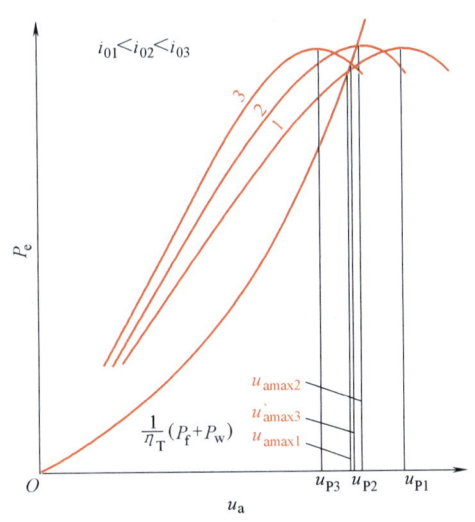

图3-3 不同 i_0 时的汽车功率平衡图

1—i_{01} 2—i_{02} 3—i_{03}

先讨论最高车速 u_{amax}。可以看出,主传动比为 i_{02} 时,阻力功率曲线正好与发动机功率曲线2交在其最大功率点上。若相当发动机最大功率时的车速称为 u_p,则有 $u_{amax2}=u_{P2}$。而装有另外两种传动比的主减速器,发动机功率曲线1、3与阻力功率曲线的交点均不在最大功率点,即 $u_{amax1}≠u_{P1}$,$u_{amax3}≠u_{P3}$,且 u_{amax1}、u_{amax3} 均小于 u_{amax2}。所以,i_0 选择到汽车的最高车速相当于发动机最大功率点的车速时,最高车速是最大的。

再讨论汽车的后备功率。当主传动比为 i_{01} 时,发动机功率曲线在曲线2的右方($u_{P1}>u_{amax1}$,当然 u_{P1} 是不可能实现的)。因此,除了 $u_{amax1}<u_{amax2}$ 外,汽车的后备功率也比较小,即汽车的动力性比主传动比为 i_{02} 时要差。不过,发动机功率利用率高,燃油经济性较好。

当主传动比为 i_{03} 时，发动机功率曲线 3 在曲线 2 的左方。此时 $u_{P3}<u_{amax3}$，虽然 $u_{amax3}<u_{amax2}$，但汽车的后备功率却有较大增加，即动力性有加强的一面，但是燃油经济性较差。

过去，多数汽车的最小传动比选择得使 $u_{amax}=u_P$，或 u_P 稍小于 u_{amax}。近年来，为了提高燃油经济性，出现了减小最小传动比的趋势，即令 u_P 稍大于 u_{amax}。有的装有 5 档变速器的轿车，第 5 档的最高车速与第 4 档的最高车速很接近（图 1-23）；而有的轿车第 5 档的最高车速甚至稍低于第 4 档的最高车速。

根据 1997 年《Autocar》与《Car & Driver》杂志中的数据，在最小传动比（变速器为最高档）时，约 74% 轿车的 u_{amax}/u_P 值在 0.9~1.10 之间，5.5% 轿车的 u_{amax}/u_P 值在 1.1~1.39 之间，17.5% 轿车的 u_{amax}/u_P 值在 0.7~0.9 之间，3% 轿车的 u_{amax}/u_P 值低至 0.5~0.7。

最小传动比还受到驾驶性能的限制。

驾驶性能（driveability）与下列各现象有关，这些现象出现越少，驾驶性能越好：喘振（surge），加速不畅（hesitation），加速后坐（stumble），加速迟缓（stretchiness），怠速不稳（roughidle），失速（stall），爆燃（detonation），回火（back-fire），放炮（after-fire）[3.8]……

驾驶性能主要是指包括平稳性在内的加速性，指动力装置的转矩响应、噪声和振动。它由驾驶员和乘员通过主观评价来确定，是在车辆驾驶过程中驾驶员及乘员对车辆所表现出的加速感、舒适感、操控感等的主观感觉[3.15]。对于混合动力轿车和纯电动汽车，这种主观评价更加受到关注。SAE J1441—2007 中给出了一个对汽车驾驶性能进行主观评价打分的推荐性标准，针对某一个驾驶任务或者某一个瞬态工况（如曲线加速、直线加速、移线等），由评审员根据自己的主观感受打分来进行评价，最高分为 10 分，表示极好，最低分为 1 分，表示非常差。

影响驾驶性能的因素有发动机的排量、气缸的数目、发动机的控制策略、最小传动比或最高档时发动机转速与行驶车速的比值 n/u_a 以及传动系的刚度等。大排量、气缸数多的发动机可以提供较大、较快、较平稳的转矩响应。前置发动机前驱动汽车的传动系，没有传动轴等部件，刚度较大，其转矩响应较后驱动汽车好。最小传动比或 n/u_a 比值对转矩响应有很大影响。例如，最小传动比过小，发动机在重负荷下工作，加速性不好，出现噪声与振动；最小传动比过大，燃油经济性差，发动机高速运转噪声大。

Thomas R. Stockton[3.3] 在讨论传动系和发动机匹配的约束条件时，指出传动系的第一档应该能够爬 30% 的坡，最高档应该能够以 88~96km/h 的速度爬 3% 的坡。虽然不同车型在不同的时代具体要求不同，这两个数据也会不相同，但是考虑的方法是一样的。该文献中还介绍了美国曾以 1979 年进口轿车与美国产轿车做回归分析，得到其动力装置的 n/u_a 允许值图（Power-Train Acceptance Chart），如图 3-4 所示。利用

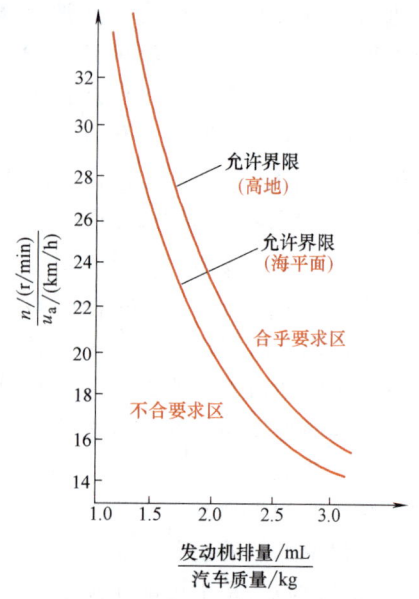

图 3-4 轿车 n/u_a 的允许值

此图，可根据每千克（磅）汽车质量的发动机排量（mL），查出允许的最小 n/u_a 值。这对选择轿车最小传动比是有参考价值的。

第三节　最大传动比的选择

确定最大传动比时，要考虑三方面的问题：最大爬坡度、附着率及汽车最低稳定车速。

就普通汽车而言，传动系最大传动比 i_{tmax} 是变速器1档传动比 i_{g1} 与主减速器传动比 i_0 的乘积。当 i_0 已知时，确定传动系最大传动比也就是确定变速器1档传动比。

汽车爬大坡时车速很低，可忽略空气阻力，则汽车的最大驱动力应为

$$F_{tmax} = F_f + F_{imax}$$

或

$$\frac{T_{tq\,max} i_{g1} i_0 \eta_T}{r} = Gf\cos\alpha_{max} + G\sin\alpha_{max}$$

即

$$i_{g1} \geq \frac{G(f\cos\alpha_{max} + \sin\alpha_{max})r}{T_{tq\,max} i_0 \eta_T}$$

一般货车的最大爬坡度约为30%，即 $\alpha \approx 16.7°$。

在设计越野汽车传动系时，为了避免在松软地面上行驶时土壤受冲击剪切破坏而损害地面附着力，i_{tmax} 应保证汽车能在极低车速下稳定行驶。若最低稳定车速为 u_{amin}，则传动系最大传动比应为

$$i_{tmax} = 0.377 \frac{n_{min} r}{u_{amin}}$$

轿车也应具有爬上30%坡道的能力。实际上轿车的最大爬坡度常大于30%，其最大传动比是根据其加速能力来确定的。可参考同一等级的轿车选择最大传动比。

最大传动比确定后，还应计算驱动轮的附着率，检查附着条件是否满足上坡或加速的要求。必要时，只能从汽车总体布置和结构着手，改善汽车的附着能力。

第四节　传动系档数与各档传动比的选择

不同类型的汽车具有不同的传动系档位数。其原因在于它们的使用条件不同，对整车性能要求不同，汽车本身的功率不同。而传动系的档位数与汽车的动力性、燃油经济性有着密切的关系。

就动力性而言，档位数多，增加了发动机发挥最大功率附近高功率的机会，提高了汽车的加速与爬坡能力。就燃油经济性而言，档位数多，增加了发动机在低燃油消耗率区工作的可能性，降低了油耗。所以增加档位数可改善汽车的动力性和燃油经济性。

档位数多少还影响到各档之间的传动比比值。比值过大会造成换档困难，一般认为比值不宜大于1.7~1.8。因此，最大传动比与最小传动比的比值越大，档位数也应越多。

轿车的行驶车速高，比功率大，最高档的后备功率也大，即相对而言最高档的驱动力与1档驱动力间的差值小，即 i_{tmax}/i_{tmin} 小。因此，过去美国装备手动变速器的轿车，常用操纵

方便的 3 档变速器；而注重节约燃油的国家，如欧洲各国，选用发动机的排量较小，则用 4 档变速器。近年来，为了进一步节省燃油，装用手动变速器的现代轿车普遍采用 5 档或 6 档变速器。也有个别车型采用 7 档变速器的。

轻型货车和中型货车比功率小，所以一般采用 5 档变速器。重型货车的比功率更小，使用条件也更复杂，如矿山用重型汽车，行驶道路变化很大，有时重型牵引车要拖带挂车，要求有很大的驱动力。此外，重型车辆发动机工作时间长，油耗量大，且本身自重很大，增加档位数不会过多地增加汽车的制造成本。因此，重型货车一般采用 6 档至十几个档的变速器，以适应复杂的使用条件，使汽车具有足够的动力性与良好的燃油经济性。越野汽车遇到的使用条件最复杂，还要经常牵引火炮或挂车，所以 i_{tmax}/i_{tmin} 的比值很大，其传动系的档位数较同吨位的普通货车常多一倍左右。

在变速器中，档位数超过五个（指前进档）会使结构大为复杂，同时操纵机构也相应变得复杂。为此，常在变速器后接上一个 2 档或 3 档的副变速器。越野汽车因要求多轴驱动，故采用分动器。

在选定汽车的最小传动比 i_{tmin}、最大传动比 i_{tmax} 及传动系的档位数后，应当确定中间各档的传动比。

实际上，汽车传动系各档的传动比大体上是按等比级数分配的。例如 CA7220 系列轿车的 5 档变速器的相邻两档传动比的比值为

$$\frac{i_{g1}}{i_{g2}} = \frac{3.6}{2.125} = 1.69 \quad \frac{i_{g2}}{i_{g3}} = \frac{2.125}{1.458} = 1.46$$

$$\frac{i_{g3}}{i_{g4}} = \frac{1.458}{1.070} = 1.36 \quad \frac{i_{g4}}{i_{g5}} = \frac{1.070}{0.857} = 1.25$$

彼此相差不大，但 $i_{g1}/i_{g2} > i_{g2}/i_{g3} > i_{g3}/i_{g4} > i_{g4}/i_{g5}$。而有的汽车，如 SH760 轿车和一些档位很多的货车变速器，则完全按等比级数分配。所以可以认为，一般汽车各档传动比大致符合如下关系：

$$\frac{i_{g1}}{i_{g2}} = \frac{i_{g2}}{i_{g3}} = \cdots = q$$

式中，q 为常数，也就是各档之间的公比。因此，各档的传动比为

$$i_{g1} = qi_{g2}, \ i_{g2} = qi_{g3}, \ i_{g3} = qi_{g4}\cdots$$

若为 5 档变速器，且 $i_{g5}=1$，则各档传动比与 q 有如下关系：

$$i_{g4} = q, \ i_{g3} = q^2, \ i_{g2} = q^3, \ i_{g1} = q^4$$

或

$$q = \sqrt[4]{i_{g1}}$$

所以各档传动比与 1 档传动比的关系为

$$i_{g4} = \sqrt[4]{i_{g1}}, \ i_{g3} = \sqrt[4]{i_{g1}^2}, \ i_{g2} = \sqrt[4]{i_{g1}^3}$$

下面分析一下用等比级数的办法来分配变速器各档传动比有什么好处。

图 3-5 中绘有发动机的外特性，再根据公式

$$u_a = 0.377 \frac{nr}{i_g i_0}$$

画出每个档位的车速与发动机转速的关系曲线。

驾驶员用 1 档起步,随着发动机转速的提高,汽车的行驶速度也随之增加。当发动机转速达到 n_2 时,驾驶员开始换档,设换档过程中车速没有降低,则换上 2 档时,发动机转速应降到 n_1,离合器才能平顺无冲击地接合。n_1 和 n_2 的关系如下:

1 档时发动机转速升到 n_2 时所对应的车速为

$$u_{a1} = 0.377 \frac{n_2 r}{i_{g1} i_0}$$

换上 2 档时,发动机转速降至 n_1,相应的车速 u_{a2} 仍应等于 u_{a1},即

$$u_{a2} = 0.377 \frac{n_1 r}{i_{g2} i_0} = u_{a1}$$

故

$$\frac{n_1}{i_{g2}} = \frac{n_2}{i_{g1}} \quad 或 \quad \frac{n_2}{n_1} = \frac{i_{g1}}{i_{g2}}$$

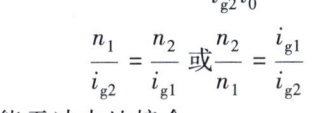

图 3-5 换档过程中车速与发动机转速的关系

离合器才能无冲击地接合。

若在 2 档时,发动机转速升到 n_2 换 3 档,则应把发动机转速降到 n_1' 才能无冲击地接合离合器,同理应有

$$\frac{n_2}{n_1'} = \frac{i_{g2}}{i_{g3}}$$

由于各档传动比是按等比级数分配的,即

$$\frac{i_{g1}}{i_{g2}} = \frac{i_{g2}}{i_{g3}}$$

故

$$\frac{n_2}{n_1} = \frac{n_2}{n_1'}$$

即

$$n_1 = n_1'$$

由此可见,若每次发动机都是提高到转速 n_2 换档,只要发动机都降到同一低转速 n_1,离合器就能无冲击地接合。就是说,换档过程中,发动机总在同一转速范围 $n_1 \sim n_2$ 内工作。这样,驾驶员在起步加速时操作就方便得多了。

不过,<u>按等比级数分配传动比的主要目的还在于充分利用发动机提供的功率,提高汽车的动力性</u>。

当汽车需要大功率(如全力加速或上坡)时,若排档选择恰当,具有按等比级数分配传动比的变速器,则能使发动机经常在接近外特性最大功率 $P_{e\max}$ 处的大功率范围内运转,从而增加了汽车的后备功率,提高了汽车的加速或上坡能力。

下面比较三种采用不同传动比分配方案的 3 档变速器在加速过程中发动机功率发挥的程度,以说明传动比分配规律对汽车后备功率的影响。

第一个方案是按等比级数分配传动比的变速器,即 $\frac{i_1}{i_2} = \frac{i_2}{i_3}$;另两个方案是 $\frac{i_1}{i_2} < \frac{i_2}{i_3}$ 及 $\frac{i_1}{i_2} > \frac{i_2}{i_3}$。并且假定为了充分利用发动机功率,加速过程中节气门全开,各档均用到发动机的最高转速 $n_{\max}$ 才换档。

如图 3-6 所示三种方案，在 1 档时，发动机工作区域相同。但在 2 档和 3 档时，由于发动机在换档时的起始转速不同，其功率曲线覆盖的面积也不同。对于第二个方案，即 $\dfrac{i_1}{i_2} < \dfrac{i_2}{i_3}$ 的方案，在使用 2 档时，利用发动机功率的范围少掉了转速 $n_1 \sim n_1'$ 间的区域（图中水平阴影线）。虽然在 3 档时与第一个方案相比较，汽车多得了 $n_1'' \sim n_1$ 间的利用功率区域（图中水平阴影线），但得失相比，得到的是较小的功率区域，而失去的是较大功率区域。同理，对于第三个方案，即 $\dfrac{i_1}{i_2} > \dfrac{i_2}{i_3}$ 的方案，也存在相同的情况，不过得到功率区域与失去功率区域的档位不同。因此，按第一个方案，即按等比级数分配传动比的方案，可以在汽车需要大功率时，较好地利用发动机特性曲线功率比较大的一段来增加汽车的后备功率，提高汽车的加速或上坡能力。

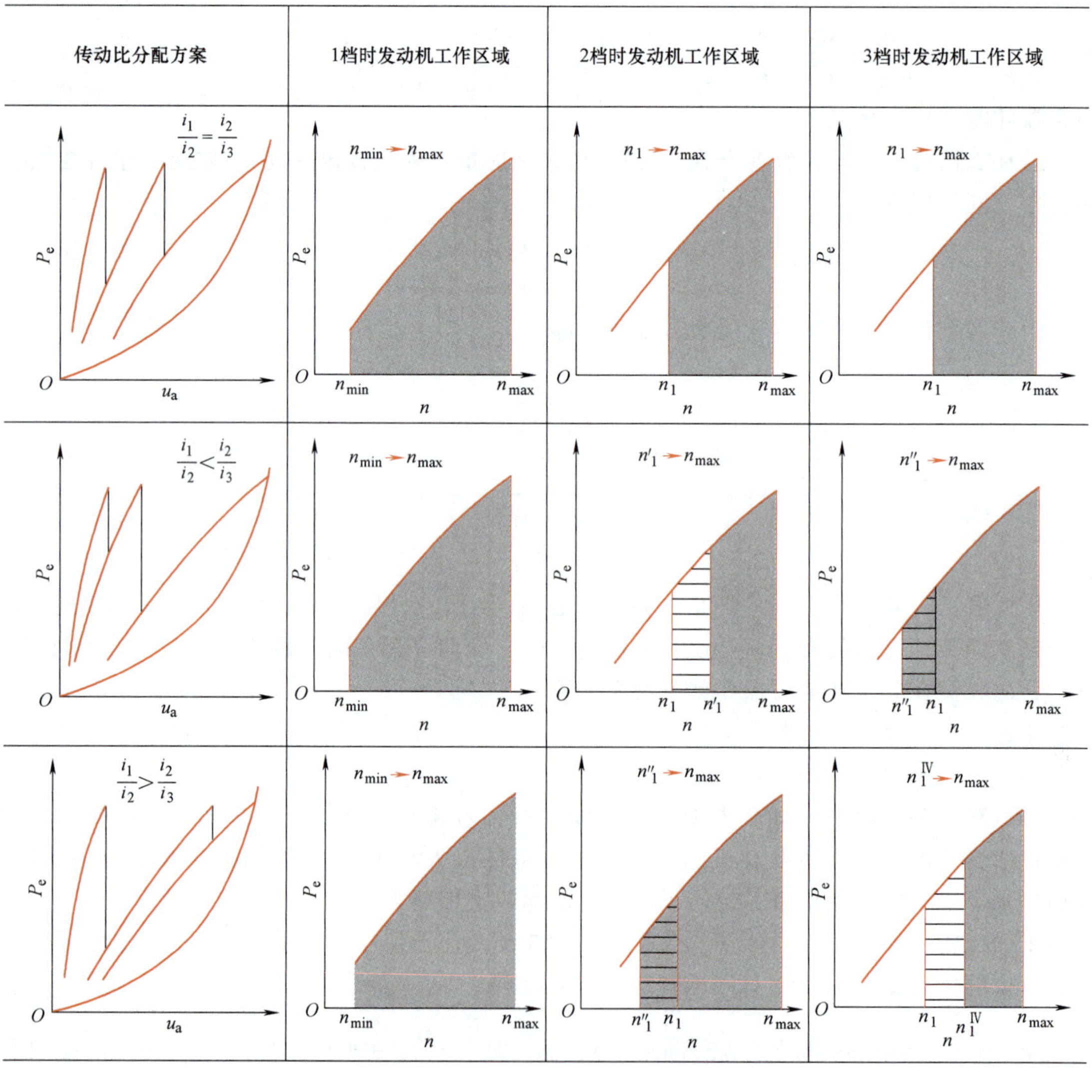

图 3-6 采用不同传动比分配方案的发动机工作范围

按等比级数分配传动比的（主）变速器，还便于和副变速器结合，构成更多档位的变速器。例如一个5档主变速器，各档间的公比为q^2，其传动比序列为1、q^2、q^4、q^6、q^8。若结合一个后置两档副（减速）变速器，其传动比为1、q，便可构成一个10档变速器，各档间的公比为q，其传动比序列为1、q、q^2、q^3、q^4、q^5、q^6、q^7、q^8、q^9。

实际上，对于档位较少（如5档以下）的变速器，各档传动比之间的比值常常并不正好相等，即并不是正好按等比级数来分配传动比的。这主要是考虑到各档利用率差别很大的缘故。汽车主要是用较高档位行驶的，例如中型货车5档变速器中的1、2、3三个档位的总利用率仅为10%～15%，所以较高档位相邻两档间的传动比之差应小些，特别是最高档与次高档之间的传动比差值更应小些○。因此，实际上各档传动比常按下面的关系分布：

$$\frac{i_{g1}}{i_{g2}} \geqslant \frac{i_{g2}}{i_{g3}} \geqslant \cdots \geqslant \frac{i_{gn-1}}{i_{gn}}$$

米奇克 M 在其所著的《汽车动力学》[3.1]一书中给出了轿车（1975—1979年生产）5档手动变速器最高档传动比 i_5 以及各档传动比的比值随轿车最高车速的变化情况，如图3-7所示。根据1997年《Autocar》杂志中的数据，图上还标出一些其轿车相应的数值，可以参考此图确定轿车变速器中间各档的传动比。

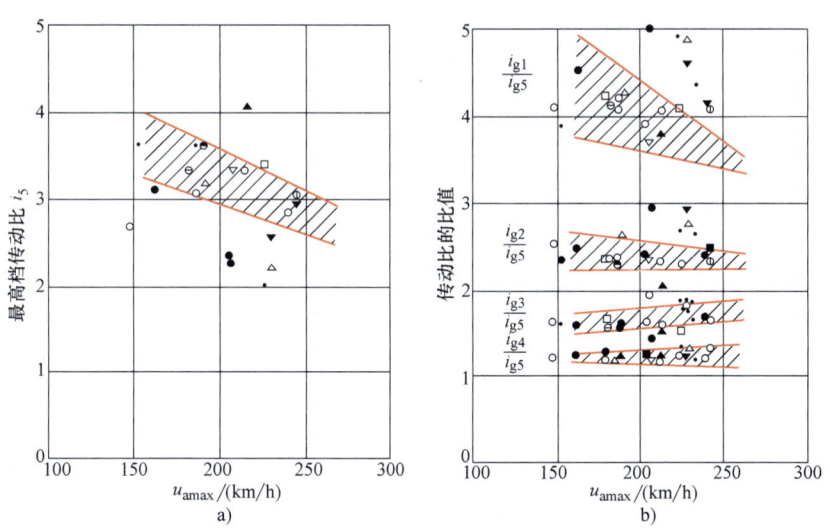

图3-7 装有5档变速器轿车的传动系5档传动比、各档传动比
与5档传动比的比值随最高车速的变化情况

第五节　利用燃油经济性-加速时间曲线确定动力装置参数

初步选择参数之后，可拟定供选用的参数数值范围，进一步具体分析、计算不同参数匹配下汽车的燃油经济性与动力性，然后综合考虑各方面因素，最终确定动力装置的参数。通

○ "汽车燃料经济性动力性模拟程序及动力合理匹配"[3.7]一文中，建议采用偏置等比级数的方法和最高档与次高档之间采用"半档"的传动比间隔的方法，以提高中型货车的燃油经济性与动力性。

常以循环工况油耗 Q（L/100km）代表燃油经济性，以原地起步加速时间代表动力性，作出不同参数匹配下的**燃油经济性-加速时间曲线**，并根据此曲线确定动力装置参数。下面举数例加以说明。

一、主减速器传动比的确定

在动力装置其他参数不变的条件下，若要选定最佳主减速器传动比，可根据燃油经济性与动力性的计算，绘制图 3-8 所示的，不同 i_0 时的燃油经济性-加速时间曲线。图 3-8 中的纵坐标是 $0\to 96.6$km/h（$0\to 60$mile/h）时的加速时间（s），横坐标为 EPA 循环工况的燃油经济性（km/L 或 mile/US-gal）。计算出不同 i_0 值时的加速时间与每升燃油行驶公里数后，即可作出图示曲线。曲线表明，i_0 值较大时，加速时间较短但燃油经济性下降；i_0 值较小时，加速时间延长但燃油经济性改善。若选定 2.6 作为主减器传动比，则能兼顾汽车的燃油经济性与动力性。若以动力性为主要目标，则可选用较大的 i_0 值；若以燃油经济性为主要目标，可选较小的 i_0 值。

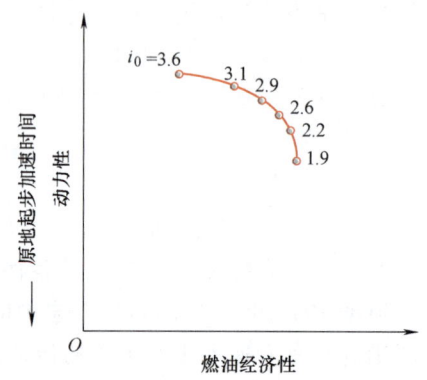

图 3-8　不同 i_0 时的燃油经济性-加速时间曲线

燃油经济性-加速时间曲线通常大体上呈 C 形，所以又称之为 C 曲线。

二、变速器与主减速器传动比的确定

在不改变发动机的条件下，可利用 C 曲线从几种变速器中选择一个合适的变速器和一个合适的主减速器传动比。

图 3-9 所示为一个装用不同变速器时的燃油经济性-加速时间曲线实例[3.5]。图上绘制了三种变速器的 C 曲线。图 3-9a 所示为 3 档变速器与 4 档变速器的 C 曲线。图 3-9b 所示为 4 档变速器与 5 档变速器的 C 曲线。3 档变速器与 4 档变速器均具有直接档，由于 4 档变速器的变速范围广，所以汽车动力性有所提高。5 档变速器具有超速档，汽车的燃油经济性与动力性均有显著提高。图 3-9c 所示为装用三种不同传动比的 5 档变速器 A、B、C 时汽车的 C 曲线。可以根据设计汽车的主要目标选用其中一个，并根据其 C 曲线确定主传动比。图 3-9c 上还画出了三条 C 曲线的包络线，称为**最佳燃油经济性-动力性曲线**。它表示三种 5 档变速器与不同传动比主减速器匹配时，在一定加速时间的要求下燃油经济性的极限值。

图 3-10a 所示为 TJ-645 客车装用两种不同传动比的 5 档变速器与不同传动比主减速器时的 C 曲线[3.6]。可以看出，以变速器Ⅱ和主减速器传动比为 8.6 时的匹配关系得到的燃油经济性与动力性最佳。

图 3-10b 所示为 CA141 货车装用三种不同变速器时的燃油经济性-1km 加速末速度曲线[3.7]。它是以 $0\to 1000$m 连续换档加速的末速度作为动力性评价指标的。可以看出，装用带超速档的或最高档为直接档的 6 档变速器，汽车的燃油经济性都比用 5 档变速器时有所改善。如果驱动桥的传动比采用 5.897，则装用最高档为直接档的 6 档变速器时，不但燃油消耗量可减小 1.08L/100km（3.6%），而且 $0\to 1000$m 连续换档加速的末速度也可以增加 0.58km/h（0.7%）。

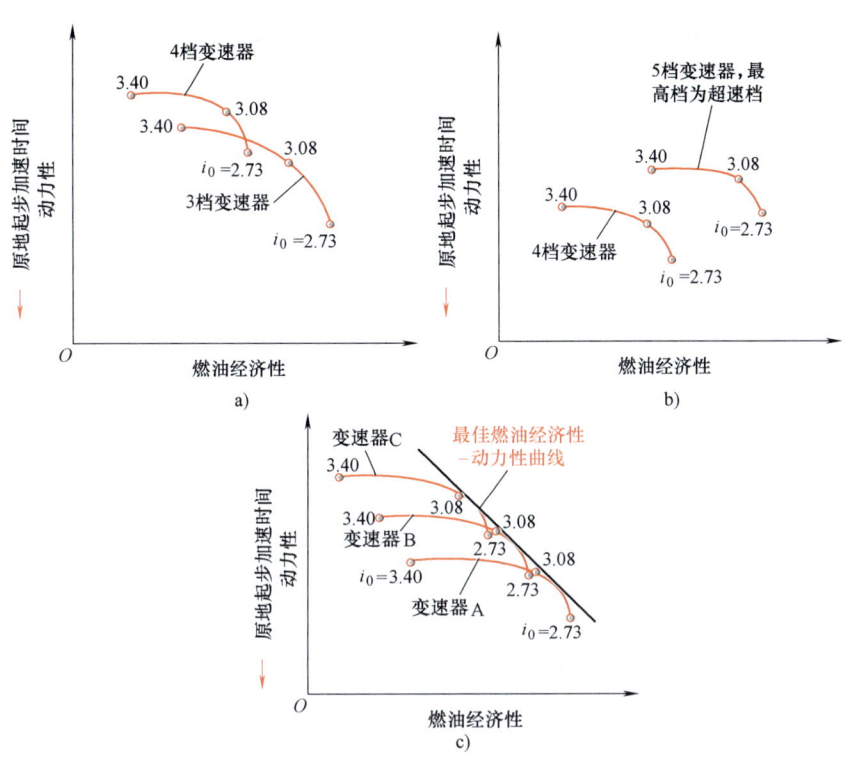

A、B、C 为三种不同传动比的 5 档变速器

图 3-9 装用不同变速器时的燃油经济性-加速时间曲线

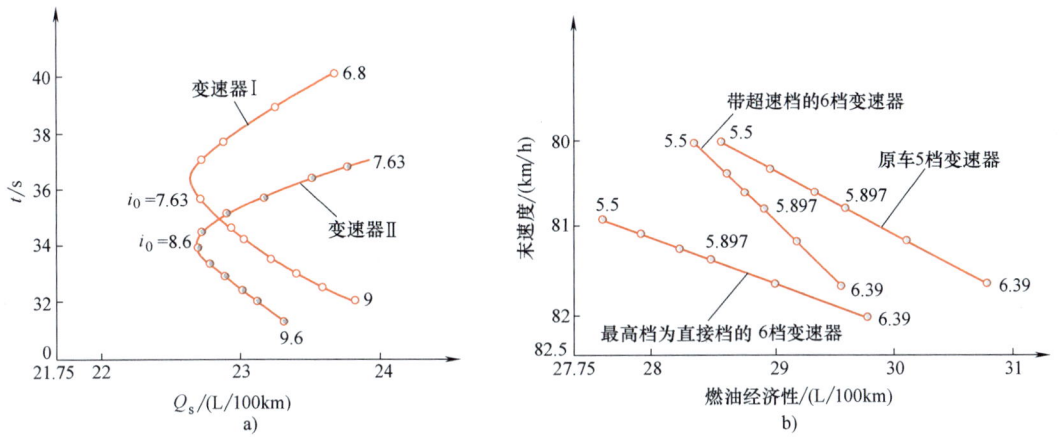

图 3-10 我国两种汽车装用不同变速器的燃油经济性-动力性曲线

a) TJ-645 客车的燃油经济性-加速时间曲线 b) CA141 货车的燃油经济性-1km 加速末速度曲线

三、发动机、变速器与主减速器传动比的确定

下面是一个考虑不同排量发动机、不同变速器与不同主减速器传动比的动力装置参数确定的实例[3.4]。

图 3-11a 所示为一辆轿车在同一变速器条件下，选用三种不同排量发动机时的燃油经济性-加速时间曲线。若要求的加速时间为 13.5s，则只能选用大或中排量发动机。因为中排量

发动机的燃油经济性较好,所以应当选用中排量发动机,然后利用中排量发动机的 C 曲线确定最佳主减速器传动比。

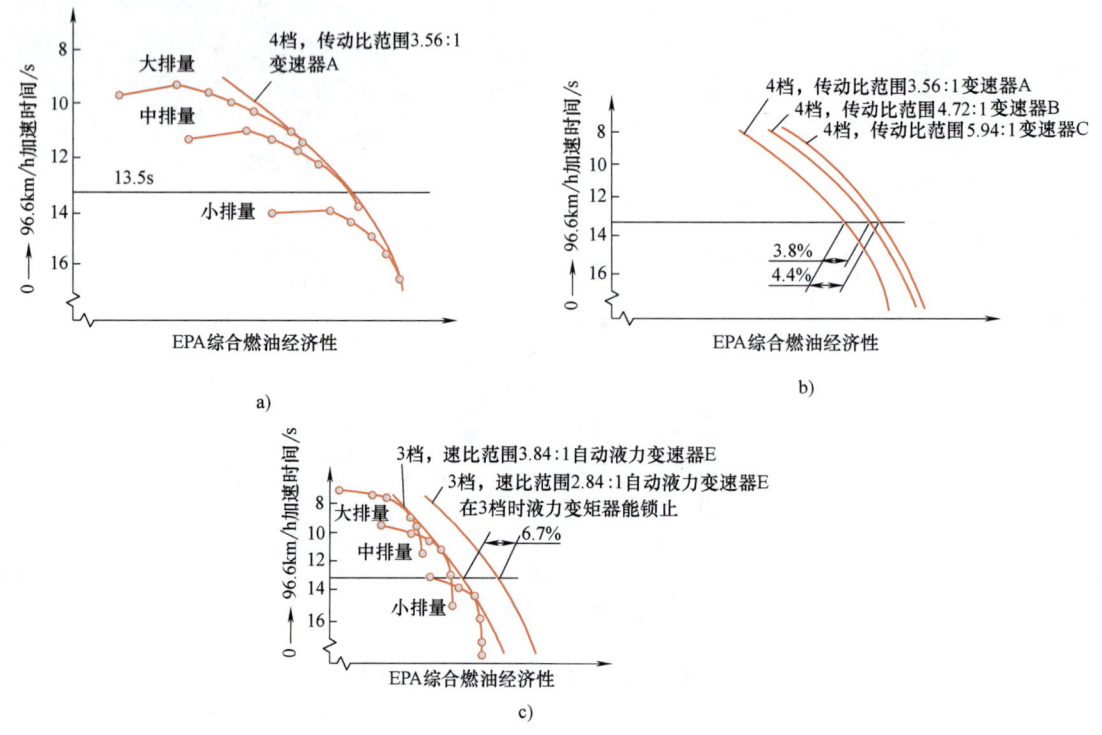

图 3-11 不同排量发动机的 C 曲线与装有不同
变速器的轿车的最佳燃油经济性-动力性曲线

为了便于进行不同变速器的选定,图 3-11a 上还画出一条三种不同排量发动机 C 曲线的包络线,即最佳燃油经济性-动力性曲线。它表明该轿车装用一种变速器、装用不同排量发动机与匹配不同主减速器传动比时,<u>一定加速时间的动力性要求下所能达到的燃油经济性的极限值</u>。图 3-11b 上画出了该轿车装用三种具有不同传动比的 4 档变速器时的最佳燃油经济性-动力性曲线。可以看出,在加速时间要求为 13.5s 的条件下,装有 C 变速器的轿车燃油经济性最好,比装有 A 变速器的轿车提高 4.4%。

文献 [3.4] 中还比较了装用自动液力变速器时的情况。图 3-11c 所示为装有 3 档自动液力变速器与在第三档能锁止的 3 档自动液力变速器的轿车的最佳燃油经济性-动力性曲线。分析表明,在加速时间要求为 13.5s 的条件下,装有第三档能锁止的自动液力变速器轿车的燃油经济性可提高 6.7%。

上述用燃油经济性-加速时间曲线来确定动力装置参数的方法,是一种经常采用的方法。Thomas R. Stockton[3.3]曾给出了一辆质量为 795.5kg、装有 5 档变速器的轿车,利用燃油经济性-加速时间曲线来确定发动机排量(相当于功率)与主减速器传动比的例子,如图3-12所示。图上绘出了装用不同排量发动机(0.8~1.6L)与匹配不同主减速器传动比 [n/u_a 值由 18.6~36.7r/min/(km/h),即由 30~59r/min/(mile/h)] 时的 EPA 城市、公路综合燃油经济性(km/L 或 mile/USgal)与 0→96.6km/h(0→60mile/h)加速时间曲线。图 3-12 上还有：

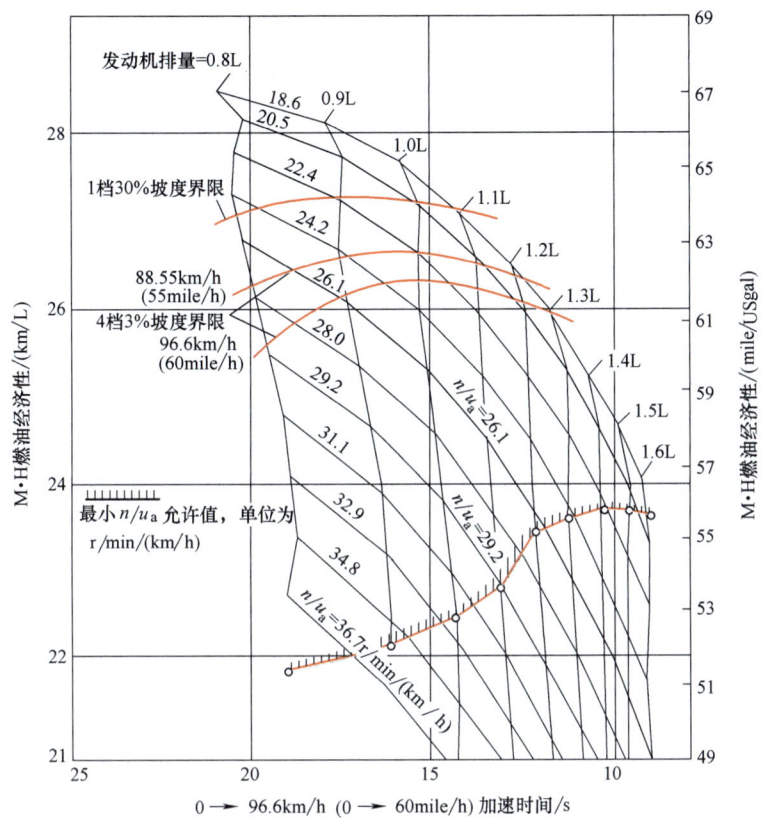

图 3-12　用以选用发动机排量与主减速器传动比的燃油经济性-加速时间曲线

1) 1 档能克服 30%坡度所要求的最小 n/u_a 值曲线。

2) 第 4 档在 88.55km/h（55mile/h）与 96.6km/h（60mile/h）车速行驶时，能克服 3%坡度的最小 n/u_a 值曲线。

3) 驾驶性能要求的最小 n/u_a 值曲线。

分析了图 3-12 中的曲线后可知，当加速时间定为 13s 以内时，以 1.2L 排量发动机匹配与 $n/u_a=20.5$r/min/（km/h）相应的主减速器传动比为好，此时每升燃油可行驶 26km。不过，这种匹配不能满足驾驶性能的要求。对于 1.2L 发动机，允许的 n/u_a 值为 26.7r/min（km/h），相应的加速时间为 12.3s，但每升燃油只能行驶 23.48km。综合衡量得失，不如选取 1.5L 排量的发动机，n/u_a 值为 21.5r/min/（km/h），此时加速时间缩短到 9.7s，每升燃油能行驶 23.73km。

第六节　计算机仿真技术在发动机-整车系统性能匹配优化中的应用简介

近 20 年来，不少公司都开发了专门的软件，将发动机模型和整车模型构建在一起，利用计算机仿真技术对发动机-整车系统进行系统匹配与优化。同时，由于人们对汽车驾驶舒适性的要求越来越高，因此驾驶性能的 CAE（Computer Aided Engineering）分析已经成为开发流程中必不可少的环节。能够用于动力性、经济性和驾驶性能综合分析的软件除了通用、福特等公司开发的自用软件之外，比较有名的商用软件有 GT-Suite 系列、AVL-CRUISE 等，这些软件都有接口和 MATLAB 软件、AMESim 软件进行联合仿真。

进行计算机仿真首先需要建立起发动机和整车车辆的仿真模型，然后利用模型计算车辆的动力性指标（爬坡性能、全负荷加速性能、稳态行驶性能等）、经济性指标（循环行驶工况等）、CO_2 的排放量和驾驶性能。

下面先介绍发动机的性能匹配优化，然后再介绍发动机-整车系统和驾驶性能的仿真计算。

一、发动机的性能匹配优化

首先简单介绍 GT-suite 系列中的 GT-Power 软件。该软件可用于各种不同类型的汽油机和柴油机的稳态和瞬态工作过程模拟，包括对发动机的结构和控制参数进行优化设计，对发动机过程和指标进行分析、预测等。GT-Power 软件具有基于面向对象的交互式界面，使用非常方便。该软件由许多具有特殊用途的零部件单元组成（如气缸、增压器、气门、曲轴箱、控制单元、喷油器、中冷器等），还包括传热、燃烧、喷油等热力学、流体力学、化学动力学模型。对发动机的各个部件，GT-Power 模拟软件中都有现成的模块，用户只要根据所分析的目标发动机的真实结构搭建模型，通过修改输入参数和子模型就可对发动机整机模型进行定义。图 3-13[3.11]所示为利用 GT-Power 软件建立的发动机一维仿真模型，该模型主要包括进气系统、气缸、曲轴箱和排气系统四部分。其中，气缸模型是汽油机模拟仿真中最重要的模块，在该模块中需要选择合适的燃烧模型、壁温模型、传热模型、流动模型等。此外，在该模块中需要输入的数据有汽油机转速、平均摩擦有效压力（FMEP）、各缸点火顺序、气缸排列方式、气缸几何结构等。而在连接的管道模块中需要输入的数据有长度、直径、容积、壁温、表面粗糙度等。其他模块此处不一一列举。

图 3-13 所示发动机模型的主要参数见表 3-2，同时还要采用获得的发动机环境边界条件和空燃比等试验数据（没有列出），包括缸内燃烧参数、过量空气系数、进排气温度和压力、进排气相位等。对于节气门流量系数的选取：由于只进行全负荷计算，所以只选取了全开时的流量系数。其中，节气门体开度为 0°时，流量系数为 0.2；节气门体开度为 90°时，流量系数为 0.8。发动机的机械损失，是直接输入试验结果。模型建好以后一定要进行标定与确认才有价值，一般利用发动机外特性试验数据对模型进行标定。

表 3-2 发动机模型的主要参数 （单位：mm）

参　　数	数　　值	参　　数	数　　值
缸径×行程	70×80.8	排气门直径	ϕ23.5
连杆长度	128.1	升程曲线	数值输入
活塞销偏心距	0.5	进气门间隙	0.22
进气门直径	ϕ27.0	排气门间隙	0.30

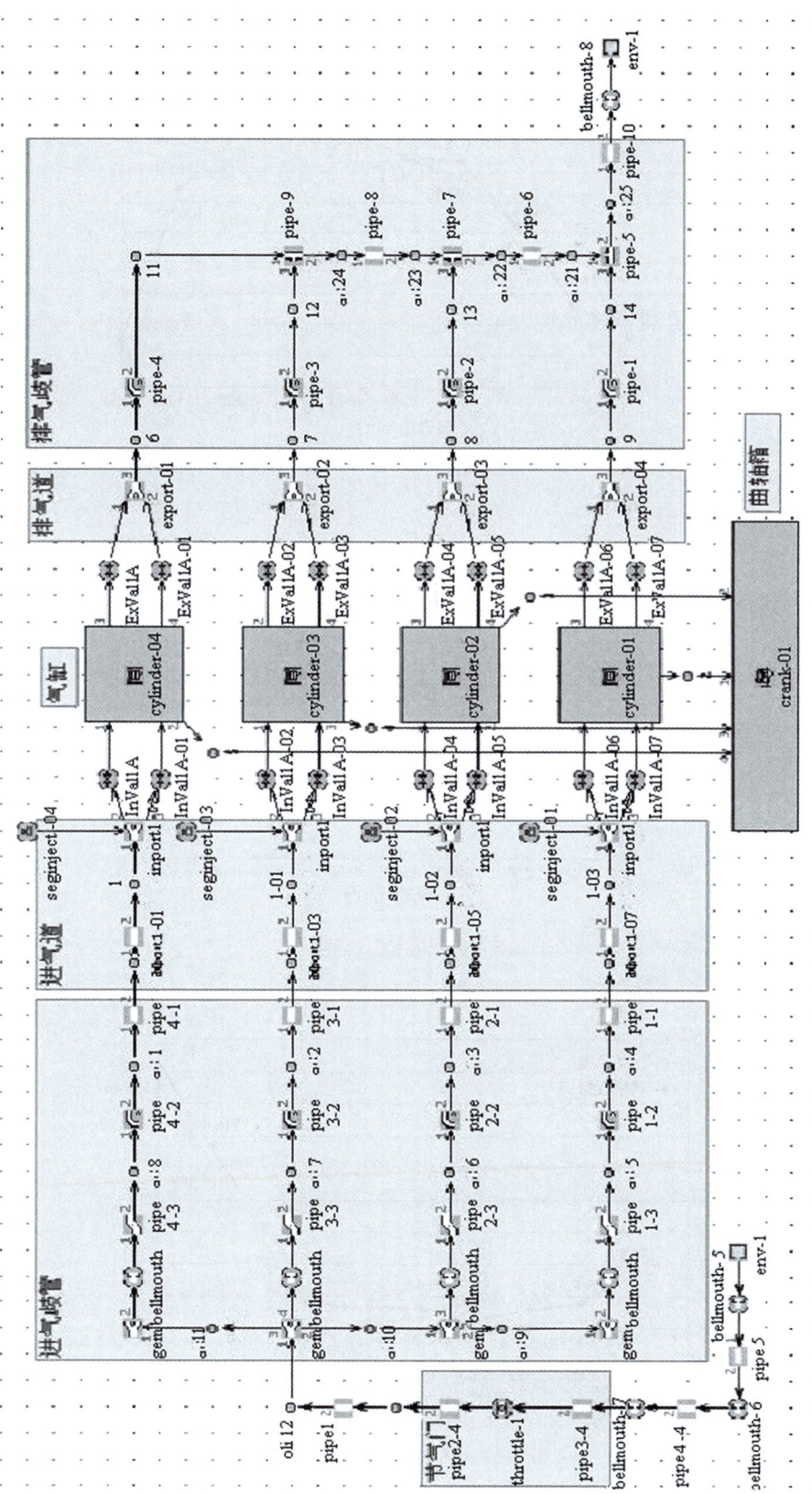

图 3-13 发动机一维仿真模型

图 3-14~图 3-16 分别列出了转矩、功率和燃油消耗率的校核图。

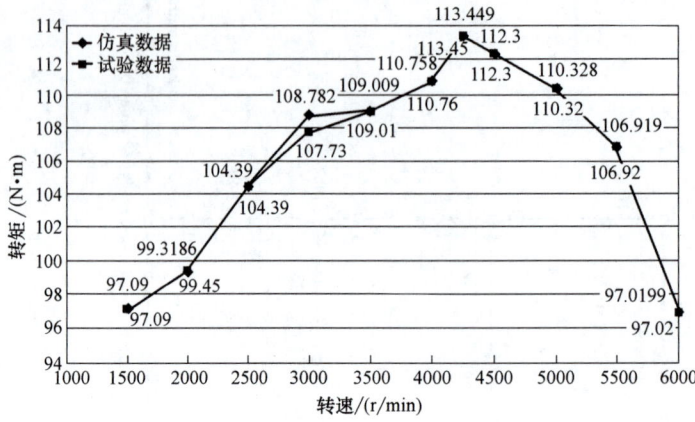

图 3-14　转矩校核图

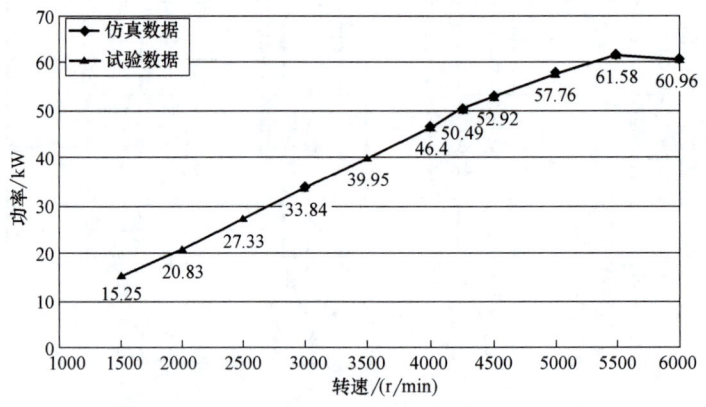

图 3-15　功率校核图

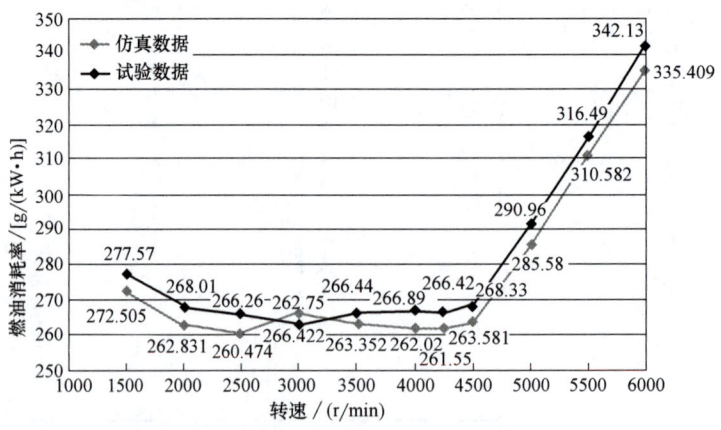

图 3-16　燃油消耗率校核图

从图 3-14~图 3-16 中可以看出，转矩的最大误差为 1%，功率基本一致，燃油消耗率的最大误差为 3%。为了进行比较准确的仿真，有时还要进行压力等瞬态量的校核。例如，图 3-17 所示为另外一个发动机模型的缸内压力在全负荷 4000r/min 时曲轴转角和压力关系的仿真与试验结果比较。图 3-18 所示为平均有效压力和进气歧管压力关系在 1500r/min 时的仿真与试验结果比较。其平均误差都不超过 3%。

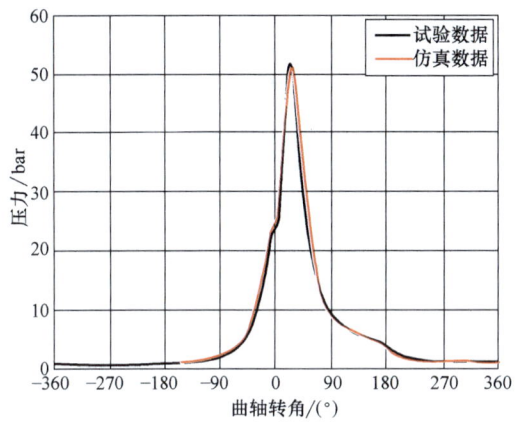

图 3-17　4000r/min 全负荷下曲轴转角和压力关系的仿真与试验结果比较

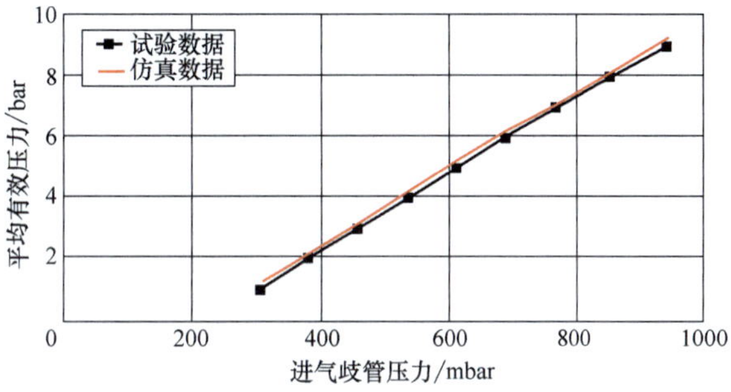

图 3-18　1500r/min 时平均有效压力和进气歧管压力关系的仿真与试验结果比较

注：$1bar=10^5Pa$

二、发动机-整车系统性能匹配优化

在发动机-整车系统中，整车模型的建立也是很方便的，如 AVL Cruse 软件也是采用的模块建模理念，其建模器包括变速器、离合器、制动器、车轮等组件，将这些模块拖进模型空间，再用机械连接、电气连接和排气连接等不同方式连接起来，就构建起整车模型。图 3-19 所示为用 AVL Cruse 软件建立的装有 AMT 变速器的商用车模型，它是用来研究 AMT 变速器参数优化的，目的是对比 12 档变速器和 16 档变速器的动力性和经济性。也可以采用 AMESim 软件来建立模型，如图 3-20 所示。和发动机模型的气缸模块要涉及燃烧模型、壁温模型、传热模型、流动模型等一样，整车模型中各个模块不仅需要输入基本的参数，还要涉及不同结构具有的不同的理论模型。例如齿轮变速器和 CVT、液力变矩器是不同的，要涉及不同的转矩损失和传动比计算方法，有的采用转矩损失图来计算，有的采用效率来计算，这就需要看实际的条件和试验数据。在模型计算中要仔细分析，并和实际车辆的部件进行认真对比，保证模块的模型是和实际车辆是一致的。

AVL Cruse 软件的优点是可以用于研究设计参数的敏感性，同时它也可以用于研究混合动力电动汽车和燃料电池电动汽车等新能源汽车。而对动力系统的参数优化匹配以及对爬坡能力、加速性、燃油经济性的比较计算等方面的应用也是非常普遍的。表 3-3 是印度某公司生产的一种装有多点电喷系统三缸发动机、五档手动变速器的微型汽车进行仿真和试验的结果比较。从表上可以看出仿真计算的结果和试验结果很接近，各项结果的最大误差不超过 4%，很多结果的误差只有 1%。其计算的精度取决于模型参数的精度，如发动机的模型、滚动阻力和空气阻力系数等。利用该模型可以进行参数优化，如主传动比。图 3-21 所示为主传

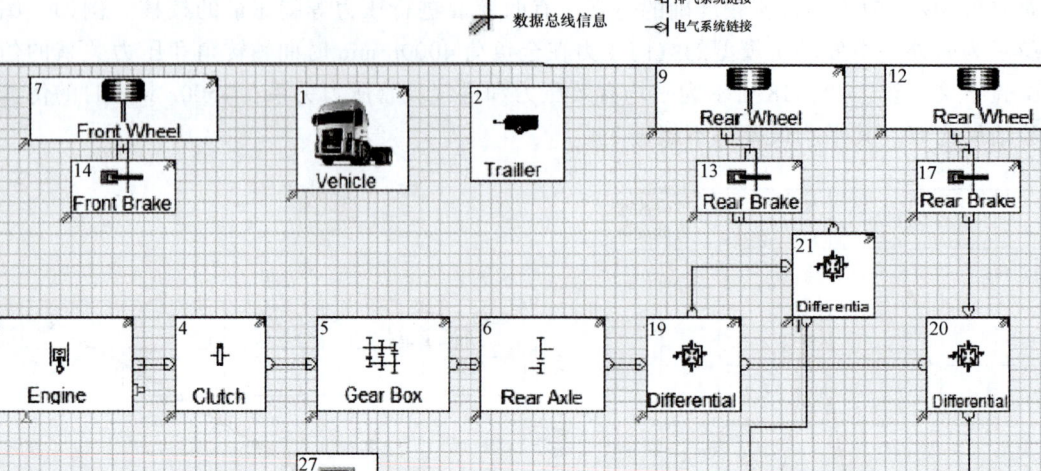

图 3-19 用 AVL Cruse 软件建立的装有 AMT 变速器的商用车模型

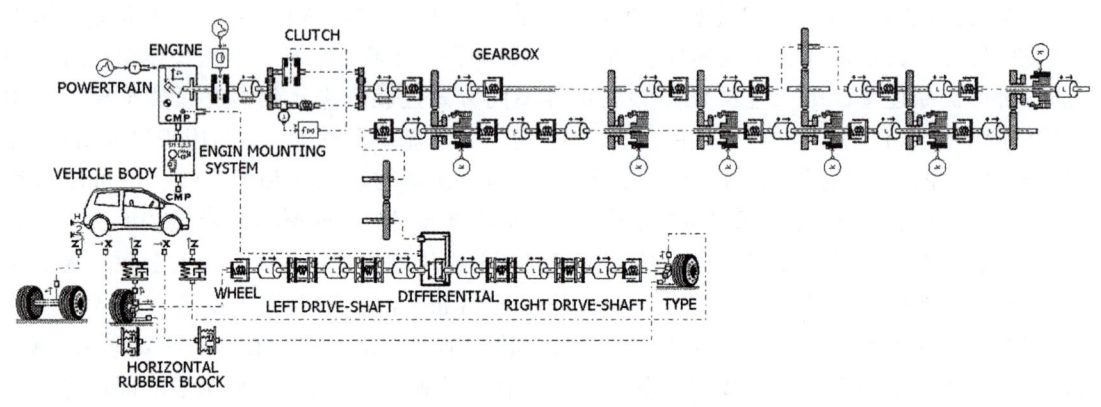

图 3-20 采用 AMESim 软件建立的整车模型

动比对燃油经济性影响的仿真结果。

此外，软件 AVL Cruse 还可以对多个参数的影响进行分析，如空气阻力系数、发动机排量和发动机的燃油消耗率等。图 3-22 所示为发动机排量对燃油经济性影响的仿真结果，图 3-23 所示为发动机排量对 CO_2 排放量影响的仿真结果，图 3-24 所示为发动机排量对加速时间影响的仿真结果。这些仿真结果为车辆的发动机选择提供了依据。总之，利用 AVL Cruise 软件可以进行多参数的计算与仿真，其强大的后处理功能使结果一目了然。

表 3-3 对一种装有多点电喷系统三缸发动机、五档手动变速器的微型汽车进行仿真和试验的结果比较

项目	仿真数据	试验数据	误差	项目		仿真数据	试验数据	误差
0～100km/h 加速时间/s	25.8	25.9	0.4%		UDC 循环	5.65	5.78	2.3%
0～60km/h 加速时间/s	8.8	8.9	1.1%		EUDC 循环	5.10	4.90	3.9%
0～1000m 加速时间/s	43.0	43.2	0.5%	燃油消耗/(L/100km)	综合 55%UDC+45%EUDC	5.41	5.35	1.1%
1000m 末速度/(km/h)	115.1	114.5	0.5%		BSⅢ[①] 循环，底盘测功机上	5.10	5.26	3.2%
1 档最高速度/(km/h)	40.6	40.0	1.5%					
2 档最高速度/(km/h)	73.5	73.0	0.7%					
3 档最高速度/(km/h)	108.6	105.4	3.0%	CO_2 排放量/(g/km)		118.5	122.8	3.5%

① 印度的排放标准（Bharat Stage Ⅲ），相当于欧Ⅲ。

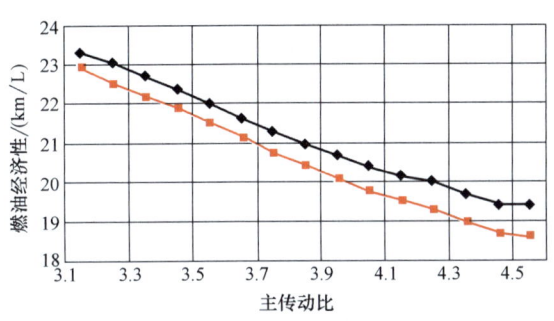

图 3-21 主传动比对燃油经济性影响的仿真结果

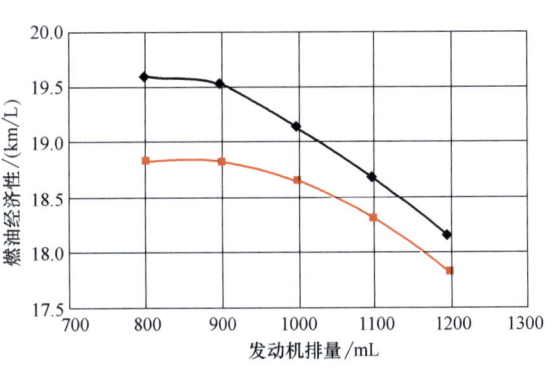

图 3-22 发动机排量对燃油经济性影响的仿真结果

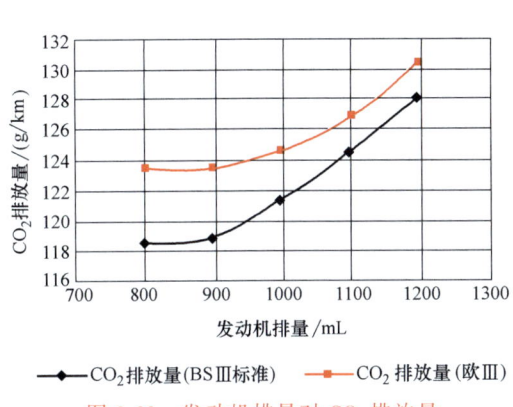

图 3-23 发动机排量对 CO_2 排放量影响的仿真结果

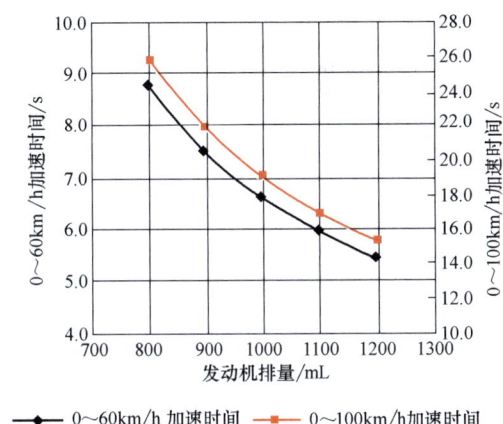

图 3-24 发动机排量对车辆加速时间影响的仿真结果

三、驾驶性能的计算机仿真

当需要考虑车辆的动态驾驶性能时，如点踩节气门（tip-in）和点松节气门（tip-out）的性能，仿真结果和试验结果也有比较好的一致性。图 3-25 和图 3-26 所示为利用 AMESim

软件仿真模型[3.13]计算出来的 tip-in 结果和试验结果的对比。其中，试验数据是在不考虑发动机控制策略变化的条件下得到的。模型车辆是前轮驱动方式，传动系统采用机械变速器和单片离合器，发动机支承是摆式（pendulum）结构。

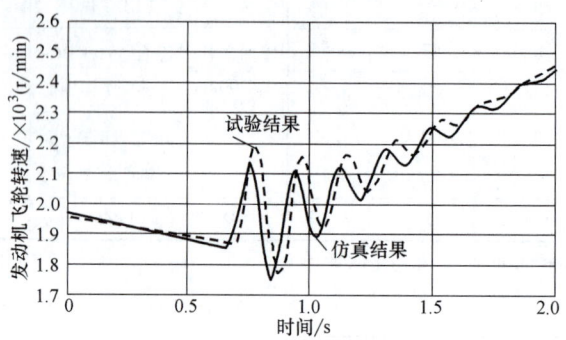

图 3-25　2 档 tip-in 时发动机飞轮转速的仿真结果和试验结果的对比

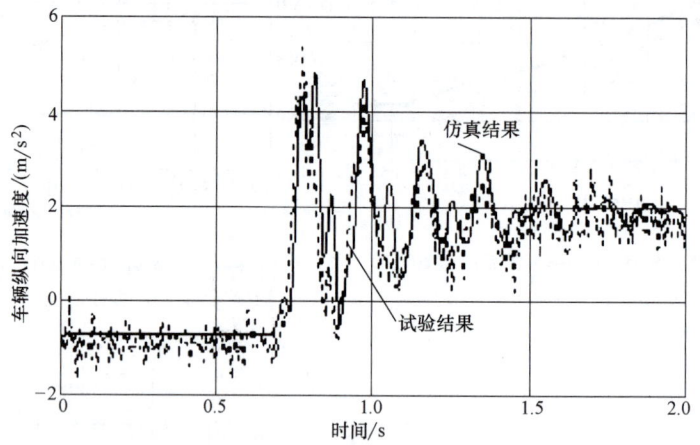

图 3-26　2 档 tip-in 时车辆纵向加速度的仿真结果和试验结果的对比

图 3-27 和图 3-28 所示为车辆的起步特性的仿真结果和试验结果对比，图 3-29 和图 3-30 所示为换档特性（1 档换 2 档）的仿真结果和试验结果对比。

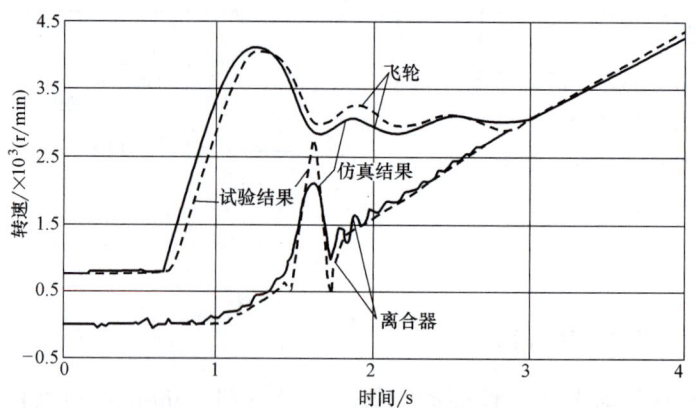

图 3-27　起步时离合器、飞轮转速的仿真结果和试验结果对比

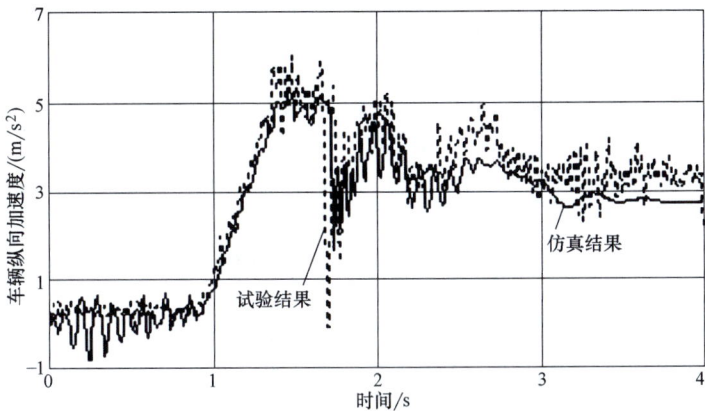

图 3-28　起步时车辆纵向加速度的仿真结果和试验结果的对比

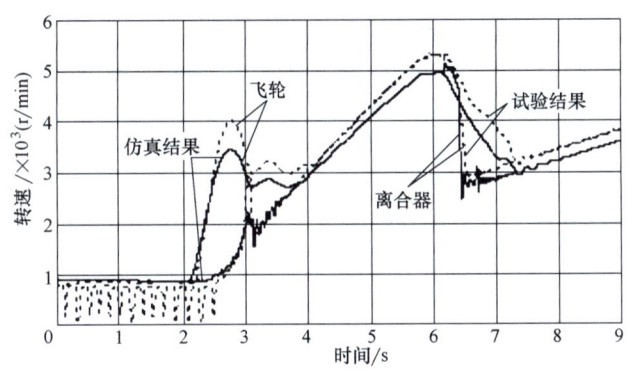

图 3-29　1 档换 2 档时飞轮、离合器转速的仿真结果和试验结果对比

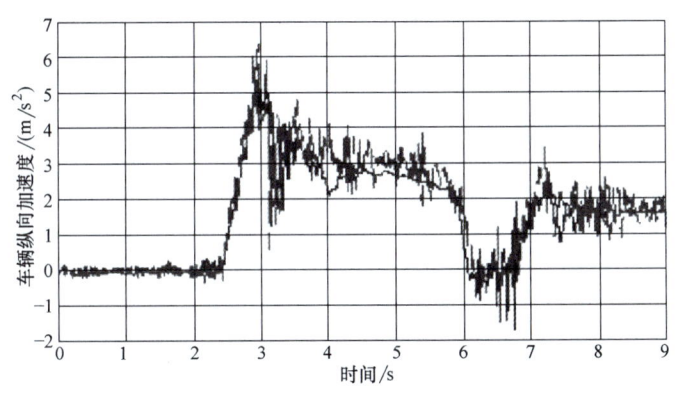

图 3-30　1 档换 2 档时车辆纵向加速度的仿真结果（实线）和试验结果（虚线）对比

参 考 文 献

[3.1] 米奇克 M. 汽车动力学：A 卷 [M]. 陈荫三，译. 北京：人民交通出版社，1992.

[3.2] 吉林工业大学. 汽车理论 [M]. 北京：中国工业出版社，1962.

[3.3] John C Hilliard, George S Springer. Fuel Economy in Road Vehicles Powered by Spark Ignition Engines [M]. New York: Plenum Press, 1984.

[3.4] Howard E Chana, William L Fedewa, John E Mahoney. An Analytical Study of Transmission Modifications as Related to Vehicle Performance and Economy [J]. SAE paper 770418.

[3.5] Lawrence T Wong, William J Clemens. Power Matching for Better Fuel Economy [J]. SAE paper 790045.

[3.6] 李冀荣, 李以盛. 解放公共汽车动力性及燃油经济性的计算机模拟与传动系参数的优化 [J]. 汽车运输研究, 1984 (3).

[3.7] 张大壮, 唐志强, 刘永军, 等. 汽车燃料经济动力性模拟程序及动力系统合理匹配 [J]. 汽车技术, 1988 (5, 6).

[3.8] 景山克三监修. 自動車の性能と試験 [M]. 东京: 山海堂, 1979.

[3.9] 余煜华. 车速与车辆功率配备问题 [J]. 川汽科技, 1994 (2).

[3.10] 李兵. 汽车动力性与制动性主观评价方法研究 [D]. 长春: 吉林大学, 2008.

[3.11] 颜景操. 海马某发动机性能优化研究 [D]. 长沙: 湖南大学, 2014.

[3.12] P Srinivasan, Kothalikar U M. Performance Fuel Economy and CO_2 Prediction of a Vehicle Using AVL Cruise Simulation Techniques [J]. SAE paper 2009-01-1862.

[3.13] Olivier Hayat, Michel Lebrun, Emmanuel Domingues. Powertrain Driveability Evaluation: Analysis and Simplification of Dynamic Models [J]. SAE paper 2003-01-1328.

[3.14] Soares Ana Cristina, Catapano Lauro, Dias Rogério. The Use of Simulation for Choosing the Best Automated Manual Transmission: MAN Case Study [J]. SAE paper 2013-36-0336.

[3.15] 罗明友. 并联式混合动力轿车动力传动系统驾驶性主观评价方法研究 [D]. 长春: 吉林大学, 2015.

第四章

汽车的制动性

汽车行驶时能在短距离内停车且维持行驶方向稳定性和在下长坡时能维持一定车速的能力，称为汽车的制动性[1]。

汽车的制动性是汽车的主要性能之一。制动性直接关系到交通安全，重大交通事故往往与制动距离太长、紧急制动时发生侧滑等情况有关，故汽车的制动性是汽车安全行驶的重要保障。改善汽车的制动性，始终是汽车设计制造和使用部门的重要任务。

第一节 制动性的评价指标

汽车的制动性主要由下列三方面来评价：
1) 制动效能，即制动距离与制动减速度。
2) 制动效能的恒定性，即抗热衰退性能。
3) 制动时汽车的方向稳定性，即制动时汽车不发生跑偏、侧滑以及失去转向能力的性能。

制动效能是指在良好路面上，汽车以一定初速度制动到停车的制动距离或制动时汽车的减速度。它是制动性能最基本的评价指标。汽车高速行驶或下长坡连续制动时制动效能保持的程度，称为抗热衰退性能。因为制动过程实际上是把汽车行驶的动能通过制动器吸收转换为热能，所以制动器温度升高后能否保持在冷状态时的制动效能，已成为设计制动器时要考虑的一个重要问题。此外，涉水行驶后，制动器还存在水衰退问题。制动时汽车的方向稳定性，常用制动时汽车按给定路径行驶的能力来评价。若制动时发生跑偏、侧滑或失去转向能力，则汽车将偏离原来的路径。

表 4-1 列出一些国家乘用车制动规范对行车制动器制动性的部分要求。

表 4-1 乘用车制动规范对行车制动器制动性的部分要求

项目	中国 GB 21670—2008（M_1 类车）	欧洲经济共同体（EEC）71/320 R13	中国 GB 7258—2017（乘用车）	美国 FMVSS135（冷制动试验）
试验路面	附着良好	附着良好	$\varphi \geqslant 0.7$	峰值附着系数为 0.9
载荷	满载和空载	满载和空载	满载	轻载、满载
制动初速度	100km/h，脱开发动机 0 型试验。	100km/h，脱开发动机 0 型试验	50km/h	100km/h

---

[1] 制动性还应包括汽车在一定坡道上能长时间停车不动的驻车制动性能。本章不讨论这方面的问题。

(续)

项目	中国 GB 21670—2008(M_1 类车)	欧洲经济共同体(EEC)71/320 R13	中国 GB 7258—2017(乘用车)	美国 FMVSS135(冷制动试验)
制动时的稳定性	不抱死,不偏出 3.5m 通道,偏航角≤15°	不抱死,不偏出 3.5m 通道,偏航角≤15°	不许偏出 2.5m 通道	不偏出 3.5m 通道,偏航角≤15°
制动距离 s 和制动减速度 a_b	≤70m, ≥6.43m/s²	≤70m, ≥6.43m/s²	≤20m, ≥5.9m/s²	≤70m[①]
踏板力	65~500N	65~500N	≤500N	65~500N

① FMVSS135 只规定了制动距离一个评价参数。

第二节　制动时车轮的受力

汽车受到与行驶方向相反的外力时,才能从一定的速度制动到较小的车速直至停车。这个外力只能由地面和空气提供。但由于空气阻力相对较小,所以实际上外力主要是由地面提供的,称之为**地面制动力**。地面制动力越大,制动减速度越大,制动距离也越短,所以地面制动力对汽车制动性具有决定性影响。

下面分析一个车轮在制动时的受力状况,以说明影响汽车地面制动力的主要因素。

一、地面制动力

图 4-1 所示为在良好的硬路面上制动时车轮的受力情况。图中滚动阻力偶矩和减速时的惯性力、惯性力偶矩均忽略不计。T_μ 是车轮制动器中摩擦片与制动鼓或制动盘相对滑转时的摩擦力矩,单位为 N·m;F_{Xb} 是地面制动力,单位为 N;W 为车轮垂直载荷,F_p 为车轴对车轮的推力,F_Z 为地面对车轮的法向反作用力,它们的单位均为 N。

显然,从力矩平衡可得到

$$F_{Xb} = \frac{T_\mu}{r} \quad (4-1)$$

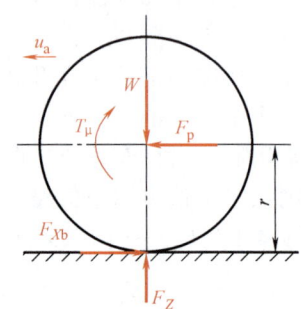

图 4-1　车轮在制动时的受力情况

式中,r 为车轮半径(m)。

地面制动力是使汽车制动而减速行驶的外力,但是**地面制动力取决于两个摩擦副的摩擦力:一个是制动器内制动摩擦片与制动鼓或制动盘间的摩擦力,一个是轮胎与地面间的摩擦力——附着力。**

二、制动器制动力

在轮胎周缘为了克服制动器摩擦力矩所需的力称为**制动器制动力**,以符号 F_μ 表示。它相当于把汽车架离地面,并踩住制动踏板,在轮胎周缘沿切线方向推动车轮直至它能转动所需的力,显然有

$$F_\mu = \frac{T_\mu}{r} \quad (4-2)$$

式中，T_μ 为制动器摩擦力矩（N·m）。

由式（4-2）可知，制动器制动力仅由制动器结构参数所决定，即取决于制动器的形式、结构尺寸、制动器摩擦副的摩擦因数以及车轮半径，并与制动踏板力，即制动系的液压或空气压力成正比。图4-2所示为试验得到的某四座轿车的制动器制动力与踏板力的关系曲线。

三、地面制动力、制动器制动力与附着力之间的关系

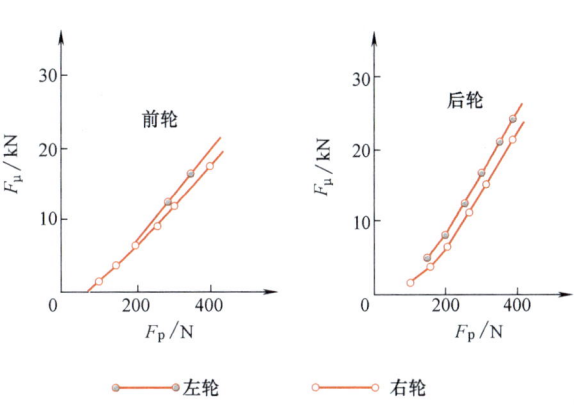

图4-2 制动器制动力与制动踏板力的关系曲线

在制动时，若只考虑车轮的运动为滚动与抱死拖滑两种状况，当制动踏板力较小时，制动器摩擦力矩不大，地面与轮胎之间的摩擦力即地面制动力，足以克服制动器摩擦力矩而使车轮滚动。显然，车轮滚动时的地面制动力就等于制动器制动力，且随踏板力增长成正比地增长（图4-3）。但地面制动力○是滑动摩擦的约束反力，它的值不能超过附着力，即

$$F_{Xb} \leq F_\varphi = F_Z \varphi \qquad (4-3)$$

或最大地面制动力 $F_{Xb\max}$ 为

$$F_{Xb\max} = F_Z \varphi \qquad (4-4)$$

当制动器踏板力 F_p 或制动系液压力 p 上升到某一值（图4-3中为制动系液压力 p_a）、地面制动力 F_{Xb} 达到附着力 F_φ 值时，车轮即抱死不转而出现拖滑现象。制动系液压力 $p > p_a$ 时，制动器制动力 F_μ 由于制动器摩擦力矩的增长而仍按直线关系继续上升。但是，若作用在车轮上的法向载荷为常数，地面制动力 F_{Xb} 达到附着力 F_φ 的值后就不再增加。

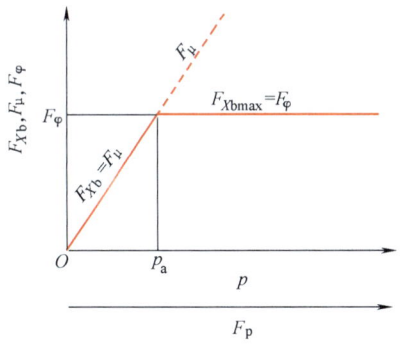

图4-3 制动过程中地面制动力、制动器制动力及附着力的关系

由此可见，<u>汽车的地面制动力首先取决于制动器制动力，但同时又受地面附着条件的限制，所以只有汽车具有足够的制动器制动力，同时地面又能提供高的附着力时，才能获得足够的地面制动力。</u>

四、硬路面上的附着系数

上面曾假设车轮的运动只有滚动和抱死拖滑，但仔细观察汽车制动过程，发现胎面留在地面上的印痕从车轮滚动到抱死拖滑是一个渐变的过程。图4-4所示为汽车制动过程中逐渐增大踏板力时轮胎留在地面上的印痕。印痕基本上可分为三段：

第一段内，印痕的形状与轮胎胎面花纹基本上一致，车轮还接近于单纯的滚动，可以认为

○ 若以汽车行驶方向为正，则地面制动力应为负值。在本章中，地面制动力常取其绝对值。

式中，u_w 为车轮中心的速度；r_{r0} 为没有地面制动力时的车轮滚动半径；ω_w 为车轮的角速度。

$$u_w \approx r_{r0}\omega_w$$

第二段内，轮胎花纹的印痕可以辨别出来，但花纹逐渐模糊，轮胎不只是单纯的滚动，胎面与地面发生一定程度的相对滑动，即车轮处于边滚边滑的状态，此时有

$$u_w > r_{r0}\omega_w$$

且随着制动强度的增加，滑动成分的比例越来越大，即

$$u_w \gg r_{r0}\omega_w$$

第三段形成一条粗黑的印痕，看不出花纹的印痕，车轮被制动器抱住，在路面上做完全的拖滑，此时有

$$\omega_w = 0$$

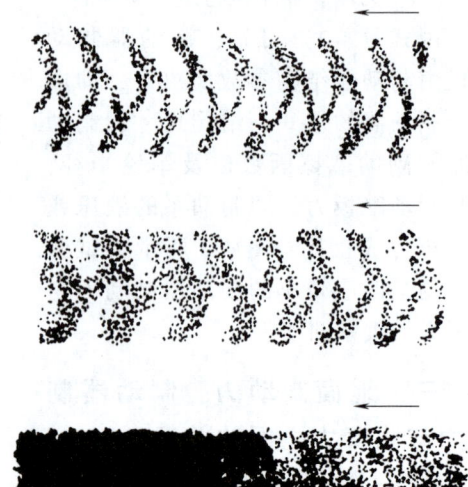

图 4-4 制动时轮胎留在地面上的印痕

从这三段的变化情况可以看出，随着制动强度的增加，车轮滚动成分越来越少，而滑动成分越来越多。一般用滑动率 s 来说明这个过程中滑动成分的多少。滑动率（或称滑移率）的定义是

$$s = \frac{u_w - r_{r0}\omega_w}{u_w} \times 100\% \tag{4-5}$$

在纯滚动时，$u_w = r_{r0}\omega_w$，滑动率 $s=0$；在纯拖滑时，$\omega_w = 0$，$s = 100\%$；边滚边滑时，$0<s<100\%$。所以，滑动率的数值说明了车轮运动中滑动成分所占的比例。滑动率越大，滑动成分越多。

若令地面制动力与垂直载荷之比为**制动力系数** φ_b，则在不同滑动率时，φ_b 的数值不同。图 4-5 给出了试验所得的制动力系数曲线，即 φ_b-s 曲线。曲线在 0A 段近似于直线，随 s 的增加而迅速增大；过 A 点后上升缓慢，至 B 点达到最大值。制动力系数的最大值称为峰值附着系数 φ_p。一般出现在 $s=15\%\sim20\%$ 处。滑动率再增加，制动力系数有所下降，直至滑动率为 100%。$s=100\%$ 的制动力系数称为滑动附着系数 φ_s，在干燥路面上，φ_p 与 φ_s 的差别较小，而在湿路面差别较大。若令 $\gamma = \varphi_s/\varphi_p$，则 γ 在 1/3～1 之间。

在 φ_b-s 的 0A 段，虽有一定的滑动率，但轮胎并没有与地面发生真正的相对滑动。滑动率大于零的原因是轮胎的滚动半径变大。当出现地面制动力时，轮胎前面即将与地面接触的胎面受到拉伸而有微量的伸长，滚动半径 r_r 随地面制动力的加大而加大，故 $u_w = r_r\omega_w > r_{r0}\omega_w$，或 $s>0$。显然，滚动半径与地面制动力成正比地增大，φ_b-s 曲线 0A 段近似直线。至 A 点后，轮胎接地面积中出现局部的相对滑动，φ_b 值的增大速度减慢。因为摩擦副间的动摩擦因数小于静摩擦因数，故 φ_b 值在 B 点达最大值后又逐渐降低。

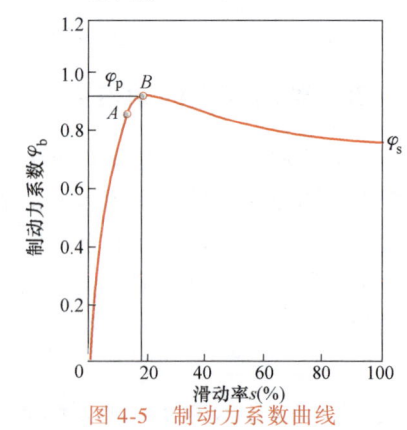

图 4-5 制动力系数曲线

图 4-5 中的数据是在轮胎没有受到侧向力的条件下测得的。实际行驶中制动时，轮胎常常受到侧向力而侧偏或发生侧滑现象（第五章 第二节将对侧偏现象做详细介绍）。图 4-6 中给出了试验得到的、有侧向力作用而发生侧偏时的制动力系数 φ_b、侧向力系数 φ_l 与滑动率 s 的关系曲线。侧向力系数为侧向力与垂直载荷之比。曲线表明，滑动率越低，同一侧偏角条件下的侧向力系数 φ_l 越大，即轮胎保持转向、防止侧滑的能力越大。所以，制动时若能使滑动率保持在较低值（例如图 4-6 中侧偏角为 1°时，$s \approx 15\%$），便可获得较大的制动力系数与较高的侧向力系数。这样，制动性能最好，侧向稳定性也很好。具有一般制动系的汽车是无法做到这一点的，但近年来发展起来的制动防抱装置能实现这个要求，从而显著地改善汽车在制动时的制动效能与方向稳定性。

附着系数的数值主要取决于道路的材料、路面的状况、轮胎结构、胎面花纹、轮胎材料以及汽车运动的速度等因素。图 4-7a 为 7.75-14 斜交轮胎在各种路面上的 φ_b-s 曲线。图 4-7b、c 所示为不同轮胎花纹深度的米其林 215/75R15 轮胎，在两种水膜深度中峰值附着系数随速度的变化曲线。图 4-8 所示为车速对货车轮胎 φ_b-s 曲线的影响。表 4-2 是各种路面上的平均附着系数。图 4-9 所示为三种车速下日本各地潮湿沥青路面滑动附着系数的分布情况，可以看出附着系数的分散性。

图 4-10 所示为三种胎面的轮胎在四种潮湿路面上测得的 φ_p 与 φ_s 值。可以看出，在良好、平整的沥青路面上，对于有胎面花纹

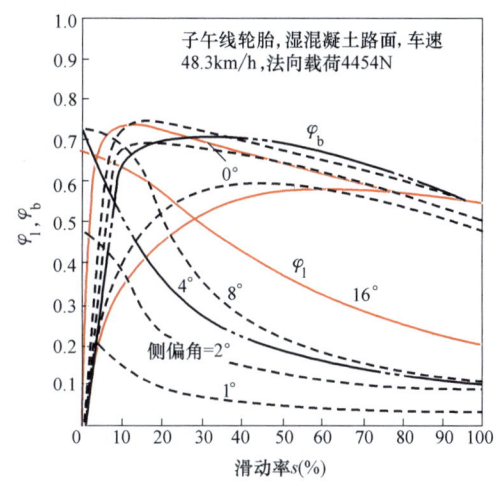

图 4-6　有侧偏时的 φ_b-s、φ_l-s 曲线

的轮胎，其附着性能比无花纹光胎面的轮胎要好得多；另外，车速对附着系数的影响也不小。但在排水能力强的石英岩路面上，不同胎面轮胎的附着性能差别很小。

当然，轮胎的磨损会影响它的附着能力。随着胎面花纹深度的减小，它的附着系数将显著下降（图 4-7b、c）。

路面的结构对排水能力当然也有很大的影响。为了增加路面潮湿时的附着能力，路面的宏观结构应具有一定的不平度而有自动排水的能力；路面的微观结构应是粗糙且有一定的尖锐棱角，以穿透水膜，使路面与胎面直接接触。

增大轮胎与地面的接触面会提高附着能力。因此，低气压、宽断面和子午线轮胎的附着系数较一般轮胎要高。

汽车行驶时可能遇到两种附着能力很小的危险情况：一种情况是刚开始下雨，路面上只有少量雨水时，雨水与路面上的尘土、油污相混合，形成黏度高的水液，滚动的轮胎无法排挤出胎面与路面间的水液膜；由于水液膜的润滑作用，附着性能大为降低，平滑的路面有时会同冰雪路面一样滑溜。另外一种情况是高速行驶的汽车经过有积水层的路面，出现了滑水（Hydroplaning）现象。轮胎在有积水层的路面上滚动时，其接触面如图 4-11 所示，分为三个区域：A 区是水膜区，C 区是胎面与路面直接接触产生附着力的主要区域，B 区是 A 区与 C 区的过渡区，是部分穿透的水膜区，路面的突出部分与胎面接触，提供部分附着力。轮胎低速滚动时，由于水的黏滞性，接触面前部的水需要一定时间才能挤出，所以接触面中轮胎

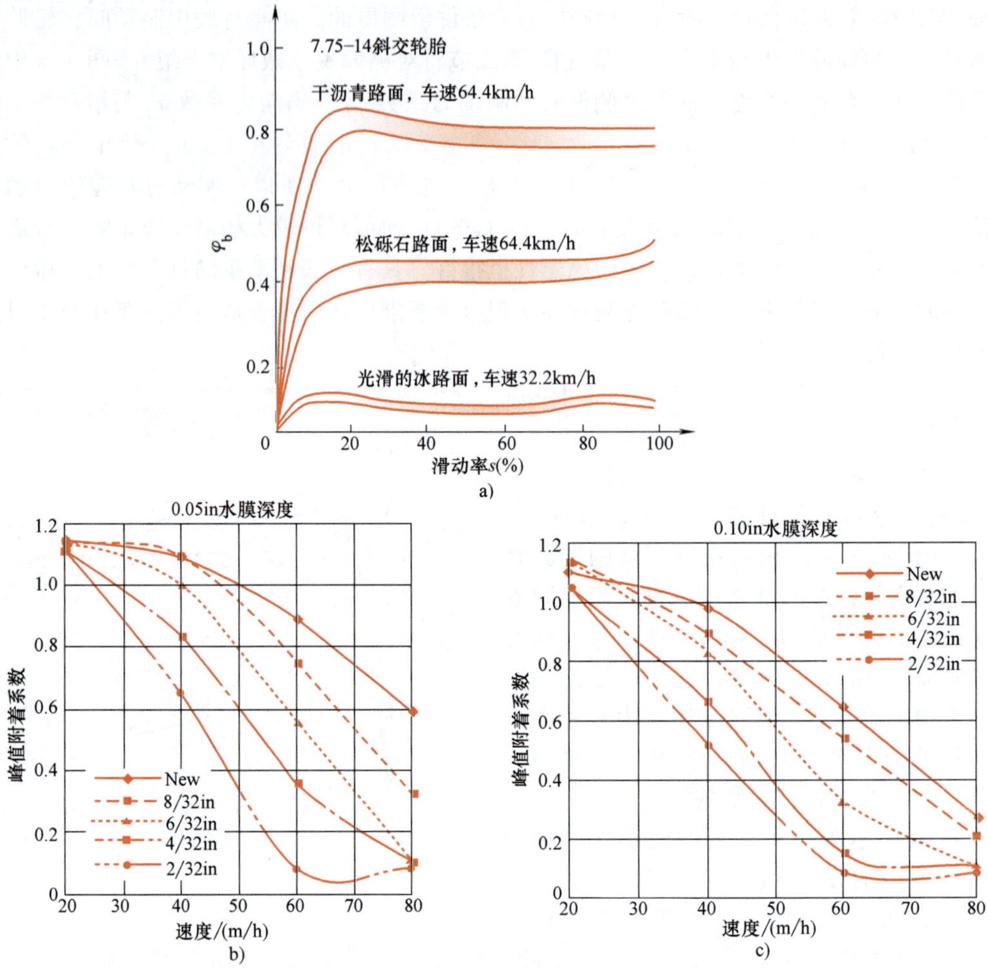

图 4-7 轮胎的 φ_b-s 曲线和峰值附着系数随速度的变化曲线

注：1in = 25.4mm

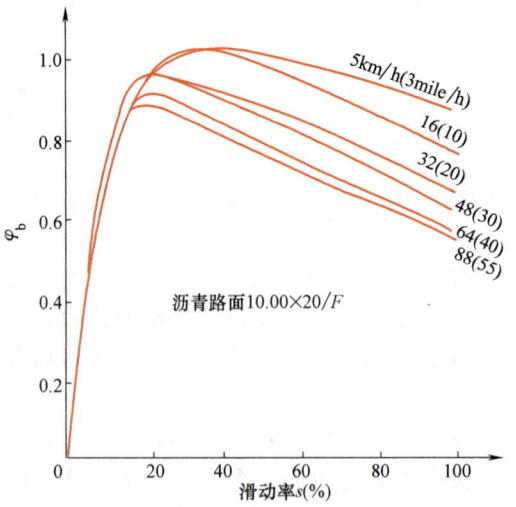

图 4-8 车速对货车轮胎 φ_b-s 曲线的影响

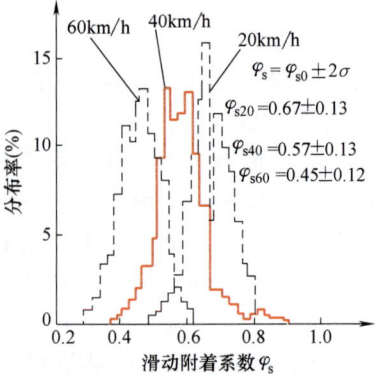

图 4-9 三种车速下日本各地潮湿沥青路面滑动附着系数的分布情况

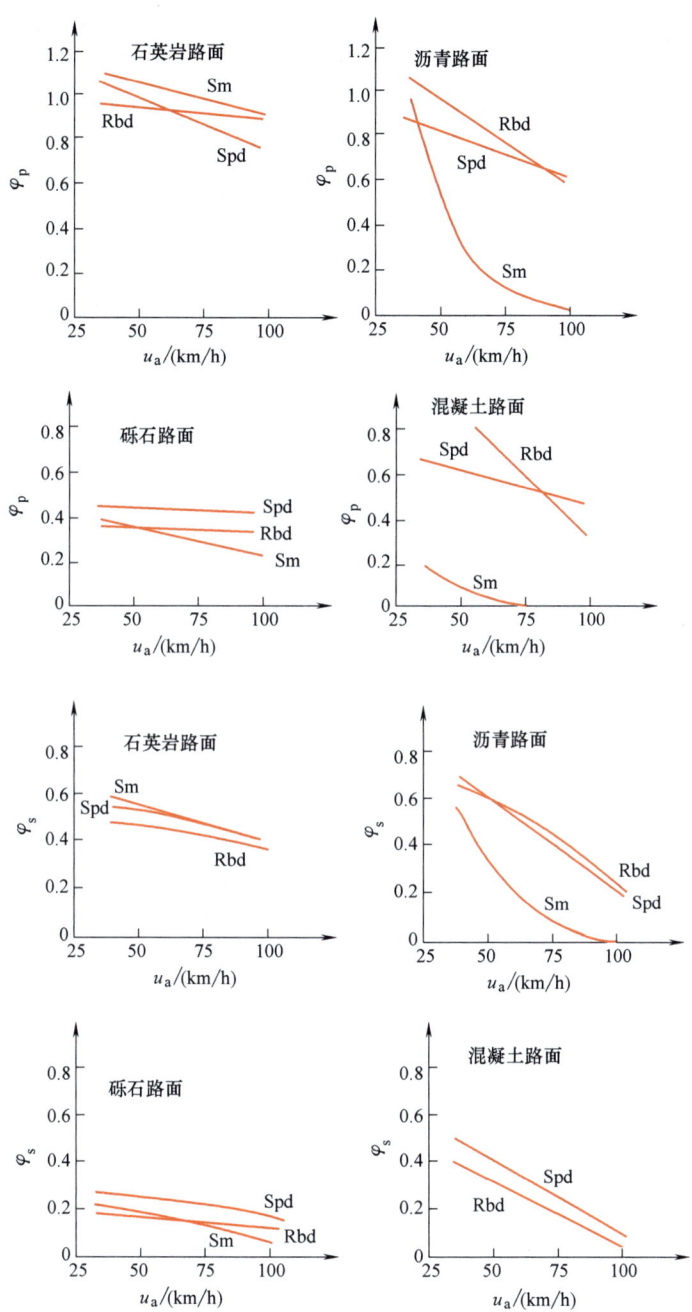

图 4-10 三种胎面的轮胎在四种潮湿路面上测得的 φ_p 和 φ_s 值

Sm—无花纹光胎面　Rbd—有沟槽胎面　Spd—有沟槽且有小切缝的胎面

表 4-2　各种路面上的平均附着系数

路　　面	峰值附着系数	滑动附着系数	路　　面	峰值附着系数	滑动附着系数
沥青或混凝土(干)	0.8~0.9	0.75	土路(干)	0.68	0.65
沥青(湿)	0.5~0.7	0.45~0.6	土路(湿)	0.55	0.4~0.5
混凝土(湿)	0.8	0.7	雪(压紧)	0.2	0.15
砾石	0.6	0.55	冰	0.1	0.07

胎面的前部将越过楔形水膜即 A 区滚动。车速提高后，高速滚动的轮胎迅速排挤水层，由于水的惯性，接触区的前部水中产生动压力，其值与车速的平方成正比。压力使胎面与地面分开，即随着车速的增加，A 区水膜在接触区中向后扩展，B 区、C 区相对缩小；在某一车速下，在胎面下的动水压力的升力等于垂直载荷时，轮胎将完全漂浮在水膜上面而与路面毫不接触，B 区、C 区不复存在。这就是滑水现象。

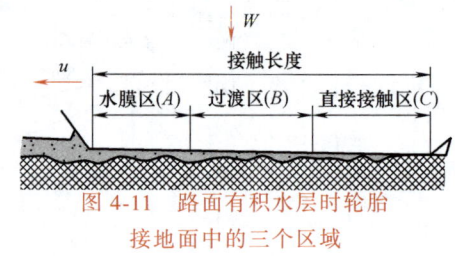

图 4-11　路面有积水层时轮胎接地面中的三个区域

对于光滑胎面、细花纹胎面等胎面无排水沟槽的轮胎以及一般花纹轮胎，当路面积水层深度超过沟槽深度时，可以根据流体动力学的原理确定发生滑水现象的车速。这时轮胎可以假定作为一个倾斜的板，完全由水支承在道路上，设动水压力的升力 F_h 与轮胎接地面积 A、水密度 ρ 及车速 u_a 的平方成正比，即

$$F_h \propto \rho A u_a^2$$

出现滑水现象时，动水压力的升力分量等于作用于轮胎的垂直载荷。因此，刚出现滑水的车速与平均接地压力 W/A 的平方根值成正比。据此，Horne 等人（1968 年）根据研究给出下式来估算滑水车速（单位为 km/h，参看图 4-12）：

$$u_h = 6.34\sqrt{p_i}$$

式中，p_i 为轮胎充气气压（kPa）。

对于一般胎面花纹的轮胎，在积水层深度小于胎面沟深时，滑水车速的估算更为复杂。它与路面结构、积水层厚度、水液黏度和密度、轮胎充气压力、垂直载荷、花纹形式及轮胎磨损程度有关。图 4-12 中还给出了实际测得的一些轮胎滑水车速。

滑水现象减小了胎面与地面的附着能力，影响汽车的制动、转向等性能。图 4-13 所示为两种轿车轮胎在不同积水层深度下滑动附着系数与车速的关系曲线。由图可见，车速为 100km/h，水膜厚度为 10mm 时，滑动附着系数接近于零，即已发生了滑水现象。

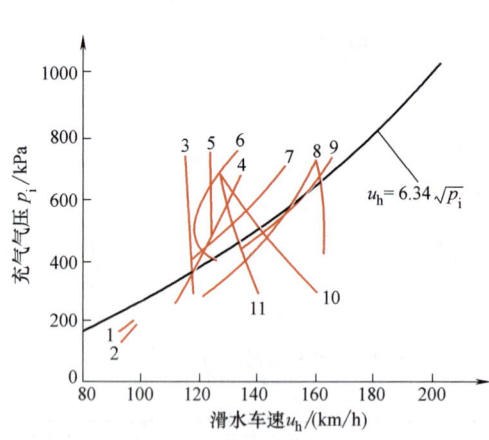

图 4-12　滑水车速与轮胎气压的关系

1—165SR13　2—645-13　3—磨耗的 1100-20 纵向花纹
4—磨耗的 1100-20 横向花纹　5—磨耗的 750-16 纵向花纹
6—磨耗的 750-16 横向花纹　7—1000-20 子午胎
8—750-16 横向花纹　9—750-20 纵向花纹
10—1000-20 横向花纹　11—1000-20 纵向花纹

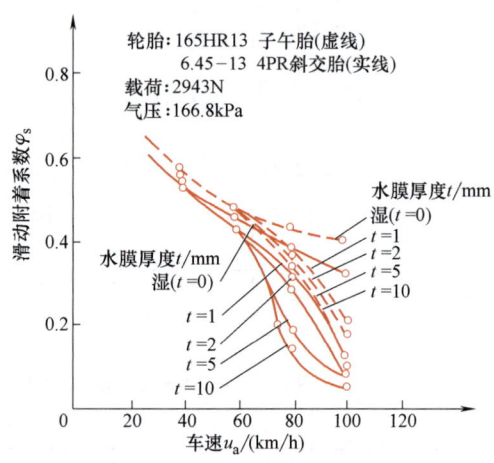

图 4-13　两种轿车轮胎在不同水膜深度下滑动附着系数与车速的关系曲线

第三节　汽车的制动效能及其恒定性

汽车的制动效能是指汽车迅速降低车速直至停车的能力。评定制动效能的指标是制动距离 s 和制动减速度 a_b。

一、制动距离与制动减速度

制动距离与汽车的行驶安全有直接的关系，它指的是汽车速度为 u_0 时，从驾驶员开始操纵制动控制装置（制动踏板）到汽车完全停住为止所驶过的距离。制动距离与制动踏板力、路面附着条件、车辆载荷、发动机是否接合等许多因素有关。在测试制动距离时，应对制动踏板力或制动系压力、路面附着系数以及车辆的状态做一个规定。制动距离与制动器的热状况也有密切关系，若无特殊说明，一般制动距离是在冷试验的条件下测得的，即起始制动时制动器的温度在100℃以下。由于各种汽车的动力性不同，对制动效能也提出了不同的要求：一般轿车、轻型货车行驶车速高，所以要求制动效能也高；重型货车行驶车速低，制动效能要求就稍低一点。

制动减速度是制动时车速对时间的导数，即 $\dfrac{du}{dt}$。它反映了地面制动力的大小，因此与制动器制动力（车轮滚动时）及附着力（车轮抱死拖滑时）有关。

在不同路面上，由于地面制动力为

$$F_{Xb} = \varphi_b G$$

故汽车能达到的减速度（m/s²）为

$$a_{bmax} = \varphi_b g$$

若允许汽车的前、后车轮同时抱死，则

$$a_{bmax} = \varphi_s g$$

若装有理想的制动防抱装置来控制汽车的制动，则制动减速度为

$$a_{bmax} = \varphi_p g$$

在评价汽车的制动性能时，由于瞬时减速度曲线的形状复杂，不好用某一点的值来代表，所以我国国家标准 GB 7258—2017 和 ECE R13 中采用的是充分发出的平均减速度（m/s²），即

$$\text{MFDD} = \dfrac{(u_b^2 - u_e^2)}{25.92(s_e - s_b)}$$

式中，u_b 为 $0.8u_0$ 的车速（km/h），u_0 为起始制动车速（km/h）；u_e 为 $0.1u_0$ 的车速（km/h）；s_b 为 u_0 到 u_b 车辆经过的距离（m）；s_e 为 u_0 到 u_e 车辆经过的距离（m）。

下面假设在 φ 值不变的条件下，对制动距离进行粗略的定量分析，以研究各种因素对制动距离的影响。

二、制动距离的分析

为了分析制动距离，需要对制动过程有一个全面了解。

图 4-14 所示为驾驶员在接收到紧急制动信号后的制动踏板力、汽车制动减速度与制动时间的关系曲线。其中，图 4-14a 所示为实际测得的曲线，图 4-14b 所示为经过简化后的曲线。

驾驶员接到紧急停车信号时，并没有立即行动（图 4-14b 中的 a 点），而要经过 τ_1' 后才意识到应进行紧急制动，并移动右脚，再经过 τ_1'' 后才踩着制动踏板。从 a 点到 b 点所经过的时间 $\tau_1 = \tau_1' + \tau_1''$ 称为**驾驶员反应时间**。这段时间一般为 0.3~1.0s。在 b 点以后，随着驾驶员踩踏板的动作，制动踏板力迅速增大，至 d 点时达到最大值。不过由于制动蹄是由回位弹簧拉着的，蹄片与制动鼓间存在间隙，所以要经过 τ_2'，即至

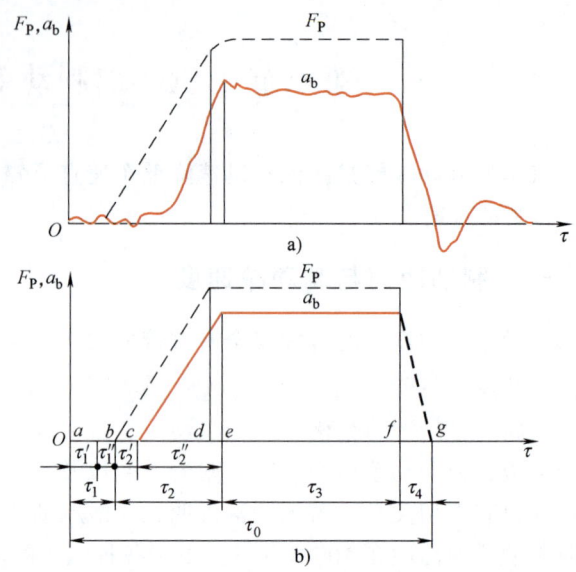

图 4-14 汽车的制动过程

c 点，才有地面制动力起作用，使汽车开始产生减速度。由 c 点到 e 点是制动器制动力增长过程所需的时间 τ_2。$\tau_2 = \tau_2' + \tau_2''$，总称为**制动器的作用时间**。制动器作用时间一方面取决于驾驶员踩踏板的速度，另外更重要的是受制动系结构形式的影响。τ_2 一般在 0.2~0.9s 之间。由 e 点到 f 点为持续制动时间 τ_3，其减速度基本不变。到 f 点时驾驶员松开踏板，但制动力的消除还需要一段时间，τ_4 一般在0.2~1.0s 之间。这段时间过长会耽误随后起步行驶的时间。另外，若因车轮抱死而使汽车失去控制，驾驶员采取措施放松制动踏板时，又会使制动力不能立即释放。

从制动的全过程来看，总共包括驾驶员见到信号后做出行动反应、制动器起作用、持续制动和放松制动器四个阶段。一般所指制动距离是开始踩着制动踏板到完全停车的距离。它包括制动器起作用和持续制动两个阶段中汽车驶过的距离 s_2 和 s_3。

在制动器起作用阶段，汽车驶过的距离 s_2 估算如下：

在 τ_2' 时间内有

$$s_2' = u_0 \tau_2'$$

式中，u_0 为起始制动车速。

在 τ_2'' 时间内，制动减速度线性增长，即

$$\frac{du}{d\tau} = k\tau$$

式中

$$k = -\frac{a_{bmax}}{\tau_2''}$$

故

$$\int du = \int k\tau d\tau$$

求解这个积分等式。因 $\tau = 0$ 时（图 4-14b 中的 c 点），$u = u_0$，故有

$$u = u_0 + \frac{1}{2}k\tau^2$$

在 τ_2'' 时的车速为

$$u_e = u_0 + \frac{1}{2}k\tau_2''^2$$

又因

$$\frac{ds}{d\tau} = u_0 + \frac{1}{2}k\tau^2$$

故

$$\int ds = \int \left(u_0 + \frac{1}{2}k\tau^2\right)d\tau$$

而 $\tau = 0$ 时（图 4-14b 中的 c 点），$s = 0$，故

$$s = u_0\tau + \frac{1}{6}k\tau^3$$

$\tau = \tau_2''$ 时的距离为

$$s_2'' = u_0\tau_2'' - \frac{1}{6}a_{bmax}\tau_2''^2$$

因此，在 τ_2 时间内的制动距离为

$$s_2 = s_2' + s_2'' = u_0\tau_2' + u_0\tau_2'' - \frac{1}{6}a_{bmax}\tau_2''^2$$

在持续制动阶段，汽车以 a_{bmax} 做匀减速运动，其初速度为 u_e，末速度为零，故有

$$s_3 = \frac{u_e^2}{2a_{bmax}}$$

代入 u_e 值，得

$$s_3 = \frac{u_0^2}{2a_{bmax}} - \frac{u_0\tau_2''}{2} + \frac{a_{bmax}\tau_2''^2}{8}$$

故总制动距离 s（km）为

$$s = s_2 + s_3 = \left(\tau_2' + \frac{\tau_2''}{2}\right)u_0 + \frac{u_0^2}{2a_{bmax}} - \frac{a_{bmax}\tau_2''^2}{24}$$

因为 τ_2'' 很小，故略去 $\dfrac{a_{bmax}\tau_2''^2}{24}$ 项，且车速的单位为 km/h，则总制动距离 s（m）又可写为

$$s = \frac{1}{3.6}\left(\tau_2' + \frac{\tau_2''}{2}\right)u_{a0} + \frac{u_{a0}^2}{25.92 a_{bmax}} \tag{4-6}$$

从式（4-6）可以看出，决定汽车制动距离的主要因素是：制动器起作用的时间、最大制动减速度即附着力（或最大制动器制动力）以及起始制动车速。附着力（或制动器制动力）越大、起始制动车速越低，制动距离越短，这是显而易见的。

下面仅对制动器起作用的时间加以分析。

真正使汽车减速停车的是持续制动时间，但制动器起作用时间对制动距离的影响也是不小的。制动器起作用时间与制动系的结构形式有密切的关系。

当驾驶员急速踩下制动踏板时，液压制动系的制动器起作用时间可短至 0.1s 或更短；真空助力制动系和气压制动系起作用时间为 0.3~0.9s；货车有挂车时，汽车列车的制动器起作用时间有时竟长达 2s，但精心设计的汽车列车制动系起作用时间可缩短到 0.4s。

从 1993 年斯堪尼亚（Scania）公司和博世（Bosch）公司面向欧洲市场发布了电子制动

系统（Electronic Braking System，EBS），采用电传动和控制方式，缩短了气制动的反应时间。例如，奔驰 Actros 3341S 牵引车在没有 EBS 时，后左轮、后右轮的反应时间分别 0.569s 和 0.568s，而配有 EBS 时缩短反应时间到 0.401s 和 0.395s。因此 EBS 系统现在已经在先进的重型汽车和挂车上广泛采用。

改进制动系结构，减少制动器起作用时间，是缩短制动距离的一项有效措施。例如红旗 CA770 轿车由真空助力制动系改为压缩空气助力（气顶液）制动系后，以 30km/h 起始制动车速所做的制动试验结果见表 4-3。

表 4-3　装用不同助力系时 CA770 轿车的制动试验结果

制动系形式＼性能指标	制动时间/s	制动距离/m	最大制动减速度/(m/s)
真空助力制动系	2.12	12.25	7.25
压缩空气-液压制动系	1.45	8.25	7.65

由表 4-3 可见，采用压缩空气-液压制动系后，制动距离缩短了 32%，制动时间减少 31.6%。但最大减速度只提高 3.5%。虽未单独给出制动器起作用时间 τ_2 的变化情况，但试验结果说明，最大减速度提高不多，即持续制动时间 τ_3 变化不大。因此，可认为制动器起作用时间的减少是缩短制动距离的主要原因。

由于解放货车采用新型制动阀（总泵），使进气时间缩短了 40%～50%，因此也使制动距离有一定的缩短。

图 4-15 所示为根据《Autocar》杂志在 1993—1998 年对 48 辆装有真空助力器的各种轿车在干燥、良好的路面上进行制动试验的结果，并按最小二乘法原理拟合得到的制动距离曲线。拟合得到的公式为

$$s = 0.0034 u_{a0} + 0.00451 u_{a0}^2$$

式中，u_{a0} 为起始制动车速（km/h）；s 为制动距离（m）。

它代表了 20 世纪 90 年代轿车制动性能的水平。

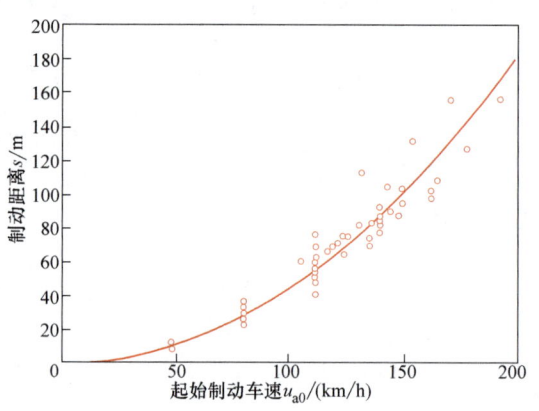

图 4-15　轿车的制动距离曲线

按照新的国家标准，制动距离考核的是初速度为 100km/h 制动到 0km/h 的距离。根据易车网测试数据，统计了近三年国内 21 家企业生产的 40 种乘用车（没有考虑同品牌的进口车）的制动距离，平均值为 40.5m，标准偏差为 1.90m，最长制动距离为 45.98m，最短制动距离为 37.83m。表 4-4 列出了制动距离小于 40m 的 10 种汽车的数据，从这些数据可以观察到目前国产汽车的制动性能水平。

表 4-4　10 种汽车的制动距离　　　　　　　　　　（单位：m）

车型及参数	观致 3 2016 款 1.6L	标致 408 2015 款 1.2THP	高尔夫 2015 款 1.4TSI	帕萨特 2016 款 280TSI	途观 2015 款 2.0TSI	皇冠 2015 款 2.0T	蓝鸟 2016 款 1.6L	朗动 2013 款 1.6L	迈锐宝 2016 款 1.6T	V6 菱仕 2014 款 1.5T
制动距离	39.07	37.83	38.03	39.4	38.23	38.87	38.78	39.2	38.99	39.59

三、制动效能的恒定性

以上的讨论仅限于在冷制动情况（制动器起始温度在100℃以下）下的制动效能。汽车在繁重的工作条件下制动时（例如在下长坡时，制动器就要较长时间连续地进行较大强度的制动），制动器温度常在300℃以上，有时高达600~700℃。高速制动时，制动器温度也会很快上升。制动器温度上升后，摩擦力矩常会有显著下降，这种现象称为制动器的热衰退。例如 Lexus LS400 汽车在冷制动时，起始制动车速为195km/h，制动距离为163.9m，减速度为$8.5m/s^2$；而经过下山中的26次制动后，前制动器温度达693℃，这时以同样的起始车速制动，减速度为$6.0m/s^2$，制动距离加长了80.6m，达到244.5m。热衰退是目前制动器不可避免的现象，只是程度上有所差别。制动效能的恒定性主要指的是抗热衰退性能。

制动器抗热衰退性能一般用一系列连续制动时制动效能的保持程度来衡量。根据国家标准，要求以一定车速连续制动15次，每次的制动减速度为$3m/s^2$，最后的制动效能应不低于规定的冷试验制动效能的60%（在制动踏板力相同的条件下）。

山区行驶的货车和客车对抗热衰退性能有更高的要求。GB 7258—2017 中规定，车长大于9m的客车（对专用校车为车长大于8m）、总质量大于或等于12000kg的货车和专项作业车、所有危险货物运输车，应装备缓速器或其他辅助制动装置，以保持其在山区道路上行驶的制动效能。

抗热衰退性能与制动器摩擦副材料及制动器结构有关。

一般制动器的制动鼓、制动盘由铸铁制成，而摩擦片由石棉、半金属和无石棉等几种材料制成。按照 ECE R13 的规定，由于石棉有害于人体健康，因此不允许使用含石棉的摩擦片。正常制动时，摩擦副的温度在200℃左右，摩擦副的摩擦因数为0.3~0.4。但在更高的温度时，有些摩擦片的摩擦因数会有很大程度的降低而出现热衰退现象。另外，制动器结构不合理或使用不当会引起制动液的温度急剧上升，当温度超过制动液的沸点时会发生汽化现象，使制动完全失效。

制动器的抗热衰退性能不仅受摩擦材料摩擦因数的影响，而且同制动器的结构形式有密切关系。常用制动效能因数[⊖]与摩擦因数的关系曲线来说明各种类型制动器的效能及其稳定程度。图4-16所示为具有典型尺寸的各种形式制动器制动效能因数与摩擦因数的关系曲线。由图可知，对于双向自动增力蹄及双领蹄制动器，由于结构上的几何力学的关系产生增力作用，具有较大的制动效能因数。摩擦因数变化时，制动效能按非线性关系迅速改变。因此，摩擦因数的微小改变能引起制动效能大幅度变化，即制动器的稳定性差。双从蹄制动器情

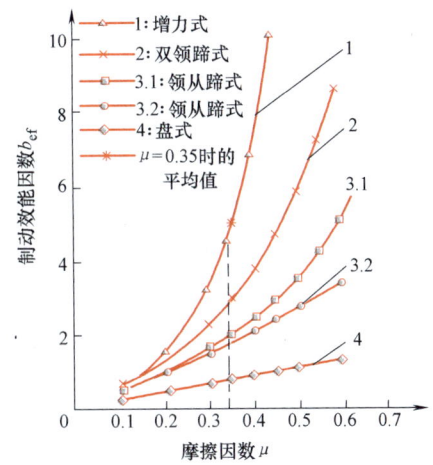

图4-16 制动效能因数与摩擦因数的关系曲线

⊖ 制动效能因数是单位制动轮缸推力F_{pu}所产生的制动器摩擦力F，即$K_{ef}=\dfrac{F}{F_{pu}}$，式中，$F=\dfrac{T_\mu}{r}$，r为制动鼓半径。

况与之相反。领、从蹄式制动器介于二者之间。这里要特别强调的是盘式制动器，其制动效能没有鼓式制动器大（一般盘式制动器常加装真空助力器以增大制动效能），但其稳定性好。高强度制动时，摩擦材料的摩擦因数虽有下降，但对制动效能影响不大。同时盘式制动器和鼓式制动器相比，反应时间短且不会因为热膨胀而增加制动间隙。因此，盘式制动器已普遍用作轿车的前后制动器；目前各种吨位的货车，包括重型货车（行驶于公路上做长途运输）、牵引车采用盘式制动器的也日益增多。总之，盘式制动器越来越广泛地用于高速轿车、重型矿用车。当汽车涉水时，水进入制动器，短时间内制动效能的降低称为水衰退。此时，汽车应在短时间内迅速恢复原有的制动效能。

第四节　制动时汽车的方向稳定性

制动过程中，有时会出现制动跑偏、后轴侧滑或前轮失去转向能力而使汽车失去控制，离开原来的行驶方向，甚至发生撞入对方车辆行驶轨道、下沟、滑下山坡的危险情况。一般称汽车在制动过程中维持直线行驶或按预定弯道行驶的能力为制动时汽车的方向稳定性。汽车试验中常规定一定宽度的试验通道［如（车宽+0.5m）或2.5m］，制动时方向稳定性合格的车辆，在试验过程中不允许产生不可控制的效应而使它离开这条通道。

制动时汽车自动向左或向右偏驶称为"制动跑偏"。侧滑是指制动时汽车的某一轴或两轴发生横向移动。最危险的情况是在高速制动时发生后轴侧滑，此时汽车常发生不规则的急剧回转运动而失去控制。跑偏与侧滑是有联系的，严重的跑偏有时会引起后轴侧滑，易于发生侧滑的汽车也有跑偏加剧的趋势。图4-17中给出了单纯制动跑偏和由跑偏引起后轴侧滑时轮胎留在地面上的印迹示意图。

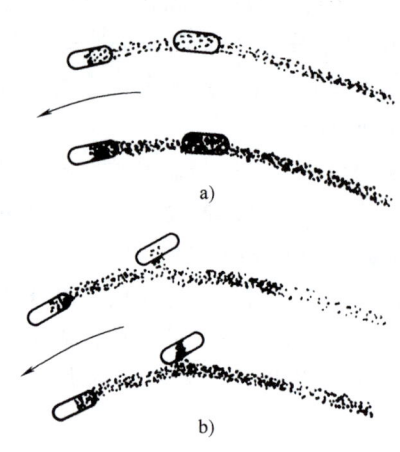

图4-17　制动时汽车跑偏的情形
a) 制动跑偏时轮胎在地面上留下的印迹
b) 制动跑偏引起后轴轻微侧滑时轮胎留在地面上的印迹

前轮失去转向能力，是指弯道制动时汽车不再按原来的弯道行驶而沿弯道切线方向驶出；直线行驶制动时，虽然转动转向盘但汽车仍按直线方向行驶的现象。失去转向能力和后轴侧滑也是有联系的，一般如果汽车后轴不会侧滑，前轮就可能失去转向能力；后轴侧滑，前轮常仍有转向能力。

制动跑偏、侧滑与前轮失去转向能力是造成交通事故的重要原因。例如，我国某市市郊一山区公路，根据两周（雨季）发生的七起交通事故分析，发现其中六起是由于制动时后轴发生侧滑或前轮失去转向能力造成的。西方一些国家的统计表明，发生人身伤亡的交通事故中，在潮湿路面上约有1/3的事故与侧滑有关；在冰雪路面上有70%~80%的事故与侧滑有关。根据对侧滑事故的分析，发现有50%的事故是由制动引起的。

一、汽车的制动跑偏

制动时汽车跑偏的原因有两个：

1) 汽车左、右车轮，特别是前轴左、右车轮（转向轮）制动器的制动力不相等。
2) 制动时悬架导向杆系与转向系拉杆在运动学上的不协调（互相干涉）。

其中，第一个原因是制造、调整误差造成的，汽车究竟向左或向右跑偏，要根据具体情况而定；而第二个原因是设计造成的，制动时汽车总是向左（或向右）一方跑偏。

图 4-18 中给出了由于转向轴左、右车轮制动力不相等而引起跑偏的受力分析。为了简化，假定车速较低，跑偏不严重，且跑偏过程中转向盘是不动的，在制动过程中也没有发生侧滑，并忽略汽车做圆周运动时产生的离心力及车身绕质心的惯性力偶矩。

设前左轮的制动器制动力大于前右轮，故地面制动力 $F_{X1l} > F_{X1r}$。此时，前、后轴分别受到的地面侧向反作用力为 F_{Y1} 和 F_{Y2}。显然，F_{X1l} 绕主销的力矩大于 F_{X1r} 绕主销的力矩。

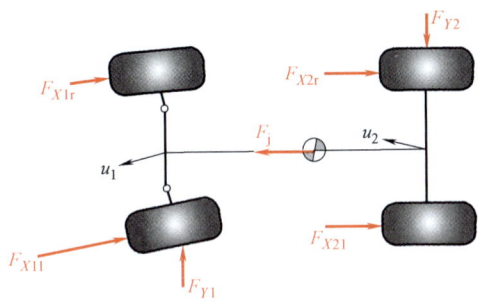

图 4-18 制动跑偏时的受力图

虽然转向盘不动，由于转向系各处的间隙及零部件的弹性变形，转向轮仍产生一个向左转动的角度而使汽车有轻微的转弯行驶，即跑偏。同时，由于主销有后倾，也使 F_{Y1} 对转向轮产生一个同方向的偏转力矩，这样也增大了向左转动的角度。

曾在轿车上做了专门的试验来观察左、右车轮制动力不相等的程度对制动跑偏的影响。

试验车的前轴左、右车轮制动泵装有可以调节液压的限压阀，以产生不同的制动器制动力。后轴上也装有一个可调节的限压阀，以改变前、后轴制动力之比，使汽车在制动时产生后轴车轮抱死与不抱死两种工况。转向盘可以锁住。左、右车轮制动力之差用不相等度表示，即

$$\Delta F_{\mu r} = \frac{F_{\mu b} - F_{\mu l}}{F_{\mu b}} \times 100\%$$

式中，$F_{\mu b}$ 为大的制动器制动力；$F_{\mu l}$ 为小的制动器制动力。

我国 GB 7258—2017 中规定，前轴的不相等度不应大于 20%，后轴的不相等度不应大于 24%（轴制动力大于或等于该轴轴荷 60% 时）。

试验的结果用车身横向位移和汽车的偏航角来表示，如图 4-19 和图 4-20 所示。由图可见，制动跑偏随着 $\Delta F_{\mu r}$ 的增加而增大；当后轮抱死时，跑偏的程度加大。

造成跑偏的第二个原因是悬架导向杆系与转向系拉杆发生运动干涉，且跑偏的方向不变。例如一辆试制中的货车，在紧急制动时总是向右跑偏，在车速 30km/h 时，最严重的跑偏距离为 1.7m。分析其原因主要是转向节上节臂处的球头销离前轴中心线太高，且悬架钢板弹簧的刚度又太小。图 4-21 中给出了该货车的前部简图。在紧急制动时，前轴向前扭转一个角度，转向节上节臂处球头销本应做相应的移动，但由于球头销又连接在转向纵拉杆上，仅能克服转向拉杆的间隙，使拉杆有少许弹性变形而不允许球头销做相应的移动，致使

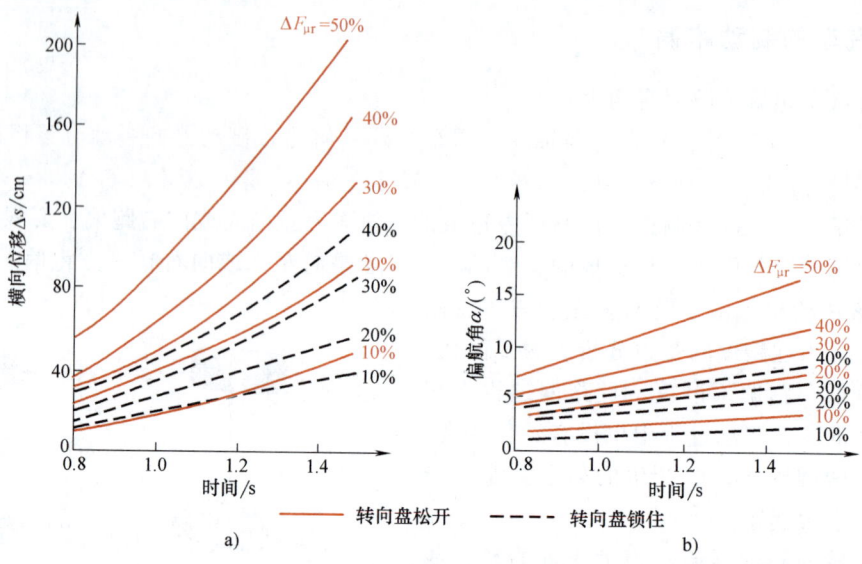

图 4-19 后轮未抱死时制动器制动力不相等度 $\Delta F_{\mu r}$ 对制动跑偏的影响（起始车速为 62.7km/h）
a）车身的横向位移 b）偏航角

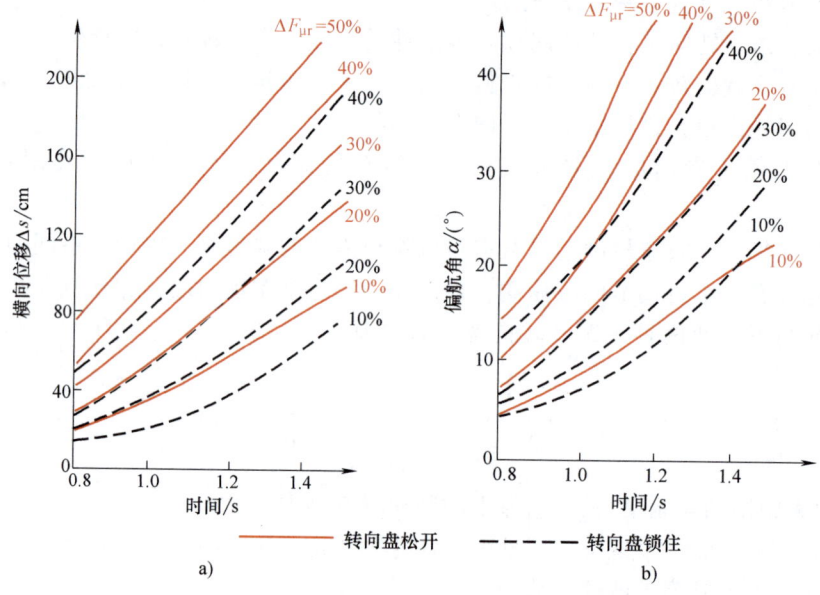

图 4-20 后轮抱死时 $\Delta F_{\mu r}$ 对制动跑偏的影响（起始车速为 62.7km/h）
a）车身的横向位移 b）偏航角

转向节臂相对于主销做向右的偏转，于是引起转向轮向右移动，造成汽车跑偏。后来改进了设计，使转向节上节臂处球头销位置下移，在前钢板弹簧扭转相同角度时，球头销位移量减少，转向节偏转也减少，同时还增加了前钢板弹簧的刚度，从而基本上消除了跑偏现象。

二、制动时后轴侧滑与前轴转向能力的丧失

制动时发生侧滑，特别是后轴侧滑，将引起汽车剧烈的回转运动，严重时可使汽车调

第四章 汽车的制动性

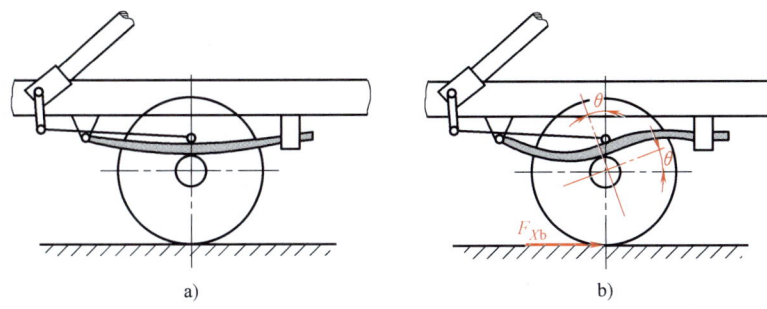

图 4-21 悬架导向杆系与转向系拉杆在运动学上的不协调引起的制动跑偏
a) 未制动时 b) 制动时前轴转动（转角为 θ）

头。由试验与理论分析得知，<u>制动时若后轴车轮比前轴车轮先抱死拖滑，就可能发生后轴侧滑。若能使前、后轴车轮同时抱死或前轴车轮先抱死，后轴车轮再抱死或不抱死，则能防止后轴侧滑。不过前轴车轮抱死后将失去转向能力。</u>

由下述直线行驶制动试验可以清楚地看到这些结论。

试验是在一条一侧有 2.5% 的横向坡的平直混凝土路面上进行的。为了降低附着系数使之容易发生侧滑，在地面上洒了水。试验用的轿车有调节各个车轮制动器液压的装置，以控制每根车轴的制动力，达到改变前、后车轮抱死拖滑次序的目的。调节装置甚至可使车轮制动器液压为零，即在实施制动时该车轮根本不制动。下面给出四项试验结果。

（1）前轮无制动力而后轮有足够的制动力 试验结果如图 4-22 中的曲线 A 所示。曲线 A 说明，随着车速提高，侧滑的程度更加剧烈。车速在 48km/h 时，汽车纵轴与行驶方向的夹角（偏航角）可达 180°。

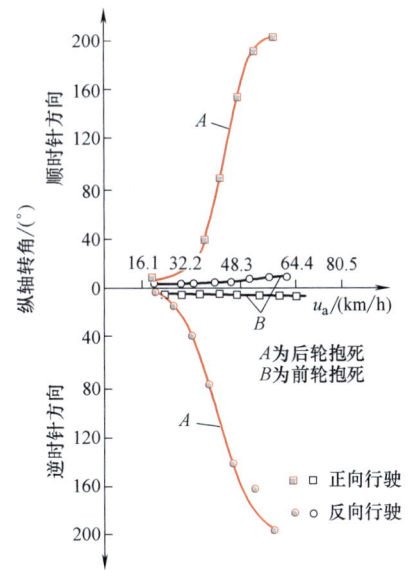

（2）后轮无制动力而前轮有足够的制动力 试验结果如图 4-22 中曲线 B 所示。由图可知，即使车速达到 65km/h，汽车的纵轴转角也不大，夹角的最

图 4-22 前轮抱死或后轮抱死时汽车纵轴转过的角度（偏航角）

大值只有 10°，即汽车基本上维持直线行驶。不过应当指出，前轴车轮抱死后，汽车将失去转向能力，若遇到障碍，只有放松制动踏板，才能绕开行驶。

（3）前、后车轮都有足够的制动力，但它们抱死拖滑的次序和时间间隔不同 试验时利用车上制动器液压调节装置，可使前、后车轮在制动到抱死拖滑时有不同的先后次序和时间间隔。以 64.4km/h 起始车速制动，试验结果如图 4-23 所示。由图可知，若前轮比后轮先抱死拖滑（此时前轮丧失转向能力），或后轮比前轮先抱死且时间间隔在 0.5s 以内，则汽车基本上按直线行驶；若后轮比前轮先抱死拖滑且时间间隔超过 0.5s，则后轴将发生严重的侧滑。

试验时还发现，前轴或后轴的两个车轮也不是同时抱死的。如果只有一个后轮抱死，也

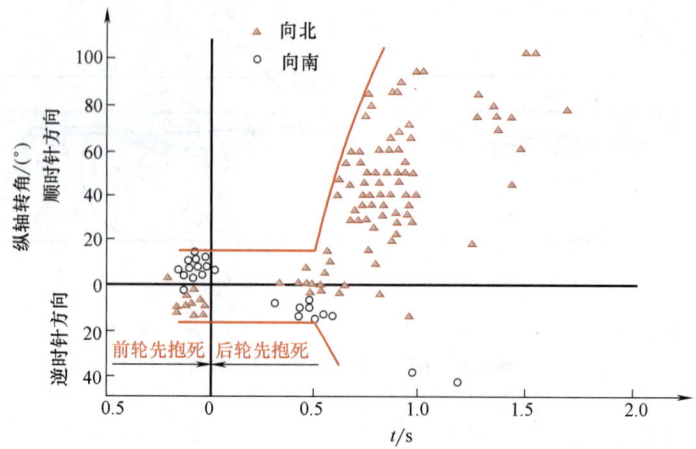

图 4-23 前、后轮抱死拖滑的次序和时间间隔对后轴侧滑的影响（混凝土路面、转向盘固定）

不会发生侧滑，侧滑程度取决于后抱死的后轮与后抱死的前轮的时间间隔。

（4）起始车速和附着系数的影响 试验时还做了起始车速为 48.2km/h 及 72.3km/h 的制动。试验表明，起始车速为 48.2km/h 时，即使后轮比前轮先抱死拖滑在 0.5s 以上，汽车纵轴转角也只有 25°；起始车速为 72.3km/h 时，侧滑的情况与 64.4km/h 时一样。这说明只有在起始车速超过 48km/h 时，后轴侧滑才成为一种危险的侧滑。

为了查明附着系数对侧滑的影响，还在干燥路面上做了同样的试验。试验时前轮无制动力，后轮可制动到抱死拖滑。干燥路面的制动距离是湿路面的 70%，即在湿路面上制动时的制动时间要长。试验结果如图 4-24a 所示。曲线表明，在干燥路面上，汽车纵轴转角比湿路面上的要小。每次试验还记录后轮开始拖滑的时间，若以时间为横坐标把曲线重画一次（图 4-24b），则在同样的时间内，干、湿路面的汽车纵轴转角相差不多。可见，在低附着系数路面上制动，侧滑程度的增加主要是由于制动时间增加。

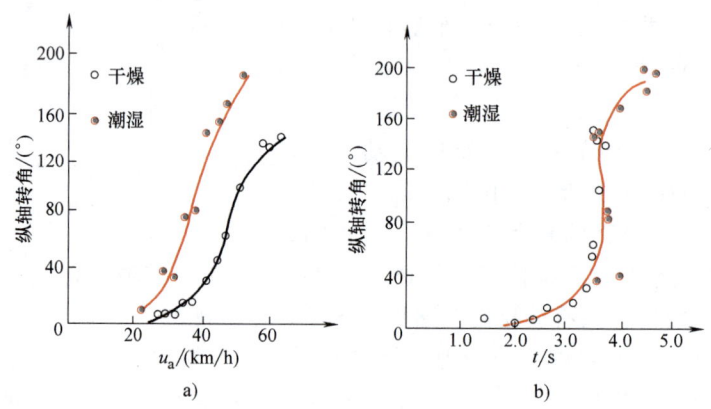

图 4-24 路面附着系数对后轴侧滑的影响

以上四项试验可以总结为两点：

1）制动过程中，若是只有前轮抱死或前轮先抱死拖滑，汽车基本上沿直线向前行驶（减速停车）；汽车处于稳定状态，但丧失转向能力。

2) 若后轮比前轮提前一定时间（如对试验中的汽车为 0.5s 以上）先抱死拖滑，且车速超过某一数值（如试验中的汽车车速超过 48km/h）时，汽车在轻微的侧向力作用下就会发生侧滑。路面越滑、制动距离和制动时间越长，后轴侧滑越剧烈。

下面从受力情况角度分析汽车前轮抱死拖滑或后轮抱死拖滑的两种运行情况。

图 4-25a 所示为前轴侧滑时，即前轮抱死而后轮滚动的运动情况。设转向盘不动，汽车受到偶然并短暂的侧向外力作用后，前轴发生侧向滑动，前轴中点 A 的速度 u_A 与汽车纵轴的夹角为 α；后轴未有侧向滑动，后轴中点速度 u_B 的方向与汽车纵轴方向一致。此时，汽车发生类似转弯的行驶运动，其瞬时转动中心为速度 u_A、u_B 垂线的交点 O，在质心 C 上作用有离心力。图 4-25 中画出了汽车侧向的受力情况，F_{Y1}、F_{Y2} 为作用于前、后轴的地面侧向反作用力，F_j 为侧向惯性力，其数值基本上等于离心力；图 4-25 中没有画出沿纵轴方向的力。当前轮抱死时，F_{Y1} 很小，可认为 $F_{Y1} \approx 0$。根据刚体平面运动微分方程，有 $F_{Y1} + F_{Y2} + F_j = 0$，即地面侧向反作用力与侧向惯性力平衡；$(F_{Y1}a - F_{Y2}b) + M_j = 0$，$M_j = -I_Z \dot{\omega}_r$（式中，$I_Z$ 为汽车绕通过质心 C 垂直地面轴线的转动惯量；$\dot{\omega}_r$ 为汽车角加速度），即地面侧向反作用力对质心 C 的力矩之和与惯性力矩平衡。由力矩平衡方程式可知，前轮抱死、后轮滚动时，后轮侧向反作用力对质心的矩 $F_{Y2}b$，使图 4-25a 中的汽车角速度减小，汽车趋于恢复直线行驶而处于稳定状况。图 4-25b 所示为后轴侧滑，即后轮抱死而前轮滚动的运动情况。这时 $F_{Y2} \approx 0$，前轮地面侧向反作用力 F_{Y1} 对 C 点的力矩增大了汽车角速度，汽车在一定条件下可能出现难以控制的急剧转动。因此，后轴侧滑是一种不稳定的、危险的工况⊖。

上面是直线行驶条件下的制动试验，在弯道行驶时进行的制动试验也会得到类似的结果，即只有后轮抱死或后轮提前抱死，在一定车速条件下，后轴才将发生侧滑。另外，只有前轮抱死或前轮先抱死时，因为侧向力系数为零，不能产生任何地面侧向反作用力，汽车无法按原弯道行驶而沿切线方向驶出，即失去转向能力。

因此，从保证汽车方向稳定性的角度出发，首先不能出现只有后轴车轮抱死或后轴车轮比前轴车轮先抱死的情况，以防止危险的后轴侧滑；其次，尽量少出现只有前轴车轮抱死或前、后车轮都抱死的情况，以维持汽车的转向能力。最理想的情况就是防止任何车轮抱死，前、后车轮都处于滚动状态，这样就可以确保制动时的方向稳定性。

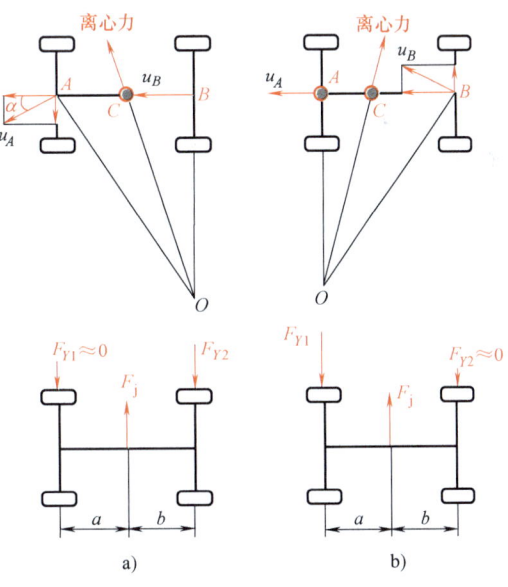

图 4-25 汽车一根轴侧滑时的运动状况
a) 前轴侧滑 b) 后轴侧滑

⊖ 本段分析中忽略轮胎的侧向弹性，详尽分析可参阅 1991 年《汽车工程》杂志（第 13 卷）第 1 期，韩宗奇、余志生、万嘉镕撰写的《汽车转弯制动性能的模拟计算》一文。

以上讨论了评价汽车制动性的三项指标，即制动效能、制动效能的恒定性以及制动时汽车的方向稳定性，并分析了各种影响因素。下面讨论与方向稳定性密切相关的制动器制动力在前、后轴间的分配和调节问题。

第五节 前、后制动器制动力的比例关系

对于一般汽车而言，根据其前、后轴制动器制动力的分配、载荷情况及道路附着系数和坡度等因素，当制动器制动力足够时，制动过程可能出现如下三种情况：

1) 前轮先抱死拖滑，然后后轮抱死拖滑。
2) 后轮先抱死拖滑，然后前轮抱死拖滑。
3) 前、后轮同时拖死拖滑。

上节已指出：情况 1) 是稳定工况，但在制动时汽车丧失转向能力，附着条件没有充分利用（分析详见后）；情况 2) 中，后轴可能出现侧滑，是不稳定工况，附着系统利用率也低；而情况 3) 可以避免后轴侧滑，同时前转向轮只有在最大制动强度下才使汽车失去转向能力，较之前两种工况，附着条件利用情况较好。

所以，前、后制动器制动力分配的比例将影响汽车制动时的方向稳定性和附着条件利用程度，是设计汽车制动系必须妥善处理的问题。

一、地面对前、后车轮的法向反作用力

在分析前、后制动器制动力分配比例以前，必须先了解在制动时地面作用于前、后车轮的法向反作用力。

图 4-26 所示为在水平路面上制动时汽车的受力图。图中忽略了汽车的滚动阻力偶矩、空气阻力以及旋转质量减速时产生的惯性力偶矩。此外，下面的分析中还忽略制动时车轮边滚边滑的过程，附着系数只取一个定值 φ_0。由图 4-26 对后轮接地点取力矩得

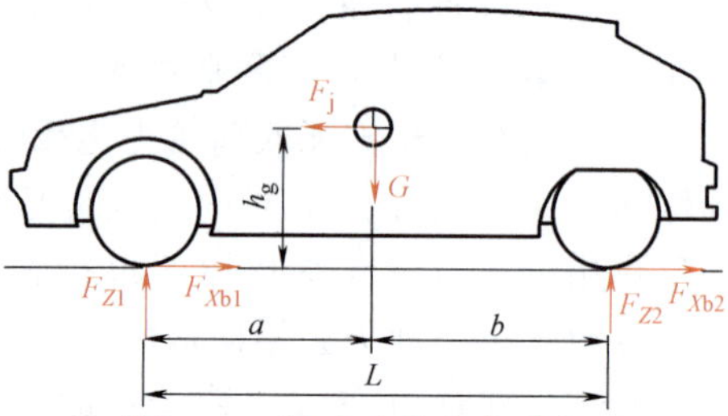

$$F_{Z1}L = Gb + m\frac{\mathrm{d}u}{\mathrm{d}t}h_\mathrm{g}$$

图 4-26 制动时的汽车受力图

式中，F_{Z1} 为地面对前轮的法向反作用力 (N)；G 为汽车重力 (N)；b 为汽车质心至后轴中心线的距离 (m)；m 为汽车质量 (kg)；h_g 为汽车质心高度 (m)；$\frac{\mathrm{d}u}{\mathrm{d}t}$ 为汽车减速度 (m/s²)。

对前轮接地点取力矩得

$$F_{Z2}L = Ga - m\frac{\mathrm{d}u}{\mathrm{d}t}h_\mathrm{g}$$

式中，F_{Z2} 为地面对后轮的法向反作用力；a 为质心至前轴中心线的距离。

令 $\frac{\mathrm{d}u}{\mathrm{d}t}=zg$，$z$ 称为**制动强度**，则可求得地面法向反作用力为

$$\left.\begin{aligned}F_{Z1} &= G(b+zh_g)/L \\ F_{Z2} &= G(a-zh_g)/L\end{aligned}\right\} \quad (4\text{-}7)$$

若在不同附着系数的路面上制动，前、后轮都抱死（不论是同时抱死或分别先后抱死），此时 $F_{Xb}=F_\varphi=G\varphi$ 或 $\dfrac{\mathrm{d}u}{\mathrm{d}t}=\varphi g$。地面作用于前、后轮的法向反作用力为

$$\left.\begin{aligned}F_{Z1} &= \frac{G}{L}(b+\varphi h_g) \\ F_{Z2} &= \frac{G}{L}(a-\varphi h_g)\end{aligned}\right\} \quad (4\text{-}8)$$

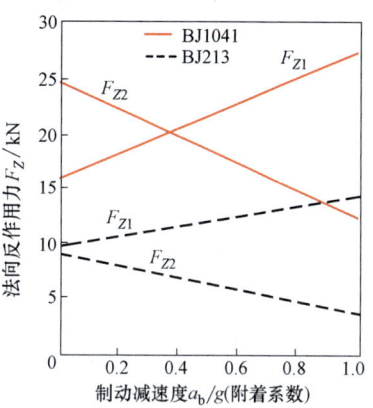

图 4-27　制动时地面对前、后轮法向反作用力的变化

式（4-7）、式（4-8）均为直线方程。图 4-27 中给出了 BJ 1041 和 BJ 213 汽车前、后轮法向反作用力随减速度与四轮均抱死后随地面附着系数变化的情况。由图可知，当制动强度或附着系数改变时，前、后轮法向反作用力的变化是很大的。例如，BJ 1041 汽车，当 $a_b=0.7g$ 时，亦即 $\varphi=0.7$ 时，前轮法向反作用力增加了 53.1%，而后轮减少了 34.2%。

二、理想的前、后制动器制动力分配曲线[⊖]

前已指出，制动时前、后车轮同时抱死，对附着条件的利用、制动时汽车的方向稳定性均较为有利。此时的前、后轮制动器制动力 $F_{\mu 1}$ 和 $F_{\mu 2}$ 的关系曲线，常称为理想的前、后轮制动器制动力分配曲线。在任意附着系数 φ 的路面上，前、后车轮同时抱死的条件是：前、后轮制动器制动力之和等于附着力，并且前、后轮制动器制动力分别等于各自的附着力，即

$$\left.\begin{aligned}F_{\mu 1}+F_{\mu 2} &= \varphi G \\ F_{\mu 1} &= \varphi F_{Z1} \\ F_{\mu 2} &= \varphi F_{Z2}\end{aligned}\right\}$$

或

$$\left.\begin{aligned}F_{\mu 1}+F_{\mu 2} &= \varphi G \\ \frac{F_{\mu 1}}{F_{\mu 2}} &= \frac{F_{Z1}}{F_{Z2}}\end{aligned}\right\} \quad (4\text{-}9)$$

将式（4-8）代入式（4-9），得

$$\left.\begin{aligned}F_{\mu 1}+F_{\mu 2} &= \varphi G \\ \frac{F_{\mu 1}}{F_{\mu 2}} &= \frac{b+\varphi h_g}{a-\varphi h_g}\end{aligned}\right\} \quad (4\text{-}10)$$

消去变量 φ，得

$$F_{\mu 2}=\frac{1}{2}\left[\frac{G}{h_g}\sqrt{b^2+\frac{4h_g L}{G}F_{\mu 1}}-\left(\frac{Gb}{h_g}+2F_{\mu 1}\right)\right] \quad (4\text{-}11)$$

⊖ 这是汽车工程技术中的习惯称呼，并非真正"理想的制动力分配"。只有能根据四个车轮上的载荷与地面情况使每个车轮均能利用峰值附着系数，同时有较大的侧向力系数，才是"理想的制动力分配"。

由式（4-11）画成的曲线，即为前、后车轮同时抱死时前、后轮制动器制动力的关系曲线——理想的前、后轮制动器制动力分配曲线，简称 I 曲线。

一般可用作图法直接求得 I 曲线。先将式（4-10）中第一式按不同 φ 值（$\varphi = 0.1$，0.2，0.3…）作图画在图 4-28 上，得到一组与坐标轴成 45°的平行线；再对式（4-10）中第二式按不同 φ 值（$\varphi = 0.1$，0.2，0.3…）代入，也作图于图 4-28 上，得到一组通过坐标原点、斜率不同的射线。

这两组直线中，对于某一 φ 值，均可找到两条直线，这两条直线的交点便是满足式（4-10）中两式的 $F_{\mu1}$ 值和 $F_{\mu2}$ 值。把对应于不同 φ 值的两直线交点 A，B，C…连接起来，便得到 I 曲线。曲线上任一点代表在该附着系数路面上前、后制动器制动力应有的数值。

由此可见，只要给出汽车的总质量（或汽车的重力）、汽车的质心位置（a、b 和 h_g），就能作出 I 曲线。

应当提出，I 曲线是制动踏板力增长到前、后车轮同时抱死拖滑时的前、后制动器制动力的分配曲线。

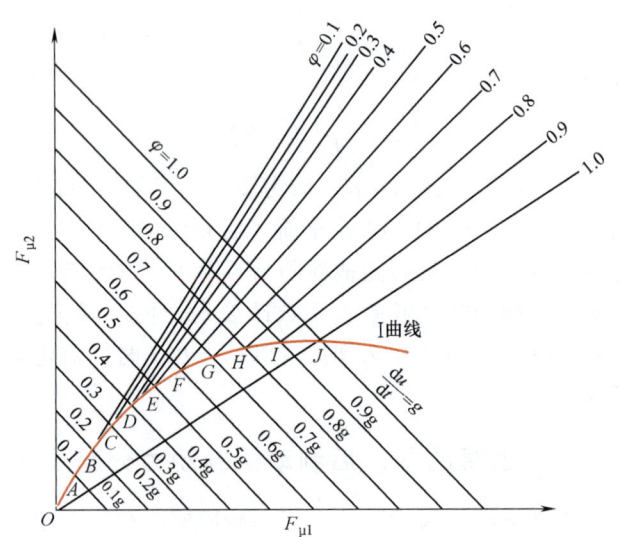

图 4-28　理想的前、后制动器制动力分配曲线

车轮同时抱死时，$F_{\mu1} = F_{Xb1} = F_{\varphi1}$，$F_{\mu2} = F_{Xb2} = F_{\varphi2}$，所以 I 曲线也是车轮同时抱死时 $F_{\varphi1}$ 和 $F_{\varphi2}$ 的关系曲线。

还应进一步指明，汽车前、后制动器制动力常不能按 I 曲线的要求来分配。制动过程中常是一根车轴的车轮先抱死，随着制动踏板力的进一步增加，接着另一根车轴的车轮抱死。显然，I 曲线还是前、后轮都抱死后的地面制动力 F_{Xb1} 与 F_{Xb2}，即 $F_{\varphi1}$ 与 $F_{\varphi2}$ 的关系曲线。

三、具有固定比值的前、后制动器制动力与同步附着系数

不少两轴汽车的前、后制动器制动力之比为一固定值。常用前制动器制动力与汽车总制动器制动力之比来表明分配的比例，称为制动器制动力分配系数，并以符号 β 表示，即

$$\beta = \frac{F_{\mu1}}{F_{\mu}}$$

式中，$F_{\mu1}$ 为前制动器制动力；F_{μ} 为汽车总制动器制动力，$F_{\mu} = F_{\mu1} + F_{\mu2}$，$F_{\mu2}$ 为后制动器制动力。

故

$$F_{\mu1} = \beta F_{\mu}, \quad F_{\mu2} = (1-\beta) F_{\mu}$$

且

$$\frac{F_{\mu1}}{F_{\mu2}} = \frac{\beta}{1-\beta} \tag{4-12}$$

若用 $F_{\mu2} = B(F_{\mu1})$ 表示，则 $F_{\mu2} = B(F_{\mu1})$ 为一条直线，此直线通过坐标原点，且其

斜率为

$$\tan\theta = \frac{1-\beta}{\beta}$$

这条直线称为实际前、后制动器制动力分配线，简称 β 线。

图 4-29 中给出了相当于 BJ1041 货车的 β 线，同时还给出了该货车空载和满载时的 I 曲线。该车的结构参数见表 4-5。

图中 β 线与 I 曲线（满载）交于 B 点，此时的附着系数值为 $\varphi_0 = 0.786$。我们称 β 线与 I 曲线交点处的附着系数为**同步附着系数**，所对应的制动减速度称为**临界减速度**。同步附着系数是由汽车结构参数决定的、反映汽车制动性能的一个参数。

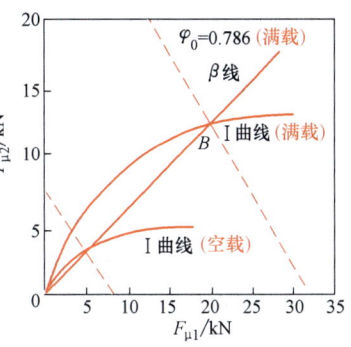

图 4-29　相当于 BJ1041 货车的 β 线与 I 曲线

表 4-5　相当于 BJ1041 货车的结构参数

载荷	汽车总质量/kg	质心高度 h_g/mm	质心至前轴线距离 a/mm	质心至后轴线距离 b/mm
空载（一名驾驶员）	2074	730	1451	1749
满载	4074	950	1947	1253

同步附着系数说明，前、后制动器制动力为固定比值的汽车，只有在一种附着系数，即同步附着系数路面上制动时才能使前、后车轮同时抱死。

同步附着系数也可用解析法求得。设汽车在同步附着系数路面上制动，此时前、后轮同时抱死，则将式（4-10）代入式（4-12），得

$$\frac{\beta}{1-\beta} = \frac{b + \varphi_0 h_g}{a - \varphi_0 h_g}$$

经整理，得

$$\varphi_0 = \frac{L\beta - b}{h_g} \tag{4-13}$$

式中，L 为汽车轴距，$L = a + b$。

四、前、后制动器制动力具有固定比值的汽车在各种路面上制动过程的分析

利用 β 线与 I 曲线的配合，就可以分析前、后制动器制动力具有固定比值的汽车在各种路面上的制动情况。为了便于分析，先介绍两组线组——f 线组与 r 线组。f 线组是后轮没有抱死，在各种 φ 值路面上前轮抱死时的前、后地面制动力关系曲线；r 线组是前轮没有抱死而后轮抱死时的前、后地面制动力关系曲线。普通轿车在制动踏板力逐渐加大时，常有后轮没有抱死而前轮先抱死这样的过程；有的空载货车在制动踏板力逐渐加大时，会出现前轮没有抱死而后轮先抱死的过程。

先求 f 线组。当前轮抱死时有

$$F_{Xb1} = \varphi F_{Z1} = \varphi\left(\frac{Gb}{L} + \frac{F_{Xb}h_g}{L}\right)$$

由于
$$F_{Xb} = F_{Xb1} + F_{Xb2}$$
$$F_{Xb1} = \varphi\left(\frac{Gb}{L} + \frac{F_{Xb1} + F_{Xb2}}{L}h_g\right)$$

故整理得
$$F_{Xb2} = \frac{L - \varphi h_g}{\varphi h_g}F_{Xb1} - \frac{Gb}{h_g} \quad (4\text{-}14)$$

这就是在不同 φ 值路面上只有前轮抱死时的前、后地面制动力的关系式。

显然，当前、后轮都抱死后，式（4-14）也成立，只是此时的后轮地面制动力也已经达到后轮附着力的数值。

以不同 φ 值代入式（4-14），即得到 f 线组，如图 4-30 所示。

从式（4-14）可以看出，此线组与纵坐标的交点为 $\left(0, -\dfrac{Gb}{h_g}\right)$，而与 φ 值无关。应指出，F_{Xb2} 为负值时已是地面驱动力，此处不再讨论。

当 $F_{Xb2} = 0$ 时，$F_{Xb1} = \dfrac{\varphi Gb}{(L-\varphi h_g)}$。利用此式可求出在不同 φ 值时相应的 F_{Xb1} 值，即线组与横坐标的交点 a，b，c…。根据汽车结构参数的具体数值，可以知道此情况下的总地面制动力 $F_{Xb} = F_{Xb1} + 0 = F_{Xb1}$，$F_{Xb} < \varphi G$，即后轮未抱死。随着 F_{Xb1} 与 F_{Xb2} 的增加，F_{Xb} 也增加，最后 f 线组与 I 曲线相交。如前所述，I 曲线也是前、后车轮都抱死后的 $F_{\varphi 1}$ 与 $F_{\varphi 2}$ 的关系曲线。因此，相交点处的 $F_{Xb1} + F_{Xb2} = F_{\varphi 1} + F_{\varphi 2} = \varphi G$，后轮也抱死。由此可见，I 曲线以上的 f 线组已无意义（参看图 4-31）。

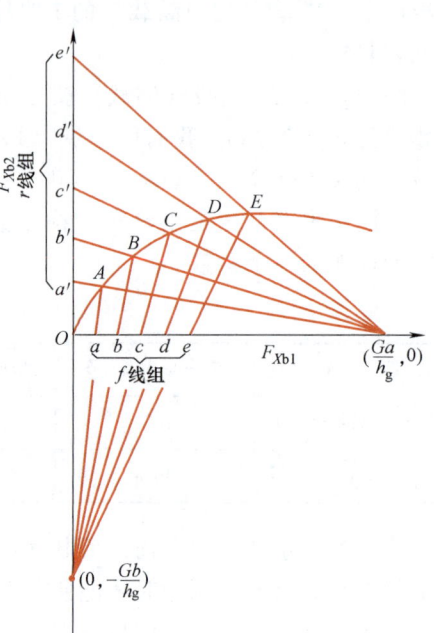

图 4-30　f 线组与 r 线组

再求 r 线组。当后轮抱死时有
$$F_{Xb2} = \varphi F_{Z2} = \varphi\left(\frac{Ga}{L} - \frac{F_{Xb}h_g}{L}\right)$$

代入 $F_{Xb} = F_{Xb1} + F_{Xb2}$，并经整理得
$$F_{Xb2} = \frac{-\varphi h_g}{L + \varphi h_g}F_{Xb1} + \frac{\varphi Ga}{L + \varphi h_g} \quad (4\text{-}15)$$

式（4-15）即为在不同 φ 值路面上只有后轮抱死时的前、后地面制动力的关系式。

显然，当前、后轮都抱死后，式（4-15）也成立，只是此时的前轮地面制动力也已经达到前轮附着力。

用不同的 φ 值代入式（4-15），即得 r 线组。由式（4-15）可知，r 线组与横坐标的交点为 $\left(\dfrac{Ga}{h_g}, 0\right)$，而与 φ 值无关。当 $F_{Xb1} = 0$ 时，$F_{Xb2} = \dfrac{\varphi Ga}{(L+\varphi h_g)}$。由此，可求出不同的 φ 值时对应的 F_{Xb2} 值，即 r 线组与纵坐标的交点 a'，b'，c'…。显然，这些点对应的总地面制动力

$F_{Xb} = 0 + F_{Xb2} < G\varphi$，即前轮未抱死。随着 F_{Xb1} 的增加及相应地 F_{Xb2} 的稍稍减少，F_{Xb} 增加，最后，r 线组与 I 曲线相交。相交点处的 $F_{Xb1} + F_{Xb2} = \varphi G$，前轮也抱死，故 I 曲线以下的 r 线段已无意义（参看图 4-31）。

显然，对于同一 φ 值下 f 线组与 r 线组的交点 A，B，C…，既符合 $F_{Xb1} = \varphi F_{Z1}$，又符合 $F_{Xb2} = \varphi F_{Z2}$，所以这些交点便是前、后车轮都（包含同时）抱死的点。因此，连接 A，B，C…各点的曲线也就是前面讨论过的 I 曲线。

下面利用 β 线、I 曲线、f 线组和 r 线组分析汽车在不同 φ 值路面上的制动过程。如图 4-31 所示，为了便于说明问题，以早年生产的载重 2.5t 跃进牌 NJ130 货车为例，其同步附着系数为 $\varphi_0 = 0.39$。图中还画出了 F_{Xb1} 与 F_{Xb2} 之和为 $0.1G$，$0.2G$，$0.3G$，…的 45°斜直线组。同一条斜线上的点均有同样大小的总地面制动力 F_{Xb}，相应的制动减速度也是常数，即为 $0.1g$，$0.2g$，$0.3g$，…，故此 45°斜直线组称为"等地面制动力线组"或"等制动减速度线组"。分析制动过程时，常利用此线组来确定制动过程中的总地面制动力与制动减速度 $\dfrac{du}{dt}$ 的数值。应指出，这个线组就是式（4-10）中的第一式按不同 φ 值作出的 45°斜直线组。

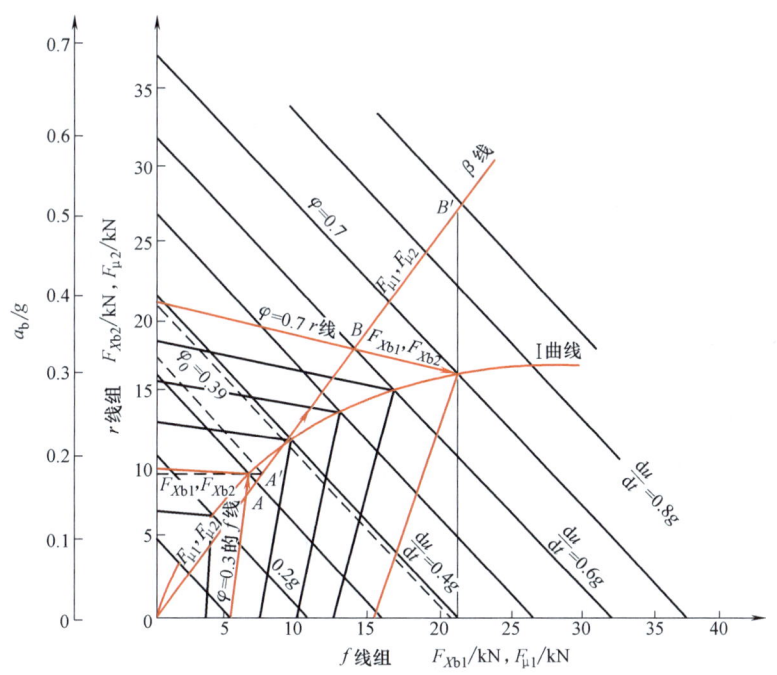

图 4-31 不同 φ 值路面上汽车制动过程的分析

1）**当 $\varphi < \varphi_0$ 时**，设 $\varphi = 0.3$，则制动开始时，前、后制动器制动力 $F_{\mu 1}$、$F_{\mu 2}$ 按 β 线上升。因前、后车轮均未抱死，故地面制动力 F_{Xb1} 和 F_{Xb2} 也按 β 线上升。到 A 点时，β 线与 $\varphi = 0.3$ 的 f 线相交，前轮开始抱死，制动减速度为 $0.27g$。此时的地面制动力 F_{Xb1}、F_{Xb2} 已符合后轮没有抱死而前轮先抱死的状况。驾驶员如继续增加制动踏板力，F_{Xb1}、F_{Xb2} 将沿 f 线变化，前轮的地面制动力 F_{Xb1} 不再等于 $F_{\mu 1}$，但继续制动，前轮法向反作用力增加，故 F_{Xb1} 沿 f 线稍有增加。但因后轮未抱死，所以当制动踏板力增大，$F_{\mu 1}$、$F_{\mu 2}$ 沿 β 线上升时，F_{Xb2} 仍等于 $F_{\mu 2}$ 而继续上升。当 $F_{\mu 1}$、$F_{\mu 2}$ 至 A' 点时，f 线与 I 曲线相交，此时后轮达

到抱死所需的地面制动力 F_{Xb2}（也就是后轮的附着力），于是前、后车轮均抱死，汽车获得的减速度为 $0.3g$。

可见，β 线位于 I 曲线下方，制动时总是前轮先抱死。前面已经指出，前轮先抱死虽是一种稳定工况，但丧失转向能力。

2) 当 $\varphi > \varphi_0$ 时，设 $\varphi = 0.7$，如图 4-31 所示，开始制动时，前、后车轮均未抱死，故前、后轮地面制动力和制动器制动力一样均按 β 线增长。到 B 点时，β 线与 $\varphi = 0.7$ 的 r 线相交，地面制动力 F_{Xb1}、F_{Xb2} 符合后轮先抱死的状况，后轮开始抱死，此时的制动减速度为 $0.6g$。从 B 点以后，再增加制动踏板力，F_{Xb1}、F_{Xb2} 将沿 $\varphi = 0.7$ 的 r 线变化。但继续制动时，后轮法向反作用力有所减少，因而后轮地面制动力沿 r 线稍有下降。但前轮未抱死，当 $F_{\mu 1}$、$F_{\mu 2}$ 沿 β 线增长时，始终有 $F_{Xb1} = F_{\mu 1}$。当 $F_{\mu 1}$、$F_{\mu 2}$ 到 B' 点时，r 线与 I 曲线相交，F_{Xb1} 达到前轮抱死的地面制动力，前、后轮均抱死，汽车获得的减速度为 $0.7g$。

可见，β 线位于 I 曲线上方，制动时总是后轮先抱死，因而容易发生后轴侧滑而使汽车失去方向稳定性。

3) $\varphi = \varphi_0$ 时，不言而喻，在制动时汽车的前、后轮将同时抱死，此时的减速度为 $\varphi_0 g$，即 $0.39g$，也是一种稳定工况，但也失去转向能力。

五、利用附着系数与制动效率

为了防止后轴侧滑和前轮失去转向能力，汽车在制动过程中最好既不出现后轴车轮先抱死的危险工况，也不出现前轴车轮先抱死或前、后车轮都抱死的工况。所以，应当以即将出现车轮抱死但还没有任何车轮抱死时的制动减速度作为汽车能产生的最高制动减速度。

从上面的分析可知，若在同步附着系数的路面上制动，则汽车的前、后车轮将同时达到抱死的工况，此时的制动强度 $z = \varphi_0$，φ_0 为同步附着系数。在其他附着系数的路面上制动时，达到前轮或后轮抱死前的制动强度比路面附着系数要小，即不出现前轮或后轮抱死的制动强度必须小于地面附着系数，也就是 $z < \varphi$。因此可以说，只有在 $\varphi = \varphi_0$ 的路面上，地面的附着条件才得到较好的利用。而在 $\varphi < \varphi_0$ 或 $\varphi > \varphi_0$ 的路面上，出现前轮或后轮提前抱死情况时，地面附着条件均未得到较好的利用。这一点从上面分析的例子中可以看出。这个结论也常常这样来描述：汽车以一定减速度制动时，除去制动强度 $z = \varphi_0$ 以外，不发生车轮抱死所要求的（最小）路面附着系数总大于其制动强度。为了定量说明这一点，我们引进利用附着系数的概念，又称为被利用的附着系数，其定义为

$$\varphi_i = \frac{F_{Xbi}}{F_{Zi}}$$

式中，F_{Xbi} 为对应于制动强度 z，汽车第 i 轴产生的地面制动力；F_{Zi} 为制动强度为 z 时，地面对第 i 轴的法向反作用力；φ_i 为第 i 轴对应于制动强度 z 的利用附着系数。

显然，利用附着系数越接近制动强度，地面的附着条件发挥得越充分，汽车制动力分配的合理程度越高。通常以利用附着系数与制动强度的关系曲线（图 4-32）来描述汽车制动力分配的合理性。最理想的情况是利用附着系数总是等于制动强度这一关系，即图 4-32 中的对角线（$\varphi = z$）。图 4-32 中给出了与图 4-31 所示同一货车的利用附着系数与制动强度曲线。应当指出，前、后制动力分配曲线（图 4-29 与图 4-31）与利用附着系数曲线是一一对应的。例如，具有理想制动力分配的汽车，其利用附着系数就是对角线（$\varphi = z$）。

下面分别求出前轮或后轮提前抱死时，前轴和后轴的利用附着系数。

设汽车前轮刚要抱死或前、后轮同时刚要抱死时产生的减速度为 $\dfrac{du}{dt} = zg$，则有

$$F_{\mu 1} = F_{Xb1} = \beta \dfrac{G}{g} \dfrac{du}{dt} = \beta G z$$

而

$$F_{Z1} = \dfrac{G}{L}(b + zh_g)$$

故前轴的利用附着系数为

$$\varphi_f = \dfrac{F_{Xb1}}{F_{Z1}} = \dfrac{\beta z}{\dfrac{1}{L}(b + zh_g)} \qquad (4\text{-}16)$$

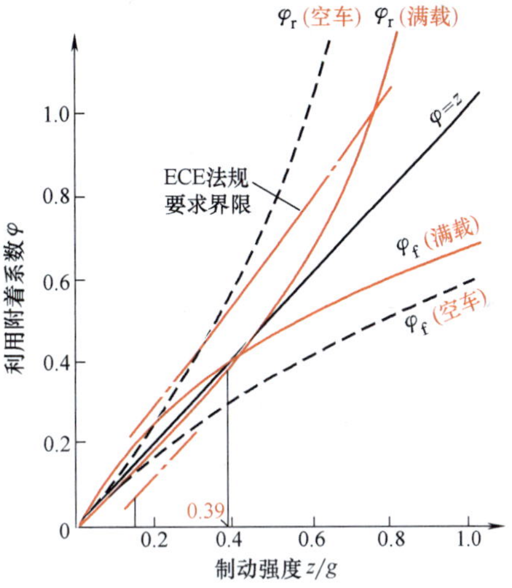

同理，后轴的利用附着系数可求得如下：

$$F_{Xb2} = (1-\beta)\dfrac{G}{g}\dfrac{du}{dt} = (1-\beta)Gz$$

$$F_{Z2} = \dfrac{G}{L}(a - zh_g)$$

故

$$\varphi_r = \dfrac{F_{Xb2}}{F_{Z2}} = \dfrac{(1-\beta)z}{\dfrac{1}{L}(a - zh_g)} \qquad (4\text{-}17)$$

图 4-32 利用附着系数与制动强度的关系曲线

由图 4-32 可以看出，$z = 0.39$ 时，前、后轴利用附着系数均为 0.39，即无任何车轮抱死所要求的（最小）地面附着系数（实际上为刚要抱死）为 0.39，这就是这一货车的同步附着系数。在 $\varphi < \varphi_0$ 的路面上，前轮提前抱死；在 $\varphi > \varphi_0$ 的路面上，情况正好相反，后轮提前抱死。

由图 4-32 中还可以看出，空车时 φ_r 全在 45°对角线上面，所以实际上汽车总是出现后轮先抱死的工况，φ_r 曲线就是汽车的利用附着系数曲线，而且此时利用附着系数远远大于制动强度，汽车的制动力分配是不合理的。

通常还用制动效率的概念来描述地面附着条件的利用程度，并说明实际制动力分配的合理性。**制动效率**定义为车轮不锁死的最大制动减速度与车轮和地面间附着系数的比值。也就是车轮将要抱死时的制动强度与被利用的附着系数之比。不难看出，由式（4-16）和式（4-17）即可得到前轴的制动效率为

$$E_f = \dfrac{z}{\varphi_f} = \dfrac{b/L}{\beta - \varphi_f h_g/L} \qquad (4\text{-}18)$$

后轴的制动效率为

$$E_r = \dfrac{z}{\varphi_r} = \dfrac{a/L}{(1-\beta) + \varphi_r h_g/L} \qquad (4\text{-}19)$$

图 4-33 所示为前后轴制动效率曲线。由图可知，当 $\varphi = 0.6$ 时，空载时后轴制动效率约等于

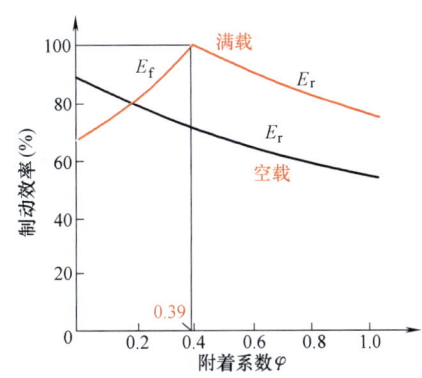

图 4-33 前、后轴制动效率曲线

67%。这说明后轮不抱死时，汽车最多只利用可供制动的附着力的 67%，即其制动减速度不是 0.6g，而只有 0.6×0.67g = 0.402g。

【例题】 一辆轿车的有关参数如下：总质量为 1600kg，质心位置 a = 1450mm、b = 1250mm、h_g = 630mm。轿车装有交叉型双回路制动系统，其制动器制动力分配系数 β = 0.65。试求：

1) 同步附着系数。
2) 在 φ = 0.7 路面上的制动效率。
3) 汽车此时能达到的最大制动减速度（指无任何车轮抱死时）。
4) 计算在 φ = 0.7 的路面上，当一个回路失效时的制动效率及其能达到的最大制动减速度（指无任何车轮抱死时）。

解：1) 同步附着系数为

$$\varphi_0 = \frac{L\beta - b}{h_g} = \frac{(1.450\text{m} + 1.250\text{m}) \times 0.65 - 1.250\text{m}}{0.630\text{m}} = 0.80$$

2) 由于 φ = 0.7 < φ_0 = 0.80，故该轿车在该路面上是前轮先抱死，所以制动效率的值应该在 E_f 曲线上，且有

$$E_f = \frac{z}{\varphi_f} = \frac{b/L}{\beta - \varphi h_g/L} = \frac{1.250\text{m}/(1.250\text{m} + 1.450\text{m})}{0.65 - 0.7 \times 0.630\text{m}/2.70\text{m}} \times 100\% = 95.13\%$$

3) 因为无任何车轮抱死，且该车若有抱死情况时是前轮先抱死，所以最大制动减速度值位于 β 线与 f 线的交点处。由式 (4-12) 和式 (4-14) 可得

$$\left. \begin{array}{l} F_{Xb2} = \dfrac{L - \varphi h_g}{\varphi h_g} F_{Xb1} - \dfrac{Gb}{h_g} \\ \dfrac{F_{Xb1}}{F_{Xb2}} = \dfrac{\beta}{1-\beta} \end{array} \right\}$$

解联立方程得

$$\left. \begin{array}{l} F_{Xb1} = \dfrac{\varphi \beta G b}{\beta L - \varphi h_g} \\ F_{Xb2} = \dfrac{\varphi(1-\beta) G b}{\beta L - \varphi h_g} \end{array} \right\}$$

故

$$F_{Xb1} + F_{Xb1} = \frac{\varphi G b}{\beta L - \varphi h_g}$$

即最大减速度为

$$a_{b\max} = \frac{\varphi g b}{\beta L - \varphi h_g} = \frac{0.7 \times 9.8\text{m/s}^2 \times 1.250\text{m}}{0.65 \times 2.70\text{m} - 0.7 \times 0.630\text{m}} = 6.5259\text{m/s}^2$$

也可以直接由制动效率得到最大减速度，即

$$a_{b\max} = zg = E_f \varphi_f g = 95.13\% \times 0.7 \times 9.8\text{m/s}^2 = 6.5259\text{m/s}^2$$

4) 该双回路在正常工作时，前、后轮的制动器制动力分配系数为 β。在其中一个回路坏了的情况下，另一个回路仍能保持原来分配给它的压力，不受另一个回路的影响。

所以前、后轮的制动力仍按比例 β 分配，但有一个回路上的前、后车轮上已没有制动力，总的制动器制动力变为原来的一半。在附着系数为 0.7 的路面上，是前轮先抱死还是后轮先抱死呢？这时需要先计算在这种情况下的同步附着系数。要注意：这时不能直接利用式（4-10），因为总制动力小了，制动强度也小了。式（4-10）应该改变为如下形式：

$$F_{\mu 1}+F_{\mu 2}=0.5\varphi_0 G$$

$$\frac{F_{\mu 1}}{F_{\mu 2}}=\frac{b+0.5\varphi_0 h_g}{a-0.5\varphi_0 h_g}$$

而（式 4-12）没有改变，即

$$\frac{F_{\mu 1}}{F_{\mu 2}}=\frac{\beta}{1-\beta}$$

解方程得到 $\varphi_0=\dfrac{2(L\beta-b)}{h_g}=\dfrac{2\times(2.70\text{m}\times 0.65-1.250\text{m})}{0.630\text{m}}=1.60$，$\varphi_0>0.7$，因此还是前轮先抱死。

设当一个回路失效前轮先抱死时的制动强度为 z，$F_{Xb1}=0.5\varphi F_{Z1}$，$F_{Xb1}=\beta Gz$，$F_{Z1}=\dfrac{G}{L}(b+zh_g)$，由此可求得

$$z=\frac{\varphi b}{2L\beta-\varphi h_g}$$

所以可求得

$$a_{b\max}=\frac{\varphi gb}{2L\beta-\varphi h_g}=\frac{0.7\times 9.8\text{m/s}^2\times 1.250\text{m/s}^2}{2\times 2.70\text{m/s}^2\times 0.65-0.7\times 0.630\text{m/s}^2}=2.79\text{m/s}^2$$

$$E=E_f=\frac{z_{\max}}{\varphi}=\frac{a_{b\max}/g}{\varphi}=40.7\%$$

六、对前、后制动器制动力分配的要求

通过以上讨论得到的结论是：为了防止后轴抱死发生危险的侧滑，汽车制动系的实际前、后制动力分配线（β 线）应总是在理想的制动力分配线（I 曲线）下方；为了减少制动时前轮抱死而失去转向能力的机会，提高附着效率，β 线应越靠近 I 曲线越好。同样，若按利用附着系数曲线图来考虑，为了防止后轮抱死并提高制动效率，前轴利用附着系数曲线应总在 45°对角线上方，即总在后轴利用附着系数曲线的上方，同时还应靠近图中的对角线（$\varphi=z$）。

1. ECE 制动法规

为了保证制动时汽车的方向稳定性和有足够的制动效率，联合国欧洲经济委员会制定的 ECE R13 制动法规中对双轴汽车的前、后轮制动器制动力提出了明确的要求。我国的国家标准 GB 21670—2008 和 GB 12676—2014 中也提出了类似的规定。对于不同的车辆有不同的要求，下面仅对 M_1 类车和最大总质量大于 3.5t 的货车予以说明，其他类型的车辆请查看标准。法规中对未装备 ABS 的商用车有如下规定：

对于 $\varphi=0.2\sim0.8$ 之间的各种车辆，要求制动强度为
$$z \geqslant 0.1 + 0.85(\varphi - 0.2)$$

车辆在各种装载状态时，前轴利用附着系数曲线应在后轴利用附着系数曲线之上。对于最大总质量大于 3.5t 的货车，在制动强度 $z=0.15\sim0.3$ 之间，每根轴的利用附着系数曲线位于 $\varphi=z\pm0.08$ 两条平行于理想的附着系数直线的平行线之间；而制动强度 $z\geqslant0.3$ 时，后轴的利用附着系数满足关系式 $z\geqslant0.3+0.74(\varphi-0.38)$，则认为也满足了法规的要求（图 4-34）。对于未安装 ABS 的 M_1 类车，在车辆所有载荷状态下，当制动强度 $z=0.15\sim0.80$ 时，后轴利用附着系数曲线不应位于前轴附着系数曲线上方；当附着系数 $\varphi=0.2\sim0.8$ 时，制动强度 $z\geqslant0.1+0.7(\varphi-0.2)$（图 4-35a）。作为生产一致性检查时的替代要求，当制动强度为 $0.15\sim0.8$ 时，后轴利用附着系数曲线应位于直线 $z=0.9\varphi$ 以下（图 4-35b）。

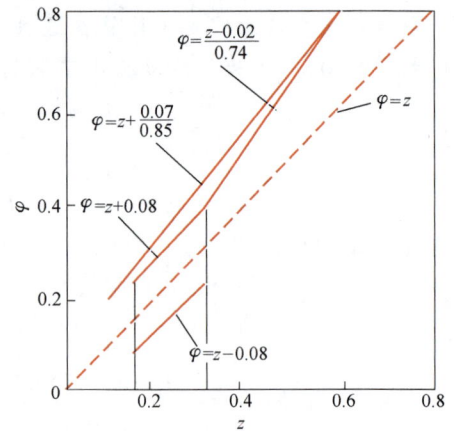

图 4-34　ECE 法规规定的最大总质量超过 3.5t 货车的制动力分配

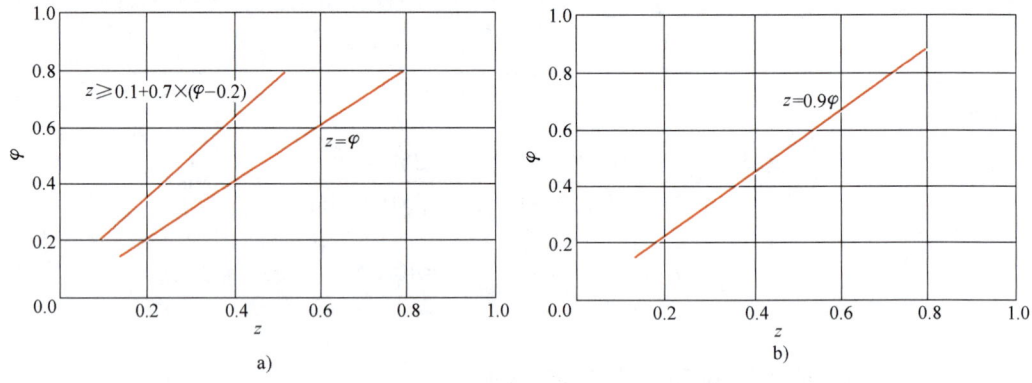

图 4-35　ECE 法规中规定的轿车制动力分配

图 4-32 中除了货车的利用附着系数与制动强度的关系曲线之外，还给出了 ECE 法规对货车利用附着系数与制动强度关系曲线要求的区域。它表明这辆中型货车在空载时不能满足法规的要求。实际上，一般具有固定比值制动力分配制动系的货车，若不配备恰当的制动力调节装置，使其具有变化值的制动力分配特性，则无法满足法规提出的要求。

2. 具有变化值的前、后制动器制动力的分配特性

从上节分析可知，对于具有固定比值的前、后制动器制动力的制动系特性，其实际制动力分配曲线与理想的制动力分配曲线相差很大，制动效率低，前轮可能因抱死而丧失转向能力，后轮也可能抱死而使汽车有发生后轴侧滑的危险。因此，汽车装有比例阀或载荷比例阀等制动力调节装置，可根据制动强度、载荷等因素来改变前、后制动器制动力的比值，使之接近于理想制动力分配曲线，满足制动法规的要求。制动力分配曲线的设计仍然考虑的是兼顾制动稳定性和最短制动距离但优先稳定性的原则，但是实际转折点的选择是复杂的，因为前面所讲的 I 曲线是简单的直线制动情况，实际的制动工况会使 I 曲线发生改变，如发动机

对制动的影响,转弯制动时左、右车轮载荷的转移等。所以,转折点的选择一般低于 I 曲线,以保证有一定的稳定性余地。

图 4-36 中给出了限压阀、比例阀、感载比例阀、感载射线阀与减速度传感比例阀(Deceleration Sencing Proportioning Valve,DSPV)的制动力分配曲线。其中,图 4-36a 中给出的是限压阀的制动力分配曲线,在其转折点后,由于后轮液压不变,是一条水平线,虽然分配曲线对空载基本是合适的,但仍有一小段是非稳定区,且满载时效率偏低;图 4-36b 中给出了比例阀的制动力分配曲线,在其转折点以后是一条斜线,和空载 I 曲线的交点即同步附着系数超过了 0.82(见 ECE 法规),既消除了不稳定区又提高了制动效率,但是满载时转折点下移会增加和 I 曲线的距离,降低制动的效率;图 4-36c 中给出了感载比例阀的制动力分配曲线,满载时转折点上移和满载的 I 曲线靠近,提高了制动效率;图 4-36d 给出了感载射线阀的制动力分配曲线;图 4-36e 中还给出了根据 ECE 要求计算得到的轿车制动力分配所要求的范围。可以看出,DSPV 能够满足 ECE 法规的要求。

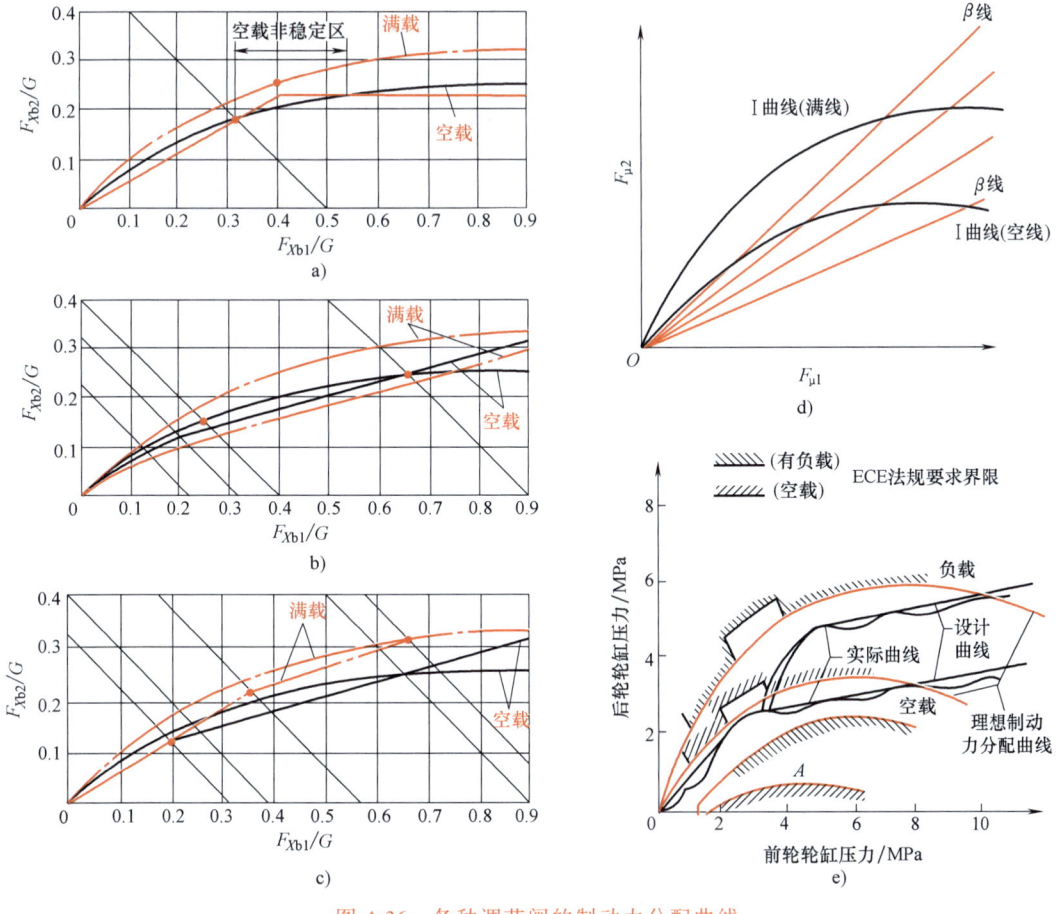

图 4-36 各种调节阀的制动力分配曲线
a) 限压阀 b) 比例阀 c) 感载比例阀 d) 感载射线阀 e) 减速度传感比例阀

对装备防抱制动系统的车辆,应在空载和满载两种工况,低附着系数和高附着系数两种路面上都应满足附着系数利用率≥0.75 的要求。

七、辅助制动器和发动机制动对制动力分配和制动效能的影响

在山路上下坡行驶时，一般利用主制动系统将汽车的势能和动能转化成为热能；而在连续下长坡行驶时，商用车的制动系统的热负荷是非常大的，主制动系统无法及时将热量释放到大气中，使得制动鼓（盘）的温度大幅度升高，从而使摩擦因数下降、磨损加大（图4-37a），制动器失去或部分失去制动效能，这种热衰退现象是很危险的。典型的例子如：在八达岭高速路进京方向51~56km处，曾常发生重大交通事故。造成事故的主要原因是这一路段有连续下坡的坡道与弯道，有些驾驶员超载、超速地驾驶没有装备缓速器的商用车，在下坡时长时间踩着制动踏板，致使制动鼓与蹄片过热而制动失灵。由于事故多，此路段也被过往驾驶员称为"死亡谷"。在汽车连续下长坡行驶时，吸收势能维持较慢车速安全行驶的制动工作应由辅助制动系统来承担。辅助制动系统虽然在制动过程中吸收的功率较小，但是它可在长时间内维持制动功率不变，从而保证汽车安全行驶。为此，原联邦德国道路交通法规中规定：客车总质量在 $5.5×10^3$ kg 以上、商用车总质量在 $9×10^3$ kg 以上，必须加装辅助制动装置，或称为第三制动装置。

2002 年 7 月 1 日，我国交通部开始执行《营运客车类型划分及等级评定》标准，规定高二级以上客车必须安装缓速器。目前，几乎所有的高一级以上的大中型客车都标配或选装缓速器。

1. 汽车缓速器的制动力

图 4-37b 所示为液力缓速器的力矩特性曲线，这几种液力缓速器在 800~2500r/min 时有较高的制动力矩。缓速器的缓速能力可以分为几档，如分为四级，即 25%、50%、75% 和 100%，以保证不同的减速要求。同时，缓速器还有恒速控制功能，所有操作均由手柄控制。南京依维柯公司的 NJ6686JF5 中型客车，在传动轴上装有手控Ⅳ档的电涡流缓速器，图 4-38 所示为该缓速器制动力与车速的关系曲线。

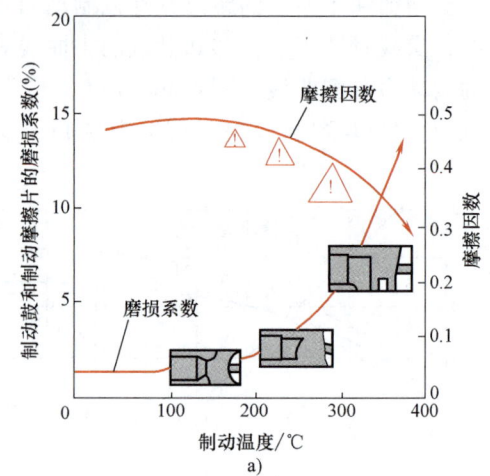
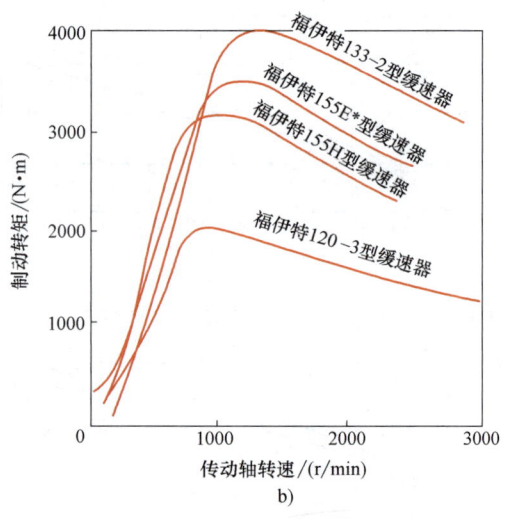

图 4-37 几种液力缓速器的特性曲线
a）摩擦因数和磨损系数曲线
b）液力缓速器的力矩特性曲线

没有安装电力或液力缓速器的汽车下坡时，变速器应挂上相应档位，松开加速踏板，利用发动机制动或排气制动进行制动。图 4-39 所示为亚星客车集团特种车辆厂生产的 JS6820 中型客车在变速器分别处于 3、4 档并利用发动机制动、排气制动工作时，汽车制动力与行驶车

速的关系曲线。

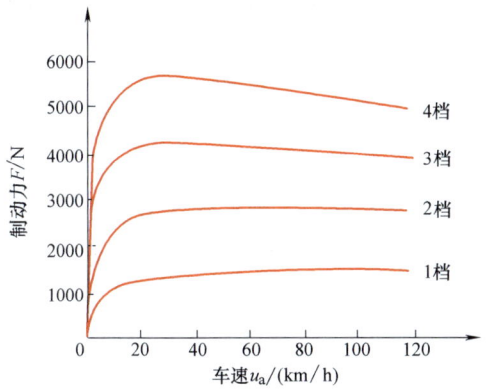

图 4-38 电涡流缓速器的制动力与车速的关系曲线

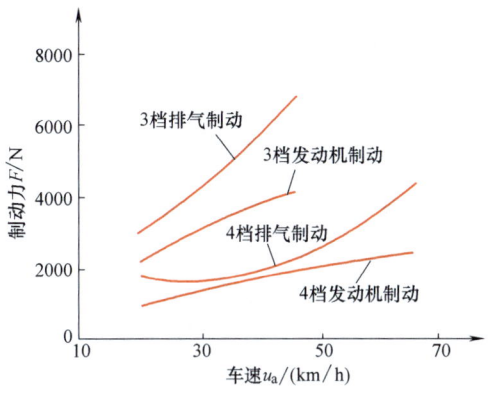

图 4-39 作用在车轮上的持续制动力随车速变化的关系曲线

2. 汽车缓速器对制动力分配的影响

汽车上装用缓速器后,前、后车轮制动器的制动力 $F_{\mu 1}$、$F_{\mu 2}$ 仍存在定比关系,但后轮(商用车一般是后轮驱动)的制动力还应该加上缓速器或发动机制动所带来的制动力 F_r,即后轮的总制动力为

$$F_{\mu r} = F_{\mu 2} + F_r = \frac{1-\beta}{\beta} F_{\mu 1} + F_r$$

$$F_r = \frac{T i_0}{r \eta}$$

式中,T 为缓速器的制动力矩;i_0 为主传动比;η 为传动效率;r 为驱动轮半径。

而

$$F_{\mu 1} = F_{Z1} \varphi = \frac{G}{L}(b + \varphi h_g) \varphi$$

所以

$$\frac{F_{\mu 1}}{F_{\mu r}} = \frac{\dfrac{G}{L}(b + \varphi h_g)\varphi}{\dfrac{1-\beta}{\beta}\left(\dfrac{G}{L}\right)(b + \varphi h_g)\varphi + F_r} = \frac{b + \varphi h_g}{a - \varphi h_g}$$

即

$$\frac{h_g}{\beta}\varphi^2 - \left(a - \frac{1-\beta}{\beta}b\right)\varphi + \frac{L F_r}{G} = 0$$

解此方程可以得到两个根,它们的和为 $(L\beta - b)/h_g = \varphi_0$,也就是这两个根之和为同步附着系数,且都要小于原来不带缓速器时的同步附着系数。当然这里是假定:在制动减速过程中,始终都有缓速器的制动力。实际上,在车轮速度降低到一定值时,其制动力会很快下降。由于缓速器在不同档位和不同车速下产生的制动力 F_r 的大小不同,因此制动力 $F_r(u)$ 是车速 u 的函数,这样汽车行车制动器与缓速器共同作用的制动力分配曲线就是一族变化的曲线,它们与汽车的 I 曲线存在不同的匹配关系。当 $F_r = 0$ 时,就是原来的分配。很显然,相对原来的行车制动器 β 线,考虑辅助制动器和发动机制动以后,相应其共同作用时的制动力分配线要上移,这就是为什么图 4-36 中的满载 I 曲线要和行车制动器 β 线的压力拐点保留一定距离的原因。在装有 ABS 的汽车上，为了保证制动力的正确分配，通常在紧急制动时，一旦系统进入 ABS 的控制就立刻将缓速器断开，以便保证 ABS 的性能。同时按照 GB 12676—2014 的规定，装有<u>缓速</u>制动系统的车辆，在测定车轴间的制动力分配的车辆性能时，不考虑缓速制动系统产生的减速作用。

八、防抱制动装置

凡驾驶过汽车的人都有一些这样的体验：在被雨淋湿而带有泥土的沥青路上或在积雪道路上紧急制动时，汽车会发生侧滑甚至调头旋转；左、右两侧车轮如果行驶在不同的路面上，如一侧车轮在积雪路面上，另一侧车轮在显露出来的沥青路面上，紧急制动时，汽车就会失去方向控制；高速行驶在弯道上进行紧急制动，有可能从路边滑出或闯入对面的车道；在直道上紧急制动可能无法躲避障碍物等危险情况。<u>防抱制动装置（Antilock Braking System，ABS）</u>就是为了防止这些危险状况的发生而研制的。它<u>是在制动过程中防止车轮被制动抱死，提高汽车的方向稳定性和转向操纵能力，缩短制动距离的安全装置。</u>除 ABS 外，还有驱动过程中防止驱动车轮发生滑转的控制系统（<u>Acceleration Slip Regulation，ASR</u>），因其是通过牵引力控制来实现驱动车轮滑转控制，又称为牵引力控制系统（<u>Traction Control System，TCS</u>）。现代高级轿车中，一般把 ABS 和 TCS 结合为一体，组成汽车统一的防滑控制系统。

图 4-40 所示为典型的 ABS，它具有三个独立进行压力调节的管路，所以称为三通道系统。轮速传感器 1 将车轮旋转的信号传给计算机控制单元 5，ECU 经过对轮速信号的处理判断，发出指令送到液压调节器 3，使之调节制动管路的压力，保证车轮不抱死。现代轿车多采用四通道的 ABS 系统。

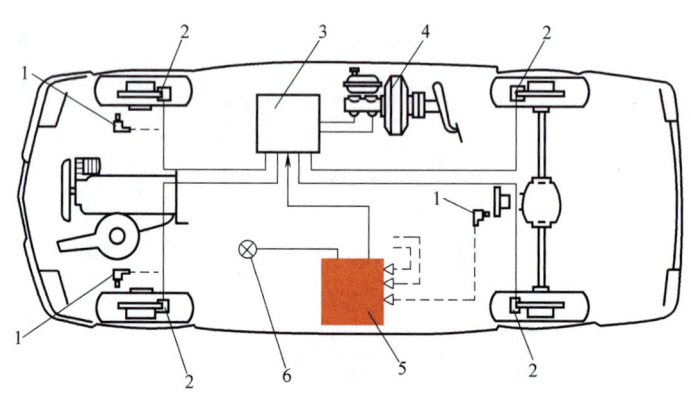

图 4-40 典型的 ABS

1—轮速传感器 2—轮缸 3—液压调节器 4—制动主缸 5—计算机控制单元（ECU） 6—警告灯

对于制动压力的调节，目前大多采用 2 位 2 通阀，图 4-41 所示为 Bosch 公司 ABS5.3 型的液压原理图。关闭出油阀 6，打开进油阀 7，压力增加；关闭进油阀，打开出油阀，压力减小；进油阀和出油阀同时关闭，保持压力不变。

为了说明 ABS 的控制原理，我们用单轮模型（图 4-42）来分析一下汽车的抱死过程。设单轮模型的质量为 m，车轮的转动惯量为 I，车轮旋转的角速度为 ω，地面的制动力

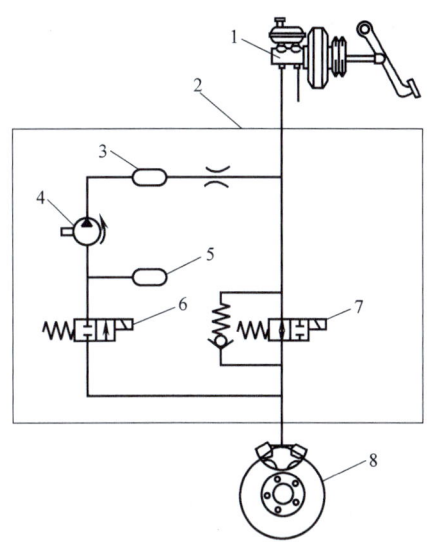

图 4-41 Bosch 公司 ABS5.3 型的液压原理图

1—主缸 2—液压调节器 3—阻尼器 4—回油泵
5—蓄能器 6—出油阀 7—进油阀 8—制动器

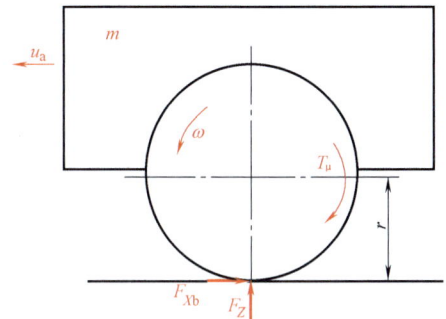

图 4-42 ABS 单轮模型

为 F_{Xb}，作用于车轮的制动力矩为 T_μ，忽略空气阻力与滚动阻力，则可以列出微分方程如下：

$$F_{Xb} = F_Z \varphi_b$$

$$I\frac{d\omega}{dt} = F_{Xb}r - T_\mu$$

为了使问题进一步简化，可做如下假设：

1）认为车轮的抱死过程很快，忽略其车速的降低。

2）认为车轮的载荷是一个常数，即 $F_Z = mg$。

3）附着力滑移曲线可以用两直线段来近似代替，即

$$\varphi_b = \begin{cases} \varphi_p \dfrac{s}{s_p} & 0 \leqslant s \leqslant s_p \\ \varphi_s + \dfrac{(1-s)(\varphi_p - \varphi_s)}{1-s_p} & s_p < s \leqslant 1 \end{cases} \quad (4\text{-}20)$$

4）制动力矩是时间的线性函数，设车轮制动器的制动效能因数为 K_{ef}（单位制动轮缸推力产生的制动器摩擦力），制动轮缸的压力 $p(t) = p_0 t$，其中 p_0 表示液压增长斜率，制动器的制动力矩 $T_\mu = p(t)F_s K_{ef} r_k$，其中 F_s 表示轮缸面积，r_k 表示制动器摩擦力的等效作用半径。

令 $T_0 = p_0 F_s K_{ef} r_k$，则 $T_\mu = T_0 t$。

根据这些假设来解微分方程，当 $0 < s \leqslant s_p$ 时有

$$I\frac{d\omega}{dt} = \varphi_p \frac{s}{s_p} F_Z r - T_0 t$$

而
$$s = \frac{u - r\omega}{u} = 1 - \frac{\omega}{u/r} = 1 - \frac{\omega}{\omega_0} \quad (4\text{-}21)$$

所以
$$I\frac{\mathrm{d}\omega}{\mathrm{d}t} = \frac{\varphi_p}{s_p}mgr\left(1 - \frac{\omega}{\omega_0}\right) - T_0 t$$

令 $\frac{T_0}{I} = B$，$\frac{mgr\varphi_p}{Is_p} = H$，则方程可变为

$$\frac{\mathrm{d}\omega}{\mathrm{d}t} + H\frac{\omega}{\omega_0} = H - Bt$$

解方程得

$$\omega = -\frac{B\omega_0^2}{H^2}\mathrm{e}^{-\frac{H}{\omega_0}t} - \frac{B\omega_0}{H}t + \omega_0 + \frac{B\omega_0^2}{H^2}$$

$$\frac{\omega}{\omega_0} = 1 - \frac{B}{H}t + \frac{B\omega_0}{H^2}(1 - \mathrm{e}^{-\frac{H}{\omega_0}t})$$

忽略过渡过程，则

$$\frac{\omega}{\omega_0} = 1 + \frac{B\omega_0}{H^2} - \frac{B}{H}t$$

$$\frac{\dot\omega}{\omega_0} = -\frac{B}{H}$$

即
$$\dot\omega = -\frac{T_0 s_p \omega_0}{mgr\varphi_p} \quad (4\text{-}22)$$

因为 $s = 1 - \frac{\omega}{\omega_0}$，所以 $s_p = \frac{B}{H}t_p - \frac{B\omega_0}{H^2}$

所以
$$t_p = \frac{H}{B}s_p + \frac{\omega_0}{H} = \frac{mgr\varphi_p}{T_0} + \frac{Is_p\omega_0}{mgr\varphi_p}$$

当 $s_p < s \leq 1$ 时

$$I\frac{\mathrm{d}\omega}{\mathrm{d}t} = \left[\varphi_s + \frac{(1-s)(\varphi_p - \varphi_s)}{1 - s_p}\right]mgr - T_0 t$$

即
$$\frac{\mathrm{d}\omega}{\mathrm{d}t} - \frac{\varphi_p - \varphi_s}{1 - s_p}\frac{mgr}{I\omega_0}\omega = \frac{\varphi_s mgr}{I} - \frac{T_0}{I}t$$

解方程得

$$\omega = \frac{(1 - s_p)^2 I \omega_0^2 T_0}{(\varphi_p - \varphi_s)^2 m^2 g^2 r^2} - \frac{\varphi_s(1 - s_p)\omega_0}{(\varphi_p - \varphi_s)} + \frac{T_0(1 - s_p)\omega_0}{(\varphi_p - \varphi_s)mgr}t + \mathrm{e}^{\frac{\varphi_p - \varphi_s}{1 - s_p}\frac{mgr}{I\omega_0}t}$$

这里最后一项是有影响，不便忽略，所以

$$\dot\omega = \frac{T_0(1 - s_p)\omega_0}{(\varphi_p - \varphi_s)mgr} + \frac{\varphi_p - \varphi_s}{1 - s_p}\frac{mgr}{I\omega_0}\mathrm{e}^{\frac{\varphi_p - \varphi_s}{1 - s_p}\frac{mgr}{I\omega_0}t}$$

t_s 的计算比较繁，这里就不做介绍了。

表 4-6 和图 4-43 是采用 Runge-Kutta 法解算上述微分方程的一个例子（车型是 KLQ6601）。

表 4-6 用 Runge-Kutta 法解算的一个例子

路　面	峰值附着系数	滑动附着系数	t_p/ms	$\dot{\omega}_p/g$	t_s/ms	$\dot{\omega}_s/g$
干沥青路面	0.9	0.78	309.1	1.019	462.2	23.16
湿沥青路面	0.6	0.5	213.5	1.529	364.3	22.64
雪路	0.2	0.15	103.7	4.244	239.7	21.75
冰路	0.1	0.07	86.1	6.048	212.4	21.68

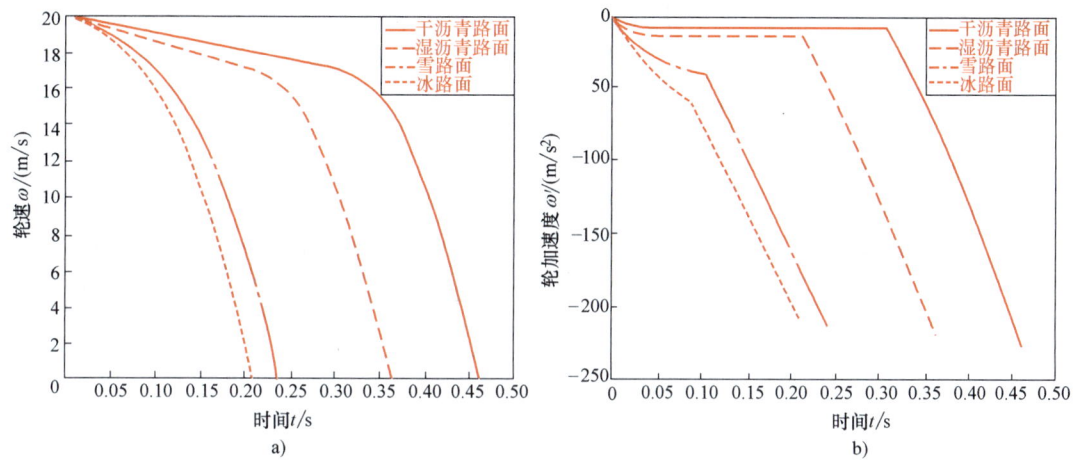

图 4-43　各种路面车辆制动时的轮速和轮加速曲线

a) 各种路面车辆制动时的（前）轮速变化情况　b) 各种路面车辆制动时的（前）轮加速度变化情况

通过分析可以看到，车轮的角速度、角加速度、滑动率是表明车轮运动状态的重要参数。ECU 对轮速信息的处理就是计算车轮的角加速度值、车辆的参考车速以及车轮的滑动率。图 4-44 所示就是 Bosch 公司采用的一种典型的逻辑门限值控制的制动过程。制动开始时，如果车轮的角减速度低于门限值 $-a$（本节均指绝对值），则取此刻车轮速度作为初始的参考车速 u_{ref0}，此后，参考车速 $u_{ref}=u_{ref0}-a_b t$，a_b 为由车轮减速度计算得到的汽车减速度。根据 u_{ref} 就可以计算出车轮的滑动率 s。当车轮的角减速度达到 $-a$ 而 s 小于滑动率的门限值 s_1 时，则使制动压力进入保持阶段（第 2 阶段）；当 s 大于 s_1 时，使制动压力减少（第 3 阶段）；这时车轮的角减速度也会减小，恢复到 $-a$ 值时，就使之保持制动压力（第 4 阶段）；这时车轮因惯性会进一步加速，越过门限值 $+a$（该门限值是用来判断低附着系数路面的）后继续加速，一直达到门限值 $+A_k$（表明是高附着系数路面），这时使制动压力再次增加（第 5 阶

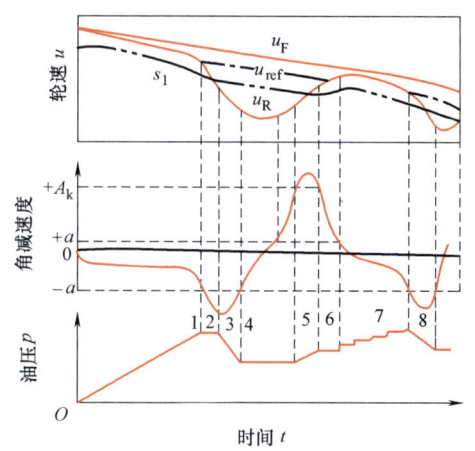

图 4-44　在高附着系数路面上的制动防抱死过程

u_F—汽车实际速度　u_{ref}—汽车参考速度
u_R—车轮速度

段);当车轮角加速度再回到$+A_k$时,进行保压(第6阶段);车轮角加速度值回落到$+a$值,说明此时是在峰值附着系数附近,使制动压力进入缓慢升压阶段,以便保持在峰值附着系数附近,一直到车轮减速度再次达到$-a$值,构成一个循环。以后循环往复一直到汽车停止。

对于防抱系统来说,根据哪些运动参数来判断车轮即将抱死应该减压或抱死现象已消失需要重新加压制动是很重要的。一般常用的参数有:车轮角减(加)速度和滑动率、车轮角加速度与半径的乘积、汽车的参考车速和汽车的减速度等。

图 4-45 所示为牵引车 CA4161 带半挂车 THT9260(列车总质量 12660kg,总长 15.9m)并安装万安集团 VIE—1 型 ABS 在冰路上进行匹配调试时的一次试验结果,图中给出了左侧一个车轮随时间变化的车速或轮速、轮减速度、滑动率及制动压力的变化情况(试验时牵引车解除制动)。

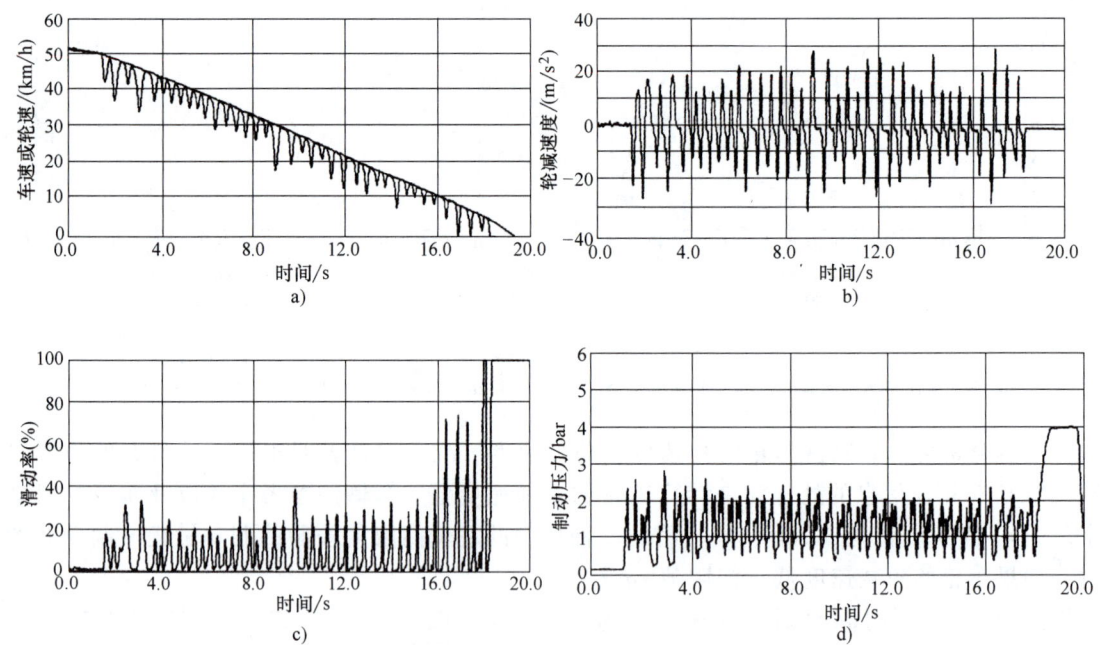

图 4-45 牵引车 CA4161 带半挂车 THT9260 并安装 VIE—1 型 ABS 的试验结果
a) 车速或轮速 b) 轮减速度 c) 滑动率 d) 制动压力
注:$1bar = 10^5 Pa$

Benz 轿车装有以车轮角减速度作为参量的 ABS,其道路试验结果见表 4-7。

表 4-7 Benz 轿车的道路试验结果

试验条件		装有 ABS			无 ABS		
混凝土路面	起始车速/(km/h)	制动距离/m	平均减速度/(m/s²)	制动距离减小量/m	制动距离/m	平均减速度/(m/s²)	残余速度u_R/(km/h)
干	100	41.8	9.25	8.2	50	7.73	40
湿	100	62.75	6.71	37.25	100	3.9	60
干	130	81.2	8.0	12.5	93.7	7.0	47.5
湿	130	97.1	6.71	41.1	138.2	4.72	70.9

所列残余速度 u_R 是从制动距离缩短算得的，即装 ABS 的汽车停住时，不装 ABS 的汽车还有残余速度。

以上试验是在直线行驶制动时测得的。图 4-46 中给出了车速为 80km/h，装和不装 ABS 的转弯制动试验。结果表明，装有 ABS 的汽车能准确地按弯道行驶，而不装 ABS 的汽车未能按弯道行驶。装有 ABS 汽车的制动距离可缩短 3.9m（干路面）和 7.3m（湿路面）。

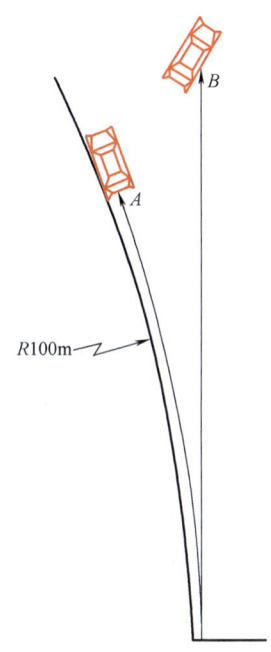

图 4-46　转弯制动试验的对比

A—装有 ABS 的汽车制动距离：干路面上为 31.1m，湿路面上为 33.9m

B—未装 ABS 的汽车制动距离：干路面上为 35m，湿路面上为 41.2m；侧向偏离：前轴为 2.4m（干路面）、7.3m（湿路面），后轴为 0.9m（干路面）、4.8m（湿路面）

第六节　汽车制动性的试验

汽车制动系统性能是基于制动距离和充分发出的平均减速度规定的。因此，制动系统的性能应通过测量与车辆初速度有关的制动距离和测量试验中充分发出的平均减速度来确定。另外，还要测定在直道、转弯与变更车道时汽车制动的方向稳定性。国家标准中对汽车制动系统详细规定有 0、Ⅰ、Ⅱ、Ⅲ型试验，这里只是对一些基本方法与设备做一些说明与介绍。

试验路段应为干净、平整、坡度不大于 1% 的硬路面，路面须具有良好的附着性能。试验时，风速应小于 5m/s，气温在 0~35℃。车辆的质量状态应符合各类试验的规定。

路面试验的主要仪器为第五车轮、减速度计和压力传感器。近代的第五车轮采用电磁感应传感器、光电传感器或 GPS 惯性测量系统，能精确测出起始车速、制动距离和时间以及横向偏移，明显地提高了试验的准确性。

在进行冷制动试验开始前，在制动摩擦片内部或制动盘或制动鼓摩擦表面测得的最热车轴的行车制动器的平均温度应在65~100℃之间。令汽车加速超过起始制动车速6~12km/h，高于测试速度3km/h时关闭节气门，摘档滑行，待车速降至起始制动车速时，紧急制动直至停车。用仪器记录各项评定指标。为了保证试验结果的可靠性，M_1类汽车应该进行200次制动器的磨合制动试验，制动减速度为$3.5m/s^2$。试验中，若汽车偏航角变动大于15°或超越试验路段宽度3.5m界限时，应重新调整被试汽车的制动系，再进行试验。

高温工况试验包含两个阶段：加热制动器与测定制动性指标。连续制动是一种常用的加热方法，即令汽车加速到$0.8u_{amax}$时，以$3m/s^2$减速度制动减速到$0.4u_{amax}$⊖；再加速，再制动减速。每次制动的时间间隔根据不同类型的车辆为45~60s，共制动15~20次。加热后应进行数次制动性指标测定，以评定制动系的热衰退性能。

例如M_1类汽车热态性能不得低于冷态的75%，就是制动距离不大于$0.1u_0+0.008\times u_0^2$，而充分发出的平均减速度不小于$4.82m/s^2$。另一种高温工况是下长坡连续制动。例如令汽车在坡度为6%~10%、长7~10km的坡道上以车速30km/h制动下坡，最后检查制动性指标。

汽车转弯制动试验在平坦的干路面上进行（ABS的转弯制动在冰雪路面上进行）。试验时汽车沿一定半径做圆周运动，达到下述开始制动前的稳定状态：转弯半径为40m或50m，侧向加速度为（5±0.5）m/s^2，相应车速为51km/h或57km/h；或者转弯半径为100m，侧向加速度为（4±0.4）m/s^2，相应车速为72km/h；保持转向盘转角不变动，关节气门，迅速踩制动踏板，离合器可以脱开也可以不脱开，使汽车以不同的等减速度制动。记录制动减速度、汽车横摆角速度、汽车航向角的变动量、制动时侧向路径偏离量参数。根据试验结果绘制最大横摆角速度、汽车航向角变动量、制动时侧向路径偏离量等参数与制动减速度的关系曲线。利用这些曲线来评价汽车转弯制动的方向稳定性。

因为湿路面附着系数降低很多，转弯制动试验也常在湿路面上进行。

对一辆国产中型货车装用不同花纹轮胎在不同前、后制动气室气压比时进行转弯制动试验，绘制其最大横摆角速度与制动减速度的关系曲线，如图4-47所示。试验是用空载货车在湿路面上进行的。起始制动车速为32km/h，转弯半径为40m，相应的侧向加速度为$0.22g$。由试验结果可以看出，原车装用烟斗花纹轮胎时的方向稳定性较差，最大横摆角速度为起始横摆角速度的两倍多；当汽车的前制动气室气压比后制动气室气压大时，即$i>1$时，最大横摆角速度减小；当采用连烟斗花纹轮胎（没有改变前、后制动气室气压比，即$i=1$），汽车空载时的转弯制动方向稳定性也有大幅度的改善。

对于采用防抱制动装置的汽车，试验时应测

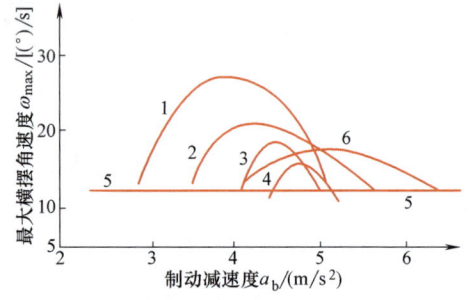

图4-47 最大横摆角速度与制动减速度曲线
1—原车装用烟斗花纹轮胎 2—烟斗花纹轮胎，
$i=1.8~2.1$（i为前、后制动气室气压比）
3—烟斗花纹轮胎，$i=1.9~2.4$ 4—烟斗花纹轮胎，
$i=2.1~2.55$ 5—烟斗花纹轮胎，$i=2.3~2.85$
6—原车装用连烟斗花纹轮胎

⊖ 参看 GB 21670—2008 和 GB 12676—2014。

第四章 汽车的制动性

量附着系数利用率[○]。附着系数利用率 ε 定义为防抱装置工作时的最大制动强度 z 和附着系数 φ 的比值,即 $\varepsilon = z/\varphi$。附着系数利用率 ε 应在附着系数等于或小于 0.3 和大约为 0.8 的两种路面上并在空载和满载两种情况下进行测量,此外 ε 应满足 $\varepsilon \geq 0.75$ 的条件。同时还应保证在对接路面(从高附着系数 φ_H 到低附着系数 φ_L 或者反过来。$\varphi_H \geq 0.5$,$\varphi_H/\varphi_L > 2$)和左右车轮分别位于两种不同附着系数(φ_H 和 φ_L)的对开路面上($\varphi_H \geq 0.5$,$\varphi_H/\varphi_L > 2$),以 50km/h 起始制动车速制动,车轮不得抱死。此外还要求在对开路面上,用转向来修正方向时,在最初 2s,转向盘转角不得超过 120°,总转角不得超过 240°。

在汽车道路制动试验中,关键是要测准制动距离、制动减速度和车辆的侧向路径偏离量。测量制动距离时,首先要测准制动的起始时刻。一般采用制动踏板开关和制动灯开关来进行测量。对自制的踏板开关一般要进行不同位置的踩踏试验以及开关触点接触电阻的试验,防止开关接通时不可靠。要注意制动灯开关电压的大小,必要时应该进行分压,以使电压的大小符合采集系统的要求。制动初速度在极限偏差为 3% 的范围内,制动距离可以按下式修正:

$$L = L'(u_a/u_a')^2$$

式中,L 为校正后的制动距离(m);L' 为测定的制动距离(m);u_a 为初速度的规定值(km/h);u_a' 为初速度的测定值(km/h)。

制动减速度测量有两种方法:一种是采用减速度计;另一种是采用五轮仪的速度信号微分。减速度计的选择要注意频率响应特性、灵敏度和噪声。侧向路径偏离量的测量有两种方法:一种方法是采用皮尺测量汽车相对行驶航道的偏离,最大测量误差为 0.05m;另一种方法是采用航向陀螺测量偏航角。

路上试验虽能全面地反映汽车的制动性,但试验需要有特定的场地,且也颇费时间。因此,在汽车生产、使用企业及一般车辆检测单位,常用室内试验装置测试汽车制动器的摩擦力矩,来检查汽车的制动性。

室内试验装置主要有平板式及滚筒式两种。图 4-48 所示为平板式制动试验台简图。平板式试验台由四块可活动的平板组成,左右平板中心的间隔距离等于轮距的宽度,前、后平板中心的间距等于轴距,每一块平板的长度都大于一个车轮的直径,大约为 1m。试验时,车辆用低速驶上平板并踩制动踏板。由于四个平板的纵向运动受到测力传感器的约束,所以每一块平板所测出的力等于轮胎和平板之间的制动力。平板式试验台的优点是可以反映制动时载荷的转移,测试方便、时间短。平板式试验台容易模拟道路的附着情况,而滚筒式制动试验台为了增加筒面与轮胎胎面的附着力,筒面应有横向槽形花纹,以保持附着系数在 0.65 以上。有时还应使用一定加载装置,以增加附着重量。

图 4-48 平板式制动试验台简图

○ 参看 GB/T 13594—2003。

轿车制动力大部分是由前轮制动器提供的，在滚筒式试验台上测量轿车前轮制动力常常会不准确。这是因为试验中作用于滚筒的垂直力仅是处于静止状态汽车的前轴轴荷（大大小于真实制动时前轴对地面的动态作用力），轮胎与筒面间的附着系数又较低，造成轮胎与筒面间的附着力明显不足。采用平板式试验台进行测试时，注意要有一定的引车距离和稳定的车速，以提高其测试的重复性。平板式试验台不容易测量制动鼓的失圆度，测量制动力随踏板力的变化不如滚筒式试验台方便。在测量左、右侧制动力的偏差时，目前常用检测线上的滚筒式试验台，通过计算机采集制动踏板力增长过程中的左、右侧制动力，然后计算出不相等度。

参 考 文 献

[4.1] 清华大学汽车教研组. 汽车的制动性能 [M]. 北京：清华大学出版社，1975.

[4.2] R D Lister. Retention of Directional Control When Braking [J] SAE Transaction paper 650092, 1965 (74).

[4.3] 王兆. 乘用车制动标准法规技术对比分析与研究 [D]. 长春：吉林大学汽车工程学院，2008.

[4.4] 全国汽车标准化技术委员会. GB 21670—2008 乘用车制动系统技术要求及试验方法 [S]. 北京：中国标准出版社，2008.

[4.5] 伦景光，倪佑民，陈学众. 关于汽车转弯制动试验的几个问题 [J]. 汽车运输研究，1983.

[4.6] 米奇克 M. 汽车动力学：A 卷 [M]. 2 版. 陈荫三，译. 北京：人民交通出版社，1992.

[4.7] Horsp Bauer. Automotive Handbook (Bosch) [M]. 4th Edition. Stuttgart：Robert Bosch GmbH, 1996.

[4.8] Rudolf limpert. Brake Design and Safety [J]. Society of Automotive Engineers. Inc, 1992.

[4.9] 司利增. 汽车防滑控制系统——ABS 与 ASR [M]. 北京：人民交通出版社，1996.

[4.10] 马建，陈荫三，余强，郭荣庆. 缓行器对汽车制动稳定性影响评价 [J]. 交通运输工程学报，2002, 2 (1).

[4.11] 余强，陈荫三，马建，郭荣庆，张庆余. 发动机制动和排气制动对客车制动稳定性的影响 [J]. 交通运输工程学报，2003, 3 (3).

[4.12] 衣丰艳，何仁，刘成晔. 车用缓速器制动性能虚拟仿真 [J]. 农业机械学报，2006, 37 (1).

[4.13] William Blythe, Terry D Day. Single Vehicle Wet Road Loss of Control；Effects of Tire Tread Depth and Placement [J]. SAE paper 2002-01-0553.

[4.14] 耿彤. 德国汽车理论 [M]. 北京：机械工业出版社，2011.

第五章

汽车的操纵稳定性

汽车的操纵稳定性是指在驾驶员不感到过分紧张、疲劳的条件下,汽车能遵循驾驶员通过转向系及转向车轮给定的方向行驶,且当遭遇外界干扰时,汽车能抵抗干扰而保持稳定行驶的能力。

汽车的操纵稳定性不仅影响汽车驾驶的操纵方便程度,而且也是决定高速汽车安全行驶的一个主要性能,所以人们称之为"高速车辆的生命线"。

随着道路的改善,特别是高速公路的发展,汽车以100km/h或更高车速行驶的情况是常见的。现代轿车设计的最高车速一般常超过200km/h,有的运动型轿车甚至超过300km/h。因此,汽车的操纵稳定性日益受到重视,成为现代汽车的重要使用性能之一。

第一节 概 述

一、汽车操纵稳定性包含的内容

汽车操纵稳定性涉及的问题较为广泛,与前面讨论过的几个性能有所不同,它需要采用较多的物理参量从多方面来进行评价。表5-1给出了汽车操纵稳定性的基本内容及评价所用物理参量。

在汽车操纵稳定性的研究中,常把汽车作为一个控制系统,求出汽车曲线行驶的**时域响应与频域响应**,并用它们来表征汽车的操纵稳定性能。

汽车曲线行驶的时域响应系指汽车在转向盘输入或外界侧向干扰输入下的侧向运动响应。转向盘输入有两种形式:给转向盘作用一个角位移,称为**角位移输入**,简称**角输入**;给转向盘作用一个力矩,称为**力矩输入**,简称**力输入**。驾驶员在实际驾驶车辆时,对转向盘的这两种输入是同时加入的。外界侧向干扰输入主要是指侧向风与路面不平产生的侧向力。

表5-1中的**转向盘角阶跃输入下进入**的**稳态响应**及转向盘角阶跃输入下的**瞬态响应**,就是表征汽车操纵稳定性的转向盘角位移输入下的**时域响应**。**回正性**是一种转向盘力输入下的时域响应。

横摆角速度频率响应特性是转向盘转角正弦输入下,频率由0→∞时,汽车横摆角速度与转向盘转角的振幅比及相位差的变化规律。它是另一个重要的表征汽车操纵稳定性的基础特性。

转向盘中心区操纵稳定性是转向盘小转角、低频正弦输入下汽车高速行驶时的操纵稳定性。

表 5-1　汽车操纵稳定性的基本内容及评价所用物理参量

项目	基本内容	主要评价参量
直线行驶性能	直线行驶性 侧向风敏感性 路面不平敏感性 节气门变化响应 不平路面上车道保持	车速、转向盘转角和力矩；侧向偏移；质心侧偏角
弯道行驶特性（稳态）	原地转向轻便性 低速行驶转向轻便性 高速行驶转向轻便性 稳态圆周行驶 转向半径	转向力、转向功、摩擦力和力矩 侧偏角、侧倾角、侧向加速度 最小转弯半径
弯道行驶特性（过渡特性）	转向盘角阶跃输入下进入的稳态响应——转向特性，转向盘角阶跃输入下的瞬态响应 横摆角速度频率响应特性 回正性 湿路面行驶 转向盘中心区操纵稳定性	稳态横摆角速度增益——转向灵敏度、反应时间、横摆角速度波动的无阻尼圆频率 共振峰频率、振幅比、相位滞后角、稳态增益 横摆角速度超调量、回正后残余横摆角速度、稳定时间 转向灵敏度、横摆角速度增益、转向力特性、转向功灵敏度、转向刚度、转向摩擦力矩
典型行驶工况性能	蛇行性能 移线性能 双移线性能——回避障碍性能 ……	转向盘转角、转向力、侧向加速度、横摆角速度、侧偏角、车速等
极限行驶性能	圆周行驶极限侧向加速度 抗侧翻能力 发生侧滑时的控制能力（正弦迟滞试验） 冰雪操稳道路行驶能力	极限车速、极限车身侧倾角、极限侧向加速度、通过时间、横摆角速度 转向盘转角、侧向偏移量、质心侧偏角

转向半径是评价汽车机动灵活性的物理参量。

转向轻便性是评价转动转向盘轻便程度的特性。

汽车的**直线行驶性能**是评价汽车操纵稳定性的另一个重要方面。其中，**侧向风敏感性**与**路面不平敏感性**是汽车直线行驶时在外界侧向干扰输入下的时域响应。

典型行驶工况性能（Task Performance）是指汽车通过某种模拟典型驾驶操作的通道的性能。它们能更如实地反映汽车的操纵稳定性。

极限行驶性能是指汽车在处于正常行驶与异常危险运动之间的运动状态下的特性。它表明了汽车安全行驶的极限性能。

本章只讨论上述内容的最基本部分：转向盘角阶跃输入下的稳态响应、瞬态响应与横摆角速度频率特性。此外，对转向盘力特性与汽车侧翻也稍做介绍。

汽车是由若干部件组成的一个物理系统。它具有惯性、弹性、阻尼等许多动力学的特点，所以它是一个**多自由度动力学系统**。应当指出，构成汽车动力学系统的元件，如轮胎、悬架、转向系等，具有非线性特性，描述汽车的微分方程应是非线性微分方程，即汽车为一个非线性系统。但是在大多数行驶状况下，汽车的侧向加速度不超过 $0.4g$，若忽略一些次要因素，则可以把汽车近似地看作一个线性动力学系统。本章就是把汽车作为线性系统来分析讨论的。

二、车辆坐标系与转向盘角阶跃输入下的时域响应

汽车的运动是借固结于运动着的汽车上的动坐标系——车辆坐标系来描述的。图 5-1 所示固结于汽车上的 $Oxyz$ 直角动坐标系就是**车辆坐标系**。xOz 处于汽车左右对称的平面内。当车辆在水平路面上处于静止状态下，**x 轴平行于地面指向前方，z 轴通过质心指向正上方，y 轴指向驾驶员的左侧**，坐标系的原点 O 常可令其与质心重合。与操纵稳定性有关的主要运动参量为，车厢角速度在 z 轴上的分量——横摆角速度 ω_r、汽车质心速度在 y 轴上的分量——侧向速度 v，汽车质心加速度在 y 轴上的分量——侧向加速度 a_y（图 5-1）等。

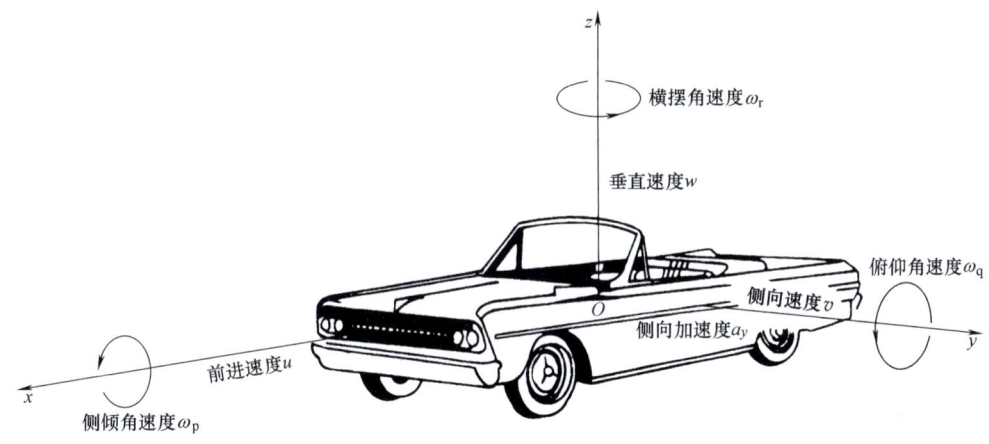

图 5-1　车辆坐标系与汽车的主要运动形式

汽车的时域响应可分为不随时间变化的**稳态响应**和随时间变化的**瞬态响应**⊖。例如，汽车等速直线行驶是一种稳态；若在汽车等速直线行驶时，急速转动转向盘至某一转角时，停止转动转向盘并维持此转角不变，即给汽车以转向盘角阶跃输入，一般汽车经短暂时间后便进入等速圆周行驶，这也是一种稳态，称为**转向盘角阶跃输入下进入的稳态响应**。

在等速直线行驶与等速圆周行驶这两个稳态运动之间的过渡过程便是一种瞬态，相应的瞬态运动响应称为**转向盘角阶跃输入下的瞬态响应**。

汽车的**等速圆周行驶**，即汽车转向盘角阶跃输入下进入的稳态响应，虽然在实际行驶中

⊖ 在 SAE J670e 标准《Vehicle Dynamics Terminology》中有"稳态"与"瞬态"的定义。

　　稳态（Steady State）：当周期的（或恒定的）操纵输入（或）扰动输入施加在车辆上引起的周期的（或恒定的）车辆响应，在任意长的时间内不发生变化时，便称这一车辆处于稳态。在稳态中的运动响应称为稳态响应。瞬态（Transient State）：当车辆的运动响应、作用在车辆上的外力或操纵位置随时间变化时，便称这一车辆的运动处于瞬态。在瞬态中的运动响应称为瞬态响应。

　　SAEJ670e 中对"车辆响应"的定义如下：

　　由于外部或车辆内部的输入所产生的车辆运动称为车辆响应（Vehicle Response）。

不常出现，却是表征汽车操纵稳定性的一个重要的时域响应，一般也称它为汽车的**稳态转向特性**。汽车的稳态转向特性分为三种类型：**不足转向、中性转向和过多转向**（详见第三节）。这三种不同转向特性的汽车具有如下行驶特点（图 5-2）：在转向盘保持一个固定转角 δ_{sw} 下，缓慢加速或以不同车速等速行驶时，随着车速的增加，不足转向汽车的转向半径 R 增大；中性转向汽车的转向半径维持不变；而过多转向汽车的转向半径则越来越小。操纵稳定性良好的汽车应具有适度的不足转向特性。一般汽车不应具有过多转向特性，也不应具有中性转向特性，因为具有中性转向特性的汽车在使用条件变动时，有可能转变为过多转向特性。

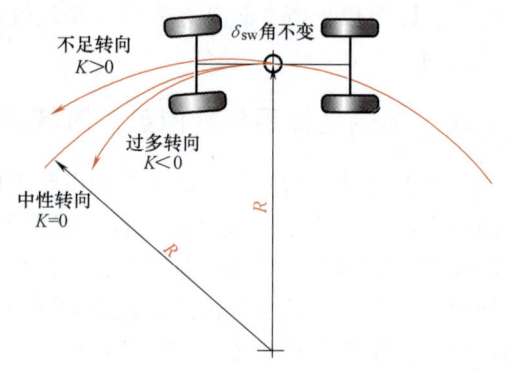

图 5-2 汽车的三种稳态转向特性

汽车的操纵稳定性同汽车行驶时的瞬态响应有密切关系。常用转向盘角阶跃输入下的瞬态响应来表征汽车的操纵稳定性。图 5-3 上画出了一辆等速行驶汽车在 $t=0$ 时，驾驶员急速转动转向盘至角度 δ_{sw0} 并维持此转角不变（即转向盘角阶跃输入）时的汽车瞬态响应曲线。

图中是以汽车横摆角速度 ω_r 来描述汽车响应的。可以看出，给汽车以转向盘角阶跃输入后，汽车横摆角速度经过一个过渡过程后达到稳态横摆角速度 ω_{r0}。此过渡过程即汽车的瞬态响应，它具有如下特点：

（1）**时间上的滞后** 汽车的横摆角速度不能立即达到稳态横摆角速度 ω_{r0}，而要经过时间 τ 后才能**第一次达到 ω_{r0}**。这一段滞后时间称为**反应时间**。反应时间短，则驾驶员感到转向响应迅速、及时，否则就会觉得转向迟钝。也有用到达第一峰值的时间 ε 来表示滞后时间的。

（2）**执行上的误差** 最大横摆角速度 ω_{r1} 常大于稳态值 ω_{r0}。$\omega_{r1}/\omega_{r0} \times 100\%$ 称为**超调量**，它表示执行指令误差的大小。

（3）**横摆角速度的波动** 在瞬态响应中，**横摆角速度 ω_r 以频率 ω 在 ω_{r0} 值上下波动**。波动的频率 ω 取决于汽车动力学系统的结构参数，它也是表征汽车操纵稳定性的一个重要参数。

（4）**进入稳态所经历的时间** 横摆角速度达到稳态值 95%~105% 之间的时间 σ 称为**稳定时间**，它表明进入稳态响应所经历的时间。

个别汽车也可能出现汽车横摆角速度 ω_r 不能收敛的情况，即 ω_r 值越来越大，转向半径越来越小，而导致汽车产生侧向滑动或翻车的危险。由此可知，瞬态响应包括两方面的问题：一是行驶

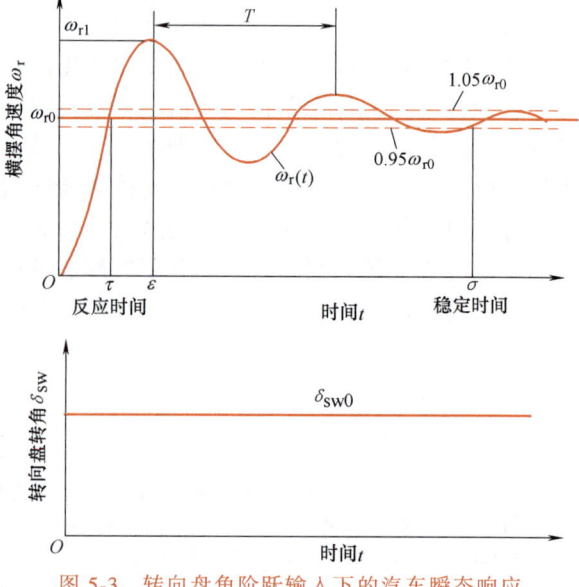

图 5-3 转向盘角阶跃输入下的汽车瞬态响应

方向稳定性，即给汽车以转向盘角阶跃输入后，汽车能否达到新的稳定状况的问题；二是响应品质问题，即达到新的稳态之前，其瞬态响应的特性如何。

三、人-汽车闭路系统

在上述对汽车时域响应的讨论中，假定驾驶员的任务只是机械地急速转动转向盘至某一转角并维持此角度不变，而不允许根据汽车的转向运动做出任何操纵修正动作，即不允许驾驶员起任何反馈作用。因此，汽车的时域响应只是把汽车作为**开路控制系统**。它们完全取决于汽车的结构与参数，是汽车本身固有的特性。汽车作为开路系统的时域响应可以通过建立数学模型进行理论分析，也可以使用测试设备在试验中客观地进行测量。

但是，汽车的操纵稳定性最后应该是由驾驶员来评定的，操纵稳定性与驾驶员的操作特性又是紧密相关的。因此，操纵稳定性的研究对象应该是把驾驶员与汽车作为统一整体的人-汽车系统，而不能忽略驾驶员的反馈作用。图 5-4 中简要地表示了人-汽车系统中驾驶员与汽车的关系。在汽车行驶中，驾驶员根据需要，操纵转向盘使汽车做一定的转向运动；路面的凸凹不平，侧向风等亦影响汽车的行驶。与此同时，驾驶员根据随之出现的道路、交通等情况和通过眼睛、手及身体感知到的汽车运动状况，经过头脑的分析、判断，修正他对转向盘的操纵。如此不断反复循环，驾驶员操纵汽车行驶前进。由此可见，在人-汽车系统中，通过驾驶员把系统的输出参数反馈到输入控制中去，所以人-汽车系统是一个闭路系统。不过驾驶员的反馈作用十分复杂，目前对于人-汽车闭路系统的理论研究还不很成熟，人-汽车系统的汽车操纵稳定性只能用试验方法来实际测定。表 5-1 中列出的典型行驶工况性能就是人-汽车闭路系统的操纵稳定性能，是指人-汽车系统通过某种典型通道时的性能。图 5-36 中给出了典型行驶工况性能中的双移线行驶性能的试验通道。试验时令汽车以一定车速，或以驾驶员感到安全的最高车速通过试验通道试验，可以对汽车的横摆角速度响应、车厢侧倾等进行综合评价。

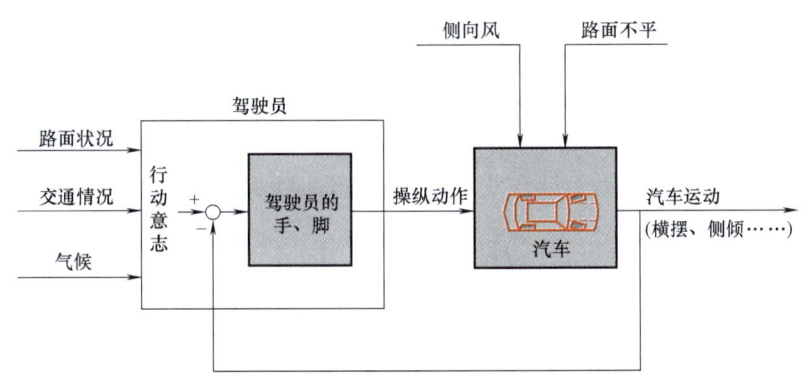

图 5-4 人-汽车系统简图

尽管试验得到的人-汽车闭路系统的性能真实地反映了汽车的操纵稳定性能，但是由于进行试验的驾驶员的操作特性起了反馈作用，所以客观性及再现性就不如开路系统汽车的时域响应好。还应指出，人-汽车系统的操纵稳定性只能在已具有实际车辆的条件下通过试验求得，目前还不能做到通过理论分析与计算来进行准确的预测。所以，在产品开发阶段，广泛应用的理论分析对象仍然只能是开路系统汽车的时域响应。

四、汽车试验的两种评价方法

汽车性能最后应通过试验来进行测定与评价。试验中的性能评价有主观评价和客观评价两种方法。**客观评价法**是通过测试仪器测出表征性能的物理量如横摆角速度、侧向加速度、侧倾角及转向力等来评价操纵稳定性的方法。**主观评价法**就是感觉评价,其方法是让试验评价人员根据试验时自己的感觉来进行评价,并按规定的项目和评分办法进行评分。

研究汽车本身特性的开路系统只采用客观评价法。研究人-汽车闭路系统的试验常同时采用客观评价与主观评价两种方法。

由于汽车是由人来驾驶的,因此主观评价法始终是操纵稳定性的最终评价方法。譬如,客观评价中采用的物理量是否可以表征操纵稳定性,就取决于用这些物理量评价性能的结果与主观评价是否一致。熟练的试验驾驶员在进行主观评价试验时,还能发现仪器所不能检测出来的现象。较为常见的是先由人的感觉发现问题,然后用仪器来进行检测。虽然开路系统试验只用客观评价法,但是其试验方法的本身及采用的评价指标,实际上均是由人们的长期实践或专门设置的主观评价试验来检验、确定的。

主观评价的缺点之一是,它受到评价者个人主观因素的影响,不同评价者可能给出差别较大的评价结果;另一个缺点是,一般情况下,它不能给出汽车性能与汽车结构二者之间有何种联系的信息。而开路系统客观评价试验中的评价指标,可以通过理论分析确定它们与汽车结构参数的函数关系,因此开路系统客观评价试验可以指出改变汽车结构及结构参数以提高性能的具体途径。

确定稳态响应与瞬态响应的**转向盘角阶跃输入试验**、确定横摆角速度频率响应特性的**转向盘角脉冲输入试验**以及**转向盘中心区操纵稳定性试验**(On Center Handling Test),就是由长期汽车工程实践与专门的主观评价试验所肯定下来的开路系统客观评价试验方法。

第二节 轮胎的侧偏特性

轮胎的侧偏特性是轮胎力学特性的一个重要部分。本节将讨论轮胎的侧偏现象与侧偏特性。侧偏特性主要是指侧偏力、回正力矩与侧偏角间的关系,它是研究汽车操纵稳定性的基础。

一、轮胎的坐标系

为了讨论轮胎的力学特性,需要建立一个坐标系,参看图5-5中的坐标系。垂直于车轮旋转轴线的轮胎中分平面称为车轮平面。坐标系的原点 O 为车轮平面和地平面的交线与车轮旋转轴线在地平面上投影线的交点。车轮平面与地平面的交线取为 X 轴,规定向前为正。Z 轴与地平面垂直,规定指向上方为正。Y 轴在地平面上,规定面向车轮前进方向时指向左方为正。图5-5中还给出了地面作用于轮胎的力与力矩,即地面切向反作用力 F_X、地面侧向反作用力 F_Y、地面法向反作用力 F_Z 以及地面反作用力绕 Z 轴的力矩——回正力矩 T_Z 等。它们均按轮胎坐标系规定的方向确定正、负方向。图中还画出了侧偏角 α 与外倾角 γ。侧偏角是轮胎接地印迹中心(即坐标系原点)位移方向与 X 轴的夹角,图示方向为正,外倾角是垂直平面（XOZ 平面）与车轮平面的夹角，图示方向为正。

二、轮胎的侧偏现象和侧偏力-侧偏角曲线

汽车在行驶过程中，由于路面的侧向倾斜、侧向风或曲线行驶时的离心力等的作用，车轮中心沿 Y 轴方向将作用有侧向力 F_y，相应地在地面上产生地面侧向反作用力 F_Y，F_Y 也称为**侧偏力**。当有地面侧向反作用力时，若车轮是刚性的，则可以发生两种情况：

1）当地面侧向反作用力 F_Y 未超过车轮与地面间的附着极限时，车轮与地面间没有滑动，车轮仍在其自身平面 cc 内运动（图5-6）。

2）当地面侧向反作用力 F_Y 达到车轮与地面间的附着极限时，车轮发生侧向滑动，若滑动速度为 Δu，车轮便沿合成速度 u' 的方向行驶，偏离了 cc 平面。

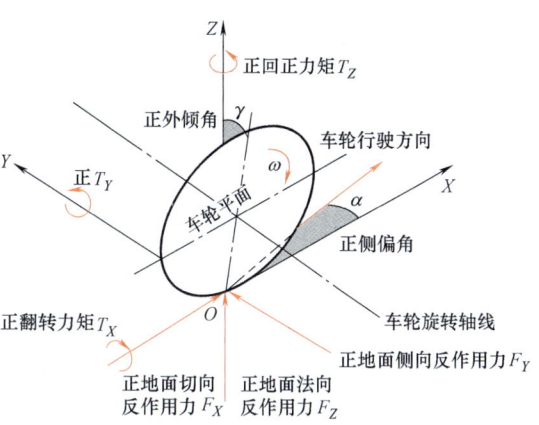

图 5-5　轮胎的坐标系与地面作用于轮胎的力和力矩

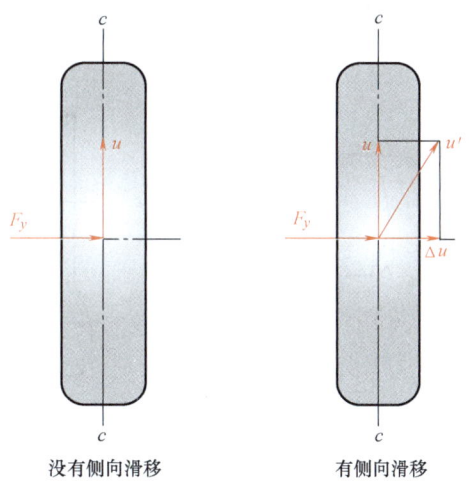

图 5-6　有侧向力作用时刚性车轮的滚动

当车轮有侧向弹性时，即使 F_Y 没有达到附着极限，车轮行驶方向也将偏离车轮平面 cc，这就是轮胎的**侧偏现象**。为了说明侧偏现象，我们讨论具有侧向弹性的车轮在垂直载荷为 W 的条件下，车轮中心受到侧向力 F_y、地面相应地有侧偏力 F_Y 时的两种情况。一种情况是车轮静止不滚动，由于车轮有侧向弹性，轮胎发生侧向变形，轮胎胎面接地印迹的中心线 aa 与车轮平面 cc 不重合，错开 Δh，但 aa 仍平行于 cc（图5-7a）。另一种情况是车轮滚动，接触印迹的中心线 aa 不只是和车轮平面错开一定距离，而且不再与车轮平面 cc 平行，aa 与 cc 的夹角 α 即为**侧偏角**，此时车轮沿着 aa 方向滚动（图5-7b）。

为了说清楚出现侧偏角 α 的原因，下面具体分析车轮的滚动过程（图5-7b）。在轮胎胎面中心线上标出 A_1、A_2、A_3……各点，随着车轮向前滚动，各点将依次落于地面上相应的 A'_1、A'_2、A'_3……各点上。在主视图上可以看出，靠近地面的胎面上，A_1、A_2、A_3……各点连线在接近地面时逐渐变为一条斜线，因此它们落在地面相应各点 A'_1、A'_2、A'_3……的连线并不垂直于车轮旋转轴线，即与车轮平面 cc 有夹角 α。当轮胎与地面没有侧向滑动时，A'_1、A'_2、A'_3……的连线就是接地印迹的中心线，当然也是车轮滚动时在地面上留下的痕迹，即车轮并没有在车轮平面 cc 内向前滚动，而是沿着侧偏角 α 的方向滚动。显然，侧偏角 α 的数值是与侧偏力 F_Y 的大小有关的。

图 5-8 中给出了一条由试验测出的侧偏力-侧偏角曲线。曲线表明，侧偏角不超过 5°时，F_Y 与 α 呈线性关系。汽车正常行驶时，侧向加速度不超过 $0.4g$，侧偏角不超过 4°~5°，可

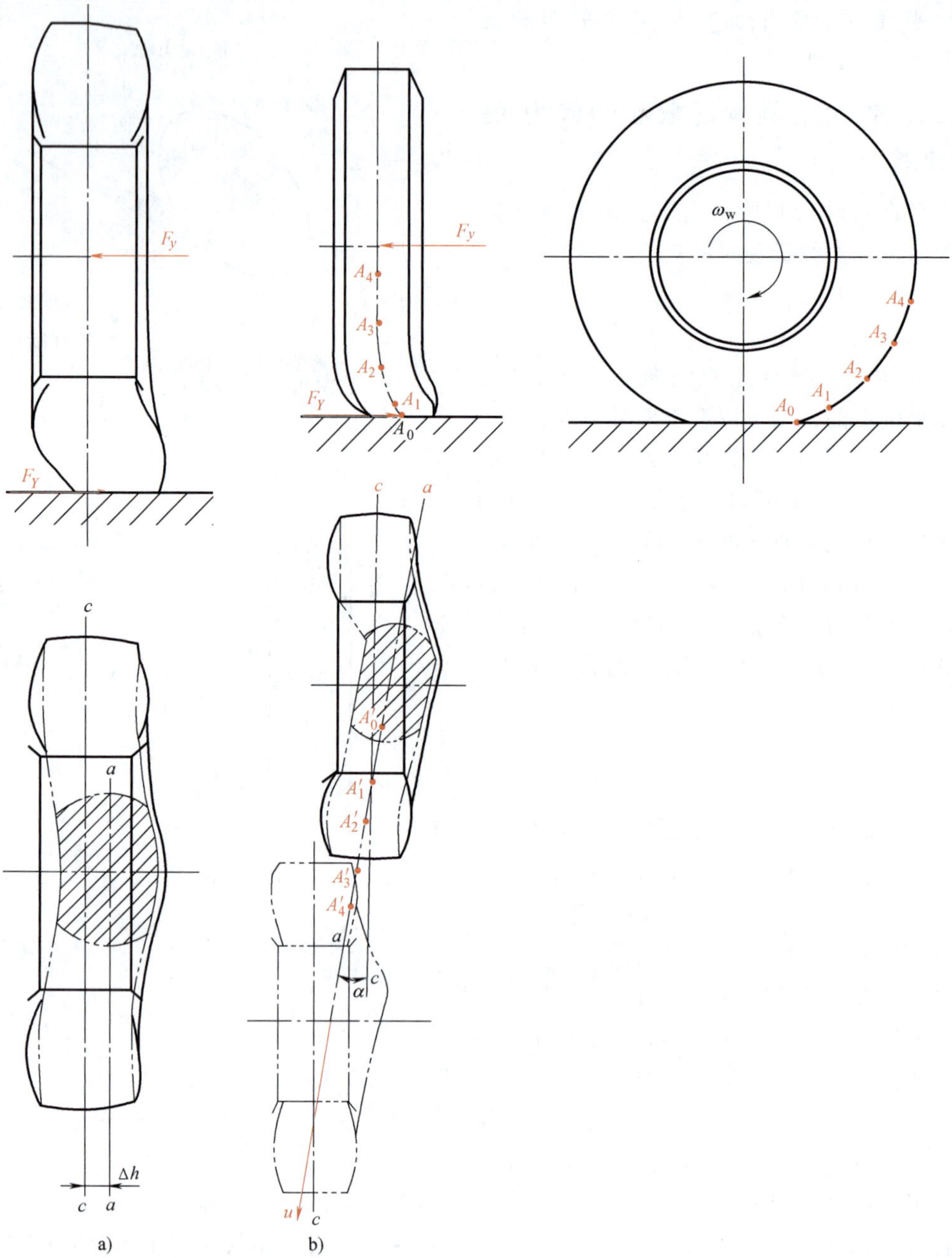

图 5-7 轮胎的侧偏现象
a) 静止　b) 滚动

以认为侧偏角与侧偏力呈线性关系。F_Y-α 曲线在 $\alpha=0°$ 处的斜率称为**侧偏刚度** k，单位为 N/rad 或 N/(°)。由轮胎坐标系有关符号规定可知，负的侧偏力产生正的侧偏角，因此**侧偏刚度为负值**。F_Y 与 α 的关系式可写作

$$F_Y = k\alpha \tag{5-1}$$

小型轿车轮胎的 k 值在 -28000~-80000N/rad 范围内。侧偏刚度是决定操纵稳定性的重要轮胎参数。轮胎应有高的侧偏刚度（指绝对值），以保证汽车良好的操纵稳定性。

在较大的侧偏力时,侧偏角以较大的速率增长,即 F_Y-α 曲线的斜率逐渐减小,这时轮胎在接地面处已发生部分侧滑。最后,侧偏力达到附着极限时,整个轮胎侧滑。显然,轮胎的最大侧偏力取决于附着条件,即垂直载荷、轮胎胎面花纹、材料、结构、充气压力,路面的材料、结构、潮湿程度以及车轮的外倾角等。一般而言,最大侧偏力越大,汽车的极限性能越好,如按圆周行驶的极限侧向加速度就越高。

三、轮胎的结构、工作条件对侧偏特性的影响

轮胎的尺寸、形式和结构参数对侧偏刚度有显著影响。尺寸较大的轮胎有较高的侧偏刚度。子午线轮胎接地面宽,一般侧偏刚度较高。钢丝子午线轮胎比尼龙子午线的侧偏刚度还要高些。

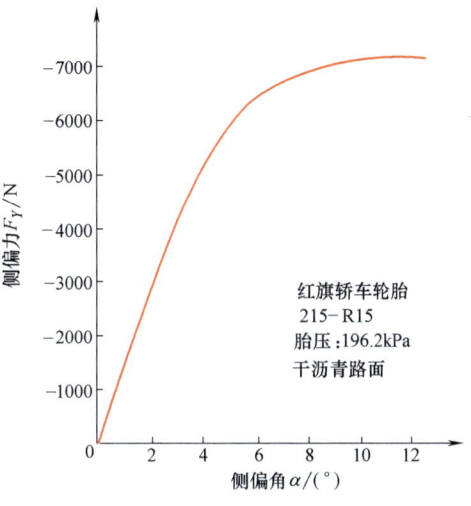

图 5-8 轮胎的侧偏特性

以百分数表示的轮胎断面高 H 与轮胎断面宽 B 之比 $H/B \times 100\%$ 称为高宽比。早期轮胎的高宽比为 100%,现代轮胎的高宽比逐渐减小,目前不少轿车已采用高宽比为 60% 或称 60 系列的宽轮胎。追求高性能的运动型轿车也有采用高宽比为 50% 甚至 35% 宽轮胎的。高宽比对轮胎侧偏刚度影响很大,采用高宽比小的宽轮胎是提高侧偏刚度的主要措施。图 5-9 中给出了四种不同高宽比子午胎的侧偏刚度与载荷的关系曲线,可以看出高宽比为 60% 的 60 系列轮胎的侧偏刚度有大幅度提高。

汽车行驶时,轮胎的垂直载荷常有变化。例如转向时,内侧车轮轮胎的垂直载荷减小,外侧车轮轮胎的垂直载荷增大。垂直载荷的变化对轮胎侧偏特性有显著影响。图 5-10 表明垂直载荷增大后,侧偏刚度随垂直载荷的增加而加大;但垂直载荷过大时,轮胎与地面接触区的压力变得极不均匀,使轮胎侧偏刚度反而有所减小。

轮胎的充气压力对侧偏刚度也有显著影响。由图 5-11 可知,随着气压的增加,侧偏刚度增大;但气压过高后刚度不再变化。

行驶车速对侧偏刚度的影响很小。

上面讨论的是没有切向反作用力作用时轮胎的侧偏特性。实际上,在轮胎上常同时作用有侧向力与切向力。由试验得到的曲线(图 5-12)表明,一定侧偏角下,驱动力增加时,侧偏力逐渐有所减小,这是由于轮胎侧向弹性有所改变的关系。当驱动力相当大时,侧偏力显著下降,因为此时接近附着极限,切向力已耗去大部分附着力,而侧向能利用的附着力很少。作

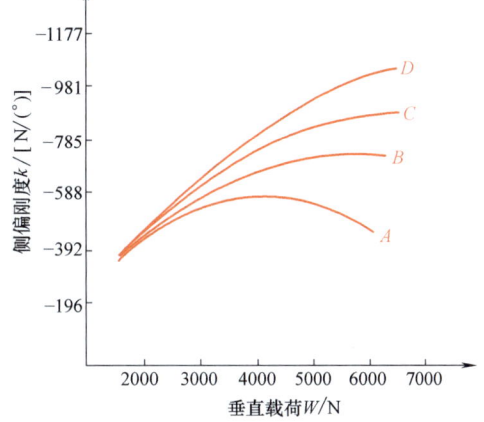

图 5-9 四种不同高宽比子午胎的
侧偏刚度与载荷的关系曲线
A—82系列 B—70系列 C—高性能
70系列 D—60系列

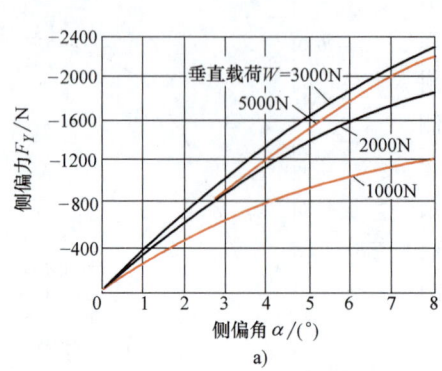
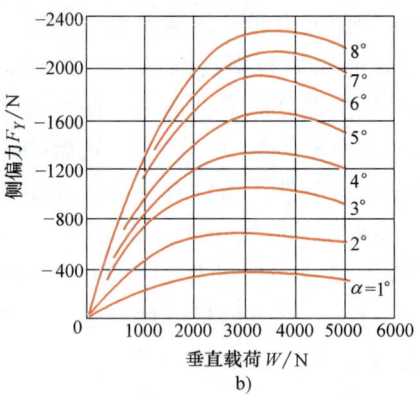

图 5-10 垂直载荷对侧偏特性的影响

用有制动力时，侧偏力也有相似的变化。由图 5-12 还可看出，这组曲线的包络线接近于一个椭圆，一般称为**附着椭圆**[○]。它确定了在一定附着条件下切向力与侧偏力合力的极限值。

路面及其粗糙程度、干湿状况对侧偏特性，尤其是最大侧偏力有很大影响。图 5-13 所示为轮胎在干沥青路面和湿沥青路面及湿混凝土路面上的侧偏特性。图上给出的是侧向力系数 F_Y/F_Z 与侧偏角 α 的关系曲线。

路面有薄水层时，由于**滑水现象**，会出现完全丧失侧偏力的情况。图 5-14 表明轮胎在不同轮胎胎面、路面粗糙度和水层厚度等条件下，最大侧偏力的降低情况。水层厚度为 1.02mm 时，在粗糙路面上，开有 4 条沟槽的胎面能防止滑水现

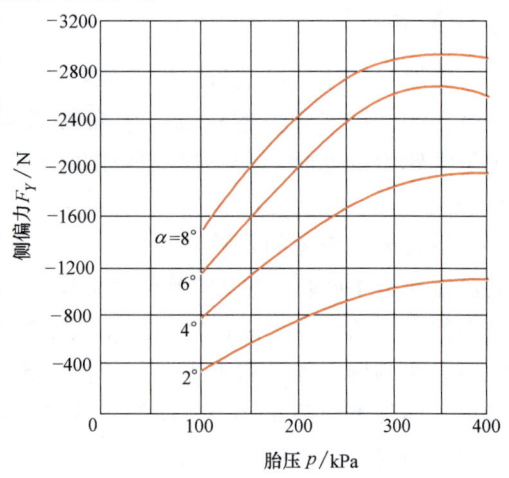

图 5-11 轮胎充气压力对侧偏特性的影响
轮胎：6.40-13　速度 $u=11$m/s　垂直载荷 $W=4000$N

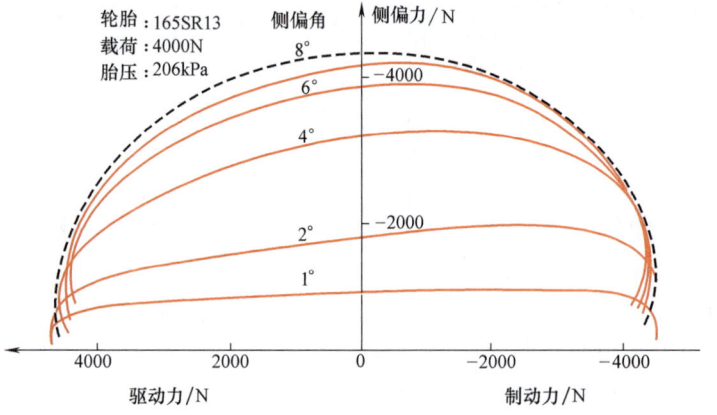

图 5-12 地面切向反作用力对侧偏特性的影响

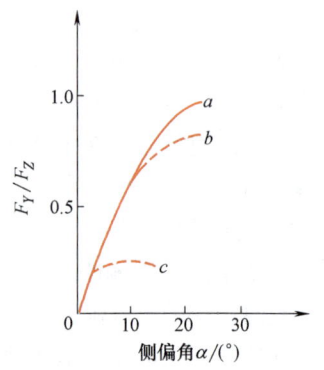

图 5-13 干路面和湿路面上的侧偏特性
a—干沥青路面，速度为 16.5km/h
b—湿混凝土路面，速度为 32.2km/h
c—湿沥青路面，速度为 14.5km/h

○ 也有忽略纵向与侧向附着力的差异而称为**附着圆**的。

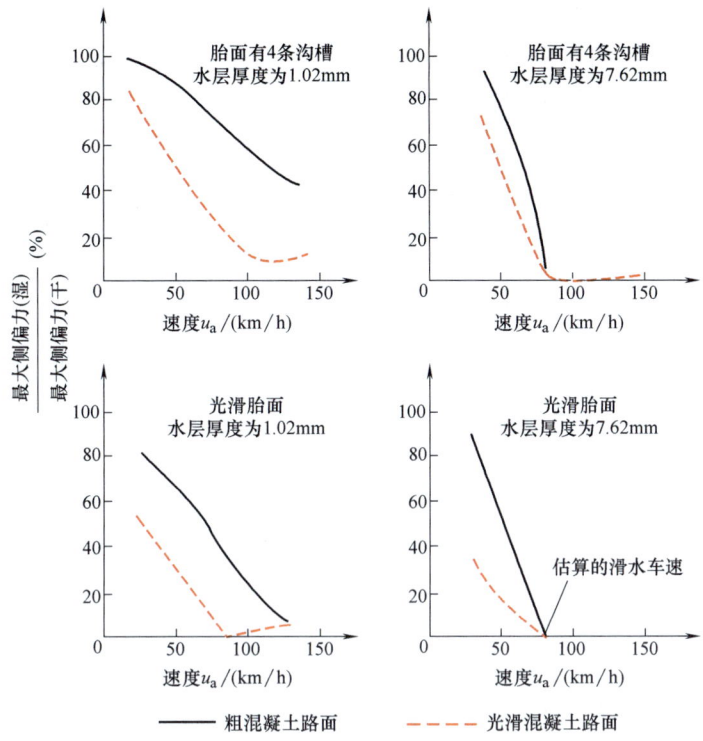

图 5-14 轮胎胎面、路面粗糙程度、水层厚度与滑水现象的关系

象。水层厚度为 7.62mm 时，不论胎面有无沟槽、路面是否粗糙，当车速为 80km/h 时均出现滑水现象，此时最大侧偏力为零。

四、回正力矩——绕 OZ 轴的力矩

在轮胎发生侧偏时，还会产生作用于轮胎绕 OZ 轴的力矩 T_Z，参看图 5-5。圆周行驶时，T_Z 是使转向车轮恢复到直线行驶位置的主要恢复力矩之一，称为回正力矩。

回正力矩是由接地面内分布的微元侧向反作用力产生的。由图 5-7 可知，车轮在静止时受到侧向力后，印迹长轴线 aa 与车轮平面 cc 平行，错开 Δh，即印迹长轴线 aa 上各点的横向变形（相对于 cc 平面）均为 Δh，故可以认为地面侧向反作用力沿 aa 线是均匀分布的（图 5-15a）。而车轮滚动时，如前所述，印迹长轴线 aa 不仅与车轮平面错开一定距离，而且转动了 α 角，因而印迹前端离车轮平面近，侧向变形小；印迹后端离车轮平面远，侧向变形大。可以认为，地面微元侧向反作用力的分布与变形成正比，故地面微元侧向反作用力的分布情况将如图 5-15b 所示，其合力就是侧偏力 F_Y，但其作用点必然在接地印迹几何中心的后方，偏移某一距离 e。e 称为轮胎拖距，$F_Y e$ 就是回正力矩 T_Z。

在 F_Y 增加时，接地印迹内地面微元侧向反作用力的分布的情况如图 5-15c 所示。F_Y 增大至一定程度时，接地印迹后部的某些部分便达到附着极限，侧向反作用力将沿 345 线分布（图 5-15d）。随着 F_Y 的进一步加大，将有更多部分达到附着极限，直到整个接地印迹发生侧滑，因而轮胎拖距会随着侧向力的增加而逐渐变小。图 5-16 所示为试验得到的回正力矩-侧偏角曲线。可以看出，回正力矩开始时逐步增大，侧偏角为 4°~6°时达到最大值；侧偏角

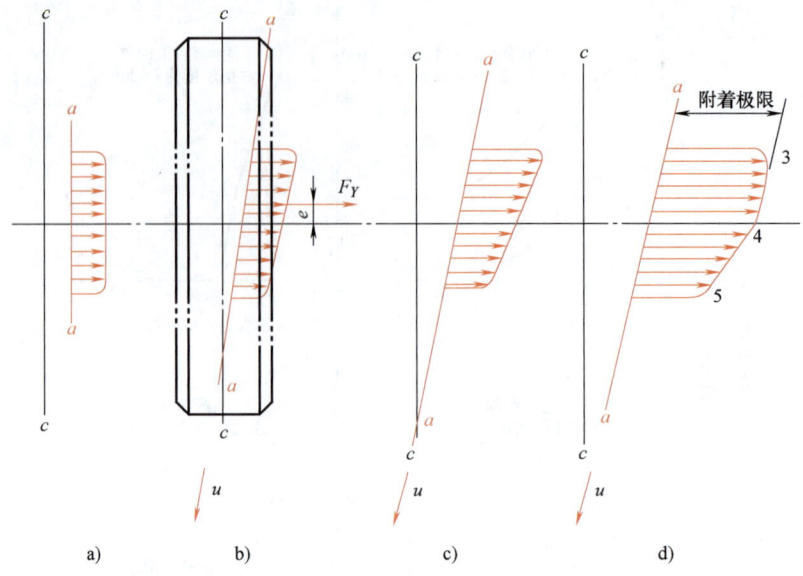

图 5-15　接地印迹内地面侧向反作用力的分布与回正力矩的产生

再增大，回正力矩下降，在 10°~16° 时回正力矩为零；侧偏角再大，回正力矩成为负值。有人用接地面后部发生侧向滑动的速度大，摩擦因数较小来解释这个现象。试验结果还表明，回正力矩随垂直载荷的增大而增加。

轮胎的形式及结构参数对回正力矩-侧偏角曲线有重要影响。在同样侧偏角下，尺寸大的轮胎一般回正力矩较大。子午线轮胎的回正力矩比斜交轮胎大。

轮胎的气压低，接地印迹长，轮胎拖距大，回正力矩也就大。

地面切向反作用力对回正力矩的影响如图 5-17 所示。从图中看出，随着驱动力的增加，回正力矩达最大值后再下降。在制动力作用下，回正力矩不断减小，到一定制动力时下降为零，其后便变为负值。

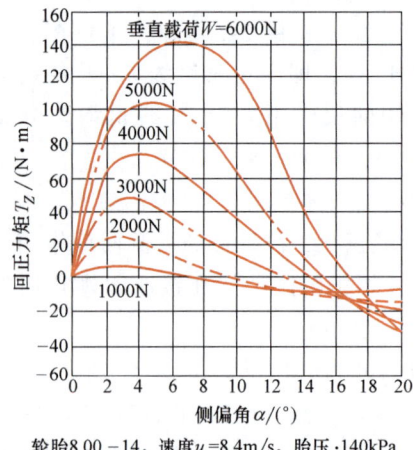

图 5-16　试验得到的轮胎的回正力矩-侧偏角曲线

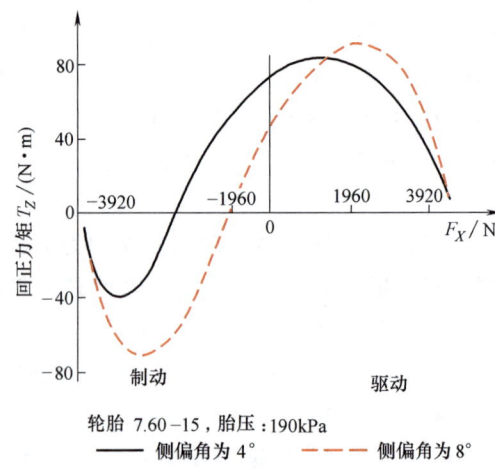

图 5-17　地面切向反作用力对回正力矩的影响

五、有外倾角时轮胎的滚动

汽车两个前轮有外倾角 γ[⊖]，具有绕各自旋转轴线与地面的交点 O' 滚动的趋势（图 5-18），若不受约束，犹如发生侧偏一样，将偏离正前方而各自向左、右侧滚动。实际上，由于前轴的约束，两个车轮只能一起向前行驶。因此，车轮中心必作用有一侧向力 F_y，把车轮"拉"回至同一方向向前滚动。与此同时，轮胎接地面中产生一与 F_y 方向相反的侧向反作用力，这就是**外倾侧向力** $F_{Y\gamma}$。

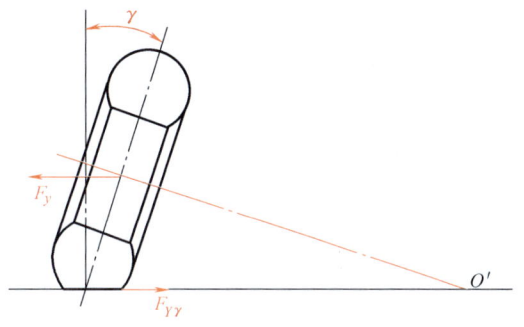

图 5-18 车轮外倾角与外倾侧向力

图 5-19a 所示为试验得到的外倾侧向力与外倾角的关系曲线。外倾侧向力与外倾角呈线性关系，其关系式为

$$F_{Y\gamma} = k_\gamma \gamma \tag{5-2}$$

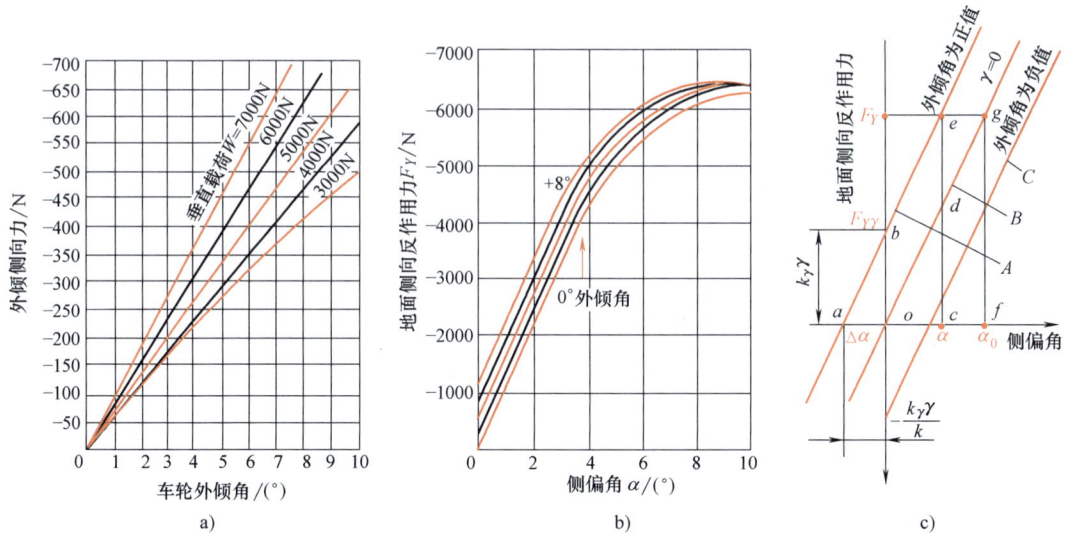

图 5-19 试验得到的有外倾角时轮胎的侧偏特性
a) 外倾侧向力与外倾角的关系曲线　b)、c) 有外倾角时轮胎的侧偏特性

按轮胎坐标系规定，k_γ 为负值，称作**外倾刚度**，单位为 N/rad 或 N/(°)。

图 5-19b 所示为试验求得的不同外倾角下轮胎的侧偏特性。如图所示，侧偏特性具有平移的特点。图 5-19c 所示为图 5-19b 中的局部放大图，图上的 A、B 与 C 线条是外倾角 γ 为正、为零与为负时，小侧偏角范围内的侧偏特性。图 5-19c 还表明：

1）侧偏角为零时的地面侧向反作用力便是外倾侧向力 $F_{Y\gamma}$，由式（5-2）可知，$F_{Y\gamma} = k_\gamma \gamma$。当外倾角为正值时（见 A 线），$F_{Y\gamma}$ 为负值。

2）外倾角为正值时，侧偏角为 α 的地面侧向反作用力为 $F_Y = cd + de$，见 A 线，即 F_Y 为

[⊖] 按照轮胎坐标系的规定，汽车向前行驶时，右前轮有正外倾角，左前轮有负外倾角。

外倾角等于零时的侧偏力与外倾侧向力之和。因此，有外倾角时的地面侧向反作用力与外倾角、侧偏角的关系式为

$$F_Y = F_{Y\alpha} + F_{Y\gamma} = k\alpha + k_\gamma \gamma \tag{5-3}$$

式中，$F_{Y\alpha}$ 为只有侧偏角而外倾角为零时的侧偏力；$F_{Y\gamma}$ 为只有外倾角而侧偏角为零时的外倾侧向力；α 为侧偏角；γ 为外倾角。

应当指出，随着外倾角的增大，胎面与路面的接触情况越来越差，会影响最大地面侧向反作用力（侧向附着力）而损害汽车的极限性能（降低极限侧向加速度⊖）。所以，高速轿车特别是采用超宽断面轮胎的竞赛车，转弯行驶时承受大部分前侧向力的前外轮应尽量垂直于地面，即外倾角等于零。摩托车转弯时，车轮外倾角很大，为了保证最大地面侧向反作用力，摩托车轮胎具有圆形断面。

车轮有外倾角时还产生回正力矩。图 5-20 中给出了不同垂直载荷下的回正力矩与外倾角曲线。

最后，按照轮胎坐标系的规定，将上述各轮胎特性参数的正负关系画在图 5-21 中，可见正侧偏角对应于负的侧偏力与正的回正力矩；正外倾角对应于负的外倾侧向力与负的外倾回正力矩。

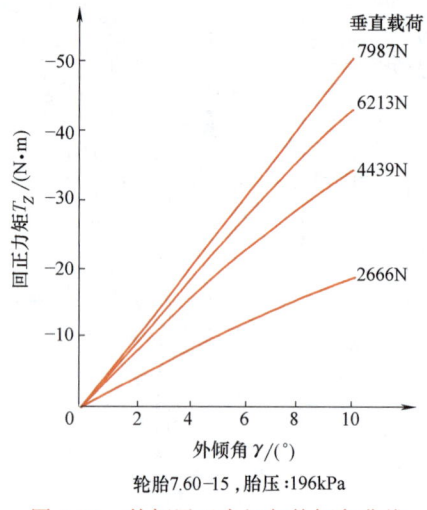

图 5-20　外倾回正力矩与外倾角曲线

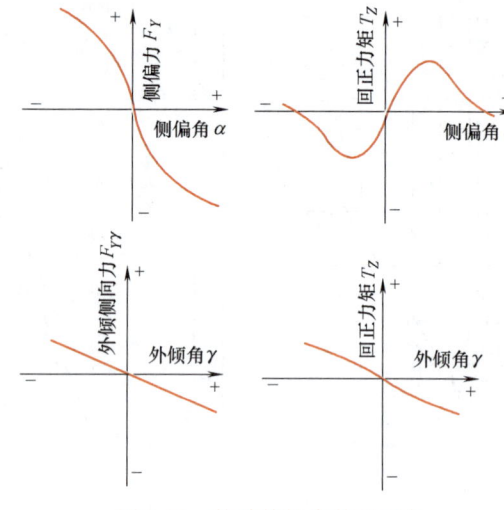

图 5-21　轮胎特性参数的正负

六、轮胎模型简介

轮胎模型用来描述轮胎的力学特性。在汽车操纵稳定性方面，一般研究轮胎稳态时的纵滑特性、侧偏特性、联合滑移特性及外倾特性等。轮胎模型分为理论模型和经验模型。理论模型是一种理论上探讨侧偏力、回正力矩产生的机理，提出各种假设进行力学分析，也有采用有限元方法进行计算的；而经验模型是依靠轮胎的试验数据，拟合而成为计算公式。长期以来，我国汽车工业因为缺少轮胎数据，汽车操纵稳定性的研究受到一定程度的影响。

由于轮胎力学的复杂性，超过了该课程的要求，这里只是给出一个线索供读者去研究。

⊖　指汽车在干的和湿的良好路面上绕定半径做持续的圆周行驶所能达到的最大向心加速度。

第五章 汽车的操纵稳定性

轮胎力学特性的研究是从 1930 年德国的 Fromm 和法国的 Broulhiet 分别发现了汽车充气轮胎的侧偏现象后才开始的。1941 年，Fromm 将轮胎胎体简化成弹性梁，这是最早的描述轮胎侧偏特性的理论模型。1954 年，Fiala 在弹性梁模型的基础上，假定轮胎仅在接触区内发生侧向变形，此时轮胎可视为受到侧向集中力作用的弹性支撑梁，推导了侧向力和回正力矩与侧偏角和外倾角的关系。1966 年，Pacejka 将轮胎简化成拉伸的弦。在此基础上，1989 年，Pacejka 等人提出了魔术公式轮胎模型，该模型是一种经验模型，以三角函数的组合来表示轮胎纵向力、侧向力和回正力矩。1968 年，日本桥石轮胎厂发表了对 Fiala 理论表达式的试验修正表达式。

1990 年，Gim 等人在刷子模型的基础上，推导了完整的轮胎模型。该模型只需要少量的参数就可以显式地表示轮胎力和力矩，但模型精度较低。同年，郭孔辉建立了轮胎侧偏特性的一般理论模型，适用于任意轮胎压力分布和胎体变形假设，在此基础上提出了"统一轮胎模型"（UniTire Model），该模型能够由纯滑移试验数据预测联合滑移轮胎力学特性、由低速试验数据预测高速轮胎力学特性。

在众多轮胎模型中，魔术公式轮胎模型精度高、形式统一、鲁棒性强。而且开发魔术公式的团队有成熟的商业运作模式，会经常对魔术公式参数进行更新。魔术公式正在成为轮胎行业的标准，轮胎厂向整车厂提供魔术公式系数以代替轮胎试验数据的表格或图形。因此，很多人选用魔术公式轮胎模型作为汽车操纵稳定性模型中的轮胎模型。附录 A 是根据某种轿车轮胎的试验数据拟合而成的魔术公式。

PAC2002 魔术公式轮胎模型的输入量是车轮滑移率 k 和侧偏角 α，输出量是轮胎与路面间的纵向力 F_x、侧向力 F_y 和回正力矩 M_z。在纯滑移和联合滑移下，力和力矩有不同的表达公式，因此有六组公式。完整的 PAC2002 魔术公式轮胎模型见附录 A。

正弦形式的魔术公式为

$$y = D\sin\{C\arctan\{Bx - E[Bx - \arctan(Bx)]\}\}$$

式中，y 为纯滑移的纵向力 F_{x0} 或侧向力 F_{y0}；x 为滑移率 k 或侧偏角 α；B、C、D、E 为魔术公式系数。

利用遗传算法的识别结果是：纵向力和侧向力的相对残差在 5% 左右，回正力矩的相对残差在 10% 左右[5.26]。图 5-22a 所示为纯滑移侧向力的魔术公式参数的识别结果，图 5-22b

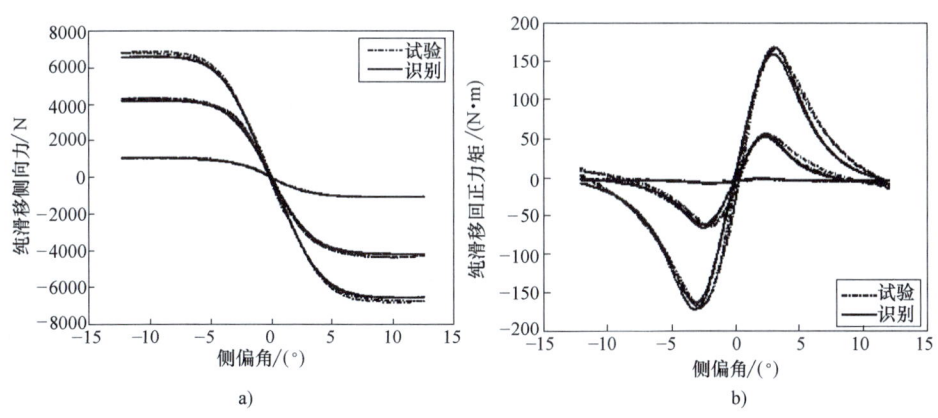

图 5-22　魔术公式参数的识别结果

a）纯滑移侧向力的识别结果　b）纯滑移回正力矩的识别结果

所示为纯滑移回正力矩的魔术公式参数的识别结果。附录 A 还提供了三组 PCA2002 魔术公式轮胎模型参数识别结果,该轮胎型号是 205/55R16 91V,试验是在美国的轮胎试验机上进行的。如何使用这组数据,请读者自己去参考相关的文献。

第三节　线性二自由度汽车模型对前轮角输入的响应

一、线性二自由度汽车模型的运动微分方程

为了便于掌握操纵稳定性的基本特性,我们将对一个简化为线性二自由度的汽车模型进行研究。分析中忽略转向系统的影响,直接以前轮转角作为输入;忽略悬架的作用,认为汽车车厢只做平行于地面的平面运动,即汽车沿 z 轴的位移,绕 y 轴的俯仰角与绕 x 轴的侧倾角均为零。另外,在本章特定条件下,汽车沿 x 轴的前进速度 u 视为不变。因此,汽车只有沿 y 轴的侧向运动与绕 z 轴的横摆运动这样两个自由度。此外,汽车的侧向加速度限定在 $0.4g$ 以下,轮胎侧偏特性处于线性范围。在建立运动微分方程时还假设:驱动力不大,不考虑地面切向力对轮胎侧偏特性的影响,没有空气动力的作用,忽略左、右车轮轮胎由于载荷的变化而引起轮胎特性的变化以及轮胎回正力矩的作用。这样,实际汽车便简化成一个两轮摩托车模型,如图 5-23 所示。它是一个由前后两个有侧向弹性的轮胎支承于地面、具有侧向及横摆运动的二自由度汽车模型。

分析时,令车辆坐标系的原点与汽车质心重合。

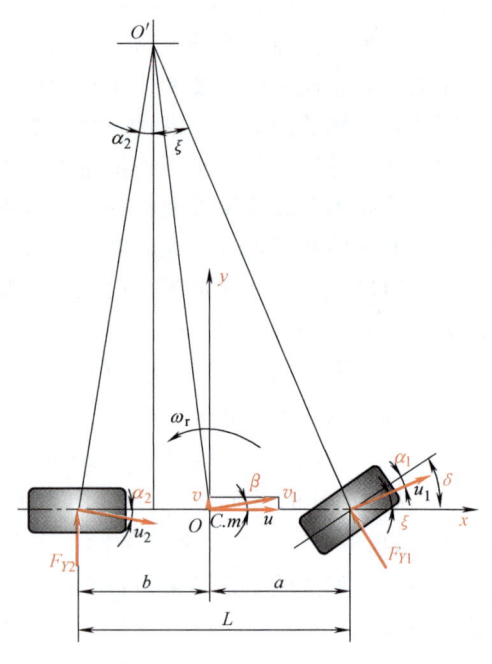

图 5-23　二自由度汽车模型

显然,汽车的质量分布参数,如转动惯量等,对固结于汽车的这一动坐标系而言为常数,这正是采用车辆坐标系的方便之处。因此,只要将汽车的(绝对)加速度与(绝对)角加速度及外力与外力矩沿车辆坐标系的轴线分解,就可以列出沿这些坐标轴的运动微分方程。

下面依次确定:汽车质心的(绝对)加速度在车辆坐标系上的分量,二自由度汽车受到的外力与绕质心的外力矩,外力、外力矩与汽车运动参数的关系。最后,列出二自由度汽车的运动微分方程式。

首先确定汽车质心的(绝对)加速度在车辆坐标系上的分量。

如图 5-24 所示,Ox 与 Oy 为车辆坐标系的纵轴与横轴。质心速度 v_1 于 t 时刻在 Ox 轴上的分量为 u,在 Oy 轴上的分量为 v。由于汽车转向行驶时伴有平移和转动,在 $t+\Delta t$ 时刻,

车辆坐标系中质心速度的大小与方向均发生变化，而车辆坐标系的纵轴与横轴的方向亦发生变化。所以，沿 Ox 轴速度分量的变化为

$$(u+\Delta u)\cos\Delta\theta - u - (v+\Delta v)\sin\Delta\theta$$
$$= u\cos\Delta\theta + \Delta u\cos\Delta\theta - u - v\sin\Delta\theta - \Delta v\sin\Delta\theta$$

考虑到 $\Delta\theta$ 很小并忽略二阶微量，上式变为

$$\Delta u - v\Delta\theta$$

除以 Δt 并取极限，便是汽车质心绝对加速度在车辆坐标系 Ox 轴上的分量

$$a_x = \frac{\mathrm{d}u}{\mathrm{d}t} - v\frac{\mathrm{d}\theta}{\mathrm{d}t} = \dot{u} - v\omega_r \quad (5\text{-}4)$$

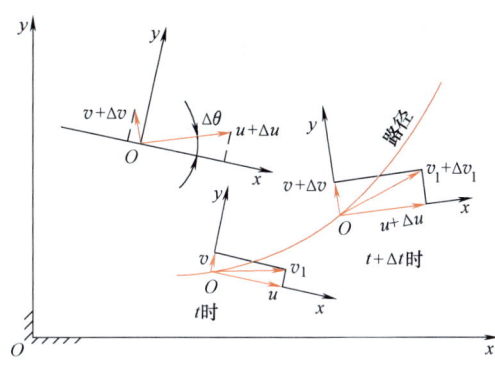

图 5-24　利用固结于汽车的车辆坐标系分析汽车的运动

同理，汽车质心绝对加速度沿横轴 Oy 上的分量为

$$a_y = \dot{v} + u\omega_r \quad (5\text{-}5)$$

由图 5-23 可知，二自由度汽车受到的外力沿 y 轴方向的合力与绕质心的力矩和为

$$\left.\begin{array}{l}\sum F_Y = F_{Y1}\cos\delta + F_{Y2} \\ \sum M_Z = aF_{Y1}\cos\delta - bF_{Y2}\end{array}\right\} \quad (5\text{-}6)$$

式中，F_{Y1}、F_{Y2} 为地面对前、后轮的侧向反作用力，即侧偏力；δ 为前轮转角。

考虑到 δ 角较小，F_{Y1}、F_{Y2} 为侧偏力，式 (5-6) 可写作

$$\left.\begin{array}{l}\sum F_Y = k_1\alpha_1 + k_2\alpha_2 \\ \sum M_Z = ak_1\alpha_1 - bk_2\alpha_2\end{array}\right\} \quad (5\text{-}7)$$

汽车前、后轮侧偏角与其运动参数有关。如图 5-23 所示，汽车前、后轴中点的速度为 u_1、u_2，侧偏角为 α_1、α_2，质心的侧偏角为 β，$\beta = v/u$。ξ 是 u_1 与 x 轴的夹角，其值为

$$\xi = \frac{v + a\omega_r}{u} = \beta + \frac{a\omega_r}{u}$$

根据坐标系的规定，前、后轮侧偏角为

$$\left.\begin{array}{l}\alpha_1 = -(\delta - \xi) = \beta + \dfrac{a\omega_r}{u} - \delta \\ \alpha_2 = \dfrac{v - b\omega_r}{u} = \beta - \dfrac{b\omega_r}{u}\end{array}\right\} \quad (5\text{-}8)$$

由此，可列出外力、外力矩与汽车运动参数的关系式为

$$\sum F_Y = k_1\left(\beta + \frac{a\omega_r}{u} - \delta\right) + k_2\left(\beta - \frac{b\omega_r}{u}\right)$$

$$\sum M_Z = ak_1\left(\beta + \frac{a\omega_r}{u} - \delta\right) - bk_2\left(\beta - \frac{b\omega_r}{u}\right)$$

所以，二自由度汽车的运动微分方程式为

$$k_1\left(\beta + \frac{a\omega_r}{u} - \delta\right) + k_2\left(\beta - \frac{b\omega_r}{u}\right) = m(\dot{v} + u\omega_r)$$

$$ak_1\left(\beta + \frac{a\omega_r}{u} - \delta\right) - bk_2\left(\beta - \frac{b\omega_r}{u}\right) = I_z\dot{\omega}_r$$

式中，I_z 为汽车绕 z 轴的转动惯量；$\dot{\omega}_r$ 为汽车横摆角加速度。

整理后得到二自由度汽车运动微分方程式为

$$\left.\begin{aligned}(k_1 + k_2)\beta + \frac{1}{u}(ak_1 - bk_2)\omega_r - k_1\delta &= m(\dot{v} + u\omega_r) \\ (ak_1 - bk_2)\beta + \frac{1}{u}(a^2k_1 + b^2k_2)\omega_r - ak_1\delta &= I_z\dot{\omega}_r\end{aligned}\right\} \quad (5\text{-}9)$$

这个联立方程式虽很简单，但却包含了最重要的汽车质量与轮胎侧偏刚度两方面的参数，所以能够反映汽车曲线运动最基本的特征。

二、前轮角阶跃输入下进入的汽车稳态响应——等速圆周行驶

（一）稳态响应

汽车等速行驶时，在前轮角阶跃输入下进入的稳态响应就是等速圆周行驶。<u>常用输出与输入的比值，如稳态的横摆角速度与前轮转角之比来评价稳态响应。这个比值称为**稳态横摆角速度增益**，也称为**转向灵敏度**，以符号 $\left.\frac{\omega_r}{\delta}\right)_s$ 表示</u>⊖。

稳态时横摆角速度 ω_r 为定值，此时 $\dot{v}=0$、$\dot{\omega}_r=0$，以此代入式（5-9）得

$$\left.\begin{aligned}(k_1 + k_2)\frac{v}{u} + \frac{1}{u}(ak_1 - bk_2)\omega_r - k_1\delta &= mu\omega_r \\ (ak_1 - bk_2)\frac{v}{u} + \frac{1}{u}(a^2k_1 + b^2k_2)\omega_r - ak_1\delta &= 0\end{aligned}\right\} \quad (5\text{-}10)$$

将式（5-10）中两式联立并消去 v，便可求得稳态横摆角速度增益为

$$\left.\frac{\omega_r}{\delta}\right)_s = \frac{u/L}{1 + \frac{m}{L^2}\left(\frac{a}{k_2} - \frac{b}{k_1}\right)u^2} = \frac{u/L}{1 + Ku^2} \quad (5\text{-}11)$$

式中，$K = \frac{m}{L^2}\left(\frac{a}{k_2} - \frac{b}{k_1}\right)$。

K 称为稳定性因数，其单位为 s^2/m^2，是表征汽车稳态响应的一个重要参数。

（二）稳态响应的三种类型

根据 K 的数值，汽车的稳态响应可分为三类。

1. 中性转向

$K=0$ 时，$\left.\frac{\omega_r}{\delta}\right)_s = u/L$，即横摆角速度增益与车速成线性关系，斜率为 $1/L$。这种稳态称

⊖ 也有称 ω_r/δ_{sw} 为转向灵敏度的，其中的 δ_{sw} 为转向盘转角。

为中性转向，如图 5-25 所示。

应当指出，此关系式就是汽车以极低车速行驶而无侧偏角时的转向关系，如图 5-26 所示。在无侧偏角时，前轮转角 $\delta \approx L/R$，转向半径 $R \approx L/\delta$，横摆角速度 $\omega_r \approx (u/L)\delta$。因此，横摆角速度增益 $\left.\dfrac{\omega_r}{\delta}\right)_s = u/L$。

2. 不足转向

当 $K>0$ 时，式（5-11）分母大于 1，横摆角速度增益 $\left.\dfrac{\omega_r}{\delta}\right)_s$ 比中性转向时要小。$\left.\dfrac{\omega_r}{\delta}\right)_s$ 不再与车速成线性关系，$\left.\dfrac{\omega_r}{\delta}\right)_s - u$ 是一条低于中性转向时增益曲线的汽车稳态横摆增益曲线，其后来又变为向下弯曲的曲线，如图 5-25 所示。具有这样特性的汽车 称为不足转向汽车。K 值越大，横摆角速度增益曲线越低，不足转向量越大。

可以证明，当车速为 $u_{ch}=\sqrt{1/K}$ 时，汽车稳态横摆角速度增益达到最大值，如图 5-25 所示，而且其横摆角速度增益为与轴距 L 相等的中性转向汽车横摆角速度增益的一半。u_{ch} 称为特征车速，是表征不足转向量的一个参数。当不足转向量增加时，K 增大，特征车速 u_{ch} 降低。

3. 过多转向

当 $K<0$ 时，式（5-11）中的分母小于 1，横摆角速度增益 $\left.\dfrac{\omega_r}{\delta}\right)_s$ 比中性转向时大。随着车速的增加，$\left.\dfrac{\omega_r}{\delta}\right)_s - u_a$ 曲线向上弯曲（图 5-25）。具有这种特性的汽车称为过多转向汽车。K 值越小，（即 K 的绝对值越大），过多转向量越大。

显然，当车速为 $u_{cr}=\sqrt{-1/K}$ 时，稳态横摆角速度增益趋于无穷大，如图 5-25 所示。u_{cr} 称为临界车速，是表征过多转向量的一个参数。临界车速越低，过多转向量越大。

过多转向汽车达到临界车速时将失去稳定性。因为 ω_r/δ 等于无穷大时，只要极其微小的前轮转角便会产生极大的横摆角速度。这意味着汽车的转向半径极小，汽车发生激转而侧滑或翻车。由于过多转向汽车有失去稳定性的危险，故汽车都应具有适度的不足转向特性。

根据日本《Motor Fan》杂志于 1996 年发表的道路试验数据，现代轿车在侧向加速度为 $0.3g$ 时的平均 $K^{\ominus}$ 值为 $0.0024 s^2/m^2$，在 $0.5g$ 时的平均 K 值为 $0.0026 s^2/m^2$。

原联邦德国几个大学的汽车研究所通过对近代小轿车进行试验后统计得出：轿车的稳态横摆角速度增益，即转向灵敏度 $\left.\dfrac{\omega_r}{\delta_{sw}}\right)_s$ 为 $0.16\sim0.33 s^{-1}$。其中，δ_{sw} 为转向盘转角（°）；ω_r 为汽车横摆角速度（(°)/s）。相应的试验工况为：$u=22.35 m/s$，$a_y=0.4g$。

㊀ 因为实际汽车的 K 值受到许多因素的影响，如悬架、转向系等，所以它并不能简单地用公式 $K=\dfrac{m}{L^2}\left(\dfrac{a}{k_2}-\dfrac{b}{k_1}\right)$ 计算求得。确定 K 值的试验方法可参考图 5-29 及有关说明。

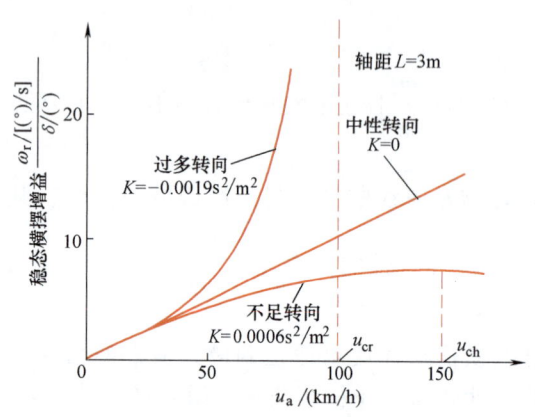

图 5-25　汽车的稳态横摆角速度增益曲线

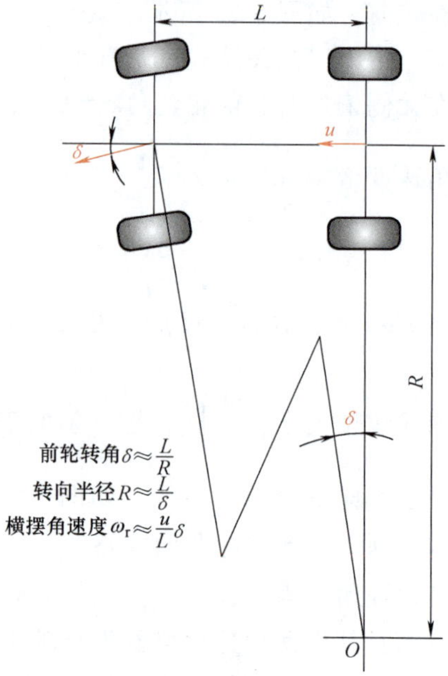

图 5-26　轮胎没有侧偏角时汽车的转向运动

美国对安全试验车（ESV）的要求是，稳态横摆增益曲线应落在图 5-27 所示的满意区域内。图 5-27 中还给出了日产安全试验车（ESV）的横摆角速度增益曲线。这个满意区域是通用汽车公司根据 1969 年对 6 辆轿车进行的操纵稳定性试验提出的。被试验的轿车包括豪华轿车、旅行轿车和运动型轿车。后来，美国福特汽车公司还选择了一辆中型轿车，通过改变其悬架结构等措施，使试验轿车具有 10 种不同数值的不足转向量，然后让一批驾驶员对这 10 种不足转向量的汽车进行主观评价。试验结果与 ESV 要求是一致的。

在此应当指出，汽车在大侧向加速度时，轮胎侧偏特性已进入非线性区，故确定时域响应的试验常在侧向加速度为 $0.3g$ 或 $0.4g$ 时进行。

（三）几个表征稳态响应的参数

为了试验与分析的方便，国内外研究开发部门根据自己的传统习惯，还采用一些别的参数来描述和评价汽车的稳态响应。

1. 前、后轮侧偏角绝对值之差（$\alpha_1-\alpha_2$）[注]

为了测定汽车的稳态响应，常输入一个固定转向盘转角，使汽车以不同等速度做圆周行驶，测出其前、后轮侧偏角的绝对值 α_1、α_2，并以（$\alpha_1-\alpha_2$）与侧向加速度 a_y（绝对值）的关系曲线来评价汽车的稳态响应，如图 5-28 所示。

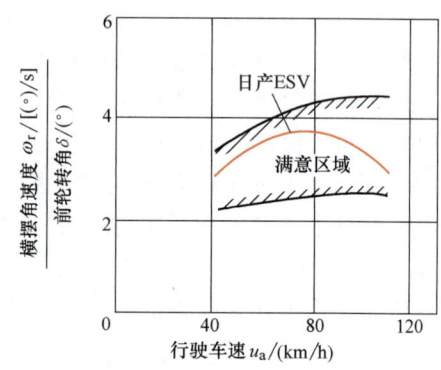

图 5-27　美国安全试验车（ESV）稳态横摆角速度增益的满意区域

注　汽车前、后轮侧偏角是指前、后轴左、右车轮间车轴中间处相应的侧偏角。本小节中的 α_1 与 α_2 均指前、后轮侧偏角的绝对值。

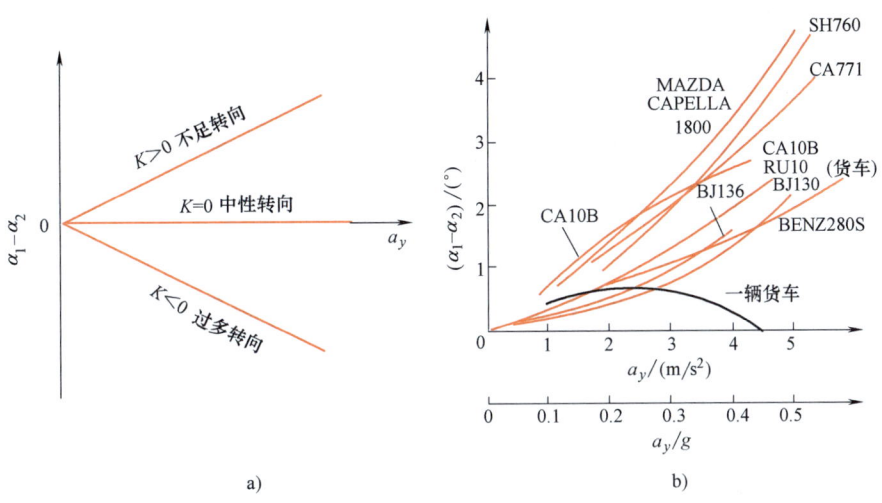

图 5-28 表示汽车稳态响应的 $(\alpha_1-\alpha_2)$-a_y 曲线

现在讨论 $(\alpha_1-\alpha_2)$⊖ 值与汽车稳定性因数 K 的关系。由前述可知

$$K = \frac{m}{L^2}\left(\frac{a}{k_2} - \frac{b}{k_1}\right) \tag{5-12}$$

将式 (5-12) 右边上下均乘以侧向加速度 a_y,于是有

$$K = \frac{1}{a_y L}\left(\frac{F_{Y2}}{k_2} - \frac{F_{Y1}}{k_1}\right)$$

由于侧向加速度 a_y 与前、后轮的侧偏角 $\frac{F_{Y1}}{k_1}$、$\frac{F_{Y2}}{k_2}$ 符号相反,当前、后轮侧偏角 α_1、α_2 取绝对值时,侧向加速度 a_y 亦取绝对值,上式可写成

$$K = \frac{1}{a_y L}(\alpha_1 - \alpha_2) \tag{5-13}$$

由式 (5-13) 可知,$\alpha_1-\alpha_2>0$ 时,$K>0$,为不足转向;当 $\alpha_1-\alpha_2=0$ 时,$K=0$,为中性转向;当 $\alpha_1-\alpha_2<0$ 时,$K<0$,为过多转向。$(\alpha_1-\alpha_2)$ 与 a_y 呈线性关系,其斜率为 LK,如图 5-28a 所示。

为了进一步说明 $(\alpha_1-\alpha_2)$ 与稳态响应的内在联系,下面讨论 $(\alpha_1-\alpha_2)$ 值与汽车转向半径 R 的关系。

前面已求得稳态横摆角速度增益为

$$\frac{\omega_r}{\delta} = \frac{u/L}{1+Ku^2}$$

故

$$\delta = \frac{L}{R} + LKa_y$$

⊖ 此处侧偏角 α_1 与 α_2 的单位为 rad。

将式（5-13）代入上式得

$$\delta = \frac{L}{R} + (\alpha_1 - \alpha_2) \tag{5-14}$$

式（5-14）亦可从图 5-23 中的几何关系直接求出。若把前轮转角 δ 作为输入，转向半径 R 作为输出，并把式（5-14）写作

$$R = \frac{L}{\delta - (\alpha_1 - \alpha_2)} \tag{5-15}$$

则由式（5-15）可知，输入一定前轮转角 δ，若令车速极低、侧偏角可以忽略不计时的转向半径为 R_0，$R_0 = \frac{L}{\delta}$。车速提高后，前、后轮有侧偏角，若 $(\alpha_1-\alpha_2)$ 为正值，则 $R>R_0$，即汽车的转向效果受到抑制。由于 $(\alpha_1-\alpha_2)$ 随侧向加速度的提高而加大，因此这种抑制作用随 a_y 的增大而增加。这就是不足转向特性。反之，若 $(\alpha_1-\alpha_2)$ 为负值，行驶圆的半径 $R<R_0$，汽车的转向效果加强，而且这种加强作用是随侧向加速度的增大而增加的。这就是过多转向特性。由此可见，$(\alpha_1-\alpha_2)$ 是可以作为表征汽车稳态响应的评价指标的。

图 5-28b 所示为试验测得的 $(\alpha_1-\alpha_2)$-a_y 曲线⊖。可以看出，当侧向加速度大于 0.3～0.4g（3～4m/s²）以后，$(\alpha_1-\alpha_2)$ 与侧向加速度一般不再存在线性关系，这是因为轮胎侧偏特性已进入明显的非线性区域。不少汽车在大侧向加速度下，稳态响应特性发生显著变化。后轮或前轮侧偏角、汽车横摆角速度发生急剧变化，以致不能再维持圆周行驶，出现转向半径迅速增加或迅速减小的情况。

在实际的 $(\alpha_1-\alpha_2)$-a_y 曲线中，应以曲线的斜率来区别其转向特性。斜率大于零时，随着侧向加速度的增加，$(\alpha_1-\alpha_2)$ 增加，转向半径增加，汽车具有不足转向特性；斜率小于零时，随着侧向加速度的增加，$(\alpha_1-\alpha_2)$ 减小，转向半径减小，汽车具有过多转向特性；斜率等于零时，汽车为中性转向。

2. 转向半径的比 R/R_0

在前轮转角一定的条件下，若令车速极低、侧向加速度接近于零（轮胎侧偏角可忽略不计）时的转向半径为 R_0，而一定车速下有一定侧向加速度时的转向半径为 R，则这两个转向半径之比 R/R_0 可用以表征汽车的稳态响应。

下面确定 R/R_0 值与稳定性因素 K 的关系。由图 5-26 可知，$R_0=L/\delta$。由式（5-11）可求得

$$R = \frac{u}{\omega_r} = \frac{(1+Ku^2)L}{\delta} = (1+Ku^2)R_0$$

或

$$\frac{R}{R_0} = 1 + Ku^2 \tag{5-16}$$

故当 $K=0$ 时，$R/R_0=1$，即中性转向汽车的转向半径不随车速发生变化，始终为 R_0。$K>0$ 时，$R/R_0>1$，即不足转向汽车的转向半径总大于 R_0，且由式（5-16）可知，转向半径将随车速增加而增大；$K<0$ 时，$R/R_0<1$，即过多转向汽车的转向半径总小于 R_0，且由式（5-16）可知，转向半径将随车速的增加而减小。

⊖ 汽车试验中，侧偏角 α_1、α_2 的单位为（°）。

图 5-29 所示为转向半径比值 R/R_0 曲线与稳定性因素 K 值曲线。图 5-29a 所示为按式 (5-16) 画出的 R/R_0-u^2 曲线。图 5-29b 所示为试验求得的北京旅行车公司轻型客车 WFR 的 R/R_0-a_y 曲线。图 5-29c 所示为日本《Motor Fan》杂志道路试验报告给出的 Santana Xi5 轿车的 R/R_0-u^2 曲线，图中还给出了不同 K 值下的 $1+Ku^2$ 直线组，利用直线组可以求出 Santana Xi5 在不同侧向加速度下的 K 值。图 5-29d 所示为 Santana Xi5 在不同侧向加速度下的 K 值曲线。曲线表明，在 $0.5g$ 时的 K 值为 $0.003\text{s}^2/\text{m}^2$。图 5-29e 所示为 1996 年《Motor Fan》杂志给出的 Benz E320 的 K 值曲线，可知在 $0.3g$ 时的 K 为 $0.0020\text{s}^2/\text{m}^2$，在 $0.5g$ 时的 K 值为 $0.0019\text{s}^2/\text{m}^2$，图中阴影区为《Motor Fan》杂志在前 4 年中测得的轿车 K 值曲线范围。

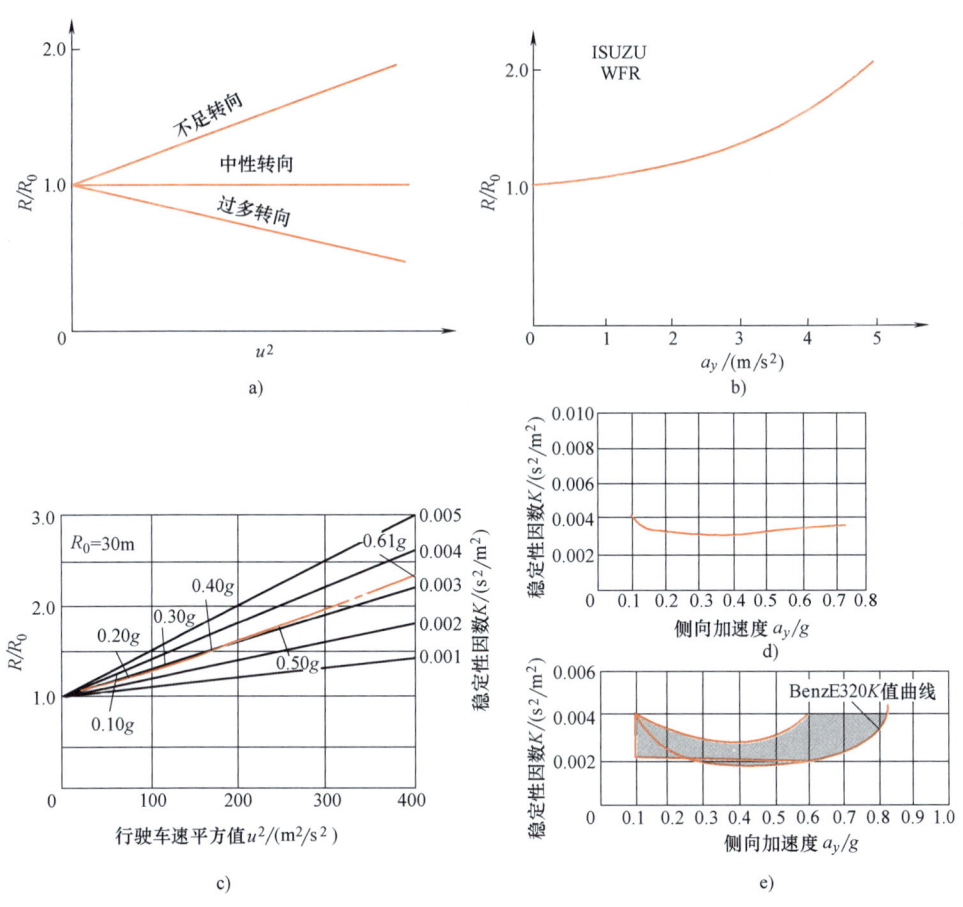

图 5-29 转向半径比值 R/R_0 曲线与稳定性因数 K 值曲线

3. 用静态储备系数 S.M.（Static Margin）来表征汽车稳态响应

静态储备系数是和处于汽车纵轴上的中性转向点这个概念相联系的。使汽车前、后轮产生同一侧偏角的侧向力作用点称为**中性转向点**。

可通过力矩平衡找出中性转向点的位置，如图 5-30 所示。当侧向力作用于中性转向点的位置时，前、后轮产生同一侧偏角 α，前、后轴的侧偏力为 $F_{Y1}=k_1\alpha$，$F_{Y2}=k_2\alpha$。因此，中性转向点 c_n 距前轴的距离为

$$a' = \frac{F_{Y2}L}{F_{Y1}+F_{Y2}} = \frac{k_2}{k_1+k_2}L$$

静态储备系数 S.M. 就是中性转向点至前轴距离 a' 和汽车质心至前轴距离 a 之差（$a'-a$）与轴距 L 之比，即

$$\text{S.M.} = \frac{a'-a}{L} = \frac{k_2}{k_1+k_2} - \frac{a}{L} \quad (5\text{-}17)$$

当中性转向点与质心重合时，S.M. = 0，在质心位置上作用的侧向力引起前、后轮的侧偏角相等，汽车具有中性转向特性。

当质心在中性转向点之前时，$a'>a$，S.M. 为正值。在质心位置上作用的侧向力引起的前轮侧偏角 α_1 大于后轮侧偏角 α_2[⊖]，汽车具有不足转向特性。

当质心在中性转向点之后时，$a'<a$，S.M. 为负值。在质心位置上作用的侧向力引起的后轮侧偏角 α_2 大于前轮侧偏角 α_1[⊖]，汽车具有过多转向特性。

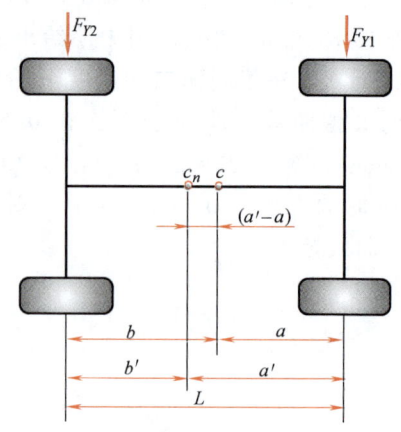

图 5-30 中性转向点位置的确定

三、前轮角阶跃输入下的瞬态响应

（一）前轮角阶跃输入下的横摆角速度瞬态响应

现在分析给汽车前轮一个角阶跃输入后，过渡过程中汽车的横摆角速度响应 $\omega_r(t)$。

将二自由度汽车运动微分方程式（5-9）重写如下：

$$\left. \begin{array}{l} (k_1+k_2)\beta + \dfrac{1}{u}(ak_1-bk_2)\omega_r - k_1\delta = m(\dot{v}+u\omega_r) \\ (ak_1-bk_2)\beta + \dfrac{1}{u}(a^2k_1+b^2k_2)\omega_r - ak_1\delta = I_Z\dot{\omega}_r \end{array} \right\}$$

由上述第二式得

$$\beta = \frac{I_Z\dot{\omega}_r - \dfrac{1}{u}(a^2k_1+b^2k_2)\omega_r + ak_1\delta}{ak_1-bk_2}$$

求导数得

$$\dot{\beta} = \frac{I_Z\ddot{\omega}_r - \dfrac{1}{u}(a^2k_1+b^2k_2)\dot{\omega}_r + ak_1\dot{\delta}}{ak_1-bk_2}$$

且

$$\beta = \frac{v}{u}, \quad \dot{\beta} = \frac{\dot{v}}{u}$$

代入第一式得

$$mI_Zu\ddot{\omega}_r - [m(a^2k_1+b^2k_2)+I_Z(k_1+k_2)]\dot{\omega}_r +$$

⊖⊖ 均为侧偏角的绝对值。

$$\left[mu(ak_1-bk_2)-\frac{(ak_1-bk_2)^2}{u}+\frac{(k_1+k_2)(a^2k_1+b^2k_2)}{u}\right]\omega_r = -muak_1\dot{\delta}+Lk_1k_2\delta \quad (5\text{-}18)$$

式（5-18）写成以 ω_r 为变量的形式，即

$$m'\ddot{\omega}_r + h\dot{\omega}_r + c\omega_r = b_1\dot{\delta} + b_0\delta \quad (5\text{-}19)$$

式中，$m' = muI_Z$

$$h = -[m(a^2k_1+b^2k_2)+I_Z(k_1+k_2)]$$

$$c = mu(ak_1-bk_2)-\frac{(ak_1-bk_2)^2}{u}+\frac{(k_1+k_2)(a^2k_1+b^2k_2)}{u} = mu(ak_1-bk_2)+\frac{L^2k_1k_2}{u}$$

$$b_1 = -muak_1$$

$$b_0 = Lk_1k_2$$

式（5-19）是单自由度一般强迫振动微分方程式，通常写作

$$\ddot{\omega}_r + 2\omega_0\zeta\dot{\omega}_r + \omega_0^2\omega_r = B_1\dot{\delta} + B_0\delta \quad (5\text{-}20)$$

式中，$\omega_0^2 = \dfrac{c}{m'}$，$\omega_0$ 称为固有圆频率；$\zeta = \dfrac{h}{2\omega_0 m'}$，$\zeta$ 称为阻尼比；$B_1 = \dfrac{b_1}{m'}$；$B_0 = \dfrac{b_0}{m'}$。

汽车前轮角阶跃输入时，前轮转角的数学表达式为

$$\left.\begin{array}{l} t<0,\ \delta = 0 \\ t\geq 0,\ \delta = \delta_0 \\ t>0,\ \dot{\delta} = 0 \end{array}\right\}$$

故当 $t>0$ 后，式（5-20）进一步简化为

$$\ddot{\omega}_r + 2\omega_0\zeta\dot{\omega}_r + \omega_0^2\omega_r = B_0\delta_0 \quad (5\text{-}21)$$

这是二阶常系数非齐次微分方程，其通解等于它的一个特解与对应的齐次微分方程的通解之和。显然其特解为

$$\omega_r = \frac{B_0\delta_0}{\omega_0^2} = \frac{u/L}{1+Ku^2}\delta_0 = \left.\frac{\omega_r}{\delta}\right)_s\delta_0 \quad (5\text{-}22)$$

即为稳态横摆角速度 $\omega_{r0} = \left.\dfrac{\omega_r}{\delta}\right)_s\delta_0$。

对应的齐次方程式为

$$\ddot{\omega}_r + 2\zeta\omega_0\dot{\omega}_r + \omega_0^2\omega_r = 0 \quad (5\text{-}23)$$

其通解可由如下的特征方程求得

$$s^2 + 2\zeta\omega_0 s + \omega_0^2 = 0 \quad (5\text{-}24)$$

根据 ζ 的数值，特征方程的根为

$$\left.\begin{array}{ll} \zeta<1 & s = -\zeta\omega_0 \pm \omega_0\sqrt{1-\zeta^2}\,i \quad (\text{一对共轭复根}) \\ \zeta=1 & s = -\omega_0 \quad (\text{重根}) \\ \zeta>1 & s = -\zeta\omega_0 \pm \omega_0\sqrt{\zeta^2-1} \quad (\text{两个不同实根}) \end{array}\right\} \quad (5\text{-}25)$$

齐次方程的通解为

$$\left.\begin{array}{ll}\zeta<1 & \omega_r = Ce^{-\zeta\omega_0 t}\sin(\omega_0\sqrt{1-\zeta^2}\,t+\Phi)\\ \zeta=1 & \omega_r = (C_1+C_2 t)e^{-\omega_0 t}\\ \zeta>1 & \omega_r = C_3 e^{(-\zeta\omega_0+\omega_0\sqrt{\zeta^2-1})t}+C_4 e^{(-\zeta\omega_0-\omega_0\sqrt{\zeta^2-1})t}\end{array}\right\} \quad (5\text{-}26)$$

式中，C、Φ、C_1、C_2、C_3、C_4 均为积分常数，可以根据运动的初始条件来确定。

$\zeta>1$，称为大阻尼，横摆角速度响应 $\omega_r(t)$ 是单调上升的。随着时间的增加，ω_r 趋近于稳态横摆角速度 ω_{r0}；但当车速超过临界车速 u_{cr} 后，ω_r 是发散的，趋于无穷大，此时汽车失去稳定性（在后面要做进一步论证）。$\zeta=1$，称为临界阻尼，横摆角速度 $\omega_r(t)$ 也是单调上升且趋近于 ω_{r0}。$\zeta<1$，称为小阻尼，横摆角速度 $\omega_r(t)$ 是一条收敛于 ω_{r0} 的减幅正弦曲线。由于正常的汽车都具有小阻尼的瞬态响应，所以下面只讨论在角阶跃输入后，$\zeta<1$ 时的横摆角速度 $\omega_r(t)$ 的变化规律，并讨论结构参数对 $\omega_r(t)$ 的影响。显然，$\zeta<1$ 时横摆角速度为

$$\omega_r(t) = \frac{B_0\delta_0}{\omega_0^2} + Ce^{-\zeta\omega_0 t}\sin(\omega_0\sqrt{1-\zeta^2}\,t+\Phi)$$

令 $\omega = \omega_0\sqrt{1-\zeta^2}$，上式可写为

$$\omega_r(t) = \frac{B_0\delta_0}{\omega_0^2} + Ce^{-\zeta\omega_0 t}\sin(\omega t+\Phi) \quad (5\text{-}27)$$

或

$$\omega_r(t) = \frac{B_0\delta_0}{\omega_0^2} + A_1 e^{-\zeta\omega_0 t}\cos\omega t + A_2 e^{-\zeta\omega_0 t}\sin\omega t \quad (5\text{-}28)$$

下面确定积分常数 C、A_1、A_2。

运动的起始条件为：$t=0$ 时，$\omega_r=0$，$v=0$，$\delta=\delta_0$。根据微分方程组（5-9）的第二式，还可以求得 $t=0$ 时，$\dot\omega_r = -\dfrac{ak_1\delta_0}{I_Z} = B_1\delta_0$。

由 $t=0$ 时，$\omega_r=0$，求得式（5-28）中的一个积分常数为

$$A_1 = -\frac{B_0\delta_0}{\omega_0^2} \quad (5\text{-}29)$$

由 $t=0$ 时，$\dot\omega_r = B_1\delta_0$，可求得另一个积分常数为

$$A_2 = \frac{B_0\delta_0}{\omega_0^2}\left(\frac{B_1}{B_0}\omega_0^2 - \zeta\omega_0\right)\frac{1}{\omega} = \left.\frac{\omega_r}{\delta}\right)_s \delta_0\left(\frac{-mua\omega_0}{Lk_2} - \zeta\right)\frac{1}{\sqrt{1-\zeta^2}} \quad (5\text{-}30)$$

而

$$C = \sqrt{A_1^2 + A_2^2}$$

$$= \left.\frac{\omega_r}{\delta}\right)_s \delta_0\sqrt{\left(-\frac{mua\omega_0}{Lk_2} - \zeta\right)^2\frac{1}{(1-\zeta^2)} + 1}$$

$$= \left.\frac{\omega_r}{\delta}\right)_s \delta_0\sqrt{\left[\left(-\frac{mua}{Lk_2}\right)^2\omega_0^2 + \frac{2mua\zeta\omega_0}{Lk_2} + 1\right]\frac{1}{(1-\zeta^2)}} \quad (5\text{-}31)$$

此外还有

$$\Phi = \arctan\frac{A_1}{A_2} = \arctan\left(\frac{-\sqrt{1-\zeta^2}}{-\frac{mua\omega_0}{Lk_2}-\zeta}\right) \tag{5-32}$$

因此

$$\omega_r(t) = \left(\frac{\omega_r}{\delta}\right)_s \delta_0 \left[1 + \sqrt{\left[\left(-\frac{mua}{Lk_2}\right)^2 \omega_0^2 + \frac{2mua\zeta\omega_0}{Lk_2} + 1\right]\frac{1}{(1-\zeta^2)}} e^{-\zeta\omega_0 t}\sin(\omega t + \Phi)\right]$$
$$\tag{5-33}$$

这就是给汽车前轮一个角阶跃输入时，汽车的横摆角速度瞬态响应。由起始条件可知，在 $t=0$ 时，$\omega_r=0$。由式（5-33）可知，$t=\infty$ 时，$e^{-\zeta\omega_0 t}=0$，$\omega_r(\infty)=\left(\frac{\omega_r}{\delta}\right)_s\delta_0=\omega_{r0}$，即横摆角速度最后趋于稳态横摆角速度 ω_{r0}。当时间 t 在零与无穷大之间时，$\omega_r(t)$ 是衰减正弦函数，如图 5-3 所示。显然，阻尼比越大，衰减越快。

美国安全试验车（ESV）的瞬态横摆响应的满意区域如图 5-31 所示。试验时汽车以 40km/h 和 110km/h 的车速直线行驶，以不小于 500(°)/s 的角速度转动转向盘，转向盘转角是事先估计好的，要求汽车进入稳态时的侧向加速度为 0.4g。满意区域的上限是针对高速 110km/h 的阶跃而制定的，下限是针对较低车速 40km/h 的。图上还给出了日产与丰田安全试验车的瞬态横摆响应曲线。

通常也用瞬态响应中的几个参数来表征响应品质的好坏，这些参数如下所述。

1. 横摆角速度 ω_r 波动时的固有（圆）频率 ω_0

由式（5-20）可知

$$\omega_0 = \sqrt{\frac{c}{m'}} = \sqrt{\frac{mu(ak_1-bk_2)+\frac{L^2k_1k_2}{u}}{muI_Z}} = \frac{L}{u}\sqrt{\frac{k_1k_2}{mI_Z}(1+Ku^2)} \tag{5-34}$$

ω_0 是评价汽车瞬态响应的一个重要参数。ω_0 值应高些为好。图 5-32 所示为一些欧洲及日本轿车的固有频率 f_0 值与稳定性因数 K 值，固有频率 $f_0=\omega_0/2\pi$。可以看出，f_0 值在 1Hz 左右。欧洲高速公路允许的最高车速较高，所以轿车行驶车速高，其固有频率也较高，在 0.9Hz 以上[5.20]。

2. 阻尼比 ζ

由式（5-20）可知

$$\zeta = \frac{h}{2\omega_0 m'} = \frac{-[m(a^2k_1+b^2k_2)+I_Z(k_1+k_2)]}{2mI_ZL\sqrt{\frac{k_1k_2}{mI_Z}(1+Ku^2)}}$$

$$= \frac{-m(a^2k_1+b^2k_2)-I_Z(k_1+k_2)}{2L\sqrt{mI_Zk_1k_2(1+Ku^2)}} \tag{5-35}$$

原联邦德国几所大学的汽车研究所通过大量试验，给出近代轿车的超调量为 $\omega_{rmax}/\omega_{r0}\times 100\%=112\%\sim 165\%$，相应的试验工况为 31.3m/s（70mile/h），$a_y=0.4g$。由此推算相应的阻尼比为 $\zeta=0.5\sim 0.8$[5.19]。

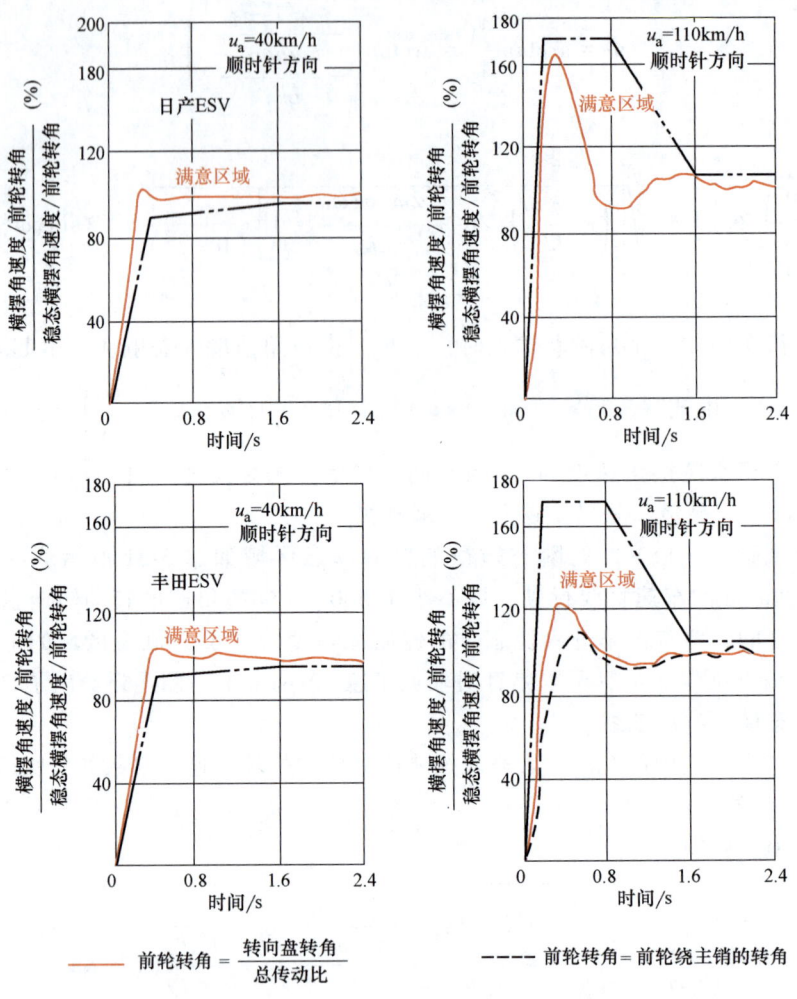

图 5-31 美国安全试验车（ESV）瞬态横摆响应的
满意区域与日产、丰田 ESV 的瞬态横摆响应曲线

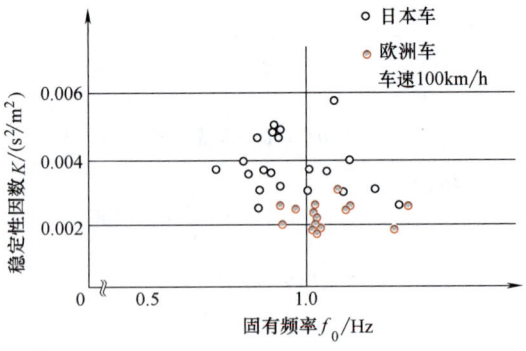

图 5-32 一些欧洲及日本轿车的固有频率 f_0
值与稳定性因数 K 值

3. 反应时间 τ

反应时间是指角阶跃转向输入后,横摆角速度第一次达到稳定值 ω_{r0} 所需的时间。在有的文献中,亦有取达到 $0.9\omega_{r0}$ 或 $0.63\omega_{r0}$ 值所需的时间,但作为定性分析,并无本质差别。τ 是评价汽车瞬态响应的另一个重要参数。τ值应小些为好。

将汽车横摆角速度响应式（5-27）重写如下：

$$\omega_r(t) = \frac{B_0\delta_0}{\omega_0^2} + Ce^{-\zeta\omega_0 t}\sin(\omega t + \Phi)$$

当 $t=\tau$ 时, $\omega_r(\tau) = \omega_{r0} = \dfrac{B_0\delta_0}{\omega_0^2}$

故

$$Ce^{-\zeta\omega_0\tau}\sin(\omega\tau + \Phi) = 0$$

即

$$\sin(\omega\tau + \Phi) = 0$$

故

$$\tau = -\frac{\Phi}{\omega} = \frac{\arctan\left[\dfrac{\sqrt{1-\zeta^2}}{\left(-\dfrac{mua}{Lk_2}\omega_0 - \zeta\right)}\right]}{\omega_0\sqrt{1-\zeta^2}} \quad (5\text{-}36)$$

4. 达到第一峰值 ω_{r1} 的时间 ε

通常也用到达第一峰值 ω_{r1} 的时间 ε 作为评定汽车瞬态横摆响应快慢的参数。ε 又称为**峰值反应时间**。

对式（5-27）取导数有

$$\frac{d\omega_r(t)}{dt} = C[-\zeta\omega_0 e^{-\zeta\omega_0 t}\sin(\omega t + \Phi) + \omega e^{-\zeta\omega_0 t}\cos(\omega t + \Phi)]$$

$$= Ce^{-\zeta\omega_0 t}[-\zeta\omega_0\sin(\omega t + \Phi) + \omega\cos(\omega t + \Phi)]$$

当 $t=\varepsilon$ 时, $\dfrac{d\omega_r}{dt}=0$

即

$$-\zeta\omega_0\sin(\omega\varepsilon + \Phi) + \omega\cos(\omega\varepsilon + \Phi) = 0$$

$$\tan(\omega\varepsilon + \Phi) = \frac{\omega}{\zeta\omega_0}$$

故

$$\varepsilon = \frac{\arctan\dfrac{\omega}{\zeta\omega_0} - \Phi}{\omega} = \frac{\arctan\left(\dfrac{\sqrt{1-\zeta^2}}{\zeta}\right)}{\omega_0\sqrt{1-\zeta^2}} + \tau \quad (5\text{-}37)$$

原联邦德国几个大学的汽车研究所通过转向盘角阶跃试验得出如下统计数值：近代轿车的 $\varepsilon = 0.23 \sim 0.59s$；而峰值反应时间与质心侧偏角的乘积 $\varepsilon\beta$，即汽车因数 T.B. 为 $0.25 \sim 1.45s$（°）⊖，相应的试验工况为 $u = 31.3m/s$（70mile/h）, $a_y = 0.4g$。Benz 中型货车装备不同轮胎时，在 $u = 20m/s$、$a_y = 0.3g$ 的试验条件下，$\varepsilon = 0.94 \sim 1.72s$，T.B. $= 2.06 \sim 4.76s$（°），质心侧偏角 $\beta = 2.05° \sim 3.03°$[5.19]。

⊖ 汽车因数 T.B.（T.B. $= \varepsilon\beta$）是转向盘角阶跃输入下时域响应的综合性评价指标。不过由于质心侧偏角难以测量，这个指标未获得广泛承认。

上面推导出了 ω_0、ζ、τ、ε 等值的表达式，由于它们是从二自由度汽车模型的运动微分方程求得的，有很大的局限性，在数值上与实际有相当大的出入。

（二）瞬态响应的稳定条件

前面讨论的瞬态响应，其横摆角速度为减幅正弦函数，最后趋于一个稳定值，因此是稳定的。有的汽车也可能出现不稳定，即 $\omega_r(t)$ 趋于无穷的情况。

前轮转角阶跃输入下，二自由度汽车模型的运动微分方程式（5-21）的通解等于特解 $B_0\delta_0/\omega_0^2$ 与对应齐次微分方程通解之和。显然，汽车是否稳定取决于对应的齐次微分方程，即取决于汽车本身固有的特性。

式（5-24）、式（5-25）和式（5-26）分别是对应的齐次微分方程的特征方程、特征根及其通解。

从齐次微分方程的通解不难看出，当 $\zeta \leqslant 1$ 时，只要 $\zeta\omega_0$ 为正值，就收敛；否则发散而不稳定。

根据式（5-19）、式（5-20）可知

$$\zeta\omega_0 = \frac{-[m(a^2k_1+b^2k_2)+(k_1+k_2)I_Z]}{2muI_Z}$$

式中，k_1、k_2 为负数，故 $\zeta\omega_0$ 恒为正值。因此，当 $\zeta \leqslant 1$ 时，齐次微分方程的解均收敛而趋于零。

当 $\zeta > 1$ 时，特征根必须为负值，齐次微分方程的解才收敛趋于零，即 $(-\zeta\omega_0 \pm \sqrt{(\zeta\omega_0)^2-\omega_0^2})$ 应为负值，才收敛。换言之，即 ω_0^2 应为正值，汽车的横摆角速度才收敛。并且由式（5-19）、式（5-20）可得

$$\omega_0^2 = \frac{(ak_1-bk_2)}{I_Z} + \frac{k_1k_2L^2}{mu^2I_Z} \tag{5-38}$$

式中第一项是正值还是负值，是由汽车稳态响应决定的。因稳定性因数为

$$K = \frac{m}{L^2}\left(\frac{a}{k_2} - \frac{b}{k_1}\right)$$

故

$$(ak_1-bk_2) = \frac{Kk_1k_2L^2}{m} \tag{5-39}$$

即汽车具有不足转向特性时，$K>0$，$(ak_1-bk_2)>0$，式（5-38）中第一项为正；汽车为过多转向时，$K<0$，$(ak_1-bk_2)<0$，第一项为负。

式（5-38）中第二项恒为正。当车速很低时，它是很大的值，因此不论第一项为正还是为负，ω_0^2 均为正值，即汽车横摆角速度 $\omega_r(t)$ 收敛，汽车是稳定的。随着车速的增加，第二项越来越小。当汽车为过多转向而 (ak_1-bk_2) 为负值时，ω_0^2 就可能为负值，$\omega_r(t)$ 发散，汽车是不稳定的。

<u>过多转向汽车</u>使 $\omega_0^2=0$ 时的车速，称为临界车速 u_{cr}。当车速大于 u_{cr} 之后，$\omega_0^2<0$，汽车便是<u>不稳定的</u>。令式（5-38）等于零，可求得临界车速为

$$u_{cr} = \sqrt{-\frac{1}{K}} \tag{5-40}$$

它和稳态响应中的临界车速是一样的。

四、横摆角速度频率响应特性

一个线性系统，如输入为一正弦函数，达到稳定状态时的输出亦为具有相同频率的正弦函数，但两者的幅值不同，相位也发生变化。输出、输入的幅值比是频率 f 的函数，记为 $A(f)$，称为**幅频特性**。相位差也是 f 的函数，记为 $\varPhi(f)$，称为**相频特性**。两者统称为**频率特性**。

在汽车操纵稳定性中，常以前轮转角 δ 或转向盘转角 δ_{sw} 为输入，汽车横摆角速度 ω_r 为输出的**汽车横摆角速度频率响应特性**来表征汽车的动特性。

二自由度汽车模型的横摆角速度频率特性，可由其运动微分方程的傅里叶变换求得。

将式（5-20）重写如下

$$\ddot{\omega}_r + 2\omega_0\zeta\dot{\omega}_r + \omega_0^2\omega_r = B_1\dot{\delta} + B_0\delta$$

对上式进行傅里叶变换，得

$$-\omega^2\omega_r(\omega) + 2\omega_0\zeta j\omega\omega_r(\omega) + \omega_0^2\omega_r(\omega) = B_1 j\omega\delta(\omega) + B_0\delta(\omega)$$

式中，$\omega_r(\omega)$ 为 ω_r 的傅里叶变换；$\delta(\omega)$ 为 δ 的傅里叶变换。

频率响应函数 $H(j\omega)_{\omega_r-\delta}$ 为

$$H(j\omega)_{\omega_r-\delta} = \frac{\omega_r(\omega)}{\delta(\omega)} = \frac{B_1 j\omega + B_0}{-\omega^2 + 2\omega_0\zeta j\omega + \omega_0^2}$$

$$= \frac{(B_1 j\omega + B_0)[(\omega_0^2 - \omega^2) - 2\zeta\omega_0\omega j]}{[(\omega_0^2 - \omega^2) + 2\zeta\omega_0 j\omega][(\omega_0^2 - \omega^2) - 2\zeta\omega_0\omega j]}$$

$$= \frac{2B_1\zeta\omega_0\omega^2 + B_0(\omega_0^2 - \omega^2)}{(\omega_0^2 - \omega^2)^2 + 4\zeta^2\omega_0^2\omega^2} + \frac{B_1\omega(\omega_0^2 - \omega^2) - 2B_0\zeta\omega_0\omega}{(\omega_0^2 - \omega^2)^2 + 4\zeta^2\omega_0^2\omega^2}j$$

$$= B(\omega) + C(\omega)j$$

幅频特性为

$$A(\omega) = \sqrt{[B(\omega)]^2 + [C(\omega)]^2}$$

相频特性为

$$\varPhi(\omega) = \arctan\frac{C(\omega)}{B(\omega)}$$

实际汽车的横摆角速度频率特性是通过转向盘角脉冲输入瞬态响应试验求得的。测定转向盘角脉冲输入瞬态响应可以只在较宽的试验跑道上进行，这是角脉冲输入试验的一个优点。若以转向盘角阶跃输入瞬态响应表征汽车的动特性，则试验时需要很大的场地。所以近年来各国汽车研究单位与工厂，**常以横摆角速度频率响应特性来表征汽车的动态特性**。

图 5-33 所示为 1996 年《Motor Fan》杂志给出的 Benz E320 轿车的横摆角速度频率响应特性。图中横坐标为输入频率的对数值，增益以 dB[⊖] 表示。

幅频特性反映了驾驶员以不同频率输入指令时，汽车执行驾驶员指令失真的程度。 幅频

⊖ 见第六章第一节。

特性曲线在低频区接近于一条水平线，随着频率的增高，幅值比增加，至某一频率 f_r 时幅值比达到最大值，此时系统处于共振状态。频率再增高，幅值比逐渐减小。相频特性反映了汽车横摆角速度 ω_r 滞后于转向盘转角的失真程度。从操纵稳定性出发，希望幅频特性曲线能平些，共振频率高一点，通频带宽些，以保证不同工况下失真度较小，都有满意的操纵性能；同时希望相位差小些，以保证汽车有快速灵活的反应。

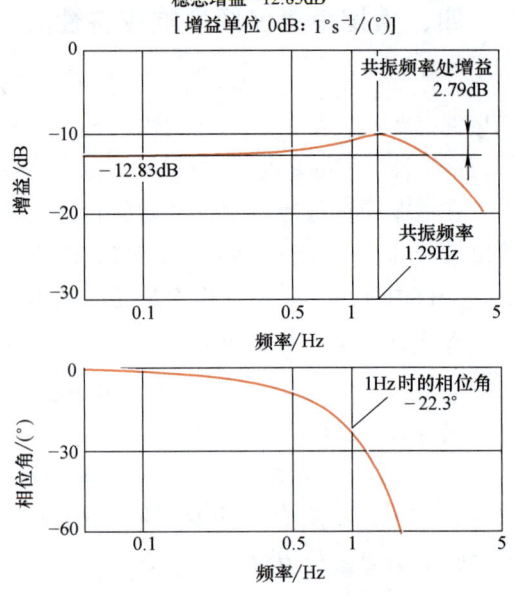

图 5-33 Benz E320 轿车的横摆角速度频率响应特性

也有用横摆角速度频率特性上的五个参数来评定汽车操纵稳定性，如图 5-34 所示，它们是：

1) 频率为零时的幅值比，即稳态增益（图中以 a 表示）。

2) 共振峰频率 $f_r^{\ominus}$，f_r 值越高，操纵稳定性越好。

3) 共振时的增幅比 b/a，增幅比 b/a 应小些。

4) $f = 0.1\text{Hz}$ 时的相位滞后角 $\angle\varPhi_{f=0.1}$，它代表缓慢转动转向盘时响应的快慢，这个数值应接近于零。

5) $\angle\varPhi_{f=0.6}$，$f = 0.6\text{Hz}$ 时的相位滞后角，它代表较快速度转动转向盘时响应的快慢，其数值应当小些。

日本汽车研究所采用的评价参数与此相仿，只是它主要研究轿车，轿车的共振频率高，所以取 1Hz 时的相位差作为评价参数。日本汽车研究所根据多辆汽车试验结果给出的数据为：1979—1980 年汽车的共振频率平均值为 1.16Hz，1987 年汽车的共振频率平均值为 1.16Hz；共振频率处的增益由 2.51dB 降低到 2.41dB；相位滞后角大体没有变化，为 26°~29°。

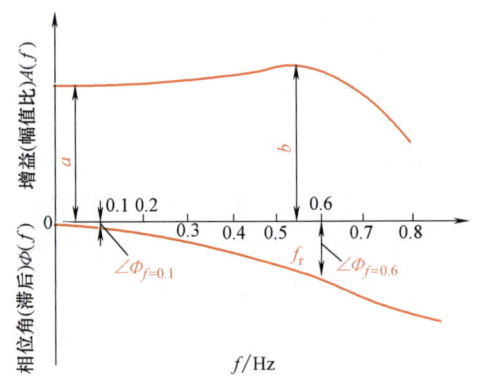

图 5-34 评价横摆角速度频率特性的五个参数

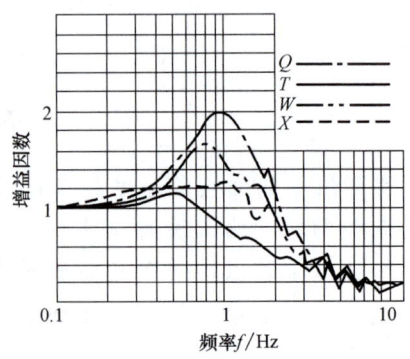

图 5-35 四辆轿车的幅频特性

$\ominus$ 为了证实共振频率与操纵稳定性的关系，某汽车厂曾对一批轿车进行了转向盘角阶跃试验与驾驶员主观评价试验。图 5-35 所示为利用自动调节原理的方法，由角阶跃试验结果求得的四辆轿车的幅频特性。图 5-36 所示为对这四辆轿车进行主观评价试验时采用的双移线通道以及驾驶员主观评价与共振频率值的相关关系。从中可以看出，共振频率越高，主观评价越好[5.1]。

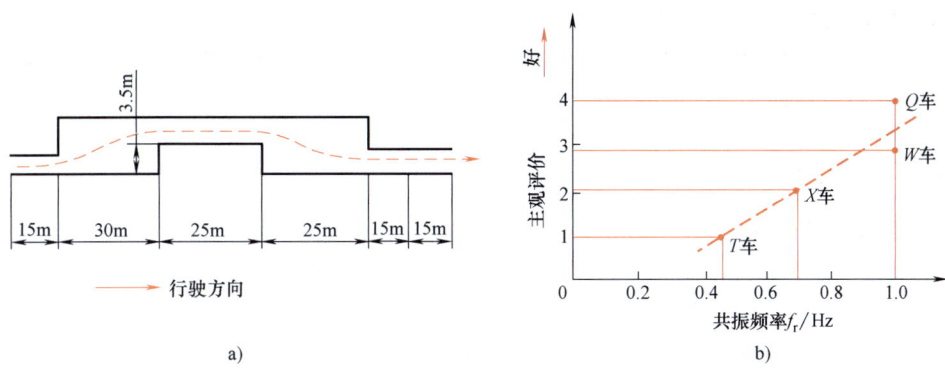

图 5-36 四辆轿车的主观评价试验
a) 采用的双移线通道 b) 主观评价结果

第四节 汽车操纵稳定性与悬架的关系

前面采用二自由度汽车模型分析了汽车的稳态、瞬态响应,从中可知稳定性因数 K 是决定汽车响应的一个重要参数。而式 (5-13) 表明,K 的数值与稳态时前、后轮侧偏角的绝对值有关。因此,稳态时的前、后轮侧偏角绝对值 α_1、α_2 是与汽车响应密切相关的汽车运动学参数。

由上面忽略悬架与转向系及驱动力作用的简化分析可知,**轮胎弹性侧偏角**绝对值的大小只取决于整车质心位置及轮胎无外倾角、载荷无变化且无驱动力条件下的侧偏刚度。但是,实际上汽车沿曲线行驶时,前、后轴左、右两侧车轮的垂直载荷发生变化;车轮常有外倾角,且由于悬架导向杆系的运动及变形,外倾角也随之发生变化;此外,车轮上还作用有切向反作用力。这些因素改变了轮胎的侧偏刚度和外倾侧向力,从而影响到轮胎弹性侧偏角的大小。与此同时,位于悬架上的车厢在曲线行驶时发生侧倾,即使转向盘转角固定不动,由于车厢侧倾时前悬架导向杆系和转向杆系的运动及变形,前车轮轮辋平面也可能发生绕主销的小角度转动。车厢侧倾时后悬架导向杆系的运动及变形,也会令后轮轮辋发生绕垂直于地面轴线的小角度转动。这种车轮轮辋平面的转动称为**侧倾转向**(Roll Steer)与**变形转向**(Compliance Steer),它们与轮胎的弹性侧偏角叠加在一起,决定了汽车的转向运动。因此,汽车前、后轮(总)侧偏角应当包括:

1) 考虑到垂直载荷与外倾角变动等因素的**弹性侧偏角**。
2) **侧倾转向角**(Roll Steer Angle)。
3) **变形转向角**(Compliance Steer Angle)。

这三个角度数值的大小,不只取决于汽车质心位置和轮胎特性,而且在很大程度上取决于悬架、转向和传动系的结构形式及其结构参数。因此,为了更准确地分析汽车响应,必须进一步考虑悬架、转向和传动系统对前、后轮侧偏角的影响。

悬架及转向系对前、后轮侧偏角的影响,与汽车沿曲线行驶时发生的车厢侧倾有关,因此本节将先讨论悬架侧倾特性与有侧向加速度时的车厢侧倾角,然后对轮胎弹性侧偏角、侧倾转向角及变形转向角逐项加以讨论。

由于汽车独立悬架结构形式繁多、日新月异，因此在分析悬架的影响时，只选择一二种典型结构为例加以说明。

一、汽车的侧倾

（一）车厢侧倾轴线

车厢相对地面转动时的瞬时轴线称为车厢侧倾轴线。该轴线通过车厢在前、后轴处横断面上的瞬时转动中心，这两个瞬时转动中心称为侧倾中心。

侧倾中心的位置取决于悬架的导向机构，可用图解法或试验法求得。

用图解法求车厢的侧倾中心时常利用可逆原理，即假设车厢不动，地面相对于车厢发生转动，求出地面相对于车厢的瞬时转动中心。显然，它就是车厢的侧倾中心。下面介绍车厢在几种不同悬架上的侧倾中心位置。分析时假定车轮是刚性的，且与地面无相对滑动。

1. 单横臂独立悬架上车厢的侧倾中心

图 5-37 所示为单横臂独立悬架的简图。设车厢不动，地面按顺时针方向相对车厢转动，地面与轮胎接触点 D、G 的速度 v_d、v_g 必与 ED、FG 垂直。因此，ED、FG 延长线的交点 O_m 是地面绕车厢转动的瞬时中心。换言之，车厢在单横臂独立悬架上的侧倾中心就是 O_m 点。

2. 双横臂独立悬架上车厢的侧倾中心

要确定双横臂独立悬架轮胎与地面接触点的速度矢量，需要应用到"三心定理"。三心定理指出：四连杆机构中，三根杆件的三个相对运动瞬时中心位于同一直线上。例如，图 5-38 所示的四连杆机构中，杆 2 和杆 4 相对运动的瞬时中心 O_{24} 在 $O_{23}O_{34}$ 与 $O_{12}O_{14}$ 的延长线上。换言之，这两条线的交点便是 O_{24}。

双横臂独立悬架左右两侧的导向杆系与车厢各为一个四连杆机构，如图 5-39 所示，故车轮组件对车厢运动的瞬时中心为 O_l 及 O_r。因此，地面上 D、G 两点相对车厢的速度 v_d、v_g 如图 5-39a 所示。地面相对车厢的瞬时转动中心，即为 v_d、v_g 两矢量垂线的交点 O_m。它也就是车厢的侧倾中心。

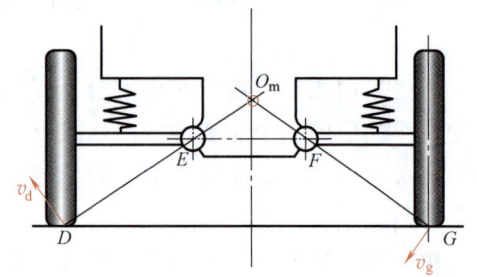

图 5-37 单横臂独立悬架上的简图

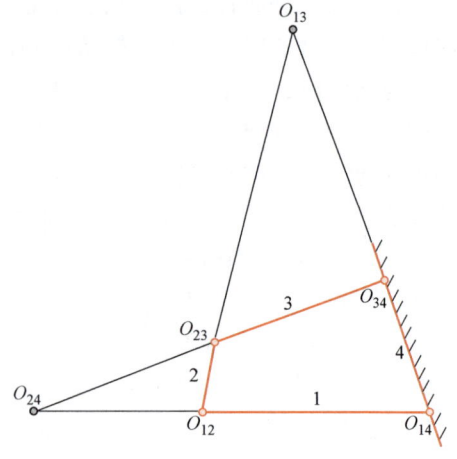

图 5-38 四连杆机构的相对运动瞬心

从运动学的观点来看，图 5-39b 中，以 O_l、O_r 为铰接点的单横臂独立悬架可用来代替双横臂独立悬架，故可以称它为等效单横臂悬架。原则上，各种独立悬架都能找出等效单横臂悬架。

应该指出，随着车厢侧倾程度的增加，侧倾中心的位置是变化的。此外，在分析中没有考虑到导向杆系铰接点里装有橡胶衬套，以及侧倾中车厢碰到刚度不小的缓冲块的影响等情况，所以上面介绍的只是侧倾中心的近似位置。

1984年，美国通用汽车公司对29辆轿车进行试验的结果表明，轿车前侧倾中心高度在0～14cm 之间，后侧倾中心高度在0～40cm 之间[5.11]。

（二）悬架的侧倾角刚度

悬架的侧倾角刚度是指侧倾时（车轮保持在地面上），单位车厢转角下，悬架系统施加给车厢总的弹性恢复力偶矩。若令 T 为悬架系统作用于车厢的总弹性恢复力偶矩，$\varPhi_r$ 为车厢转角，则悬架的侧倾角刚度为

$$K_{\varPhi_r} = \frac{dT}{d\varPhi_r}$$

可以通过悬架的线刚度来计算侧倾角刚度。下面先介绍悬架线刚度的确定法。

1. 悬架的线刚度

悬架的线刚度指的是车轮保持在地面上而车厢做垂直运动时，单位车厢位移下，悬架系统施加给车厢的总弹性恢复力。

具有非独立悬架的汽车车厢做垂直运动时所受到的弹性恢复力，就是弹簧直接作用于车厢的弹性力。所以，悬架的线刚度就等于两个弹簧线刚度之和。如图 5-40 所示，若一个弹簧的线刚度为 k_s，则悬架的线刚度为 $K_l = 2k_s$。

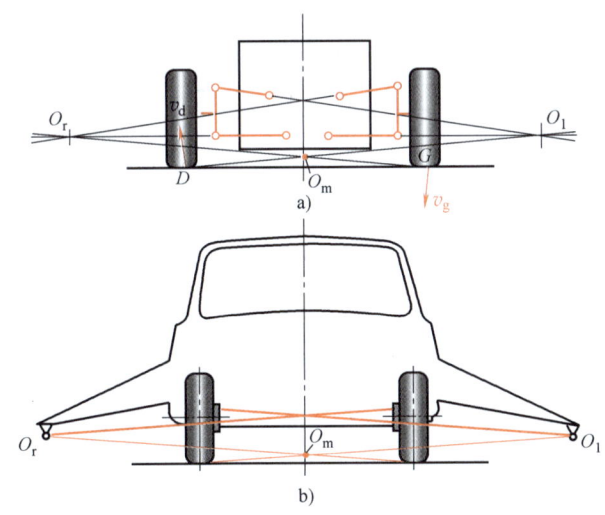

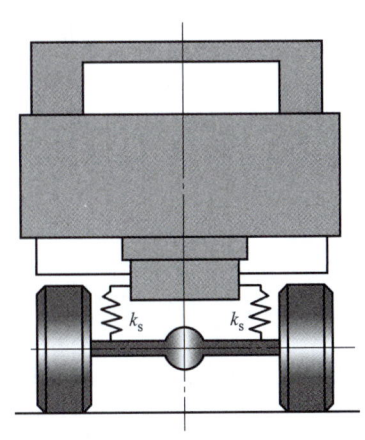

图 5-39 双横臂独立悬架上车厢的侧倾中心及双横臂独立悬架的等效单横臂悬架

图 5-40 非独立悬架的线刚度

具有独立悬架的汽车车厢做垂直运动时，在垂直方向上车厢受到的随位移而变的力包括两部分：一个是弹簧直接作用于车厢的弹性力在垂直方向的分量；另一个是导向杆系约束反力在垂直方向的分量。若把一侧悬架（包括车轮在内）作为隔离体，可以看到，车厢作用于悬架的随位移而变化的力（包括弹簧力与导向杆系铰接点受到的力）在垂直方向的分量的大小，等于地面对轮胎的随车厢位移而变化的垂直反作用力 F'_Z 与汽车一侧的非悬挂质量重力 $G_u/2$ 之差即 $F'_Z - G_u/2$ 的大小。换言之，悬架作用于车厢的弹性力就等于 $F'_Z - G_u/2$。所以，若能求出车厢有微元垂直位移 Δs_t 时地面作用于轮胎的微元反作用力 $\Delta F'_Z$，就可以求出

悬架的线刚度。

实际上，常设车厢不动，在轮胎上施加微元垂直反力 $\Delta F'_Z$，求出轮胎接地面的微元垂直位移 Δs_t，进而求得一侧悬架的线刚度 $\Delta F'_Z/\Delta s_t$。

由此还可以看出，车厢上一侧受到的弹性恢复力，相当于一个上端固定于车厢、下端固定于轮胎接地点且垂直于地面、具有悬架线刚度的螺旋弹簧施加于车厢的弹性力。这个相当的弹簧称为**等效弹簧**。后面要利用等效弹簧的概念来确定悬架的侧倾角刚度。

下面以单横臂独立悬架为例（参看图 5-41 的左半侧）求它的线刚度。

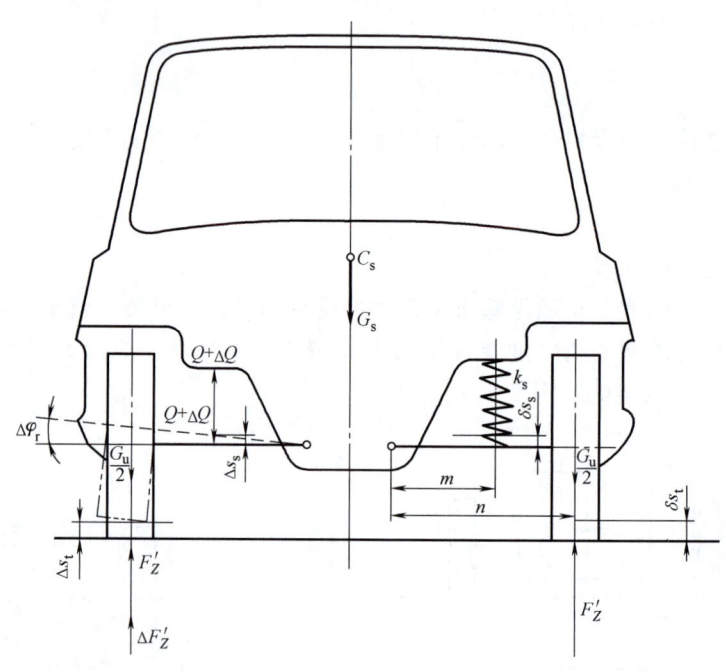

图 5-41 单横臂独立悬架线刚度的确定

设车厢不动，汽车处于静止受力状态，即一个轮胎上的地面法向反作用力为 F'_Z，其大小为 $\frac{1}{2}(G_s+G_u)$，G_s 为悬挂质量重力，G_u 为非悬挂质量重力；再在轮胎上施加一个向上的微元力 $\Delta F'_Z$，由此引起车轮在垂直方向的微元位移 Δs_t 和弹簧沿其中心线方向的微元位移 Δs_s。弹簧力也相应增加了 ΔQ，且 $\Delta Q = k_s \Delta s_s$，$k_s$ 为弹簧刚度。由图 5-41 可知

$$\frac{\Delta s_s}{m} = \frac{\Delta s_t}{n}$$

式中，m 为弹簧中心至横臂铰接点的距离；n 为横臂长。

另外，根据力矩平衡有

$$\Delta F'_Z n = \Delta Q m = k_s \Delta s_s m$$

故

$$\Delta F'_Z = k_s \frac{m}{n} \Delta s_s = k_s \left(\frac{m}{n}\right)^2 \Delta s_t$$

即一侧悬架的线刚度为

$$\frac{\Delta F'_Z}{\Delta s_t} = k_s \left(\frac{m}{n}\right)^2$$

整个悬架的线刚度为

$$K_1 = 2k_s \left(\frac{m}{n}\right)^2$$

对于复杂的独立悬架，可以用虚位移原理求线刚度。仍以单横臂独立悬架为例，当汽车处于静止的受力状况时，按虚位移原理可以列出（参看图 5-41 中汽车的右半侧）如下等式：

$$\left(F'_Z - \frac{G_u}{2}\right)\delta s_t - Q\delta s_s = 0$$

式中，δs_t 为地面法向反作用力作用点的虚位移；δs_s 为单横臂上弹簧力作用点的虚位移。

在地面法向反作用力作用点处再施加一个微元力 $\Delta F'_Z$，相应地弹簧力也增加了 ΔQ。按虚位移原理又可列出如下等式：

$$\left(F'_Z - \frac{G_u}{2} + \Delta F'_Z\right)\delta s_t - (Q + \Delta Q)\delta s_s = 0$$

因此有

$$\Delta F'_Z \delta s_t = \Delta Q \delta s_s$$

$$\Delta F'_Z = \Delta Q \frac{\delta s_s}{\delta s_t}$$

$$\frac{K_1}{2}\Delta s_t = k_s \Delta s_s \frac{\delta s_s}{\delta s_t}$$

$$K_1 = 2k_s \frac{\Delta s_s}{\Delta s_t} \frac{\delta s_s}{\delta s_t}$$

在微元力 $\Delta F'_Z$ 作用下，Δs_s 与 Δs_t 均很小，即

$$\frac{\Delta s_s}{\Delta s_t} = \frac{\delta s_s}{\delta s_t}$$

故悬架线刚度为

$$K_1 = 2k_s \left(\frac{\delta s_s}{\delta s_t}\right)^2 \tag{5-41}$$

实际上，上面的分析没有牵涉到独立悬架的具体结构，因此式（5-41）对任何独立悬架均适用。利用式（5-41），可求得单横臂独立悬架的线刚度为

$$K_1 = 2k_s \left(\frac{m}{n}\right)^2$$

这与前面求得的刚度是一样的。

2. 悬架的侧倾角刚度

已经知道，车厢垂直运动时受到的弹性恢复力，就是具有悬架线刚度的等效弹簧所产生的弹性力。因此，车身侧倾时受到悬架的弹性恢复力偶矩，也可以用等效弹簧的概念来进行分析。

如图 5-42 所示，当车厢发生小侧倾角 $d\Phi_r$ 时，等效弹簧的变形量为 $\pm \frac{B}{2}d\Phi_r$，故车厢受到的弹性恢复力偶矩为

$$dT = \frac{1}{2}K_1'B^2 d\Phi_r$$

式中，K_1' 为一侧悬架的线刚度；B 为轮距。

悬架侧倾角刚度为

$$K_{\Phi r} = \frac{1}{2}K_1'B^2 \qquad (5\text{-}42)$$

若已知悬架的线刚度，即可算出该悬架的侧倾角刚度。例如，单横臂独立悬架的侧倾角刚度为

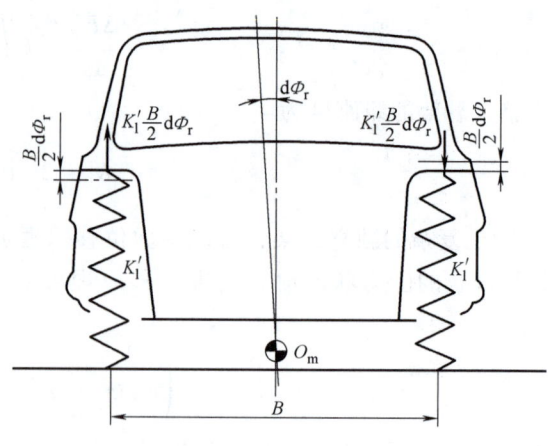

图 5-42　利用等效弹簧概念计算悬架侧倾角刚度

$$K_{\Phi r} = \frac{1}{2}k_s\left(\frac{Bm}{n}\right)^2$$

一般轿车及客车常装有横向稳定杆，它是影响悬架侧倾角刚度的一个重要零件。若已知杆端的线刚度，可用类似方法求出其侧倾角刚度。

应当指出，上面的计算只适用于小侧倾角，而且在分析中没有考虑导向杆系中铰接点处弹性衬套的影响。实际轿车的前侧倾角刚度为 300～1200N·m/(°)，后侧倾角刚度为 180～700N·m/(°)[5.11]。

（三）车厢的侧倾角

车厢在侧向力作用下绕侧倾轴线的转角为车厢侧倾角。

车厢侧倾角 Φ_r 是和汽车操纵稳定性及平顺性有关的一个重要参数。侧倾角的数值影响到汽车的横摆角速度稳态响应和横摆角速度瞬态响应。侧倾角本身也是评定汽车操纵稳定性的一个重要指标。过大的侧倾角使驾驶员感到不稳定、不安全。对平顺性而言，侧倾角过大的汽车，乘客感到不舒适。侧倾角过小，悬架的侧倾角刚度大，汽车一侧车轮遇到凸起或凹坑时，车厢内会感受到冲击，平顺性较差。

汽车做稳态圆周行驶时，车厢侧倾角取决于侧倾力矩 $M_{\Phi r}$ 与悬架总的角刚度 $\sum K_{\Phi r}$，即

$$\Phi_r = \frac{M_{\Phi r}}{\sum K_{\Phi r}} \qquad (5\text{-}43)$$

侧倾力矩主要由下列三部分组成。

1. 悬挂质量离心力引起的侧倾力矩 $M_{\Phi r I}$

汽车做匀速圆周行驶时，悬挂质量 m_s 的离心力为

$$F_{sy} = m_s\frac{u^2}{R} = a_y G_s$$

式中，a_y 为侧向加速度，单位为 g；G_s 为悬挂质量重力（N）。

由图 5-43，可得 F_{sy} 引起的侧倾力矩为

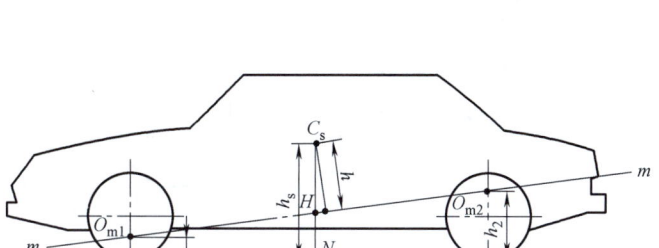

图 5-43 侧倾力矩的确定

$$M_{\Phi rI} = F_{sy}h$$

式中，h 为悬挂质量的质心至侧倾轴线的距离。

若车厢前、后侧倾中心至地面的距离分别为 h_1、h_2，车厢（悬挂质量）的质心至前、后轴的距离为 a_s 及 b_s，则有

$$h \approx h_s - HN = h_s - \left(\frac{h_1 b_s + h_2 a_s}{L}\right)$$

用试验法测定悬挂质量质心的位置比较困难。一般是测定整车的质心位置和非悬挂部分的质量，在假设前、后非悬挂质量的质心在车轮中心的条件下，可用计算法求出悬挂质量的质心，在此不再详述。

2. 侧倾后，悬挂质量重力引起的侧倾力矩 $M_{\Phi rII}$

车厢侧倾后，悬挂质量的质心偏出距离 e（图 5-44）。因此，其重力引起的侧倾力矩为

$$M_{\Phi rII} = G_s e \approx G_s h \Phi_r$$

3. 独立悬架中，非悬挂质量的离心力引起的侧倾力矩 $M_{\Phi rIII}$

为了简化受力状态分析，在讨论非悬挂质量引起的侧倾力矩时，把汽车的重力及相应的地面反作用力构成的平衡力系，与悬挂质量的离心力及相应的地面反作用力构成的平衡力系，都从整个受力状态中分离出去，不予考虑，好像在汽车上只作用有非悬挂质量所引起的离心力。下面讨论由此而产生的侧倾力矩。

以单横臂独立悬架为例，其受力状态如

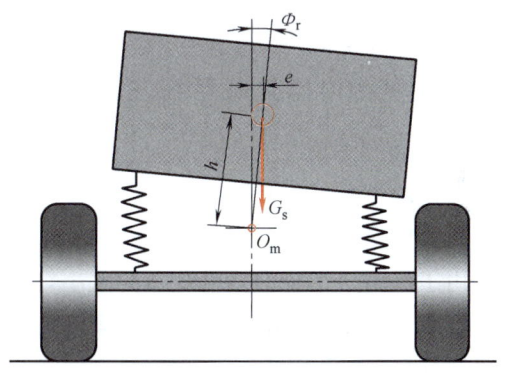

图 5-44 侧倾时悬挂质量重力引起的侧倾力矩

图 5-45 所示。可设非悬挂质量的质心通过车轴轴线，即质心离地面高度等于车轮半径 r。整个非悬挂质量产生的离心力为 F_{uy}，此力由地面侧向反作用力来平衡。并设作用于每侧轮胎的地面侧向反作用力为总的地面侧向反作用力的一半，即 $\Delta F_Y = F_{uy}/2$。取悬架机构的右侧为隔离体。离心力及地面侧向反作用力形成力偶矩 $(F_{uy}/2)r$，力图使非悬挂质量翻转。由于铰链 F 与地面的约束，产生反作用力 F_r 及 ΔF_Z。从力矩平衡可得

$$F_r = \frac{F_{uy}}{2} r \frac{1}{NG}$$

在车厢上将作用一个大小相等、方向相反的 F'_r。同理，在另一侧铰链 E 上亦作用有力

F'_r，两力所形成的力偶矩，就是使车厢绕侧倾中心 O_m 转动的 $M_{\Phi r \mathrm{III}}$，但其方向与悬挂质量离心力所引起的侧倾力矩 $M_{\Phi r \mathrm{I}}$ 相反。由图 5-45，可得

$$M_{\Phi r \mathrm{III}} = -F'_r EF = -F_{uy} r \frac{KF}{NG}$$

而

$$\frac{KF}{NG} = \frac{h_0 - r}{r}$$

故

$$M_{\Phi r \mathrm{III}} = -F_{uy}(h_0 - r)$$

找出其他各种独立悬架的等效单横臂独立悬架后，可以用类似的方法求得其非悬挂质量离心力构成的侧倾力矩。

因此，汽车做稳态圆周运动时，其侧倾力矩为

$$M_{\Phi r} = M_{\Phi r \mathrm{I}} + M_{\Phi r \mathrm{II}} + M_{\Phi r \mathrm{III}}$$

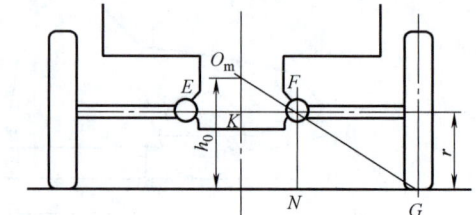
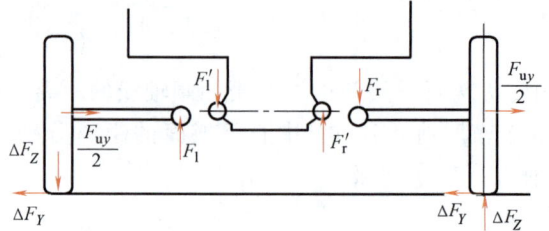

图 5-45　单横臂独立悬架中非悬挂质量离心力引起的侧倾力矩

悬架总的侧倾角刚度 $\sum K_{\Phi r}$ 等于前、后悬架及横向稳定杆的侧倾角刚度之和。

已知 $M_{\Phi r}$ 及 $\sum K_{\Phi r}$，即可求得车厢侧倾角。

轿车车厢倾角与侧向加速度成正比例关系。根据大量试验数据，日本汽车研究所给出 1987 年轿车的平均侧倾角增益为 $7.46(°)/g$，1996 年轿车的平均侧倾角增益为 $7.00(°)/g$。

二、侧倾时垂直载荷在左、右侧车轮上的重新分配及其对稳态响应的影响

在正常工作状态下，汽车左、右车轮的垂直载荷大体上是相等的。但曲线行驶时，由于侧倾力矩的作用，垂直载荷在左、右车轮上是不相等的。这将影响轮胎的侧偏特性，导致汽车稳态响应发生变化。有的汽车甚至会从不足转向变为过多转向。

由于作用于车轮的垂直载荷的大小等于地面对车轮的垂直反作用力的大小，所以可通过分析作用于汽车前、后轴左、右侧车轮的地面垂直反作用力，来确定左、右侧车轮垂直载荷的重新分配。

在分析左、右侧车轮地面垂直反作用力时，可把汽车简化为图 5-46 所示的模型。工字形车架代表车厢（悬挂质量），M_s 为车厢质量。工字形车架由前、后铰链连接于侧倾轴线 $m_{01} m_{02}$ 上，经由弹性元件支承于刚性的前、后轴上。在讨论时，把静止状态下汽车的重力及相应的四个车轮的地面垂直反作用力作为一个平衡力系分离出去，单独讨论侧倾力矩作用下左、右侧车轮的地面垂直反作用力。

车厢上作用的离心力 F_{sy}，按其质心所在位置分配到前、后悬架的侧倾中心 m_{01} 及 m_{02} 上，并由前、后铰链处的侧向反作用力 F_{s1y}、F_{s2y} 所平衡（图 5-46b），即

$$F_{sy} = F_{s1y} + F_{s2y}$$

$$F_{s1y} = F_{sy} \frac{b_s}{L}$$

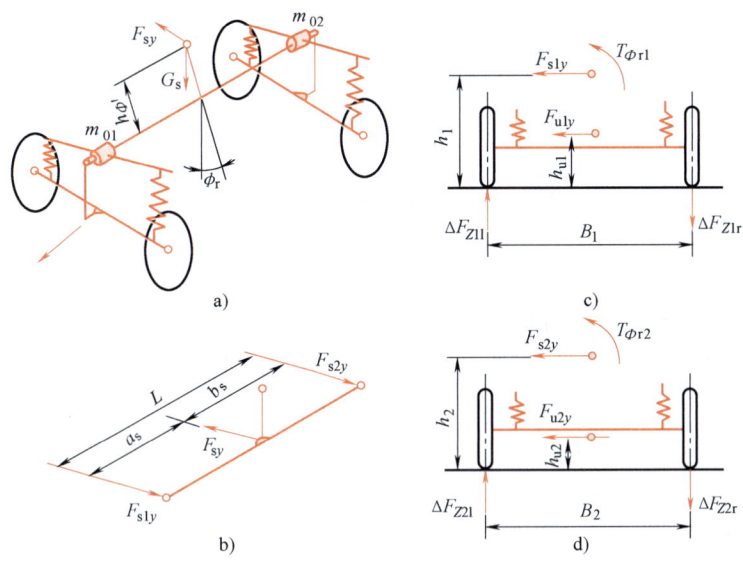

图 5-46 分析左、右侧车轮垂直载荷重新分配时等效的汽车简化模型

$$F_{s2y} = F_{sy}\frac{a_s}{L}$$

侧倾角 $\varPhi_r$ 由式（5-43）求出。前、后悬架作用于车厢的恢复力矩为

$$T_{\varPhi r1} = K_{\varPhi r1}\varPhi_r$$
$$T_{\varPhi r2} = K_{\varPhi r2}\varPhi_r$$

式中，$K_{\varPhi r1}$、$K_{\varPhi r2}$ 为前、后悬架的侧倾角刚度。

把等效模型前、后轴作为隔离体，可列出下式，并求出左、右车轮垂直反作用力的变动量为

$$\Delta F_{Z1l}B_1 = F_{sy}\frac{b_s}{L}h_1 + T_{\varPhi r1} + F_{u1y}h_{u1}$$

而

$$\Delta F_{Z1r} = -\Delta F_{Z1l}$$

同理

$$\Delta F_{Z2l}B_2 = F_{sy}\frac{a_s}{L}h_2 + T_{\varPhi r2} + F_{u2y}h_{u2}$$

而

$$\Delta F_{Z2r} = -\Delta F_{Z2l}$$

式中，ΔF_{Z1l}、ΔF_{Z1r}、ΔF_{Z2l}、ΔF_{Z2r} 为前、后轴左、右车轮垂直反作用力的变动量；F_{u1y}、F_{u2y} 为前、后轴非悬挂质量 m_{u1}、m_{u2} 产生的离心力，在匀速圆周行驶时分别等于 $m_{u1}\dfrac{u^2}{R}$ 及 $m_{u2}\dfrac{u^2}{R}$；h_{u1}、h_{u2} 为前、后非悬挂质量质心离地面的高度，一般可取为车轮半径；h_1、h_2 为前、后侧倾中心高度。

作用在前、后轴左、右车轮上的垂直反作用力是静止状态下的垂直反作用力及由侧倾引起的垂直反作用力变动量之和。这个变动量在外侧车轮是使垂直反作用力增加的，而在内侧

车轮则是使垂直反力减小的。即

$$F'_{Z1l} = F_{Z1l} + \Delta F_{Z1l}, \quad F'_{Z1r} = F_{Z1r} + \Delta F_{Z1r}$$
$$F'_{Z2l} = F_{Z2l} + \Delta F_{Z2l} \quad F'_{Z2r} = F_{Z2r} + \Delta F_{Z2r}$$

式中，F'_{Z1l}、F'_{Z1r}、F'_{Z2l}、F'_{Z2r} 为侧倾后，前、后轴左、右车轮的地面垂直反作用力；F_{Z1l}、F_{Z1r}、F_{Z2l}、F_{Z2r} 为静止状态下，前、后轴左、右车轮的地面垂直反作用力。

显然，求得的地面反作用力大小的变化就是车轮垂直载荷大小的变化，即垂直载荷的重新分配。

下面讨论车轮载荷重新分配对轮胎侧偏刚度（绝对值）与稳态响应的影响。

由本章第二节轮胎的侧偏特性可知，轮胎的侧偏刚度与它的垂直载荷有关（图 5-10），轮胎的侧偏刚度在某一载荷下达到最大，大于或小于这个载荷时，侧偏刚度均下降。一般情况下，侧偏刚度最大时的垂直载荷约为额定载荷的 150%。

就一根车轴而言，在无侧向力作用于汽车时，车轴左、右车轮的垂直载荷均为 W_0（图 5-47），每个车轮的侧偏刚度均为 k_0。在有侧向力作用于汽车和地面有相应的侧向反作用力 F_Y 作用于两轮胎时，若设左、右车轮垂直载荷没有发生变化，则相应的侧偏角为

$$\alpha_0 = \frac{F_Y}{2k_0}$$

实际上，在侧向力作用下，左、右车轮垂直载荷均发生变化。内侧车轮减少 ΔW，外侧车轮增加 ΔW，两个车轮的侧偏刚度随之变为 k_l、k_r。由于左、右车轮的侧偏角相等，故有

$$F_Y = k_l \alpha + k_r \alpha$$

或

$$\alpha = \frac{F_Y}{k_l + k_r}$$

若令 $k'_0 = \frac{k_l + k_r}{2}$，$k'_0$ 为垂直载荷重新分配后每个车轮的平均侧偏刚度，则两个车轮的侧偏角为

$$\alpha = \frac{F_Y}{2k'_0}$$

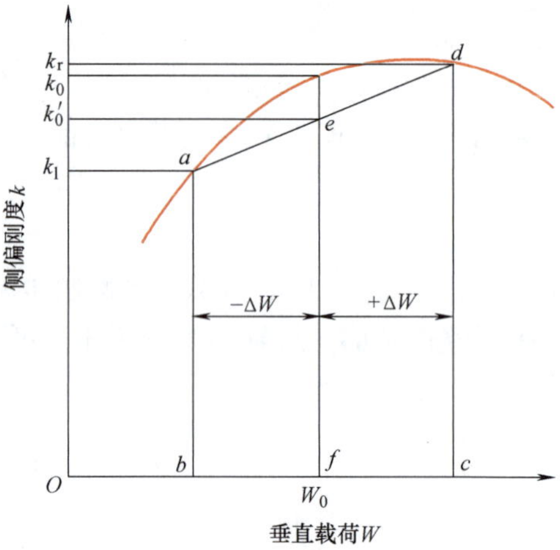

由图 5-47 可知，平均侧偏刚度 k'_0 即为梯形 $abcd$ 中线 ef 的长度。显然 $k_0 > k'_0$，即 $\alpha > \alpha_0$。进一步分析可知，左、右车轮垂直载荷差别越大，平均侧偏刚度越小。

图 5-47 左、右车轮垂直载荷再分配时轮胎的侧偏刚度

由此可知，在侧向力作用下，若汽车前轴左、右车轮垂直载荷变动量较大，汽车趋于增加不足转向量；若后轴左、右车轮垂直载荷变动量较大，汽车趋于减少不足转向量。汽车前轴及后轴左、右车轮载荷变动量取决于：前、后悬架的侧倾角刚度，悬挂质量，非悬挂质量，质心位置以及前、后悬架侧倾中心位置等一系列参数的数值。

三、侧倾外倾——侧倾时车轮外倾角的变化

车厢侧倾时，因悬架形式不同，车轮外倾角的变化有三种情况：保持不变，沿地面侧向

反作用力作用方向倾斜，沿地面侧向反作用力作用方向的相反方向倾斜。车轮外倾角的变化会引起外倾侧向力或者说引起轮胎侧偏角的改变。在本章第二节中已介绍过轮胎既有外倾角又有侧偏角时，地面侧向反作用力为

$$F_Y = F_{Y\alpha} + F_{Y\gamma}$$

因而
$$\alpha = \frac{1}{k}(F_Y - F_{Y\gamma}) = \frac{F_Y}{k} - \gamma\frac{k_\gamma}{k}$$

即 F_Y 为正值而外倾角为负值时，外倾角的作用是使侧偏角的代数值增大、绝对值减小。若外倾角为正值时，使侧偏角的代数值减小、绝对值增大。换言之，当车轮外倾倾斜的方向与地面侧向反作用力一致时，侧偏角绝对值减小；反之则增大。因此，悬架的车轮外倾角变化规律影响汽车的稳态与瞬态响应。前面还提到过，随着外倾角的增加，轮胎的侧向附着性能降低。所以，外倾角的变化同时还影响汽车极限侧向加速度。若要保持高的极限性能，急速转弯行驶时承受大部分垂直载荷的外侧车轮应尽量垂直于地面，使轮胎胎面花纹与地面保持良好的接触。在悬架设计中应恰当控制、设置这种（车厢）侧倾（引起的）外倾角。

车厢侧倾时，车轮相对于地面的外倾角可以认为是由两部分合成的，即车轮相对于车厢的外倾角和车厢相对于地面的侧倾角。因此，一般用下述方法来确定车轮对地面的外倾角：先假设车厢不动，使地面向相反方向转过一个车厢侧倾角 Φ_r。这样便可根据不同悬架导向杆系运动学关系，找出车轮与车厢的相对转动角度，然后使地面与汽车一起回转一个侧倾角 Φ_r，此时，地面回到原来的状态，便可确定外倾角的数值。

图 5-48 所示为用上述方法对上、下横臂长度相等且平行的双横臂独立悬架进行分析的步骤。

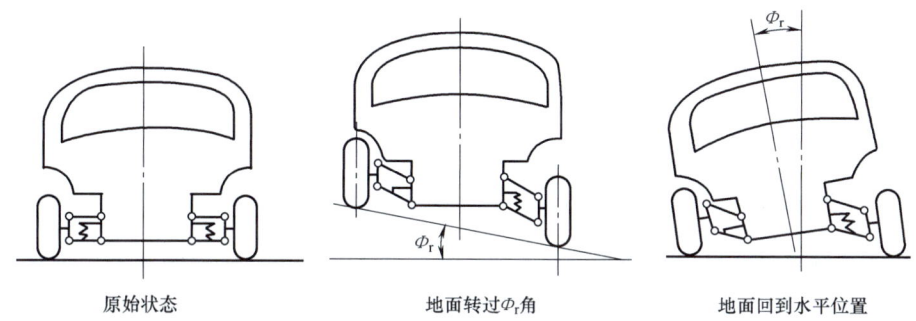

图 5-48　侧倾时上、下横臂长度相等且平行的双横臂独立悬架车轮外倾角的确定

图 5-49 中给出了几种典型悬架在侧倾时车轮外倾角变化的情况。从图中可以看出，车厢侧倾时，非独立悬架的车轮保持垂直状态。上横臂短、下横臂长的双横臂独立悬架，大体上也可以保持其外侧车轮垂直于地面。上、下横臂长度相等且平行的双横臂、单纵臂独立悬架的车轮倾斜方向与地面侧向力的方向相反，有增大侧偏角（绝对值）的效果。单横臂独立悬架在小侧向加速度时，车轮倾斜方向与地面侧向力相同，有减小侧偏角的效果。但是在大侧向加速度时，装有单横臂独立悬架的车厢可能被显著抬高，出现"举升"（Jack-up）现象，内侧车轮离地，外侧车轮逆着地面侧向力方向倾斜，侧偏角增大，汽车操纵稳定性突然变坏。因此，现在采用单横臂独立悬架的很少。

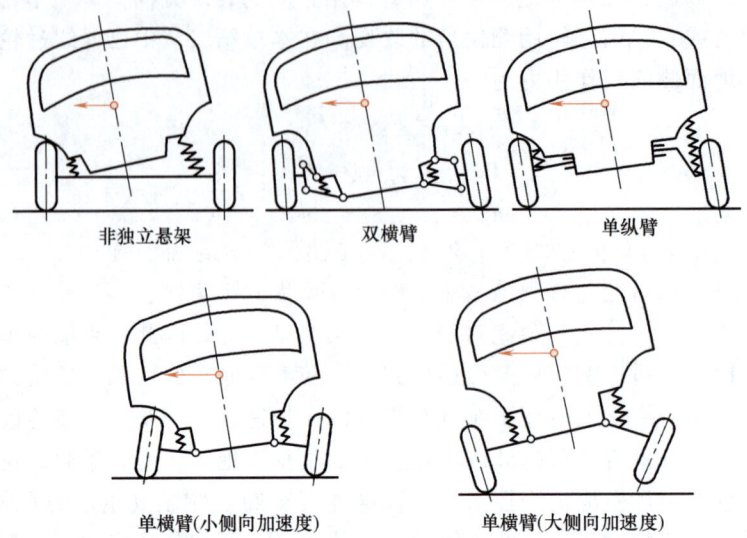

图 5-49 车厢侧倾时车轮外倾角的变化情况

汽车在不平整地面上直线行驶时，由于侧倾外倾角的缘故，车轮的上下跳动使车轮外倾角不断变化，会产生相应的外倾侧向力的变化而影响汽车直线行驶稳定性。所以，侧倾外倾角的设置要兼顾到横摆角速度响应与直线行驶稳定性两个方面。

车厢侧倾引起的车轮外倾角的变化可由下式计算：

$$\gamma = \frac{\partial \gamma}{\partial \Phi_r} \Phi_r$$

式中，$\frac{\partial \gamma}{\partial \Phi_r}$ 为车厢侧倾引起的外倾角变化率 [(°)/(°)]，称为**侧倾外倾系数**。

为了说明这种外倾变化对汽车稳态响应的作用，在其数值后带一个括号，在括号内写入"不足"或"过多"两字。若外倾的变化使汽车不足转向量增加，则在数值后写作（不足）；若外倾的变化使汽车不足转向量减少或过多转向量增加，则写作（过多）。

轿车的前侧倾外倾系数 $\left(\frac{\partial \gamma}{\partial \Phi_r}\right)_1$ 为 0.61～0.88°/(°)（不足），后侧倾外倾系数 $\left(\frac{\partial \gamma}{\partial \Phi_r}\right)_2$ 为 0～0.86°/(°)（过多）[5.11]。

四、侧倾转向

在侧向力作用下车厢发生侧倾，由车厢侧倾所引起的前转向轮绕主销的转动、后轮绕垂直于地面轴线的转动，即车轮转向角的变动，称为**侧倾转向**。对于后轴，即非转向轴而言，它是指车厢侧倾时由悬架导向杆系的运动学关系所产生的车轮转向角；对于前轴，即转向轴而言，侧倾转向还包括悬架导向杆系与转向杆系相互作用的运动学关系所产生的车轮转向角的变动量。后者可以看作悬架导向杆系与转向杆系在运动学上不协调而发生干涉的结果，所以它也称为"侧倾干涉转向"。

发生侧倾转向时，非独立悬架的车轴发生绕垂直轴线的转动，所以侧倾转向也称为**轴转向**。从运动学的观点来看，车轴及车轮绕垂直于地面的轴线转动的效果与轮胎发生（弹性）

侧偏角后的效果是一样的，所以侧倾转向又称为**运动学侧偏**。

随着前、后侧倾转向的方向与数值的不同，汽车的不足转向量可能增加或减少。图 5-50 所示为后悬架的侧倾转向对稳态转向特性的影响。

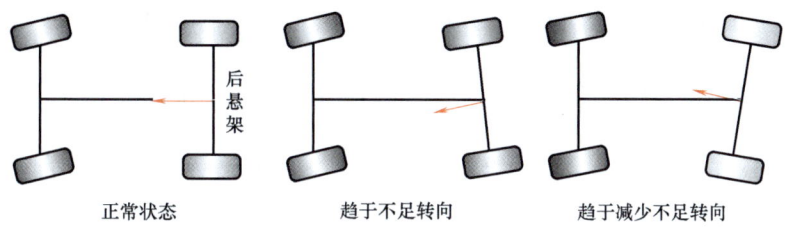

图 5-50　后悬架的侧倾转向对稳态转向特性的影响

独立悬架的侧倾转向效果，可以用车轮相对车厢跳动时的前束变化曲线来说明。图 5-51 所示为双横臂独立悬架的前轮定位参数变化曲线。转弯行驶时，车厢侧倾，外侧车轮与车厢的距离缩小，处于压缩行程；内侧车轮与车厢间的距离加大，处于复原行程。因此，装有此独立悬架的汽车，外侧车轮的前束减小，车轮向外转动；内侧车轮的前束增加，车轮向汽车纵向中心线方向转动。这辆汽车的侧倾转向增加了不足转向量，这种侧倾转向称为**不足侧倾转向**。

但是具有侧倾转向效应的汽车在直线行驶时，路面不平引起车轮相对于车厢的跳动也会使车轮产生一定的转向角，从而影响汽车直线行驶稳定性，所以近代轿车趋于减少侧倾转向量。图 5-52 所示为 Nissan 240SX 轿车多杆式后独立悬架与原车斜臂式后独立悬架的前束变化曲线，可以看出此多杆式独立悬架的侧倾转向量几乎等于零。

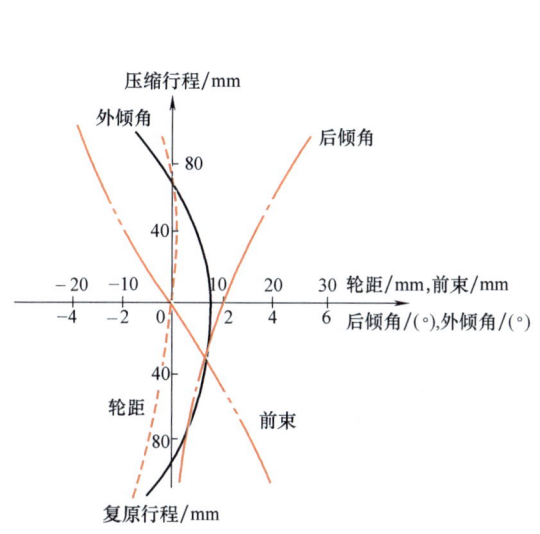

图 5-51　双横臂独立悬架前轮定位参数的变化曲线

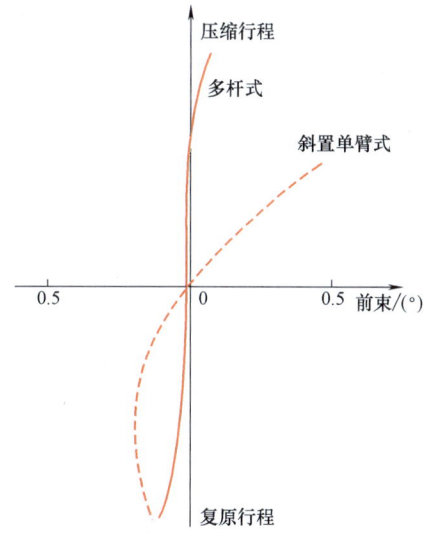

图 5-52　Nissan 240SX 轿车多杆式后独立悬架与原车斜臂式后独立悬架的前束变化曲线[5.10]

车轮的侧倾转向角与车厢侧倾角的关系式可写为

$$\delta = \Phi_r \frac{\partial \delta}{\partial \Phi_r}$$

式中，$\frac{\partial \delta}{\partial \Phi_r}$ 称为**侧倾转向系数**。轿车的前侧倾转向系数 $\left(\frac{\partial \delta}{\partial \Phi_r}\right)_1$ 为 0.2（不足）~ -0.1°/(°)（过多），后侧倾转向系数 $\left(\frac{\partial \delta}{\partial \Phi_r}\right)_2$ 为 0.13（不足）~ -0.06°/(°)（过多）[5.11]。应再次说明，前转向轮与转向杆系相连接，因此 $\left(\frac{\partial \delta}{\partial \Phi_r}\right)_1$ 的数据包含"侧倾干涉转向"的作用在内（详见后）。

五、变形转向——悬架导向装置变形引起的车轮转向角

悬架导向杆系各元件在各种力、力矩作用下发生的变形，引起车轮绕主销或垂直于地面轴线的转动，称为**变形转向**，其转角称为**变形转向角**。变形转向角若有增加不足转向趋势，称为**不足变形转向角**；若有增加过多转向趋势，称为**过多变形转向角**。每千牛侧向力产生的变形转向角称为**侧向力变形转向系数**，以符号 $\frac{\partial \delta}{\partial F_y}$ 表示。

同侧倾转向一样，变形转向也是一种使车辆具有恰当不足转向量的有效手段。一般希望转弯行驶时承受主要载荷的外侧车轮有合适的不足变形转向角，即前轮有减少前束的变形转向角，后轮有增加前束的变形转向角。

图 5-53 所示为 Nissan 240SX 具有不足变形转向角的多杆式后独立悬架。从图 5-53a 中可看出，该悬架基本上属双横臂式，不过上、下横臂均由两根导向杆替代，上面的两根杆确定了车轮做转向角转动的瞬时轴线上的一个瞬时中心。下面的两根杆既决定了瞬时轴线上另一个瞬时中心，又确定了变形转向角的大小与方向。图 5-53b 所示为下面两根导向杆的示意图，其中一根杆为 A 形杆，另一根杆

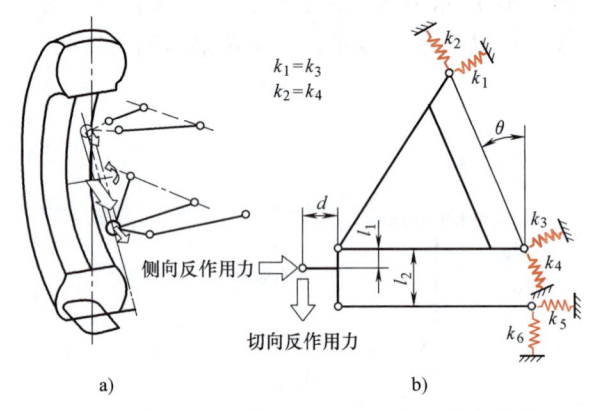

图 5-53 Nissan 240SX 具有不足变形转向角的多杆式后独立悬架

为侧置杆，图上还标明了橡胶衬套在各个方向的刚度系数 k 值。由于 k_2、k_4 很小，受到侧向力后，A 形杆沿衬套轴向有明显位移，如图 5-54a 所示，从而后外轮产生了减小后轴侧偏角的不足变形转向角。

当汽车在弯道行驶并减速制动时，这种悬架的后外轮也产生不足变形转向角，如图 5-54b 所示，从而提高了制动时的方向稳定性。由于 Nissan 240SX 是后轮驱动，因此它也能减弱卷入（Tuck In）现象○。

○ 卷入是指在回转行驶中急剧收加速踏板时，汽车驶入弯道内侧的现象。

可用下式估算侧向力变形转向角：

$$\delta_c = \frac{F_y}{1000} \frac{\partial \delta}{\partial F_y}$$

式中，δ_c 为变形转向角（°）；$\frac{\partial \delta}{\partial F_y}$ 为侧向力变形转向系数 [（°）/kN]。

轿车前悬架侧向力变形转向系数 $\left(\frac{\partial \delta}{\partial F_y}\right)_1$ 为 0.60（不足）~ 0.22°/kN

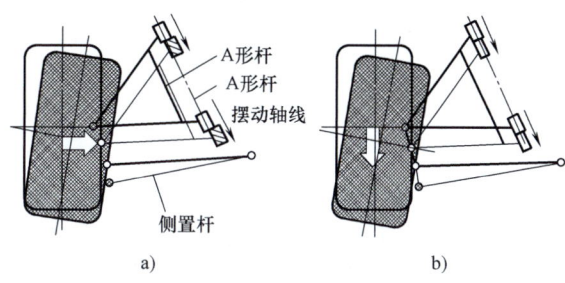

图 5-54 Nissan 240SX 多杆式后独立悬架的变形转向角

（过多），后悬架的 $\left(\frac{\partial \delta}{\partial F_y}\right)_2$ 为 0.02（不足）~ 0.22°/kN（过多）[5.11]。应当说明的是，前转向轮与转向拉杆相连接，因此 $\left(\frac{\partial \delta}{\partial F_y}\right)_1$ 的数值包含了转向系的变形效应。

由轮胎力学特性可知，各轮胎上都作用有回正力矩。在回正力矩作用下，悬架和车轮有扭转变形。前、后轴车轮均产生回正力矩变形转向角 δ_a（图 5-55）。回正力矩作用的结果是使前轴趋于增加不足转向，后轴趋于减少不足转向。一般由于前轴杆件比较多，连接铰链比较多，汽车回正力矩作用的总效果往往趋向不足转向。在估算回正力矩变形转向角 δ_a 时，引入回正力矩系数 N_a 及**回正力矩变形转向系数** $\frac{\partial \delta}{\partial T}$ 的概念。前者是指轮胎每一度侧偏角引起的回正力矩的大小，后者是指100N·m 回正力矩所引起的变形转向角，而

$$\delta_a = \frac{1}{100} \alpha N_a \frac{\partial \delta}{\partial T}$$

轿车的前回正力矩变形转向系数 $\frac{\partial \delta}{\partial T_1}$（前轮不在中间位置时）为 0.40 ~ 1.6°/（100N·m）（不足），后回正力矩变形转向系数 $\frac{\partial \delta}{\partial T_2}$ 为 0 ~ 0.25°/（100N·m）（过多）[5.11]。

前悬架的回正力矩变形转向具有很强的非线性，前轮在中间位置施加力矩较小时的回正力矩变形转向系数要比前轮不在中间位置时大得多，上面得出的数值是指前轮不在中间位置时的数值。

六、变形外倾——悬架导向装置变形引起的外倾角的变化

受到侧向力的独立悬架杆系的变形会引起车轮外倾角的变化，从而影响汽车的稳态与瞬态响应。

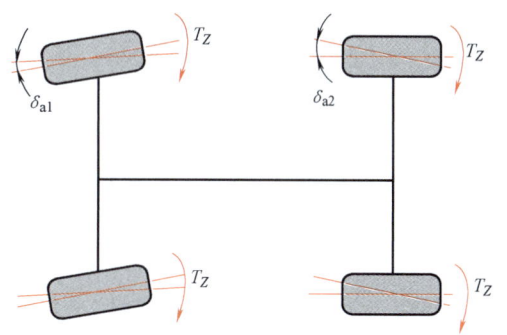

图 5-55 回正力矩引起的变形转向角

侧向力引起的变形外倾角变化率 $\frac{\partial \gamma}{\partial F_y}$ 称为**侧向力变形外倾系数**，其单位为（°）/kN。轿

车的前侧向力变形外倾系数 $\left(\dfrac{\partial \gamma}{\partial F_y}\right)_1$ 为 $0.24 \sim 0.75°/kN$（不足），后侧向力变形外倾系数 $\left(\dfrac{\partial \gamma}{\partial F_y}\right)_2$ 为 $0.20 \sim 0.82°/kN$（过多）[5.11]。

第五节　汽车操纵稳定性与转向系的关系

在汽车底盘中，专门用以控制汽车行驶方向的转向系是与操纵稳定性关系最为密切的系统。

本节除讨论"不足-过多转向"与转向系的关系外，还要从更全面的角度对转向系与操纵稳定性的关系做扼要说明，并介绍转向盘力特性与转向盘中心区操纵稳定性试验（其中包含转向盘力特性的测定）。

一、转向系的功能与转向盘力特性

转向系的功能大体可分为两部分。其一是驾驶员通过转向盘控制前轮绕主销的转角来操纵汽车运动的方向。驾驶员操纵转向盘时对转向盘的输入有两种方式，即角输入与力输入。在本章大部分篇幅中讨论的是转向盘角输入下汽车的响应，但是实际驾驶中既有角输入又有力输入，有时则以一种为主，如装有动力转向的汽车以低车速行驶时，操作转向盘的力很轻，却可能有很大的转向盘转角输入，汽车的运动纯粹是由几何关系决定的，这时基本上是角输入；而在高速公路上以高速行驶时，可能出现转向盘转角很小，汽车上却仍作用有一定的侧向惯性力，这时主要是通过力输入来操纵汽车的。

转向系的第二个功能是凭借转向盘（反作用）力，将整车及轮胎的运动、受力状况反馈给驾驶员，不少文献中称这种反馈为驾驶员感受到的**路感**（Road Feeling）。驾驶员可以通过手（握住转向盘）、眼睛（观察到汽车的运动）、身体（承受到的惯性力）及耳朵（听到轮胎在地面滚动时的声音）等来感觉、检测汽车的运动状态，但最重要的信息是来自转向盘反馈给驾驶员的路感。人在驾驶时，只有及时、方便、准确地掌握汽车的行驶状况，才能有把握地操纵汽车。因此，良好的路感是优良的操纵稳定性中不可缺少的部分。

上面谈到的转向盘力是驾驶员输入转向盘用以操纵汽车的力，**转向盘反作用力是转向盘输送给人手的力，即路感**；二者大小相等、方向相反，本节的一般讨论中不加区分，统称为转向盘力。从转向系的功能可以看出，转向盘力在操纵汽车时起重要的作用。

转向盘力随汽车运动状况而变化的规律称为转向盘力特性。汽车转向系应具有良好的转向盘力特性，才能很好地起到控制汽车与反馈信息的作用。表现转向盘力特性的方法迄今尚不成熟，日本《Motor Fan》杂志道路试验报告中采用五种曲线图反映汽车的操纵稳定性：①稳定性因数 K 值曲线⊖；②ω_r 频率特性；③大侧向加速度下的转向盘力曲线，它是通过

⊖ 见本章图 5-29d、e。
⊜ 见本章图 5-33。

侧向加速度达 0.8g 的正弦曲线（蛇行）行驶试验求得的；④转向盘中心区、小转角下的转向盘力曲线，它是通过小侧向加速度的正弦曲线行驶试验求得的；⑤固定转向盘条件下，汽车回转行驶时的转向盘力（日本文献中称为保舵力）曲线。后三者便是转向盘力特性。图 5-56 所示为 1996 年《Motor Fan》杂志给出的皇冠尊严（クラウンマジェスタ）4000 轿车的转向盘力特性曲线。图 5-56a、b 中阴影区为过去 4 年间 25 辆汽车转向盘力特性的平均值 $\pm\sigma$ 的范围。

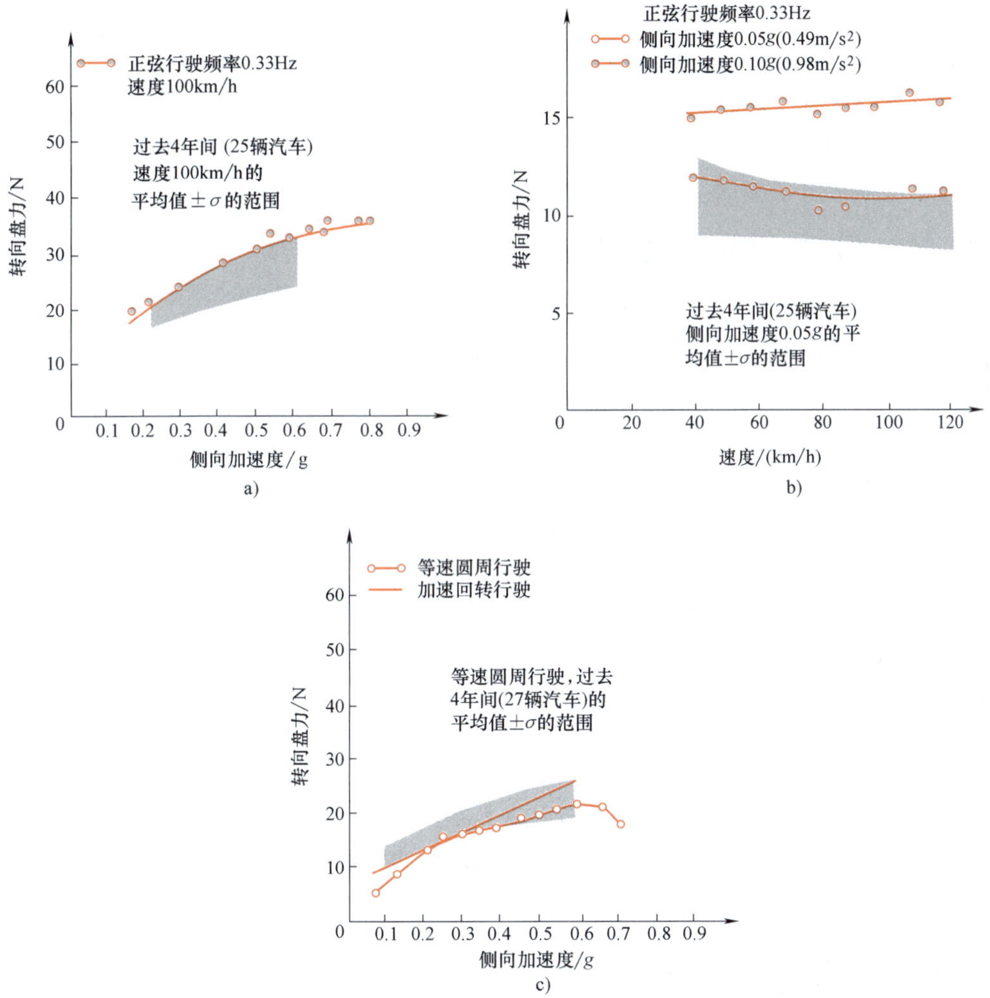

图 5-56 《Motor Fan》杂志给出的皇冠尊严 4000 轿车的转向盘力特性曲线
a）正弦曲线行驶大侧向加速度下的转向盘力特性
b）正弦曲线行驶转向盘中间位置或小转角下的转向盘力特性
c）固定转向盘回转行驶时的转向盘力特性

美国通用汽车公司有专门**评价高速操纵稳定性的转向盘中心区行驶试验**，从中也可测得转向盘力特性曲线，以及角输入与转向功输入方面的特性曲线与评价指标，详见后。
转向盘力特性决定于下列因素：转向器传动比及其变化规律、转向器效率、转向系统的刚度、动力转向器的转向盘操作力特性、转向杆系传动比、转向杆系效率、由悬架导向杆系决定的主销位置、轮胎上的载荷、轮胎气压、轮胎力学特性、地面附着条件、转向盘转动惯量、转向柱摩擦阻力以及汽车整体动力学特性等。

主销位置几何参数，如主销内倾角、主销后倾角、主销拖距、接地面上主销偏置距、车轮中心主销偏置距、车轮中心主销拖距等（图5-57），对转向盘力特性、回正性能、直线行驶性能等都有显著影响。

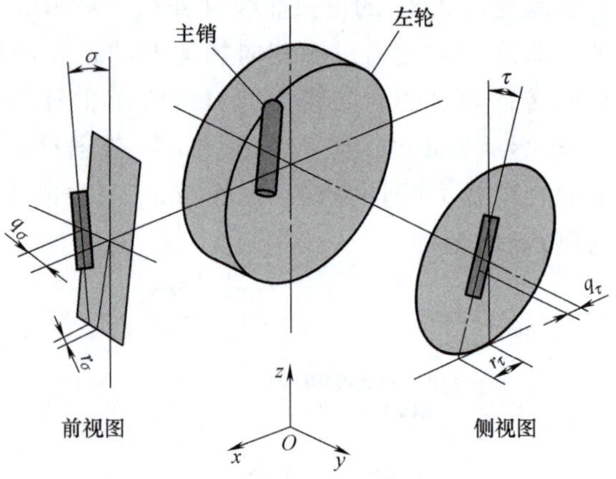

图 5-57 主销位置几何参数

σ—主销内倾角　τ—主销后倾角　r_τ—主销拖距
r_σ—接地面上主销偏置距　q_σ—车轮中心主销偏置距
q_τ—车轮中心主销拖距

二、不同工况下对操纵稳定性的要求

汽车在低车速的曲线行驶及极低车速移动工况下，应具有不沉重而适度的转向盘力与不过于大的转向盘总转角，还应有良好的回正性能。

在高速、转向盘小转角、低侧向加速度范围内，汽车应具有良好的横摆角速度频率特性、直线行驶能力、回正性能与较大的转向灵敏度。汽车还应有良好的转向盘力特性，如图5-56所示：转向盘力的大小要适度，特别是随着车速的提高，转向盘力不宜过小而要保持一定的数值；为了给驾驶员以良好的路感，在小侧向加速度范围（0～0.1g）内，应有恰当的"转向盘力随汽车侧向加速度的变化率"⊖。如图5-56所示，皇冠轿车在车速100km/h、侧向加速度为 0.05g 与 0.10g 时的转向盘力分别为 10.05N 与 15.9N，则其平均变化率为 117N/g。此外，驾驶员在驾驶中应能方便、清晰地判断转向盘（直线行驶时）的中间位置。转向系统还应能适度地隔断路面不平整的干扰。

高速行驶条件下的转向盘力特性受到许多因素的影响，在开发工作中只有对相关系统进行细致微妙的调整后，才能获得良好的转向盘力特性。

在以中、高侧向加速度做曲线行驶时，汽车的侧向加速度、轮胎地面侧向反作用力以及轮胎的附着情况等，主要是靠转向盘（反作用）力传递的。因此，有人认为转向盘力最好与侧向加速度有线性关系，如图 5-58 中的 a 线。在高侧向加速度区域中，若转向盘力增长过快，如图 5-58 中的 b 线，则使驾驶员感到转向盘过于沉重。一般装有动力转向器的转向盘力特性如曲线 c。图 5-58 中的曲线 d，0.5g 时即达到最大值，在高侧向加速度时有所下降，会使驾驶员有转向盘力消失的感觉。

由上述可知，汽车在原地、小半径弯道低速行驶时，要防止转向盘过于沉重；而在高速行驶时，转向盘力却不宜过小而应维持一定数值，以帮助驾驶员稳定驾驶。若转向器具有固定或变化很小的传动比，则很难使汽车达到这种要求；有些动力转向系统具有随车速而变化的转向盘力特性，基本上能满足上述要求，改善了汽车的操纵稳定性。图 5-59 所示为电控

⊖ "转向盘力随汽车侧向加速度的变化率"在概念上是与下面一小节，第五节三中的"转向盘转矩梯度"相当的。

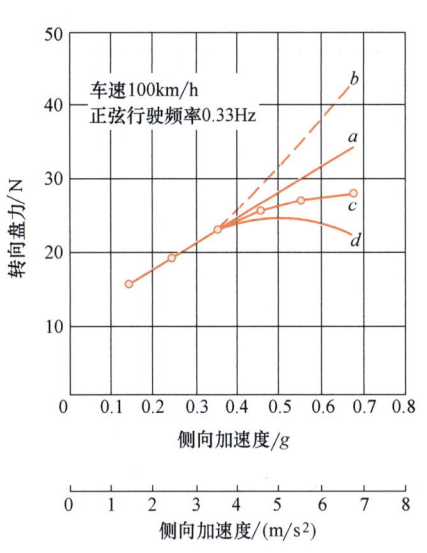

图 5-58　转向盘力特性

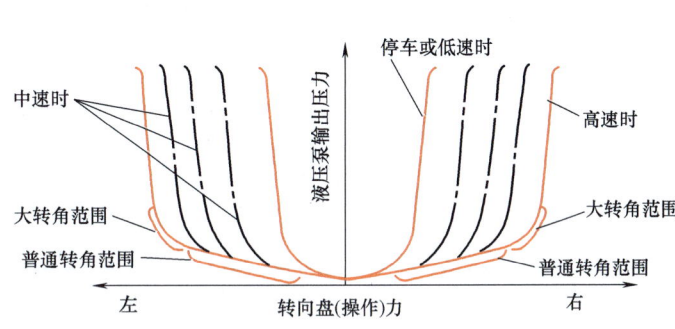

图 5-59　电控油压反馈动力转向器的一组转向盘操作力特性

油压反馈动力转向器的一组转向盘操作力特性曲线，汽车低速行驶时特性曲线很窄，助力作用大；随着车速提高，特性曲线越来越宽，助力作用越来越小，防止了高速时转向盘力太小的弊病。

现在日益受到重视的电动助力转向系统也具有随车速而变化的转向盘力特性。

三、评价高速公路行驶操纵稳定性的试验——转向盘中心区操纵稳定性试验

汽车在高速公路上的高速行驶无疑是一种重要的行驶工况，它具有以力输入为主和转向盘（反作用）力是重要信息源的特点。各汽车生产、使用公司对此均十分重视，进行过许多研究。美国德尔福（Delphi）公司针对它制定了"中心区操纵稳定性试验"[5.14]（On Center Handling Test），提出了一系列评价指标，用它们来评价、鉴定汽车高速行驶的操纵稳定性。通用公司在开发 1997 年 Chevrolet Corvette C5 型轿车的过程中，用这个试验中的 6 个评价指标规定了该轿车在操纵稳定性方面应达到的部分要求，见表 5-2。

我国的 GB/T 6323—2014《汽车操纵稳定性试验方法》中，不仅把所有的操纵稳定性试验集中到一个标准中，而且增加了转向盘中心区操纵稳定性试验[5.28]。

表 5-2　为开发中的 Chevrolet Corvette C5 型轿车制定的操纵稳定性方面的部分要求[①]

操纵稳定性项目	参数	单位
线性操纵稳定性	不足转向梯度	(°)/g
	转向灵敏度	g/100°
	（转向灵敏度）线性范围	g
	侧向加速度反应时间	s
	侧倾梯度	(°)/g
	侧倾阻尼	
	横摆角速度阻尼	
	俯仰梯度——加速与制动	(°)/g

操纵稳定性项目	参　　数	单　位
非线性操纵稳定性	最大侧向加速度	g
	松开加速踏板稳定性	g
	单突起抓地性	(°)
转向盘中心区操纵稳定性	最小转向灵敏度	g/100°
	转向灵敏度比	
	转向迟滞	(°)
	转向盘转矩为0时的侧向加速度	g
	转向盘转矩梯度比	
	转向功灵敏度	$g^2/100N·m$
	静转向力	N
	轮胎外侧的最小转弯直径	m

① 见参考文献 [5.15]，但该文中没有各项要求的具体数值。

1. 试验方法

试验时，汽车以100km/h的速度做（近似于）正弦曲线的蛇行行驶，正弦运动的周期为5s，最大侧向加速度为0.2g。试验在无风、水平路段上进行。被试验汽车上装有转向盘转角、转向盘转矩、车速与横摆角速度等传感器。根据横摆角速度与车速的乘积，可以求得汽车侧向加速度的数值。图5-60中的曲线为试验中测得的原始数据曲线。

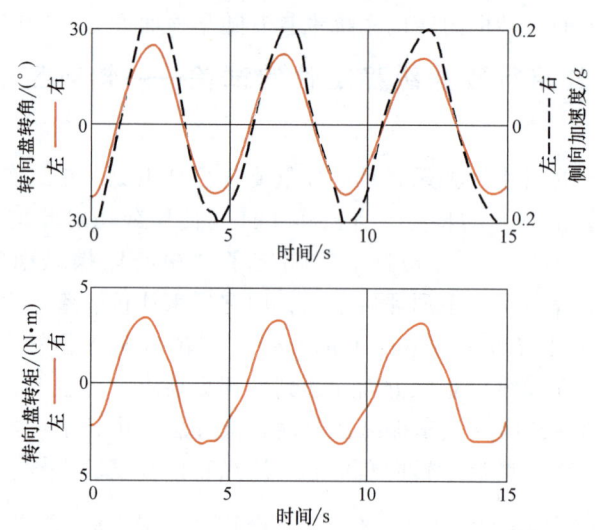

图5-60　典型的转向盘转角、转向盘转矩与侧向加速度的时间历程

2. 转向盘力输入方面的评价指标

根据试验的原始数据，可绘制五种曲线图，由图上曲线可取出转向盘角输入、转向盘力输入与转向功等三个方面的12个评价指标。下面只介绍力输入方面的5个评价指标，它们是由**转向盘转矩-汽车侧向加速度曲线**（图5-61）求得的。转向盘转矩-汽车侧向加速度曲线与《Motor Fan》杂志给出的转向盘力特性是相当的。

（1）**转向盘转矩为0时的汽车侧向加速度**　它表征汽车的回正性能。为了理解这个指标的意义，可设想汽车在移线运动中转向盘最后要回到直线行驶位置之前，若松开转向盘，转向盘并不能回到直线行驶位置而在某处"卡住"。显然，此时转向盘转矩为0，但汽车仍在做大半径的曲线运动，汽车有一定的侧向加速度，此加速度越小表明汽车的回正性能越好。转向盘中心区试验得到的转矩为0时的侧向加速度与此是相仿的，但它还受到系统阻尼与车辆响应滞后的影响。这个评价指标不宜过大或过小。

（2）**0g 处的转向盘转矩** 它表征转向系中的库仑干摩擦，但它也受到液力阻尼与车辆相位滞后的影响。

（3）**0g 处的转向盘转矩梯度** 它是 0g 处转向盘转矩随汽车侧向加速度的变化率，表征路感。主要受到主销几何参数与转向系总传动比的影响。在装有动力转向器的汽车上，转向阀中扭杆的刚度、转阀的设计及转向系中的摩擦均影响它的数值。

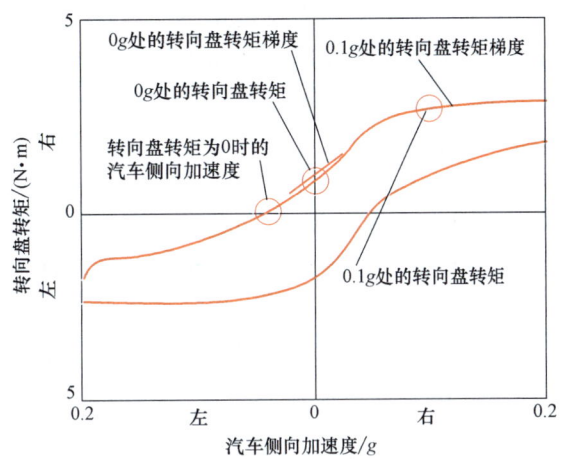

图 5-61　转向盘转矩-汽车侧向加速度曲线

（4）**0.1g 处的转向盘转矩** 它代表了转向盘力的大小。

（5）**0.1g 处的转向盘转矩梯度** 它是 0.1g 处转向盘转矩随汽车侧向加速度的变化率，表征刚离开直线行驶状况时的路感。装有动力转向器的汽车，在 0.1g 处的转向盘转矩与转矩梯度均比装有普通（手动）转向器的汽车小许多。

表 5-3 中给出了试验求得的一些车辆输入方面的评价指标值。

表 5-3　一些车辆输入方面的评价指标值（试验结果）

车型	大型	中型	紧凑	紧凑	运动型	中型	中型	运动型
产地	美国	美国	美国	美国	美国	其他	其他	其他
驱动轴	后轴	前轴	前轴	前轴	后轴	后轴	前轴	后轴
转向系	动力	动力	动力	手动	动力	动力	动力	手动
转向盘转矩为 0 时的侧向加速度/g	-0.110	-0.055	-0.063	-0.038	-0.054	-0.071	-0.045	-0.109
0g 处的转向盘转矩/(N·m)	1.29	0.81	0.78	0.96	0.95	1.57	0.90	1.90
0g 处的转向盘转矩梯度/(N·m/g)	8.8	16.5	13.0	27.5	18.5	25.1	20.6	20.6
0.1g 转向盘转矩/(N·m)	1.90	2.19	1.83	3.94	2.27	3.46	2.43	4.09
0.1g 处的转向盘转矩梯度/(N·m/g)	4.2	4.7	6.6	15.9	8.4	12.4	7.9	20.3

四、转向系与汽车横摆角速度稳态响应的关系

汽车前轴的侧偏角不仅与悬架有关，而且也受转向系的影响。下面介绍转向系与侧倾转向及变形转向的关系。

1. 侧倾时转向系统与悬架的运动干涉

车厢侧倾时，若非独立悬架汽车的转向系与悬架的运动学关系不协调，将引起**转向车轮干涉转向**。这种干涉转向在汽车直线行驶中车厢与车桥发生相对运动时，会引起前轮转动而影响甚至损害汽车的操纵性。因此，一般认为干涉转向量应尽量小一点。

图 5-62 所示为一种纵置半椭圆板簧前悬架与转向系布置简图。板簧的固定吊耳在前轴前面，活动吊耳及转向器在前轴的后面。前轴和转向节等固定于板簧上，随板簧一起运动。

转向器固定于车架上。当板簧发生变形时，车轮相对于车架有上下方向的运动，转向节上的球销 c 作为前轴上一点绕 O_2 点摆动，其运动轨迹为 bb；但 c 点又与纵拉杆相连，这样 c 点将绕转向器垂臂下端球关节 O_1 摆动，运动轨迹为 aa 弧（实际上是以 O_1 点为圆心，以纵拉杆长度为半径做球面运动）。c 点不能同时满足这两个运动要求，于是转向节将相对主销发生转动，以满足 c 点沿 aa 弧的运动。从俯视图可以看出，当前轮向上运动时，c 点向前移，转向节绕主销向左转。当这辆车向右转时，车身向外倾斜，外侧板簧受压缩，车轮与车架距离减小，使车轮向左转，增加了汽车的不足转向量。这种现象称为侧倾干涉不足转向。当这种不协调导致过多转向时，称为侧倾干涉过多转向。

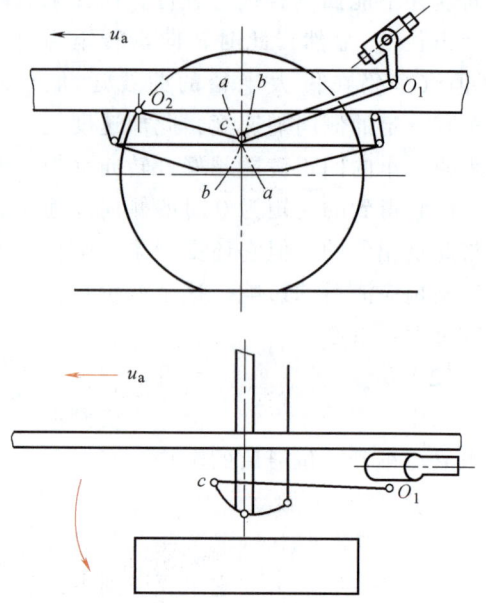

图 5-62　一种纵置半椭圆板簧前悬架与转向系布置简图

现代平头驾驶室的货车，板簧的固定吊耳在前面，转向器也装在前面，侧倾干涉量是很小的。

显然，转向车轮干涉转向就是本章第四节的"四、侧倾转向"中谈到的一种侧倾转向。

2. 转向系刚度与转向车轮的变形转向

由转向盘至转向车轮之间，包括转向器、转向杆系与转向器固定处在内的刚度，称为转向系（角）刚度。前转向车轮的理论转向角应等于输入的转向盘转角除以转向系总传动比，但由于地面作用于转向车轮的回正力矩使转向系发生了弹性变形，所以转向轮有了变形转向角。变形转向角等于回正力矩除以转向系刚度。若忽略转向系与前悬架有关部位存在的摩擦力，则前转向轮的实际转向角等于理论转向角与变形转向角之差。显然，在一定转向盘转角下，转向系刚度低，前转向轮的变形转向角大，增加了汽车的不足转向趋势；反之，若刚度大，则不足转向趋势小。

实际上，转向系的变形转向要比悬架的变形转向大许多，转向系的刚度不够高时，会产生过大的不足转向量。还应指出，不能只从稳态响应的角度来考虑转向系刚度。为了全面满足操纵稳定性的要求，特别是为了获得轿车在高速行驶时的良好路感，转向系的刚度应高些为好，尤其是转向盘中间位置小转角范围内应有尽可能高的刚度。

第六节　汽车操纵稳定性与传动系的关系

由于轮胎的侧偏特性受到地面切向反作用力的影响，所以操纵稳定性与传动系有密切的关系。不仅如此，近年来切向反作用力还成为改善极限工况下操纵稳定性的一种有效手段。

一、地面切向反作用力与"不足-过多转向特性"的关系

下面以前驱动汽车为例，从几个主要方面说明驱动力对"不足-过多转向特性"的影响。

1) 当汽车在弯道上以大驱动力加速行驶时,前轴垂直载荷明显减轻,后轴垂直载荷相应增加。一般载荷范围内,轮胎侧偏刚度是随载荷的增大、减小而增减的,因此,加速时前轴侧偏角增加,后轴侧偏角减小,汽车有增加不足转向的趋势。

2) 车轮驱动时,由图 5-12 可知,随着驱动力的增加,同一侧偏角下的侧偏力下降。因此,节气门开大,汽车在弯道上加速行驶时,为了提供要求的侧偏力,前轮侧偏角必然增大。这是前驱动汽车有不足转向趋势的另一个原因。

地面附着条件差时,如冰雪路面,这种现象更为突出。

某前置前驱 A 级车在冰面上以 22km/h 速度圆周行驶时,有人对其进行猛加速试验,车辆立刻产生不足转向而驶离圆周,大约产生 4°/s 的横摆角速度的变化。

3) 前轮受半轴驱动转矩的影响会产生不足变形转向,增加了前驱动汽车不足转向的趋势。

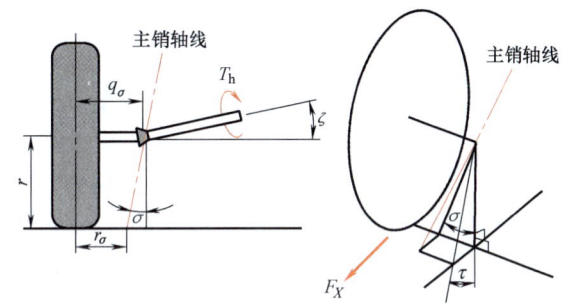

图 5-63 作用于前驱动轮的切向反作用力与驱动转矩

图 5-63 中给出了处于直线行驶状态的前轮及其受到的地面切向反作用力 F_X 与驱动转矩 T_h。不考虑滚动阻力并忽略法向反作用力产生的力矩,作用于前轮绕主销的力矩为

$$T_k = F_X r_\sigma \cos\tau\cos\sigma + T_h \sin(\sigma + \zeta)$$
$$= F_X [r_\sigma \cos\tau\cos\sigma + r\sin(\sigma + \zeta)]$$

式中,r_σ 为接地面上的主销偏置距;σ 为主销内倾角;τ 为主销后倾角;ζ 为半轴与水平线的夹角;r 为车轮半径。

因主销后倾角、内倾角均较小,$\cos\tau \approx \cos\sigma \approx 1$,上式可写成

$$T_k = F_X [r_\sigma + r\sin(\sigma + \zeta)]$$

若半轴处于水平位置,$\zeta = 0$,则力矩臂为 $(r_\sigma + r\sin\sigma)$,即图中的 q_σ,它就是车轮中心主销偏置距。

汽车弯道行驶时,车厢侧倾,外侧车轮的 ζ 角减小,内侧的增加。因此,作用于外侧车轮的 T_k 减小,作用于内侧车轮的 T_k 增大。这两个力矩之差使前轮受到一个使转向角变小的力矩。由于转向杆系等处的弹性,前轮产生相应的不足变形转向角,增加了汽车的不足转向趋势。

4) 随着驱动力的增加,轮胎回正力矩通常也有所增大,这也增加了不足转向趋势。

综上所述,驱动力的作用是增加前驱动汽车的不足转向趋势。

显然,当用发动机进行制动时,上述 1)、3)、4) 项的影响将使汽车有增加过多转向的趋势。正是因此缘故,大功率的前驱动汽车在加速过程中,若将加速踏板踩到底后突然松开,则汽车的转向特性会发生明显的变化,甚至成为过多转向。因此,汽车会发生出乎意料的突然驶向弯道内侧的卷入现象。可以通过采用自动变速器、有限差速作用差速器(LSD)和使驱动轮在制动时能产生不足变形转向的悬架来减少、消除卷入现象⊖。

后轮驱动汽车在进行发动机制动时,由于制动力的作用增大了后轴侧偏角,产生了过多

⊖ 见本章第四节。

转向的趋势,加上其他因素的综合影响,后驱动汽车也常有卷入现象。

二、地面切向反作用力控制转向特性的基本概念简介

在低附着系数路面上行驶时,驱动力对汽车弯道行驶的影响是很容易看出来的。三种不同驱动形式的汽车在冰雪路面上以一定初速度按圆周行驶,固定转向盘转角,然后以不同纵向加速强度加速行驶 1s 后,汽车横摆角速度的变化曲线如图 5-64 所示。这个试验结果显示,前轮驱动汽车有强不足转向特性而后轮驱动汽车有过多转向特性,前、后轮驱动力等分的 4 轮驱动(4WD)汽车的横摆角速度则没有明显变化,即有不足转向特性。显然,试验结果也给人如下的提示:如采用电子控制的方式控制 4WD 汽车前、后驱动轮上驱动力分配的比例,就可以改变汽车的转向特性;或者更明确地说,能控制汽车的曲线运动。

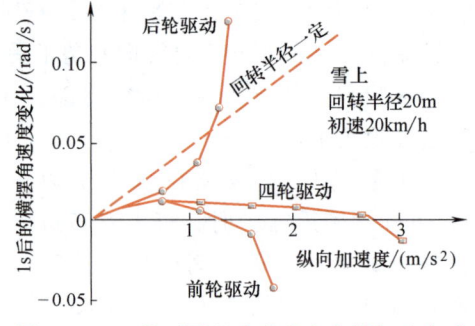

图 5-64 三种不同驱动形式汽车做加速弯道行驶时横摆角速度的变化曲线

制动力对轮胎侧偏特性的影响与驱动力十分相仿,改变制动力在前、后轴上的分配比例,同样可以起到控制汽车曲线运动的作用。由于现在已广泛装用 ABS,改变每个车轮的制动力要比改变驱动力方便得多,利用改变制动力的方法控制汽车曲线运动更易实现。因此,下面将不局限于讨论驱动力,而是讨论切向反作用力(包含驱动力与制动力)控制汽车曲线运动的基本概念。

切向反作用力控制可分为三种类型:

(1)总切向反作用力控制 ABS 就是总制动力控制,用以抑制过大的制动力,保证较佳的滑动率,提高制动时的方向稳定性。车轮驱动时会出现滑转,滑转率 $\ominus$ 过大时,同样会丧失侧向的稳定性。不少汽车也采用限制总驱动力的驱动控制系统(Traction Control System,TCS)或 ASR,以提高驱动时汽车的方向稳定性。

(2)前、后轮间切向力分配比例的控制 前面已经谈到改变前、后轮间切向力分配比例是能改变汽车转向特性的。图 5-65 中给出了由仿真计算求得的前、后驱动力不同分配比例时,4WD 汽车在转向盘转角为 90°以 0.2g 纵向加速度加速行驶时汽车的路径。可以看出,当这辆车为前驱动(FWD)时,汽车有较强的不足转向特性;成为后驱动(RWD)后,由于增加了较大的过多转向趋势,汽车有较弱的不足转向特性。

日产公司研制了总是保持中性转向特点的电子控制前、后驱动力分配系统(ETS)。图 5-66 中给出了它与几辆别的型号 4WD 汽车,在转弯半径为 30m 的圆角上,固定转向盘转角,加速行驶

$\ominus$ 作用有驱动力的驱动轮在地面上滚动时,车轮中心的速度 u_w 小于没有切向力时的车轮中心的速度 $r_{r0}\omega_w$,式中,r_{r0} 为无切向力时车轮的滚动半径;ω_w 为车轮角速度。这是因为胎面在地面上有一定滑动的缘故。这种现象称为**滑转**,可用**滑转率** s_r 来描述滑转成分的大小。滑转率的定义为 $s_r = \dfrac{r_{r0}\omega_w - u_w}{r_{r0}\omega_w} \times 100\%$。同样,在同一侧偏角条件下,滑转率越低,侧向力系数 φ_1 越大,即轮胎保持转向、防止侧滑的能力越大。侧向力系数为侧向力与垂直力之比。

时的路径。结果表明，有 ETS 的 4WD 汽车确具有接近中性转向的特点（即行驶路径接近原来的圆周），驾驶员容易判断其行驶路径，具有较好的操纵稳定性。

（3）**内、外侧车轮间切向力分配的控制** 普通汽车上的内侧车轮与外侧车轮间装有差速器，内侧、外侧车轮分配到的驱动力是相等的，驱动力的合力在汽车纵向轴线上。近年来，有的汽车公司为了进一步提高汽车的操纵稳定性，已开发出可以改变内、外侧驱动力分配比例的新传动系，如本田公司的直接横摆力偶矩控制系统（Direct Yaw Moment Control System，DYCS）。由于改变内、外侧驱动力分配的比例，与在装有普通差速器的汽车上再施加一定数值的横摆力偶矩是一样的，所以这种驱动力的控制方式常称为**横摆力偶矩控制**。

改变前、后轮间驱动力分配比例的控制方式的本质也是横摆力偶矩的控制，因此改变前、后轮间驱动力分配比例的控制方式常称为间接横摆力偶矩控制，而改变内、外侧车轮驱动力分配比例的控制方式则称为直接横摆力偶矩控制（Direct Yaw Moment Control，DYC）。

下面从作用于汽车的力平衡关系，说明直接横摆力偶矩控制法改变稳态转向特性、提高极限工况下弯道加速行驶能力的机理。

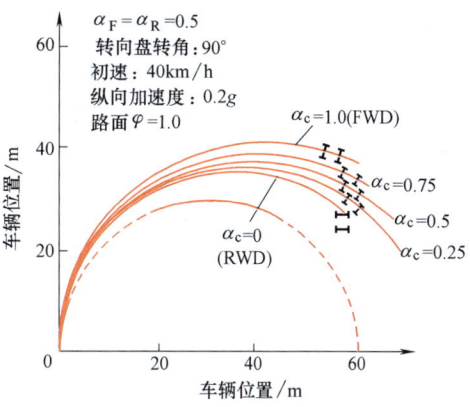

图 5-65　4WD 汽车在转向盘转角为 90°、切向加速度为 0.2g 的条件下，不同前、后驱动力分配比例时汽车的行驶路径

α_F、α_R—前轴、后轴的外侧车轮驱动力与该轴驱动力之比　α_c—前轴驱动力与整车驱动力之比

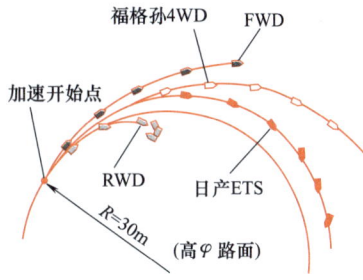

图 5-66　日产电子控制 ETS 4WD 汽车（转向盘固定不动）加速转弯行驶时的路径

把汽车看作二自由度模型时，可以得到两个平衡方程式：力的平衡方程式——地面侧向反作用力与汽车侧向惯性力的平衡方程式；力矩平衡方程式——地面侧向反作用力绕汽车质心的力矩之和与汽车惯性阻力偶矩的平衡式，即

$$F_{Y1} + F_{Y2} = ma_y$$

$$F_{Y1}a - F_{Y2}b = I_Z \dot{\omega}_r$$

式中，F_{Y1}、F_{Y2} 为前、后轮侧偏力；m 为汽车质量；a_y 为汽车侧向加速度；I_Z 为汽车绕质心的转动惯量；$\dot{\omega}_r$ 为横摆角加速度。

由上式可看出 F_{Y1}、F_{Y2} 之和等于 ma_y，但二者数值大小的分配则取决于 $I_Z \dot{\omega}_r$，惯性阻力偶矩大一点，F_{Y1} 就大，F_{Y2} 就小。

图 5-67 所示为汽车处于稳态圆周行驶状况下的受力图。此时有 $F_{Y1}a - F_{Y2}b = 0$，即

$$\frac{F_{Y1}}{F_{Y2}} = \frac{b}{a}$$

若在后外轮作用 $+F_{X2}$、后内轮作用 $-F_{X2}$，即在汽车上作用一横摆力偶矩 $F_{X2}B$，如图

5-67所示，则力矩平衡方程为

$$F_{Y1}a + F_{X2}B - F_{Y2}b = 0$$

显然，此时 F_{Y1} 减小，F_{Y2} 加大；相应地前侧偏角 α_1 减小，后侧偏角 α_2 加大，汽车的不足转向量减小。若作用一个反向的横摆力偶矩，将产生相反的效果。由此可见，作用于汽车的横摆力偶矩可以改变前、后轮地面侧向反作用力的数值、稳态转向特性以及相应的汽车稳态行驶路径。

图 5-68 所示为 4WD 汽车在不同内、外侧驱动力分配比例时，固定转向盘转角条件下加速行驶的仿真路径。这些行驶路径表明，单纯内轮驱动时，汽车有强不足转向特性；单纯外轮驱动时，汽车为过多转向。与图 5-65 相比较可以看出，直接横摆力偶矩的作用要比间接横摆力偶矩的大一些。

下面说明提高极限工况下弯道行驶能力的机理。

如图 5-69a 所示，汽车处于稳态，且前轮的地面反作用力已接近其附着力。此时，若驾驶员企图在弯道上加速行驶，汽车将产生前进加速度与相应的横摆角加速度 $\dot{\omega}_r$。这将会从纵向与侧向两个方向上增加前轮的地面反作用力，所以前轮必发生侧滑而丧失路径跟踪能力。若在加速之际，充分利用附着

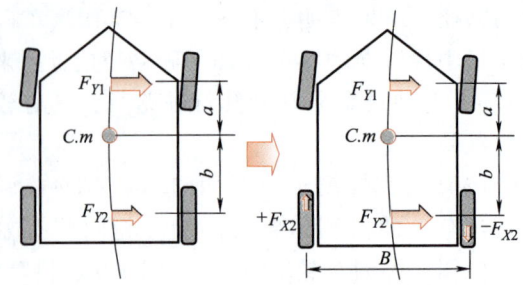

图 5-67　汽车处于稳态圆周行驶
状况下的受力图

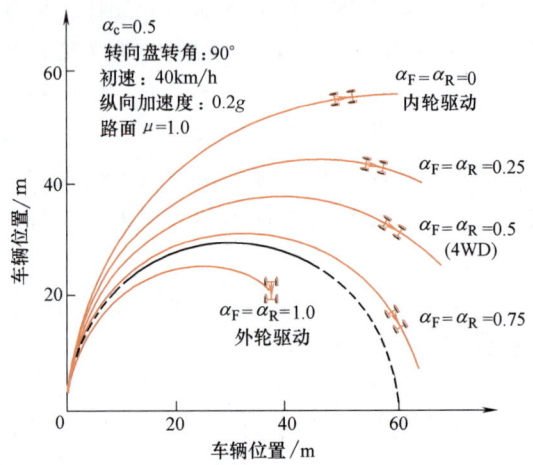

图 5-68　4WD 汽车在不同内、外侧驱动力分配
比例时，固定转向盘转角条件下加速行驶的仿真路径
（图中符号的含义同图 5-65）

力有富余的后轴，给汽车施加恰当数值的横摆力偶矩 F_XB，如图 5-69b 所示，则力矩方程为

$$F_{Y1}a + F_XB - F_{Y2}b = I_Z\dot{\omega}_r$$

可以看出，若 F_XB 较大，在克服惯性阻力偶矩 $I_Z\dot{\omega}_r$ 之后还有多余，则加速过程中 F_{Y1} 不仅不会增大而且还会减小。这样就给前轮创造了一个提供更大驱动力使汽车加速的条件。由此可见，充分利用后轴富余的附着条件，直接横摆力偶矩控制法可以提高弯道行驶能力，进一步提高汽车的操纵稳定性。

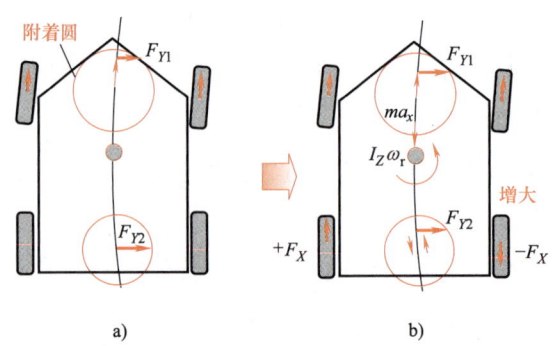

图 5-69　直接横摆力偶矩控制提高加速弯道行驶的机理
a）一般行驶状况　b）有横摆力偶矩作用时的加速行驶状况

第五章　汽车的操纵稳定性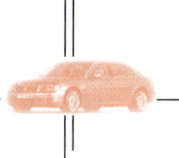

第七节　提高操纵稳定性的电子控制系统

防抱制动系统（ABS）与驱动力控制系统（TCS）都是提高操纵稳定性的电子控制系统。

过去一直只限于改进轮胎、悬架、转向与传动系来（被动地）提高汽车固有的操纵稳定性。20 世纪 80 年代中期以来，随着支持控制系统的计算机与传感器、执行机构的迅速发展，各汽车公司陆续开发、生产了多种显著改善操纵稳定性的电子控制系统[○]。不断开发出价格更低廉、性能更优良的电子控制系统，已是当前提高操纵稳定性的一条重要途径。

例如，日本的电子控制系统中最主要的有：

1) 四轮转向系统（Four Wheel Steering System，4WS）。4WS 汽车转弯行驶时，后两轮也随着前两轮有相应的转向运动。一般两轮转向汽车（2WS）以中、高速做圆周行驶时，车身后部甩出一点，车身以稍稍横着一点的姿态做曲线运动，增加了驾驶者在判断与操作上的困难。电控 4WS 汽车的质心侧偏角总接近于零，车厢与行驶轨迹方向一致，汽车自然流畅地做曲线运动，驾驶者能方便地判断与操作，显著地改善了操纵稳定性。图 5-70 中比较了 2WS 与电控 4WS 汽车在移线行驶时的路径与车厢姿态。电控 4WS 汽车首先由日产公司于 1985 年推出。

2) 车辆稳定性控制（Vehicle Stability Control，VSC）系统。这个系统是以 ABS 为基础发展而成的。系统主要在大侧向加速度、大侧偏角的极限工况下工作。它利用左、右两侧制动力之差产生的横摆力偶矩来防止出现难以控制的侧滑现象，如在弯道行驶中因前轴侧滑而失去路径跟踪能力的驶出（Drift Out）现象及后轴侧滑甩尾而失去稳定性的激转（Spin）现象等危险工况，如图 5-71 所示。1994 年的丰田皇冠汽车上装有 VSC 系统。

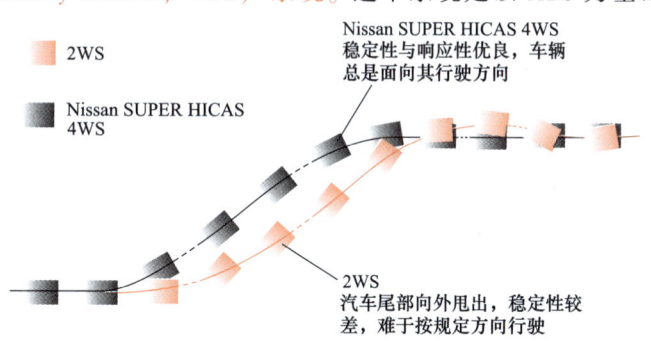

图 5-70　2WS 与 Nissan SUPER HICAS 4WS 汽车在移线行驶中的路径与车厢姿态

日本汽车技术文献中，常在轮胎附着（椭）圆中的各个区域与方向上标明各种电子控制系统的名称，以表明它们的有效工作范围，如图 5-72 所示。从中可看出：4WS 的有效工作范围是附着圆中心部位，即侧向力、纵向力较小的轮胎特性线性区域；TCS 的有效工作区是大驱动力附近的极限区域；ABS 在大制动力附近的极限区域；VSC 系统在大侧偏力的极限区域；其余几种系统的有效工作区域均在较大地面反作用力的轮胎特性非线性区。

○　各国均开发出许多电子控制系统，以日本为例就有：ABS，TCS，4WS，EMCD（电子磁控有限差速作用差速器），前、后轴转矩分配系统，左、右轮驱动力分配系统，前、后轴制动力分配系统，VSC（车辆稳定性控制）系统，主动悬架中的前、后侧倾角刚度分配系统等。

由于以 ABS 为基础而发展成的 VSC 系统是一种价格较低的电子控制系统，它在危险的侧滑工况下发挥作用而直接提高行驶安全性，所以现在 VSC 系统受到汽车公司与顾客的重视。

在欧洲方面，主要的电子控制系统有知名度很高的车辆动力学控制（Vehicle Dynamics Control，VDC）系统。它是 Bosch 公司于 1995 投入市场的新型主动安全系统（Active Safety System）。VDC 系统主要控制处于极限工况下的汽车运动，使驾驶员可以按正常驾驶方法顺利通过原本令人难以驾驭的危急状况。VDC 系统根据驾驶员开车时的转向盘角度、加速踏板位置与制动系油压，判断驾驶员的行车意图；又根据汽车横摆角速度、侧向加速度，判断汽车的真实行驶状况；VDC 系统调节发动机功率、由左右侧制动力差构成的横摆力矩及总制动力，以操纵汽车，使汽车行驶状况尽可能地接近驾驶员的行车意图。Bosch 公司宣称，VDC 系统是他们于 1978 年提供 ABS、1986 年提供 ASR 系统（即 TCS）之后，投入市场的又一种性能优良的电子控制系统，是 Bosch 公司主动安全系统发展过程中的第三个里程碑。产品的名称后来定为电子稳定性程序（Electronic Stability Program，ESP）。来自美国、欧洲、日本等多个国家和地区研究机构的研究结果都表明，电子稳定控制（Electronic Stability Control，ESC）系统能够有效地避免交通事故，尤其是单车侧翻事故的发生。例如，大众汽车公司（2004 年 2 月）报告致命事故减少 35%，侧滑事故减少 80%；丰田汽车公司（2003 年 5 月）报告，单车事故减少 35%，严重单车事故减少 50%；美国国家高速公路交通安全局（National Highway Traffic Safety Administration，NHTSA）2006 年报告，轿车单车事故

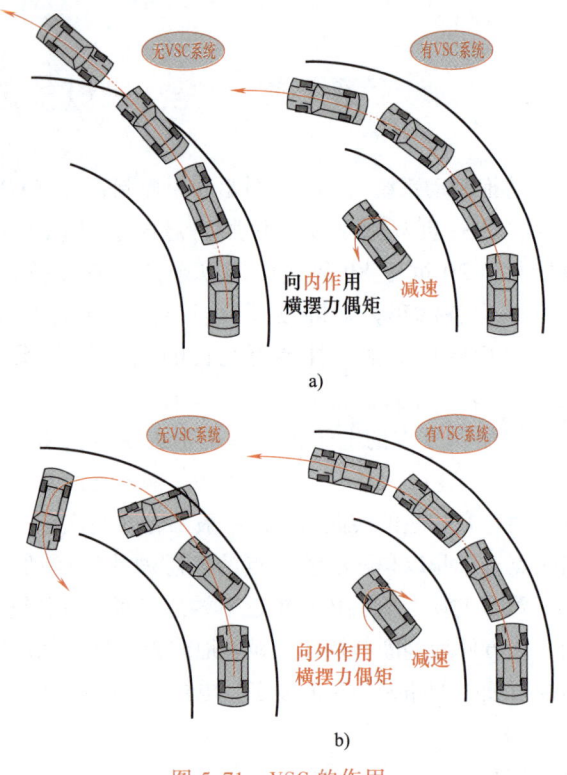

图 5-71 VSC 的作用
a) 抑制前轮侧滑　b) 抑制后轮侧滑

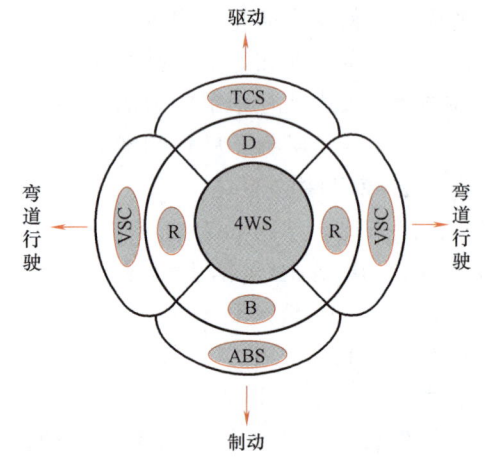

图 5-72 提高操纵稳定性的各种电子控制系统的有效工作区域
D—驱动力分配控制　R—侧倾刚度分配控制
B—制动力分配控制

减少 34%，SUV 单车事故减少 59%，单车侧翻减少 71%，SUV 车辆侧翻减少 84%。ECE 于 2009 年 11 月 11 日在乘用车制动标准 ECE R13H 中增加了关于 ESC 的标准法规。

根据相关标准及法规的定义，ESC 系统一般需要具有以下特征：①通过对每个车轮单独

施加制动力矩,产生修正汽车运动的横摆力矩,提高汽车的方向稳定性;②通过闭环算法控制汽车过多转向或不足转向;③能够测量汽车的横摆角速度,并估算质心侧偏角及其随时间的变化率;④能够监视驾驶员的转向盘输入;⑤能够判断是否需要调整发动机转矩,并在必要时进行调整,辅助驾驶员保持对汽车的控制;⑥在汽车的全速度范围内可用(车速低于15km/h 和倒车时除外)。

下面对车辆稳定性控制(VSC)系统的原理做进一步的介绍。

日本 Ken Koibuchi 的文章[5.18]中,对丰田公司如何利用仿真计算结果进行 VSC 系统开发工作有较具体细致的介绍,这篇文章有助于我们对 VSC 系统的理解,其要点如下:

一、极限工况下前轴侧滑与后轴侧滑的特点

为了掌握极限工况下前轴或后轴侧滑的特点,丰田公司利用一个七自由度汽车模型,进行了两种转向输入下汽车响应的分析、计算。七自由度汽车是指车体有三个自由度,四个车轮有四个自由度的汽车模型。

通过正弦转向角输入,可以出现后轴侧滑汽车激转的极限工况。图 5-73 中给出了起始车速为 120km/h、频率为 0.6Hz 的转向角正弦(一个周期)输入下的响应。从图 5-73 中可以看出:

1) 当正弦输入转向角超过一定数值后,汽车质心侧偏角、前轮侧偏角、后轮侧偏角突然迅速增大,汽车失去稳定性。

2) 汽车是否稳定取决于汽车(质心)侧偏角与汽车侧偏角速度。稳定的条件可以近似地表示为

$$|C_1\beta + C_2\dot{\beta}| < 1.0$$

式中,β 为质心侧偏角;$\dot{\beta}$ 为质心侧偏角速度;C_1、C_2 为常数。

图 5-74 所示为不同起始车速时正弦转向角输入下的 β-$\dot{\beta}$ 曲线。由图不难看出,即使起始车速不同,但曲线的变化趋势还是一样的。

通过斜阶跃前轮转向角输入,会出现前轴侧滑驶出弯道、丧失路径跟踪性能的极限工况。图 5-75 所示为起始车速为 70km/h、斜阶跃转向角输入下的汽车响应,从图可以看出:

1) 随着前轮转向角的增加,前轮侧偏角加大;但前轮侧偏角达到某一值之后,侧偏力饱和而不再增大,因此汽车的转弯半径也不再减小。

2) 出现的后轮侧偏角小于后轮发挥最大侧偏力所对

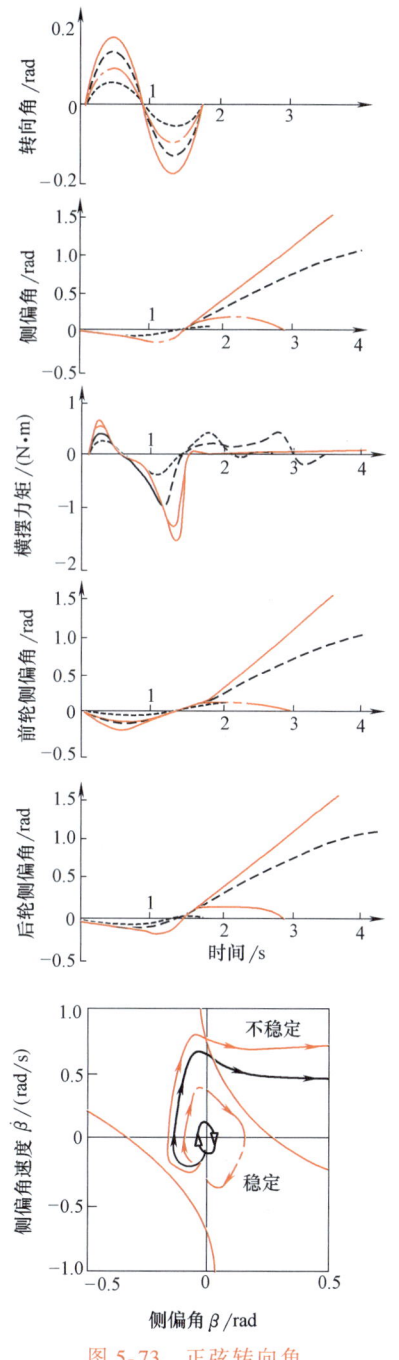

图 5-73 正弦转向角输入下的汽车响应

应的侧偏角值。因此，如果后轮侧偏角增大就可以产生更大的后轮侧偏力。

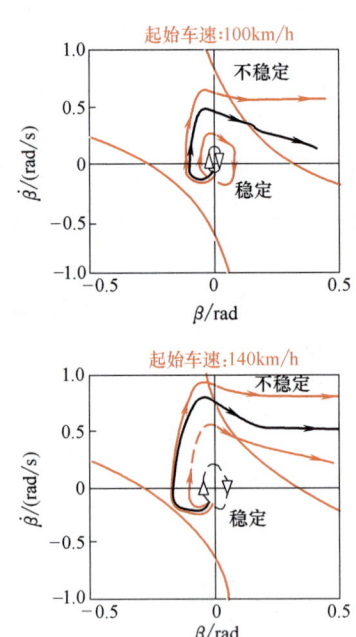

图 5-74 不同起始车速时正弦转向角输入下的 $\dot{\beta}$-β 曲线

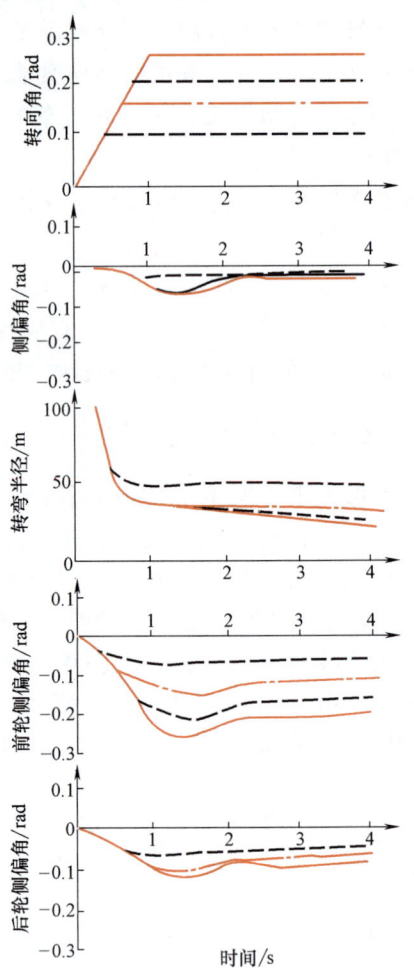

图 5-75 起始车速为 70km/h、斜阶跃转向角输入下汽车的响应

图 5-76 所示为斜阶跃转向角输入（其角速度为 0.025rad/s）、不同起始车速时，前轮侧偏角与转弯半径的关系。由图可知，达到最小转弯半径的前轮侧偏角 α_1 几乎为一个常数，因此增加转向角能减小转弯半径的条件为

$$\alpha_1 < C_3$$

式中，C_3 为常数。

二、横摆力偶矩及制动力的控制效果

与 4WS 及主动悬架角刚度分配控制系统相比较，在极限工况下，对每一个车轮都进行主动的制动力控制，效果是最好的。这是由于一方面它可以利用左、右侧车轮制动力之差直接构成横摆力偶矩，另一方面还可

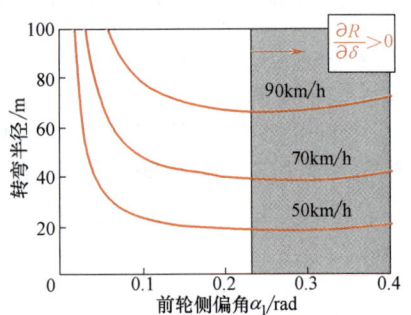

图 5-76 斜阶跃转向角输入、不同起始车速时，前轮侧偏角与汽车转弯半径的关系

以利用制动力之和控制汽车的纵向减速度。下面首先使用外加的纵向力和力偶矩来研究分别施加纵向减速力或横摆力偶矩对汽车响应的影响。

图 5-77 中给出了正弦转向角输入下，受到向外侧的外加横摆力偶矩 M 或纵向减速力 F_X 时，汽车质心的最大侧偏角。正弦输入的最大转角为 0.18rad（10.3°），频率为 0.6Hz，外力偶矩或外力是在正弦输入开始之后 1.5s 加上去的。由图 5-77 可知，向外侧的外加横摆力偶矩可以显著地减小最大侧偏角，而外加纵向（减速）力则无影响。这是由于外加纵向力作用时，前、后轴垂直载荷发生变化引起的过多转向趋势与车速降低稳定性提高的正面作用相互抵消。

图 5-78 中给出了斜阶跃转向角输入下，向内侧的外加横摆力偶矩或外加纵向减速力作用于汽车时，汽车质心的最大侧偏角及转弯半径变化的情况。阶跃输入的转向角为 0.25rad（14.3°），外力偶矩或外纵向力是在斜阶跃开始后 1s 作用在汽车上的。由图 5-78 可知，外力偶矩 M 与外纵向减速力 F_X 对减小转弯半径都是有效的。不过，大一些的（向内侧的）外力偶矩会使汽车失去稳定性；而外纵向力的大小则对稳定性无影响。由图还可以看出，由于外纵向力使汽车减速，随着时间的增加，外纵向力的影响加大。

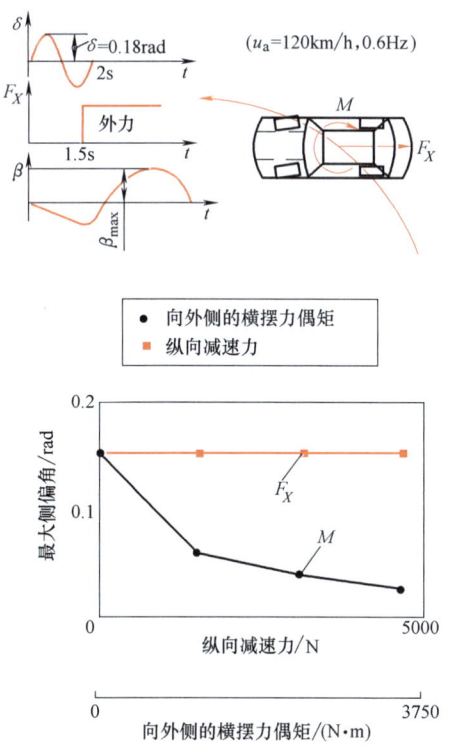

图 5-77 横摆力偶矩 M 或纵向减速力 F_X 对汽车稳定性的影响

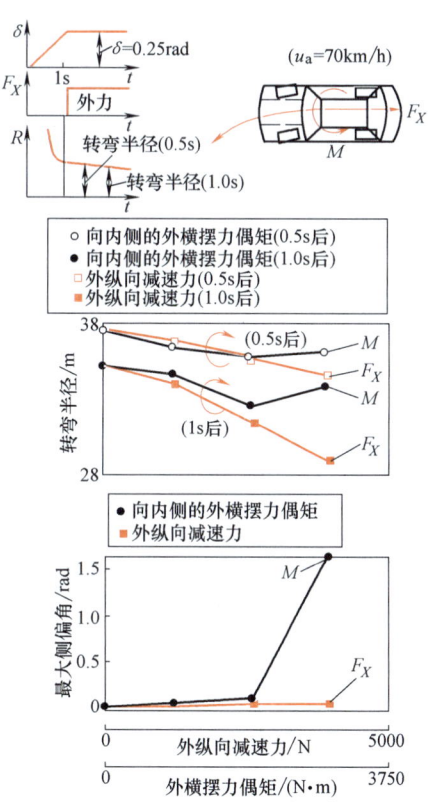

图 5-78 横摆力偶矩 M 或纵向减速力 F_X 对路径跟踪性的影响

综上所述，为了保持汽车的稳定性，当后轴侧滑发生激转时，应对汽车施加向外侧的横摆力偶矩；当前轴侧滑而使汽车驶离弯道时，应对汽车施加适当大小向内侧的横摆力偶矩，使后轮的侧偏角达到最大侧偏力的角度，此外，还应对汽车施加纵向减速力。

三、各个车轮制动力控制的效果

上面经计算分析后,明确了为保持汽车的稳定性与路径跟踪性能,应在汽车上施加横摆力偶矩或纵向减速力。本小节中讨论横摆力偶矩和纵向减速力应当由哪个车轮提供最为合适。

在一个车轮上,其由制动力构成的横摆力偶矩的大小,取决于下面几个因素:制动器制动力的大小、车轮垂直载荷的大小、附着系数、附着(椭)圆规定的纵向力与侧向力的关系以及车轮相对于汽车质心的位置等。

图 5-79 所示为各个车轮上作用有制动力时所产生的横摆力偶矩。

显然,当后轴发生侧滑之际,可在前外轮上施加制动力,产生一个向外侧的横摆力偶矩。由图 5-79 可知,这个横摆力偶矩是随制动力的增大而逐步加大的。它既便于控制,也能有效地抑制后轴侧滑。

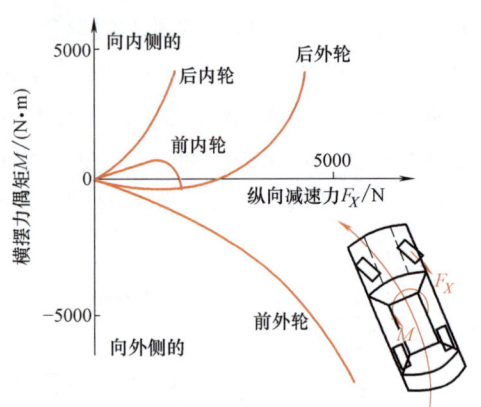

图 5-79 各个车轮上作用制动力时所产生的横摆力偶矩

若发生前轴侧滑,如前所述,应施加适度向内侧的横摆力偶矩和制动力。图 5-79 表明,制动前内轮、后内轮或后外轮均能产生向内侧的横摆力偶矩,但是这三项横摆力偶矩随制动力的加大,或迅猛增大,或很快变为负值,或先是负值然后再重新增大。所以,当作用较大的制动力时,很难利用其中的一个车轮来进行控制,只能合理地将制动力分配到每个车轮,以求获得恰当的横摆力偶矩和总制动力,从而提高路径跟踪性能。

当施加小制动力时,可以利用单个车轮进行控制。在图 5-78 所示同样的转向角输入下,在转向开始 1s 后,对每个车轮单独施加 500N 制动力时,汽车的转弯半径随时间变化的曲线如图 5-80 所示。可以看出,在后内轮施加制动力的效果最好。然而对四个车轮都进行控制会得到更好的效果,如图 5-81 所示。仿真计算中,在后内轮上施加的是不失去稳定条件下最大的制动力;在四轮控制时,前两轮与后外轮均施加同样大的制动力,后内轮施加的制动力较大,利用这种策略可以产生足够大的制动力和适度向内侧的横摆力偶矩。

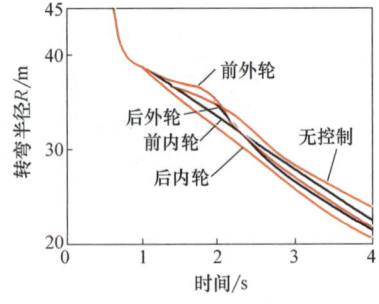

图 5-80 在单个车轮施加 500N 制动力时汽车的转弯半径

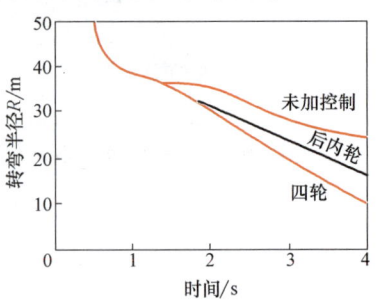

图 5-81 四个车轮施加制动力与只在后轮施加制动力的比较

四、四个车轮主动制动的控制效果

根据上述结果,对四个车轮均参与的主动制动系统在极限工况下的响应进行了计算。当后轴可能侧滑进入激转失去稳定性之际,对前外轮进行制动的控制强度是由 $\beta+K\dot{\beta}$ 决定的。在仿真计算中的控制目标(Control Target)为滑动率,其控制策略(Control Strategy)如图 5-82 所示。

当前轴可能侧滑失去路径跟踪能力时,四个车轮均要进行制动控制,对每个车轮制动力的控制强度是由前轮侧偏角决定的。其控制策略如图 5-83 所示。

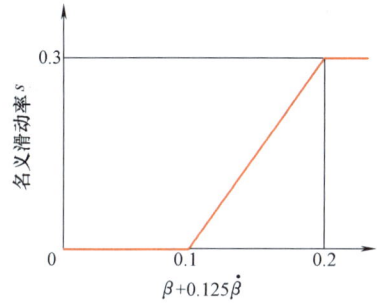

图 5-82 稳定性的控制策略

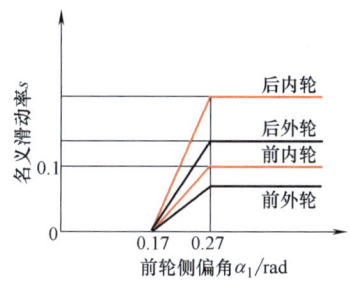

图 5-83 路径跟踪性能的控制策略

(参考文献 [5.18] 中未明确给出图中有关名义滑动率的全部数值)

仿真计算结果表明,无论是稳定性或路径跟踪性能均得到显著的提高,此处不再详细介绍。

五、VSC 系统的构成

VSC 系统由下面各部分构成:

1)用于向各个车轮施加制动的执行机构。

2)用于控制驱动力的节气门执行机构与节气门传感器,以及和发动机 ECU 相连的 CAN 网络模块。

3)轮速传感器。

4)横摆角速度传感器。

5)侧向、纵向加速度传感器。

6)转向角传感器。

7)制动主缸压力传感器。

8)进行程序计算的 ECU。

实际汽车的控制原理与仿真计算基本是一样的,只是在控制策略,特别是控制参数上有所不同。最困难的事情是对侧偏角的估算,为此开发了专门的估算侧偏角与侧偏角速度的计算程序。

六、装有 VSC 系统汽车的试验结果

图 5-84 所示为起始车速为 80km/h 时进行 VSC 系统防止事故试验的结果,图 5-85 所示为起始车速为80km/h时的极限 J-转向中 VSC 系统的作用试验结果。结果表明,四个车轮主

动制动控制能提供恰当的横摆力偶矩和制动力,改进了汽车的稳定性与路径跟踪性能。

由这两项试验可以看出,在进行 ESC 系统的性能测试时,必须使汽车的运动状态达到极限状态,触发 ESC 系统工作,因此试验非常的危险,这就使得 ESC 系统的测试变得非常困难。NHTSA 通过对多种道路试验的对比研究,在诸多可选的道路试验种类中,选出带保持时间的正弦停滞试验作为 ESC 系统是否能满足要求的评价标准试验(具体内容参见本章第九节)。

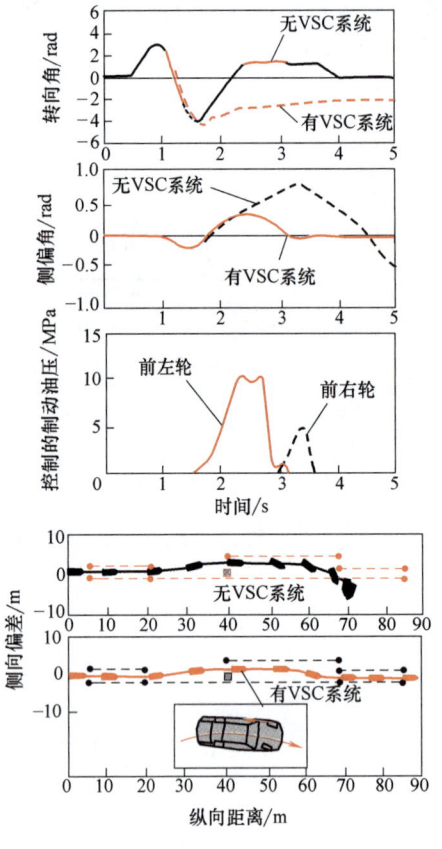

图 5-84　防止事故试验中 VSC 的作用

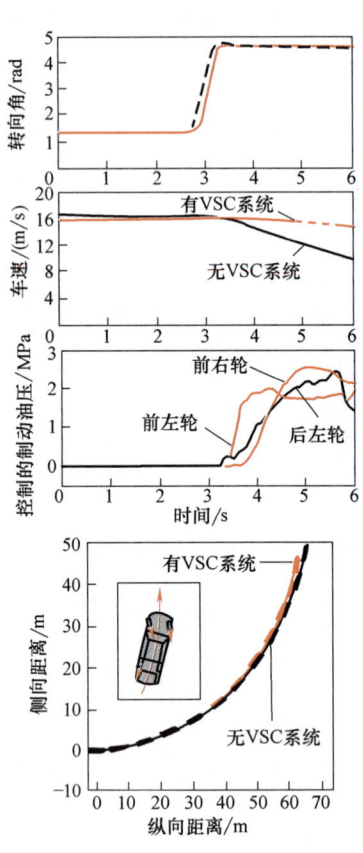

图 5-85　极限 J-转向试验中 VSC 的作用

第八节　汽车的侧翻

汽车侧翻是指汽车在行驶过程中绕其纵轴线转动 90°或更大的角度,以至车身与地面相接触的一种极其危险的侧向运动。有很多因素可能引起汽车的侧翻,包括汽车结构、驾驶技术和道路条件等。汽车侧翻大体上可分为两大类,一类是曲线运动引起的侧翻(maneuver induced rollover),另一类是绊倒侧翻(tripped rollover)。前者指汽车在道路(包括侧向坡道)上行驶时,由于汽车的侧向加速度超过一定限值,汽车内侧车轮的垂直反力为零而引起的侧翻;后者是指汽车行驶时产生侧向滑移,与路面上的障碍物侧向撞击而被其"绊倒"。本节只讨论前者。

一、刚性汽车的准静态侧翻

这里,"刚性汽车"是指忽略汽车悬架及轮胎的弹性变形,"准静态"指汽车的稳态转向。在侧倾平面内,刚性汽车稳态转向模型如图5-86所示。假设道路的侧向坡道角 β 很小,即 $\sin\beta \approx \beta$,$\cos\beta \approx 1$,于是有

$$ma_y h_g - mg\beta h_g + F_{Zi}B - \frac{1}{2}mgB = 0 \qquad (5\text{-}44)$$

$$\frac{a_y}{g} = \frac{\frac{1}{2}B + \beta h_g - \frac{F_{Zi}}{mg}B}{h_g} = \left(\frac{1}{2} - \frac{F_{Zi}}{mg}\right)\frac{B}{h_g} + \beta \qquad (5\text{-}45)$$

汽车在水平路面上直线行驶（$\beta = 0$、$a_y = 0$）时,内侧车轮的垂直反力 $F_{Zi} = mg/2$。当 $a_y \neq 0$ 时,若要仍保持 $F_{Zi} = mg/2$ 不变,则道路的侧向坡道角 $\beta = a_y/g$,高速公路拐弯处的坡道角就是根据此原理来设计的。

由式（5-45）可知,随着侧向加速度 a_y 的增大,F_{Zi} 逐渐减小。当 F_{Zi} 减小到零时,汽车在侧倾平面内不能保持平衡,从而开始侧翻。汽车开始侧翻时所受的侧向加速度（g）称为侧翻阈值（rollover threshold）,可由下式给出:

$$\frac{a_y}{g} = \frac{B}{2h_g} + \beta \qquad (5\text{-}46)$$

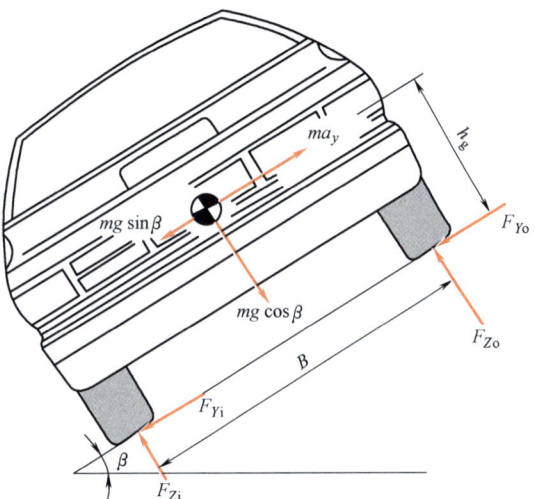

图5-86 侧倾平面内刚性汽车的模型

显然,当坡道角 $\beta = 0$ 时,侧翻阈值为 $B/2h_g$。此值常用来预估汽车的抗侧翻能力,因为它只需要轮距 B 和质心高度 h_g 两个结构参数,应用起来十分方便。但由于忽略了悬架及轮胎的弹性,且这里仅考虑汽车的准静态情况,所以预估值偏高。表5-4列出了几种汽车的侧翻阈值。

表5-4 几种汽车侧翻阈值

车 辆 类 型	质心高度/cm	轮距/cm	侧翻阈值/g
跑车	46~51	127~154	1.2~1.7
微型轿车	51~58	127~154	1.1~1.5
豪华轿车	51~61	154~165	1.2~1.6
轻型客货两用车	76~89	165~178	0.9~1.1
客货两用车	76~102	165~178	0.8~1.1
中型货车	114~140	165~190	0.6~0.8
重型货车	154~216	178~183	0.4~0.6

在良好路面上,轮胎的附着系数可达到0.8,即侧向加速度 a_y 达到 $0.8g$ 时,汽车开始侧滑。由表5-4可知,中型、重型货车在尚未达到侧滑时,即已开始侧翻;而对轿车和轻型

货车而言，似乎是尚未侧翻即已侧滑。然而事故统计表明，此类汽车在侧翻时有时并未产生侧滑，这就需要对汽车侧翻问题做进一步探讨。

图 5-87 中给出了国外几种车辆的侧翻阈值及侧翻事故率。虽然对微型轿车而言，数据较离散，但趋势仍很明显，即<u>随着侧翻阈值的增大，侧翻事故率（每 10 万辆新车每年出现侧翻事故的次数）降低</u>。

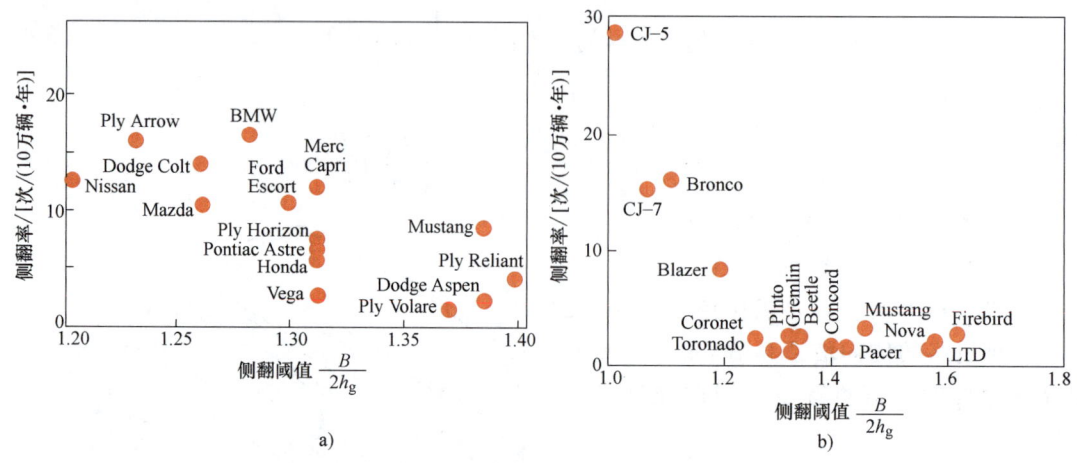

图 5-87 几种车辆的侧翻阈值及侧翻事故率
a) 微型轿车　b) 轿车和多用途车

二、带悬架汽车的准静态侧翻

图 5-88 所示为侧倾平面内带悬架的汽车物理模型，车厢用悬挂质量 m_s 表示。车厢的侧倾引起汽车质心位置的偏移，从而改变了汽车自重的抗侧翻能力，使得侧翻阈值减小。若忽略车桥的质量和侧倾，则有

$$\sum M_0 = m_s a_y h_g - m_s g \left[B/2 - \phi \left(h_g - h_r \right) \right] + F_{Zi} B = 0 \quad (5\text{-}47)$$

若引入侧倾率 R_Φ（rad/g），则悬挂质量的侧倾角 Φ 可用下式表示：

$$\Phi = R_\Phi \frac{a_y}{g} \quad (5\text{-}48)$$

当 $F_{Zi} = 0$ 时，得侧翻阈值为

$$\frac{a_y}{g} = \frac{B}{2h_g} \cdot \frac{1}{1 + R_\Phi(1 - h_r/h_g)} \quad (5\text{-}49)$$

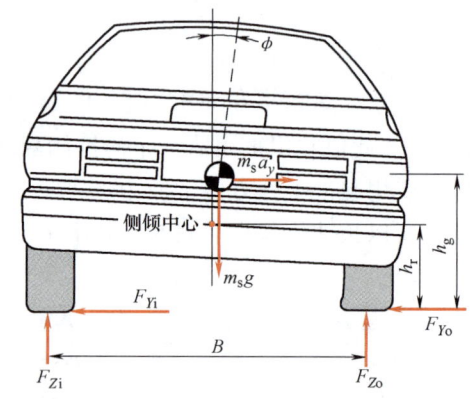

图 5-88 侧倾平面内带悬架的汽车物理模型

某轿车 $h_r/h_g = 0.5$、$R_\Phi = 0.1 \text{rad}/g$，则 $\frac{a_y}{g} = 0.95 \frac{B}{2h_g}$。与刚性汽车相比，侧翻阈值减少了 5%。另外，当汽车受侧向力作用时，外侧轮胎产生弹性变形，从而轮胎接地中心向内偏移，轮距 B 减小，这使得侧翻阈值又减小约 5%。

三、汽车的瞬态侧翻

前面讨论了汽车的准静态侧翻,而准静态假设只有当侧向加速度变化较慢时才是合理的。为了解侧向加速度变化较快时汽车的侧翻,必须研究汽车的侧倾响应。

图 5-89 所示为一种最简单的汽车侧倾物理模型。此模型与前面讲述过的带悬架的汽车模型相似,不过这里车厢用悬挂质量 m_s 和侧倾转动惯量 I_s 来表示。有关汽车侧倾运动的建模及模型求解,详见参考文献[5.22]~[5.24],这里只给出有关结论。

该模型对阶跃输入的响应类似于有阻尼单自由度系统对阶跃输入的响应,如图 5-90 所示。汽车的侧倾角在初次达到稳态值之后有一个超调量,说明汽车在比准静态下更小的侧向加速度时,内侧车轮就可能离开地面,即汽车的瞬态侧翻阈值比准静态时的小。对于轿车和多用途车辆,阶跃转向时的侧翻阈值比 $B/(2h_g)$ 约低 30%,而货车的侧翻阈值比 $B/(2h_g)$ 则约低 50%。

超调量的大小取决于侧倾阻尼。图 5-91 中给出了计算得到的侧翻阈值随临界阻尼比的变化曲线。无阻尼时,侧翻阈值最小;随着阻尼比的增加,侧翻阈值也增大,但增大的速率逐渐减小。

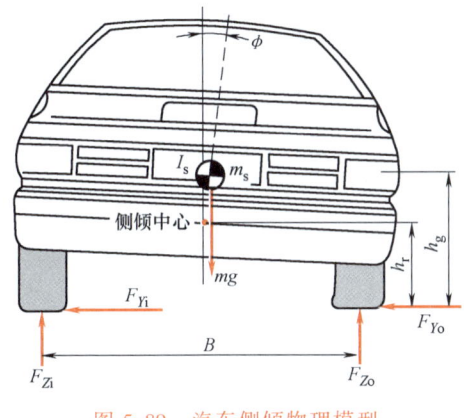

图 5-89 汽车侧倾物理模型

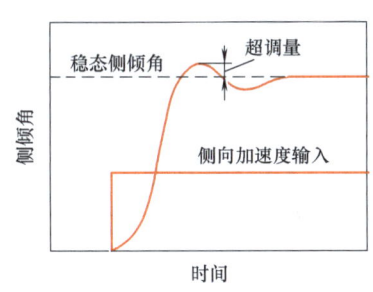

图 5-90 阶跃输入下的侧倾响应

在侧向加速度正弦输入条件下,汽车侧倾响应取决于输入频率。图 5-92 中给出了侧倾响应与输入频率的关系。频率为零时,侧翻阈值接近带悬架汽车准静态时之值;随着频率的增加,侧翻阈值减小,直至侧倾共振频率时达到最小,然后又迅速增大。

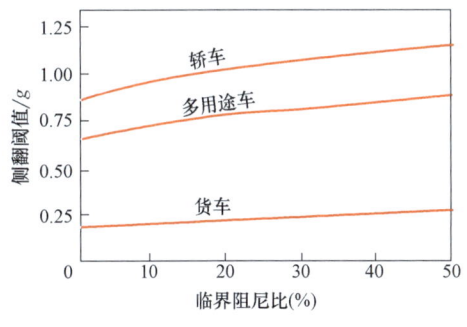

图 5-91 阻尼比对阶跃输入下侧翻阈值的影响

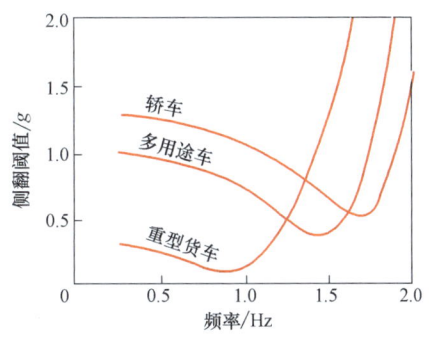

图 5-92 侧倾响应与输入频率的关系

对于重型货车，侧倾共振频率低于1Hz。经验表明，在高速公路上正常行驶时，驾驶员通常在2s内操纵汽车侧向移动240~300cm，以更换车道避开车辆或其他障碍。在此过程中，操纵频率约为0.5Hz，很容易造成重型货车的侧翻。对于多用途车辆和轿车，其侧倾共振频率为1.5Hz甚至更高，在此频率下操纵汽车转向时，汽车的侧向偏移通常很小（小于30cm），因此就此类车辆而言，侧倾共振引起侧翻的可能性不大。

第九节　汽车操纵稳定性的路上试验

按照国家标准[5.28]，汽车操纵稳定性试验主要在汽车试验场的专用场地上进行。试验前要注意检查轴荷分配、轮胎充气压力与胎面等是否符合要求。

汽车操纵稳定性路上试验所需测定的参数和仪器有：用非接触式车速仪或第五车轮和时间信号发生器测定车速和时间，用测力转向盘测量转向盘作用转矩及转角，用加速度计测量侧向加速度（或测出汽车横摆角速度 ω_r 和转弯半径 R 后，由 $R\omega_r^2$ 求得），用二自由度角速度陀螺或GPS惯性测量系统来测量汽车横摆角速度，用三自由度的航向陀螺和垂直陀螺或GPS惯性测量系统来测量汽车的航向角和车厢侧倾角。

一、低速行驶转向轻便性试验[注]

试验时汽车按照画在场地上的双纽线（图5-93），以10km/h的车速行驶。双纽线轨迹的极坐标方程为

$$L = d\sqrt{\cos 2\Psi}$$

在 $\Psi=0$ 时，双纽线顶点处的曲率半径最小，其数值为 $R_{\min} = d/3$。双纽线的最小曲率半径应按试验汽车的最小转弯半径乘以1.1倍，并圆整到比此乘积大的一个整数来确定。

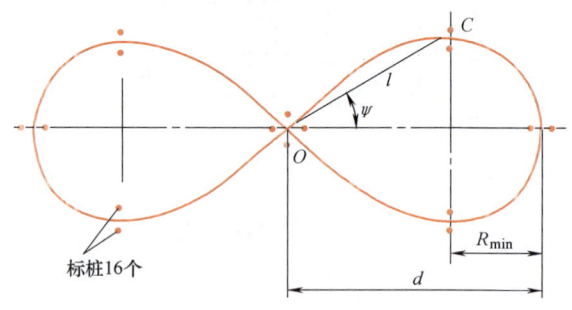

图 5-93　测定转向轻便性的双纽线

试验中记录转向盘转角及转向盘转矩，并按双纽线路径每一周整理出图5-94所示的转向盘转矩-转向盘转角曲线。通常以转向盘最大转矩、转向盘最大作用力及转向盘作用功等来评价转向轻便性。

二、稳态转向特性试验

稳态转向特性试验的目的是测定汽车对转向盘转角输入达到稳定行驶状态时汽车的稳态横摆响应。我国主要采用定转向盘转角试验法[注]。

试验在水平场地上进行，场地上画有半径15m或20m的圆周。汽车以最低稳定车速沿所画圆周行驶，此时转向盘的转角为 δ_{sw0}，测定车速 u_0 及横摆角速度 ω_{r0}。由于车速很低，

[注] 参看 GB/T 6323—2014《汽车操纵稳定性试验方法》。

离心力很小，轮胎侧偏角可忽略不计。利用 u_0 及 ω_{r0} 算出不计轮胎侧偏时的转向半径为

$$R_0 = \frac{u_0}{\omega_{r0}}$$

保持转向盘转角 δ_{sw0} 不变的条件下，使汽车缓慢连续而均匀地加速（纵向加速度不超过 0.25m/s²），直至汽车的侧向加速度达到 6.5m/s² 为止。连续测量车速 u 与横摆角速度 ω_r 值，根据瞬时的 u 与 ω_r 值，按公式 $R = u/\omega_r$，$a_y = u\omega_r$ 求出相应的 R 与 a_y 值，这样就

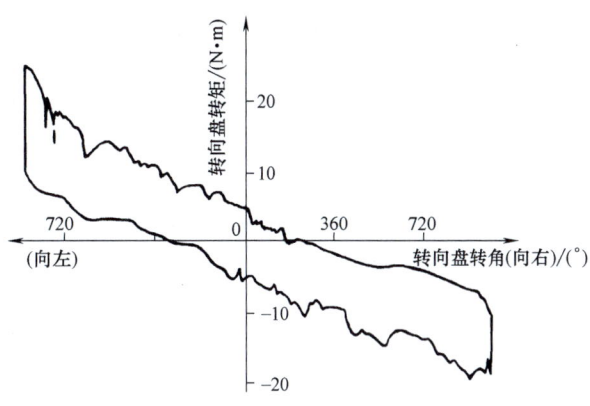

图 5-94 转向盘转矩-转向盘转角曲线

获得了不同侧向加速度下有侧偏角时的转弯半径而求得 R/R_0-a_y 曲线（图5-29b）。图 5-95 所示为这种试验中汽车行驶的轨迹。对于不足转向的汽车，随车速的增加，转弯半径越来越大；反之，过多转向汽车的转弯半径越来越小。试验进行到大侧向加速度时要注意安全。

还可以根据求得的转弯半径 R 值换算出前、后轮侧偏角之差为

$$\alpha_1 - \alpha_2 = 57.3L\left(\frac{1}{R_0} - \frac{1}{R}\right)$$

式中，α_1、α_2 为前、后轴侧偏角 [(°)]；L 为轴距（m）；R 为转弯半径（m）；R_0 为起始转弯半径（m）。

由此可作出 $(\alpha_1-\alpha_2)$-a_y 曲线。

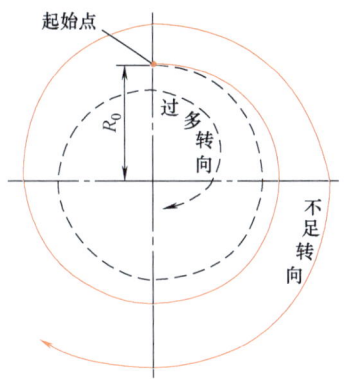

图 5-95 定转向盘连续加速行驶试验中汽车行经的轨迹

三、瞬态横摆响应试验

目前常用阶跃试验来测定汽车对转向盘转角输入时的瞬态响应。试验在平坦的场地上进行，汽车先以直线行驶，达到试验车速后，突然以不小于 200°/s 或不小于 500°/s（美国 ESV 的规定）的角速度转动转向盘。转向盘转角位移因车速不同而异，但要求达到一定的稳态圆周行驶时的侧向加速度，如 1～3m/s²，间隔为 0.5m/s² 或 0.4g（美国 ESV）。转向盘转至应有转角后保持不变，节气门也不变，汽车从直线行驶进入圆周行驶。试验要求在最高车速的 70% 下或在 40km/h 及 110km/h 两种车速下（美国 ESV）进行。记录汽车车速 u、时间 t、转向盘转角 δ_{sw}、横摆角速度 ω_r 和侧向加速度 a_y 等数据。根据所记录的数据，整理成横摆角速度增益 ω_r/δ 与稳态横摆角速度增益 ω_{r0}/δ 之比随时间变化的曲线。从曲线上可找出反应时间、超调量和稳定时间等参数。

阶跃试验要求很大的场地，试验中要特别注意安全。

四、汽车回正能力试验[一]

汽车回正能力试验在平坦的场地上进行。使汽车沿半径为 15m 的圆周行驶，调整车速

[一] 参看 GB/T 6323—2014《汽车操纵稳定性试验方法》。

使侧向加速度达 $4m/s^2$，然后突然松开转向盘，在回正力矩作用下，前轮回复到直线行驶。记录这个过程的时间 t、车速 u、转向盘转角 δ_{sw} 和横摆角速度 ω_r，整理出 ω_r-t 曲线。

对于最高车速超过 100km/h 的汽车，还要进行<u>高速回正性能试验</u>，试验车速为最高车速的 70%。使汽车以试验车速直线行驶，随后驾驶员转动转向盘使侧向加速度达到 $2m/s^2$，然后突然松开转向盘做回正试验。

回正试验是表征和测定汽车自曲线回复到直线行驶的过渡过程，是测定自由操纵力输入㊀的基本性能试验。回正能力是汽车操纵稳定性的一个重要方面，一辆没有回正能力的汽车，或基本上回不到正中（即有较大一点的残余横摆角速度），或回正过程中行驶方向往复摆动的汽车，驾驶员和乘客都是不满意的。

五、转向盘角脉冲试验

通常<u>以汽车横摆角速度频率特性来表征汽车的动态特性</u>。因此，频率特性的测量是一个重要的试验。这个试验要确定给转向盘正弦角位移输入时，输出（汽车横摆角速度）与输入的振幅比与相位差。通过直接给转向盘正弦角位移输入来测量汽车的频率特性是很困难的，因为一方面准确的正弦输入难以做到，另一方面要在几个固定车速下给转向盘以不同频率的正弦输入也是很费时间的。所以，经常是用转向盘角位移脉冲试验来确定汽车的频率特性。进行这个试验时，给等速行驶的汽车一个转向盘角位移脉冲输入，记录输入的角脉冲与输出的汽车横摆角速度，如图 5-96 所示。通过求得输入、输出的傅里叶变换，便可确定频率特性。

转向盘角脉冲试验在平坦的场地上进行。试验车速为最高车速的 70%㊁。汽车以试验车速行驶，然后给转向盘一个角脉冲转角输入。如图 5-97 所示，<u>转向盘转角输入脉宽为 0.3~0.5s，其最大转角应使汽车最大侧向加速度为$4m/s^2$</u>。输入转向盘脉冲时，汽车行驶方向发生摆动，经过不长时间回复到直线行驶。记录试验过程的时间 t、转向盘转角 δ_{sw}、车速 u、横摆角速度 ω_r 和侧向加速度 a_y。对试验结果进行处理，便得汽车的频率特性。

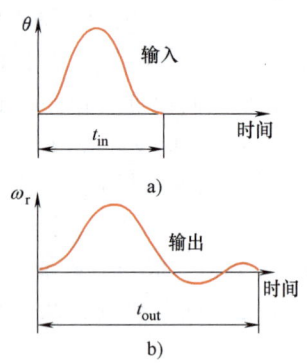

图 5-96 转向盘角脉冲试验的输入与输出
a) 转向盘角位移脉冲 b) 汽车横摆角速度

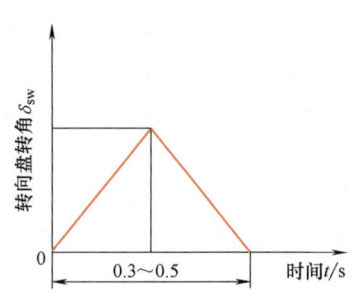

图 5-97 转向盘角脉冲

㊀ 对转向系统不加任何约束的操纵方式称为自由操纵，它是力操纵的特例。
㊁ 参看 GB/T 6323—2014《汽车操纵稳定性试验方法》。

六、转向盘中心区操纵稳定性试验

该试验见本章第五节的"三、评价高速公路行驶操纵稳定性的试验——转向盘中心区操纵稳定性试验"。

汽车操纵稳定性的其他试验，如最小转弯半径试验、抗侧滑能力试验、抗侧翻能力试验等，也是很重要的，可参阅其他有关资料⊖。

七、电子稳定控制系统的正弦停滞试验[5.29]

正弦停滞试验应在宽阔、平坦、均匀的坚实干路上进行，路面的峰值附着系数至少为 0.9。车辆内部装载总质量为 168kg，包括试验员、测试设备及配重沙袋。为保证试验安全，按照标准规定对试验车安装标准防侧翻支架。在进行慢增量转向试验的过程中，驾驶员保持车速稳定在 80km/h±2km/h，用转向机器人将转向盘转角以 13.5°/s 的角速度增加，直至侧向加速度达到约 0.5g，插值计算出使车辆侧向加速度达到 0.3g 时的转向盘转角的绝对值，记作 A。顺时针方向和逆时针方向各重复三次，取六次慢增量转向试验的 A 的平均值用于正弦停滞试验。转向盘转角输入如图 5-98 所示，正弦频率为 0.7Hz，在达到反方向峰值后延迟 500ms。先向左转向和先向右转向分别进行一组试验。每组试验中，起始转向盘转角幅值 δ 为 1.5A，以 0.5A 的幅度增加。如果 6.5A<270°，则试验最后做到转向盘转角幅值 δ 为 270°；如果 6.5A>300°，则试验最后做到转向盘转角幅值为 300°；如果 6.5A 在 270°与 300°之间，则试验最后做到转向盘转角幅值为 6.5A。试验结果是用第 1s 和第 1.75s 时的横摆角速度的大小作为侧向稳定性是否满足要求的判别标准，如图 5-99 所示。

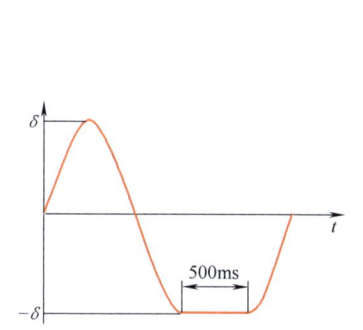

图 5-98 正弦停滞试验中转向盘转角输入

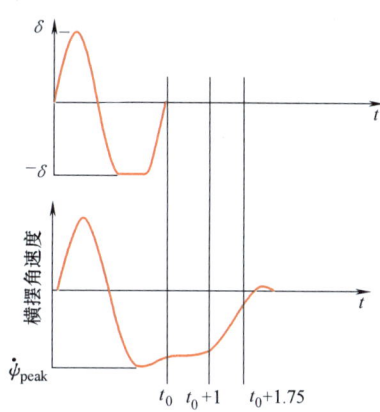

图 5-99 横摆角速度与转向盘转角输入对应关系

标准 1：$\dot{\psi}_{\text{peak1}} \leq 35\%$，其中，$\dot{\psi}_{\text{peak1}} = \dfrac{\dot{\psi}(t_0+1.0)}{\dot{\psi}_{\text{peak}}} \times 100\%$。

标准 2：$\dot{\psi}_{\text{peak1.75}} \leq 20\%$，其中，$\dot{\psi}_{\text{peak1}} = \dfrac{\dot{\psi}(t_0+1.75)}{\dot{\psi}_{\text{peak}}} \times 100\%$。

⊖ 见本书 1990 年 5 月北京第 2 版中的附录"美国试验安全车的操纵稳定性要求及其试验方法"。

标准 1 和标准 2 要求同时满足，$\dot{\psi}_{peak}$ 表示保持时间开始后横摆角速度的第一个峰值，$\dot{\psi}(t_0+x)$ 表示完成转向输入后第 x 秒处的横摆角速度。图 5-100 所示为某车采用 ABD 转向机器人的横摆角速度测量结果[5.30]，该车的 A 值为 40°。

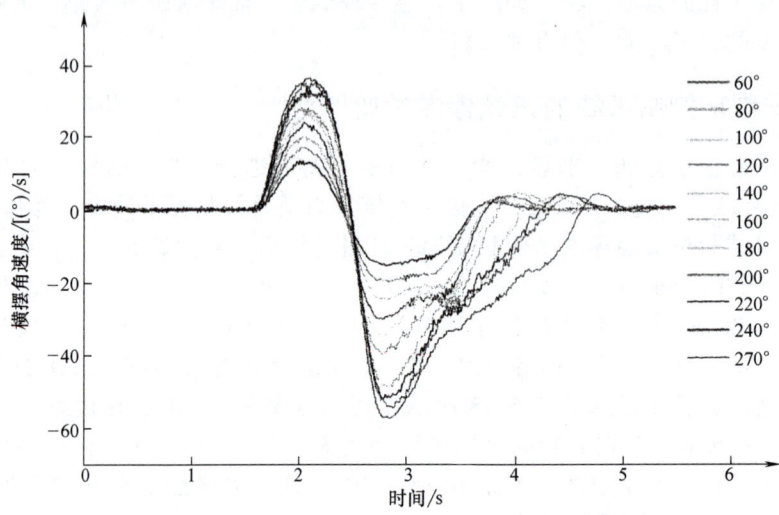

图 5-100 车辆横摆角速度变化曲线

参 考 文 献

[5.1] W Lincke, B Richter, R Schmidt. Simulation and Measurement of Driver Vehicle Handling Performance [J]. SAE paper 730486.

[5.2] D W Whitcomb, W F Milliken. Design Implications of General Theory of Automobile Stability and Control [J]. Proceedings of the Institution of Mechanical Engineers, Automobile Division. London：1956~1957.

[5.3] L segel. Theoretical Prediction and Experimental Substantiation of the Response of the Automobile to Steering Control [J]. Proceedings of the Institution of Mechanical Engineers, Automobile Division. London：1956~1957.

[5.4] Terminology of Vehicle Dynamics [J]. SAE J670e.

[5.5] 倪佑民. 汽车方向稳定性基本原理 [M]. 北京：清华大学出版社，1978.

[5.6] 李修曾，钟延熏. RZ-1 型轮胎道路实验拖车 [C]. 第六届汽车年会论文. 北京：清华大学出版社，1987.

[5.7] 陆正煜，伦景光，倪佑民. 汽车转向特性模拟计算的初步研究 [J]. 汽车工程，1982（2）.

[5.8] 陆正煜，伦景光，倪佑民，方向盘斜阶跃转角输入对汽车转向瞬态响应特性的影响 [J]. 汽车工程，1982（1）.

[5.9] 高波克治，北原孝. 过渡的操舵（だ）と周波数应答特性 [J]. いすず技报第 48 号技刷.

[5.10] Yasuhiko Tsukuda, Yasumasa Tsubota, Hiroshi Tonomura, et al. Development of a New Multi-Link Rear Suspension [J]. SAE paper 881774.

[5.11] Peter M Riede, Jr Ronald, L Leffert, et al. Cobb. Typical Vehicle Parameters for Dynamics Studies Revised for the 1980's [J]. SAE paper 840561.

[5.12] 陆正煜, 宋镜瀛, 伦景光. 汽车独立悬挂控制臂运动学的计算及其优化 [J]. Warrendale PA: SAE paper 860577.

[5.13] 安部正人, 大沢洋. 自動車技術シリーズ4, 自動車の運動性能向上技術 [J]. 自動車技術会, 1998.

[5.14] Kenneth D Norman. Objective Evaluation of On-Center Handling Performance [J]. SAE paper 840069.

[5.15] Joseph P Ryan, Steven P Fuja, Henry A Schmid. Objective Ride and Handling Goals for the 1997 Chevrolet corvette [J]. SAE paper 970091.

[5.16] Takaaki Eguchi, Yuzo Sakita, Kenzi Kawagoe, etc. Development of "Super Hicas", a New Rear Wheel Steering System with Phasereversal Control [J]. SAE paper 891978.

[5.17] Anton T van Zanten, Rainer Erhardt, George Pfaff. VDC, The Vehicle Dynamics Control System of Bosch [J]. SAE paper 950759.

[5.18] Ken Koibuchi, Mosaki Yamaoto, Yoshiki Fukada, et al. Vehicle Stability Control in Limit Cornering by Active Brake [J]. SAE paper 960487.

[5.19] 蔡世芳. 汽车操纵稳定性评价指标和参数匹配的工程分析方法 [J]. 汽车工程, 1985 (1).

[5.20] 桥木利幸, 大道政议, 熊正寿臣. 高速走行时の安定性 [J]. 自動車技術, 1980 (3): 34.

[5.21] Gillespie T D. Fundamentals of Vehicle Dynamics [M]. SAE Publish, 1992.

[5.22] Verma M K, Gillespie T d. Roll Dynamics of Commercial Vehicles [J]. Vehicle System Dynamics, 1980 (9): 1-17.

[5.23] Bernard J, et al. Vehicle Rollover on Smooth Surfaces [J]. SAE paper 891991.

[5.24] Das N S, et al. Estimation of Dynamic Rollover Threshold of Commercial Vehicles Using Low Speed Experimental Data [J]. SAE paper 932949.

[5.25] 机械工业部汽车工业司产品处, 中国汽车技术研究中心标准所. 汽车定型与通用试验方法标准汇编 [G]. 天津: 中国汽车技术研究中心, 1994.

[5.26] 王丹, 何乐. 利用遗传算法识别汽车轮胎魔术公式参数 [J]. 客车技术与研究, 2015, 37 (2): 1-4.

[5.27] 耿彤. 德国汽车理论 [M]. 北京: 机械工业出版社, 2012.

[5.28] 全国汽车标准化技术委员会. GB/T 6323—2014 汽车操纵稳定性试验方法 [S]. 北京: 中国标准出版社, 2014.

[5.29] 全国汽车标准化技术委员会. GB/T 30677—2014 轻型汽车电子稳定性控制系统性能要求及试验方法 [S]. 北京: 中国标准出版社, 2015.

[5.30] 于洋, 郭魁元, 高明秋, 等. 汽车电子稳定控制系统（ESC）的正弦停滞评价方法及试验研究 [J]. 汽车技术, 2012 (11): 35-39.

第六章

汽车的平顺性

汽车行驶时，路面不平以及发动机、传动系和车轮等旋转部件会激发汽车的振动。通常，路面不平是汽车振动的基本输入，故本章讨论的平顺性（Ride）主要指路面不平引起的汽车振动，频率范围为 0.5~25Hz。

汽车的平顺性主要是保持汽车在行驶过程中产生的振动和冲击环境对乘员舒适性的影响在一定界限之内，因此平顺性主要根据乘员主观感觉的舒适性来评价，对于货车还包括保持货物完好的性能，它是现代高速汽车的主要性能之一。

汽车的平顺性可由图 6-1 所示的"路面-汽车-人"系统框图来分析。路面不平度和车速形成了汽车振动系统的"输入"，此"输入"经过由轮胎、悬架、座垫等弹性、阻尼元件和悬挂、非悬挂质量构成的振动系统的传递，得到振动系统的"输出"，即悬挂质量或进一步经座椅传至人体的加速度，此加速度通过人体对振动的反应——舒适性来评价汽车的平顺性。当振动系统的"输出"作为优化的目标时，通常还要综合考虑车轮与路面间的动载荷和悬架弹簧的动挠度。它们分别影响"行驶安全性"和撞击悬架限位的概率。

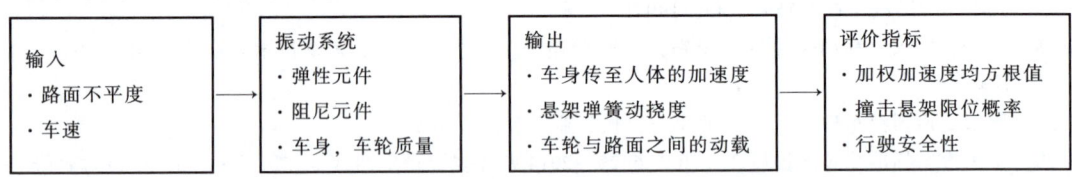

图 6-1 "路面-汽车-人"系统框图

研究平顺性的主要目的就是控制汽车振动系统的动态特性，使振动系统的输出在给定工况的"输入"下不超过一定界限，以保持乘员的舒适性。本章的基本内容为：

1) 人体对振动的反应和平顺性的评价。
2) 振动系统输入——路面不平度的统计特性。
3) 汽车振动系统的简化，系统频响特性和系统参数对输出影响的分析。
4) 汽车平顺性的测试。

第一节 人体对振动的反应和平顺性的评价

一、人体对振动的反应

机械振动对人体的影响，取决于振动的频率、强度、作用方向和持续时间，而且每个人的心理与身体素质不同,故对振动的敏感程度有很大差异。尽管 20 世纪 30 年代以来在这一方面进行了许多试验研究工作,但难以得到公认的评价方法和指标。直到 1974 年,国际标准化组织(International Standard Organization,ISO)在综合大量有关人体全身振动研究成果的基础上,制定了国际标准 ISO 2631:《人体承受全身振动评价指南》,后来对它进行过修订、补充。从 1985 年开始进行全面修订,于 1997 年公布了 ISO 2631—1:1997(E)《人体承受全身振动评价——第一部分:一般要求》[6.1],此标准对于评价长时间作用的随机振动和多输入点多轴向振动环境对人体的影响时,能与主观感觉更好地符合。许多国家都参照它进行汽车平顺性的评价,我国对相应标准进行了修订,公布了 GB/T 4970—2009《汽车平顺性试验方法》[6.2]。

ISO 2631—1:1997(E)标准中规定了图 6-2 所示的人体坐姿受振模型。在进行舒适性评价时,它除了考虑座椅支承面处输入点三个方向的线振动,还考虑该点三个方向的角振动,以及座椅靠背和脚支承面两个输入点各三个方向的线振动,共三个输入点十二个轴向的振动。

此标准仍认为人体对不同频率振动的敏感程度不同,在图 6-3 中给出了各轴向 0.5~80Hz 的频率加权函数(渐近线),还考虑不同输入点、不同轴向的振动对人体影响的差异。表 6-1 中给出了三个输入点十二个轴向,分别选用哪一个频率加权函数和相应的轴加权系数 k,并列出了一辆 European 小轿车在城市公路上行驶时,实测的各轴向加权加速度均方根值 a_w,然后可算出总的加权加速度均方根值 a_v[6.3]。

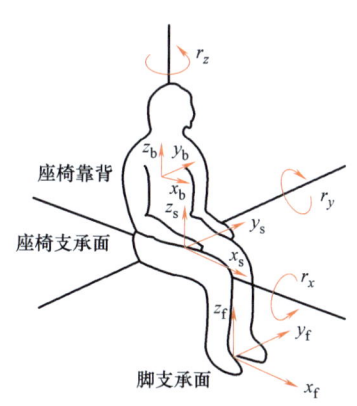

图 6-2 人体坐姿受振模型

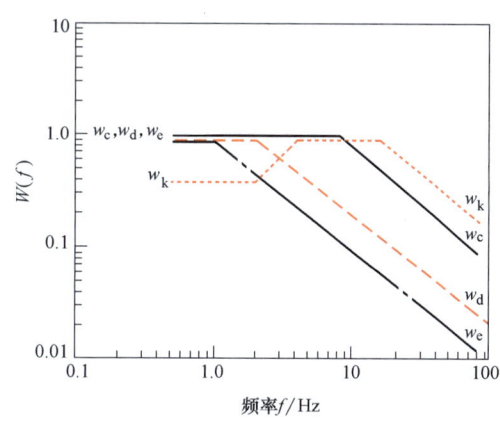

图 6-3 各轴向频率加权函数(渐近线)

表 6-1 频率加权函数、轴加权系数 k 和在 European 小轿车上振动测量的结果

位置	坐标轴名称	频率加权函数	轴加权系数 k	加权加速度均方根值 a_w/(m/s²)	峰值系数 [$a_w(t)/a_w$]
座椅支承面	x_s	w_d	1.00	0.080	5.0
	y_s	w_d	1.00	0.114	4.7
	z_s	w_k	1.00	0.407	5.5
	r_x	w_e	0.63m/rad	0.106	4.9
	r_y	w_e	0.40m/rad	0.085	5.0
	r_z	w_e	0.20m/rad	0.011	4.5

(续)

位置	坐标轴名称	频率加权函数	轴加权系数 k	加权加速度均方根值 a_w/(m/s^2)	峰值系数 $[a_w(t)/a_w]$
靠背	x_b	w_c	0.80	0.212	4.3
	y_b	w_d	0.50	0.087	4.4
	z_b	w_d	0.40	0.140	4.9
脚	x_f	w_k	0.25	0.090	5.4
	y_f	w_k	0.25	0.093	5.1
	z_f	w_k	0.40	0.319	6.2
$a_v = (\sum a_{vj}^2)^{\frac{1}{2}}$				0.628	

由表 6-1 上各轴向的轴加权系数可以看出，座椅支承面输入点 x_s、y_s、z_s 三个线振动的轴加权系数 $k=1$，是十二个轴向振动中人体最敏感的，其余各轴向的轴加权系数均小于 0.8。另外，ISO 2631—1：1997（E）标准中还规定，当评价振动对人体健康的影响时，就考虑 x_s、y_s、z_s 这三个轴向，且 x_s、y_s 两个水平轴向的轴加权系数取 $k=1.4$，比垂直轴向更敏感。标准还规定靠背水平轴向 x_b、y_b 可以由座椅支承面 x_s、y_s 水平轴向代替，此时轴加权系数取 $k=1.4$。因此，评价汽车平顺性就主要考虑座椅支承面 x_s、y_s、z_s 这三个轴向。

座椅支承面垂直轴向 z_s 的频率加权函数 w_k 最敏感频率范围标准规定为 4～12.5Hz，在 4～8Hz 这个频率范围，人的内脏器官产生共振，而 8～12.5Hz 频率范围的振动对人的脊椎系统影响很大。座椅支承面水平轴向 x_s、y_s 的频率加权函数 w_d 最敏感频率范围为 0.5～2Hz，大约在 3Hz 以下，水平振动比垂直振动更敏感，且汽车车身部分系统在此频率范围产生共振，故应对水平振动给予充分重视。

二、平顺性的评价方法

ISO 2631—1：1997（E）标准中规定，当振动波形峰值系数<9（峰值系数是加权加速度时间历程 $a_w(t)$ 的峰值与加权加速度均方根值 a_w 比值的绝对值）时，用基本的评价方法——加权加速度均方根值来评价振动对人体舒适和健康的影响。根据测量，各种汽车包括越野汽车，在正常行驶工况下对这一方法均适用。

1. 基本的评价方法

用基本的评价方法来评价时，先计算各轴向加权加速度均方根值，具体有两种计算方法。

1）对记录的加速度时间历程 $a(t)$ 通过相应频率加权函数 $w(f)$ 的滤波网络得到加权加速度时间历程 $a_w(t)$，按式（6-1）计算加权加速度均方根值：

$$a_w = \left[\frac{1}{T}\int_0^T a_w^2(t) dt\right]^{\frac{1}{2}} \quad (6-1)$$

式中，T 为振动的分析时间，一般取 120s。

频率加权函数 $w(f)$（渐进线）可表示为

$$w_k(f) = \begin{cases} 0.5 & (0.5<f<2) \\ f/4 & (2<f<4) \\ 1 & (4<f<12.5) \\ 12.5/f & (12.5<f<80) \end{cases}$$

$$w_d(f) = \begin{cases} 1 & (0.5<f<2) \\ 2/f & (2<f<80) \end{cases}$$

$$w_c(f) = \begin{cases} 1 & (0.5<f<8) \\ 8/f & (8<f<80) \end{cases}$$

$$w_e(f) = \begin{cases} 1 & (0.5<f<1) \\ 1/f & (1<f<80) \end{cases}$$

式中,f 为频率(Hz)。

2)对记录的加速度时间历程 $a(t)$ 进行频谱分析得到功率谱密度函数 $G_a(f)$,按式(6-2)计算:

$$a_w = \left[\int_{0.5}^{80} W^2(f) G_a(f) df\right]^{\frac{1}{2}} \tag{6-2}$$

3)当同时考虑座椅支承面 $x_s、y_s、z_s$ 这三个轴向振动时,三个轴向的总加权加速度均方根值按式(6-3)计算:

$$a_v = \left[(1.4a_{xw})^2 + (1.4a_{yw})^2 + a_{zw}^2\right]^{\frac{1}{2}} \tag{6-3}$$

4)有些"人体振动测量仪"采用加权振级 L_{aw},它与加权加速度均方根值 a_w 换算,公式为

$$L_{aw} = 20\lg(a_w/a_0)$$

式中,a_0 为参考加速度均方根值,$a_0 = 10^{-6}$ m/s²。

表 6-2 中给出了加权振级 L_{aw} 和加权加速度均方根值 a_w 与人的主观感觉之间的关系。

表 6-2 L_{aw} 和 a_w 与人的主观感觉之间的关系

加权加速度均方根值 a_w /(m/s²)	加权振级 L_{aw}/dB	人的主观感觉
<0.315	110	没有不舒适
0.315~0.63	110~116	有一些不舒适
0.5~1.0	114~120	相当不舒适
0.8~1.6	118~124	不舒适
1.25~2.5	112~128	很不舒适
>2.0	126	极不舒适

2. 辅助评价方法

当峰值系数>9 时,ISO 2631—1:1997(E)标准中规定用 4 次方和根值的方法来评价,它能更好地估计偶尔遇到过大的脉冲引起的高峰值系数振动对人体的影响,此时采用辅助评价方法——振动剂量值为

$$VDV = \left[\int_0^T a_w^4(t) dt\right]^{\frac{1}{4}} /(m \cdot s^{-1.75})$$

式中,T 为振动持续时间。

第二节 路面不平度的统计特性

当把汽车近似作为线性系统处理时,掌握了输入的路面不平度功率谱以及车辆系统的频

响函数,就可以求出各响应物理量的功率谱,用来分析振动系统参数对各响应物理量的影响和评价平顺性。

一、路面不平度的功率谱密度

通常把路面相对基准平面的高度 q,沿道路走向长度 l 的变化 $q(l)$,称为路面纵断面曲线或不平度函数,如图 6-4 所示。

在测量不平度时,可以用水准仪或专门的路面计来得到路面纵断面上的不平度值。测量得到的大量路面不平度随机数据,通常在计算机上进行处理,得到路面不平度的功率谱密度 $G_q(n)$ 或方差 σ_q^2 等统计特性参数。

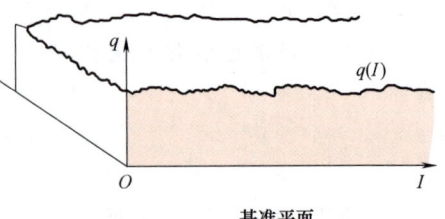

图 6-4 路面纵断面曲线

作为车辆振动输入的路面不平度,主要采用路面功率谱密度描述其统计特性。这反映在 1995 年国际标准化组织文件 ISO 8608:1995(E)和相应国家标准 GB/T 7031—2005《机械振动道路路面谱测量数据报告》[6.4] 中。两个文件均建议<u>路面功率谱密度 $G_q(n)$ 用式(6-4)作为拟合表达式</u>:

$$G_q(n) = G_q(n_0)\left(\frac{n}{n_0}\right)^{-W} \tag{6-4}$$

式中,n 为空间频率(m^{-1}),它是波长 λ 的倒数,表示每米长度中包括几个波长;n_0 为参考空间频率,$n_0 = 0.1 m^{-1}$;$G_q(n_0)$ 为参考空间频率 n_0 下的路面功率谱密度值,称为路面不平度系数,单位为 $m^2/m^{-1} = m^3$;W 为频率指数,是双对数坐标上斜线的斜率,它决定路面功率谱密度的频率结构。

式(6-4)在双对数坐标上为一条斜线,对实测路面功率谱密度拟合时,为了减少误差,在不同空间频率范围可以选用不同的拟合系数进行分段拟合,但不应超过四段。

上述两个文件中还提出了按路面功率谱密度把路面的不平程度分为八级。表 6-3 中规定了各级路面不平度系数 $G_q(n_0)$ 的几何平均值,分级路面谱的频率指数 $W=2$。表 6-3 中还同时列出了 $0.011 m^{-1} < n < 2.83 m^{-1}$ 范围路面不平度相应的均方根值 σ_q 的几何平均值。

表 6-3 路面不平度八级分类标准

路面等级	$G_q(n_0)/(10^{-6} m^3)$ ($n_0 = 0.1 m^{-1}$) 几何平均值	$\sigma_q/(10^{-3} m)$ ($0.011 m^{-1} < n < 2.83 m^{-1}$) 几何平均值	路面等级	$G_q(n_0)/(10^{-6} m^3)$ ($n_0 = 0.1 m^{-1}$) 几何平均值	$\sigma_q/(10^{-3} m)$ ($0.011 m^{-1} < n < 2.83 m^{-1}$) 几何平均值
A	16	3.81	E	4096	60.90
B	64	7.61	F	16384	121.80
C	256	15.23	G	65536	243.61
D	1024	30.45	H	262144	487.22

由图 6-5 可以看出,路面功率谱密度 $G_q(n)$ 随空间频率 n 的提高或波长 λ 的减小而变小。当 $W = 2$ 时,$G_q(n)$ 与 λ^2 成正比,$G_q(n)$ 是不平度幅值的均方值谱密度,故 $G_q(n)$ 又与

不平度幅值的平方成正比，所以不平度幅值 q_0 大致与波长 λ 成正比。图中阴影面积为原联邦德国 1983 年公路路面谱分布范围，可以看出主要集中在 A 级，部分延伸到 B、C 级之内。据统计，我国高等级公路路面谱也基本上在 A、B、C 三级范围之内，只是 B、C 级路面占的比重比较大。[6.5]

上述路面功率谱密度 $G_q(n)$ 指的是垂直位移功率谱密度，还可以采用不平度函数 $q(l)$ 对纵向长度 l 的一阶导数，即速度功率谱密度 $G_{\dot q}(n)$ 和二阶导数，也就是加速度功率谱密度 $G_{\ddot q}(n)$ 来补充描述路面不平度的统计特性。$G_{\dot q}(n)$（单位为 $1/m^{-1}=m$）和 $G_{\ddot q}(n)$（单位为 $m^{-2}/m^{-1}=m^{-1}$）与 $G_q(n)$ 的关系如下：

$$G_{\dot q}(n) = (2\pi n)^2 G_q(n) \quad (6-5)$$

$$G_{\ddot q}(n) = (2\pi n)^4 G_q(n) \quad (6-6)$$

当频率指数 $W=2$ 时，将式（6-4）表达的 $G_q(n)$ 代入式（6-5），可得

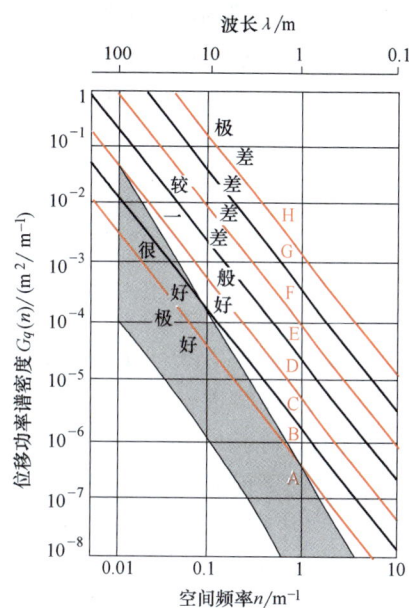

图 6-5 路面不平度分级图

$$G_{\dot q}(n) = (2\pi n_0)^2 G_q(n_0)$$

可以看出，此时路面速度功率谱密度幅值在整个频率范围为一个常数，即为一种"白噪声"，幅值大小只与不平度系数 $G_q(n_0)$ 有关。以后可以看到，用它来计算分析会带来一定的方便性。

二、空间频率功率谱密度 $G_q(n)$ 化为时间频率功率谱密度 $G_q(f)$

对汽车振动系统的输入除了路面不平度，还要考虑车速这个因素。根据车速 u，将空间频率功率谱密度 $G_q(n)$ 换算为时间频率功率谱密度 $G_q(f)$。

当汽车以一定车速 u（m/s）驶过空间频率 n（m^{-1}）的路面不平度时，输入的时间频率 f（Hz）是 n 与 u 的乘积，即

$$f = un \quad (6-7)$$

式（6-7）关系表示在图 6-6 上，时间频率带宽 Δf 与相应空间频率带宽 Δn 的关系为

$$\Delta f = u\Delta n \quad (6-8)$$

可以看出，当空间频率 n 或带宽 Δn 一定时，时间频率 f 与带宽 Δf 随车速 u 成正比变化。

功率谱密度的定义是单位频带内的"功率"（均方值），故空间频率功率谱密度可以表示为

$$G_q(n) = \lim_{\Delta n \to 0} \frac{\sigma^2_{q \sim \Delta n}}{\Delta n} \quad (6-9)$$

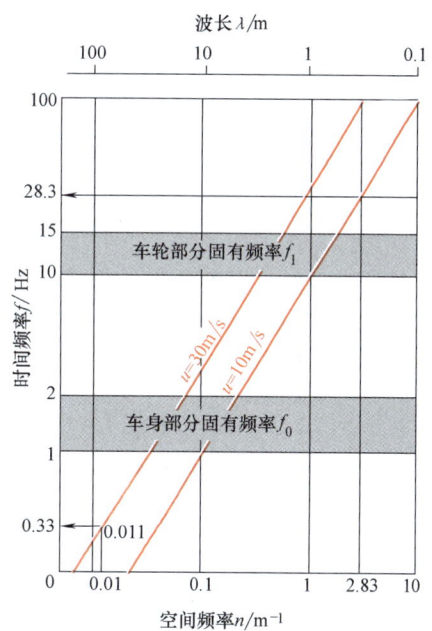

图 6-6 不同车速下，时间频率与空间频率的关系

式中,$\sigma_{q\sim\Delta n}^2$ 为路面功率谱密度在空间频率带宽 Δn 内包含的"功率"。

在某一车速 u 下,与空间频率带宽 Δn 相应的时间频率带宽 Δf 内所包含的不平度垂直位移 q 的谐量成分相同,其"功率"仍为 $\sigma_{q\sim\Delta n}^2$,因此换算的时间频率功率谱密度可表示为

$$G_q(f) = \lim_{\Delta f \to 0} \frac{\sigma_{q\sim\Delta n}^2}{\Delta f} \tag{6-9a}$$

将式(6-8)、式(6-9)代入式(6-9a),得到 $G_q(n)$ 与 $G_q(f)$ 的换算式为

$$G_q(f) = \frac{1}{u} G_q(n) \tag{6-10}$$

下面用图6-7进一步说明式(6-10)的关系。空间功率谱密度 $G_q(n)$ 在空间频率带宽 Δn 内包含的"功率"为 $\sigma_{q\sim\Delta n}^2$,它等于图6-7a中的阴影面积。

$u=$"2"[⊖]时,与 Δn 相应的时间频率带宽 $\Delta f=2\Delta n$,它最宽;$u=$"1"时,$\Delta f=\Delta n$ 次之;$u=$"1/2"时,$\Delta f=\frac{1}{2}\Delta n$,最窄。

但在图6-7c中,不同速度下 Δf 相应的阴影面积,即所包含的"功率"都与图6-7a中的阴影面积 $\sigma_{q\sim\Delta n}^2$ 相等,所以速度 u 越高,时间频率带宽 Δf 越宽,阴影面积的高度越低,时间频率功率谱密度 $G_q(f)$ 的值越小。即在某一空间频率 n 下,空间频率功率谱密度 $G_q(n)$ 所相应的时间频率功率谱密度 $G_q(f)$ 与车速 u 成反比。

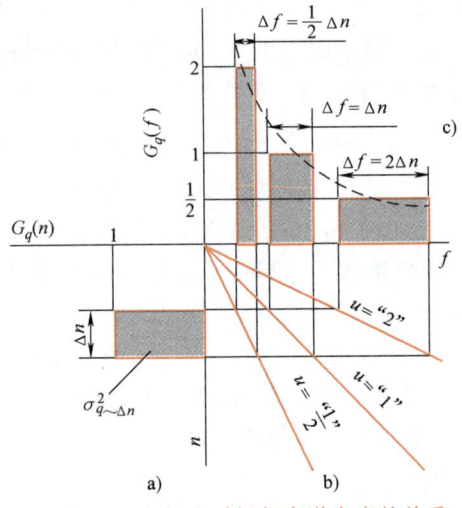

图6-7 空间和时间频率谱密度的关系
a) 空间频率谱密度 $G_q(n)$
b) 速度 u 不同时,空间频率与时间频率的关系
c) 时间频率谱密度 $G_q(f)$

将式(6-4)、式(6-7)代入式(6-10),得到时间频率路面功率谱密度 $G_q(f)$(单位为 $m^2/s^{-1} = m^2 \cdot s$)表达式,当 $W=2$ 时,得

$$G_q(f) = \frac{1}{u} G_q(n_0) \left(\frac{n}{n_0}\right)^{-2} = G_q(n_0) n_0^2 \frac{u}{f^2} \tag{6-11}$$

时间频率的不平度垂直速度 $\dot{q}(t) = \mathrm{d}q(t)/\mathrm{d}t$ 和加速度 $\ddot{q}(t) = \mathrm{d}^2q(t)/\mathrm{d}t^2$ 的功率谱密度 $G_{\dot{q}}(f)$(单位为 m^2/s)和 $G_{\ddot{q}}(f)$(单位为 m^2/s^3)与位移功率谱密度 $G_q(f)$ 的关系式为

$$G_{\dot{q}}(f) = (2\pi f)^2 G_q(f) = 4\pi^2 G_q(n_0) n_0^2 u \tag{6-12}$$

$$G_{\ddot{q}}(f) = (2\pi f)^4 G_q(f) = 16\pi^4 G_q(n_0) n_0^2 u f^2 \tag{6-13}$$

取 $W=2$ 时,计算的不平度垂直位移、速度和加速度的时间频率功率谱密度用双对数坐标表示在图6-8中。它们分别是斜率为 $-2:1$、$0:1$、$+2:1$ 的直线。图6-8中还给出一种典型路面上实测的位移、速度和加速度的时间频率功率谱密度。

由式(6-11)~式(6-13)可以看出,$G_q(f)$、$G_{\dot{q}}(f)$、$G_{\ddot{q}}(f)$ 都与不平度系数 $G_q(n_0)$

[⊖] $u=$"2"引号内数值仅表示速度大小的相对值。

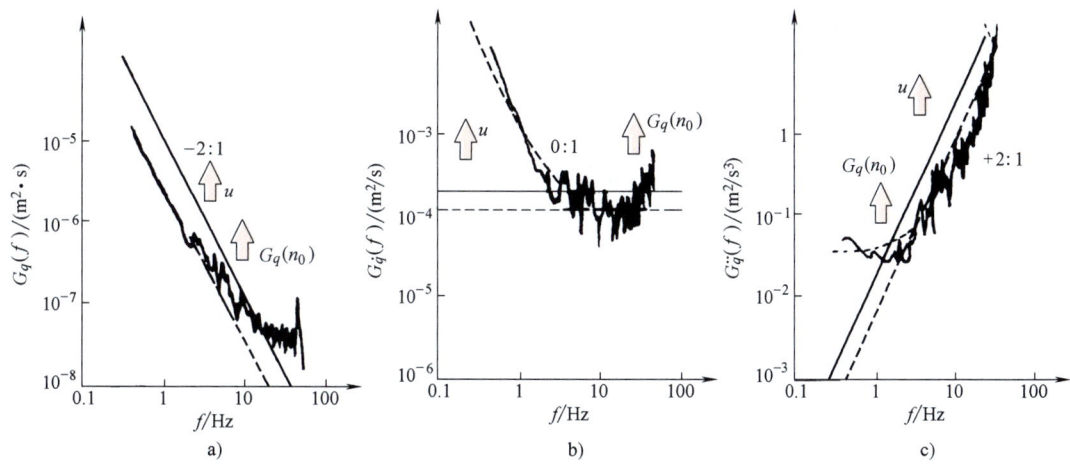

图 6-8 路面不平度、位移、速度、加速度功率谱密度
a) 位移功率谱密度　b) 速度功率谱密度　c) 加速度功率谱密度

以及车速 u 成正比。$G_q(n_0)$ 与 u 提高，都可使图 6-8 中的三个谱密度曲线向上平移。

由图 6-6 还可看出，路面统计分析的空间频率在 $0.011\text{m}^{-1} < n < 2.83\text{m}^{-1}$ 范围内，在常用车速 $u = 10 \sim 30\text{m/s}$（相当 $u_a = 36 \sim 108\text{km/h}$）下，可以保证时间频率范围 $f = 0.33 \sim 28.3\text{Hz}$。这个频率范围能把悬挂（车身）质量部分的固有频率 $1 \sim 2\text{Hz}$ 和非悬挂（车轮）质量部分的固有频率 $10 \sim 15\text{Hz}$ 有效地覆盖在内。

三、路面对四轮汽车的输入功率谱密度

四轮汽车的示意图如图 6-9 所示。$x(I)$、$y(I)$ 表示左、右两个轮迹的不平度，I 是路面长度坐标。$x(I)$、$y(I)$ 的自谱、互谱分别为 $G_{xx}(n)$、$G_{yy}(n)$、$G_{xy}(n)$ 和 $G_{yx}(n)$。四个车轮所遇到的不平度函数用 $q_1(I)$、$q_2(I)$、$q_3(I)$ 和 $q_4(I)$ 表示。两个前轮遇到的不平度为 $q_1(I) = x(I)$、$q_3(I) = y(I)$；后轮由于滞后距离 L，所以 $q_2(I) = x(I-L)$、$q_4(I) = y(I-L)$，L 是汽车的轴距。

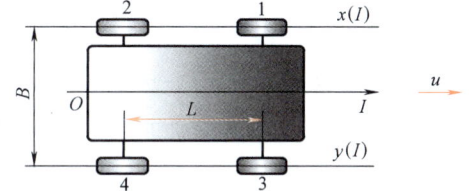

图 6-9 四轮汽车的示意图

在分析汽车有 q_1、q_2、q_3 和 q_4 四个输入的振动传递时，要掌握四个车轮输入的自谱和四个车轮彼此间的互谱共 16 个谱量 $G_{ik}(n)$（i，$k = 1$，2，3，4），其中 12 个互谱两两共轭。谱量 $G_{ik}(n)$ 可按下式计算：

$$G_{ik}(n) = \lim_{T \to \infty} \frac{1}{T} F_i^*(n) F_k^*(n)$$

式中，$F_i^*(n)$、$F_k^*(n)$ 为 $F_i(n)$、$F_k(n)$ 的共轭复数；$F_i(n)$、$F_k(n)$ 为 $q_i(I)$、$q_k(I)$ 的傅里叶变换；T 为长度 I 的分析区间。

四个车轮不平度函数的傅里叶变换为

$$F_1(n) = F[q_1(I)] = F[x(I)] = X(n)$$
$$F_2(n) = F[q_2(I)] = F[x(I-L)] = X(n)e^{-j2\pi nL}$$
$$F_3(n) = F[q_3(I)] = F[y(I)] = Y(n)$$

$$F_4(n) = F[q_4(I)] = F[y(I-L)] = Y(n)\mathrm{e}^{-\mathrm{j}2\pi nL}$$

式中，$X(n)$、$Y(n)$ 为 $x(I)$、$y(I)$ 的傅里叶变换，记为 $F[x(I)]$、$F[y(I)]$。

将四个车轮不平度函数的傅里叶变换代入谱量 $G_{ik}(n)$ 计算公式，算出各谱量和 $G_{xx}(n)$、$G_{yy}(n)$、$G_{xy}(n)$、$G_{yx}(n)$ 的关系为

$$\left.\begin{aligned}
G_{11}(n) &= G_{22}(n) = G_{xx}(n) \\
G_{33}(n) &= G_{44}(n) = G_{yy}(n) \\
G_{12}(n) &= G_{21}^*(n) = G_{xx}(n)\mathrm{e}^{-\mathrm{j}2\pi nL} \\
G_{34}(n) &= G_{43}^*(n) = G_{yy}(n)\mathrm{e}^{-\mathrm{j}2\pi nL} \\
G_{14}(n) &= G_{41}^*(n) = G_{xy}(n)\mathrm{e}^{-\mathrm{j}2\pi nL} \\
G_{32}(n) &= G_{23}^*(n) = G_{yx}(n)\mathrm{e}^{-\mathrm{j}2\pi nL} \\
G_{13}(n) &= G_{31}^*(n) = G_{xy}(n) \\
G_{42}(n) &= G_{24}^*(n) = G_{yx}(n)
\end{aligned}\right\} \quad (6\text{-}14)$$

两个轮迹之间不平度的统计特性，用它们之间的互功率谱密度函数或相干函数来描述。互谱密度一般为复数，用指数形式表示时，左、右轮迹间的互谱可以表示为

$$G_{xy}(n) = |G_{xy}(n)| \mathrm{e}^{-\mathrm{j}\phi_{xy}(n)} \quad (6\text{-}15)$$

式中，$|G_{xy}(n)|$ 为 $x(I)$、$y(I)$ 的互振幅谱；$\phi_{xy}(n)$ 为 $x(I)$、$y(I)$ 的相位谱。

互振幅谱表示两个轮迹 $x(I)$ 与 $y(I)$ 中频率为 n 的分量线性相关（幅值成比例，相位一致）的程度，并与 $x(I)$ 和 $y(I)$ 的自谱的大小有关。相位谱 $\phi_{xy}(n)$ 可以近似地看作两个轮迹中频率为 n 的分量之间平均的相位差。

两个轮迹的相干函数为

$$\mathrm{coh}_{xy}^2(n) = \frac{|G_{xy}(n)|^2}{G_{xx}(n)G_{yy}(n)} \quad (6\text{-}16)$$

相干函数 $\mathrm{coh}_{xy}^2(n)$ 在频域内描述了 $x(I)$ 与 $y(I)$ 中频率为 n 的分量之间线性相关的程度。$\mathrm{coh}_{xy}^2(n) = 1$ 时，表明 $x(I)$ 与 $y(I)$ 中频率为 n 的分量之间幅值比和相位差保持不变，即完全线性相关。$\mathrm{coh}_{xy}^2(n) = 0$ 时，表明 $x(I)$ 与 $y(I)$ 中频率为 n 的分量之间幅值比和相位差是随机变化的。

左、右两个车辙不平度的幅值和相位的差异，引起汽车侧倾角振动。侧倾角位移功率谱 $G_\theta(n)$ 与垂直位移功率谱 $G_q(n)$ 的比值与相干函数 $\mathrm{coh}_{xy}(n)$ 有以下关系[6.6]：

$$G_\theta(n)/G_q(n) = \frac{2}{B^2}[1 - \mathrm{coh}_{xy}(n)] \quad (6\text{-}17)$$

图 6-10 中的实线为一种典型路面的相干函数 $\mathrm{coh}_{xy}(n)$ 曲线，虚线为令 $2/B^2 = 1$ 时，侧倾角位移功率谱 $G_\theta(n)$ 与垂直位移功率谱 $G_q(n)$

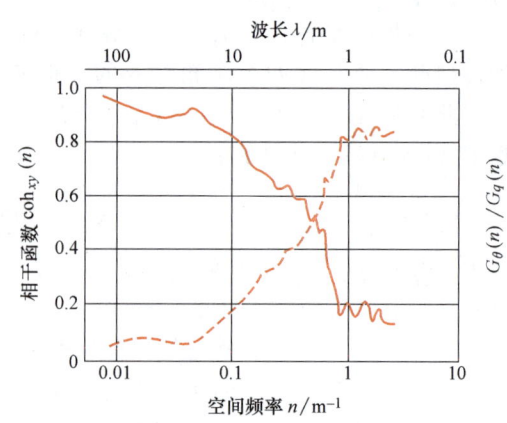

图 6-10　$\mathrm{coh}_{xy}(n)$ 与 $G_\theta(n)/G_q(n)$ 曲线

的比值 $G_\theta(n)/G_q(n)$ 曲线。现举一个实例说明在不同空间频率 n 下，上述两条曲线的变化趋势对汽车侧倾角振动的影响。

假设某一汽车车身部分侧倾振动的固有频率 $f_\theta = 1\text{Hz}$，在车速 $u_a = 100\text{km/h}$（$u = 27.8\text{m/s}$）时引起汽车侧倾角共振的路面不平度波长较长，为 $\lambda = 27.8\text{m}$ 的谐量，相应地相干函数 $\text{coh}_{xy}(n)$ 约等于 0.9，$G_\theta(n)/G_q(n)$ 约等于 0.1，左、右两个车辙不平度的幅值和相位的相关程度较高，引起汽车侧倾角振动输入比垂直振动输入要小得多。当车速很低时，如 $u_a = 10\text{km/h}$（$u = 2.78\text{m/s}$），这时引起汽车侧倾角共振的路面不平度波长较短，为 $\lambda = 2.78\text{m}$ 的谐量，相应地相干函数 $\text{coh}_{xy}(n)$ 降至 0.3 左右，$G_\theta(n)/G_q(n)$ 约等于 0.7，左、右两个车辙不平度的相关程度较低，引起汽车侧倾角振动输入比垂直振动输入要大得多。

根据实测，两个轮迹中频率为 n 的分量的相位差，领先与滞后的概率相同，所以平均相位差近似等于零。

当两个轮迹 $x(I)$、$y(I)$ 的统计特性相同，即 $G_{xx}(n) = G_{yy}(n) = G_q(n)$，且相位谱 $\phi_{xy}(n) = 0$ 时，由式（6-16）可得

$$G_{xy}(n) = G_{yx}(n) = \text{coh}_{xy}(n) G_q(n) \tag{6-17a}$$

路面对四轮汽车输入的谱矩阵最后可以表示为

$$\boldsymbol{G}_{ik}(n) = G_q(n) \begin{bmatrix} 1 & e^{-j2\pi nL} & \text{coh}(n) & \text{coh}(n)e^{-j2\pi nL} \\ e^{j2\pi nL} & 1 & \text{coh}(n)e^{j2\pi nL} & \text{coh}(n) \\ \text{coh}(n) & \text{coh}(n)e^{-j2\pi nL} & 1 & e^{-j2\pi nL} \\ \text{coh}(n)e^{j2\pi nL} & \text{coh}(n) & e^{j2\pi nL} & 1 \end{bmatrix} \tag{6-18}$$

第三节　汽车振动系统的简化，单质量系统的振动

一、汽车振动系统的简化

汽车是一个复杂的振动系统，应根据所分析的问题进行简化。把汽车车身质量看作刚体得到一个简化的立体模型，如图 6-11 所示。汽车的悬挂（车身）质量为 m_2，它由车身、车架及其上的总成所构成。该质量绕通过质心的横轴 y 的转动惯量为 I_y，悬挂质量通过悬架弹簧和减振器与车轴、车轮相连接。车轮、车轴构成的非悬挂质量为 m_1。车轮再经过具有一定弹性和阻尼的轮胎支承在不平的路面上。在讨论平顺性时，这个立体模型的车身质量主要考虑垂直、俯仰、侧倾三个自由度，四个车轮质量有四个垂直自由度，共七个自由度。

当汽车对称于其纵轴线且左、右车辙的不平度函数 $x(I) = y(I)$ 时，汽车车身只有垂直振动 z 和俯仰振动 φ，这两个自由度的振动对平顺性影响最大。图 6-12 所示为简化的双轴汽车平面模型，它有四个自由度。在这个模型中，又因轮胎阻尼较小而予以忽略，同时把质量为 m_2、转动惯量为 I_y 的车身按动力学等效的条件分解为前轴上、后轴上及质心 C 上的三个集中的质量 m_{2f}、m_{2r} 及 m_{2c}。这三个质量由无质量的刚性杆连接，它们的大小由下述三个条件决定：

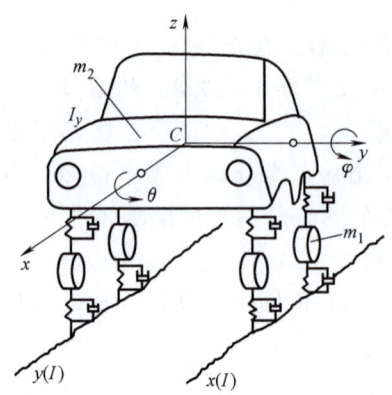

图 6-11 简化的四轮汽车立体模型

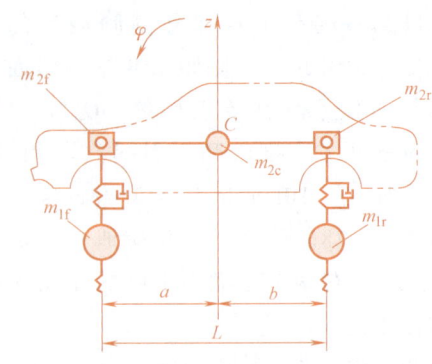

图 6-12 简化的双轴汽车平面模型

1) 总质量保持不变，即

$$m_{2f} + m_{2r} + m_{2c} = m_2 \tag{6-19}$$

2) 质心位置不变，即

$$m_{2f}a - m_{2r}b = 0 \tag{6-20}$$

3) 转动惯量 I_y 的值保持不变，即

$$I_y = m_2 \rho_y^2 = m_{2f}a^2 + m_{2r}b^2 \tag{6-21}$$

式中，ρ_y 为绕横轴 y 的回转半径；a、b 为车身质量部分的质心至前、后轴的距离。

由式（6-19）~式（6-21）得出三个集中质量分别为

$$\left. \begin{array}{l} m_{2f} = m_2 \dfrac{\rho_y^2}{aL} \\[4pt] m_{2r} = m_2 \dfrac{\rho_y^2}{bL} \\[4pt] m_{2c} = m_2 \left(1 - \dfrac{\rho_y^2}{ab}\right) \end{array} \right\} \tag{6-22}$$

式中，L 为轴距。

通常，令 $\varepsilon = \dfrac{\rho_y^2}{ab}$，并称之为悬挂质量分配系数。由式（6-22）可以看出，当 $\varepsilon = 1$ 时，联系质量 $m_{2c} = 0$。根据统计，大部分汽车的 $\varepsilon = 0.8 \sim 1.2$，即接近 1。在 $\varepsilon = 1$ 的情况下，前、后轴上方车身部分的集中质量 m_{2f}、m_{2r} 的垂直方向运动是相互独立的，这可由第五节运动方程式（6-76）在 $m_{2c} = 0$ 时看出来。在 $\varepsilon = 1$ 的情况下，当前轮遇到路面不平度而引起振动时，质量 m_{2f} 运动，而质量 m_{2r} 不运动；反之亦然。因此，在这种特殊情况下，可以分别讨论图 6-12 上 m_{2f} 和前轮轴以及 m_{2r} 和后轮轴所构成的两个双质量系统的振动。

在远离车轮部分固有频率 f_t（10~15Hz）的较低激振频率范围（如 5Hz 以下），轮胎动变形很小，忽略其弹性与车轮质量，得到分析车身垂直振动的最简单的单质量系统。

二、单质量系统的自由振动

图 6-13 所示为用于分析车身振动的单质量系统模型，它由车身质量为 m_2 和悬架刚度为 K、减振器阻尼系数为 C 的悬架组成。q 是输入的路面不平度函数。

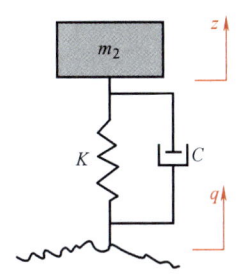

图 6-13 车身单质量系统模型

车身垂直位移坐标 z 的原点取在静力平衡位置，根据牛顿第二定律，得到描述系统运动的微分方程为

$$m_2\ddot{z} + C(\dot{z} - \dot{q}) + K(z - q) = 0 \quad (6\text{-}23)$$

此方程的解由自由振动齐次方程的通解与非齐次方程的特解之和组成。

令 $2n = \dfrac{C}{m_2}$，$\omega_0^2 = \dfrac{K}{m_2}$，则齐次方程为

$$\ddot{z} + 2n\dot{z} + \omega_0^2 z = 0 \quad (6\text{-}24)$$

式中，ω_0 为系统固有圆频率，而阻尼对运动的影响取决于 n 和 ω_0 的比值 ζ，ζ 称为阻尼比，即

$$\zeta = \frac{n}{\omega_0} = \frac{C}{2\sqrt{m_2 K}} \quad (6\text{-}25)$$

汽车悬架系统阻尼比 ζ 的数值通常在 0.25 左右，属于小阻尼，此时微分方程的解为

$$z = A e^{-nt}\sin(\sqrt{\omega_0^2 - n^2}\, t + \alpha) \quad (6\text{-}26)$$

这个解说明，有阻尼自由振动时，质量 m_2 以有阻尼固有频率 $\omega_r = \sqrt{\omega_0^2 - n^2}$ 振动，其振幅按 e^{-nt} 衰减，如图 6-14 所示。

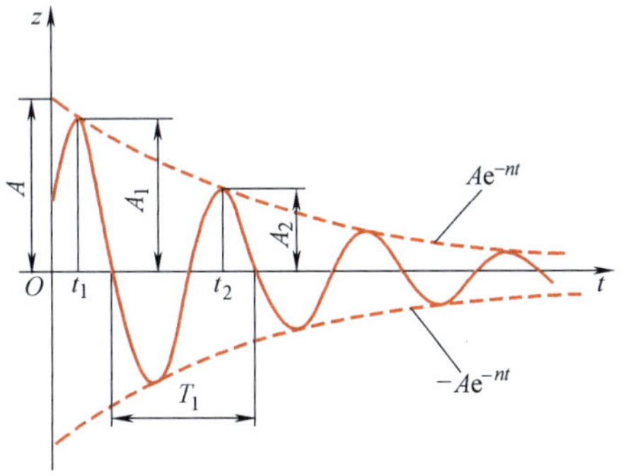

阻尼比 ζ 对衰减振动有两方面的影响。

1. 与有阻尼固有频率 ω_r 有关

已知

$$\omega_r = \sqrt{\omega_0^2 - n^2} = \omega_0\sqrt{1 - \zeta^2} \quad (6\text{-}27)$$

图 6-14 衰减振动曲线

由式（6-27）可知，ζ 增大，ω_r 下降。当 $\zeta = 1$ 时 $\omega_r = 0$，此时运动失去振荡特征。汽车悬架系统阻尼比 ζ 约为 0.25，ω_r 比 ω_0 只下降了 3% 左右，在工程上可以近似认为 $\omega_r \approx \omega_0$，车身部分振动的固有圆频率 ω_0（rad/s）、固有频率 f_0（s^{-1} 或 Hz）为

$$\omega_0 = \sqrt{\frac{K}{m_2}}$$

$$f_0 = \frac{\omega_0}{2\pi} = \frac{1}{2\pi}\sqrt{\frac{K}{m_2}} \quad (6\text{-}28)$$

2. 决定振幅的衰减程度

图 6-14 上两个相邻的振幅 A_1 与 A_2 之比称为减幅系数 d，其表达式为

$$d = \frac{A_1}{A_2} = \frac{A e^{-nt_1}}{A e^{-n(t_1 + T_1)}} = e^{nT_1} = e^{\frac{2\pi\zeta}{\sqrt{1-\zeta^2}}} \quad (6\text{-}29)$$

对式（6-29）取自然对数，即

$$\ln d = \frac{2\pi\zeta}{\sqrt{1-\zeta^2}} \tag{6-30}$$

可以根据实测的衰减振动曲线得到减幅系数 d，由式（6-31）求出阻尼比为

$$\zeta = \frac{1}{\sqrt{1 + 4\pi^2/\ln^2 d}} \tag{6-31}$$

三、单质量系统的频率响应特性

现在讨论在激励 q 的作用下，单质量系统运动微分方程式（6-23）的解。通解部分由于阻尼作用随时间减小，稳态条件下系统的响应 z 由特解确定，它取决于激励 q 和系统的频率响应特性。

由输出、输入谐量复振幅 z 与 q 的比值或 $z(t)$ 与 $q(t)$ 的傅里叶变换 $Z(\omega)$ 与 $Q(\omega)$ 的比值，可以求出系统的频率响应函数，记为 $H(j\omega)_{z \sim q}$，即

$$H(j\omega)_{z \sim q} = \frac{z}{q} = \frac{Z(\omega)}{Q(\omega)} \tag{6-32}$$

式中，复振幅 $z = z_0 e^{j\varphi_2}$；$q = q_0 e^{j\varphi_1}$。其中，z_0、q_0 为输出、输入谐量的幅值；φ_2、φ_1 为输出、输入谐量的相角。

代入式（6-32），可得

$$H(j\omega)_{z \sim q} = \frac{z_0}{q_0} e^{j(\varphi_2 - \varphi_1)} \tag{6-33}$$

写成指数形式时为

$$H(j\omega)_{z \sim q} = |H(j\omega)|_{z \sim q} e^{j\varphi(\omega)} \tag{6-33a}$$

比较式（6-33）和式（6-33a），可以得到，$|H(j\omega)|_{z \sim q} = z_0/q_0$。它是输出、输入谐量的幅值比，称为幅频特性。$\varphi(\omega) = \varphi_2 - \varphi_1$ 表示输出与输入谐量的相位差，称为相频特性。

对式（6-23）进行傅里叶变换，得

$$z(-m_2\omega^2 + jC\omega + K) = q(jC\omega + K)$$

并由此得频响函数

$$H(j\omega)_{z \sim q} = \frac{z}{q} = \frac{K + jC\omega}{(-m_2\omega^2 + K) + jC\omega} \tag{6-34}$$

将频率比 $\lambda = \omega/\omega_0$（$\omega_0 = \sqrt{K/m_2}$）和阻尼比 $\zeta = C/(2\sqrt{Km_2})$ 代入式（6-34），得

$$H(j\omega)_{z \sim q} = \frac{1 + 2j\zeta\lambda}{1 - \lambda^2 + 2j\zeta\lambda} \tag{6-34a}$$

式（6-34a）的模为幅频特性，即

$$|H(j\omega)|_{z \sim q} = \left[\frac{1 + (2\zeta\lambda)^2}{(1-\lambda^2)^2 + (2\zeta\lambda)^2}\right]^{\frac{1}{2}} \tag{6-35}$$

用双对数坐标画出式（6-35）所示的幅频特性 $|z/q|$，如图 6-15 所示。用双对数坐标画幅频特性时，首先确定其低频段和高频段的渐近线。

当 $\lambda \ll 1$ 时（低频段），$|z/q| \to 1$，$\lg|z/q| = 0$ 渐近线为一条水平线，其斜率为 0 : 1。渐近线的频率指数等于 0。

当 $\lambda \gg 1$ 时（高频段），分析阻尼比 $\zeta = 0$、$\zeta = 0.5$ 两种情况。

1) $\zeta = 0$ 时，$|z/q| \to \dfrac{1}{\lambda^2}$，$\lg|z/q| = -2\lg\lambda$，渐近线的斜率为 -2 : 1。频率指数等于 -2。

2) $\zeta = 0.5$ 时，$|z/q| \to \left[\dfrac{\lambda^2}{\lambda^2(\lambda^2+1)}\right]^{\frac{1}{2}} \to \dfrac{1}{\lambda}$，$\lg|z/q| = -\lg\lambda$，渐近线的频率指数等于 -1，斜率为 -1 : 1。

可以看出，在双对数坐标上，渐近线的斜率与其频率指数相等。

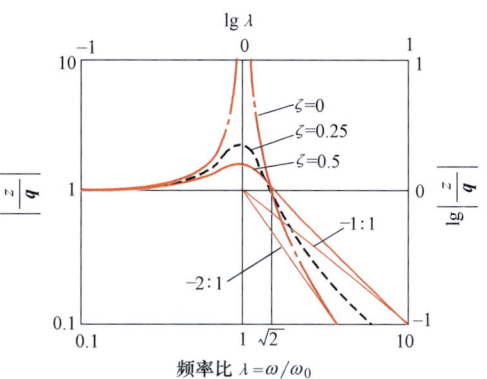

图 6-15 单质量系统位移输入与位移输出的幅频特性

低频段和高频段渐近线交点的频率比，由低频段和高频段两个渐近线方程的解得到。$\zeta = 0$、$\zeta = 0.5$ 时，交点分别满足 $-2\lg\lambda = 0$ 和 $-\lg\lambda = 0$，于是交点频率比均为 $\lambda = 1$。下面确定在交点频率比 $\lambda = 1$，即共振时的幅值。$\lambda = 1$ 时有

$$|z/q|_{\omega=\omega_0} = \sqrt{1 + \dfrac{1}{4\zeta^2}}$$

$\zeta = 0$ 时　　　　　　　　　　$|z/q|_{\omega=\omega_0} = \infty$

$\zeta = 0.5$ 时　　　　　　　　　$|z/q|_{\omega=\omega_0} = \sqrt{2}$

确定了渐近线和交点频率比下的幅值，就可以画出频率特性曲线。

现在对图 6-15 中的幅频特性 $|z/q|$ 分成三个频段加以讨论：

1) 低频段（$0 \leq \lambda \leq 0.75$）。在这一频段，$|z/q|$ 略大于 1，不呈现明显的动态特性，阻尼比对这一频段的影响不大。

2) 共振段（$0.75 \leq \lambda \leq \sqrt{2}$）。在这一频段，$|z/q|$ 出现峰值，将输入位移放大，加大阻尼比 ζ 可使共振峰明显下降。

3) 高频段（$\lambda \geq \sqrt{2}$）。在 $\lambda = \sqrt{2}$ 时，$|z/q| = 1$，与 ζ 无关；在 $\lambda > \sqrt{2}$ 时，$|z/q| < 1$，对输入位移起衰减作用，阻尼比 ζ 减小对减振有利。

四、单质量系统对路面随机输入的响应

（一）用随机振动理论分析汽车平顺性的概述

1. 平顺性分析的振动响应量

车身加速度 $\ddot{z}$ 是评价汽车平顺性的主要指标，另外悬架弹簧的动挠度 f_d 与其限位行程 $[f_d]$⊖ 有关。它们配合不当时会增加撞击限位的概率，使平顺性变坏。车轮与路面间的动载

⊖ 见图 6-18。

F_d 影响车轮与路面的附着效果,与行驶安全性有关。在进行平顺性分析时,要在路面随机输入下对汽车振动系统的这三个振动响应量进行统计计算,以综合进行评价和选择悬架系统的设计参数。

2. 振动响应量的功率谱密度与均方根值

由于我们讨论时将汽车振动系统近似为线性系统,且当分析简化模型,路面只经过一个车轮对系统输入时,振动响应的功率谱密度 $G_x(f)$ 与路面位移输入的功率谱密度 $G_q(f)$ 有如下简单关系:

$$G_x(f) = |H(f)|^2_{x\sim q} G_q(f) \tag{6-36}$$

式中, $|H(f)|_{x\sim q}$ 为系统响应 x 对输入 q 的频率响应函数 $H(f)_{x\sim q}$ 的模,即幅频特性。

由于振动响应量 $\ddot{z}$、f_d、F_d 取正、负值的概率相同,所以其均值近似为零。因此,这些量的统计特征值——方差等于均方根值,并可由其功率谱密度对频率积分求得

$$\sigma_x^2 = \int_0^\infty G_x(f)\,df = \int_0^\infty |H(f)|^2_{x\sim q} G_q(f)\,df \tag{6-37}$$

式中,σ_x 为标准差。均值为零时,它就等于均方根值。

进行平顺性分析时,通常根据路面不平度系数与车速确定的路面输入谱 $G_q(f)$ 和由悬架系统参数求出的频率响应函数 $H(f)_{x\sim q}$,按式(6-36)、式(6-37)计算振动响应的功率谱 $G_x(f)$ 和标准差(均方根值)σ_x。由此可以分析悬架系统参数对振动响应的影响,也可以反过来根据平顺性评价指标来优化悬架系统设计参数。

3. 概率分布与标准差的关系

平顺性对振动响应量的要求,有时是根据概率分布提出的。而在零均值正态分布的情况下,振动响应 x 的概率分布完全可以由其标准差 σ_x 确定。x 幅值的绝对值超过 $x_0 = \lambda \sigma_x$ 的概率为 P,它与界限值 x_0 和标准差 σ_x 的比值 λ 之间的关系可以由正态分布的概率积分表查到,下面将其中有代表性的值列在表 6-4 中。

表 6-4 正态分布情况下,超过标准差 σ_x 的 ±λ 倍以外的概率 P

λ	1	2	2.58	3	3.29
P	31.7%	4.6%	1%	0.3%	0.1%
$1-P$	68.3%	95.4%	99%	99.7%	99.9%

对线性系统来说,如果输入是正态分布的,输出也必然是正态分布的。大量的测量表明,路面的随机输入和汽车的振动响应都基本上符合正态分布。这样,汽车振动响应的标准差与其概率分布之间存在表 6-4 所示的简单关系,即标准差 σ_x、界限值 $x_0 = \lambda \sigma_x$、概率 P 三者之间,任知两个即可求出第三个。下面以平顺性三个响应量标准差(均方根值)的要求为例进行讨论。

1)要求车身加速度 $\ddot{z}$ 超过 $1g$ 的概率 $P=1\%$,求车身加速度的标准差 $\sigma_{\ddot{z}}$。

由表 6-4 可知,$\lambda=2.58$ 时,概率 $P=1\%$,此时界限值 $\ddot{z}=2.58\sigma_{\ddot{z}}$,将已知条件 $\ddot{z}_0=1g$ 代入可求得

$$\sigma_{\ddot{z}} = 1g/2.58 = 0.39g$$

即 $\sigma_{\ddot{z}}=0.39g$ 时,可以使 $\ddot{z}$ 超过 $1g$ 的概率 $P=1\%$。

2) 某一汽车悬架弹簧动挠度 f_d 的标准差 $\sigma_{fd} = 3$ cm,现要求动挠度超过限位行程 $[f_d]$,即撞击限位的概率 $P = 0.3\%$,假设车轮上、下跳动的限位行程均为 $[f_d]$,求 $[f_d]$。

由表 6-4 可知,$\lambda = 3$ 时,概率 $P = 0.3\%$,此时界限值 $f_{d0} = [f_d] = 3\sigma_{fd}$,将已知条件 $\sigma_{fd} = 3$ cm 代入可求得

$$[f_d] = 3 \times 3 \text{cm} = 9 \text{cm}$$

即在 $\sigma_{fd} = 3$ cm 的情况下,限位行程 $[f_d] = 9$ cm 可使撞击限位的概率为 0.3%。

3) 车轮与地面间的动载 F_d 的方向是上下交变的。当 F_d 与车轮作用于路面的静载 G 大小相等且方向相反时,车轮作用于路面的垂直载荷等于零。此时,车轮跳离地面,失去纵向和侧向附着力,使汽车行驶安全性恶化。

通常取 $G = 3\sigma_{Fd}$,此时相对动载 F_d/G 的均方根值 $\sigma_{Fd/G} = 1/3$,现求相应车轮跳离地面的概率。

车轮跳离地面的条件是相对动载 $F_d/G \geq 1$,相应界限值 $[F_d/G]_0 = 1 = 3\sigma_{Fd/G}$,此时 $\lambda = 3$,由表 6-4 得概率 $P = 0.3\%$。因为 F_d 向上的概率占一半,故车轮跳离地面的概率为 0.15%。

(二) 车身加速度功率谱密度 $G_{\ddot{z}}(\omega)$ 的计算分析

将响应量 $\ddot{z}$ 代入式 (6-36),得到 $G_{\ddot{z}}(\omega)$ 的计算公式为

$$G_{\ddot{z}}(\omega) = |H(j\omega)|^2_{\ddot{z} \sim q} G_q(\omega)$$

路面输入除采用位移功率谱密度 $G_q(\omega)$,还可以采用速度功率谱密度 $G_{\dot{q}}(\omega)$ 和加速度功率谱密度 $G_{\ddot{q}}(\omega)$,它们与相应的幅频特性 $|H(j\omega)|_{\ddot{z} \sim \dot{q}}$、$|H(j\omega)|_{\ddot{z} \sim \ddot{q}}$ 的平方相乘,同样可以得到车身加速度功率谱密度 $G_{\ddot{z}}(\omega)$。

另外,为了分析方便,对输入 q、$\dot{q}$、$\ddot{q}$ 与输出 $\ddot{z}$ 之间功率谱密度的关系式等号两边都开方,得到输入与输出均方根值谱之间的关系如下:

$$\sqrt{G_{\ddot{z}}(\omega)} = \begin{cases} |H(j\omega)|_{\ddot{z} \sim q} \sqrt{G_q(\omega)} \\ |H(j\omega)|_{\ddot{z} \sim \dot{q}} \sqrt{G_{\dot{q}}(\omega)} \\ |H(j\omega)|_{\ddot{z} \sim \ddot{q}} \sqrt{G_{\ddot{q}}(\omega)} \end{cases} \quad (6-38)$$

图 6-16 以图解的形式来表示式中用三种不同形式路面输入均方根值谱计算车身加速度均方根值谱的过程。对三种不同形式路面功率谱密度表达式,即式 (6-11)、式 (6-12) 和式 (6-13) 开方,得到相应的均方根值谱为

$$\left. \begin{array}{l} \sqrt{G_q(\omega)} = (2\pi/\omega)\sqrt{G_q(n_0)n_0^2 u} \\ \sqrt{G_{\dot{q}}(\omega)} = 2\pi\sqrt{G_q(n_0)n_0^2 u} \\ \sqrt{G_{\ddot{q}}(\omega)} = 2\pi\omega\sqrt{G_q(n_0)n_0^2 u} \end{array} \right\} \quad (6-39)$$

可以看出,路面速度谱 $\sqrt{G_{\dot{q}}(\omega)}$ 为"白噪声",斜率为 0:1;位移谱 $\sqrt{G_q(\omega)} = \sqrt{G_{\dot{q}}(\omega)}/\omega$,斜率为 -1:1;加速度谱 $\sqrt{G_{\ddot{q}}(\omega)} = \sqrt{G_{\dot{q}}(\omega)}\omega$,斜率为 1:1。

相应的三个幅频特性为

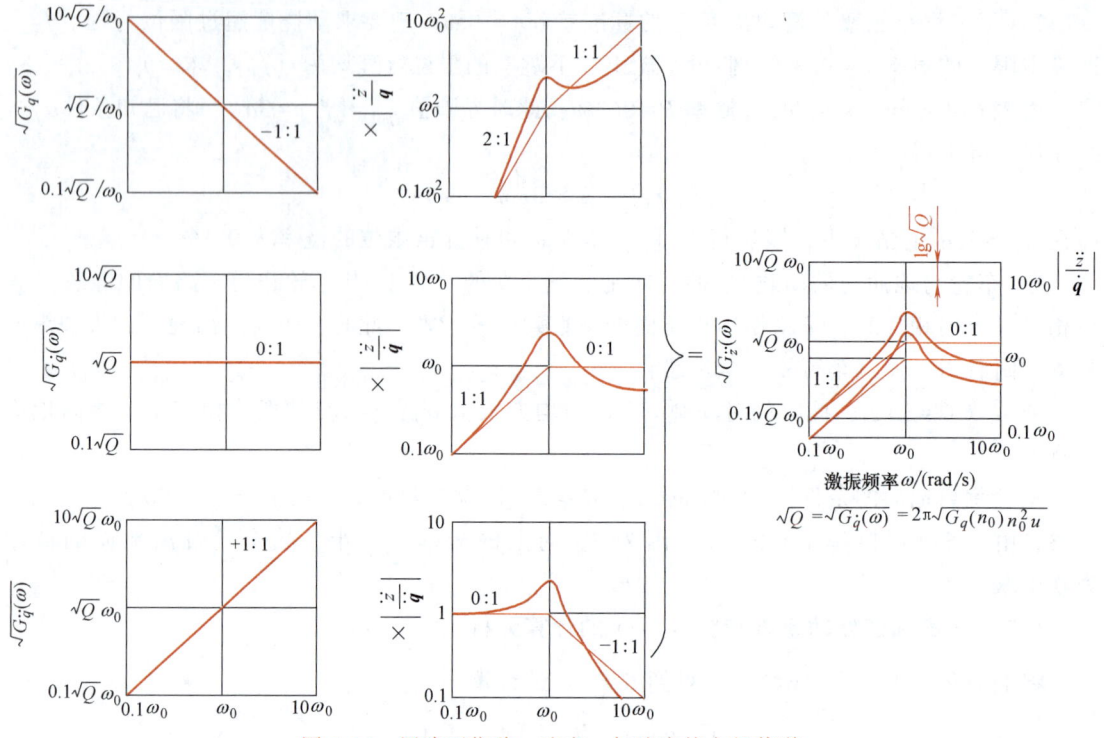

图 6-16 用路面位移、速度、加速度均方根值谱计算车身加速度均方根值谱的过程

$$\left.\begin{array}{l}|H(\mathrm{j}\omega)|_{\ddot{z}\sim q} = \left|\dfrac{\ddot{z}}{q}\right| = \left|\dfrac{z\omega^2}{q}\right| = \omega^2\left|\dfrac{z}{q}\right| \\ |H(\mathrm{j}\omega)|_{\ddot{z}\sim \dot{q}} = \left|\dfrac{\ddot{z}}{\dot{q}}\right| = \left|\dfrac{z\omega^2}{q\omega}\right| = \omega\left|\dfrac{z}{q}\right| \\ |H(\mathrm{j}\omega)|_{\ddot{z}\sim \ddot{q}} = \left|\dfrac{\ddot{z}}{\ddot{q}}\right| = \left|\dfrac{z\omega^2}{q\omega^2}\right| = \left|\dfrac{z}{q}\right|\end{array}\right\} \quad (6\text{-}40)$$

与 $|\ddot{z}/\dot{q}|$ 相比，$|\ddot{z}/q|$ 的渐近线斜率加 1，$|\ddot{z}/\ddot{q}|$ 的渐近线斜率减 1，它们与相应的均方根路谱相乘后，得到的响应均方根谱 $\sqrt{G_{\ddot{z}}(\omega)}$ 完全相同。

由图 6-16 可以看出，由于路面速度谱 $\sqrt{G_{\dot{q}}(\omega)}$ 为"白噪声"，响应的均方根值谱 $\sqrt{G_{\ddot{z}}(\omega)}$ 为响应量 $\ddot{z}$ 对速度输入 $\dot{q}$ 的幅频特性 $|H(\mathrm{j}\omega)|_{\ddot{z}\sim \dot{q}}$ 乘以常数 $\sqrt{G_{\dot{q}}(\omega)}$，$\sqrt{G_{\ddot{z}}(\omega)}$ 与 $|H(\mathrm{j}\omega)|_{\ddot{z}\sim \dot{q}}$ 的图形完全相同，只是在双对数坐标上移动 $\lg\sqrt{G_{\dot{q}}(\omega)}$。这里得到一个重要启示，即可以应用响应量对速度输入的幅频特性来定性分析响应的均方根值谱。下面就用这个方法分析固有圆频率 ω_0、阻尼比 ζ 对车身加速度 $\ddot{z}$ 的影响。

在图 6-17 中画出固有圆频率 $\omega_0 = 2\pi$ rad/s、

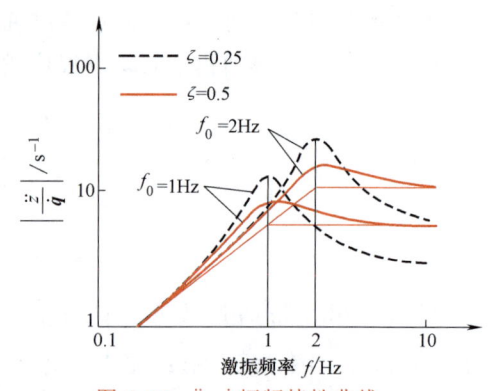

图 6-17 $\ddot{z}\sim\dot{q}$ 幅频特性曲线

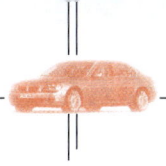

4π rad/s，阻尼比 ζ = 0.25、0.5 四种情况下的 $|\ddot{z}/\dot{q}|$ 曲线。

由图 6-17 的曲线上可以看出，随固有圆频率 ω_0 提高，$|\ddot{z}/\dot{q}|$ 在共振和高频段都成比例提高，在共振时，将 $\omega = \omega_0$ 代入式（6-40），得

$$\left|\frac{\ddot{z}}{\dot{q}}\right|_{\omega=\omega_0} = \omega_0 \sqrt{1 + \frac{1}{4\zeta^2}}$$

即在共振点，由于车身加速度的均方根值谱 $\sqrt{G_{\ddot{z}}(\omega)}$ 正比于 $|\ddot{z}/\dot{q}|$，所以它与固有圆频率 ω_0 成正比。共振时，ζ 增大而 $|\ddot{z}/\dot{q}|$ 减小，高频段 ζ 增大 $|\ddot{z}/\dot{q}|$ 也增大，故 ζ 对共振与高频段的影响效果相反。综合考虑，ζ 取 0.2~0.4 比较合适。

（三）车轮与路面间相对动载 F_d/G 对 $\dot{q}$ 幅频特性（均方根值谱 $\sqrt{G_{F_d/G}(\omega)}$）的分析

对于单质量系统，车轮与路面间的动载 F_d 由车身 m_2 的惯性力确定，即

$$F_d = m_2 \ddot{z} \tag{6-41}$$

F_d 与车轮作用于路面的静载 G（悬挂部分的重力 $G = m_2 g$）之比值称为相对动载。将 $G = m_2 g$ 代入式（6-41），得相对动载为

$$\frac{F_d}{G} = \frac{\ddot{z}}{g}$$

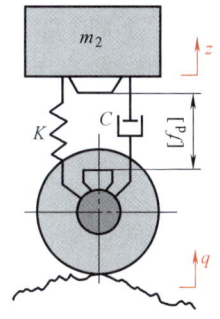

由公式可见，对单质量系统，F_d/G 与 $\ddot{z}$ 只相差系数 $1/g$，因此振动系统参数 ω_0、ζ 对 $F_d/G \sim \dot{q}$ 幅频特性的影响与前面讨论的它对 $\ddot{z} \sim \dot{q}$ 幅频特性的影响，从变化趋势来看完全一样，不再重复。

（四）悬架弹簧动挠度 f_d 对 $\dot{q}$ 幅频特性（f_d 的均方根值谱 $\sqrt{G_{f_d}(\omega)}$）的分析

图 6-18 中，由车身平衡位置起，悬架允许的最大压缩行程就是其限位行程 $[f_d]$。弹簧动挠度 f_d 与限位行程 $[f_d]$ 应适当配合，否则会增加行驶中撞击限位的概率，使平顺性变坏。

图 6-18 限位行程 $[f_d]$ 的示意图

悬架弹簧动挠度的复振幅 $f_d = z - q$，因此 f_d 对 q 的频率响应函数为

$$\frac{f_d}{q} = \frac{z-q}{q} = \frac{z}{q} - 1$$

将式（6-34a）代入上式，得

$$\frac{f_d}{q} = \frac{\lambda^2}{1 - \lambda^2 + 2j\zeta\lambda}$$

f_d 对 q 的幅频特性为

$$\left|\frac{f_d}{q}\right| = \left[\frac{\lambda^4}{(1-\lambda^2)^2 + (2\zeta\lambda)^2}\right]^{\frac{1}{2}} \tag{6-42}$$

其图形如图 6-19 所示。在低频段，当 $\lambda \ll 1$ 时，$|f_d/q| \to \lambda^2$ 动挠度大致按斜率 2∶1 关系随频率变化。在高频段，当 $\lambda \gg 1$ 时，$|f_d/q| \to 1$，此时车身位移 $z \to 0$，弹簧变

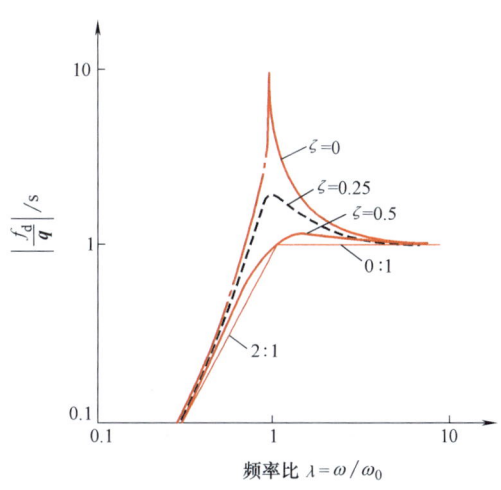

图 6-19 $f_d \sim q$ 幅频特性曲线

形与路面输入趋于相等。当 $\lambda \to 1$ 时，产生共振，$|f_d/q|_{\omega=\omega_0} = \dfrac{1}{2\zeta}$。当阻尼比 ζ 不同时，$|f_d/q|_{\omega=\omega_0}$ 趋于以下值：

$$|f_d/q|_{\omega=\omega_0} \begin{cases} \to \infty & (当\ \zeta = 0) \\ \to 1 & (当\ \zeta = 0.5) \end{cases}$$

可以看出，<u>悬架系统对于车身位移 z 来说，是将高频输入衰减的低通滤波器；对于动挠度 f_d 来说，是将低频输入衰减的高通滤波器</u>。阻尼比 ζ 对 $|f_d/q|$ 只在共振区起作用，而且当 $\zeta = 0.5$ 时已不呈现峰值。

f_d 对 $\dot{q}$ 的幅频特性 $|f_d/\dot{q}|$ 是 $|f_d/q|$ 乘以 $1/\omega$，即

$$|f_d/\dot{q}| = \dfrac{1}{\omega}|f_d/q|$$

在图 6-20 中画出固有圆频率 $\omega_0 = 2\pi$ rad/s、4π rad/s，阻尼比 $\zeta = 0.25$、0.5 四种情况下的 $|f_d/\dot{q}|$ 曲线。可以看出，随着固有圆频率 ω_0 下降，$|f_d/\dot{q}|$ 在共振与低频段均与 ω_0 成反比而提高。在共振时有

$$|f_d/\dot{q}|_{\omega=\omega_0} = \dfrac{1}{2\zeta\omega_0}$$

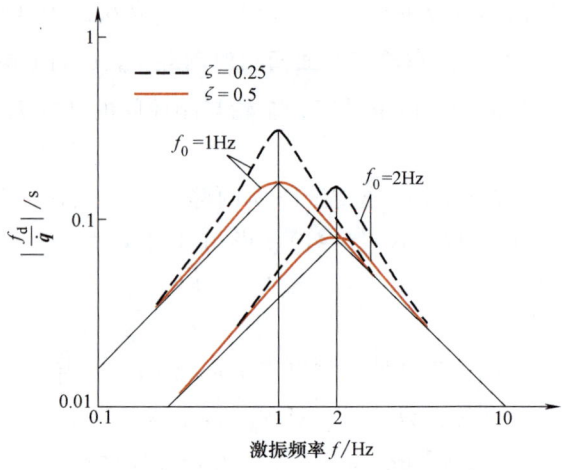

图 6-20 $f_d \sim \dot{q}$ 的幅频特性曲线

由公式可以看出，在共振点动挠度的均方根值谱 $\sqrt{G_{fd}(\omega_0)}$（因为 $\sqrt{G_{fd}(\omega_0)}$ 与 $|f_d/\dot{q}|_{\omega=\omega_0}$ 成正比）与固有圆频率 ω_0 以及阻尼比 ζ 两者成反比。

（五）悬架系统固有频率 f_0 与阻尼比 ζ 的选择

以上分析说明，降低固有频率 f_0 可以明显减小车身加速度，这是改善平顺性的一个基本措施。但随着 f_0 降低，动挠度 f_d 增大，$[f_d]$ 也就必须与固有频率 f_0 成反比相应增大，而限位行程 $[f_d]$ 受结构布置限制不能太大，所以降低 f_0 是有限度的。

目前大多数汽车悬架系统的固有频率 f_0、静挠度 f_s、限位行程 $[f_d]$ 和阻尼比 ζ 的使用范围见表 6-5。

表 6-5 悬架系统 f_0、f_s、$[f_d]$、ζ 值的使用范围

车 型	f_0/Hz	f_s/cm	$[f_d]$/cm	ζ
轿车	1.2~1.1	15~30	7~9	0.2~0.4
货车	2~1.5	6~11	6~9	
大客车	1.8~1.2	7~15	5~8	
越野汽车	2~1.3	6~13	7~13	

轿车舒适性要求高，而行驶的路面相对货车和越野车比较好，悬架动挠度 f_d 引起的撞击限位概率很小，故其车身部分固有频率 f_0 选择得比较低，以减小车身加速度，一般是在 1~1.5Hz 范围内。反之，货车和越野车行驶的路面较差，为减少撞击限位的概率，车身固

有频率 f_0 较高，一般选择在 1.5~2Hz 范围内。在固有频率 f_0 比较低、行驶路面又比较差的情况（例如某些越野车）下，动挠度 f_d 会相当大。为了减少撞击限位的概率，此时阻尼比 ζ 应取偏大值。

第四节　车身与车轮双质量系统的振动

一、运动方程与振型分析

对于图 6-12 所示的双轴汽车四个自由度的振动模型，当悬挂质量分配系数 $\varepsilon = \rho_y^2/(ab)$ 的数值接近 1 时，前后悬架系统的垂直振动几乎是独立的，于是可以将其简化为图 6-21 所示的<u>两个自由度振动系统</u>。这个系统除了具有上一节讨论的车身部分的动态特性外，<u>还能反映车轮部分在 10~15Hz 范围内产生高频共振时的动态特性，它对平顺性和车轮的接地性有较大影响，更接近汽车悬架系统的实际情况</u>。图中，m_2 为悬挂质量（车身质量）；m_1 为非悬挂质量（车轮质量）；K 为悬架刚度；C 为减振器阻尼系数；K_t 为轮胎刚度。

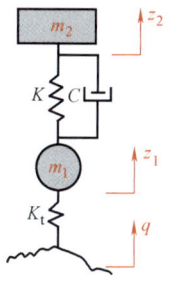

图 6-21　车身与车轮两个自由度振动系统

车轮与车身垂直位移坐标为 z_1、z_2，坐标原点选在各自的平衡位置，其运动方程为

$$\left.\begin{array}{l} m_2\ddot{z}_2 + C(\dot{z}_2 - \dot{z}_1) + K(z_2 - z_1) = 0 \\ m_1\ddot{z}_1 + C(\dot{z}_1 - \dot{z}_2) + K(z_1 - z_2) + K_t(z_1 - q) = 0 \end{array}\right\} \quad (6\text{-}43)$$

无阻尼自由振动时，运动方程变成

$$\left.\begin{array}{l} m_2\ddot{z}_2 + K(z_2 - z_1) = 0 \\ m_1\ddot{z}_1 + K(z_1 - z_2) + K_t z_1 = 0 \end{array}\right\} \quad (6\text{-}44)$$

由运动方程可以看出，m_2 与 m_1 的振动是相互耦合的。若 m_1 不动（$z_1 = 0$），则得

$$m_2\ddot{z}_2 + Kz_2 = 0$$

这相当于只有车身质量 m_2 的单自由度无阻尼自由振动，其固有圆频率 $\omega_0 = \sqrt{K/m_2}$。

同样，若 m_2 不动（$z_2 = 0$），相当于车轮质量 m_1 做单自由度无阻尼振动，于是可得

$$m_1\ddot{z}_1 + (K + K_t)z_1 = 0$$

车轮部分固有圆频率为

$$\omega_t = \sqrt{(K + K_t)/m_1} \quad (6\text{-}45)$$

ω_0 与 ω_t 是双质量系统只有单独一个质量振动时的部分频率（偏频）。

在无阻尼自由振动时，设两个质量以相同的圆频率 ω 和相角 φ 做简谐振动，振幅为 z_{10}、z_{20}，则其解为

$$z_1 = z_{10}e^{j(\omega t + \varphi)} \qquad z_2 = z_{20}e^{j(\omega t + \varphi)}$$

将这两个解代入微分方程组（6-44），得

$$-z_{20}\omega^2 + \frac{K}{m_2}z_{20} - \frac{K}{m_2}z_{10} = 0 \quad (6\text{-}46)$$

$$-z_{10}\omega^2 - \frac{K}{m_1}z_{20} + \frac{K+K_t}{m_1}z_{10} = 0 \tag{6-47}$$

将 $\omega_0^2 = K/m_2$、$\omega_t^2 = (K+K_t)/m_1$ 代入式（6-46）和式（6-47），可得

$$(\omega_0^2 - \omega^2)z_{20} - \omega_0^2 z_{10} = 0$$

$$-\frac{K}{m_1}z_{20} + (\omega_t^2 - \omega^2)z_{10} = 0$$

此方程组有非零解的条件是 z_{10} 和 z_{20} 的系数行列式为零，即

$$\begin{vmatrix} (\omega_0^2 - \omega^2) & -\omega_0^2 \\ -\dfrac{K}{m_1} & (\omega_t^2 - \omega^2) \end{vmatrix} = 0$$

或

$$(\omega_0^2 - \omega^2)(\omega_t^2 - \omega^2) - \omega_0^2 K/m_1 = 0$$

$$\omega^4 - (\omega_t^2 + \omega_0^2)\omega^2 + \omega_0^2\omega_t^2 - \omega_0^2 K/m_1 = 0 \tag{6-48}$$

式（6-48）称为系统的频率方程或特征方程，它的两个根为双质量系统主频率 ω_1 和 ω_2 的平方，即

$$\omega_{1,2}^2 = \frac{1}{2}(\omega_t^2 + \omega_0^2) \mp \sqrt{\frac{1}{4}(\omega_t^2 + \omega_0^2)^2 - \frac{KK_t}{m_2 m_1}} \tag{6-49}$$

为了对主频率 ω_1、ω_2 和它们对应的振型有一个具体的概念，下面举一个实例加以说明。设某汽车的质量比 $\mu = m_2/m_1 = 10$，刚度比 $\gamma = K_t/K = 9$。将 $K_t = 9K$、$m_1 = m_2/10$ 代入式（6-45），可得

$$\omega_t^2 = (K+K_t)/m_1 = 100\omega_0^2;\quad \omega_t = 10\omega_0$$

$$\frac{KK_t}{m_2 m_1} = 90\omega_0^4$$

将上面 ω_t^2 及 $\dfrac{KK_t}{m_2 m_1}$ 关系式代入式（6-49），得

$$\omega_1 = 0.95\omega_0 \qquad \omega_2 = 10.01\omega_0$$

由此可见，低的主频率 ω_1 与 ω_0 接近，高的主频率 ω_2 与 ω_t 接近，且有 $\omega_1 < \omega_0 < \omega_t < \omega_2$ 的关系。

将 $\omega_1 = 0.95\omega_0$、$\omega_2 = 10.01\omega_0$ 代入式（6-46）或式（6-47），即可确定两个主振型中 z_{10} 与 z_{20} 的振幅比为

$$\text{一阶主振型} \left(\frac{z_{10}}{z_{20}}\right)_1 = \frac{\omega_0^2 - \omega_1^2}{\omega_0^2} = 0.1$$

$$\text{二阶主振型} \left(\frac{z_{10}}{z_{20}}\right)_2 = \frac{\omega_0^2 - \omega_2^2}{\omega_0^2} = -99.2$$

车身与车轮两个自由度系统的主振型如图 6-22 所示。在强迫振动情况下，激振频率 ω 接近 ω_1 时产生低频共振，按一阶主振型振动，车身质量 m_2 的振幅比车轮质量 m_1 的振幅大将近 10 倍，所以主要是车身质量 m_2 在振动，称为车身型振动。当激振频率 ω 接近 ω_2 时，产生高频共振，按二阶主振型振动，此时车轮质量 m_1 的振幅比车身质量 m_2 的振幅大将近

100倍（实际由于阻尼存在不会相差这样多），称为车轮型振动。此时，由于车身基本不动，所以可将两个自由度系统简化为图6-23所示车轮部分的单质量系统，来分析车轮部分在高频共振区的振动。

此时，质量m_1的运动方程为

$$m_1\ddot{z}_1 + C\dot{z}_1 + (K+K_t)z_1 = K_t q \tag{6-49a}$$

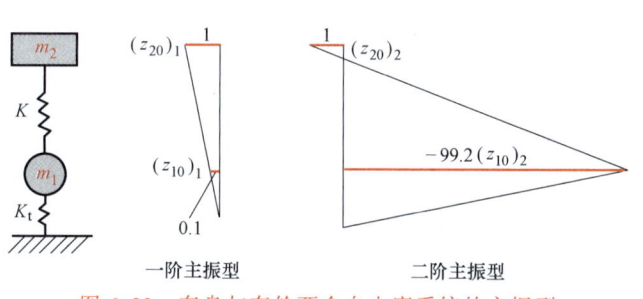

图6-22 车身与车轮两个自由度系统的主振型　　图6-23 车轮部分单质量系统

将各复振幅代入式（6-49a），得

$$-\omega^2 m_1 z_1 + j\omega C z_1 + (K+K_t)z_1 = K_t q$$

车轮位移z_1对q的频率响应函数为

$$z_1/q = \frac{K_t}{-\omega^2 m_1 + (K+K_t) + j\omega C} \tag{6-50}$$

将式（6-50）的分子、分母除以$K+K_t$，并把车轮部分固有圆频率ω_t、车轮部分阻尼比ζ_t代入该式，则得

$$z_1/q = \frac{K_t/(K+K_t)}{1-(\omega/\omega_t)^2 + j2\zeta_t\omega/\omega_t}$$

其幅频特性为

$$|z_1/q| = \frac{K_t/(K+K_t)}{\sqrt{[1-(\omega/\omega_t)^2]^2 + (2j\zeta_t\omega/\omega_t)^2}} \tag{6-50a}$$

在高频共振$\omega=\omega_t$时，车轮加速度均方根值谱$\sqrt{G_{\ddot{z}_1}(\omega_t)}$正比于幅频特性，即有

$$|\ddot{z}_1/\dot{q}|_{\omega=\omega_t} = \frac{\omega_t K_t/(K+K_t)}{2\zeta_t} \tag{6-51}$$

式中，车轮部分固有圆频率$\omega_t = \sqrt{(K+K_t)/m_1}$。

车轮部分阻尼比$\zeta_t = C/2\sqrt{(K+K_t)m_1}$ (6-52)

可见，降低轮胎刚度K_t能使ω_t下降和ζ_t加大，这是减小车轮部分高频共振时加速度的有效方法；降低非悬挂质量m_1使ω_t和ζ_t都加大，车轮部分高频共振时的加速度基本不变，但车轮部分动载$m_1\ddot{z}_1$下降，对降低相对动载F_d/G有利。

■■■【例题1】　对于图6-21所示车身与车轮双质量系统，设车身质量m_2=1000kg，车轮质量m_1 = 100kg，悬架刚度K=100000N/m，轮胎刚度K_t=800000N/m，阻尼系数C= 4700N·s/m。

试求：车身部分固有频率 f_0；车轮部分固有频率 f_t；车身部分阻尼比 ζ；车轮部分阻尼比 ζ_t 和车身、车轮两个主振型的主频率、振幅比。

解：
$$f_0 = \frac{1}{2\pi}\sqrt{\frac{K}{m_2}} = \frac{1}{2\pi} \times \sqrt{\frac{100000\text{N/m}}{1000\text{kg}}} = 1.59\text{Hz}$$

$$\omega_0^2 = 100\,(\text{rad/s})^2$$

$$f_t = \frac{1}{2\pi}\sqrt{\frac{K+K_t}{m_1}} = \frac{1}{2\pi} \times \sqrt{\frac{100000\text{N/m}+800000\text{N/m}}{100\text{kg}}} = 15.1\text{Hz}$$

$$\omega_t^2 = 9000\,(\text{rad/s})^2$$

$$\zeta = \frac{C}{2\sqrt{m_2 K}} = \frac{4700\text{N}\cdot\text{s/m}}{2\times\sqrt{1000\text{kg}\times 100000\text{N/m}}} = 0.235$$

$$\zeta_t = \frac{C}{2\sqrt{m_1(K+K_t)}} = \frac{4700\text{N}\cdot\text{s/m}}{2\times\sqrt{100\text{kg}\times(100000\text{N/m}+800000\text{N/m})}} = 0.248$$

$$\omega_1^2 = \frac{1}{2}(\omega_t^2+\omega_0^2) - \sqrt{\frac{(\omega_t^2+\omega_0^2)^2}{4} - \frac{KK_t}{m_1 m_2}}$$

$$= \frac{1}{2}\times 9100\,(\text{rad/s})^2 - \sqrt{\frac{9100^2\,(\text{rad/s})^4}{4} - \frac{100000\text{N/m}\times 800000\text{N/m}}{100000\text{kg}^2}}$$

$$= 89\,(\text{rad/s})^2$$

$$\omega_2^2 = \frac{1}{2}(\omega_t^2+\omega_0^2) + \sqrt{\frac{(\omega_t^2+\omega_0^2)^2}{4} - \frac{KK_t}{m_1 m_2}}$$

$$= \frac{1}{2}\times 9100\,(\text{rad/s})^2 + \sqrt{\frac{9100^2\,(\text{rad/s})^4}{4} - \frac{100000\text{N/m}\times 800000\text{N/m}}{100000\text{kg}^2}}$$

$$= 9011\,(\text{rad/s})^2$$

一阶主振型

$$\left(\frac{z_{10}}{z_{20}}\right)_1 = \frac{\omega_0^2-\omega_1^2}{\omega_0^2} = \frac{(100-89)\,(\text{rad/s})^2}{100\,(\text{rad/s})^2} = 0.11$$

车身质量 m_2 的振幅比车轮质量 m_1 的振幅大 9 倍（振幅比值为正，两个振幅相位相同），为车身型振动。主频率 $\omega_1 = 9.43\text{rad/s}$，$f_1 = 1.50\text{Hz}$。

二阶主振型

$$\left(\frac{z_{10}}{z_{20}}\right)_2 = \frac{\omega_0^2-\omega_2^2}{\omega_0^2} = \frac{(100-9011)\,(\text{rad/s})^2}{100\,(\text{rad/s})^2} = -89.1$$

车轮质量 m_1 的振幅比车身质量 m_2 的振幅大将近 90 倍，为车轮型振动。主频率 $\omega_2 = 94.93\text{rad/s}$，$f_2 = 15.1\text{Hz}$。

二、双质量系统的传递特性

先求双质量系统的频率响应函数，将有关各复振幅代入式（6-43），得

$$z_2(-\omega^2 m_2 + j\omega C + K) = z_1(j\omega C + K) \tag{6-53}$$

$$z_1(-\omega^2 m_1 + j\omega C + K + K_t) = z_2(j\omega C + K) + qK_t \tag{6-54}$$

令 $A_1 = j\omega C + K$，$A_2 = -\omega^2 m_2 + j\omega C + K$，$A_3 = -\omega^2 m_1 + j\omega C + K + K_t$，由式（6-53）得 $z_2 \sim z_1$ 的频率响应函数为

$$\frac{z_2}{z_1} = \frac{j\omega C + K}{-\omega^2 m_2 + K + j\omega C} = \frac{A_1}{A_2} \tag{6-55}$$

幅频特性 $|z_2/z_1|$ 与式（6-35）表示的单质量系统的幅频特性 $|z/q|$ 完全一样。

将式（6-55）代入式（6-54）得 $z_1 \sim q$ 的频率响应函数为

$$\frac{z_1}{q} = \frac{A_2 K_t}{A_3 A_2 - A_1^2} = \frac{A_2 K_t}{N} \tag{6-56}$$

式中，$N = A_3 A_2 - A_1^2$。

对式（6-56）分子、分母分别进行复数运算，然后求模，得幅频特性 $|z_1/q|$ 为

$$\left|\frac{z_1}{q}\right| = \gamma\left[\frac{(1-\lambda^2)^2 + 4\zeta^2\lambda^2}{\Delta}\right]^{\frac{1}{2}} \tag{6-57}$$

式中

$$\Delta = \left\{(1-(\omega/\omega_0)^2)\left[1 + \gamma - \frac{1}{\mu}(\omega/\omega_0)^2\right] - 1\right\}^2 + 4\zeta^2(\omega/\omega_0)^2\left[\gamma - \left(\frac{1}{\mu} + 1\right)(\omega/\omega_0)^2\right]^2 \tag{6-58}$$

式中，$\gamma = K_t/K$ 为刚度比；$\mu = m_2/m_1$ 为质量比。

由图 6-23 所示车轮部分单质量系统，找出幅频特性的近似式，见式（6-50a），记为 $|z_1/q|'$，它比式（6-57）简单，便于定性分析。将幅频特性 $|z_1/q|$ 与 $|z_1/q|'$ 曲线同时表示在图 6-24 中。

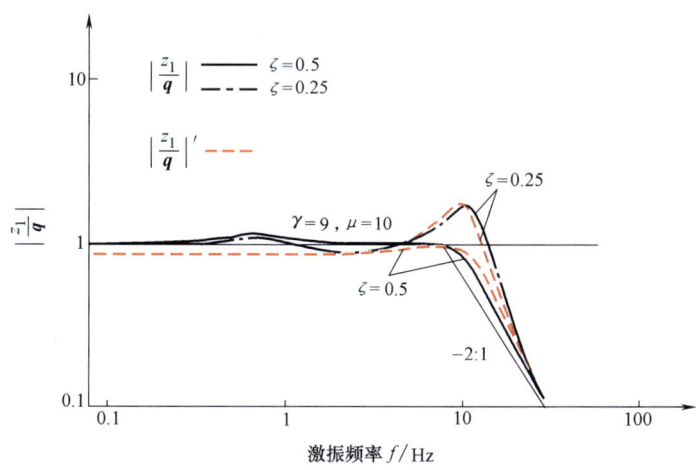

图 6-24　车轮部分 z_1/q 的幅频特性

由图 6-24 可以看出，$|z_1/q|$ 与 $|z_1/q|'$ 曲线相当接近，在 $\omega \leqslant \omega_0$ 的低频区，$|z_1/q| \to 1$，而 $|z_1/q|' \to K_t/(K_t+K)$，两者略有差别。在 $\omega \geqslant \omega_t$ 的高频区，渐近线的斜率为 $-2:1$，车轮部分将高频输入加以滤波。当 $\omega = \omega_t$ 时，产生高频共振，在 ζ_t 比较小时，会出现尖峰。

下面综合分析车身与车轮双质量系统的传递特性。车身位移 z_2 对路面位移 q 的频率响应函数由式（6-55）及式（6-56）两个环节的频率响应函数相乘可得

$$\frac{z_2}{q} = \frac{z_2}{z_1}\frac{z_1}{q} = \frac{A_1}{A_2}\frac{A_2 K_t}{N} = \frac{A_1 K_t}{N} \tag{6-59}$$

$z_2 \sim q$ 的幅频特性 $|z_2/q|$ 为两个环节幅频特性相乘，即

$$|z_2/q| = |z_2/z_1| \cdot |z_1/q|$$

$$= \gamma \left[\frac{1+4\zeta^2\lambda^2}{(1-\lambda^2)^2+4\zeta^2\lambda^2}\right]^{\frac{1}{2}} \times \left[\frac{(1-\lambda^2)^2+4\zeta^2\lambda^2}{\Delta}\right]^{\frac{1}{2}}$$

$$= \gamma \left(\frac{1+4\zeta^2\lambda^2}{\Delta}\right)^{\frac{1}{2}} \tag{6-60}$$

图 6-25a 所示为幅频特性 $|z_2/q|$，它是由图 6-25b 所示幅频特性 $|z_2/z_1|$ 与图 6-25c 幅频特性 $|z_1/q|$ 相乘得到的。在双对数坐标上，变为两个幅频特性曲线叠加。叠加后幅频特性的频率指数为两个环节频率指数之和，故叠加后的渐近线的斜率为两个相乘幅频特性渐近线斜率之和。

幅频特性 $|z_2/q|$ 在 $f=f_0$ 和 $f=f_t=\omega_t/2\pi$ 处有低、高两个共振峰，路面输入 q 在 $f \geqslant \sqrt{2}f_0$ 时由悬架衰减，在 $f \geqslant f_t$ 时又进一步被轮胎衰减。

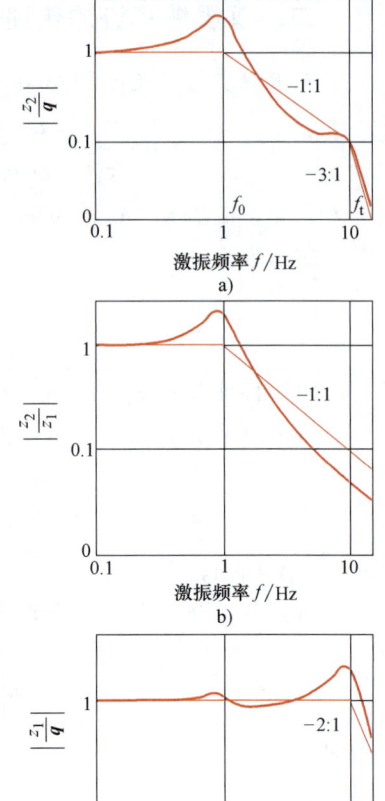

图 6-25 双质量系统的传递特性

三、车身加速度、悬架弹簧动挠度和车轮相对动载的幅频特性

1. 车身加速度 $\ddot{z}_2$ 对 $\dot{q}$ 的幅频特性

$$|H(j\omega)|_{\ddot{z}_2 \sim \dot{q}} = \left|\frac{\ddot{z}_2}{\dot{q}}\right| = \omega\left|\frac{z_2}{q}\right|$$

将式（6-60）代入上式，得

$$\left|\frac{\ddot{z}_2}{\dot{q}}\right| = \omega\gamma\left(\frac{1+4\zeta^2\lambda^2}{\Delta}\right)^{\frac{1}{2}} \tag{6-61}$$

图 6-26 中的实线为双质量系统在 $f_0=1\text{Hz}$，质量比 $\mu=10$，刚度比 $\gamma=9$，$\zeta=0.25$、0.5 两种情况下的 $|\ddot{z}_2/\dot{q}|$ 曲线。由 f_0、ζ、μ、γ 四个参数可按式（6-62）和式（6-63）确定车轮部分的固有频率 f_t 和阻尼比 ζ_t：

$$f_t = \frac{1}{2\pi}\sqrt{(K+K_t)/m_1} = \sqrt{\mu(1+\gamma)}f_0 \quad (6\text{-}62)$$

$$\zeta_t = C/2\sqrt{(K+K_t)m_1} = \sqrt{\frac{\mu}{1+\gamma}}\zeta \quad (6\text{-}63)$$

图 6-26 所示双质量系统中，车轮部分的具体参数为 $f_t=10f_0=10\text{Hz}$，$\zeta_t=\zeta=0.25$、0.5。与图 6-17 所示单质量系统 $\ddot{z}_1 \sim \dot{q}$ 幅频特性曲线（在图 6-26 中用虚线表示）比较，在 $f=f_0$ 低频共振区二者基本相同，而在 $f=f_t$ 高频共振区，双质量系统出现另一个共振峰，在 $f>f_t$ 之后，当 $\zeta_t=0.5$ 时按 $-2:1$ 斜率衰减。

2. 相对动载 F_d/G 对 $\dot{q}$ 的幅频特性

车轮动载 $F_d = K_t(z_1 - q)$，静载 $G=(m_2+m_1)g=m_1(\mu+1)g$。F_d/G 对 q 的频率响应函数为

$$H(\mathrm{j}\omega)_{F_d/G \sim q} = \frac{F_d}{Gq} = \frac{z_1 - q}{q}\frac{K_t}{m_1(\mu+1)g} \quad (6\text{-}63\text{a})$$

将式（6-56）代入式（6-63a），得

$$\frac{F_d}{Gq} = \left(\frac{A_2 K_t}{N} - 1\right)\frac{K_t}{m_1(\mu+1)g}$$

$$\left|\frac{F_d}{G\dot{q}}\right| = \frac{\gamma\omega}{g}\left[\frac{\left(\frac{\lambda^2}{1+\mu}-1\right)^2 + 4\zeta^2\lambda^2}{\Delta}\right]^{\frac{1}{2}} \quad (6\text{-}64)$$

图 6-27 采用与图 6-26 所示双质量系统同样的参数。$F_d/G \sim \dot{q}$ 幅频特性曲线在 $f=f_0$ 低频共振区，与 $\ddot{z}_2 \sim \dot{q}$ 幅频特性曲线趋势相同；在 $f=f_t$ 高频共振区，阻尼比对 $F_d/G \sim \dot{q}$ 幅频特性曲线的峰值影响很大；在 $f>f_t$ 之后，$\zeta_t=0.5$ 时，$F_d/G \sim \dot{q}$ 幅频特性曲线按 $-1:1$ 斜率衰减。

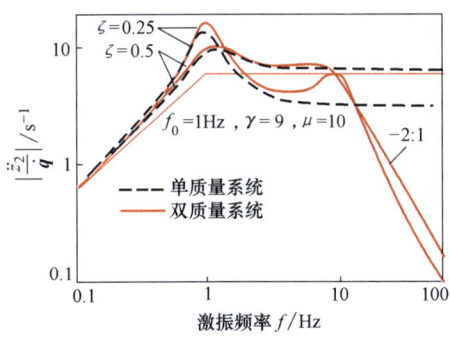

图 6-26　$\ddot{z}_2 \sim \dot{q}$ 的幅频特性曲线

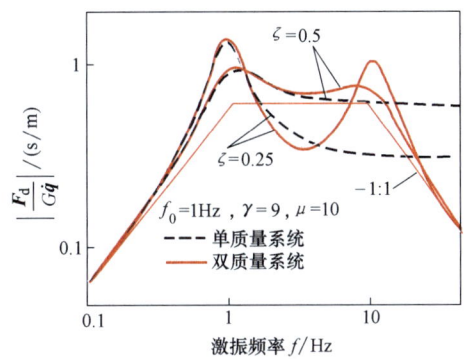

图 6-27　$F_d/G \sim \dot{q}$ 的幅频特性曲线

3. 悬架动挠度 f_d 对 $\dot{q}$ 的幅频特性

f_d 对 $\dot{q}$ 的频率响应函数为

$$H(\mathrm{j}\omega)_{f_d \sim q} = \frac{f_d}{q} = \frac{z_2 - z_1}{q} = \frac{z_2}{q} - \frac{z_1}{q} \quad (6\text{-}64\text{a})$$

将式（6-56）、式（6-59）代入式（6-64a），得

$$\frac{f_\mathrm{d}}{q} = \frac{A_1 K_\mathrm{t}}{N} - \frac{A_2 K_\mathrm{t}}{N} = \frac{K_\mathrm{t}(A_1 - A_2)}{N}$$

$$\left|\frac{f_\mathrm{d}}{\dot{q}}\right| = \frac{\gamma}{\omega} \lambda^2 \left(\frac{1}{\Delta}\right)^{\frac{1}{2}} \qquad (6\text{-}65)$$

图 6-28 仍采用与图 6-26 所示双质量系统相同的参数。与图 6-20 单质量系统 $f_\mathrm{d} \sim \dot{q}$ 幅频特性（在图 6-28 上用虚线表示）比较，在 $f = f_0$ 低频区二者相同；而在 $f = f_\mathrm{t}$ 高频区，双质量系统又出现一个共振峰；在 $f > f_\mathrm{t}$ 之后，$\zeta_\mathrm{t} = 0.5$ 时按 $-3:1$ 斜率衰减。

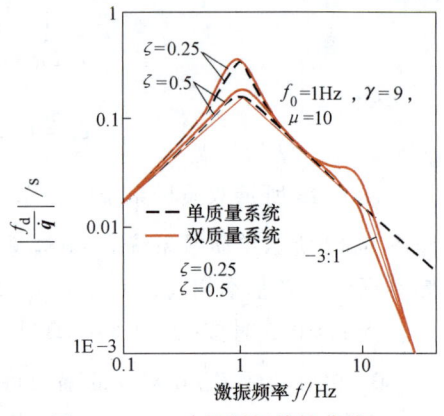

图 6-28　$f_\mathrm{d} \sim \dot{q}$ 的幅频特性曲线

四、在路面随机输入下系统振动响应均方根值的计算

当确定了路面不平度系数 $G_q(n_0)$ 和车速 u 之后，可按式（6-12）计算路面速度功率谱密度 $G_{\dot{q}}(f)$，并按式（6-61）、式（6-64）、式（6-65）和悬架系统具体参数，求出振动响应量 $\ddot{z}_2$、F_d/G、f_d 对 $\dot{q}$ 的幅频特性，然后就可以由式（6-36）求出响应量的功率谱密度。由于这三个振动响应量的均值为零，所以其统计特征值——方差等于均方值，此值可由其功率谱密度对频率积分求得。以车身加速度为例，其均方值 $\sigma_{\ddot{z}_2}^2$ 为

$$\sigma_{\ddot{z}_2}^2 = \int_0^\infty \left|\frac{\ddot{z}_2}{\dot{q}}\right|^2 G_{\dot{q}}(f)\,\mathrm{d}f \qquad (6\text{-}66)$$

式中，$\sigma_{\ddot{z}_2}$ 为车身加速度 $\ddot{z}_2$ 的标准差（等于均方根值）。

将式（6-12）表示的路面功率谱密度代入式（6-66），得

$$\sigma_{\ddot{z}_2}^2 = 4\pi^2 G_q(n_0) n_0^2 u \int_0^\infty \left|\frac{\ddot{z}_2}{\dot{q}}\right|^2 \mathrm{d}f \qquad (6\text{-}67)$$

由式（6-67）可以看出，当由系统参数确定的幅频特性 $|\ddot{z}_2/\dot{q}|$ 一定时，车身加速度的均方值 $\sigma_{\ddot{z}_2}^2$ 与路面不平度系数 $G_q(n_0)$ 以及车速 u 成正比。因此，不同路面不平度系数和车速下的均方值 $\sigma_{\ddot{z}_2}^2$ 可以按 $G_q(n_0)$ 和 u 数值变化的比例推算出。

图 6-29 所示为以图解的形式来表示的车身加速度均方值的计算过程。其中，图 6-29a 所示为按照表 6-3 中路面不平度系数的数据代入式（6-12）得到路面不平度速度功率谱密度 $G_{\dot{q}}(f)$，它是一水平线。图 6-29b 中的虚线是幅频特性 $|\ddot{z}_2/\dot{q}|$ 的平方，与幅频特性 $|\ddot{z}_2/\dot{q}|$ 相比，其平方的频率指数都乘 2，所以其渐近线斜率也乘 2，低频段渐近线斜率为 2:1，高频段渐近线斜率为 $-4:1$。实线为车身加速度的功率

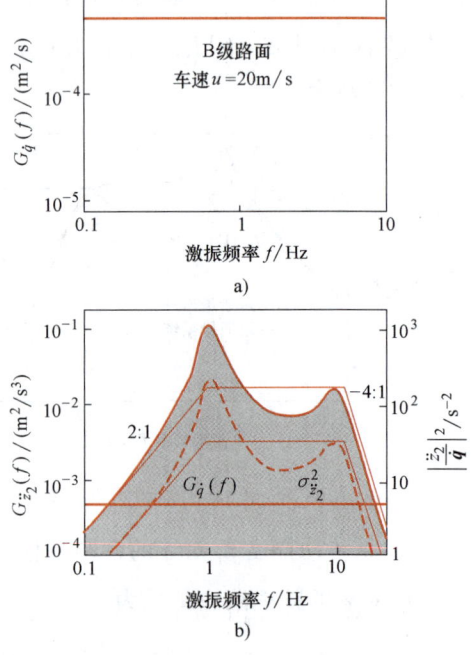

图 6-29　车身加速均方值 $\sigma_{\ddot{z}_2}^2$ 的计算过程

谱密度 $G_{\ddot{z}_2}(f)$，它与 $|\ddot{z}_2/\dot{q}|^2$ 曲线形状相同，只是平移了距离 $\lg G_{\dot{q}}(f)$。$G_{\ddot{z}_2}(f)$ 曲线下面的阴影面积等于车身加速度的均方值 $\sigma_{\ddot{z}_2}^2$。

式（6-67）中幅频特性的表达式相当复杂，一般难以用解析的方法直接进行积分，在工程上采用数值积分的方法。等间隔取 N 个离散频率值，频带宽度为 Δf，式（6-66）变为

$$\sigma_{\ddot{z}_2}^2 = \sum_{n=1}^{N} \left[G_{\dot{q}}(n\Delta f) \times \left| \frac{\ddot{z}_2}{\dot{q}}(n\Delta f) \right|^2 \Delta f \right] \quad (6-68)$$

$$(n = 1, 2, \cdots, N)$$

五、系统参数对振动响应均方根值的影响

为了分析双质量系统车身部分固有频率 f_0、阻尼比 ζ、刚度比 γ 和质量比 μ 这四个参数的变化对振动响应 $\ddot{z}_2$、f_d 和 F_d/G 均方根值的影响，采用上述数值积分的方法计算 B 级路面上，车速 $u = 20\text{m/s}$ 的情况下，三个响应量的均方根值，计算时频带宽度取 $\Delta f = 0.2\text{Hz}$，$N = 180$（计算上限频率为 36Hz）。

在分析四个系统参数中某一参数的影响时，将其基准数值增大 100%（+6dB）或减小 50%（-6dB），其余三个参数保持不变。分析时，系统参数取值见表 6-6。

表 6-6 分析时系统参数的取值

系统参数	f_0/Hz	ζ	μ	γ
基准值	1	0.25	10	9
+6dB	2	0.5	20	18
-6dB	0.5	0.125	5	4.5

1. 车身固有频率 f_0 的影响

图 6-30a~c 所示为 $f_0 = 0.5$、1、2Hz 三种不同值，而其他参数保持不变时，$\ddot{z}_2$、f_d、F_d/G 对 $\dot{q}$ 的幅频特性。根据式（6-62）、式（6-63），此时车轮部分固有频率 $f_t = 10f_0$，相应为 5、10、20Hz，而 $\zeta_t = 0.25$，为常数。

可以看出，随 f_0 值增大，$\ddot{z}_2$、F_d/G 对 $\dot{q}$ 的幅频特性沿斜率 1∶1 方向向右上方平移，而 f_d 对 $\dot{q}$ 的幅频特性沿斜率 -1∶1 方向向右下方平移。三个振动响应量的均方根值随 f_0 变化表示在图 6-30d 上。

f_0 以 1Hz 为基准 ±6dB，三个振动响应量的变化为 $\sigma_{\ddot{z}_2}{}_{-9.18}^{+8.97}$dB、$\sigma_{F_d/G}{}_{-8.89}^{+8.54}$dB、$\sigma_{f_d}{}_{+2.77}^{-3.00}$dB。$\sigma_{\ddot{z}_2}$、$\sigma_{F_d/G}$ 与 f_0 成正比变化，变化的幅度大于 f_0 的变化幅度；σ_{f_d} 与 f_0 成反比变化，变化幅度比 f_0 的变化幅度小。三个振动响应量对 f_0 的变化都是很敏感的。

2. 车身部分阻尼比 ζ 的影响

图 6-31a~c 所示为 $\zeta = 0.125$、0.25、0.5 三种不同值，其他参数 $f_0 = 1\text{Hz}$、$\mu = 10$、$\gamma = 9$ 均保持不变时，$\ddot{z}_2$、f_d、F_d/G 对 $\dot{q}$ 的幅频特性。此时，$f_t = 10\text{Hz}$、$\zeta_t = \zeta$。由图可见，随着阻尼比 ζ 增大，在低频共振区幅频特性 $|\ddot{z}_2/\dot{q}|$、$|F_d/G\dot{q}|$ 的峰值均下降；而在低频、高频两个共振区之间幅值都增大；在高频共振区 $|\ddot{z}_2/\dot{q}|$ 幅值变化很小，而 $|F_d/G\dot{q}|$ 幅值有明显下降；当 ζ 增大时，动挠度的幅频特性 $|f_d/\dot{q}|$ 在高、低两个共振区幅值均显著下降，在两个共振区之间变化很小。

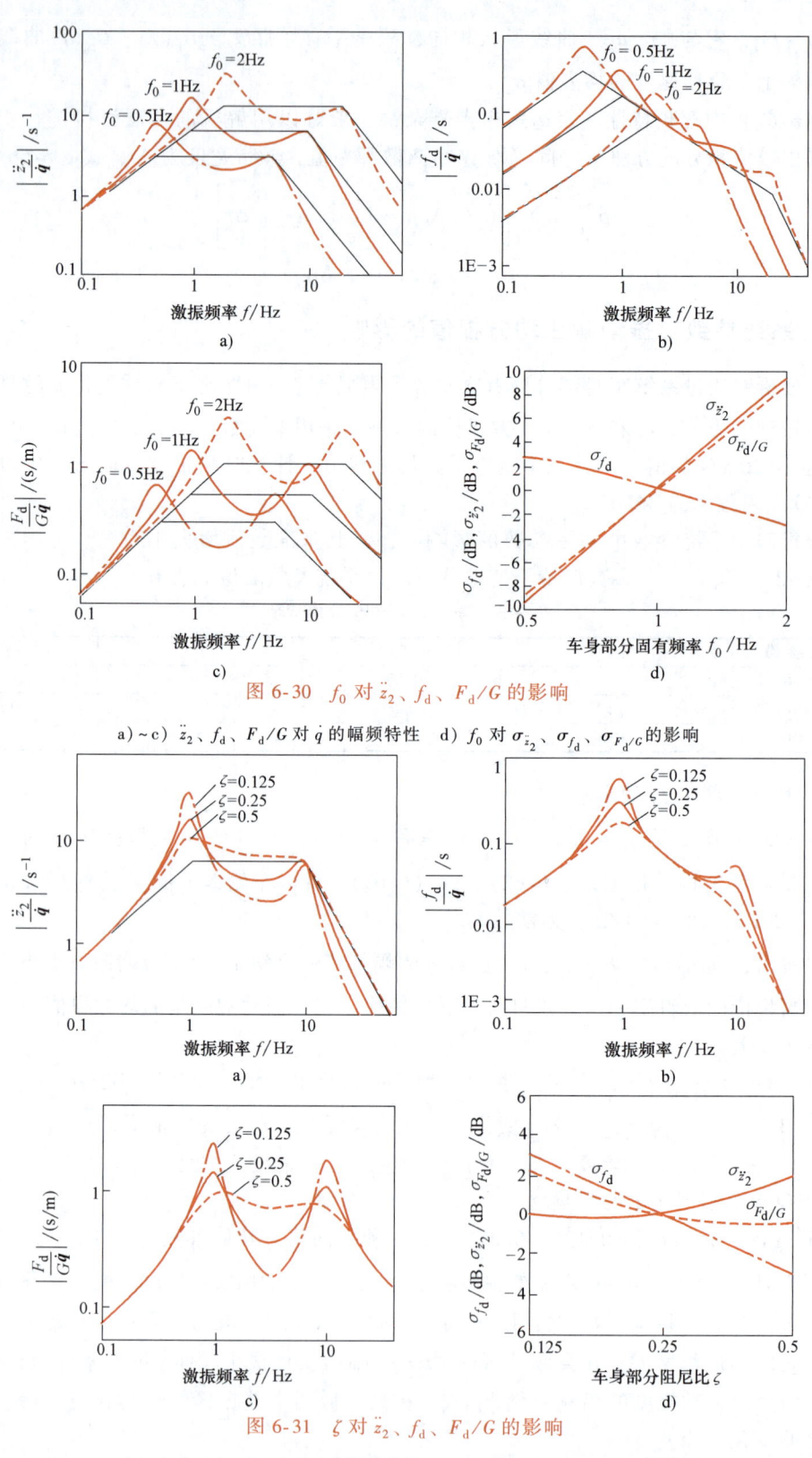

图 6-30 f_0 对 $\ddot{z}_2$、f_d、F_d/G 的影响

a)~c) $\ddot{z}_2$、f_d、F_d/G 对 $\dot{q}$ 的幅频特性　　d) f_0 对 $\sigma_{\ddot{z}_2}$、σ_{f_d}、$\sigma_{F_d/G}$ 的影响

图 6-31 ζ 对 $\ddot{z}_2$、f_d、F_d/G 的影响

a)~c) $\ddot{z}_2$、f_d、F_d/G 对 $\dot{q}$ 的幅频特性　　d) ζ 对 $\sigma_{\ddot{z}_2}$、σ_{f_d}、$\sigma_{F_d/G}$ 的影响

图 6-31d 所示为阻尼比对三个响应量均方根值的关系曲线。$\sigma_{\ddot{z}_2}$ 在 $\zeta = 0.15 \sim 0.2$ 之间有一最小值。平顺性要求 ζ 取较小值。$\sigma_{F_d/G}$ 在 $\zeta = 0.4$ 附近有最小值,行驶安全性要求 ζ 取较大值。阻尼比 ζ 增大主要使动挠度的均方根值 σ_{f_d} 有明显下降。

ζ 值以 0.25 为基准 ±6dB,三个响应量均方根值的变化为 $\sigma_{\ddot{z}_2} = ^{+1.77}_{-0.04}$dB、$\sigma_{F_d/G} = ^{-0.49}_{+2.16}$dB、$\sigma_{f_d} = \mp 3$dB。$\zeta$ 的变化对三个振动响应量都有较大影响。

3. 车身与车轮部分质量比 μ 的影响

图 6-32a~c 所示为 $\mu = 5、10、20$ 三种不同值,而其他参数 f_0、ζ、γ 均保持不变时,$\ddot{z}_2$、f_d、F_d/G 对 $\dot{q}$ 的幅频特性。当车身质量 m_2 一定时,μ 值改变相当于改变车轮部分质量 m_1,影响车轮部分系统 f_t 与 ζ_t 值。μ 增大,相当于 m_1 减小,由式(6-51)、式(6-52)可见,f_t 和 ζ_t 均提高,使三个响应量的幅频特性的高频共振峰向高频方向移动,而峰值下降。

由图 6-32d 中 μ 对三个均方根值的关系曲线可以看出,μ 增大,$\sigma_{\ddot{z}_2}$、σ_{f_d} 略有减小,主要是 $\sigma_{F_d/G}$ 变化较大。μ 以 10 为基准 ±6dB,三个响应量均方根值的变化为 $\sigma_{\ddot{z}_2} = ^{-0.09}_{+0.18}$dB、$\sigma_{f_d} = ^{-0.20}_{+0.88}$dB、$\sigma_{F_d/G} = ^{-1.59}_{+1.57}$dB。因此,减小车轮部分质量 m_1 对平顺性影响不大,主要影响行驶安全性。

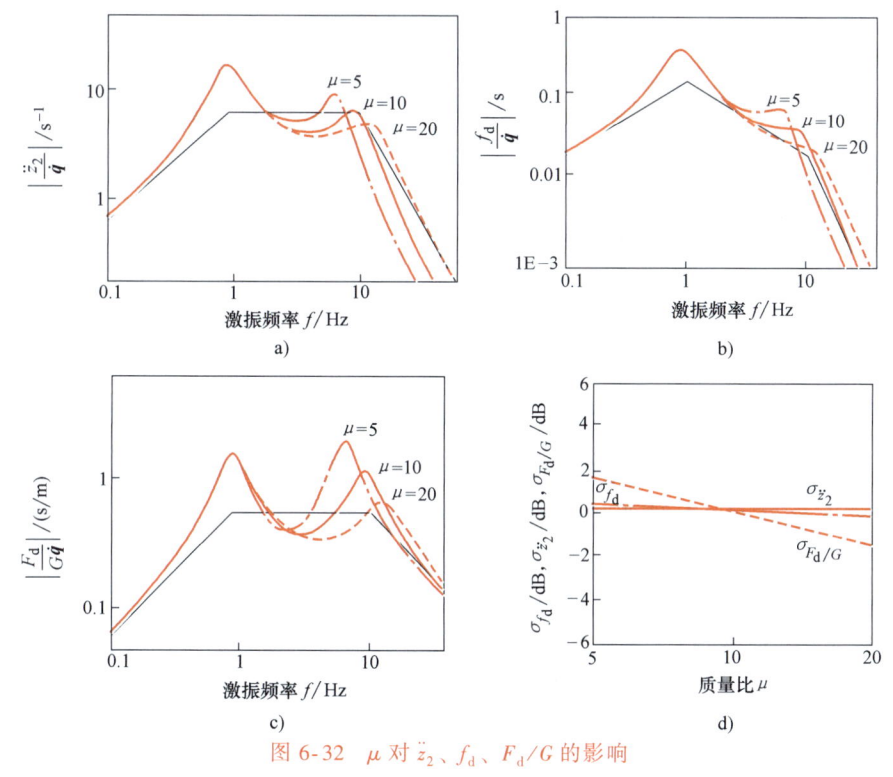

图 6-32 μ 对 $\ddot{z}_2$、f_d、F_d/G 的影响

a)~c) $\ddot{z}_2$、f_d、F_d/G 对 $\dot{q}$ 的幅频特性 d) μ 对 $\sigma_{\ddot{z}_2}$、σ_{f_d}、$\sigma_{F_d/G}$ 的影响

4. 悬架与轮胎的刚度比 γ 的影响

图 6-33a~c 所示为 $\gamma = 4.5、9、18$ 三种不同值,其他参数 f_0、ζ、μ 均保持不变时,$\ddot{z}_2$、f_d、F_d/G 对 $\dot{q}$ 的幅频特性。此时,γ 值增大相当于悬架刚度 K 不变而轮胎刚度 K_t 增大,从而使车轮部分系统参数 f_t 提高而 ζ_t 下降,使三个幅频特性高频共振峰向高频移动,而且峰

值提高，其中，$|F_d/G\dot{q}|$ 的变化最大，$|\ddot{z}_2/\dot{q}|$ 次之，$|f_d/\dot{q}|$ 变化很小。

由图 6-33d 三个均方根值与 γ 的关系曲线也可以看出，γ 对 $\sigma_{F_d/G}$ 影响最大。以 $\gamma=9$ 为基准±6dB，三个响应量均方根值的变化为 $\sigma_{\ddot{z}_2}=^{+2.22}_{-1.80}$dB、$\sigma_{F_d/G}=^{+5.30}_{-4.26}$dB、$\sigma_{f_d}=^{+0.05}_{-0.04}$dB。由此可以看出，采用软的轮胎对改善平顺性，尤其是提高车轮与地面间的附着性能有明显的好处。

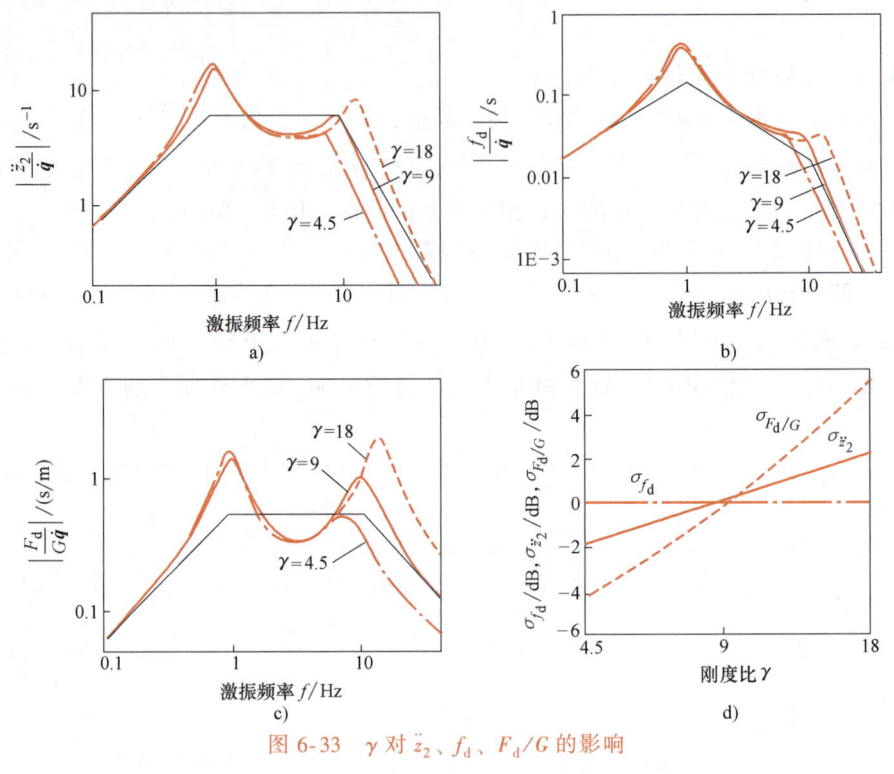

图 6-33 γ 对 $\ddot{z}_2$、f_d、F_d/G 的影响

a)~c) $\ddot{z}_2$、f_d、F_d/G 对 $\dot{q}$ 的幅频特性　d) γ 对 $\sigma_{\ddot{z}_2}$、σ_{f_d}、$\sigma_{F_d/G}$ 的影响

六、主动悬架与半主动悬架

图 6-21 所示的车身与车轮两个自由度振动系统，其悬架由弹簧和减振器组成。它们的特性参数为悬架刚度 K 和减振器阻尼系数 C。在一定路面输入下，可根据设计对平顺性指标 $\sigma_{\ddot{z}_2}$ 和行驶安全性指标 $\sigma_{F_d/G}$ 的综合要求建立目标函数，把弹簧动挠度指标 σ_{f_d} 作为约束条件，对系统参数进行优化选择。对于这种传统的悬架，上述元件的特性和参数在设计时一旦选定后无法更改，称为被动悬架。汽车在使用过程中，载荷、车速、路况等行驶状态会有较大变化，不同工况对平顺性和操纵稳定性要求的侧重点不同，悬架特性也要相应变化。例如，平顺性一般要求悬架较软；而在急转弯、紧急制动和加速、高速驾驶操纵时，行驶安全性又要求悬架较硬，以保持车身的姿态和轮胎的接地性。被动悬架则难以满足各种行驶状态下对悬架性能的较高要求。

20 世纪 60 年代以来开始研究由外部提供能源，采用液压伺服机构作为主动力发生器的主动悬架，如图 6-34 所示的车身与车轮两个自由度可控悬架模型。它将传感器测量系统运动状态信号输入电控单元，电控单元经过分析、判断后给力发生器发出指令，产生主动控制力，从而满足不同工况对悬架系统特性参数变化的要求。70 年代开始推出半主动悬架，它通过控制阀调节悬架刚度和减振器阻尼力，能耗很小，结构也比主动悬架相对简单。90年代以来，可以进行悬架刚度和阻尼有级调节以及车高调节的半主动悬架在高档轿车上的应用范围不断扩大，阻尼调节能在10~12ms内对道路和行驶状态做出反应。进入21世纪，采用磁流变的可调阻尼减振器，其反应时间进一步缩短到1ms，逐步做到实时动态调节，提供几乎连续变化、范围更宽的阻尼调节。

可控（主动与半主动）悬架按性能由低到高的分类如下：

（1）被动自适应悬架 可根据车速或制动、转向等行驶状态有级地切换刚度及阻尼的大小，以满足"舒适-平顺性""运动-行驶安全性"以及保持车身姿态的要求；但切换过程较慢，通常在30ms以上。其控制是准静态的。此时力的方向仍由悬架相对位移 (z_2-z_1) 和相对速度 ($\dot{z}_2-\dot{z}_1$) 的符号（正、负）决定。

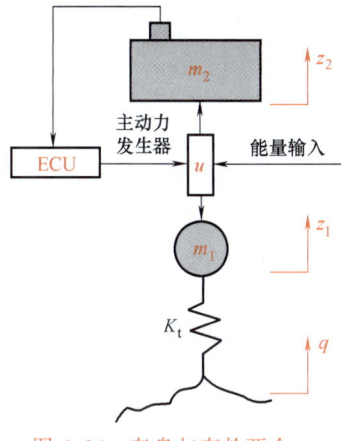

图6-34 车身与车轮两个自由度可控悬架模型

（2）半主动悬架 它比被动自适应悬架的切换速度快，通常在10ms以内，可在车辆每个振动周期内频繁地切换。图6-35所示为采用"空钩"（sky-hook）和"地钩"（ground-hook）控制的半主动悬架。在图6-35a所示理想模型中，"空钩"控制减振器的一端固定在虚拟的平衡位置上，另一端装在车身质量 m_1 上，其阻尼力的方向与车身质量运动方向相反，能有效地抑制车身质量的运动。在实际的汽车悬架（图6-35b）减振器装在车身与车轮质量之间。用等效模

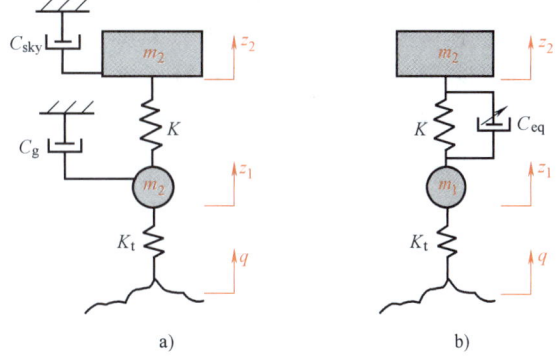

图6-35 采用"空钩"与"地钩"控制的半主动悬架模型
a) 理想模型 b) 实际等效模型

型进行"空钩"控制时，根据悬架的相对速度 ($\dot{z}_2-\dot{z}_1$) 和车身的绝对速度 ($\dot{z}_2$) 的符号来切换阻尼设置。两者符号相同时，阻尼力的方向和车身的运动方向相反，此时切换为硬阻尼设置，否则为软设置，这样可以等效地得到"空钩"控制的效果（"地钩"控制用来抑制车轮的运动，其原理类似，不再重复）。根据阻尼系数是开—关（on—off）切换还是连续可调，"空钩"控制半主动悬架又可分为以下两种：

1）开关式"空钩"控制可切换阻尼悬架。

当 $\dot{z}_2(\dot{z}_2-\dot{z}_1) \geq 0$，"on"状态，阻尼力为 $F = C_{on}(\dot{z}_2-\dot{z}_1)$

当 $\dot{z}_2(\dot{z}_2-\dot{z}_1) < 0$，"off"状态，阻尼力为 $F = 0$

式中，C_{on} 为 "on" 状态可切换阻尼减振器的阻尼系数。

2）连续可调阻尼半主动悬架。其阻尼大小不再局限在少数几条特性曲线的范围，而是调整到特性场一定范围中的每一点。

当 $\dot{z}_2(\dot{z}_2-\dot{z}_1) \geq 0$，阻尼力为

$$F = C_{sky}\dot{z}_2$$

式中，C_{sky} 为"空钩"控制减振器的阻尼系数。

C_{eq} 为连续可调阻尼减振器的等效阻尼系数。C_{eq} 和 C_{sky} 的关系为

$$C_{sky}\dot{z}_2 = C_{eq}(\dot{z}_2 - \dot{z}_1)$$

$$C_{eq} = C_{sky}\dot{z}_2/(\dot{z}_2 - \dot{z}_1)$$

当 $(\dot{z}_2 - \dot{z}_1)$ 趋于 0 时,等效阻尼系数 C_{eq} 趋于无穷,另外 C_{eq} 也不可能为 0,所以它只能在一定范围内调节。

当 $\dot{z}_2(\dot{z}_2 - \dot{z}_1) < 0$ 时,阻尼力 $F = 0$。

(3) 主动悬架 车身与车轮之间的力和车身与车轮之间的相对运动独立。主动悬架又分为慢主动悬架和全主动悬架。

1) 慢主动悬架。通常作动器与一个弹簧串联(如液气弹簧),再与一个减振器并联。此系统在 5~6Hz 以下可实现有限带宽主动控制,高于此频率则控制阀不再响应,恢复为被动悬架,因为被动悬架在高频时隔振效果比较好。

2) 全主动悬架。作动器带宽一般至少覆盖 0~15Hz,能有效跟踪力控制信号。为了减少能量消耗,一般作动器与一个承受车身静载的弹簧并联。

上述可控(主动与半主动)悬架与被动悬架比较,其主要差别是作用在车身和车轮之间的力不再单纯取决于悬架相对位移 $(z_2 - z_1)$ 和相对速度 $(\dot{z}_2 - \dot{z}_1)$ 单一的特性。下面将简化的车身与车轮两个自由度振动系统主动悬架的频响特性和控制效果与被动悬架进行对比,在分析中不考虑控制系统的反应时间。

1. 运动方程

图 6-34 所示的车身与车轮两个自由度主动悬架的运动方程为

$$\left.\begin{aligned} m_2\ddot{z}_2 &= u \\ m_1\ddot{z}_1 + K_t(z_1 - q) &= -u \end{aligned}\right\} \quad (6\text{-}69)$$

式中,u 为主动控制力,它可根据控制策略选择系统运动状态变量 z_1、z_2、$\dot{z}_1$、$\dot{z}_2$ 的各种线性组合。

作为一个例子,在此 u 的表达式选择如下:

$$u = -[l_1(z_2 - z_1) + l_2\dot{z}_1 + l_3\dot{z}_2]$$

式中,l_1、l_2、l_3 为根据优化得到的反馈系数。

将 u 代入运动方程,式 (6-69) 改写成

$$\left.\begin{aligned} m_2\ddot{z}_2 + [l_1(z_2 - z_1) + l_2\dot{z}_1 + l_3\dot{z}_2] &= 0 \\ m_1\ddot{z}_1 + K_t(z_1 - q) - [l_1(z_2 - z_1) + l_2\dot{z}_1 + l_3\dot{z}_2] &= 0 \end{aligned}\right\} \quad (6\text{-}70)$$

可以看出,l_1 相当于悬架刚度 K,而 l_2、l_3 分别相当于与车轮质量 m_1 以及车身质量 m_2 运动方向相反的"地钩"和"空钩"阻尼的阻尼系数,但因为主动控制力 u 是通过质量 m_2、m_1 之间的液压缸产生的,故 u 对 m_2、m_1 的作用始终大小相等、方向相反。在此处,"地钩"和"空钩"阻尼的阻尼系数产生的阻尼力不能理想地单纯作用在 m_2、m_1 上,因此 l_2、l_3 是实际的"地钩"和"空钩"阻尼的阻尼系数。

下面求可控悬架系统的频率响应函数。将有关各复振幅代入式 (6-70),得

$$z_2(-\omega^2 m_2 + j\omega l_3 + l_1) = z_1(-j\omega l_2 + l_1) \quad (6\text{-}71)$$

$$z_1(-\omega^2 m_1 - j\omega l_2 + l_1 + K_t) = z_2(j\omega l_3 + l_1) + K_t q \quad (6\text{-}72)$$

令 $B_1 = -\omega^2 m_2 + j\omega l_3 + l_1$, $B_2 = -j\omega l_2 + l_1$, $B_3 = -\omega^2 m_1 - j\omega l_2 + l_1 + K_t$, $B_4 = j\omega l_3 + l_1$, 由式 (6-71) 和式 (6-72) 可得

$$\frac{z_1}{q} = \frac{B_1 K_t}{B_1 B_3 - B_2 B_4}, \quad \frac{z_2}{q} = \frac{B_2 K_t}{B_1 B_3 - B_2 B_4}, \quad \frac{z_2}{z_1} = \frac{B_2}{B_1} \tag{6-73}$$

进一步导出 $\ddot{z}_2$、f_d、F_d/G 对 $\dot{q}$ 的幅频特性为

$$\left|\frac{\ddot{z}_2}{\dot{q}}\right| = \omega \left|\frac{B_2 K_t}{B_1 B_3 - B_2 B_4}\right|$$

$$\left|\frac{f_d}{\dot{q}}\right| = \frac{1}{\omega} \left|\frac{(B_2 - B_1) K_t}{B_1 B_3 - B_2 B_4}\right|$$

$$\left|\frac{F_d}{G\dot{q}}\right| = \frac{1}{\omega} \left|\frac{B_1 K_t}{B_1 B_3 - B_2 B_4} - 1\right| \frac{K_t}{(m_1 + m_2)g} \tag{6-74}$$

2. 主动悬架系统的传递特性与控制效果

根据上述运动方程，可以得出主动控制力 u 采用各种不同控制策略时系统的传递特性。图 6-36 所示为式 (6-70) 所表示的主动悬架与被动悬架系统各环节传递特性。图中，被动悬架系统的参数为 $m_1 = 24\text{kg}$、$m_2 = 240\text{kg}$、$K = 9475\text{N/m}$、$K_t = 85270\text{N/m}$、$C = 754\text{N·s/m}$；相应车身、车轮部分系统的参数为 $f_0 = 1\text{Hz}$、$f_t = 10\text{Hz}$、$\zeta = \zeta_t = 0.25$。主动悬架采用式 (6-70) 进行控制，其中反馈系数的选择为 $l_1 = 7592\text{N/m}$、$l_2 = -481\text{N·s/m}$、$l_3 = 1916\text{N·s/m}$。此时相当振动系统的参数调整为 $f_0 = 0.8752\text{Hz}$、$f_t = 9.7035\text{Hz}$、$\zeta = 0.6787$、$\gamma = K_t/K = 11.2321$、$\mu = 10$、$\zeta_t = 0.1688$。

由图 6-36 可以看出，主动控制主要改善"车身-车轮"$|z_2/z_1|$ 这一环节在共振和高频区的传递特性，"车轮-路面"$|z_1/q|$ 这一环节主动悬架在 f_t 附近高频共振区的共振峰比被动悬架反而高了，这与反馈系数的选择有关。

图 6-37 所示为主动悬架与被动悬架 $\ddot{z}_2$、f_d、F_d/G 对 $\dot{q}$ 的幅频特性。主动悬架主要是在 f_0 附近低频共振区时，$\ddot{z}_2$、F_d/G 对 $\dot{q}$ 的幅频特性峰值有所降低，f_d 对 $\dot{q}$ 的幅频特性也略有改善；但在 f_t 附近高频共振区与被动悬架比较，则 $\ddot{z}_2$ 没有变化，f_d、F_d/G 对 $\dot{q}$ 的幅频特性峰值都略有增大。f_d 对 $\dot{q}$ 的幅频特性在激振频率很低时保持较大的值，从式 (6-65) 可以看出，被动悬架在激振频率 ω 趋于 0 时，f_d 对 $\dot{q}$ 的幅频特性也趋于 0；而由式 (6-74) 可以证明，可控悬架 f_d 对 $\dot{q}$ 的幅频特性趋于 $(l_2 + l_3)/l_1$。这是因为车身和车轮质量分别作用"空钩"和"地钩"阻尼 l_2 和 l_3 造成的结果。虽然 ω 趋于 0 时，由式 (6-73) 可以看出 z_2 对 z_1 的幅频特性趋于 1，但 z_2 和 z_1 的相位不同，因此 f_d 不趋于 0。

图 6-38 所示为主动悬架反馈系数 l_1、l_2、l_3 的变化对三个振动响应量 $\sigma_{\ddot{z}_2}$、$\sigma_{F_d/G}$、σ_{f_d} 的影响。l_1 相当于悬架刚度 K，与图 6-30d 所示的被动悬架车身固有频率 f_0 的变化比较，l_1 增大与 K 增大一样，都使 $\sigma_{\ddot{z}_2}$ 增大，σ_{f_d} 减小；而对于 $\sigma_{F_d/G}$，被动悬架使其增大、主动悬架使其略有下降。l_2、l_3 分别是作用于车轮质量 m_1 以及车身质量 m_2 的"地钩"和"空钩"阻尼的阻尼系数。与图 6-31d 所示被动悬架阻尼比 $\zeta = \zeta_t$ 的变化比较，$\zeta = \zeta_t$ 增大，使 $\sigma_{\ddot{z}_2}$ 增大，$\sigma_{F_d/G}$ 开始减小后减缓，σ_{f_d} 明显减小；"地钩"阻尼系数 l_2 增大，使 $\sigma_{\ddot{z}_2}$ 增大，$\sigma_{F_d/G}$ 和 σ_{f_d} 都减小；"空钩"阻尼系数 l_3 增大，使 $\sigma_{\ddot{z}_2}$ 减小，$\sigma_{F_d/G}$ 略有增大，σ_{f_d} 增大。

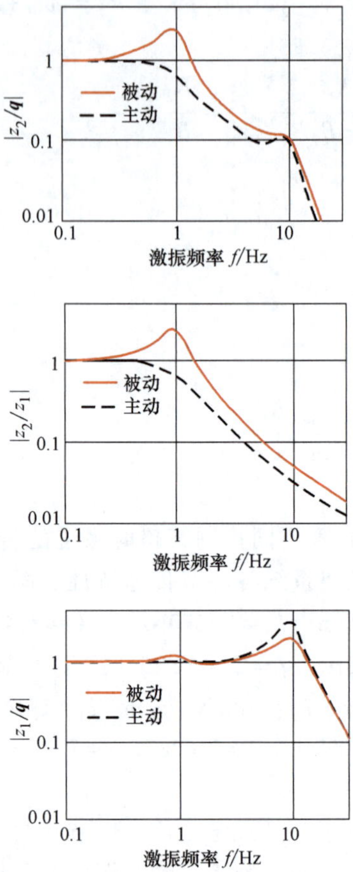

图 6-36 主动悬架与被动悬架系统各环节传递特性

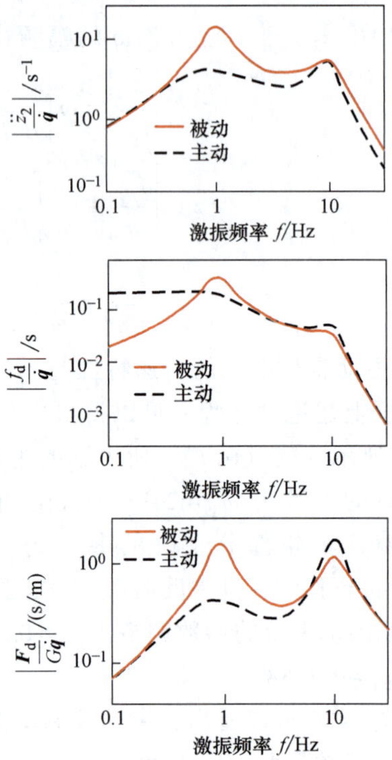

图 6-37 主动悬架与被动悬架 $\ddot{z}_2$、f_d、F_d/G 对 $\dot{q}$ 的幅频特性

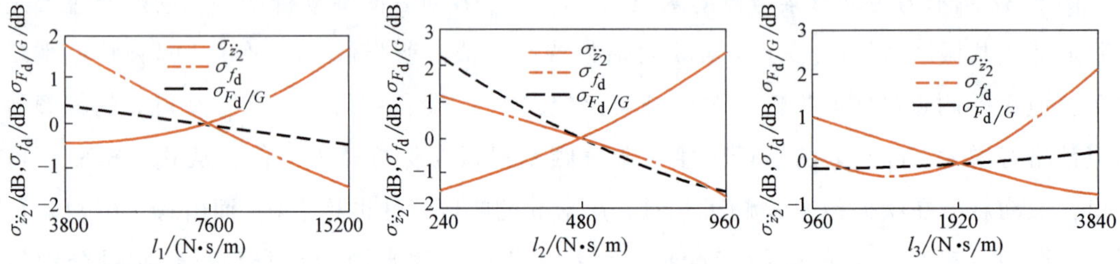

图 6-38 主动悬架反馈系数 l_1、l_2、l_3 对三个振动响应量 $\sigma_{\ddot{z}_2}$、$\sigma_{F_d/G}$、σ_{f_d} 的影响

主动控制力 u 还可以采用某些特殊表达形式，图 6-39 列举了"空钩"控制与被动悬架传递特性。"空钩"控制策略的特点是主动控制力 u 只对车身质量 m_2 产生与其运动方向相反的阻尼力 $l_3 \dot{z}_2$，相当于减振器一端装在车身质量 m_2 上，另一端连接在理想的惯性空间的静止点上。它可以有效抑制车身质量 m_2 的运动，但实际上产生主动控制力 u 液压缸的另一端还得装在车轮质量 m_1 上，因而反作用力 $l_3 \dot{z}_2$ 对车轮质量 m_1 的运动往往不利。

其运动方程为

$$\left. \begin{array}{l} m_2 \ddot{z}_2 + l_1(z_2 - z_1) + l_3 \dot{z}_2 = 0 \\ m_1 \ddot{z}_1 + K_t(z_1 - q) - l_1(z_2 - z_1) - l_3 \dot{z}_2 = 0 \end{array} \right\} \quad (6\text{-}75)$$

"空钩"控制反馈系数选择为

$$l_1 = K = 9475\text{N/m}, \quad l_2 = 0, \quad l_3 = 11035\text{N}\cdot\text{s/m}$$

相当振动系统的参数调整为

$f_0 = 6.6718\text{Hz}$,$f_t = 9.8296\text{Hz}$,$\zeta = 1$,$\zeta_t = 0.0258$,$\gamma = K_t/K = 9$,$\mu = 10$

图 6-39 所示为"空钩"控制与被动悬架各环节传递特性,可以看出"空钩"控制进一步改善了"车身-车轮"$|z_2/z_1|$这一环节在共振和高频区的传递特性,但"车轮-路面"$|z_1/q|$这一环节"空钩"控制在f_t附近高频共振区由于车轮部分系统阻尼比$\zeta_t = 0.0252$,非常小,所以出现突出的共振峰。实际应用时,反馈系数的选择要兼顾上面两个环节,这里只是为了突出说明"空钩"控制的特点。

图 6-40 所示为"空钩"控制与被动悬架$\ddot{z}_2$、f_d、F_d/G对$\dot{q}$的幅频特性,实际"空钩"控制在低频范围时,$\ddot{z}_2$对$\dot{q}$的幅频特性幅值有明显降低,F_d/G次之,f_d对$\dot{q}$的幅频特性随频率降低而增大。图 6-41 所示为"空钩"控制时反馈系数l_3的变化对三个振动响应量$\sigma_{\ddot{z}_2}$、$\sigma_{F_d/G}$、σ_{f_d}的影响。由图可以看出,l_3增大可使$\sigma_{\ddot{z}_2}$减小,$\sigma_{F_d/G}$变化较小,但σ_{f_d}增大。

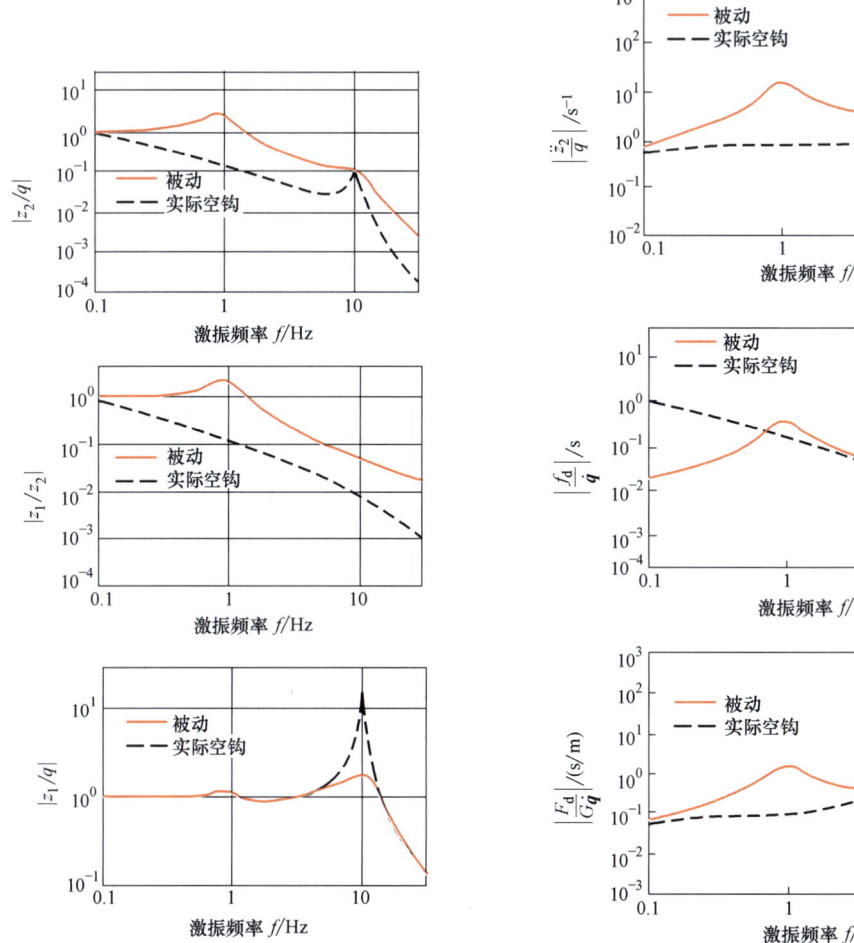

图 6-39 "空钩"控制与被动悬架传递特性

图 6-40 "空钩"控制与被动悬架$\ddot{z}_2$、f_d、F_d/G对$\dot{q}$的幅频特性

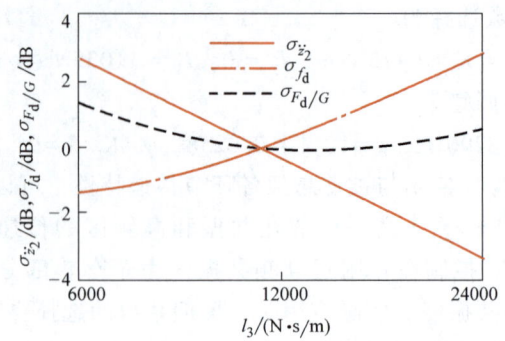

图 6-41 "空钩"控制时反馈系数 l_3 的变化对三个振动响应量 $\sigma_{\ddot{z}_2}$、$\sigma_{F_d/G}$、σ_{f_d} 的影响

第五节　双轴汽车的振动

前面两节讨论的单质量和双质量系统都是双轴汽车的局部系统,只分析了单轮输入下车身的垂直振动,现在进一步讨论汽车垂直和俯仰两个自由度振动或汽车纵轴上任一点的垂直振动时,要采用前、后车轮有两个路面输入的双轴汽车模型。

一、振型分析

在分析车身振动时,对图 6-12 所示简化的双轴汽车平面模型进一步忽略车轮部分质量与轮胎刚度的影响,变为图 6-42 所示的车身振动模型。

图 6-42a 中,m_{2f}、m_{2r}、m_{2c} 为按式(6-22)计算的动力学等效的三个集中质量,选用质心处的垂直位移 z_c 和俯仰角 φ,以及前、后轴上方垂直位移 z_{2f}、z_{2r} 两组坐标来描述车身运动(用下标 f 表示前端,下标 r 表示后端)。

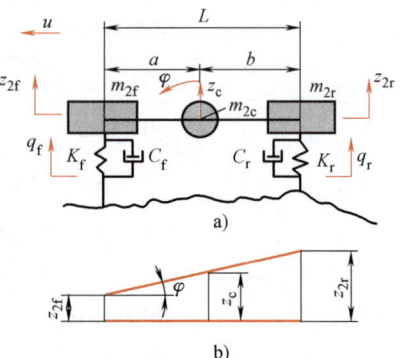

图 6-42　车身振动模型

由图 6-42b 可以看出,坐标 z_{2f}、z_{2r} 与 z_c、φ 有以下关系:

$$z_{2f} = z_c - a\tan\varphi \approx z_c - a\varphi$$
$$z_{2r} = z_c + b\tan\varphi \approx z_c + b\varphi$$

以及

$$\left.\begin{array}{l}\varphi = (z_{2r} - z_{2f})/L \\ z_c = z_{2f} + a\varphi = z_{2f} + a(z_{2r} - z_{2f})/L = (z_{2r}a + z_{2f}b)/L\end{array}\right\}$$
(6-75a)

可以看出,φ 的大小与 z_{2r}、z_{2f} 的幅值以及 z_{2r} 与 z_{2f} 之间的相位差有关,相位差为 180° 时,φ 最大,φ 角还与轴距 L 成反比;z_c 当 z_{2f}、z_{2r} 同相位时为最大。

1. 采用 z_{2f}、z_{2r} 坐标系时的无阻尼自由振动运动方程

对前、后端取力矩平衡,得

$$\left.\begin{array}{l}m_{2f}\ddot{z}_{2f} + m_{2c}b(\ddot{z}_{2r}a + \ddot{z}_{2f}b)/L^2 + K_f z_{2f} = 0 \\ m_{2r}\ddot{z}_{2r} + m_{2c}a(\ddot{z}_{2r}a + \ddot{z}_{2f}b)/L^2 + K_r z_{2r} = 0\end{array}\right\} \quad (6\text{-}76)$$

当只有 z_{2f} 运动，$z_{2r}=0$ 时，或只有 z_{2r} 运动，$z_{2f}=0$ 时，前、后端部分系统两个固有圆频率为

$$\omega_{0f}^2 = \frac{K_f L^2}{m_2(\rho_y^2 + b^2)}$$

$$\omega_{0r}^2 = \frac{K_r L^2}{m_2(\rho_y^2 + a^2)}$$

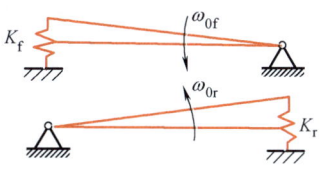

图 6-43 前、后端部分系统的振型

相应两个振型如图 6-43 所示。

由式（6-76）运动方程，得到两个主频率为

$$\Omega_{1,2}^2 = \frac{1}{2(1-\beta_1\beta_2)}[\omega_{0f}^2 + \omega_{0r}^2 \mp \sqrt{(\omega_{0f}^2 - \omega_{0r}^2)^2 + 4\beta_1\beta_2\omega_{0f}^2\omega_{0r}^2}] \quad (6\text{-}77)$$

式中

$$\beta_1 = \frac{(1-\varepsilon)\dfrac{a}{L}}{\dfrac{b}{L} + \varepsilon\dfrac{a}{L}} \quad (6\text{-}78)$$

$$\beta_2 = \frac{(1-\varepsilon)\dfrac{b}{L}}{\dfrac{a}{L} + \varepsilon\dfrac{b}{L}} \quad (6\text{-}79)$$

相应于两个主频率 Ω_1、Ω_2，车身有两个主振型，如图 6-44 所示。一个振型的结点在轴距之内，称为<u>角振动型</u>，相应的主频率以 Ω_φ 表示。另一个结点在轴距之外，称为<u>垂直振动型</u>，主频率以 Ω_z 表示。两个振型的结点还分别位于质心的两侧。

当悬挂质量分配系数 $\varepsilon=1$ 时，由式（6-22）可知，此时 $m_{2c}=0$，运动方程式（6-76）中，z_{2f} 与 z_{2r} 不耦合，结点位于 z_{2f} 与 z_{2r} 处。由式（6-78）、式（6-79）还可以看出，$\varepsilon=1$ 时，$\beta_1=\beta_2=0$。主频率与前、后端部分频率相等，即 $\Omega_1=\omega_{0f}$；$\Omega_2=\omega_{0r}$，此时主振型与前、后部分系统振型相同。汽车大部分 ε 在 0.8~1.2 范围，比较接近 1，此时主频率和部分系统固有频率的数值相差不多。

2. 采用 z_c、φ 坐标系时的无阻尼自由振动运动方程

由垂直方向力的平衡和绕质心的力矩平衡，得

$$\left.\begin{array}{l}m_2\ddot{z}_c + (K_f + K_r)z_c + (K_r b - K_f a)\varphi = 0 \\ m_2\rho_y^2\ddot{\varphi} + (K_f a^2 + K_r b^2)\varphi + (K_r b - K_f a)z_c = 0\end{array}\right\} \quad (6\text{-}80)$$

垂直和角振动两个部分系统固有圆频率为

$$\omega_z^2 = \frac{K_f + K_r}{m_2} \quad (6\text{-}81)$$

$$\omega_\varphi^2 = \frac{K_f a^2 + K_r b^2}{m_2 \rho_y^2} \quad (6\text{-}82)$$

相应两个振型如图 6-45 所示。

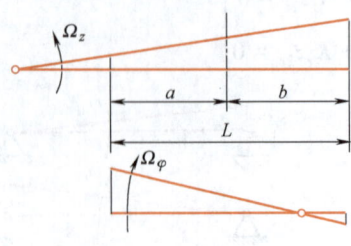
图 6-44 车身振动的主振型

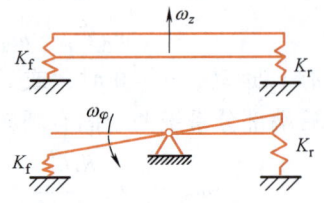
图 6-45 垂直和角振动部分系统的振型

由式（6-80）运动方程，同样可以得到两个主频率为

$$\Omega_{1,2}^2 = \frac{1}{2}[\omega_z^2 + \omega_\varphi^2 \mp \sqrt{(\omega_z^2 - \omega_\varphi^2)^2 + 4\eta_1\eta_2}] \quad (6\text{-}83)$$

式中

$$\left.\begin{array}{l} \eta_1 = \dfrac{K_r b - K_f a}{m_2} \\ \eta_2 = \eta_1/\rho_y^2 \end{array}\right\} \quad (6\text{-}84)$$

将复振幅 $z_c = z_{c0}e^{j\omega t}$、$\varphi = \varphi_0 e^{j\omega t}$ 代入式（6-80），得

$$(\omega_z^2 - \Omega^2)z_{c0} + \eta_1\varphi_0 = 0$$

$$\eta_2 z_{c0} + (\omega_\varphi^2 - \Omega^2)\varphi_0 = 0$$

由此可以根据主频率 Ω_1、Ω_2 确定垂直和角振动两个振型振幅 z_{c0} 与 φ_0 的比值为

$$\left(\frac{z_{c0}}{\varphi_0}\right)_1 = \frac{\eta_1}{\Omega_1^2 - \omega_z^2} = \frac{\Omega_1^2 - \omega_\varphi^2}{\eta_2}$$

$$\left(\frac{z_{c0}}{\varphi_0}\right)_2 = \frac{\eta_1}{\Omega_2^2 - \omega_z^2} = \frac{\Omega_2^2 - \omega_\varphi^2}{\eta_2}$$

由振幅比 z_{c0}/φ_0 可以求出两个振型结点（振动中心）到质心的距离。当振幅比 z_{c0}/φ_0 为正值时，结点在质心前；当 z_{c0}/φ_0 为负值时，结点在质心后。

由式（6-84）可以看出，$K_r b - K_f a = 0$ 时，$\eta_2 = \eta_1 = 0$，主频率与部分系统固有圆频率相等，即 $\Omega_z = \omega_z$，$\Omega_\varphi = \omega_\varphi$。由运动方程式（6-80）可以看出，此时 z_c 与 φ 不耦合，主振型与垂直和角振动两个部分系统振型相同。

当 $K_r b - K_f a \neq 0$ 时，Ω_φ 与 ω_φ 接近，Ω_z 与 ω_z 接近。若振动系统参数适当匹配，使 $\omega_\varphi < \omega_z$，则可以保证 $\Omega_\varphi < \Omega_z$，这就使车身产生俯仰角共振的角加速度分量比较小。

在第一节中已指出，在 3Hz 以下，人对水平方向的振动比垂直方向更为敏感。由于俯仰角振动会引起纵向水平振动，因此为了改善平顺性，应尽量减小俯仰角加速度。

【例题2】 对于图6-42所示双轴汽车车身振动模型，设车身质量 $m_2 = 1520\text{kg}$，前悬架刚度 $K_f = 44000\text{N/m}$，后悬架刚度 $K_r = 32000\text{N/m}$，悬挂质量分配系数 $\varepsilon = 1.2$，轴距 $L = 2.4\text{m}$，质心到前、后轴的距离 $a = 1.1\text{m}$，$b = 1.3\text{m}$。试求：车身垂直振动和俯仰角振动两个主振型的主频率 Ω_1、Ω_2 及两个振型结点（振动中心）到质心的距离。

解： $\rho_y^2 = \varepsilon ab = 1.2 \times 1.1\text{m} \times 1.3\text{m} = 1.716\text{m}^2$

$$\omega_z^2 = \frac{K_f + K_r}{m_2} = \frac{44000\text{N/m} + 32000\text{N/m}}{1520\text{kg}} = 50(\text{rad/s})^2$$

$\omega_z = 7.07\text{rad/s}, f_z = 1.13\text{Hz}$

$$\omega_\varphi^2 = \frac{K_f a^2 + K_r b^2}{m_2 \rho_y^2} = \frac{44000\text{N/m} \times 1.21\text{m}^2 + 32000\text{N/m} \times 1.69\text{m}^2}{1520\text{kg} \times 1.716\text{m}^2}$$

$\qquad = 41.14(\text{rad/s})^2$

$\omega_\varphi = 6.41\text{rad/s}, f_\varphi = 1.02\text{Hz}$

$$\eta_1 = \frac{K_r b - K_f a}{m_2} = \frac{32000\text{N/m} \times 1.3\text{m} - 44000\text{N/m} \times 1.1\text{m}}{1520\text{kg}} = -4.47\text{m}(\text{rad/s})^2$$

$$\eta_2 = \frac{\eta_1}{\rho_y^2} = \frac{-4.47\text{m}(\text{rad/s})^2}{1.716\text{m}^2} = -2.605(\text{rad/s})^2/\text{m}$$

$\eta_1 \eta_2 = 11.65(\text{rad/s})^4$

$$\Omega_1^2 = \frac{1}{2}[\omega_z^2 + \omega_\varphi^2 - \sqrt{(\omega_z^2 - \omega_\varphi^2)^2 + 4\eta_1 \eta_2}]$$

$\qquad = \frac{1}{2} \times \{50(\text{rad/s})^2 + 41.14(\text{rad/s})^2 - \sqrt{[50(\text{rad/s})^2 - 41.14(\text{rad/s})^2]^2 + 4 \times 11.65(\text{rad/s})^4}\}$

$\qquad = 39.98(\text{rad/s})^2$

$$\Omega_2^2 = \frac{1}{2}[\omega_z^2 + \omega_\varphi^2 + \sqrt{(\omega_z^2 - \omega_\varphi^2)^2 + 4\eta_1 \eta_2}]$$

$\qquad = \frac{1}{2} \times \{50(\text{rad/s})^2 + 41.14(\text{rad/s})^2 + \sqrt{[50(\text{rad/s})^2 - 41.14(\text{rad/s})^2]^2 + 4 \times 11.65(\text{rad/s})^4}\} =$

$\qquad 51.16(\text{rad/s})^2$

$\Omega_1 = 6.32\text{rad/s}, \ f_1 = 1.01\text{Hz}$

$\Omega_2 = 7.15\text{rad/s}, \ f_2 = 1.14\text{Hz}$

$$\left(\frac{z_{c0}}{\varphi_0}\right)_1 = \frac{\eta_1}{\Omega_1^2 - \omega_z^2} = \frac{-4.47\text{m}(\text{rad/s})^2}{39.98(\text{rad/s})^2 - 50(\text{rad/s})^2} = 0.45\text{m/rad}$$

$$\left(\frac{z_{c0}}{\varphi_0}\right)_2 = \frac{\eta_1}{\Omega_2^2 - \omega_z^2} = \frac{-4.47\text{m}(\text{rad/s})^2}{51.16(\text{rad/s})^2 - 50(\text{rad/s})^2} = -3.85\text{m/rad}$$

振型节点的位置可以通过一个小角度的正切近似等于这个角度来确定，因此有：

主频率 $f_1 = 1.01\text{Hz}$ 的振型结点在质心前面 0.45m，在轴距之内为角振动型。

主频率 $f_2 = 1.14\text{Hz}$ 的振型结点在质心后面 3.85m，在轴距之外为垂直振动型。

二、使 $\omega_\varphi < \omega_z$，减小俯仰角加速度

1. 悬架质量分配系数 $\varepsilon > 1$

$\varepsilon = \rho_y^2/(ab)$，在设计上使车身绕质心的回转半径 ρ_y 加大，或使 ab 减小，都可使 ε 加大。当 $\varepsilon > 1$ 时，可以使 $\omega_\varphi < \omega_z$。

为了说明简单，设 $a=b$，代入式（6-82），则得

$$\omega_\varphi = \sqrt{\frac{ab(K_f + K_r)}{\rho_y^2 m_2}} = \sqrt{\frac{K_f + K_r}{m_2 \varepsilon}}$$

由式（6-81）得

$$\omega_z = \sqrt{\frac{K_f + K_r}{m_2}}$$

将 ω_z 的公式代入 ω_φ 的公式，得

$$\omega_z^2 / \omega_\varphi^2 = \varepsilon$$

因此，当 $\varepsilon > 1$ 时，$\omega_\varphi < \omega_z$。

实际上，多数汽车 $\varepsilon < 1$，尤其是轻型小轿车的车身布置，要达到 $\varepsilon > 1$ 是相当困难的，因为这种汽车要求十分紧凑，所以回转半径 ρ_y 比较小，只能通过减小轴距 L 来达到。但车身布置又要求有足够大的乘坐空间，轴距降不下来。而且在下面讨论轴距对俯仰角振动的影响时还会看到，轴距减小会使俯仰角振动加剧，所以轴距不宜减小。

2. 前、后悬架的"交联"

使 $\omega_\varphi < \omega_z$ 的另一个方法是采用前、后悬架的"交联"。其示意图如图 6-46 所示。图中弹簧 K_f''、K_r'' 由一根与车身铰接的无质量杠杆连接起来，它们只是在车身垂直振动时才受力，并与弹簧 K_f'、K_r' 并联，总的弹簧刚度仍然是

$$\left.\begin{array}{l} K_f = K_f' + K_f'' \\ K_r = K_r' + K_r'' \end{array}\right\} \quad (6\text{-}85)$$

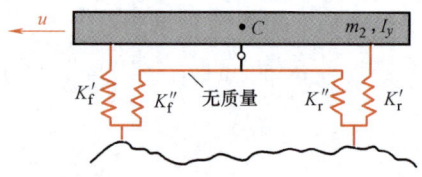

图 6-46 "交联"悬架的示意图

垂直振动的固有圆频率和前面式（6-81）一样，仍为

$$\omega_z^2 = (K_f + K_r)/m_2$$

在俯仰角振动时，K_f''、K_r'' 不起作用，俯仰角振动的固有圆频率减小为

$$\omega_\varphi^2 = \frac{K_f' a^2 + K_r' b^2}{m_2 \rho_y^2}$$

适当选择弹簧刚度的比值 K_f'/K_f''、K_r'/K_r''，就可以使 $\omega_\varphi < \omega_z$。

三、计算前、后轮双输入系统振动响应时的单轮输入折算幅频特性

在分析前、后双轮输入系统在路面输入下的随机振动响应时，引入单轮输入折算幅频特性，就可以用式（6-36）表示的单轮输入系统随机振动功率谱密度传递的公式进行计算。这样做可以使分析工作简单、清晰，便于讨论有关参数对振动响应的影响。

在引入单轮输入折算幅频特性时，采用图 6-47 所示悬挂质量分配系数 $\varepsilon = 1$ 特殊情况下的双轴汽车等效振动系统。它是用长度等于 L 的无质量杠杆将两个"车身-车轮"双质量系统连接而成的。

车身前、后局部系统的频率响应函数 z_{2f}/q_f、z_{2r}/q_r 在上一节已分析过，如式（6-59）所示。

图 6-47 中，车身上任一点 P 离开前轴的距离为 l（P 点位于前轴后面时，l 取负值），在

前轮处 $l/L=0$，后轮处 $l/L=-1$，在轴距中心处 $l/L=-0.5$。P 点的垂直位移 z_{2P} 与 z_{2f}、z_{2r} 的关系为

$$z_{2P} = z_{2f} + l(z_{2f} - z_{2r})/L \tag{6-86}$$

由于前、后车轮走在同一车辙上，前、后轮处路面输入 q_f、q_r 只相差一个时间滞后量 Δt，它取决于轴距 L 和车速 u，即

$$\Delta t = L/u \tag{6-87}$$

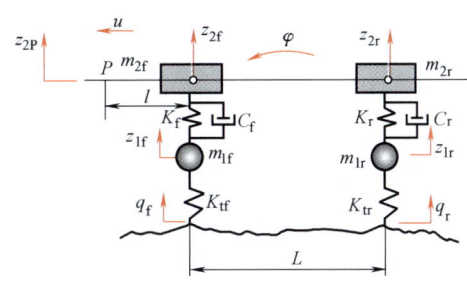

图 6-47 $\varepsilon = 1$ 情况下双轴汽车等效振动系统

此时，前、后轮路面输入的关系为

$$q_r(t) = q_f(t - \Delta t) \tag{6-88}$$

利用式（6-88），可将前、后轮双输入等效为前轮处 q_f 的单输入。在求车身上任一点 P 的垂直加速度 $\ddot{z}_{2P}$ 和车身俯仰角加速度 $\ddot{\varphi}$ 的功率谱密度时，只要求出它们对前轮单输入 $\dot{q}_f$ 的折算幅频特性 $|\ddot{z}_{2P}/\dot{q}_f|$ 和 $|\ddot{\varphi}/\dot{q}_f|$，再按式（6-36）单输入传递的关系式计算即可。

下面对折算幅频特性再进一步加以分解，它们可以写成

$$\left. \begin{array}{l} |\ddot{z}_{2P}/\dot{q}_f| = |z_{2P}/z_{2f}| \cdot |\ddot{z}_{2f}/\dot{q}_f| \\ |\ddot{\varphi}/\dot{q}_f| = |\varphi/z_{2f}| \cdot |\ddot{z}_{2f}/\dot{q}_f| \end{array} \right\} \tag{6-89}$$

式（6-89）中 $|\ddot{z}_{2f}/\dot{q}_f|$ 是上一节讨论过的"车身-车轮"双质量系统的车身加速度 $\ddot{z}_2$ 对路面速度输入 $\dot{q}$ 的幅频特性。这样，求折算幅频特性又进一步归结为求车身任一点 P 的位移 z_{2P} 和俯仰角位移 φ 对前轴上方车身位移 z_{2f} 的幅频特性。

四、轴距中心处垂直位移 z_c 和车身俯仰角位移 φ 对前轴上方车身位移 z_{2f} 的幅频特性

由式（6-75a）可以得到 z_c、φ 与 z_{2f}、z_{2r} 的关系，在轴距中心处 $a = b$，于是有

$$z_c(t) = \frac{1}{2}[z_{2f}(t) + z_{2r}(t)] \tag{6-90}$$

$$\varphi(t) = \frac{1}{L}[z_{2r}(t) - z_{2f}(t)] \tag{6-91}$$

现假定前、后两个"车身-车轮"双质量系统的频率响应函数相等，即 $z_{2f}/q_f = z_{2r}/q_r$，并根据式（6-88）前、后轮两个路面输入之间 $q_r(t) = q_f(t-\Delta t)$ 的关系，导出前、后轴上方车身位移 z_{2f} 与 z_{2r} 的关系为

$$z_{2r}(t) = z_{2f}(t - \Delta t) \tag{6-92}$$

将式（6-92）代入式（6-90）、式（6-91）得

$$\left. \begin{array}{l} z_c(t) = \frac{1}{2}[z_{2f}(t) + z_{2f}(t - \Delta t)] \\ \varphi(t) = \frac{1}{L}[z_{2f}(t - \Delta t) - z_{2f}(t)] \end{array} \right\} \tag{6-93}$$

对式（6-93）用复振幅代入或进行傅里叶变换，得

$$\left.\begin{array}{l} z_c = \dfrac{1}{2}\left[z_{2f} + z_{2f}e^{-j\omega\Delta t}\right] \\[6pt] \varphi = \dfrac{1}{L}\left[z_{2f}e^{-j\omega\Delta t} - z_{2f}\right] \end{array}\right\} \tag{6-94}$$

在时域 z_{2r} 比 z_{2f} 滞后时间 Δt，在频域 z_{2r} 比 z_{2f} 滞后相角 $\omega\Delta t$。对式（6-94）加以整理，得到 z_c 和 φ 对 z_{2f} 的频率响应函数与幅频特性为

$$\begin{aligned} \dfrac{z_c}{z_{2f}} &= \dfrac{1}{2}(1 + e^{-j\omega\Delta t}) \\[4pt] \left|\dfrac{z_c}{z_{2f}}\right| &= \left(\dfrac{1 + \cos\omega\Delta t}{2}\right)^{\frac{1}{2}} \end{aligned} \tag{6-95}$$

$$\begin{aligned} \dfrac{\varphi}{z_{2f}} &= \dfrac{1}{L}(e^{-j\omega\Delta t} - 1) \\[4pt] |\varphi/z_{2f}| &= \dfrac{2}{L}\left(\dfrac{1 - \cos\omega\Delta t}{2}\right)^{\frac{1}{2}} \end{aligned} \tag{6-96}$$

在 $z_{2f}/q_f = z_{2r}/q_r$ 的情况下，前、后轮路面输入 q_f、q_r 和前、后轴上方车身位移 z_{2f}、z_{2r}，对于某一频率下的谐量具有相同的相位差，路面输入用空间频率 n 或波长 λ 表示时，相位差为 $2\pi nL = 2\pi L/\lambda$。由图 6-48a、c 可以看出，当 $L/\lambda = 0, 1, 2, 3\cdots$，相位差 $\omega\Delta t = 0, 2\pi$、4π、$6\pi\cdots$，此时 q_f、q_r 以及 z_{2f}、z_{2r} 均为同相位，在此频率下有

$$|z_c/z_{2f}| = 1, \quad |\varphi/z_{2f}| = 0$$

此时轴距中心的垂直位移 z_c 与前、后轴上方车身位移 z_{2f}、z_{2r} 相等，而俯仰角振动 φ 等于零，属于纯垂直振动情况。

当 q_f、q_r 和 z_{2f}、z_{2r} 相位相反时，由图 6-48b、d 可以看出，$L/\lambda = 1/2, 3/2, 5/2\cdots$，相位差 $\omega\Delta t = \pi, 3\pi, 5\pi\cdots$。

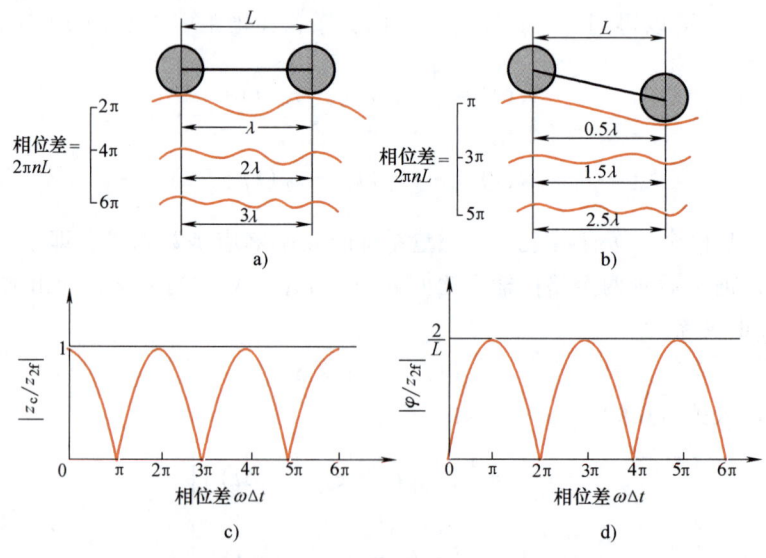

图 6-48 轴距滤波特性
a）纯垂直振动 b）纯角振动 c）$|z_c/z_{2f}|\sim\omega\Delta t$ 曲线 d）$|\varphi/z_{2f}|\sim\omega\Delta t$ 曲线

$|z_c/z_{2f}|=0$ 和 $|\varphi/z_{2f}|=2/L$ 属于纯角振动情况。

图 6-48 中描述了轴距中心的垂直位移 z_c 和俯仰角振动 φ 的振动响应随前、后轴振动相位差的变化，称为轴距滤波特性。在纯垂直振动时，$|z_c/z_{2f}|=1$；其他相位差下，$|z_c/z_{2f}|<1$。在随机路面输入下，不同频率成分同时存在，轴距中心处垂直位移 z_c 的随机振动响应由于经过轴距滤波的衰减，该处响应的均方根值 $\sigma_{\ddot{z}_c}$ 要比前轴上方车身位移响应 $\sigma_{\ddot{z}_{2f}}$ 小。

另外，从式（6-96）俯仰角振动的幅频特性可以看出，$|\varphi/z_{2f}|$ 与轴距 L 成反比，因此当 $\sigma_{z_{2f}}$ 一定时，加长轴距可以使 σ_φ 减小，有利于减小俯仰角振动。

五、车身上任一点 P 的垂直位移 z_{2P} 对前轴上方车身位移 z_{2f} 的幅频特性

在车身上任一点俯仰角振动都相同，但垂直振动的大小不同。前面只分析了轴距中心处的垂直位移 z_c，现在要扩展到车身上任一点 P 的垂直位移 z_{2P}，用来讨论车身振动沿纵轴的分布，分析座椅不同的安装位置对舒适性的影响。

车身上任一点 P 的垂直位移 z_{2P} 与前、后轴上方车身的垂直位移 z_{2f}、z_{2r} 的关系为

$$z_{2P}(t) = z_{2f}(t) + \frac{l}{L}[z_{2f}(t) - z_{2r}(t)] \quad (6\text{-}97)$$

式中，l 为车身上任一点 P 到前轴的距离（图 6-47）。

将式（6-92）代入式（6-97），然后用复振幅代入，得

$$\frac{z_{2P}}{z_{2f}} = \left(1 + \frac{l}{L} - \frac{l}{L}e^{-j\omega\Delta t}\right) \quad (6\text{-}98)$$

幅频特性为

$$\left|\frac{z_{2P}}{z_{2f}}\right| = \left\{1 + 2\left[\frac{l}{L} + \left(\frac{l}{L}\right)^2\right](1 - \cos\omega\Delta t)\right\}^{\frac{1}{2}} \quad (6\text{-}99)$$

在前、后轴上方，即在 $l/L=0$、$l/L=-1$ 处的车身位移，由式（6-99）可得 $\left|\dfrac{z_{2P}}{z_{2f}}\right|=1$，即 $z_{2P}=z_{2f}$。

在轴距中心，即 $l/L=-0.5$ 处，有

$$\left|\frac{z_{2P}}{z_{2f}}\right| = \left(\frac{1+\cos\omega\Delta t}{2}\right)^{\frac{1}{2}}$$

它与式（6-95）相同。在图 6-49 中给出了在轴距之外 $l/L=0.25$、-1.25 处，以及在轴距内 $l/L=-0.25$、-0.75 处，幅频特性随相位差 $\omega\Delta t$ 变化的曲线。

在纯垂直振动时，车身上任一点，即不论 l/L 等于多大，$|z_{2P}/z_{2f}|=1$，车身上各点垂直位移相同。

在纯角振动时，$|z_{2P}/z_{2f}|=1+2l/L$，在轴距中心 $l/L=-0.5$ 处，$|z_{2P}/z_{2f}|=0$，没有垂直位移。在轴距中心与前、后轴之间 $l/L=$

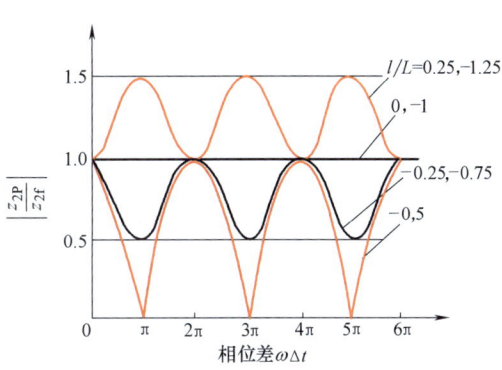

图 6-49 $|z_{2P}/z_{2f}|\sim\omega\Delta t$ 曲线

-0.25、-0.75 处，$|z_{2P}/z_{2f}| = 0.5$；在前、后轴上方，即 $l/L = 0$、-1 处，$|z_{2P}/z_{2f}| = 1$；在轴距外，前、后悬 1/4 轴距 $l/L = 0.25$、-1.25 处，$|z_{2P}/z_{2f}| = 1.5$。因此可以看出，在纯角振动时，垂直振动的大小与到轴距中心的距离成正比。

在路面随机输入下，车身各点垂直位移的均方根值 $\sigma_{z_{2P}}$ 与幅频特性 $|z_{2P}/z_{2f}|$ 的幅值大小有关。轴距中心处幅值最低，因而垂直位移均方根值最小。距离轴距中心越远幅值越大，垂直位移的均方根值也越大。

六、$\ddot{z}_{2P}$ 及 $\ddot{\varphi}$ 功率谱密度和均方根值的计算

按式（6-36），由单输入的传递公式，$\ddot{z}_{2P}$ 与 $\ddot{\varphi}$ 的功率谱密度为

$$G_{\ddot{z}_{2P}}(f) = \left|\frac{z_{2P}}{z_{2f}}\right|^2 \left|\frac{\ddot{z}_{2f}}{\dot{q}_f}\right|^2 G_{\dot{q}_f}(f) \quad (6\text{-}100)$$

$$G_{\ddot{\varphi}}(f) = \left|\frac{\varphi}{z_{2f}}\right|^2 \left|\frac{\ddot{z}_{2f}}{\dot{q}_f}\right|^2 G_{\dot{q}_f}(f) \quad (6\text{-}101)$$

如前所述，路面速度谱为"白噪声"，响应的功率谱密度可由响应的幅频特性定性分析。图 6-50 中给出了轴距中心处垂直加速度 $\ddot{z}_c$ 和俯仰角加速度 $\ddot{\varphi}$ 对前轮速度输入 $\dot{q}_f$ 的折算幅频特性。

图 6-50a 所示为在一定轴距 L 和车速 u 下，相位差 $\omega\Delta t$ 与激振频率 ω 的关系，用公式表示为

$$\omega\Delta t = \frac{L}{u}\omega \quad (6\text{-}102)$$

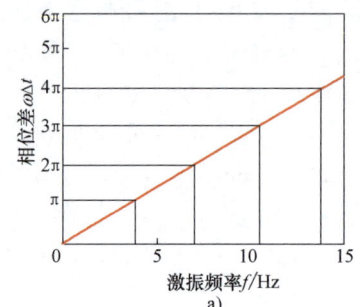

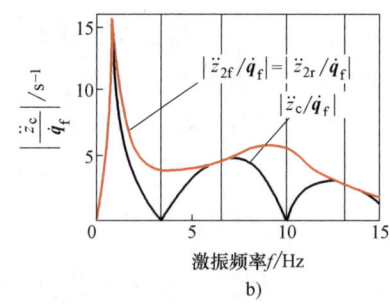

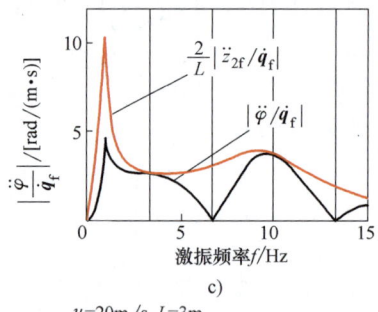

$u = 20\text{m/s}, L = 3\text{m}$

图 6-50 $\ddot{z}_c$ 和 $\ddot{\varphi}$ 对 $\dot{q}_f$ 的折算幅频特性

相位差 $\omega\Delta t$ 随 ω 变化的斜率与轴距 L 成正比，与车速 u 成反比。L 加长或 u 降低都会使斜率加大，使产生纯垂直振动、纯角振动的频率间隔 $\Delta\omega$ 变窄。$\Delta\omega$ 为与相位差 $\omega\Delta t = 2\pi$ 相应的频率间隔，由式（6-102）得

$$\Delta\omega = 2\pi \frac{u}{L}$$

u 提高或 L 缩短会使 $\Delta\omega$ 变宽。折算幅频特性中花环状曲线的花瓣间距由 $\Delta\omega$ 确定。

图 6-50b 所示为轴距中心处垂直加速度折算幅频特性 $|\ddot{z}_c/\dot{q}_f|$，其包络线为前轴处幅频特性 $|\ddot{z}_{2f}/\dot{q}_f|$，$|\ddot{z}_c/\dot{q}_f|$ 花环状曲线，在相位差为 2π 整数倍的频率下，即在纯垂直振动（相位差 $\omega\Delta t = \frac{L}{u}\omega = \frac{L}{u}2\pi f = 0$、$2\pi$、$4\pi\cdots$，$u = 20\text{m/s}$，$L = 3\text{m}$，图 6-50b 中 $f = 0$、$20/3\text{Hz}$、$40/3\text{Hz}\cdots$）的频率下与包络线相切。图 6-50c 中，$|\ddot{\varphi}/\dot{q}_f|$ 曲线在这些频率下取值为零，而

在相位差 $\omega\Delta t$ 为 π 的奇数倍时，即纯角振动（$f=10/3$Hz、$30/3$Hz $=10$Hz…）的频率下，$|\ddot{z}_c/\dot{q}_f|=0$，在图 6-50c 中 $|\ddot{\varphi}/\dot{q}_f|=\dfrac{2}{L}|\ddot{z}_{2f}/\dot{q}_f|$ 与包络线相切。$|\ddot{\varphi}/\dot{q}_f|$ 的包络线为 $2/L$ 倍的前端"车身-车轮"双自由度局部系统的幅频特性。

由折算幅频特性，按式（6-103）、式（6-104）计算车身垂直加速度 $\ddot{z}_{2P}$ 和俯仰角加速度 $\ddot{\varphi}$ 的均方值：

$$\sigma^2_{\ddot{z}_{2P}} = \left(\int_0^\infty \left|\frac{z_{2P}}{z_{2f}}\right|^2 \left|\frac{\ddot{z}_{2f}}{\dot{q}_f}\right|^2 df\right) 4\pi^2 G_q(n_0) n_0^2 u \qquad (6\text{-}103)$$

$$\sigma^2_{\ddot{\varphi}} = \left(\int_0^\infty \left|\frac{\varphi}{z_{2f}}\right|^2 \left|\frac{\ddot{z}_{2f}}{\dot{q}_f}\right|^2 df\right) 4\pi^2 G_q(n_0) n_0^2 u \qquad (6\text{-}104)$$

图 6-51 中给出了车速和轴距对 $\sigma_{\ddot{z}_{2P}}$ 和 $\sigma_{\ddot{\varphi}}$ 的影响，应当指出，在此分析中，前、后轴处的幅频特性 $|\ddot{z}_{2f}/\dot{q}_f|=|\ddot{z}_{2r}/\dot{q}_f|$ 均采用表 6-6 中系统参数的基准值，车身部分的固有频率为 $f_0=1$Hz。当 f_0 不同时，变化趋势将不同。

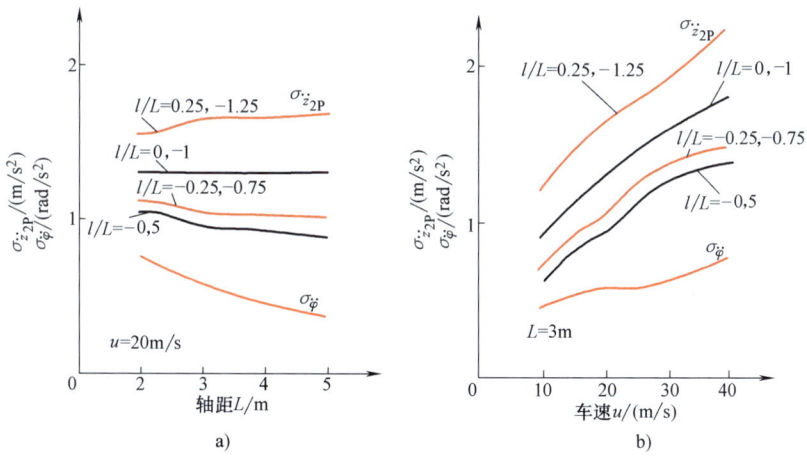

图 6-51 车速和轴距对 $\sigma_{\ddot{z}_{2P}}$ 和 $\sigma_{\ddot{\varphi}}$ 的影响

由图 6-51a 可见，轴距 L 加长，$\sigma_{\ddot{\varphi}}$ 下降，这可由式（6-96）折算幅频特性中 $|\varphi/z_{2f}|$ 与轴距 L 成反比加以说明，也反映在图 6-50c 中 $|\ddot{\varphi}/\dot{q}_f|$ 的包络线与 L 成反比上。因此，$\sigma_{\ddot{\varphi}}$ 随 L 加长而减小。对于垂直振动，轴距加长对前、后轴上方（$l/L=0,-1$）处没有影响，使轴距内的 $\sigma_{\ddot{z}_{2P}}$ 值略有下降，轴距外的 $\sigma_{\ddot{z}_{2P}}$ 值略有上升，这都是由于轴距 L 变化使折算幅频特性花环状曲线间距改变带来的影响。

如图 6-51b 所示，车速提高，垂直和角加速度均方根值都相应提高，由式（6-103）、式（6-104）可以看出，输入的路面功率谱密度与车速 u 成正比，因此 $\sigma_{\ddot{z}_{2P}}$、$\sigma_{\ddot{\varphi}}$ 与 $\sqrt{u}$ 成正比。但由图中曲线可以看出，$\sigma_{\ddot{z}_{2P}}$、$\sigma_{\ddot{\varphi}}$ 随车速变化的趋势还更复杂一些，$\sigma_{\ddot{z}_{2P}}$ 随车速提高得比较快，而 $\sigma_{\ddot{\varphi}}$ 变化比较缓和。因此，在低速时角振动 $\sigma_{\ddot{\varphi}}$ 对 $\sigma_{\ddot{z}_{2P}}$ 的比值相对较大，而高速时角振动与垂直振动的比值相对较小。这是由于车速 u 还使折算幅频特性花环状曲线间距改变以及折算幅频特性曲线形状发生了变化所致。

由图6-51还可以看出沿车身纵轴不同位置垂直加速度均方根值的变化，在轴距中心处最小，前、后轴处次之，轴距外最大。但要指出，$\sigma_{\ddot{z}_{2P}}$并不是简单地与到轴距中心的距离成正比。在$l/L=-0.25$、-0.75处，即轴距中心到前、后轴中间处的$\sigma_{\ddot{z}_{2P}}$值与$\sigma_{\ddot{z}_c}$值比较相近。这可以由图6-49 $|z_{2P}/z_{2f}|\sim\omega\Delta t$曲线看出，这两种情况下，在纯角振动时的幅值相差较大，但整个曲线下面的面积相差不多，说明在汽车轴距中心附近大约半个轴距的范围内有一个垂直加速度均方根值变化比较小的区域。

最后再来看一下图6-50上$\ddot{z}_c$和$\ddot{\varphi}$对$\dot{q}_f$的折算幅频特性。如果能调整相位差与输入频率ω的关系，就可以改变折算幅频特性花环状曲线的形状。式（6-102）$\omega\Delta t=\omega L/u$关系是前、后轮路面输入$q_f$与$q_r$中$\omega$分量的相位差，而车身前、后端位移$z_{2f}$、$z_{2r}$中$\omega$分量的相位差，可以通过改变前、后悬架的刚度$K$和阻尼系数$C$，使前、后悬架的频率响应函数中的相频特性不同来加以适当调整。

由于人体对俯仰振动引起的纵向振动比垂直振动更为敏感，故通常希望在常用车速下可以达到纯角振动，即z_{2f}、z_{2r}相位差为π的奇数倍的激振频率，要避开俯仰最敏感的频率范围，特别要避开车身部分固有频率f_0，防止折算幅频特性$|\ddot{\varphi}/\dot{q}_f|$出现明显的尖峰。在图6-50c中，纯角振动的频率为$f=10/3\text{Hz}\approx3.33\text{Hz}$，它避开了俯仰最敏感的频率范围$0.5\sim1\text{Hz}$和车身部分固有频率$f_0=1\text{Hz}$（图6-50中，前、后轴处幅频特性$|\ddot{z}_{2f}/\dot{q}_f|=|\ddot{z}_{2r}/\dot{q}_r|$采用表6-6中系统参数的基准值），所以$|\ddot{\varphi}/\dot{q}_f|$的峰值比较小。如果是一辆悬架较硬的重型货车，车身部分固有频率$f_0=3\text{Hz}$，此时若纯角振动的频率仍为$f=10/3\text{Hz}\approx3.33\text{Hz}$，则这两个频率很接近，$|\ddot{\varphi}/\dot{q}_f|$将出现明显的尖峰值。总之，要使花环状轴距滤波特性曲线和前、后轴处车身部分的幅频特性相互配合，并考虑人体振动响应频率加权函数，以综合起来达到改善平顺性的效果。

第六节 "人体-座椅"系统的振动

车身地板上的振动通过"人体-座椅"系统传到人体，在掌握了传至人体的振动加速度后，就可以用本章第一节中介绍的ISO 2631—1：1997（E）推荐的方法对平顺性进行评价。

一、"人体-座椅"系统的传递特性

当把人体简化为一个刚性质量m_s时，它与座椅的弹性、阻尼元件构成一个单自由度子系统，将其附加在第四节讨论的"车身-车轮"双质量系统上，构成三个自由度振动系统，其模型如图6-52所示。

在人体质量m_s比车身质量m_2小很多时，可以忽略人体质量的惯性力$m_s\ddot{q}$对车身质量m_2运动的影响，而车身垂直振动z_2是"人体-座椅"子系统的输入，于是传至人体的加速度$\ddot{p}$[在第一节用$a(t)$表示]对路面速度输入$\dot{q}$的幅频特性$|\ddot{p}/\dot{q}|$（图6-53c），等于人体-座椅子系统的幅频特性$|p/z_2|$（图6-53b）与

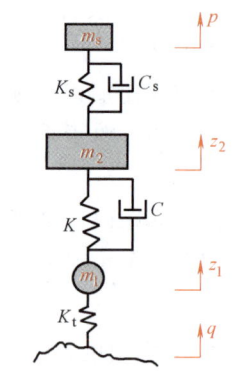

图6-52 在"车身-车轮"双质量系统上附加"人体-座椅"子系统的振动模型

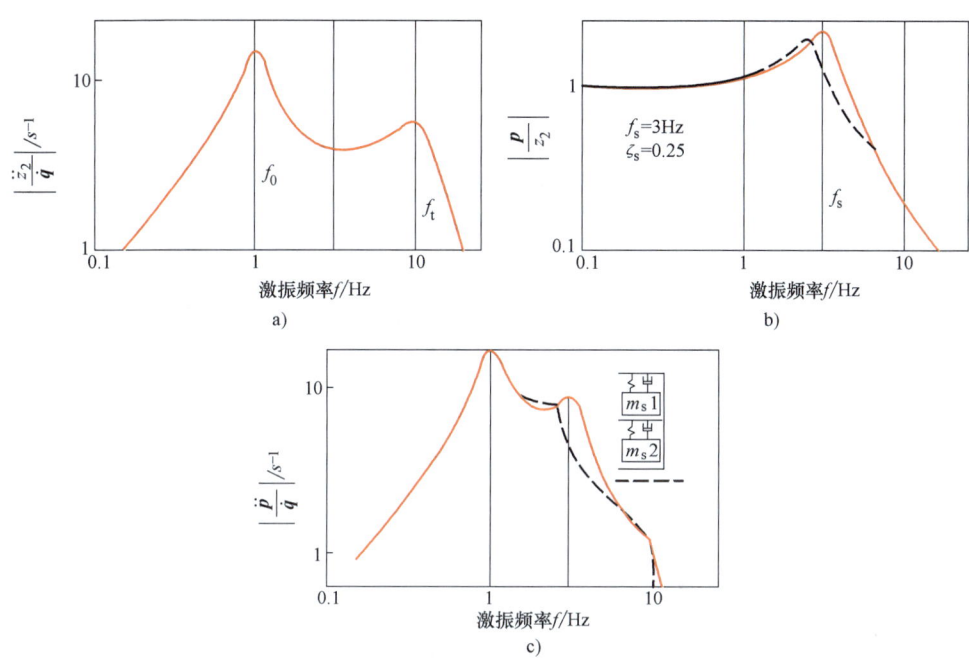

图 6-53 "人体-座椅" 系统传递特性

"车身-车轮" 双质量系统幅频特性 $|\ddot{z}_2/\dot{q}|$（图 6-53a）的乘积，即

$$|\ddot{p}/\dot{q}| = |p/z_2||\ddot{z}_2/\dot{q}| \tag{6-105}$$

车身加速度 $\ddot{z}_2$ 对路面速度输入 $\dot{q}$ 的幅频特性在第四节已讨论过，$|p/z_2|$ 为 "人体-座椅" 单自由度系统的幅频特性，它与第三节讨论的车身单自由度系统的幅频特性相同，具体的表达式为

$$|p/z_2| = \left[\frac{1+(2\zeta_s\lambda_s)^2}{(1-\lambda_s^2)^2+(2\zeta_s\lambda_s)^2} \right]^{\frac{1}{2}} \tag{6-106}$$

式中，λ_s 为频率比，$\lambda_s = \omega/\omega_s$，$\omega_s$ 为 "人体-座椅" 系统的固有频率，$\omega_s = \sqrt{\dfrac{K_s}{m_s}}$；$\zeta_s$ 为 "人体-座椅" 系统的阻尼比，$\zeta_s = C_s/(2\sqrt{K_s m_s})$。

由图 6-53 可以看出，"人体-座椅" 系统在其固有频率 $f_s = \omega_s/2\pi$ 附近，对车身地板的振动输入有一定放大；在激振频率 ω 超过 $\sqrt{2}f_s$ 后，对地板振动输入起衰减作用。实际人体是一个复杂的振动系统，当把人体简化为图 6-53c 右上角所示的两个自由度系统时，得到的人体-座椅系统幅频特性，在图 6-53b 中用虚线表示。它与人乘坐时实测的幅频特性比较一致，与图 6-53b 中实线所示把人体简化为一个刚性质量时的幅频特性比较，其特点是共振频率和共振幅值均有所降低，开始衰减的频率由 $\sqrt{2}f_s$ 降到 f_s 附近，甚至低于 f_s。这说明实际人体坐在座垫上，比刚性质量放在座垫上得到的减振效果要好。

二、"人体-座椅" 系统的参数选择

为了改善平顺性，使传至人体的总加权加速度均方根值 a_v 比较小，在选择 "人体-座

椅"系统参数时,首先要保证人体垂直方向最敏感的频率范围 4~12Hz 处于减振区。按"人体-座椅"单自由度系统来考虑,其固有频率 $f_s \leq 4\text{Hz}/\sqrt{2} \approx 3\text{Hz}$。在选择固有频率 f_s 时,还要避开与车身部分固有频率 f_0 重合,防止传至人体的加速度 $\ddot{p}$ 的响应谱出现突出的尖峰,这对平顺性很不利。车身部分的固有频率 f_0 一般在 1.2~2Hz 范围内,于是"人体-座椅"单自由度系统固有频率要选在 3Hz 附近。若把人体的减振效果考虑进去,实际衰减的频率范围向低频扩展,因此 f_s 值可以选得高一些。目前泡沫成形座垫的 f_s 值,有的选到 5~6Hz,在适当的阻尼比 ζ_s 配合下,仍可保证 4~12Hz,处于衰减区。

"人体-座椅"系统的阻尼比 ζ_s 希望达到 0.2 以上才有较好的减振效果。有的高阻尼材料制成的泡沫成形座垫,其阻尼比 ζ_s 可达 0.3~0.4。

第七节 汽车平顺性试验和数据处理

一、平顺性试验的主要内容

1. 汽车悬架系统的刚度、阻尼和惯性参数的测定

通过测定轮胎、悬架、座垫的弹性特性(载荷与变形的关系曲线),可以求出在规定载荷下轮胎、悬架、座垫的刚度。由加载曲线、卸载曲线包围的面积,可以确定这些元件的阻尼。另外,还要测量悬挂(车身)质量 m_2、非悬挂(车轮)质量 m_1、车身质量分配系数 ε 等振动系统惯性方面的参数。

2. 悬架系统部分固有频率(偏频)和阻尼比的测定

将汽车前轮、后轮分别从一定高度抛下,记录车身和车轮质量的衰减振动曲线,如图6-54所示。由图中曲线可以得到车身质量振动周期 T 和车轮质量振动周期 T',可按下式算出各部分固有频率:

车身部分固有频率 $\qquad f_0 = \omega_0/(2\pi) = \dfrac{1}{T}$

车轮部分固有频率 $\qquad f_t = \omega_t/(2\pi) = \dfrac{1}{T'}$

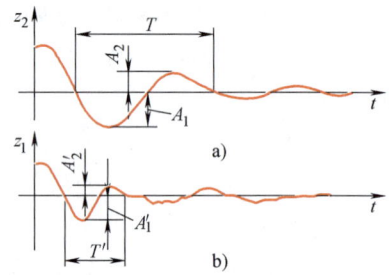

图 6-54 悬架系统衰减振动曲线
a) 车身振动　b) 车轮振动

由车身和车轮部分的衰减率 $\tau = A_1/A_2$、$\tau' = A_1'/A_2'$,可求出阻尼比 ζ、ζ_t 为

$$\zeta = \dfrac{1}{\sqrt{1+\dfrac{4\pi^2}{\ln^2\tau}}}, \quad \zeta_t = \dfrac{1}{\sqrt{1+\dfrac{4\pi^2}{\ln^2\tau'}}}$$

用同样的方法也可以求出人体-座椅系统的部分固有频率 f_s 和阻尼比 ζ_s。

3. 汽车振动系统的频率响应函数的测定

在实际随机输入的路面上或在电液振动台上,给车轮 0.5~30Hz 范围的振动输入,记录车轴、车身、座垫上各测点的振动响应;然后由数据统计分析仪处理得到悬架、座垫各环节

的频率响应函数。图 6-55 所示为悬架系统频谱。由图 6-55c 悬架环节幅频特性 $|\ddot{z}_2/\ddot{z}_1|$ 的峰值频率可以得到车身部分的固有频率 f_0，由共振时的幅值 A 近似求出阻尼比 ζ 为

$$\zeta = \frac{1}{2\sqrt{A^2-1}}$$

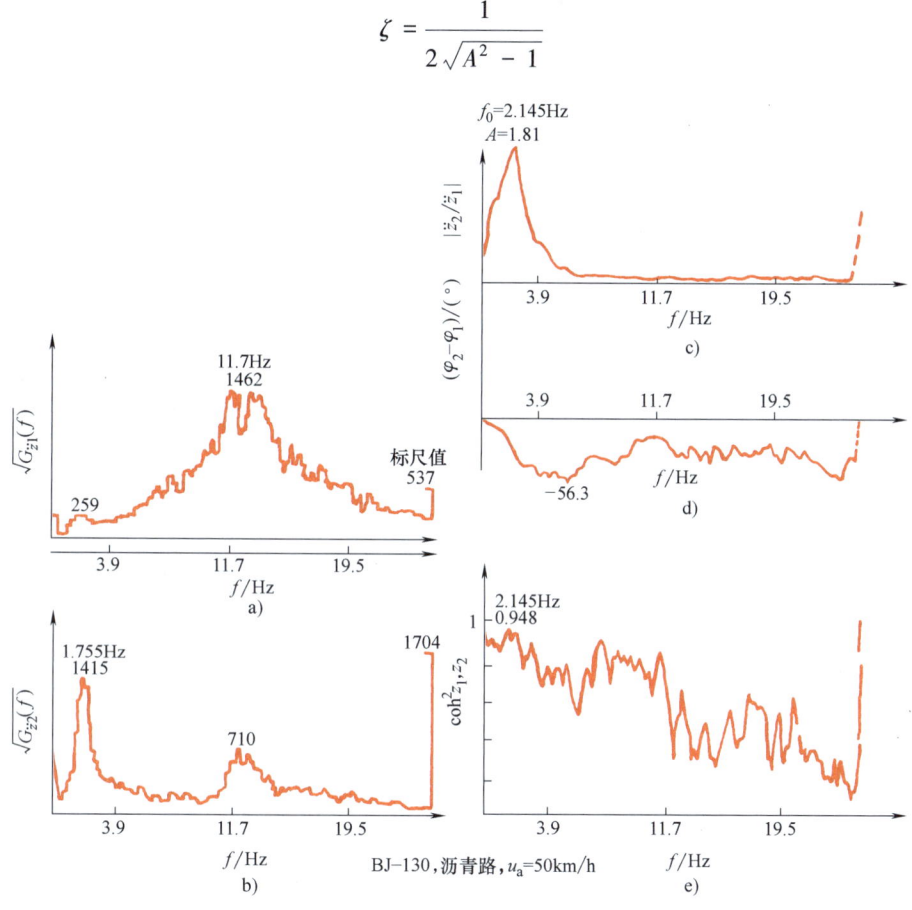

图 6-55 悬架系统的频谱

4. 在实际随机输入路面上的平顺性试验

随机输入试验是评定汽车平顺性的最主要的试验。这个试验应按照 GB/T 4970—2009《汽车平顺性试验方法》[6.2] 进行。随机输入试验主要以总加权加速度均方根值 a_v 来评价，车厢地板及车轴上采用该处的加速度均方根值来评价。

5. 汽车驶过凸块脉冲输入平顺性试验

汽车行驶时偶尔会遇到凸块和凹坑，尽管遇到的概率并不大，但过大的冲击会严重地影响平顺性。脉冲输入试验按 GB/T 4970—2009《汽车平顺性试验方法》进行。评价指标用座垫上和座椅底部地板加速度的最大响应值 $\ddot{p}_{max}$、$\ddot{z}_{2max}$ 或加权加速度 4 次方和根值方法——振动剂量值（VDV）来评价。

二、平顺性试验数据的采集和处理

平顺性试验要采集大量随机振动信号，然后以微机为主体配以采样、模数转换以及各种软硬件的数据处理系统，进行平顺性评价指标、频谱及频率响应函数的处理。

1. 测试仪器系统

测试仪器系统包括加速度传感器、前置放大器和数据采集器。图 6-56 所示为测试仪器系统框图。测量仪器的频率范围应为 0.1~300Hz，动态范围不小于 60dB。传感器一般采用压电式加速度计。测量座垫上的加速度时，要把传感器安装在一个半刚性的垫盘内，盘的最大厚度为 12mm，盘的直径为（$\phi200\pm0.5$）mm，如图6-57所示。

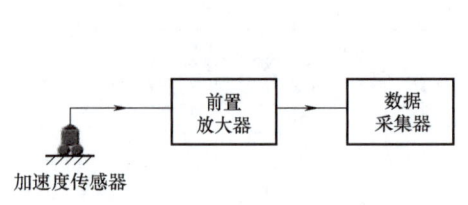

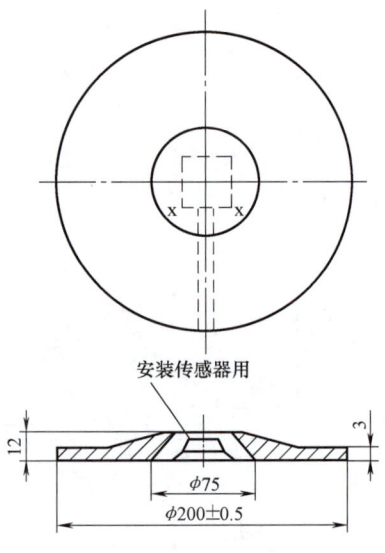

图 6-56　测试仪器系统框图　　　　　　图 6-57　安装传感器的半刚性垫盘

2. 数据处理系统

数据处理系统引进快速傅里叶变换（FFT），采用相应的软件快速、精确地进行自谱、互谱、传递函数、相干函数和概率统计等各种数据处理。

图 6-58 所示为采用数字法计算总加权加速度均方根值 a_v 框图。记录的连续模拟信号 $a(t)$，由模数转换器离散采样数字化为 $a(i*\Delta t)$，然后进行快速傅里叶变换得到复振幅 A_K，由 A_K 与其共轭复数 A_K^* 计算自功率谱，再按 $W(f)$ 频率加权计算加权自功率谱，最后计算总加权加速度均方根值 a_v。

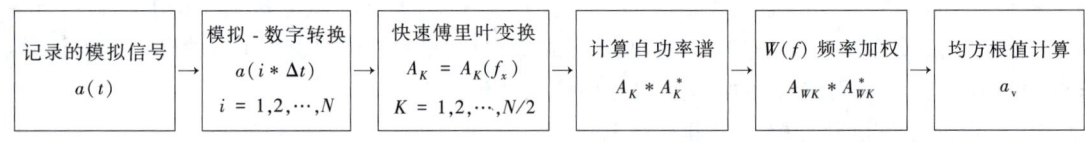

图 6-58　数字法计算总加权加速度均方根值 a_v 框图

3. 人体振级测量仪

近年来，各种按照 ISO 2631 标准进行频率加权的人体振动测量仪在平顺性评价试验中得到采用。这种仪器通常用模拟/数字混合法计算加权加速度均方根值 a_w。图 6-59 所示为它的框图。

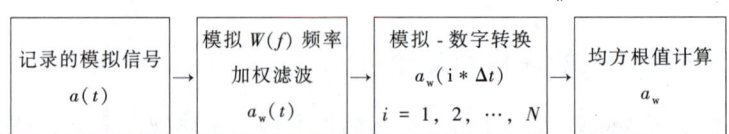

图 6-59　模拟/数字混合法计算总加权加速度均方根值 a_w 框图

连续模拟信号 $a(t)$，经模拟 $W(f)$ 频率加权滤波器滤波得加权的模拟信号 $a_w(t)$，再由模数转换器离散采样数字化为 $a_w(i*\Delta t)$，然后在幅值域进行均方根值计算，给出加权的加速度均方根值 a_w 及相应计权振级 L_{aw}。

参 考 文 献

[6.1] 国际标准化组织. ISO 2631—1：1997（E） Mechanical vibration and shock—Evaluation of human exposure to whole-body vibration-Part 1：General requirements [S].

[6.2] 全国汽车标准化技术委员会. GB/T 4970—2009 汽车平顺性试验方法 [S]. 北京：中国标准出版社会，2010.

[6.3] Griffin M J. Evaluation of vibration with respect to human response [J]. SAE paper 860047.

[6.4] 全国机械振动与冲击标准化技术委员会. GB/T 7031—2005 机械振动道路路面谱测量数据报告 [S]. 北京：中国标准出版社，2006.

[6.5] 赵济海. 路面平度谱分析应用研究报告 [R]. 长春汽车研究所整车研究室，1985.

[6.6] Thomas D Gillespie. Fundmentals of Vehicle Dynamics [M]. Warrendal PA：SAE Inc，1992.

第七章

汽车的通过性

汽车的通过性（越野性）是指它能以足够高的平均车速通过各种坏路和无路地带（如松软地面、凹凸不平地面等）及各种障碍（如陡坡、侧坡、壕沟、台阶、灌木丛、水障等）的能力。根据地面对汽车通过性影响的原因，它又分为**支承通过性**和**几何通过性**。汽车的通过性主要取决于地面的物理性质及汽车的结构参数和几何参数。同时，它还与汽车的其他性能，如动力性、平顺性、机动性、稳定性、视野性等密切相关。

严格地说，在我国履带车辆不属于汽车的范畴，但考虑到内容的完整性，本章仍包含履带车辆通过性的部分内容。

第一节 汽车通过性评价指标及几何参数

一、汽车支承通过性评价指标

目前，常采用牵引系数、牵引效率及燃油利用指数三项指标来评价汽车的支承通过性。

(1) **牵引系数** TC 单位车重的挂钩牵引力（净牵引力）。它表明汽车在松软地面上加速、爬坡及牵引其他车辆的能力。表达式为

$$TC = F_d / G \tag{7-1}$$

式中，F_d 为汽车的挂钩牵引力；G 为汽车重力。

(2) **牵引效率（驱动效率）** TE 驱动轮输出功率与输入功率之比。它反映了车轮功率传递过程中的能量损失，这部分损失是由于轮胎橡胶与帘布层间摩擦生热及轮胎下土壤的压实和流动而造成的。表达式为

$$TE = \frac{F_d}{T_w} \frac{u_a}{\omega} = \frac{F_d r (1 - s_r)}{T_w} \tag{7-2}$$

式中，u_a 为汽车行驶速度；T_w 为驱动轮输入转矩；ω 为驱动轮角速度；r 为驱动轮动力半径；s_r 为滑转率。

(3) **燃油利用指数** E_f 单位燃油消耗所输出的功。表达式为

$$E_f = F_d u_a / Q_t \tag{7-3}$$

式中，Q_t 为单位时间内的燃油消耗量。

二、汽车通过性几何参数

由于汽车与地面间的间隙不足而被地面托住、无法通过的情况，称为**间隙失效**。当车辆

中间底部的零件碰到地面而被顶住时，称为**顶起失效**；当车辆前端或尾部触及地面而不能通过时，则分别称为**触头失效**和**托尾失效**。显然，后两种情况属同一类失效。

与间隙失效有关的汽车整车几何尺寸，称为**汽车通过性的几何参数**。这些参数包括**最小离地间隙、纵向通过角、接近角、离去角、最小转弯直径**等，如图 7-1 所示。

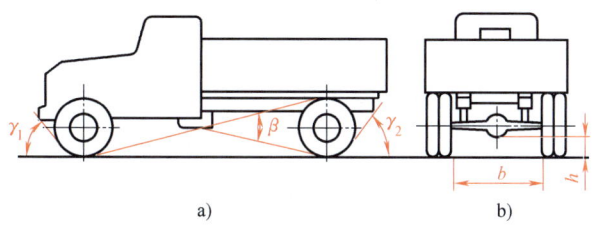

图 7-1 汽车的通过性参数

a）侧视图 b）后视图

h—最小离地间隙 b—两侧轮胎内缘间距 γ_1—接近角
γ_2—离去角 β—纵向通过角

（1）**最小离地间隙 h** 汽车满载、静止时，支承平面与汽车上的中间区域（$0.8b$ 范围内）最低点之间的距离。它反映了汽车无碰撞地通过地面凸起的能力。

（2）**纵向通过角 β** 汽车满载、静止时，分别通过前、后车轮外缘作垂直于汽车纵向对称平面的切平面，两切平面交于车体下部较低部位时所夹的最小锐角。它表示汽车能够无碰撞地通过小丘、拱桥等障碍物的轮廓尺寸。β 越大，顶起失效的可能性越小，汽车的通过性越好。

（3）**接近角 γ_1** 汽车满载、静止时，前端突出点向前轮所引切线与地面间的夹角。γ_1 越大，越不易发生触头失效。

（4）**离去角 γ_2** 汽车满载、静止时，后端突出点向后轮所引切线与地面间的夹角。γ_2 越大，越不易发生托尾失效。

（5）**最小转弯直径 d_{min}** 当转向盘转到极限位置、汽车以最低稳定车速转向行驶时，外侧转向轮的中心平面在支承平面上滚过的轨迹圆直径。它在很大程度上表征了汽车能够通过狭窄弯曲地带或绕过不可越过的障碍物的能力。d_{min} 越小，汽车的机动性越好。

（6）**转弯通道圆** 当转向盘转到极限位置、汽车以最低稳定车速转向行驶时，车体上所有点在支承平面上的投影均位于圆周以外的最大内圆，称为转弯通道内圆；车体上所有点在支承平面上的投影均位于圆周以内的最小外圆，称为转弯通道外圆。转弯通道内、外圆半径的差值为汽车极限转弯时所占空间的宽度，此值决定了汽车转弯时所需的最小空间。它越小，汽车的机动性越好。

现代各种汽车通过性几何参数的数值范围见表 7-1。

表 7-1 汽车通过性几何参数的数值范围

汽车类型	最小离地间隙 h/mm	接近角 γ_1/(°)	离去角 γ_2/(°)	最小转弯直径 d_{min}/m
4×2 轿车	120～200	20～30	15～22	7～13
4×4 轿车、吉普车	210～370	45～50	35～40	10～15
4×2 货车	250～300	25～60	25～45	8～14
4×4、6×6 货车	260～350	45～60	35～45	11～21
6×4、4×2 客车	220～370	10～40	6～20	14～22

第二节　松软地面的物理性质

车辆在松软地面（土壤、沙漠、雪地、沼泽）上行驶时，驱动轮（或履带）对地面施加向后的水平力，地面随之发生剪切变形，相应的剪切力便构成土壤（沙、雪）对汽车的推力；荷重的车轮压紧土壤（沙、雪），形成车辙而产生阻力。挂钩牵引力是上述推力与阻力之差（相当于在硬路面上行驶时附着力与滚动阻力之差），因此要分析越野汽车的挂钩牵引力，必须掌握松软地面在水平与垂直方向的载荷与变形的关系。

一、土壤切应力与剪切变形的关系

当车辆在松软土壤上行驶时，在接地面积 A 范围内，轮胎花纹或履刺之间的空间里充满着泥土。当车辆发挥最大驱动力时，土壤的剪切就沿着该接地面积产生。

对于黏性土壤或雪，最大剪切力（即地面给驱动轮或履带的切向反作用力）仅与土壤或雪的黏聚性及轮胎（履带）的接地面积有关，而与轮胎（履带）给地面的垂直载荷 W 无关(图 7-2a)，即**土壤推力**

$$F_X = Ac \tag{7-4}$$

式中，A 为驱动轮胎（履带）的接地面积；c 为土壤（或雪）的**黏聚系数**。

对于摩擦性土壤（干沙、冻结的粒状雪），情况则有些不同。沙粒或冻结的雪粒没有任何黏聚力，它们是松散的。但若将颗粒相互挤压，则在颗粒间就会产生摩擦而使它们难于相对移动。因此，在法向力的作用下，当轮胎花纹或履带履刺间的沙子相对于静止沙体发生剪切时，剪切面间的沙粒间便有摩擦力产生。这时，**最大土壤推力是按照库仑摩擦定律与垂直载荷 W 成正比地增加**（图 7-2b），即

$$F_X = W\tan\varphi \tag{7-5}$$

式中，φ 为**土壤的摩擦角**。

大多数土壤既不是纯黏性的，也不是纯摩擦性的，而是这两种性质的粒状物质的混合物。因此，**最大土壤推力**，即地面对驱动轮或履带的切向反作用力（图 7-2c）为

$$F_X = Ac + W\tan\varphi \tag{7-6}$$

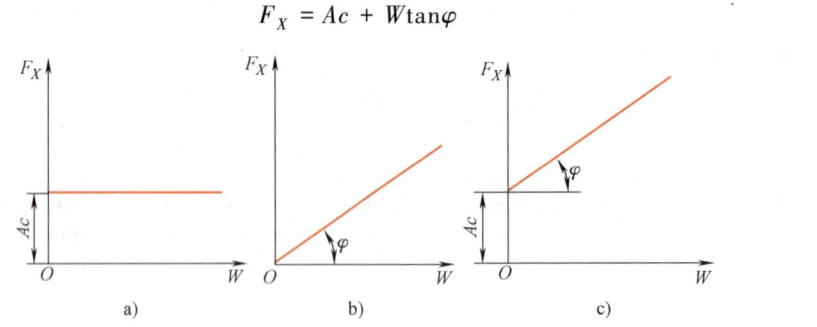

图 7-2　土壤剪切特性示意图
a) 黏性土壤　b) 摩擦性土壤　c) 中性土壤

将式 (7-6) 两边除以面积 A，则得最大切应力即**剪切强度** τ_{max} 与**剪切面法向压力** σ 的关

系式为

$$\tau_{max} = c + \sigma\tan\varphi \tag{7-7}$$

用土壤剪切强度测量仪对土壤进行测试，可找出该**土壤的黏聚系数** c 及**摩擦角** φ（详见本章第七节）。

上面讨论的是最大剪切力，下面介绍试验得到的切应力与剪切变形的关系。

对于未受扰动的脆性土壤（压实的沙、淤泥、土壤和冻结的雪），切应力与剪切变形的关系曲线如图 7-3 中的曲线 1。在最大切应力 τ_{max} 时出现"驼峰"，然后维持一定的剩余切应力 τ_r。这种关系曲线与物体非周期性衰减振动的时间—位移关系极为相似，可表示为[7.1]

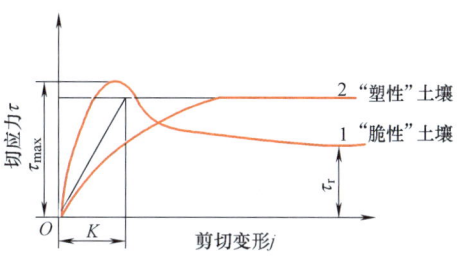

图 7-3 土壤的切应力与剪切变形的关系曲线

$$\tau = \frac{(c + \sigma\tan\varphi)}{y_{max}}\left[\exp\left(-K_2 + \sqrt{K_2^2 - 1}\right)K_1 j - \exp\left(-K_2 - \sqrt{K_2^2 - 1}\right)K_1 j\right] \tag{7-8}$$

式中，K_1、K_2 为常数；j 为剪切变形；y_{max} 为中括号 [ ] 中的最大值。

对于疏松土壤，如松散的沙子、湿透的黏土、干雪和大多数受过扰动的土壤，切应力与剪切变形的关系曲线表现为逐渐接近最大切应力而无"驼峰"（图 7-3 中的曲线 2）。此时切应力与剪切变形的关系为[7.1]

$$\begin{aligned}\tau &= (c + \sigma\tan\varphi)[1 - \exp(-j/K)] \\ &= \tau_{max}[1 - \exp(-j/K)]\end{aligned} \tag{7-9}$$

式中，K 为**土壤剪切变形模数**。

对式（7-9）微分可求出原点处的斜率为

$$\left.\frac{d\tau}{dj}\right|_{j=0} = \frac{\tau_{max}}{K}\exp(-j/K)\bigg|_{j=0} = \frac{\tau_{max}}{K}$$

故 K 值就是曲线 2 在原点处的切线与曲线 2 水平段延长线的交点至纵坐标轴的距离。K 可作为最大切应力时相应的土壤变形量的一个度量值。其值取决于土壤的坚实度，对松沙，K 约为 2.5cm；对压实无摩擦的黏土，K 约为 0.6cm。

由于脆性土壤剪切曲线的驼峰对于正常行驶时车辆的土壤推力意义不大，所以常把有"驼峰"的曲线进行圆滑。当 τ_{max} 与 τ_r 相比不算过大时，可用式（7-9）表示圆滑后切应力与剪切变形的关系。

二、土壤法向负荷与沉陷的关系

若将一块表示充气轮胎或履带接地面积的平板用均匀负荷压入地面土壤，则其**静止沉陷量** z 和单位面积压力 p 之间的关系为[7.1]

$$\left.\begin{aligned}p &= kz^n = \left(\frac{k_c}{b} + k_\varphi\right)z^n \\ k &= \frac{k_c}{b} + k_\varphi\end{aligned}\right\} \tag{7-10}$$

式中，k_c 为**土壤的黏聚变形模数**；k_φ 为**土壤的摩擦变形模数**；b 为**承载面积的短边长度**，即履带的宽度或轮胎接地印迹椭圆的短轴；z 为土壤沉陷量；n 为**沉陷指数**。

k_c、k_φ、n 值可用有关仪器测试均匀土壤而得（详见第七节）。考虑到野外试验时土壤的不均匀性，压板的宽度不宜小于 5～10cm，压入的速度一般为 2.5～5cm/s。

图 7-4 所示为用相同的平板对不同的均匀土壤所测得的一组典型的负荷-沉陷曲线。这组负荷-沉陷曲线是在均匀压力且无水平力时测得的。实际上，车辆行驶时驱动轮或履带必然对地面施加水平力，土壤也随之发生剪切变形。试验表明，土壤的剪切变形会增加土壤的沉陷。由于剪切变形引起的沉陷增量，称为滑动沉陷。有关土壤滑动沉陷量的分析计算，可参阅参考文献［7.2］。

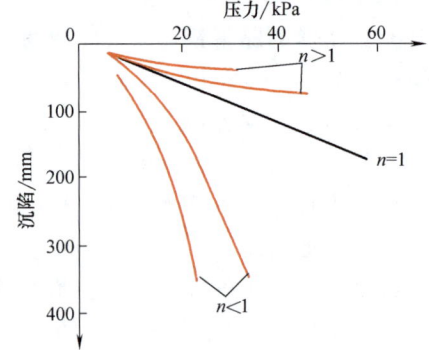

图 7-4　各种均匀土壤的负荷-沉陷曲线

表 7-2 是试验测得的一些土壤参数。

表 7-2　土壤的特性参数[7.1]

土壤的种类	湿度(%)	n	$k_c/(kN \cdot m^{-(n+1)})$	$k_\varphi/(kN \cdot m^{-(n+2)})$	c/kPa	$\varphi/(°)$
干沙（Land Locomotion Lab.）	0	1.1	0.95	1528.43	1.04	28
沙壤土（Land Locomotion Lab.）	15	0.7	5.27	1515.04	1.72	29
	22	0.2	2.56	43.12	1.38	38
沙壤土,密西根（Strong, Buchcle）	11	0.9	52.53	1127.97	4.83	20
	23	0.4	11.42	808.96	9.65	35
沙壤土（Hanamoto）	26	0.3	2.79	141.11	13.79	22
	32	0.5	0.77	51.91	5.17	11
黏土壤（Thailand）	38	0.5	13.19	692.15	4.14	13
	55	0.7	16.03	1262.53	2.07	10
重黏土（WES）	25	0.13	12.70	1555.95	68.95	34
	40	0.11	1.84	103.27	20.69	6
瘠瘦黏土（WES）	22	0.2	16.43	1724.69	68.95	20
	32	0.15	1.52	119.61	13.79	11
雪（Harrison）		1.6	4.37	196.72	1.03	19.7
		1.6	2.49	245.90	0.62	23.2

注：括号中为试验者。

三、半流体泥浆及雪的密度对通过性的影响

上述关于土壤应力-变形的叙述，显然不能适用于半流体的泥浆。经验表明，流体力学中所采用的简化解法可以用来解决这类问题。车辆在半流体泥浆中所受到的阻力除与其行驶速度、浸入面积等有关外，还与泥浆的密度 ρ 及阻力系数 C_D 有关。ρ 及 C_D 越大，其阻力也越大。

为了确定车辆在雪地上的通过性，除了可根据前述两种应力-应变关系进行分析外，还应了解雪的密度及雪层厚度。如果雪层厚度小于汽车的离地间隙，则任何密度的雪都不会阻碍汽车通过。如果雪层厚度大于汽车离地间隙的150%时，轻型汽车可在密度大于350kg/m³的雪地上行驶，重型汽车可在密度大于500kg/m³的雪地上通过。这里均指没有渗水的雪，渗有水分的雪密度大，但强度却很低。

第三节　车辆的挂钩牵引力

挂钩牵引力为土壤推力与土壤阻力之差，下面对这几个力分别加以分析。

一、车辆在松软地面上的土壤阻力

当车辆在松软地面上行驶时，轮胎或履带对土壤的压实和推移将产生**压实阻力**和**推土阻力**；充气轮胎的变形将引起**弹滞损耗阻力**。

1. 刚性车轮滚动时的土壤阻力

如果地面足够松软，橡胶轮胎的滚动可近似地看作刚性轮缘的滚动。

如图7-5所示，假设松软土壤对滚动着的刚性从动轮的反作用力是径向的，其数值就是 $\sigma = p = \left(\dfrac{k_c}{b} + k_\varphi\right) z^n$。车轮的受力平衡方程为

$$F_{rc} = b \int_0^{\theta_0} \sigma r \sin\theta \, d\theta$$

$$W = b \int_0^{\theta_0} \sigma r \cos\theta \, d\theta$$

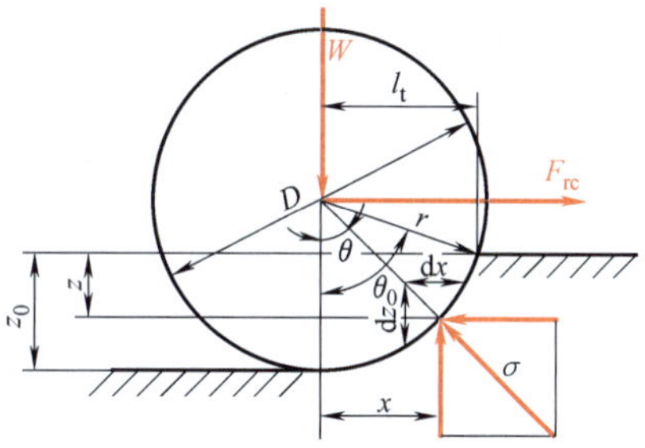

式中，F_{rc} 为土壤压实阻力；W 为垂直载荷；b 为车轮宽度。θ_0 为轮缘与土壤接触面所包含的角度。

而

$$\sigma r \sin\theta \, d\theta = p \, dz \qquad \sigma r \cos\theta \, d\theta = p \, dx$$

故

$$F_{rc} = b \int_0^{z_0} \left(\dfrac{k_c}{b} + k_\varphi\right) z^n \, dz = \left(\dfrac{z_0^{n+1}}{n+1}\right)(k_c + bk_\varphi) \tag{7-11}$$

图7-5　刚性从动轮与松软土壤的相互作用

显然，计算所得的 F_{rc} 值与宽度为 b 的单位长度平板垂直压入土内至 z_0 所做的功相等，故 F_{rc} 称为压实阻力。用式（7-11）计算 F_{rc} 时应先确定 z_0。因为

$$W = b \int_0^{r\sin\theta_0} p \, dx = b \int_0^{r\sin\theta_0} \left(\dfrac{k_c}{b} + k_\varphi\right) z^n \, dx \tag{7-12}$$

由图7-5的几何关系得

$$x^2 = \left(\dfrac{D}{2}\right)^2 - \left[\dfrac{D}{2} - (z_0 - z)\right]^2 = D(z_0 - z) - (z_0 - z)^2$$

当沉陷量较小时　　$x^2 = D(z_0 - z)$，$dx = \dfrac{-D \, dz}{2x} = -\dfrac{\sqrt{D} \, dz}{2\sqrt{z_0 - z}}$

代入式（7-12）并令 $z_0 - z = t^2$，$dz = -2t \, dt$，得

$$W = (k_c + bk_\varphi)\sqrt{D} \int_0^{\sqrt{z_0}} (z_0 - t^2)^n \, dt$$

展开 $(z_0-t^2)^n$，取其中前两项代入上式，经整理后得

$$z_0 = \left[\frac{3W}{(k_c + bk_\varphi)\sqrt{D}(3-n)}\right]^{\frac{2}{2n+1}} \quad (7\text{-}13)$$

将式 (7-13) 代入式 (7-11)，即得压实阻力为[7.1]

$$F_{rc} = \frac{1}{(3-n)^{\frac{2n+2}{2n+1}}(n+1)(k_c+bk_\varphi)^{\frac{1}{2n+1}}}\left(\frac{3W}{\sqrt{D}}\right)^{\frac{2n+2}{2n+1}} \quad (7\text{-}14)$$

由式 (7-14) 可见，增加车轮直径 D 比增加车轮宽度 b 对减小压实阻力更有效。这个方程式对在任何类型均质土壤中产生中等沉陷量的刚性轮均适用。车轮直径越大、沉陷越小，用此式推算的结果越准确。实践证明，当 $z \leq D/6$ 时，即从动轮在被陷住不能动之前，这种推算都是有用的。当 $D<50.8$ cm（20in）时，则随着 D 的减小推算精确度就降低。但这样小的车轮在汽车上很少遇到。

式 (7-14) 用于黏性土壤时较准确，用于存在高滑动沉陷的干沙土则不准确，因推导公式时未考虑滑动问题。对于在控制条件下的刚性从动轮，则计算结果与试验结果即使对干沙土也极为一致。

在松软地面上，滚动着的车轮的前缘将推动土壤形成隆起的前缘波，产生推土阻力 F_{rb}。若 z_0 为沉陷量，γ_s 为土壤单位体积重量，c 为土壤的黏聚系数，b 为轮宽，则有[7.1,7.2]

$$F_{rb} = b(cz_0 K_{pc} + 0.5 z_0^2 \gamma_s K_{pr}) \quad (7\text{-}15)$$

式中，$K_{pc} = (N_c - \tan\varphi)\cos^2\varphi$，$K_{pr} = \left(\frac{2N_r}{\tan\varphi} + 1\right)\cos^2\varphi$，$N_c$ 及 N_r 是土壤承载能力系数（图 7-6）；φ 为土壤摩擦角。

若为很松软的地面，则推土阻力可用下式估算：

$$F_{rb} = b(0.67cz_0 K'_{pc} + 0.5 z_0^2 \gamma_s K'_{pr}) \quad (7\text{-}16)$$

式中，$K'_{pc} = (N'_c - \tan\varphi')\cos^2\varphi'$；$K'_{pr} = \left(\frac{2N'_r}{\tan\varphi'} + 1\right)\cos^2\varphi'$；$N'_c$ 及 N'_r 为局部剪切失效时土壤承载能力系数（图 7-6）；$\tan\varphi' = \frac{2}{3}\tan\varphi$。

式 (7-15) 表明，F_{rb} 与 b 成正比。因此，当接地面积和负荷一定时，大直径的窄轮胎要比小直径的宽轮胎推土阻力小。

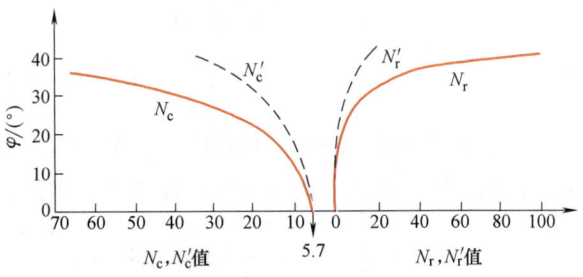

图 7-6 N_c、N'_c、N_r、N'_r 数值图

在非细粒状而具有流体性质的泥浆地面，车辆浸入泥浆部分的形状对运动阻力的影响特别明显，此时推土阻力大于压实阻力而成为主要矛盾。在有硬底层的黏性泥浆里行驶的车辆，推土阻力的大小取决于泥浆的密度 ρ、黏度 μ、行驶速度 u_a 以及车辆行走部分浸入泥浆中的尺寸，即

$$F_{rb} = C_D \rho u_a^2 A/2$$

式中，C_D 为泥浆的阻力系数，为雷诺数 Re 的函数，而 $Re = \rho u_a h/\mu$；h 为浸入泥浆的深度；

A 为浸入泥浆中的面积。

2. 充气轮胎的土壤阻力

充气轮胎在松软地面上会遇到压实阻力、推土阻力及轮胎弹滞损耗阻力。随着土壤坚实度和轮胎充气压力的不同,轮胎将出现两种滚动情况:若土壤很松软,轮胎充气压力 p_i 及胎体刚度产生的压力 p_c 之和大于土壤对轮胎圆周最低点的支承压力,则充气轮胎像刚性轮胎一样滚动;反之,若土壤比较坚实,胎面接地部分将被压成平面。所以,要确定充气轮胎的压实阻力,首先应确定轮胎是按刚性轮还是按弹性轮在土壤上滚动(图 7-7)。

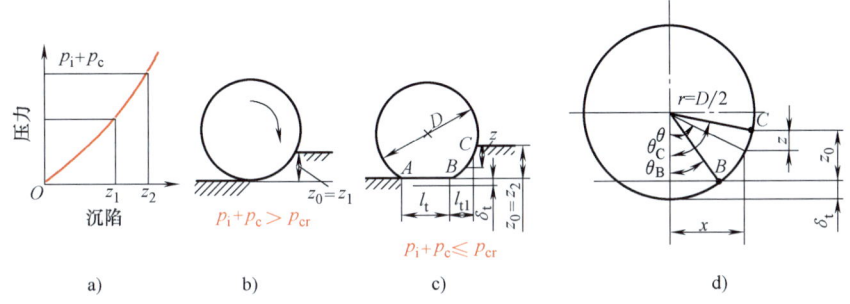

图 7-7 充气轮胎在不同土壤条件下的滚动情况
a) 土壤压力-沉陷曲线 b) 刚性轮情形 c) 弹性轮情形 d) 轮胎-土壤相互作用几何关系

若轮胎像刚性轮一样维持圆形,则根据负荷-沉陷的关系式(7-10)并将式(7-13)代入其中,求得轮胎圆周上最低点处土壤的支承压力为

$$p_g = \left(\frac{k_c}{b} + k_\varphi\right) z_0^n = \left(\frac{k_c}{b} + k_\varphi\right)^{\frac{1}{2n+1}} \left[\frac{3W}{(3-n)b\sqrt{D}}\right]^{\frac{2n}{2n+1}} \tag{7-17}$$

若 $p_i + p_c > p_g$,则轮胎维持圆形,像刚性车轮一样滚动,可用式(7-14)估算其压实阻力。由式(7-17)确定的 p_g 值称为充气轮胎的临界压力 p_{cr}。

p_c 可由试验测得。使轮胎在垂直载荷 W 与充气压力 p_i 下在水平光洁的坚硬路面上滚动,用测得的轮胎印迹面积除以 W 后,便得到在硬路面上的接地压力 p'_g。显然,$p'_g = p_i + p_c$,将它作为 p_i 的函数绘出曲线。该曲线与 $p'_g = p_i$ 曲线之间的距离,即为给定负荷下的 p_c 值(图 7-8)。

若 $(p_i + p_c) < p_{cr}$,部分胎缘将变成平面,其接地压力显然为 $p_i + p_c$。此时的沉陷为

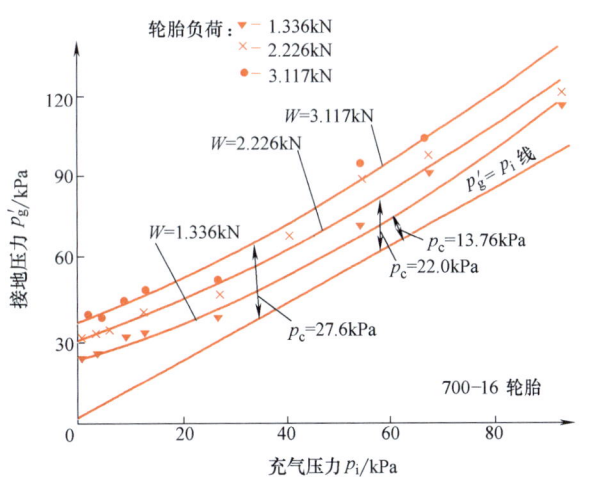

图 7-8 胎体刚度产生的压力 p_c 值的确定

$$z_0 = \left(\frac{p_i + p_c}{k_c/b + k_\varphi}\right)^{\frac{1}{n}} \tag{7-18}$$

将式（7-18）中的 z_0 值代入式（7-11），即得弹性轮胎滚动时的土壤压实阻力为

$$F_{rc} = b\left(\frac{z_0^{n+1}}{n+1}\right)\left(\frac{k_c}{b} + k_\varphi\right) = \frac{[b(p_i + p_c)]^{\frac{n+1}{n}}}{(n+1)(k_c + bk_\varphi)^{\frac{1}{n}}} \quad (7-19)$$

轮胎变形 δ_t 引起的弹滞损失，将构成充气轮胎滚动时的弹滞损耗阻力 F_{rt}，其值可近似地由试验确定。使轮胎以不同充气压力 p_i 在光滑路面上滚动，测出的滚动阻力可作为 F_{rt}。根据试验可知，单位负荷弹滞损耗阻力 $f_t = \dfrac{F_{rt}}{W}$ 可用下面的经验公式来近似表示[7.1]：

$$f_t = \frac{u_a}{p_i^\alpha} \quad (7-20)$$

式中，α 为经验系数。

由此得

$$F_{rt} = W\frac{u_a}{p_i^\alpha} \quad (7-21)$$

充气轮胎的推土阻力可用刚性车轮的式（7-15）或式（7-16）来计算。

3. 履带的土壤阻力

若刚性履带下的土壤压力分布均匀，则土壤沉陷为

$$z_0 = \left(\frac{p}{k_c/b + k_\varphi}\right)^{1/n} = \left(\frac{W/l}{k_c + bk_\varphi}\right)^{1/n} \quad (7-22)$$

在地上压出一条长 l、宽 b、深 z_0 的履带车辙时所做的功为

$$bl\int_0^{z_0} p\,dz = bl\left(\frac{k_c}{b} + k_\varphi\right)\frac{z_0^{n+1}}{n+1} = \frac{l}{(n+1)(k_c + bk_\varphi)^{1/n}}\left(\frac{W}{l}\right)^{\frac{n+1}{n}} \quad (7-22a)$$

若将履带拖行水平距离 l（拉力即为 F_{rc}），所做的功 $F_{rc}l$ 应等于式（7-22a）的功，故得

$$F_{rc} = \frac{1}{(n+1)(k_c + bk_\varphi)^{1/n}}\left(\frac{W}{l}\right)^{\frac{n+1}{n}} \quad (7-23)$$

由此可见，在接地压力不变的条件下，增加履带长度比加宽履带对减小压实阻力更为有效。

在松软地面上行驶时，作用在履带前方的推土阻力可用式（7-15）或式（7-16）计算。

4. 前后串联车轮和车轮重复通过时的土壤压实阻力

前面求出了单个车轮在松软地面上滚动时的土壤阻力，但汽车后轮常是在前轮滚过的土壤上行驶，而车轮滚过后的土壤物理性质可能有些变化，应根据滚过后土壤物理性质的数据，用式（7-14）确定土壤的压实阻力。通常第二次通过时土壤阻力均有所减小，故一般越野汽车都是采用前、后轮距相等并均为单胎的形式，以减小在松软地面上行驶时的阻力。

二、松软地面给车辆的土壤推力

根据土壤的剪切特性可以确定土壤推力。由于土壤在提供推力时发生剪切变形，故车辆驱动轮或履带的接地面相对于地面有向后的滑动，称为**滑转**。它既影响平均车速，又影响燃

料消耗，故应掌握土壤推力与滑转的关系。

1. **履带的土壤推力与滑转率**

履带所获得的推力是由于地面土壤被履刺推动、剪切而产生的。最大土壤推力 $F_{X\max}$ 取决于最大切应力 $\tau_{\max}$ 与接地面积 A，即

$$F_{X\max} = A\tau_{\max} = A(c + \sigma\tan\varphi) = Ac + W\tan\varphi \tag{7-24}$$

式中，W 为垂直载荷；c、φ 分别为土壤的黏聚系数及摩擦角。

在纯摩擦性土壤（如干沙）中，$c=0$，这时车辆的最大土壤推力取决于车重，车辆越重则土壤推力越大，而履带的尺寸对土壤推力无影响；当摩擦角约为 35°时，最大土壤推力约为车重的 70%。在黏性土壤（如饱和黏土）中，$\varphi=0$，这时最大土壤推力取决于履带接地面积，车重的影响甚微，而履带的尺寸是决定性的。

为研究整个工作范围内土壤推力随滑转的变化情况，先要弄清楚滑转与履带接地面上各处剪切变形的关系。

一般用滑转率 s_r 来表明滑转的程度。滑转率为

$$s_r = \frac{u_t - u_a}{u_t} = \frac{u_s}{u_t} \tag{7-25}$$

式中，u_a 为车辆的实际速度；u_t 为车辆的理论速度，$u_t = r\omega$；r 为履带驱动轮节圆半径；ω 为驱动轮角速度；u_s 为履带相对地面的滑动速度，其方向与车辆行驶方向相反。

显然，对应于履带接地面沿长度方向上的各点，其土壤剪切变形等于滑动速度 u_s 与该点接地时间 t 的乘积，即

$$j = u_s t \tag{7-26}$$

设 x 为履带接地面上某点至履带接地面前端的距离，则 $t = x/u_t$，故

$$j = \frac{u_s x}{u_t} = s_r x \tag{7-27}$$

式 (7-27) 表明，履带下土壤剪切变形由前端向后线性地增加，且正比于滑转率，如图 7-9 所示。

由于切应力是剪切变形的函数 [见式 (7-8) 和式 (7-9)]，故履带接地长度各点的切应力即可确定。图 7-10 所示为在某特定土壤上履带下面的切应力分布。单位履带宽的土壤推力显然等于切应力曲线下包含的面积。如用式 (7-9) 代表切应力与剪切变形的关系，则一条履带的土壤推力为

$$F_X = b\int_0^l \tau dx = b\int_0^l (c + \sigma\tan\varphi)[1 - \exp(-j/K)]dx \tag{7-28}$$

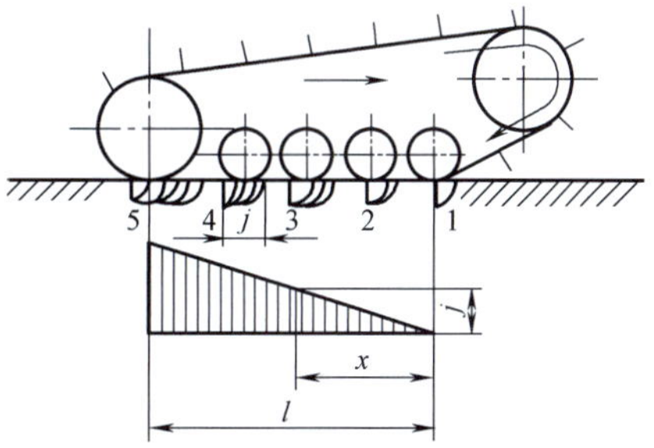

图 7-9 履带接地长度上各点土壤的剪切变形

式中，b 为履带宽度。

式 (7-28) 表明，土壤推力还取决于接触长度中的法向压力 σ。设履带给地面的法向压力是均匀分布的，则 $\sigma = \dfrac{W}{bl}$，此时土壤推力为

$$F_X = b\int_0^l \left(c + \frac{W}{bl}\tan\varphi\right)[1 - \exp(-s_r x/K)]\mathrm{d}x$$

$$= (Ac + W\tan\varphi)\left\{1 - \frac{K}{s_r l}[1 - \exp(-s_r l/K)]\right\} \quad (7\text{-}29)$$

式（7-29）给出了土壤推力与车辆设计参数、土壤物理参数及滑转率的关系。当 $s_r =$ 100%时，计算得到的土壤推力数值与用式（7-24）求得的数值实际上是一样的。式（7-29）也表明了接地长度的重要作用。当两辆履带车具有同样的接地面积与垂直载荷且在同一地面上工作时，长而窄的履带比短而宽的履带的滑转率要小。这有利于提高车辆的通过性，但履带过长会增加转向困难。还要指出，σ 并非均匀分布，这对 F_X 会有一定的影响[7.1]。

2. 驱动轮的土壤推力与滑转率

驱动车轮的运动情况比履带复杂，一般常采用履带的土壤推力公式来估算。对刚性车轮而言，可做如下分析。

轮缘上一点的滑动速度 u_s，即该点绝对速度的切向分量（图7-11），是该点中心角 θ 和滑转率 s_r 的函数，即

$$u_s = r\omega[1 - (1 - s_r)\cos\theta] \quad (7\text{-}30)$$

土壤与轮缘接触面处的剪切变形为

$$j = \int_0^t u_s \mathrm{d}t = \int_0^{\theta_0} r[1 - (1 - s_r)\cos\theta]\mathrm{d}\theta$$

$$= r[(\theta_0 - \theta) - (1 - s_r)(\sin\theta_0 - \sin\theta)] \quad (7\text{-}31)$$

式中，θ_0 为轮缘与土壤接触面所包含的角度。

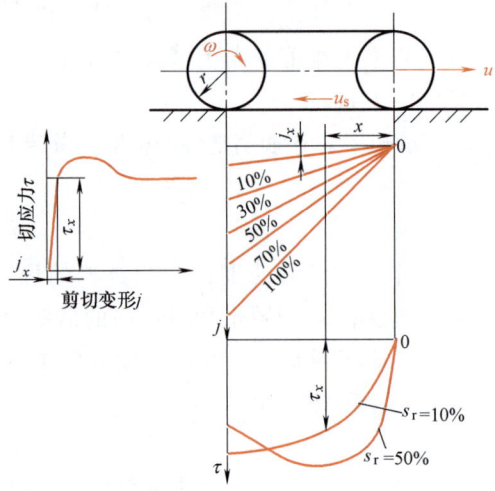

图7-10 履带下面的切应力的分布

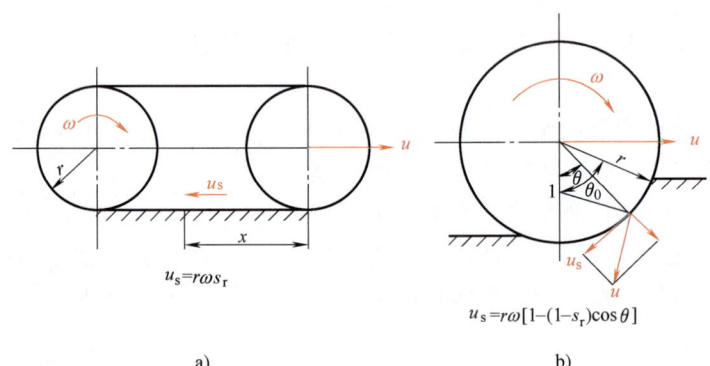

图7-11 刚性车轮轮缘上土壤剪切变形的产生与履带接地面上剪切变形的比较

a）履带　b）刚性轮

若应用式（7-9），则切应力分布为

$$\tau(\theta) = [c + \sigma(\theta)\tan\varphi][1 - \exp(-j/K)]$$

$$= [c + \sigma(\theta)\tan\varphi]\left\{1 - \exp\left\{-\frac{r}{K}[(\theta_0 - \theta) - (1 - s_r)(\sin\theta_0 - \sin\theta)]\right\}\right\} \quad (7\text{-}32)$$

式中，法向正压力 $\sigma(\theta)$ 可用式（7-10）来确定。

对整个车轮与土壤接触面上切应力的水平分量积分，即得土壤推力为

$$F_X = \int_0^{\theta_0} b r \tau(\theta) \cos\theta \, d\theta \tag{7-33}$$

三、挂钩牵引力

车辆的土壤推力 F_X 与土壤阻力 F_r 之差，称为**挂钩牵引力**，即

$$F_d = F_X - F_r \tag{7-34}$$

它表示土壤的强度储备，用来使车辆加速、上坡、克服道路不平的阻力或牵引其他车辆。

挂钩牵引力是滑转率的函数，常用来分析车辆上各种行驶装置的优缺点。

设有两辆总重、接地面积分别相等，但履带长与宽分别不等的车辆，行经同样物理参数的地面时，由计算可知，它们的最大土壤推力是相等的，但窄长履带车的土壤阻力较小，故最大挂钩牵引力较大。另外，窄长履带的滑转率较小，则在同样滑转率下的挂钩牵引力较大。

曾对同样接地面积的三种行走机构进行了计算[7.1]，结果表明，行经同样物理参数的地面时，直径大、胎面窄的轮胎要比直径小、胎面宽的轮胎好得多，履带则更好。在给定的例子中，履带约在 10% 的滑转率时就能发出最大土壤推力，而直径小、胎面宽的轮胎要在近 100% 的滑转率时才能具备同样的能力（图 7-12）。

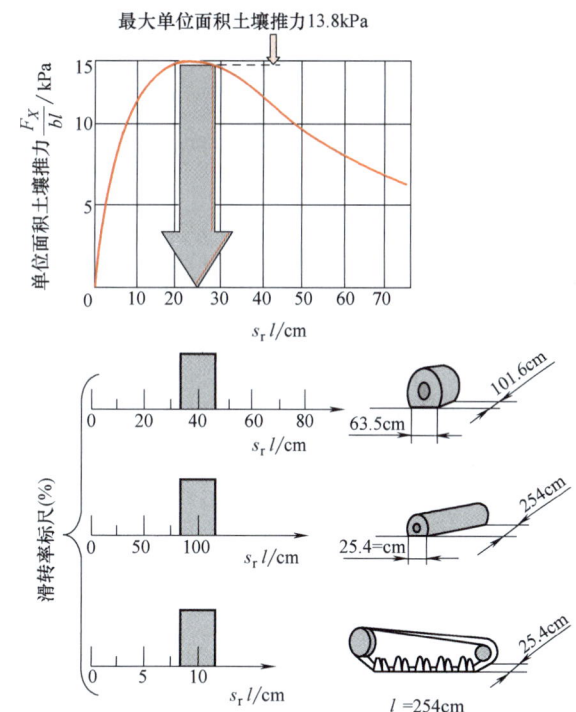

图 7-12 不同行走机构的土壤推力与滑转率关系曲线

由上述两例可见，相对于运动方向来说，接地面积应是纵而长的好而不是横而宽的好。因此，在特别困难的条件下，轮胎常不能代替履带。

第四节　牵引通过性计算

上节中，对车辆的阻力及牵引力进行了分析计算。该方法的特点是计算简单，车轮受力与土壤参数及行走机构参数间的关系以显式方程表示，可以直观地分析出行走机构的改进方向。但是，此方法没有考虑轮胎接地面上切应力对土壤阻力的影响，所以对从动轮适用，对驱动轮则不适用。

进行车辆牵引通过性计算时,首先要确定轮胎与土壤的接触界面的形状及接触界面上的应力分布,然后列出车轮受力平衡方程并求解,从而得到车辆牵引通过性参数。

为方便起见,假设轮胎与土壤接触界面为一段平面加一段圆弧面,应力分布服从式(7-9)、式(7-10),并且不考虑轮胎的弹滞损耗阻力及推土阻力,则弹性驱动轮在松软地面上的受力分析如图7-13所示,根据受力平衡有

$$W = rb\int_{\theta_2}^{\theta_1}(p_1\cos\theta + \tau_1\sin\theta)\mathrm{d}\theta + 2rbp_2\sin\theta_2 \tag{7-35}$$

$$F_\mathrm{d} = rb\int_{\theta_2}^{\theta_1}(\tau_1\cos\theta - p_1\sin\theta)\mathrm{d}\theta + b\int_0^l \tau_2\mathrm{d}x$$

$$= rb\int_{\theta_2}^{\theta_1}(\tau_1\cos\theta - p_1\sin\theta)\mathrm{d}\theta + rb\cos\theta_2\int_{-\theta_2}^{\theta_2}\tau_2(1+\tan^2\theta)\mathrm{d}\theta \tag{7-36}$$

$$T_\mathrm{w} = r^2 b\int_{\theta_2}^{\theta_1}\tau_1\mathrm{d}\theta + rb\cos\theta_2\int_{-\theta_2}^{\theta_2}\tau_2\mathrm{d}\theta$$

$$= r^2 b\int_{\theta_2}^{\theta_1}\tau_1\mathrm{d}\theta + r^2 b\cos^2\theta_2\int_{-\theta_2}^{\theta_2}\tau_2(1+\tan^2\theta)\mathrm{d}\theta \tag{7-37}$$

式中,p_1、τ_1 为接地圆弧面上的法向及切向应力;p_2、τ_2 为接地平面上的法向及切向应力;θ_1、θ_2 为轮胎接地角度(图7-13);l 为接地平面部分长度,$l=2r\sin\theta_2$;b 为轮胎宽度。

接地圆弧面上各点处的沉陷为

$$z = r(\cos\theta - \cos\theta_1) \tag{7-38}$$

将式(7-38)代入式(7-10),即可得到圆弧面上各点的法向应力为

$$p_1 = \left(\frac{k_c}{b} + k_\varphi\right)r^n(\cos\theta - \cos\theta_1)^n \tag{7-39}$$

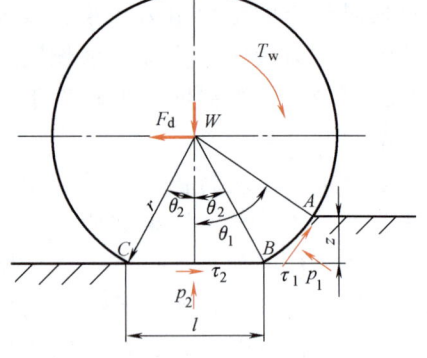

图7-13 驱动轮受力分析

而轮胎的接地压力 p_2 为

$$p_2 = p_\mathrm{g} = p_\mathrm{c} + \alpha p_\mathrm{i} \tag{7-40}$$

式中,p_g 为接地轮胎压力;p_c 为胎壁产生的接地压力;p_i 为轮胎充气压力;α 为经验系数。

在 B 点处,$p_1=p_2$,因此可得到 θ_1、θ_2 间的关系为

$$\cos\theta_2 = \cos\theta_1 + (p_\mathrm{g}/k)^{\frac{1}{n}}/r \tag{7-41}$$

由式(7-9)可知

$$\tau_1 = (c + p_1\tan\varphi)[1 - \exp(-j_1/K)] \tag{7-42}$$

$$\tau_2 = (c + p_2\tan\varphi)[1 - \exp(-j_2/K)] \tag{7-43}$$

对车轮进行运动分析可知[7.3]

$$j_1(\theta) = r[(\theta_1 - \theta) - (1 - s_\mathrm{r})(\sin\theta_1 - \sin\theta)] \tag{7-44}$$

$$j_2(\theta) = j_1(\theta) + s_\mathrm{r} x$$

$$= r[(\theta_1 - \theta) - (1 - s_\mathrm{r})(\sin\theta_1 - \sin\theta)] + s_\mathrm{r} r\cos\theta_2(\tan\theta_2 - \tan\theta_1) \tag{7-45}$$

由式(7-35)、式(7-38)~式(7-45),通过计算机程序可迭代求解出 θ_1、θ_2,代入

式（7-36）、式（7-37）即可求出 F_d、T_w。再由式（7-1）、式（7-2），即可算出牵引系数及牵引效率。

第五节　间隙失效的障碍条件

一、顶起失效的障碍条件

汽车通过由两个相交平面形成的凸起障碍时，汽车与障碍间的相对位置的改变情况如图7-14所示。该图也可看成是车辆不动而障碍在运动。此时障碍顶点 A 的轨迹为直径等于 D_r 的圆，D_r 称为地隙直径。该圆与两车轮在 B、C 点相切。B、C 点的位置可由角 α_0 决定，而 α_0 又由汽车的一个车轮刚好滚过障碍顶点时的极限位置所确定。BO 与 CO 和汽车轴距中心线的交点 O 即为该圆的圆心。当障碍的尺寸使图上所示的间隙量

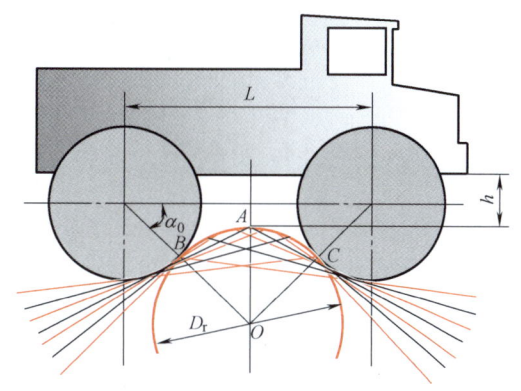

图7-14　汽车与障碍间的相对位置的改变情况

$h<0$ 时，即该圆和汽车底部某零件相交时，则发生顶起失效。当 $h=0$ 时，即该圆和汽车底部某零件相切时，则是汽车通过障碍的极限尺寸。这时，BAC 所对的圆周角即为汽车的纵向通过角。

由图7-15可知，汽车顶起失效的障碍条件为

$$h_m + 0.5(D + D_r)\sin\alpha_0 - 0.5D \leq 0.5D_r$$

或

$$h_m \leq 0.5(D + D_r)(1 - \sin\alpha_0)$$

式中，h_m 为汽车中部地隙；D、D_r 为分别为车轮直径与地隙直径。

因

$$(D + D_r)\cos\alpha_0 = L \quad (7\text{-}46)$$

将式（7-46）代入上面的不等式，得顶起条件为

$$h_m \leq 0.5\left[(D + D_r) - \sqrt{(D + D_r)^2 - L^2}\right] \quad (7\text{-}47)$$

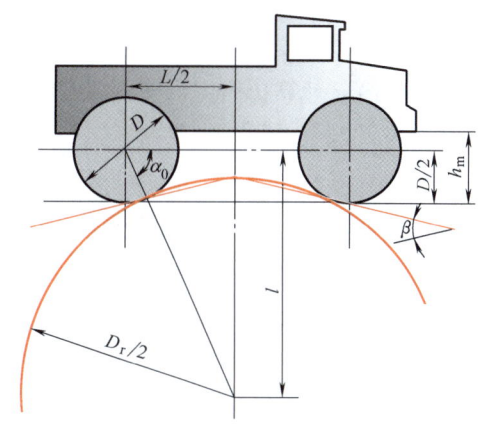

图7-15　汽车顶起失效的几何关系

由图7-16，若 β_0 为障碍的上升平面与下降平面之夹角，而 $\beta_0 = 180° - \beta$，$\delta = \alpha_0 - (90° - \beta)$，则有

$$\frac{\cos\delta - \sin\alpha_0}{2L/D - \cos\alpha_0 - \sin\delta} = \tan\delta \quad (7\text{-}47a)$$

将式（7-47a）与式（7-46）联立求解，得出作为 β 的函数的 D_r 值为

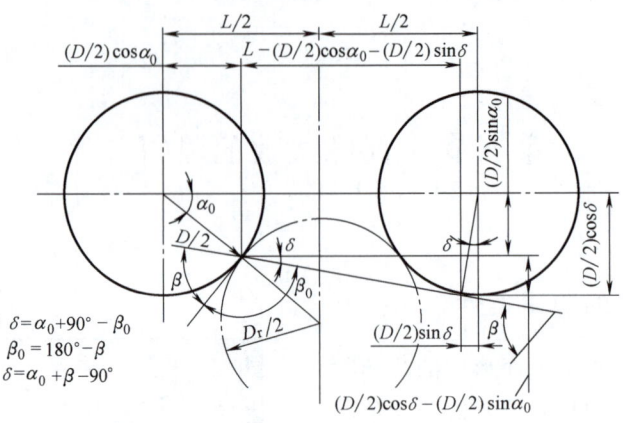

图 7-16 地隙直径的几何关系

$$D + D_r = \frac{2L^2 D(\cos\beta - \cos^2\beta)}{4L^2\sin^2\beta - D^2(1-\cos\beta)^2} +$$

$$\sqrt{\left[\frac{2L^2 D(\cos\beta - \cos^2\beta)}{4L^2\sin^2\beta - D^2(1-\cos\beta)^2}\right]^2 + \frac{4L^4}{4L^2\sin^2\beta - D^2(1-\cos\beta)^2}}$$

若将此式带入式（7-47），则可得出在顶起失效的条件下，汽车中部地隙 h_m 与轴距 L、车轮直径 D 及角 β（$\beta=180°-\beta_0$）之间的关系。

二、触头失效的障碍条件

如图 7-17 所示，一辆前悬长为 L_f 的汽车，通过平面障碍并驶进深 h、沟底坡角为 β_1 的沟内。为了简化计算，假定汽车前端底部位置位于前、后车轮的中心平面上，如图中小圆圈位置。由几何关系可知，发生触头失效的条件是

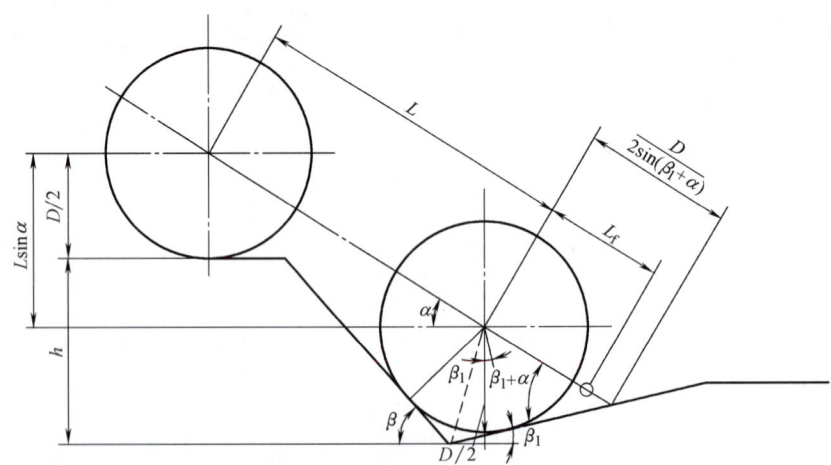

图 7-17 触头失效的几何条件

$$\frac{D}{2\sin(\beta_1 + \alpha)} \leq L_f \tag{7-48}$$

式中，α 为汽车失效时纵轴线的倾角；D 为车轮直径。

式（7-48）中的 α 角可由图 7-17 的几何关系求得

$$\sin\alpha = \frac{h}{L} + \frac{D}{2L}\left[1 - \frac{\cos(\beta - \beta_1)/2}{\cos(\beta + \beta_1)/2}\right] \tag{7-49}$$

由式（7-49）确定 α（$0<\alpha<\beta$）以后，就可求得不致发生触头现象的 L_f 极限值。

第六节　汽车越过台阶、壕沟的能力

越野行驶中的汽车常常要克服台阶、壕沟等障碍，这时由于其车速很低，故可用解静力学平衡方程来求得障碍物与汽车参数间的关系。

图 7-18 所示为后轮驱动的四轮（4×2）汽车越过硬地面上的台阶时的情况。由该图可知，前轮（从动轮）碰到台阶（图 7-18a）时有下列平衡方程式：

$$\left.\begin{array}{l} F_1\cos\alpha + fF_1\sin\alpha - \varphi F_2 = 0 \\ F_1\sin\alpha + F_2 - fF_1\cos\alpha - G = 0 \\ fF_1D/2 + F_2L - Ga - \varphi F_2 D/2 = 0 \end{array}\right\}$$

式中，G 为汽车总重力；F_1 为台阶作用于前（从动）轮的反作用力；F_2 为后轴负荷；φ 为附着系数；f 为滚动阻力系数。

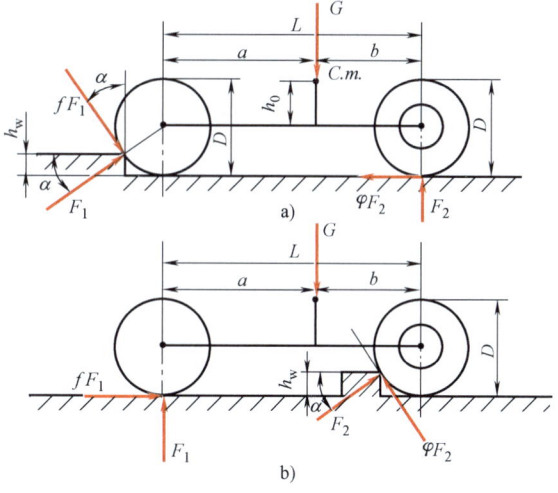

图 7-18　4×2 汽车越过硬地面上的台阶时的情况
a）前轮越过台阶　b）后轮越过台阶

将方程中的 G、F_1、F_2 消去，可得如下无因次方程式：

$$\left(\frac{\varphi + f}{\varphi}\frac{a}{L} - \frac{f}{\varphi} + \frac{fD}{2L}\right)\sin\alpha$$
$$- \left(\frac{1}{\varphi} - \frac{1 - f\varphi}{\varphi}\frac{a}{L} - \frac{D}{2L}\right)\cos\alpha = \frac{fD}{2L}$$

由图 7-18 中的几何关系可知

$$\sin\alpha = \frac{0.5D - h_w}{0.5D} = 1 - 2\frac{h_w}{D}$$

代入上式并设硬路面上的 $f \approx 0$，则上式成为

$$\left(\frac{h_w}{D}\right)_1 = \frac{1}{2}\left\{1 - \left[1 + \left(\frac{\varphi a/L}{1 - a/L - \varphi D/2L}\right)^2\right]^{-\frac{1}{2}}\right\} \tag{7-50}$$

式中，$(h_w/D)_1$ 为前轮单位车轮直径可克服的台阶高，它表示汽车前轮越过台阶的能力。

由式（7-50）可知，L/D 越小及 a/L 越大，$(h_w/D)_1$ 就越大，即汽车的前轮也越容易越

过较高的台阶。

当后轮（驱动轮）碰到台阶（图 7-18b）时，其平衡方程式为

$$\left.\begin{array}{r}fF_1 + F_2\cos\alpha - \varphi F_2\sin\alpha = 0 \\ F_1 + F_2\sin\alpha + \varphi F_2\cos\alpha - G = 0 \\ \varphi F_2 D/2 + F_1 L - Gb - fF_1 D/2 = 0\end{array}\right\} \quad (7\text{-}50a)$$

式中，F_1 为前轴负荷；F_2 为台阶作用于后（驱动）轮的反作用力。

将 $\sin\alpha = 1 - 2h_w/D$ 及 $f = 0$ 代入式（7-50a），可解得

$$\left(\frac{h_w}{D}\right)_2 = \frac{1}{2}\left(1 - \frac{1}{\sqrt{1+\varphi^2}}\right) \quad (7\text{-}51)$$

式中，$(h_w/D)_2$ 为后驱动轮单位车轮直径可克服的台阶高，它表示汽车后轮越过台阶的能力。

由式（7-51）可见，后轮越过台阶的能力与汽车参数无关。由于通常 $a > b$，比较式（7-50）、式（7-51）可知，后轮是限制汽车越过台阶的因素。式（7-51）计算所得的曲线示于图 7-19 下部。

图 7-20 所示为 4×4 汽车在硬路面上越过台阶时的受力情况。按上述同样的方法，当前轮与台阶相碰（图 7-20a）时，有

$$\left(\frac{1}{\varphi} - \frac{1+\varphi^2}{\varphi}\frac{a}{L} - \frac{D}{2L}\right)\cos\alpha - \left(1 - \frac{\varphi D}{2L}\right)\sin\alpha - \frac{\varphi D}{2L} = 0$$

同样以 $\sin\alpha = 1 - 2h_w/D$ 代入，可求出 $(h_w/D)_1$，经分析计算后可知，$(h_w/D)_1$ 是随 L/D 的增加而降低的；另外，增加 a/L 的比值时，可以使 4×4 汽车前轮越过台阶的能力显著提高，甚至可使车轮爬上高度大于其半径的台阶。

当后轮碰到台阶（图 7-20b）时有

$$\left(\cos\beta - \varphi\sin\beta + \frac{\varphi D}{2L}\right)\sin\alpha - \frac{\varphi D}{2L} - \left[\left(\frac{1+\varphi^2}{\varphi}\frac{a}{L} - \varphi\right)\cos\beta + \left(\frac{1+\varphi^2}{\varphi}\frac{h_0}{L} - 1\right)\sin\beta + \frac{D}{2L}\right]\cos\alpha = 0$$

(7-51a)

对式（7-51a）进行分析可知，a/L 比值的影响正好与 4×4 汽车前轮越过台阶的情况相反。长轴距、前轴负荷大的汽车（即 a/L 较小），其后轮越过台阶的能力要比前轮大。较大的 L/D 比值时，不论汽车的总质量如何在轴间分配，总会改善后轮的越障能力。

由图 7-19 可知，4×2 汽车的越障能力要比 4×4 汽车差得多。4×4 汽车的越障能力与 a/L 的比值有关，有关的数据均已包含在曲线的阴影区内。该区域的上、下限取决于被试汽车的几何参数。由图 7-19 可知，当 $\varphi = 0.7$ 时，根据 a/L 的参数不同，4×4 汽车的 $h_w/D = 0.18 \sim 0.26$，但是后轮驱动的 4×2 汽车的越障能力比 4×4 汽车降低一半。

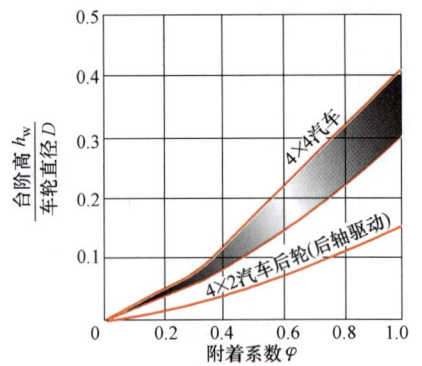

图 7-19 汽车越障能力与附着系数的关系

用同样方法解汽车越过壕沟的问题时可以看到，沟宽 l_d 与车轮直径之比值与上面求得

的 h_w/D 值只有一个换算系数的差别,它们之间的关系为

$$\frac{l_d}{D} = 2\sqrt{\frac{h_w}{D} - \left(\frac{h_w}{D}\right)^2} \quad (7-52)$$

因此,只要知道车轮越过垂直障碍的能力 h_w/D,即可由式(7-52)求得越过壕沟的宽度与车轮直径的比值 l_d/D,从而求得越过壕沟的宽度。

如上所述,对 4×4 汽车,就 D/L 与 a/L 比值的变化而言,前、后轮在越障能力方面有不同的反映。设计时应考虑这两方面的折衷。这可通过将前、后轮对不同 a/L 值绘制 $h_w/D = F(\varphi)$ 曲线,找出它们的理想交点来求得。初步设计时,若结果不够理想,可适当地改变 a/L 值,以得出较好的性能。

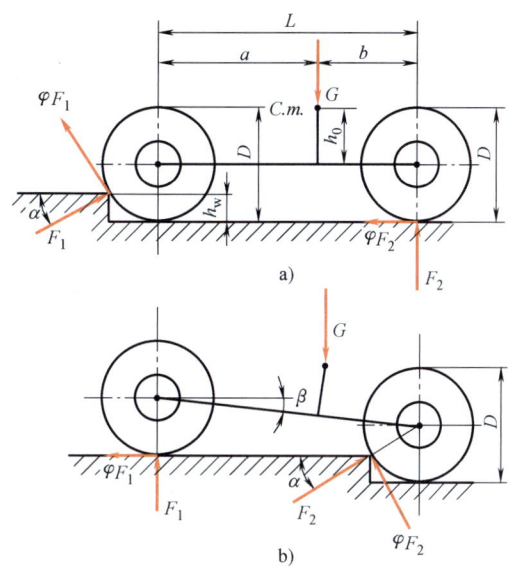

图 7-20 4×4 汽车在硬路面上越过台阶时的受力情况
a) 前轮越过台阶 b) 后轮越过台阶

第七节　汽车的通过性试验

一、通过性试验的主要内容

由于汽车的通过性主要取决于它的几何参数与挂钩牵引性能,因此通过性试验的内容应包括对这两类参数的测定。

汽车通过性的几何参数是在满载的情况下测定的。有些也可以在按比例画出并经实践校正的汽车外形图上用作图法求得。

汽车越野行驶的挂钩牵引性能应在各种典型的坏路下,尤其是应在各种典型的无路地区(如泥泞、沼泽、水田、松软土壤、沙漠、草原、雪地等)进行测定。所测定的参数一般包括土壤阻力、汽车的挂钩牵引力、汽车行驶的滑转率、轮胎在给定胎压下的接地面积与接地比压以及驱动车轮上的转矩等。

还应进行越障性能的试验,以检验汽车通过某些典型障碍(如陡坡、侧坡、凸岭、路沟、壕沟、弹坑、灌木丛、河流、土坎、田埂及台阶等)的能力。

试验前应详细测定地面及障碍的物理状态,如有关土壤参数(如参数 c、φ、K、n、k_c、k_φ、ρ、C_D 等)和几何尺寸(如坡度、垂直障碍高、壕沟宽、泥泞及雪层的厚度及河水深度)等。

二、土壤参数的测定

车辆通过性计算中,经常会利用到表征土壤承压及剪切特性的有关参数(如参数 n、

k_c、k_φ、c、φ、K），下面介绍这几个土壤参数的试验方法及试验数据处理方法。

土壤参数的试验常用各种形式的贝氏仪。图 7-21 所示为一种传统的贝氏仪示意图。现在已设计制造了各种车载贝氏仪，但其测量原理都基本相同。各种贝氏仪基本上由三部分组成：加载装置、测试装置及数据采集及处理装置。加载装置包括压力及转矩加载装置，分别用来进行土壤的承压及剪切特性试验；测试装置包括不同宽度的压板、压力传感器、位移传感器、剪切环、转矩传感器、角位移传感器；数据采集及处理装置可采用磁带机、A/D 板、微型计算机等。

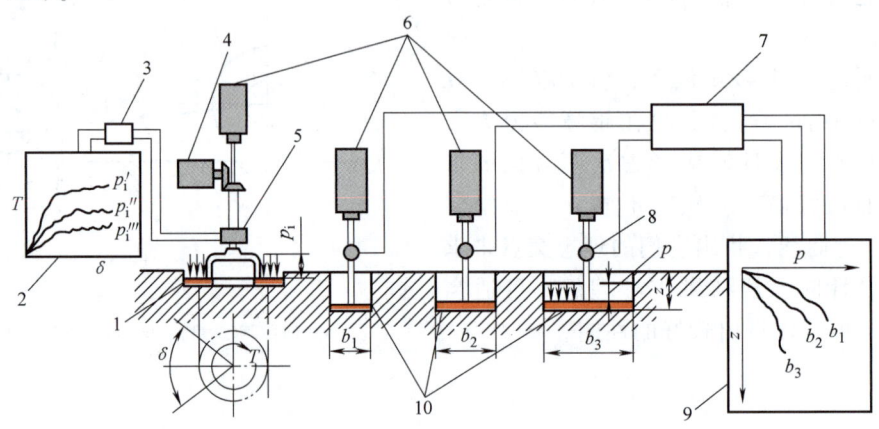

图 7-21　一种传统的贝氏仪示意图

1—剪切环　2、9—记录带　3、7—放大器　4—转矩马达　5—转矩及角运动传感器
6—加载缸筒　8—压力表　10—穿入平板

在土壤承压特性试验中，记录土壤沉陷量 z 及相应的压板下的单位面积压力 p 之间的关系。

在土壤剪切特性试验中，剪切环转角及作用在其上的转矩之间的关系，通过下述方法将之转换为剪切力与剪切位移间的关系。

假定剪切环产生某一角位移时，底面及侧面上的平均切应力分别为 τ_b、τ_s，则[7.5]

$$T = T_b + T_s = \frac{2\pi}{3}(r_o^3 - r_i^3)\tau_b + 2\pi h\xi(r_o^2 + r_i^2)\tau_s$$

$$= \frac{2\pi}{3}(r_o^3 - r_i^3)\tau \tag{7-53}$$

式中，T、T_b、T_s 为作用在剪切环上的总转矩、底面及侧面上的转矩；τ_b、τ_s 为剪切环底面及侧面上的切应力；τ 为等效切应力，$\tau = \tau_b + Qh\tau_s$；$Q = \dfrac{3(r_o^2 + r_i^2)}{r_o^3 - r_i^3}$；$r_i$、$r_o$ 为剪切环的内、外径；h 为剪切齿片高；ξ 为系数，当剪切环沉陷 $z < h/2$ 时，$\xi = 1$，当 $z > h/2$ 时，$\xi = 2\sin^2(45° + \varphi/2)$。

剪切环转动时，底面上的平均剪切位移为

$$j = \frac{\pi(r_o + r_i)\theta}{360} \tag{7-54}$$

式中，θ 为剪切环转角（°）。

通过式（7-53）、式（7-54）即可将 M 与 θ 的关系转换为 τ 与 j 之间的关系。

根据 Coulomb 定律，最大切应力随法向应力而变化，为

$$\tau_{\max} = c + p\tan\varphi \tag{7-55}$$

式中，c 为土壤内聚力，又称为土壤的黏聚系数；φ 为土壤内摩擦角（°）。

由式（7-55）可知，根据不同法向应力下的最大切应力，即可得到土壤内聚力及内摩擦角。由于剪切环侧面存在剪切作用，此时求得的内聚力及摩擦角为"表观"内聚力及内摩擦角，它们与土壤的"真实"内聚力及内摩擦角存在如下关系：[7.5]

$$\left.\begin{array}{l} c = c_e/(1 + Q\xi) \\ \varphi = \varphi_e \end{array}\right\} \tag{7-56}$$

式中，c_e、φ_e 为"表观"内聚力及内摩擦角。

参 考 文 献

[7.1] Bekker M G. Introduction to Terrain-Vehicle Systems [M]. Michigan：The University of Michigan Press，1969.

[7.2] Karafiath L L, Nowatzki E A. Soil Mechanics for Off-Road Vehicle Engineering [M]. Germany：Trans. Tech. Publications，1978.

[7.3] Wong J Y. Terramechanics and Off-Road Vehicles [M]. Amsterdam, the Netherland：Elsevier Science Publisher，1989.

[7.4] 庄继德. 汽车地面力学 [M]. 北京：机械工业出版社，1981.

[7.5] 陈秉聪. 土壤—车辆系统力学 [M]. 北京：中国农业出版社，1981.

习 题

第 一 章

1.1　试说明轮胎滚动阻力的定义、产生机理和作用形式。

1.2　滚动阻力系数与哪些因素有关？

1.3　确定一轻型货车的动力性能（货车可装用4档或5档变速器，任选其中的一种进行整车性能计算）：

1）绘制汽车驱动力与行驶阻力平衡图。

2）求汽车最高车速、最大爬坡度及克服该坡度时相应的附着率。

3）绘制汽车行驶加速度倒数曲线，用图解积分法求汽车用2档起步加速行驶至70km/h的车速-时间曲线，或者用计算机求汽车用2档起步加速行驶至70km/h的加速时间。

轻型货车的有关数据如下：

汽油发动机使用外特性的T_q-n曲线的拟合公式为

$$T_q = -19.313 + 295.27\left(\frac{n}{1000}\right) - 165.44\left(\frac{n}{1000}\right)^2 + 40.874\left(\frac{n}{1000}\right)^3 - 3.8445\left(\frac{n}{1000}\right)^4$$

式中，T_q为发动机转矩（N·m）；n为发动机转速（r/min）。

发动机的最低转速$n_{min}=600$r/min，最高转速$n_{max}=4000$r/min

装载质量	2000kg
整车整备质量	1800kg
总质量	3880kg
车轮半径	0.367m
传动系机械效率	$\eta_T = 0.85$
滚动阻力系数	$f = 0.013$
空气阻力系数×迎风面积	$C_D A = 2.77\text{m}^2$
主减速器传动比	$i_0 = 5.83$
飞轮转动惯量	$I_f = 0.218\text{kg}\cdot\text{m}^2$
二前轮转动惯量	$I_{w1} = 1.798\text{kg}\cdot\text{m}^2$
四后轮转动惯量	$I_{w2} = 3.598\text{kg}\cdot\text{m}^2$
变速器传动比	i_g（数据如下表）

档位 变速器	1档	2档	3档	4档	5档
4档变速器	6.09	3.09	1.71	1.00	—
5档变速器	5.56	2.769	1.644	1.00	0.793

轴距	$L = 3.2$m
质心至前轴距离（满载）	$a = 1.947$m

质心高（满载）　　　　　　　　　　　　　　　　　$h_g = 0.9 \text{m}$

1.4　空车、满载时汽车动力性有无变化？为什么？

1.5　如何选择汽车发动机功率？

1.6　超车时该不该换入低一档的排档？

1.7　统计数据表明，装有 0.5~2L 排量发动机的轿车，若是前置发动机前轮驱动（FF）轿车，其平均的前轴负荷为汽车总重力的 61.5%；若是前置发动机后轮驱动（FR）轿车，其平均的前轴负荷为汽车总重力的 55.7%。设一轿车的轴距 $L = 2.6 \text{m}$，质心高度 $h = 0.57 \text{m}$。试比较采用 FF 及 FR 型式时的附着力利用情况，分析时其前轴负荷率取相应型式的平均值。确定上述 FF 型式轿车在 $\varphi = 0.2$ 及 0.7 路面上的附着力，并求由附着力所决定的极限最高车速与极限最大爬坡度及极限最大加速度（在求最大爬坡度和最大加速度时可设 $F_w = 0$）。其他有关参数为：$m = 1600 \text{kg}$，$C_D = 0.45$，$A = 2.00 \text{m}^2$，$f = 0.02$，$\delta \approx 1.00$。

1.8　一轿车的有关参数如下：

总质量 1600kg；质心位置：$a = 1450 \text{mm}$，$b = 1250 \text{mm}$，$h_g = 630 \text{mm}$；发动机最大转矩 $T_{tqmax} = 140 \text{N} \cdot \text{m}$；1 档传动比 $i_1 = 3.85$；主减速器传动比 $i_0 = 4.08$；传动效率 $\eta_m = 0.9$；车轮半径 $r = 300 \text{mm}$；飞轮转动惯量 $I_f = 0.25 \text{kg} \cdot \text{m}^2$；全部车轮的转动惯量 $\sum I_w = 4.5 \text{kg} \cdot \text{m}^2$（其中，前轮的 $I_w = 2.25 \text{kg} \cdot \text{m}^2$，后轮的 $I_w = 2.25 \text{kg} \cdot \text{m}^2$）。若该轿车为前轮驱动，问：当地面附着系数为 0.6 时，在加速过程中发动机转矩能否充分发挥而产生应有的最大加速度？应如何调整重心在前、后方向的位置（即 b 值），才可以保证获得应有的最大加速度？若令 $\dfrac{b}{L} \times 100\%$ 为前轴负荷率，求原车的质心位置改变后该车的前轴负荷率。

解题时，为计算方便，可忽略滚动阻力与空气阻力。

1.9　一辆后轴驱动汽车的总质量 2152kg，前轴负荷 52%，后轴负荷 48%，主传动比 $i_0 = 4.55$，变速器传动比：1 档为 3.79，2 档为 2.17，3 档为 1.41，4 档为 1.00，5 档为 0.86。质心高度 $h_g = 0.57 \text{m}$，$C_D A = 1.5 \text{m}^2$，轴距 $L = 2.3 \text{m}$，飞轮转动惯量 $I_f = 0.22 \text{kg} \cdot \text{m}^2$，四个车轮总的转动惯量 $I_w = 3.6 \text{kg} \cdot \text{m}^2$，车轮半径 $r = 0.367 \text{m}$。该车在附着系数 $\varphi = 0.6$ 的路面上低速滑行曲线和直接档加速曲线如习题图 1 所示。图中给出了滑行数据的拟合直线 $v = 19.76 - 0.59T$，v 的单位 km/h，T 的单位为 s，直接档最大加速度 $a_{max} = 0.75 \text{m/s}^2$（$u_a = 50 \text{km/h}$）。设各档传动效率均为 0.90，求：

1) 汽车在该路面上的滚动阻力系数。

2) 求直接档的最大动力因数。

3) 在此路面上该车的最大爬坡度。

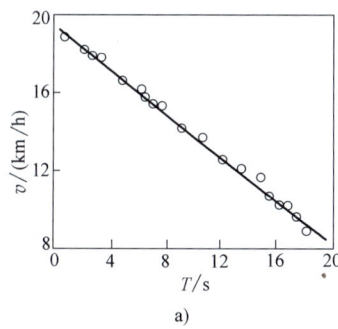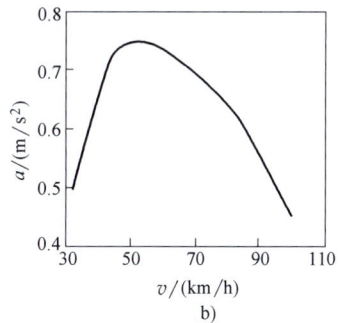

习题图 1　低速滑行曲线与直接档加速度曲线

a) 滑行试验　b) 加速试验

1.10　汽车 $T_{tqmax}/n_{tq} = 137 \text{N} \cdot \text{m}/4000 \text{r/min}$，$P_{emax}/n_P = 66 \text{kW}/5600 \text{r/min}$，该车变速器传动比分别为 $i_1 = 3.5$，$i_2 = 2.1$，$i_3 = 1.4$，$i_4 = 1.0$，主减速器传动比 $i_0 = 3.9$，汽车总质量 $m = 1300 \text{kg}$，车轮半径 $r = 0.30 \text{m}$，$C_D A = 0.48 \text{m}^2$，传动系效率 $\eta_T = 0.92$，滚动阻力系数 $f = 0.019$。该车以四档在水平路面行驶，发动机转速为最大功率对应的转速时，汽车的车速是多少？此时，汽车有无后备功率？若有，后备功率是多少？

该车速下匀速能爬上的坡度是多少?

1.11 已知桑塔纳 2000Gsi 轿车发动机最大功率为 74kW（5200r/min），最大转矩为 155N·m（3800r/min）；五档变速器各档传动比分别为：3.455、1.944、1.286、0.969、0.800；主减速器传动比为 4.111；迎风面积为 2.05m²；空气阻力系数为 0.30；车轮半径为 0.30m；传动系效率为 0.91；滚动阻力系数为 0.015；总质量为 1300kg，轴距为 2.656m；质心至前轴距离为 1.20m，质心高为 0.62m。试计算该车以最高档行驶时，发挥出最大发动机功率时的车速是多少？此时能产生的驱动力是多少？能否克服相应的滚动阻力和空气阻力？如果驱动力大于滚动阻力和空气阻力，那么剩余的力可以使其在多大的坡度上均速行驶？该车的最大驱动力是多少？

1.12 一四轮驱动汽车 $T_{tqmax}/n_{tq}=137$N·m/4000r/min，$P_{emax}/n_p=66$kW/5600r/min，该车变速器传动比分别为 $i_1=3.5$，$i_2=2.1$，$i_3=1.4$，$i_4=1.0$，主减速器传动比 $i_0=3.9$，汽车总质量 $m=1300$kg，车轮半径 $r=0.3$m，$C_DA=0.48$m²，传动系效率为 $\eta_T=0.92$。当该车在滚动阻力系数 $f=0.019$，附着系数 $\varphi=0.4$ 的路面上以最高档行驶时，能否发挥出其最大功率？为什么？一档时能否爬上 30% 的坡度？

第 二 章

2.1 "车开得慢，油门踩得小，就一定省油"，或者"只要发动机省油，汽车就一定省油"这两种说法对不对？

2.2 试述无级变速器与汽车动力性、燃油经济性的关系。

2.3 用发动机的"最小燃油消耗特性"和克服行驶阻力应提供的功率曲线，确定保证发动机在最经济工况下工作的"无级变速器调节特性"。

2.4 如何从改进汽车底盘设计方面来提高燃油经济性？

2.5 为什么汽车发动机与传动系统匹配不好会影响汽车燃油经济性与动力性？试举例说明。

2.6 试分析超速档对汽车动力性和燃油经济性的影响。

2.7 习题图 2 是题 1.3 中货车装用汽油发动机的负荷特性与万有特性。负荷特性曲线的拟合公式为

$$b = B_0 + B_1 P_e + B_2 P_e^2 + B_3 P_e^3 + B_4 P_e^4$$

式中，b 为燃油消耗率 [g/(kW·h)]；P_e 为发动机净功率（kW）。

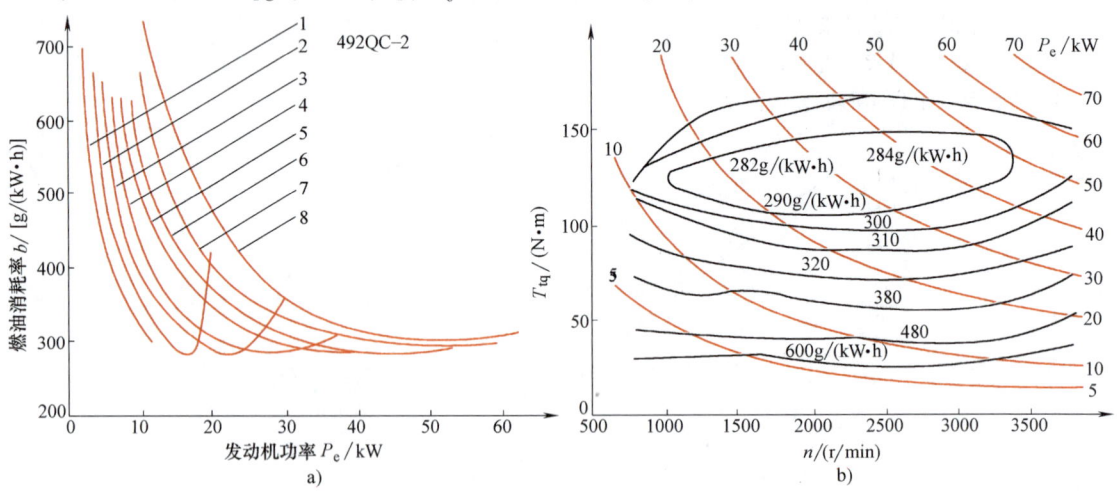

习题图 2 汽油发动机的负荷特性与万有特性
a) 负荷特性 b) 万有特性
1—815r/min 2—1207r/min 3—1614r/min 4—2012r/min 5—2603r/min
6—3006r/min 7—3403r/min 8—3804r/min

拟合公式中的系数如下：

(续)

n/(r/min)	B_0	B_1	B_2	B_3	B_4
815	1326.8	-416.46	72.379	-5.8629	0.17768
1207	1354.7	-303.98	36.657	-2.0553	0.043072
1614	1284.4	-189.75	14.524	-0.51184	0.0068164
2012	1122.9	-121.59	7.0035	-0.18517	0.0018555
2603	1141.0	-98.893	4.4763	-0.091077	0.00068906
3006	1051.2	-73.714	2.8593	-0.05138	0.00035032
3403	1233.9	-84.478	2.9788	-0.047449	0.00028230
3804	1129.7	-45.291	0.71113	-0.00075215	-0.000038568

怠速油耗 Q_{id} = 0.299mL/s（怠速转速 400r/min）。

计算与绘制题 1.3 中货车的下列曲线图：

1）汽车功率平衡图。

2）最高档与次高档的等速百公里油耗曲线。

或利用计算机求货车按规定的六工况循环行驶的百公路油耗。计算中确定燃油消耗率值 b 时，若发动机转速与负荷特性中给定的转速不相等，可由相邻转速的两根曲线用插值法求得。

六工况循环的参数如下：

工 况	累积行程/m	时间/s	累积时间/s	车速/(km/h)	说 明
I	50	7.2	7.2	25	等 速
II	200	16.7	23.9	25～40	匀加速度为 0.25m/s²
III	450	22.5	46.4	40	等 速
IV	625	14.0	60.4	40～50	匀加速度为 0.20m/s²
V	875	18.0	78.4	50	等 速
VI	1075	19.3	97.7	50～25	匀加速度为 0.36m/s²

2.8 轮胎对汽车动力性、燃油经济性有些什么影响？

2.9 为什么公共汽车起步后，驾驶员很快换入高档？

2.10 达到动力性最佳的换档时机是什么？达到燃油经济性最佳的换档时机是什么？二者是否相同？

2.11 从目前来看，提高汽车燃油经济性较理想的技术路线是什么？

2.12 为什么混合动力汽车比较省油？

第 三 章

3.1 改变 1.3 题中轻型货车的主减速器传动比，作出 i_0 为 5.17、5.43、5.83、6.17、6.33 时的燃油经济性-加速时间曲线，讨论不同 i_0 值对汽车性能的影响和采用不同变速器对汽车性能的影响。

3.2 确定传动系最低档传动比时主要考虑哪些因素？

第 四 章

4.1 一辆轿车驶经有积水层的良好路面公路，当车速为 100km/h 时要进行制动。问此时有无可能出现滑水现象而丧失制动能力？轿车轮胎的胎压为 179.27kPa。

4.2 在第四章第三节表 4-3 中给出了 CA700 轿车的制动系由真空助力改为压缩空气助力后的制动试验结果。试由表中所列数据估算 $\tau_2' + \frac{1}{2}\tau_2''$ 的数值，以说明制动器作用时间的重要性。

4.3 一辆中型货车装有前、后制动器分开的双管路制动系，其有关参数如下：

载荷	质量 m/kg	质心高 h_g/m	轴距 L/m	质心至前轴距离 a/m	制动力分配系数 β
空载	4080	0.845	3.950	2.100	0.38
满载	9290	1.170	3.950	2.950	0.38

1) 计算并绘制利用附着系数曲线与制动效率曲线，并说明该车的制动系统是否满足法规的要求。

2) 求行驶车速 $u_a = 30 \text{km/h}$，在 $\varphi = 0.80$ 路面上车轮不抱死的制动距离。计算时取制动系反应时间 $\tau_2' = 0.02\text{s}$，制动减速度上升时间 $\tau_2'' = 0.02\text{s}$。

3) 求制动系前部管路损坏时汽车的制动距离、制动系后部管路损坏时汽车的制动距离。

4.4 在汽车法规中，对双轴汽车前、后轴制动力的分配有何规定？说明做出这种规定的理由。

4.5 一辆轿车结构参数同题 1.8 中给出的数据。轿车装有单回路制动系，其制动器制动力分配系数 $\beta = 0.60$。试求：

1) 同步附着系数。

2) 在 $\varphi = 0.75$ 路面上的制动效率。

3) 汽车此时能达到的最大制动减速度（指无任何车轮抱死时）。

4) 若将该车改为双回路制动系统（只改变制动的传动系，见习题图3），而制动器总制动力与总泵输出管路压力之比称为制动系增益，并设原车单管路系统的增益为 G'。确定习题图3中各种双回路制动系统以及在一个回路失效时的制动系增益。

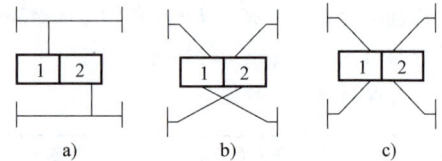

习题图 3　三种不同的双回路制动系统

5) 计算在 $\varphi = 0.7$ 的路面上，上述各种双回路系统在一个回路失效时的制动效率及其能达到的最大制动减速度。

6) 比较各种双回路系统的优缺点。

4.6 试讨论地面制动力、制动器制动力和附着力之间的关系。

第 五 章

5.1 一辆轿车（每个）前轮胎的侧偏刚度为 -50176N/rad、外倾刚度为 -7665N/rad。若轿车向左转弯，将使两前轮均产生正的外倾角，其大小为 $4°$。设侧偏刚度与外倾刚度均不受左、右轮载荷转移的影响，试求由外倾角引起的前轮侧偏角。

5.2 6450N 轻型客车在试验中发现过多转向和中性转向现象，工程师们在前悬架上加装前横向稳定杆以提高前悬架的侧倾角刚度，结果汽车的转向特性变为不足转向。试分析其理论根据（要求有必要的公式和曲线）。

5.3 汽车的稳态响应有哪几种类型？表征稳态响应的具体参数有哪些？它们彼此之间的关系如何（要求有必要的公式和曲线）？

5.4 举出三种表示汽车稳态转向特性的方法，并说明汽车重心前后位置和内、外轮负荷转移如何影响稳态转向特性。

5.5 汽车转弯时车轮行驶阻力是否与直线行驶时一样？

5.6 主销内倾角和后倾角的功能有何不同？

5.7 横向稳定杆起什么作用？为什么有的车装在前悬架，有的装在后悬架，有的前后都装？

5.8 某种汽车的质心位置、轴距和前后轮胎的型号已定。其稳态转向特性为过多转向，试找出五种改善其转向特性的方法。

5.9 汽车空载和满载是否具有相同的操纵稳定性？

5.10 试用有关计算公式说明汽车质心位置对主要描述和评价汽车操纵稳定性稳态响应指标的影响。

5.11 二自由度轿车模型的有关参数如下：

总质量	$m = 1818.2\text{kg}$
绕 Oz 轴转动惯量	$I_Z = 3885\text{kg} \cdot \text{m}^2$
轴距	$L = 3.048\text{m}$
质心至前轴距离	$a = 1.463\text{m}$
质心至后轴距离	$b = 1.585\text{m}$
前轮总侧偏刚度	$k_1 = -62618\text{N/rad}$
后轮总侧偏刚度	$k_2 = -110185\text{N/rad}$
转向系总传动比	$i = 20$

试求：

1) 稳定性因数 K、特征车速 u_{ch}。

2) 稳态横摆角速度增益曲线 $\left.\dfrac{\omega_r}{\delta}\right)_s - u_a$、车速 $u = 22.35\text{m/s}$ 时的转向灵敏度 $\dfrac{\omega_r}{\delta_{s\omega}}$。

3) 静态储备系数 S.M.，侧向加速度为 $0.4g$ 时的前、后轮侧偏角绝对值之差 $a_1 - a_2$ 与转弯半径的比值 R/R_0（$R_0 = 15\text{m}$）。

4) 车速 $u = 30.56\text{m/s}$ 时，瞬态响应的横摆角速度波动的固有（圆）频率 ω_0、阻尼比 ζ、反应时间 τ 与峰值反应时间 ε。

5.12 稳态响应中横摆角速度增益达到最大值时的车速称为特征车速 u_{ch}。说明：

特征车速 $u_{\text{ch}} = \sqrt{1/K}$，且在特征车速时的稳态横摆角速度增益，为具有相等轴距 L 中性转向汽车横摆角速度增益的一半。

5.13 测定汽车稳态转向特性常用两种方法，一种方法为固定转向盘转角法，并以 $R/R_0 - a_y$ 曲线来表示汽车的转向特性（见第五章第三节）；另一种方法为固定圆周法。试验时在场地上画一圈，驾驶员以低速沿圆周行驶，记录转向盘转角 $\delta_{s\omega 0}$，然后驾驶员控制转向盘使汽车始终在圆周上以低速持续加速行驶。随着车速的提高，转向盘转角 $\delta_{s\omega}$（一般）将随之加大。记录下 $\delta_{s\omega}$ 角，并以 $\dfrac{\delta_{s\omega}}{\delta_{s\omega 0}} - a_y$ 曲线来评价汽车的转向特性。试证 $\dfrac{\delta_{s\omega}}{\delta_{s\omega 0}} = 1 + Ku^2$，说明如何根据 $\dfrac{\delta_{s\omega}}{\delta_{s\omega 0}} - u^2$ 曲线来判断汽车的转向特性。

5.14 习题图 4 是滑柱连杆式独立悬架（常称为 Mc Pherson strut suspension）示意图。试证：

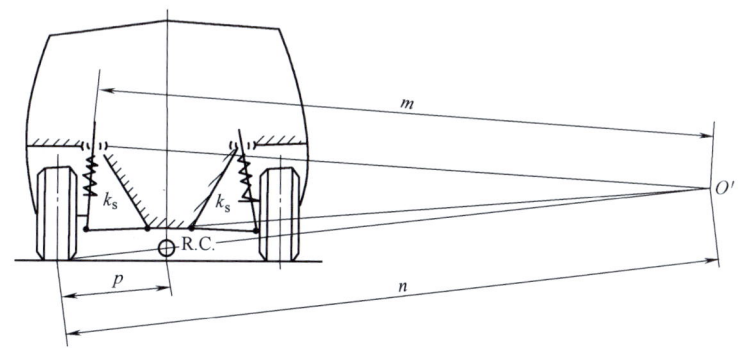

习题图 4 滑柱连杆式独立悬架示意图

1) R.C. 为侧倾中心。

2) 悬架的侧倾角刚度为 $K_\varphi r = 2k_s \left(\dfrac{mp}{n}\right)^2$，式中，$k_s$ 为一个弹簧的（线）刚度。

5.15 试求计算稳态响应质心侧偏角增益 $\left(\dfrac{\beta}{\delta}\right)_s$ 的公式,并求题 5.11 中轿车在 $u=31.3$m/s(70mile/h)、$a_y=0.4g$ 时的质心侧偏角。计算 $u=31.3$m/s 时的瞬态响应峰值反应时间 ε 和轿车的汽车因数 T.B. 值。

5.16 为什么有些小轿车后轮也设计有安装前束角和外倾角?

5.17 习题图 5 为三种前独立悬架对车轮相对车身垂直上下位移时前束变化的影响。试问图中哪一条曲线具有侧倾过多转向效果?

5.18 试分析转向盘力特性与哪些因素有关。

5.19 地面作用于轮胎的切向反作用力是如何控制转向特性的?

5.20 列举三种汽车的结构因素对汽车稳态转向特性的具体影响。

5.21 汽车以 22m/s 的速度在半径为 100m 的圆圈上匀速行驶,按二自由度模型考虑说明该汽车的稳态转向特性,并计算维持汽车在轨道上行驶所必需的前轮转角和后轮的侧偏角。已知:汽车的总质量 $m=1300$kg,质心距前轮中心距离 $a=1.2$m,质心距后轮中心 $b=1.3$m,前轴总侧偏刚度 $k_1=-55000$N/rad,后轴总侧偏刚度 $k_2=-60000$N/rad。

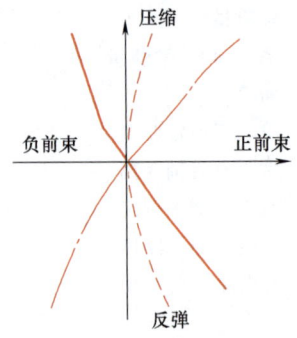

习题图 5 车身垂直上下位移时前束的变化曲线

第 六 章

6.1 设通过座椅支承面传至人体垂直加速度的谱密度为一白噪声,$G_a(f)=0.1$m^2/s^3。求在 0.5~80Hz 频率范围加权加速度均方根值 a_w 和加权振级 L_{aw},并由表 6-2 查出相应人的主观感觉。

6.2 设车速 $u=20$m/s,路面不平度系数 $G_q(n_0)=2.56\times10^{-4}$m^3,参考空间频率 $n_0=0.1$m^{-1}。画出路面垂直位移、速度和加速度 $G_q(f)$、$G_{\dot q}(f)$、$G_{\ddot q}(f)$ 的谱图。画图时要求用双对数坐标,选好坐标刻度值,并注明单位。

6.3 设车身与车轮二自由度汽车模型,其车身部分固有频率 $f_0=2$Hz。它行驶在波长 $\lambda=5$m 的水泥接缝路上,求引起车身部分共振时的车速 u_a(km/h)。该汽车车轮部分的固有频率 $f_t=10$Hz,在砂石路上常用车速为 30km/h。问由于车轮部分共振时,车轮对路面作用的动载所形成的搓板路的波长 λ 为多少?

6.4 设车身单质量系统的幅频 $|z/q|$ 用双对数坐标表示时如习题图 6 所示。路面输入谱与题 6.2 相同。求车身加速度的谱密度 $G_{\ddot z}(f)$,画出其谱图,并计算 0.1~10Hz 频率范围内车身加速度的均方根值 $\sigma_{\ddot z}$。

6.5 上机计算作业(报告应包括:题目、计算说明、程序清单、结果分析)。

车身-车轮双质量系统参数:$f_0=1.5$Hz、$\zeta=0.25$、$\gamma=9$、$\mu=10$。

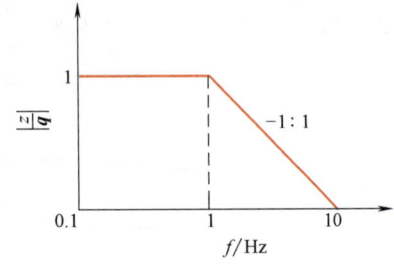

习题图 6 车身单质量系统的幅频特性

人体-座椅系统参数:$f_s=3$Hz、$\zeta_s=0.25$。

车速 $u=20$m/s,路面不平度系数 $G_q(n_0)=2.56\times10^{-4}$m^3,参考空间频率 $n_0=0.1$m^{-1}。

计算时频率带宽 $\Delta f=0.2$Hz,计算频率点数 $N=180$。

1)计算并画出幅频特性 $|z_1/q|$、$|z_2/z_1|$、$|p/z_2|$ 和均方根值谱 $\sqrt{G_{\ddot z_1}(f)}$、$\sqrt{G_{\ddot z_2}(f)}$、$\sqrt{G_a(f)}$ 谱图,进一步计算 $\sigma_{\ddot q}$、$\sigma_{\ddot z_1}$、$\sigma_{\ddot z_2}$、a_w、L_{aw} 值。

2)改变人体-座椅系统参数:$f_s=1.5$~6Hz,$\zeta_s=0.125$~0.5。分析 a_w、L_{aw} 值随 f_s、ζ_s 的变化。

3)分别改变车身-车轮双质量系统参数:$f_0=0.25$~3Hz,$\zeta=0.125$~0.5,$\gamma=4.5$~18,$\mu=5$~20。绘制 $\sigma_{\ddot z_2}$、σ_{fd}、$\sigma_{Fd/G}$ 三个响应量均方根值随以上四个系统参数变化的曲线。

6.6 设前、后车轮两个输入的双轴汽车模型行驶在随机输入的路面上,其质量分配系数 $\varepsilon=1$,前、后车身局部系统的固有频率均为 $f_0=2$Hz,轴距 $L=2.5$m。问引起车身俯仰角共振时的车速 u_a 为多少?相应

随机路面输入的 λ 为多少?

6.7 试分析汽车轮胎对汽车各项性能的影响。

6.8 分析汽车质量（空载和满载）对其固有振动频率和振幅的影响，列出表达式，分析货车在满载和空载时的平顺性有何不同，分析货车悬架变刚度的必要性。

第 七 章

7.1 一辆履带车重110kN，两条履带的长度和宽度分别为2.65m和0.38m，沙壤土的黏聚系数和摩擦角分别为1.72kPa和29°。试估计该履带车在此沙壤土上的最大牵引力。

7.2 一个38×20—16的轮胎，直径$D=0.975$m、宽为0.47m，行驶在$n=0.44$、$k_c=8.93$kN/m$^{1.44}$、$k_\varphi=230.69$kN/m$^{2.44}$的沙壤土上。轮胎的垂直载荷为8586N，充气压力为49kPa，由胎壳刚性产生的压力是19.6kPa。试估计该轮胎的压实阻力。

7.3 设有两辆履带车辆，其总重力均为135kN，行经地面的土壤物理参数为$n=1.6$，$k_c=4.37$kN/m$^{2.6}$，$k_\varphi=196.72$kN/m$^{3.6}$，$K=5$cm，$c=1.0$kPa，$\varphi=19.7°$及$\gamma_s=2570$N/m^3，其接地面积均为7.2m^2，但两车履带的长、宽不等：A车的$b=1$m，$l=3.6$m；B车的$b=0.8$m，$l=4.5$m。计算两车的土壤阻力、土壤沉陷及土壤推力并比较之。在同样滑转率（如$s_r=10\%$）时，哪一种履带尺寸的车的挂钩牵引力大?

附　录

附录A　简化的PAC2002魔术公式轮胎模型

正弦形式的PAC2002魔术公式为

$$y = D\sin\{C\arctan\{Bx - E[Bx - \arctan(Bx)]\}\}$$

式中，y 为纯滑移的纵向力 F_{x0} 或侧向力 F_{y0}；x 为滑移率 κ 或侧偏角 α；B、C、D、E 为魔术公式系数。

1. 基本定义

图 A-1 所示为车轮滑移率 κ 和侧偏角 α 的定义。

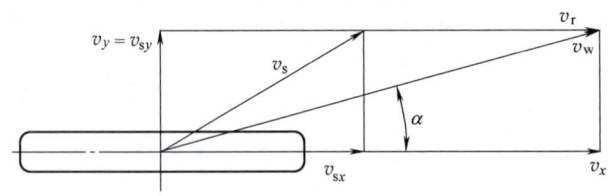

图 A-1　车轮滑移率和侧偏角的定义

注：v_w 为车轮中心的速度

根据定义，有如下公式成立：

$$\kappa = -\frac{v_{sx}}{v_x} = -\frac{v_x - \omega R}{v_x} = \frac{v_x - v_r}{v_x} \tag{A-1}$$

$$\tan\alpha = \frac{v_{sy}}{v_x} = \frac{v_y}{v_x} \tag{A-2}$$

式中，v_x 为车轮中心的纵向速度；v_y 为车轮中心的侧向速度；$v_r = \omega R$，为车轮滚动速度，其中 ω 为车轮旋转角速度，R 为车轮滚动半径；$v_{sx} = v_x - \omega R$，为车轮的纵向滑移速度；$v_{sy} = v_y$，为车轮的侧向滑移速度。

当车轮处于驱动状态，即 $\omega R > v_x$ 时，$\kappa > 0$；当车轮处于制动状态，即 $v_x > \omega R$ 时，$\kappa < 0$。

2. 魔术公式参数的定义

PAC2002 魔术公式中共有 82 个参数。这些参数可以分成五类：①与外倾相关的参数 19 个；②引起零点漂移的参数 18 个；③引起不对称的参数 10 个；④与载荷变化相关的参数 14 个；⑤基本参数 21 个。可以按照表 A-1 的定义进行命名，得到的各参数见表 A-2。

表 A-1 魔术公式参数的定义

符号	表示	取 值
a	工况	p:纯滑移的力 q:纯滑移的力矩 r:联合滑移的力 s:联合滑移的力矩
i	参数	B 和 K:刚度因子 C:形状因子 D:峰值因子 E:曲率因子 H:水平漂移 V:垂直漂移 S:联合滑移的回正力矩
j	方向	x,y,z
k	序号	$1,2,3\cdots$

表 A-2 魔术公式参数分类名称

参数类型		基本参数	考虑载荷 变化的参数	引起不对称 的参数	引起零点漂移 的参数	外倾参数
纯滑移	纵向力	$p_{Cx1},p_{Dx1},$ p_{Ex1},p_{Kx1}	$p_{Dx2},p_{Ex2},p_{Ex3},$ p_{Kx2},p_{Kx3}	p_{Ex4}	$p_{Hx1},p_{Hx2},$ p_{Vx1},p_{Vx2}	p_{Dx3}
	侧向力	$p_{Cy1},p_{Dy1},p_{Ey1},$ p_{Ky1},p_{Ky2}	p_{Dy2},p_{Ey2}	p_{Ey3}	$p_{Hy1},p_{Hy2},$ p_{Vy1},p_{Vy2}	$p_{Dy3},p_{Ey4},p_{Ky3},$ p_{Hy3},p_{Vy3},p_{Vy4}
	回正力矩	$q_{Bz1},q_{Cz1},$ q_{Dz1},q_{Ez1}	$q_{Bz2},q_{Bz3},q_{Dz2},$ q_{Ez2},q_{Ez3}	q_{Ez4}	$q_{Bz9},q_{Bz10},$ q_{Hz1},q_{Hz2}	$q_{Bz4},q_{Bz5},q_{Dz3},$ $q_{Dz4},q_{Ez5},q_{Hz3},$ q_{Dz6},q_{Dz7} q_{Hz4},q_{Dz8},q_{Dz9}
联合滑移	纵向力	$r_{Bx1},r_{Bx2},$ r_{Cx1},r_{Ex1}	r_{Ex2}	r_{Hx1}		
	侧向力	$r_{By1},r_{By2},$ r_{Cy1},r_{Ey1}	r_{Ey2}	$r_{By3},$ r_{Hy1},r_{Hy2}	$r_{Vy1},r_{Vy2},r_{Vy4},$ r_{Vy5},r_{Vy6}	r_{Vy3}
	回正力矩			s_{Sz2}	s_{Sz1}	s_{Sz3},s_{Sz4}

但是忽略掉一些对操纵稳定性影响很小的参数，如外倾、引起不对称的参数（如 p_{Ex4}、p_{Ey3}、p_{Ez3}）、引起零点漂移的参数和考虑载荷变化量的高阶项（p_{Ex3}、q_{Bz3}、q_{Ez3}）等，就可以使参数大大简化。

若轮胎自由半径为 R_0，额定载荷为 F_{z0}，定义无量纲的载荷变化量为

$$\mathrm{d}f_z = \frac{F_z - F_{z0}}{F_{z0}} \qquad (\text{A-3})$$

则简化后的魔术公式轮胎模型包括以下 6 组：

（1）纯滑移工况下的纵向力

$$F_{x0} = D_x \sin\{C_x \arctan\{B_x \kappa_x - E_x[B_x \kappa_x - \arctan(B_x \kappa_x)]\}\} + S_{Vx} \qquad (\text{A-4})$$

$$\kappa_x = \kappa + S_{Hx} \qquad (\text{A-5})$$

$$C_x = p_{Cx1} \qquad (\text{A-6})$$

$$D_x = \mu_x F_z \qquad (\text{A-7})$$

$$\mu_x = (p_{Dx1} + p_{Dx2}\mathrm{d}f_z)(1 - p_{Dx3}\gamma^2) \qquad (\text{A-8})$$

$$E_x = (p_{Ex1} + p_{Ex2}\mathrm{d}f_z + p_{Ex3}\mathrm{d}f_z^2)[1 - p_{Ex4}\mathrm{sgn}(\kappa_x)] \qquad (\text{A-9})$$

$$K_x = F_z(p_{Kx1} + p_{Kx2}\mathrm{d}f_z)\exp(p_{Kx3}\mathrm{d}f_z) \qquad (\text{A-10})$$

$$B_x = K_x/(C_x D_x) \qquad (\text{A-11})$$

$$S_{Hx} = p_{Hx1} + p_{Hx2}\mathrm{d}f_z \qquad (\text{A-12})$$

$$S_{Vx} = F_z(p_{Vx1} + p_{Vx2}\mathrm{d}f_z) \qquad (\text{A-13})$$

（2）纯滑移工况下的侧向力

$$F_{y0} = D_y \sin\{C_y \arctan\{B_y\alpha_y - E_y[B_y\alpha_y - \arctan(B_y\alpha_y)]\}\} + S_{Vy} \quad (A-14)$$

$$\alpha_y = \alpha + S_{Hy} \quad (A-15)$$

$$C_y = p_{Cy1} \quad (A-16)$$

$$D_y = \mu_y F_z \quad (A-17)$$

$$\mu_y = (p_{Dy1} + p_{Dy2} df_z)(1 - p_{Dy3}\gamma^2) \quad (A-18)$$

$$E_y = (p_{Ey1} + p_{Ey2} df_z)[1 - (p_{Ey3} + p_{Ey4}\gamma)\text{sgn}(\alpha_y)] \quad (A-19)$$

$$K_y = p_{Ky1} F_{z0} \sin\{2\arctan[F_z/(p_{Ky2} F_{z0})]\}(1 - p_{Ky3}|\gamma|) \quad (A-20)$$

$$B_y = K_y/(C_y D_y) \quad (A-21)$$

$$S_{Hy} = p_{Hy1} + p_{Hy2} df_z + p_{Hy3}\gamma \quad (A-22)$$

$$S_{Vy} = F_z[p_{Vy1} + p_{Vy2} df_z + (p_{Vy3} + p_{Vy4} df_z)\gamma] \quad (A-23)$$

（3）纯滑移工况下的回正力矩

$$M_{z0} = -t_0 F_{y0} + M_{zr0} \quad (A-24)$$

$$t_0 = D_t \cos\{C_t \arctan[B_t\alpha_t - E_t[B_t\alpha_t - \arctan(B_t\alpha_t)]]\}\cos\alpha \quad (A-25)$$

$$\alpha_t = \alpha + S_{Ht} \quad (A-26)$$

$$M_{zr0} = D_r \cos[C_r \arctan(B_r\alpha_r)]\cos\alpha \quad (A-27)$$

$$\alpha_r = \alpha + S_{Hf} \quad (A-28)$$

$$B_t = (q_{Bz1} + q_{Bz2} df_z + q_{Bz3} df_z^2)(1 + q_{Bz4}\gamma + q_{Bz5}|\gamma|) \quad (A-29)$$

$$C_t = q_{Cz1} \quad (A-30)$$

$$D_t = F_z(R_0/F_{z0})(q_{Dz1} + q_{Dz2} df_z)(1 + q_{Dz3}\gamma + q_{Dz4}\gamma^2) \quad (A-31)$$

$$E_t = (q_{Ez1} + q_{Ez2} df_z + q_{Ez3} df_z^2)\left[1 + (q_{Ez4} + q_{Ez5}\gamma)\frac{2}{\pi}\arctan(B_t C_t \alpha_t)\right] \quad (A-32)$$

$$S_{Ht} = q_{Hz1} + q_{Hz2} df_z + (q_{Hz3} + q_{Hz4} df_z)\gamma \quad (A-33)$$

$$B_r = q_{Bz9} + q_{Bz10} B_y C_y \quad (A-34)$$

$$C_r = 1 \quad (A-35)$$

$$D_r = F_z[q_{Dz6} + q_{Dz7} df_z + (q_{Dz8} + q_{Dz9} df_z)\gamma]R_0 \quad (A-36)$$

$$S_{Hf} = S_{Hy} + S_{Vy}/K_y \quad (A-37)$$

（4）联合滑移工况下的纵向力

$$F_x = G_{x\alpha} F_{x0} \quad (A-38)$$

$$\alpha_s = \alpha + S_{Hx\alpha} \quad (A-39)$$

$$B_{x\alpha} = r_{Bx1}\cos[\arctan(r_{Bx2}\kappa)] \quad (A-40)$$

$$C_{x\alpha} = r_{Cx1} \quad (A-41)$$

$$E_{x\alpha} = r_{Ex1} + r_{Ex2} df_z \quad (A-42)$$

$$S_{Hx\alpha} = r_{Hx1} \quad (A-43)$$

$$G_{x\alpha} = \frac{\cos\{C_{x\alpha}\arctan[B_{x\alpha}\alpha_s - E_{x\alpha}(B_{x\alpha}\alpha_s - \arctan(B_{x\alpha}\alpha_s))]\}}{\cos\{C_{x\alpha}\arctan\{B_{x\alpha}S_{Hx\alpha} - E_{x\alpha}[B_{x\alpha}S_{Hx\alpha} - \arctan(B_{x\alpha}S_{Hx\alpha})]\}\}} \quad (A-44)$$

（5）联合滑移工况下的侧向力

$$F_y = G_{y\kappa} F_{y0} + S_{Vy\kappa} \quad (A-45)$$

$$\kappa_s = \kappa + S_{Hy\kappa} \quad (A-46)$$

$$B_{y\kappa} = r_{By1}\cos\{\arctan[r_{By2}(\alpha-r_{By3})]\} \qquad (A\text{-}47)$$

$$C_{y\kappa} = r_{Cy1} \qquad (A\text{-}48)$$

$$E_{y\kappa} = r_{Ey1} + r_{Ey2}df_z \qquad (A\text{-}49)$$

$$S_{Hy\kappa} = r_{Hy1} + r_{Hy2}df_z \qquad (A\text{-}50)$$

$$D_{Vy\kappa} = \mu_y F_z(r_{Vy1} + r_{Vy2}df_z + r_{Vy3}\gamma)\cos[\arctan(r_{Vy4}\alpha)] \qquad (A\text{-}51)$$

$$S_{Vy\kappa} = D_{Vy\kappa}\sin[r_{Vy5}\arctan(r_{Vy6}\kappa)] \qquad (A\text{-}52)$$

$$G_{y\kappa} = \frac{\cos\{C_{y\kappa}\arctan\{B_{y\kappa}\kappa_s - E_{y\kappa}[B_{y\kappa}\kappa_s - \arctan(B_{y\kappa}\kappa_s)]\}\}}{\cos\{C_{y\kappa}\arctan\{B_{y\kappa}S_{Hy\kappa} - E_{y\kappa}[B_{y\kappa}S_{Hy\kappa} - \arctan(B_\kappa S_{Hy\kappa})]\}\}} \qquad (A\text{-}53)$$

(6) 联合滑移工况下的回正力矩

$$M_z = -t\,F'_y + M_{zr} + s\,F_x \qquad (A\text{-}54)$$

$$t = D_t\cos\{C_t\arctan\{B_t\alpha_{teq} - E_t[B_t\alpha_{teq} - \arctan(B_t\alpha_{teq})]\}\}\cos\alpha \qquad (A\text{-}55)$$

$$F'_y = F_y - S_{Vy\kappa} \qquad (A\text{-}56)$$

$$M_{zr} = D_r\cos[C_r\arctan(B_r\alpha_{req})]\cos\alpha \qquad (A\text{-}57)$$

$$s = R_0[s_{Sz1} + s_{Sz2}(F_y/F_{z0}) + (s_{Sz3} + s_{Sz4}df_z)\gamma] \qquad (A\text{-}58)$$

$$\tan\alpha_{teq} = \sqrt{(\tan\alpha_t)^2 + \left(\frac{K_x}{K_y}\right)^2\kappa^2}\,\text{sgn}(\alpha_t) \qquad (A\text{-}59)$$

$$\tan\alpha_{req} = \sqrt{(\tan\alpha_r)^2 + \left(\frac{K_x}{K_y}\right)^2\kappa^2}\,\text{sgn}(\alpha_r) \qquad (A\text{-}60)$$

表 A-3 是利用上面的公式，根据轮胎试数据回归得到的轮胎参数。试验用的轮胎型号为 205/55R1691V，$F_{z0}=3000\text{N}$，$R_0=0.317\text{m}$。轮胎试验在连续钢带式轮胎试验机上进行，采样频率为50Hz。

表 A-3 PAC2002 魔术公式轮胎模型参数拟合值

项目		参数	值	参数	值	参数	值
纵向力	纯滑移	PCX1	1.3907	PDX1	1.1133	PDX2	−0.0523
		PDX3	−6.5011	PEX1	0.0226	PEX2	0.2565
		PEX3	0.0018	PEX4	0.0000	PKX1	28.3290
		PKX2	−0.2093	PKX3	0.3000	PHX1	−0.0009
		PHX2	0.0006	PVX1	0.0555	PVX2	−0.0014
	联合滑移	RBX1	13.0002	RBX2	−13.9999	RCX1	1.1881
		REX1	0.0000	REX2	0.0000	RHX1	0.0076
侧向力	纯滑移	PCY1	1.2160	PDY1	1.0654	PDY2	−0.1161
		PDY3	−7.5503	PEY1	−0.5852	PEY2	−0.8578
		PEY3	0.1271	PEY4	−6.3817	PKY1	−29.9910
		PKY2	2.7242	PKY3	1.1466	PHY1	0.0025
		PHY2	0.0005	PHY3	0.0360	PVY1	0.0044
		PVY2	−0.0014	PVY3	−0.3709	PVY4	−0.1221
	联合滑移	RBY1	13.9988	RBY2	10.7375	RBY3	0.0008
		RCY1	1.0304	REY1	0.0000	REY2	0.0000
		RHY1	0.0005	RHY2	0.0000	RVY1	0.0300
		RVY2	−0.0400	RVY3	−1.8520	RVY4	89.9104
		RVY5	1.9000	RVY6	−23.0000		

（续）

项目		参数	值	参数	值	参数	值
回正力矩	纯滑移	QBZ1	8.9804	QBZ2	−1.6758	QBZ3	−0.0517
		QBZ4	0.2080	QBZ5	−1.0490	QBZ9	15.9993
		QBZ10	0.0000	QCZ1	1.0488	QDZ1	0.0697
		QDZ2	−0.0031	QDZ3	0.0097	QDZ4	1.1052
		QDZ6	−0.0022	QDZ7	0.0006	QDZ8	−0.2237
		QDZ9	−0.0443	QEZ1	−24.5244	QEZ2	−0.0548
		QEZ3	0.0000	QEZ4	0.1231	QEZ5	−1.7797
		QHZ1	0.0011	QHZ2	−0.0005	QHZ3	0.0808
		QHZ4	0.0026				
	联合滑移	SSZ1	0.0050	SSZ2	0.0234	SSZ3	0.9816
		SSZ4	−0.4167				

附录 B 根据 SAE J2452 标准拟合的部分轮胎参数

轮胎	规格	α	β	a	b	c
T1	205/75R15 97S	1.03399904	−0.41081927	0.05933157	9.85526E−05	3.72314E−07
T2	205/75R15 97S	1.03693620	−0.40583643	0.05661015	1.01315E−04	3.20664E−07
T3	205/75R15 97S	1.01128627	−0.40083582	0.06831009	1.37737E−04	2.35465E−07
T4	205/75R15 97S	1.05223416	−0.41964356	0.05320872	8.90807E−05	3.90471E−07
T5	205/75R15 97S	1.03708894	−0.40626965	0.05564330	8.39755E−05	4.23757E−07
T6	205/75R15 97S	1.04722639	−0.42379762	0.05688804	9.32412E−05	3.49454E−07
T7	205/75R15 97S	1.02607567	−0.39415547	0.05870964	8.15511E−05	5.17823E−07
T8	225/45R17 91W	0.97753862	−0.33955323	0.07075322	2.23274E−04	−2.67075E−07
T9	225/45ZR17 91W	0.93411855	−0.28470611	0.07510588	2.29478E−04	−4.02833E−08
T10	225/45ZR17 91Y	1.06511727	−0.40407033	0.05800167	1.61600E−04	−2.95145E−07
T11	245/40ZR18 93Y	1.04737499	−0.38854259	0.04634991	1.46916E−04	−2.86567E−07
T12	245/40ZR18 93Y	1.03073864	−0.39864409	0.05737113	1.57326E−04	−9.68489E−08
T13	245/40ZR18 93Y	1.04758684	−0.39545552	0.05157619	1.32419E−04	−1.30288E−07
T14	245/40ZR18 93Y	1.07368202	−0.41517309	0.04541398	1.29221E−04	−2.04968E−07
T15	245/40ZR18 93Y	1.06091528	−0.40038282	0.04738811	1.30861E−04	−1.88495E−07
T16	245/40ZR18 93Y	1.04716637	−0.40021479	0.05201888	1.47100E−04	−1.99292E−07
T17	245/40ZR18 93Y	1.02063987	−0.39681284	0.06671296	1.78128E−04	−2.68608E−07
T18	245/40ZR18 93Y	1.05982778	−0.44067665	0.06048566	1.58058E−04	−2.04426E−07
T19	245/40ZR18 97Y	1.02885784	−0.45186270	0.09790023	1.91049E−04	1.77425E−08
T20	245/40ZR18 97W	1.01640256	−0.40980902	0.08629601	2.56278E−04	−7.40300E−08
T21	245/40ZR18 93Y	1.04959515	−0.44027484	0.07885244	1.78559E−04	−1.89735E−07
T22	245/40ZR18 93Y	1.01910752	−0.34871172	0.05073163	1.52890E−04	−2.65224E−07
T23	245/40ZR18 93Y	1.04980472	−0.39140464	0.04833750	1.36245E−04	−8.81010E−09
T24	245/40ZR18 93Y	1.04587119	−0.38370209	0.04612768	1.39059E−04	−7.53870E−08

(续)

轮胎	规格	α	β	a	b	c
T25	245/40ZR18 93Y	1.02357117	−0.38595724	0.06094242	1.57992E−04	7.13392E−08
T26	245/40ZR18 93Y	1.03379670	−0.34826665	0.04050520	1.31156E−04	−1.57850E−07
T27	265/70R16 112T	1.01595000	−0.46188790	0.07045398	1.27902E−04	6.60892E−07
T28	265/75R16 110T	1.06576852	−0.52249165	0.06275514	7.32639E−05	1.28938E−06
T29	P205/60R16 91H	1.01930896	−0.40082252	0.05109929	1.78761E−04	−1.84458E−07
T30	P205/60R16 91H	1.00914757	−0.40155969	0.05305652	1.90382E−04	−1.70924E−07
T31	P205/60R16 91H	1.02394435	−0.41595499	0.05181973	1.81160E−04	−2.02014E−07
T32	P205/60R16 91H	1.02960391	−0.37549208	0.03723647	1.42617E−04	−1.24717E−07
T33	P215/55R17 93H	1.05374147	−0.36840938	0.02729234	1.01010E−04	−3.95895E−08
T34	P215/60R17 95T	1.09269618	−0.42539319	0.02924188	9.07429E−05	1.62207E−07
T35	P215/60R17 95T	1.05646905	−0.42259745	0.03830792	1.37832E−04	3.80370E−08
T36	P215/60R17 95T	1.13888244	−0.49452110	0.03026830	9.21514E−05	7.57499E−08
T37	P215/60R17 95T	1.03462434	−0.43042506	0.04955152	1.92657E−04	−3.05530E−07
T38	P215/60R17 95T	1.05152905	−0.42951447	0.04316370	1.37934E−04	9.11242E−08
T39	P215/60R17 95T	1.08723299	−0.47083504	0.03965656	1.04931E−04	1.23401E−07
T40	P215/60R17 95T	1.01357011	−0.39579771	0.04848721	1.64959E−04	−4.04079E−08
T41	P225/70R16 97T	1.07114078	−0.47327944	0.04889828	1.08632E−04	4.30228E−07
T42	P225/70R16 97T	1.03457657	−0.43195289	0.05223468	1.43013E−04	2.16048E−07
T43	P225/60R16 97T	1.05490285	−0.45235643	0.04983320	1.32427E−04	2.71985E−07
T44	P265/70R17 113R	1.16255823	−0.54939532	0.03369869	2.51538E−05	6.56576E−07

附录C 一个学生的"汽车理论"课程MATLAB习题编程思路

说明：

本文档只介绍《汽车理论》习题1.3、2.7、3.1的编程思路，引导大家学会利用MATLAB解决问题，并提供一个大致的程序框架。由于每个人对汽车理论知识理解和编程习惯的不同，其中的细节还需要大家自己完善。本文档绝不是标准答案，仅供参考，大家也不必过于拘泥。

编写程序时首先要注意它是否与外界有联系。像习题1.3和习题2.7可以在一个程序中解决，就不需要进行函数声明。而习题3.1可以利用习题1.3和习题2.7稍加改动，因此可以做成子函数的形式。

先说说前两个习题的解决思路。

先定义函数中用到的常数和变量，例如：

ig = [5.56 2.769 1.644 1.00 0.793];i0 = 5.83；

建议采用容易理解的名称符号来定义常数，在这里不过多举例。以下用到的均是题中给出的常量。另外，像 ig，最好写成向量的形式，给编程带来方便。

定义好给定常数后，最好再定义一下自己用到的一些变量，如提前分配好空间的零矩阵等。在接下来用到这些自定义变量的时候还会介绍，不过我的习惯是将所有用到的常数和变量定义都写到程序的开头（这一部分相当于 C 程序中的头文件）。

接下来就是程序的主体了。对于驱动力-行驶阻力平衡图，不同的 ig 对应不同的驱动力曲线，因此可以采用 for 循环来作为程序的主体框架。即程序大致为：

```
for j=1:5
    statemens
end
```

然后我们来填充 statements 部分。先定义一个自变量，可以是转速或者速度。这里我采用的是转速，因为对于不同档位，其转速范围是一样的。例如，可以定义转速和车速向量如下：

```
n = nmin:1:nmax;
ua = 0.377*n*r/i0/ig(j);
```

这样在每次循环时都可以根据同一个转速向量计算相应档位的速度向量，而且 n 向量和 ua 向量的元素个数是对应的（以后计算 Ft 等皆如此）。

画驱动力-行驶阻力平衡图的部分就不过多介绍了。需要注意的是，要将 5 次循环中的驱动力画在一个图上（而且下面可能还会有画图的程序），可能会用到 figure() 函数和 hold on 语句。

求最高车速时，可以用 find() 语句。例如：

```
pos = find(Ft<=Ff+Fw);        % pos 定义为驱动力小于行驶阻力的所有位置
                              组成的向量
if pos                        % 如果 pos 存在(因为对于低档来说,pos 可能
                              并不存在)
UAMAX = ua(pos(1)-1)          % pos 所指的第一个位置(减 1)(驱动力开始
                              小于行驶阻力)
end                           % 在 ua 向量中对应的元素即为最高车速
```

可以将 MATLAB 计算的结果与图中测量的结果对比检验。这里没有考虑如果有多条驱动力曲线与行驶阻力曲线相交，那么会显示多个 UAMAX 的值。当然，可以再对多个 UAMAX 值进行比较，选择最大值显示。

最大爬坡度的部分请自己编写。因为最大爬坡度只在 1 档存在，因此可用 "if j==1" 条件语句进行筛选，省去不必要的计算。

画加速度倒数曲线时要注意，由于原始数据中存在驱动力小于或等于行驶阻力的部分，加速度会出现极小值或负值，取倒数后会变为无穷大和负值，使作出的图不够理想。因此需要人为地设定一个边界，将过大和负值的加速度倒数等不需要的部分删去，便于读图。

利用加速度倒数曲线求加速时间时，需要考虑在加速过程中的换档问题。一种可能的方法是，分别截取几条曲线中用到的部分，分别积分，再将积分结果进行叠加。不管采用什么方法，都会用到积分函数 trapz()。

以上是习题 1.3 的提示。下面介绍习题 2.7 中需要注意的问题。

习题2.7是在习题1.3基础上的扩充,也需要在大循环中进行一些计算。功率平衡图的画法与驱动力-行驶阻力平衡图一样。下面重点介绍油耗的算法。

先来处理习题2.7的第一个图表。这个图表给出的是发动机在不同转速下燃油消耗率和功率的关系。我的做法是将其处理为燃油消耗率和车速的关系,因为在计算六工况耗油量时参数是车速。大家也可以尝试一下整理为燃油消耗率和转速的关系。具体做法如下:

首先输入拟合系数矩阵和相应转速。由于这些数据是标定的,因此用后缀下划线表示。另外,将拟合系数写成一个矩阵 B_ ,方便计算:

n_ = [815 1207 1614 2012 2603 3006 3403 3804];
B_ = [1326.8 -416.46 72.379 -5.8629 0.17768;1354.7 -303.98 36.657 -2.0553 0.043072;1284.4 -189.75 14.524 -0.51184 0.0068164;1122.9 -121.59 7.0035 -0.18517 0.0018555; 1141.0 -98.893 4.4763 -0.091077 0.00068906; 1051.2 -73.714 2.8593 -0.05138 0.00035032; 1233.9 -84.478 2.9788 -0.047449 0.00028230;1129.7 -45.291 0.71113 -0.00075215 -0.000038568];

然后在大循环中加入如下语句,可以计算每个档位的拟合系数:

ua_ = 0.377*n_*r/i0/ig(j);
Pe = (m*g*f*ua_/3600+CdA*ua_.^3/76140)/etat;
b_ = zeros(1,8);
for k=1:8 % 共8组数据
    b_(k) = B_(k,:)*[1;Pe(k);Pe(k)^2;Pe(k)^3;Pe(k)^4];% b=$B_0+B_1 Pe+B_2 Pe^2+B_3 Pe^3+B_4 Pe^4$
end
ua2b(j,:) = polyfit(ua_,b_,4);% 将车速和油耗用4次多项式进行拟合,系数放入矩阵 ua2b 中

这样,在计算每个工况的油耗时,只要确定了车速,都可以用如下语句求燃油消耗率:

b =polyval(ua2b(j,:),ua);   % j是对应的档位

再结合汽车理论中的知识来求解不同工况下的油耗。这里要注意的是,加速工况可能会涉及到换档,需要考虑换档策略。这是一件比较麻烦的事情,需要大家动动脑筋。

在处理好习题1.3和习题2.7时,其实就是做出了习题3.1中的一问。可以通过如下方式来轻松解决习题3.1。

首先要将习题1.3和习题2.7改写成子函数的形式。假设这两题写在同一个函数 AT1and2.m 里。在程序的开头添加如下语句:

function [Tg,Qg] = AT1and2(i0);

即将 i0 作为子函数的输入,将加速时间 Tg 和油耗 Qg 作为输出。

然后去掉原来函数中定义的 i0=5.83 这条语句(重要!否则程序必然错误)。还可以去掉函数中不相关的部分(如画图等语句),以减少计算。

主函数编写如下:

% function AT3.m
i0 = [5.17 5.43 5.83 6.17 6.33];
t0 = zeros(1,5);

```
Q0 = zeros(1,5);
for i=1:5
    [t0(i),Q0(i)] = AT1and2(i0(i));
end
plot(Q0,t0,'o');
```

至此，就可以画出一条燃油经济性-加速时间曲线了。相信大家在经历过这么多训练后可以轻松理解上面这段程序了吧。